Web Engineering

Reiner Dumke, Mathias Lother,
Cornelius Wille, Fritz Zbrog

Web Engineering

PEARSON
Studium

ein Imprint von Pearson Education
München • Boston • San Francisco • Harlow, England
Don Mills, Ontario • Sydney • Mexico City
Madrid • Amsterdam

Bibliografische Information Der Deutschen Bibliothek

Die Deutsche Bibliothek verzeichnet diese Publikation in der Deutschen Nationalbibliografie; detaillierte bibliografische Daten sind im Internet über *http://dnb.ddb.de* abrufbar.

Umwelthinweis:
Dieses Produkt wurde auf chlorfrei gebleichtem Papier gedruckt.
Die Einschrumpffolie – zum Schutz vor Verschmutzung – ist aus umweltverträglichem und recyclingfähigem PE-Material.

10 9 8 7 6 5 4 3 2 1

06 05 04 03

ISBN 3-8273-7080-9

ein Imprint der Pearson Education Deutschland GmbH
Martin-Kollar-Straße 10-12, D-81829 München/Germany

www.pearson-studium.de
Lektorat: Dr. Isabel Schneider, ischneider@pearson.de
Korrektorat: Margret Neuhoff, München
Einbandgestaltung: adesso 21, München
Herstellung: Monika Weiher, mweiher@pearson.de
Satz: mediaService, Siegen (www.media-service.tv)
Druck und Verarbeitung: Kösel, Kempten (www.KoeselBuch.de)

Printed in Germany

Inhaltsverzeichnis

Vorwort

Das vorliegende Buch unternimmt den Versuch, existierende allgemein anerkannte Web-Technologien mit dem Software Engineering (SE) zu verbinden und so der Entwicklung von webbasierten Softwaresystemen einen einheitlichen Rahmen zu geben. Die unserer Meinung nach notwendige Ausprägung eines Web Engineering erfordert die Einbeziehung und Betrachtung aller SE-Aspekte auf dem Gebiet der heutzutage kaum noch überschaubaren Technologievielfalt und der Änderungsdynamik im Web selbst.

Das vorliegende Buch entstand auf der Grundlage eines Vorlesungsskripts zum Web Engineering, welches im Rahmen einer Vorlesung zu multimedialen Systemen, dann zu Websystemen und schließlich zum Web Engineering bereits seit 1994 an der Universität Magdeburg für Informatiker und informatikbezogene Studiengänge eingesetzt wird.

Das aktuelle Web Engineering hat sich vor allem als **Web Design** etabliert und spielt dabei genau diese eingegrenzte Rolle. Andererseits existieren bereits eine Reihe von methodischen Ansätzen, wie das RMM oder das eW3DT, die aber noch nicht als weltweit anerkannte Standards etabliert sind. Das Buch betrachtet daher die methodischen Aspekte noch relativ isoliert in einem eigenständigen Kapitel, wie sie sich ja auch heute noch weltweit widerspiegeln.

Das Buch ist in drei Teile untergliedert, wobei sich der erste Teil mit den begrifflichen Grundlagen der Webtechnologien und -systeme sowie dem Web Engineering selbst befasst. Der zweite Teil beschreibt dann die einzelnen Phasen einer Websystem-Entwicklung von der Problemstellung über die Anforderungsanalyse, die Spezifikation, den Entwurf, die Implementation und die Erprobung. Darüber hinaus werden wesentliche SE-Bereiche, wie die Websystem-Wartung, das Webpersonal, die CASE-Tools zur webbasierten Entwicklung, die Websystem-Analyse und das Entwicklungsmanagement betrachtet. Ein eigenständiges Kapitel zu ausgewählten Vorgehensmodellen bei der Web-Systementwicklung verdeutlicht den derzeitigen Stand auf diesem Gebiet. Der dritte Teil des Buches widmet sich schließlich den spezifischen Aspekten einer Entwicklung für ausgewählte Websystem-Bereiche wie dem E-Learning, dem E-Commerce und den Cyberworlds. Hinsichtlich der Web-Technologien beziehen wir uns dabei neben den Web-Grundlagen (HTML, XML bzw. PHP) vor allem auf Java-Technologien. In grundlegender Form gehen wir dabei auch auf Aspekte eines Semantischen Webs ein, berücksichtigen jedoch vor allem unter den Schlagwörtern eines Pervasive und Ubiquitous Computing die (künftigen) operationalen Möglichkeiten der Web-Systeme. Bei der Behandlung der Technologien gehen wir nicht auf alle Einzelheiten ein, sondern behandeln jeweils die Grundprinzipien und verweisen zu den Details auf die vollständigen Darstellungen unter der Web-Seite zu diesem Lehrbuch unter `http://webeng.cs.uni-magdeburg.de`. Hier sind auch weitere Tutorials zu den jeweiligen Themen, interessante Links in diesem Umfeld und Hinweise zur Lösung der im Buch nach jedem Kapitel angegebenen Übungsaufgaben einsehbar.

Bisher gibt es auf dem Gebiet des Web Engineering lediglich seit Oktober des vergangenen Jahres ein gleichnamiges internationales Journal sowie seit dem Jahr 2001 einen gleichnamigen Workshop im Rahmen der internationalen World Wide Web-Konferenz.

Wir meinen daher, mit der vorliegenden Darstellung einen einheitlichen Rahmen gefunden zu haben, der die Websystem-Entwicklung relativ ganzheitlich beschreibt und sie erstmals den wesentlichen Themenbereichen des Software Engineering zuordnet. Außerdem werden neben der Wissensvermittlung vor allem auch (offene) Probleme auf dem Gebiet des Web Engineering fokussiert und die Aufmerksamkeit des Lesers für eine weitere Vertiefung in einzelne Bereiche geweckt. Man kann das vorliegende Buch auch als *Handbuch für den Web-Ingenieur* bezeichnen.

Das Buch ist geeignet für die universitäre und Hochschulausbildung für Informatiker und informatikbezogene Studiengänge wie die Wirtschaftsinformatik, Medieninformatik, Computervisualistik oder auch Ingenieurinformatik, und es eignet sich darüber hinaus für bereits in der Praxis Tätige zur Erweiterung und Systematisierung vorhandener Fähigkeiten und Kenntnisse. Insbesondere stellt es eine wichtige Grundlage für Webdesigner dar, die aus anderen Fachrichtungen in diese Disziplin gewechselt haben.

Wir möchten uns an dieser Stelle für die Unterstützung bei der Abfassung des Manuskriptes bei Uwe Blazey, Dagmar Dörge, Reinhard Koeppe, Daniel Reitz, Andreas Schmietendorf, Achim Winkler und Horst Zuse sowie bei den Informatikstudenten Olga Andruschak, Rene Baumgarten, Rene Koeppel, Martin Kunze, Brahim El Modahhab, Friedhelm Röhl und Dennis Winkler ganz herzlich bedanken. Ferner bedanken wir uns beim Pearson Studium-Verlag – insbesondere bei Frau Schneider - für die konstruktive und verständnisvolle Zusammenarbeit.

Reiner Dumke *Magdeburg, im Juli 2003*
Mathias Lother
Cornelius Wille
Fritz Zbrog

Teil 1
Webgrundlagen

Kapitelübersicht

Kapitel

1 Grundlagen des World Wide Web

1.1 Einleitende Bemerkungen

Wohl kaum ein Medium oder Bereich unseres Lebens ist so vielen Änderungen bzw. Entwicklungen hinsichtlich der technologischen Grundlagen, der Anwendungsvielfalt oder der beteiligten Personengruppen unterworfen wie das World Wide Web (WWW) oder auch kurz Web genannt. Die nahezu Allgegenwärtigkeit des Webs ermöglicht ständig weitere Nutzungsformen und führt zur Herausbildung immer vielfältigerer Nutzungsgemeinschaften bzw. Communities [Kaye 1999]. Abbildung 1.1 soll diese Möglichkeiten schemenhaft andeuten.

Wie kam es eigentlich zu dieser weltumspannenden Entwicklungs-, Nutzungs- und Betreibungsform des Webs. Die Entstehung ist vor allem mit dem Engagement von *Tim Berners-Lee*, von Haus aus Physiker, aus England verbunden. Wir wollen im Folgenden einige Entwicklungsstadien des Webs kurz chronologisch beschreiben (siehe [Berners-Lee 1999]):

1980: Berners-Lee nimmt einen Auftrag für das Software-Consulting am CERN (Conseil Européen pour la Recherche Nucléaire) in Genf an und schreibt das Programm *Enquire (Untersuchung, Erforschung)*, welches die Suche und Bereitstellung von Informationen unterstützt. Bei diesen Informationen handelt es sich um alle möglichen Daten der Physikerkollegen zu Programmen, auf welchen Rechnern diese Programme laufen und weitere inhaltliche Dokumentbeziehungen. Die Motivation liegt vor allem in der netzartig verstrickten Mitarbeitersituation beim CERN, bei dem etwa nur die Hälfte der Mitarbeiter jeweils vor Ort anwesend ist. In gewissem Sinne ist dies eine erste Form der Implementation der *Hypertext-Technologie*. Um dann zwischen den Rechnern eine Verbindung herstellen zu können, schreibt Berners-Lee ein allgemeines RPC-Programm *(Remote Procedure Call)*. Gleichzeitig portiert er das Enquire-Programm auf Compaq- und DEC-Rechner.

1988: Berners-Lee will „irgendwie ein Hypertextsystem zum Laufen bringen“ [Berners-Lee 1999, S. 35]. Dazu will er ein so genanntes *RPC-Projekt* initiieren. Er begeistert sich für das bereits seit 1970 erfundene *Internet*. Die Anwendung des Internets, speziell der Protokolle TCP/IP, bedeutete aber eine Orientierung auf *Unix-Rechner*. Das schloss zunächst die in seiner Arbeitsumgebung dominierenden VAX/VMS- und DECnet-Rechner aus. Aber bald gab es auch Unix-Versionen für diese Rechner. Berners-Lee ergänzt sein RPC-Programm, so dass eine Kommunikation mittels TCP/IP möglich wird. Für ein allgemeines Hypertextsystem gab es nach Berners-Lee folgende Realisierungsmöglichkeiten: ein anderes/neues Dokumentenschema zu entwickeln, eines der bestehenden zu nutzen (mit den dadurch möglichen Beschränkungen), festzustellen, dass alle Systeme etwas gemeinsam haben. Er entscheidet sich schließlich für die erste Variante.

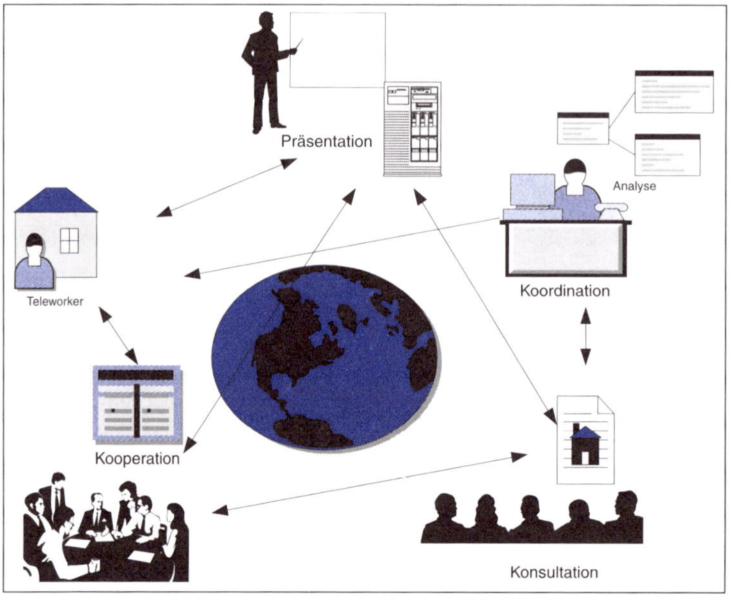

Abbildung 1.1: Web-Anwendungsformen rund um den Erdball

März 1989: Berners-Lee formuliert einen Projektantrag am CERN für die Implementation eines Hypertextsystems und motiviert es einerseits mit den Vorteilen einer netzartigen Dokumentenverbindung und den damit möglichen Formen ähnlich eines Online-Hilfesystems. Andererseits verweist er bereits auf die dabei möglichen *Analysen* zur Kenntnisgewinnung der jeweiligen Organisationsstruktur bzw. zu den Verbindungsaspekten generell.

1990: Berners-Lee hat noch immer keine Antwort auf seine Projektidee. Andererseits erhält er die Möglichkeit, sich einen *NeXT-Rechner* zu kaufen. Danach beginnt er (nebenbei), ein Hypertextprogramm zu implementieren. Beim Programmnamen denkt er *an Mesh (Information Mesh), MOI (Mine of Information)* oder *TIM (The Information Mine)* und entschloss sich schließlich für ***WorldWideWeb*** (als ein Wort). Auf der *European Conference on Hypertext Technology (ECHT)* im September 1990 sucht Berners-Lee nach Vorbildern bzw. geeigneten Ausgangskomponenten (z. B. ein Lernprogramm für die Reparatur von Autos der Firma Owl, welches einem *Webbrowser* sehr nahe kam). Er erhält aber keine Unterstützung für sein Projekt. Andererseits will er *Dynatext* der *Electronic Book Technology* nutzen, erhält aber auch hier keine Hilfe. So schreibt er ab Oktober 1990 einen *Webclient* als Kombination von Browser und Editor (das WorldWideWeb-Programm). Im Dezember entwickelt er die ***Hypertext Markup Language*** *(HTML)*, die insbesondere der Formatierung der Hypertextverknüpfungen gilt. Der Browser sollte *URIs (Unified Resource Identifiers)* dekodieren. Der Browser konnte das Web mittels ***HTTP*** durchsuchen. Er programmiert dann auch den Webserver, der unter dem Alias-Namen *info.cern.ch* (formell als nxocOI.cern.ch) zu nutzen ist. Weihnachten 1990 kommuniziert Berners-Lee mit seinem Kollegen Robert Cailliau über das Internet mit dem Browser WorldWideWeb. Als erste Anwendung implementiert Berners-Lee das Telefonverzeichnis beim CERN als Hypertextanwendung.

Februar 1993: Das *National Center for Supercomputing Applications (NCSA)* an der *Universität von Illinois* stellt den von dem Studenten *Andreesen* und dem NCSA-Mitarbeiter *Bina* entwickelten Browser ***Mosaic*** im Web zur Verfügung. Für die Presse und zum Teil auch beim NCSA werden Mosaic und das Web zu einem Synonym, was Berners-Lee natürlich verärgert.

Frühjahr 1994: Gründung der Firma *Mosaic Communications Corp.* durch *Marc Andreesen* und *Jim Clark*, die sich im April 1994 in ***Netscape*** umbenennt.

Mai 1994: Erste WWW-Konferenz am CERN mit ca. 350 Teilnehmern. Das Auditorium wirkt vor allem motivierend. So schlägt zum Beispiel *Dave Raggett* eine ***Virtual Reality Markup Language*** *(VRML)* vor, die von *Mark Pesce* implementiert wird. Im selben Jahr geht Berners-Lee ans MIT. Die Webkonferenzen werden anfangs alle sechs Monate durchgeführt, und zwar unter anderem in Darmstadt, Boston und Paris.

Herbst 1994: Gründung des *World Wide Web Consortium* ***(W3C)***, wobei eine Vollmitgliedschaft für Firmen 50.000 $ pro Jahr und für angegliederte Einrichtungen (z. B. Unis) 5.000 $ pro Jahr beträgt. Das Konsortium soll firmenneutral ausgerichtet sein. Die Anfangsfinanzierung stellt die *U.S. Defense Advanced Research Projects Agency (DARPA)* zur Verfügung. Der neue Webserver heißt *http://www.w3.org*, der zweite (alte) bleibt *info.cern.ch* und später kommt noch ein japanischer Server an der Keio-Universität hinzu. Im Dezember 1994 hat das W3C sein erstes Meeting. Neben vielen Dokumenten wird der Browser *Arena* zum Experimentieren ins Web gestellt.

Oktober 1994: Netscape bringt die erste Version eines Browsers namens ***Mozilla*** heraus. Im Dezember gibt es die kommerzielle Version als ***Navigator 1.0*** frei. Kommerziell ist der Browser aber nur für Firmen, ansonsten wird er frei ins Web gestellt. Im Januar 1995 entwickelt Netscape den so genannten *Secure Socket Layer (SSL)* für ein sicheres Online-Shopping. 1996 ist Netscape 4,4 Milliarden Dollar wert und hat mehr als zweitausend Beschäftigte.

1995: Microsoft will für das neue Betriebssystem Windows 95 den Netscape-Browser lizenzieren. Dies kommt aber nicht zustande, und so entwickelt Microsoft einen eigenen Browser, den ***Internet Explorer***. Internet-Provider gründen bzw. etablieren sich, wie beispielsweise *American Online (AOL)*, *CompuServe* und *Prodigy*.

1996: Netscape bringt den Navigator 2.0 auf den Markt, der ein einfache E-Mail-Funktionen und vor allem ***Java-Anwendungen*** unterstützt. Das W3C-Konsortium beschäftigt sich unter anderem mit den Fragen des Kinderschutzes und bringt im März 1996 die *Platform for Internet Content Selection* ***(PICS)*** heraus. Der aus vielen so genannten *Patches* bestehende Webserver ***Apache*** wird der meistgenutzte Server; er wird auch vom W3C eingesetzt.

1997: Auf der WWW-Konferenz im April 1997 stellt *Tim Bray* die ***XML-Spezifikation*** vor. Die XML als *Extensible Markup Language* löst damit die *Standard Generalized Markup Language (SGML)* als Quelle der HTML ab.

1998: Microsoft gibt Windows 98 heraus, bei dem der Internet Explorer *integriert* ist. Die US-Justizbehörde greift ein. Der Fall zieht sich bis 1999 hin. Netscape postuliert das ***Open-Source-Prinzip*** auch für grundlegende Web-Tools. *Christine Varney* gründet die *Online Privacy Alliance*, zu der auch AOL, AT&T, Microsoft und Netscape gehören.

1999: Tim Berners-Lee entwickelt seine Visionen vom ***Semantischen Web*** im gleichnamigen Buch [Berners-Lee 1999], in dem er die Zukunft des Webs als eine allgemeine Plattform für die Zusammenarbeit beliebiger Teilnehmer mit beliebigen Intentionen kennzeichnet.

2001: Standards bzw. Technologien werden konzipiert, die ein derartiges Semantisches Netz implementieren können, zum Beispiel die *DARPA Agent Markup Language (DAML)* im Zusammenhang mit webbasierten *Ontologien*.

Die Entwicklung des Webs hat bis heute einen immensen Verlauf in den verschiedensten Ausprägungen genommen. Eine einfache Statistik zu den Webservern im WWW verdeutlicht noch einmal den quantitativen Aspekt dieser Entwicklung [Adamic 2001].

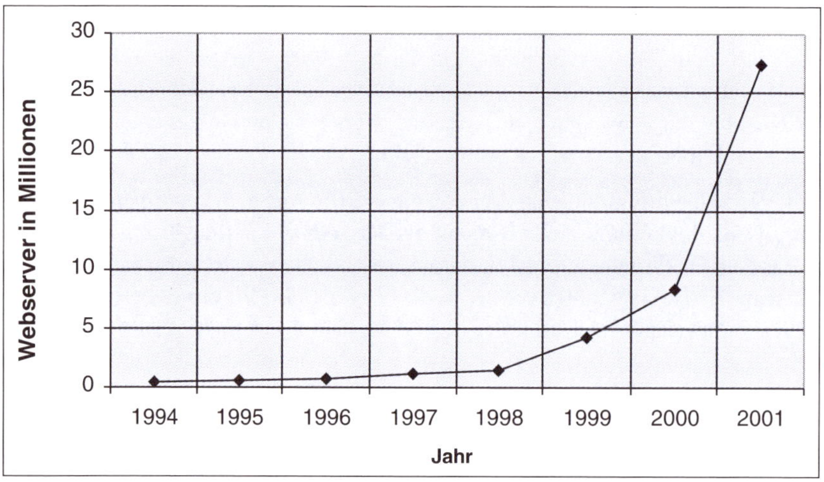

Abbildung 1.2: Anzahl von Webservern im WWW

Abbildung 1.3 verdeutlicht die jeweiligen Interessen bzw. Nutzungsformen des Webs, wie sie sich in den letzten Jahren entwickelt haben [Adamic 2001].

Für die Entwicklung so genannter Websysteme stehen uns allgemeine Methoden und Verfahren der Softwaretechnik bzw. des Software Engineering zur Verfügung, die unter den besonderen Charakteristika des Webs auch ganz spezielle neue Ausprägungen besitzen. Daher hat sich für die Entwicklung derartiger Websysteme der Begriff des *Web Engineerings* herausgebildet. Das Web Engineering ist eine relativ junge Disziplin des Software Engineering, die sich also speziell mit den Websystemformen und den dafür geeigneten Entwicklungstechnologien beschäftigt. Abbildung 1.4 zeigt diesen Aspekt in einer allgemeinen Form.

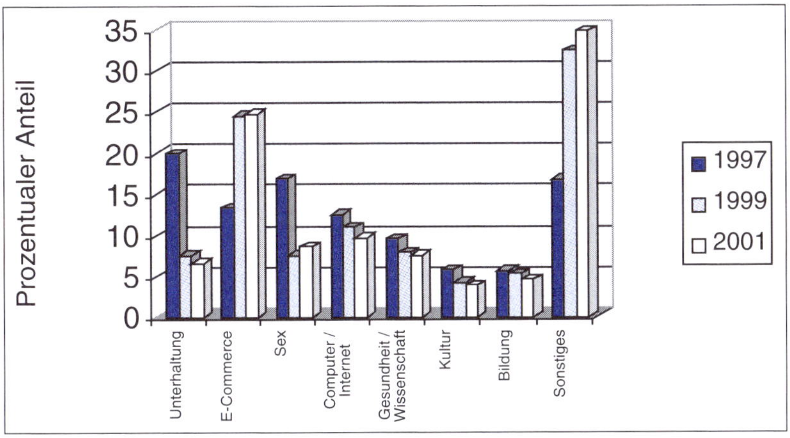

Abbildung 1.3: Nutzungsformen des Webs

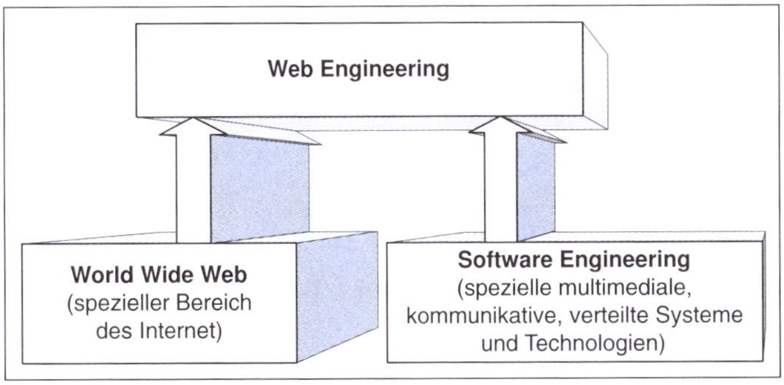

Abbildung 1.4: Quellen des Web-Engineerings

Im Folgenden wollen wir die Begriffe und grundlegende Aspekte zum Web-Engineering näher betrachten bzw. definieren.

1.2 Webtechnologien

Für die Entwicklung von Websystemen ist das Grundverständnis für die technologischen Grundlagen unerlässlich. Wir wollen in der Einführung erst einmal die Wurzeln des WWW kurz darstellen und dann auf die plattformbezogenen, softwarebezogenen und schließlich verfahrensbezogenen technologischen Grundlagen eingehen. Zunächst definieren wir die Webtechnologie in ihren allgemeinen Merkmalen (siehe auch [Aggarwal 2000], [Berners-Lee 1999] und [Powell 1998]).

> ***Webtechnologien** sind implementierte Methoden und Verfahren aufbauend auf dem Internet, die für die Entwicklung und Anwendung von Systemen, die im World Wide Web genutzt werden, die Grundlage bilden.*

Die folgende Abbildung soll diese Technologie erst einmal grob andeuten. Auf die Einzelheiten gehen wir später noch genauer ein.

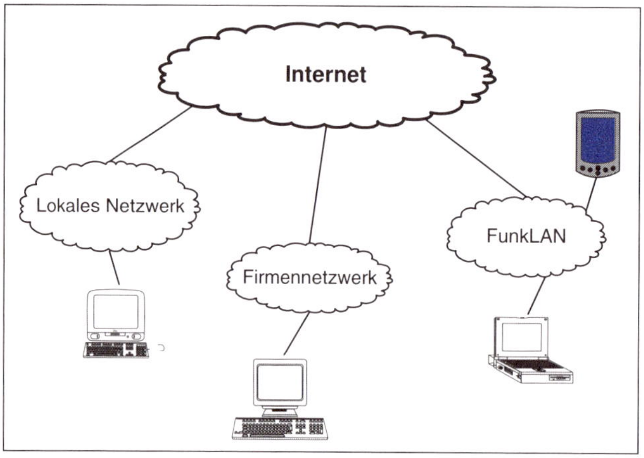

Abbildung 1.5: Netztechnologien im Internet

Für das Web ist das Internet das Transportsystem für die Systemanwendungen. Als Transportsystem werden bei Websystemen auch weitere Netzformen angepasst bzw. eingesetzt (siehe [Wesel 1998] oder [Zuidweg 2002]), unter anderem

- globale Rechnernetze, wie beispielsweise das Internet selbst,
- mobile Netze, wie zum Beispiel die öffentlichen Zellnetze der Telefongesellschaften (wie das *UMTS (Universal Mobile Telecommunications System)*) oder per Satellit (beispielsweise das *GPS (Global Position System)*),
- spezielle Rechnernetze mit Mobilitätsfunktion, wie das so genannte *WLAN (Wireless Local Area Network)* oder die *Bluetooth-Technologie* oder
- Festnetzverbindungen im öffentlichen (Telefon-) Bereich oder in Form lokaler Rechnernetze.

Dieses Transportsystem ordnet sich in die allgemeine Rechnernetztechnologie ein. Nach dem so genannten *OSI-Referenzmodell* bestehen Rechnernetze generell aus sieben Schichten. Im Folgenden wollen wir die grundlegenden Aufgaben der einzelnen Schichten kurz charakterisieren und dabei die übliche Zweiteilung in Transport- und Anwendungssystem zugrunde legen (siehe zum Beispiel [Häckelmann 2000] oder [Tanenbaum 2001]).

Transportsystem (Schichten 1–4):

- *Schicht 1 (Übertragung):* Hierbei geht es einfach nur um die Herstellung einer Verbindung zwischen zwei Netzkomponenten. Spezielle dabei zur Anwendung kommende Technologien sind die verschiedenen Übertragungstechniken (insbesondere die Mehrfachnutzung als so genanntes Multiplexing) sowie die Festlegung und Nutzung der jeweiligen Bandbreiten.
- *Schicht 2 (Sicherung):* In dieser Schicht geht es um die Gewährleistung einer sicheren Verbindung in der Form, dass spezielle Prüfsummenverfahren eingesetzt werden, um

eine Flusskontrolle hinsichtlich der gesendeten und erhaltenen Bits zu realisieren. Als Netztechnologien werden hier beispielsweise das so genannte Ethernet, die *ATM-Technololgie (Asynchronous Transfer Mode)* oder das *FDDI (Fiber Distributed Data Interface)*, bekannt als erste Glasfaser-basierte Netztechnologie, eingesetzt.

- *Schicht 3 (Vermittlung):* Die effiziente Wegeauswahl für die jeweilige Verbindung im Netz als so genanntes Routing ist Inhalt dieser Schicht. Gleichzeitig werden hierbei verschiedene Netztopologien festgelegt. Eine Form des Routing basiert auf dem so genannten *Internet Protocol (IP)*, welches auf der Grundlage der eindeutigen Identifizierung der Netzkomponenten basiert.
- *Schicht 4 (Transport):* Die Gewährleistung einer synchronisierten Verbindung, zum Beispiel auf der Basis des so genannten *Transport Control Protocol (TCP)* oder einer asynchronen Verbindungsform mit dem so genannten *User Datagram Protocol (UDP)*, ist Inhalt dieser Schicht. Außerdem wird hier insbesondere die so genannte Dienstgüte als *Quality of Service (QoS)* wesentlich geprägt oder beeinflusst.

Anwendungssystem (Schichten 5-7):

- *Schicht 5 (Sitzung):* Die Herstellung einer speziellen sitzungsbezogenen Verbindungsform mit den dazugehörigen Merkmalen eines Sitzungsaufbaus, dessen Durchführung und dem Abbau sind Inhalt dieser Schicht. Es geht dabei auch um spezielle Techniken derartiger Sessions mit dem Problem der Autorisierung über so genannte *Log-in-Prozeduren* und dergleichen mehr.
- *Schicht 6 (Darstellung):* In dieser Schicht steht die Gewährleistung einer einheitlichen Darstellungs- bzw. Präsentationsform im Mittelpunkt. In klassischen Rechnernetzen wird hierbei die so genannte *Abstract Syntax Notation (ASN.1)* für die Informationsdarstellung verwendet.
- *Schicht 7 (Anwendung):* Die verschiedenen Anwendungsdienste bzw. Anwendungsformen, wie der Dateiaustausch (als *File Transfer Protocol (FTP)*), der E-Mail-Dienst und schließlich auch unser Web, sind Inhalt dieser Netzschicht.

Die folgende Abbildung fasst die bisher genannten Inhalte der Rechnernetzschicht noch einmal bildlich zusammen.

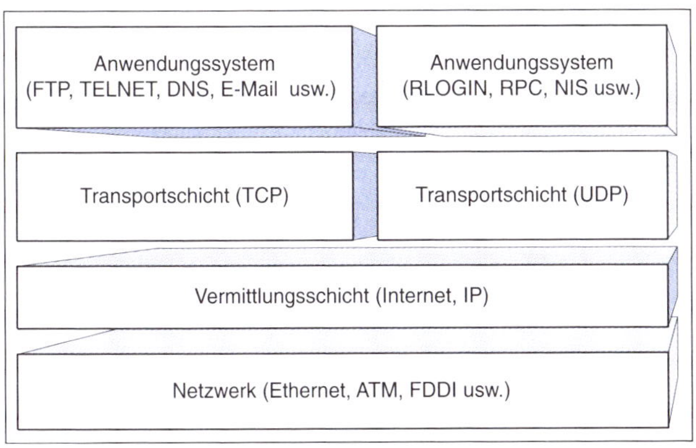

Abbildung 1.6: Allgemeine Netzarchitektur des Internets

Auf der Grundlage dieser im Allgemeinen schichtenbezogenen Technologien werden nach der Ausbreitungsform lokale Rechnernetze (*Local Area Network (LAN)*), City-bezogene Netze (*Metropolitan Area Network (MAN)*) und weitverbreitete Netze (*Wide Area Network (WAN)*) unterschieden. Die Verbindung selbst kann *kabelbasiert* oder *kabellos (mobil)* sein. Mehrere derartiger Netze – also beispielsweise LANs – können insbesondere firmen- oder einrichtungsbezogen miteinander verbunden sein. Diese Verbindungstechnologie wird allgemein als ***Backbone*** bezeichnet und bildet sozusagen das „Rückgrat" der jeweiligen Netztopologie. Unsere spezielle Internettechnologie als wesentliche Grundlage unseres Webs wollen wir im Folgenden noch einmal explizit definieren:

> *Das **Internet** ist eine Rechnernetztechnologie, die auf dem Internetprotokoll (IP) basiert und im Allgemeinen implizit in Einrichtungen oder Firmen bzw. explizit von einem Internet Service Provider (ISP) zur Verfügung gestellt wird. Im Internet ist jeder Rechner eindeutig identifiziert und adressiert. Er wird auf dieser Grundlage zentral erfasst, verwaltet und kontrolliert.*

Die *IP-Adresse* identifiziert die Hardware über spezielle Standards, wie zum Beispiel **IPv4** (32 Bit Adressenlänge) und **IPv6** (128 Bit Adressenlänge). Die IP-Adresse hat eine mnemonische Form, wie zum Beispiel *ivs.cs.uni-magdeburg.de,* und eine numerische Form, wie zum Beispiel *141.44.25.51*. Ein IPv6-Beispiel ist hierfür *fe80:z03:baff:fe24:585f.*

Für das Internet sind unter anderem folgende Standards zu beachten, die wir hier zunächst nur einfach auflisten wollen (siehe [Bekkers 2001] oder auch [Magee 1998]):

- Standards zur Informationsdarstellung, wie zum Beispiel die Standards für die Grafiken (ISO 8805 oder 11072) oder für die Textdarstellung (ISO 14478 oder ISOC RFC 822)
- Standards zur Übertragungsform im Internet, wie zum Beispiel die Standards ISO 8072 zum Transportsystem oder der ISOC RFC 854 für die Kommunikationsverbindung
- die Sicherheitsstandards, wie beispielsweise für die Zugriffskontrolle (ISO 9796 oder NIST FIPS 196) oder die Integritätskontrolle (ISO 10116 oder ISOC RFC 1825)
- Standards für die Web-Tools, wie zum Beispiel für die Anwendungsprogrammierschnittstellen (API) als ISO 9945 oder ISOC RFC 1961, für die Datenbanken als ISO 9579 oder für die Sprachen als ISO 10774

Die Internettechnologie findet inzwischen auch in den meisten Unternehmen Anwendung. Das erfordert allerdings spezielle Sicherheitsvorkehrungen, um die firmeninternen Informationen und Operationen zu schützen. Für diese Internetform hat sich der Begriff des Intranets herausgebildet, den wir ebenfalls definieren wollen:

> *Das **Intranet** ist eine internetbasierte Rechnernetzform, die vom übrigen Internet entweder vollständig getrennt ist oder mittels spezieller Schutzmechanismen (z. B. so genannten Firewalls) über Kontaktstellen (zumeist über Router) zum äußeren Internet verfügt.*

Ein typisches Intranetbeispiel ist in der folgenden Abbildung grob skizziert:

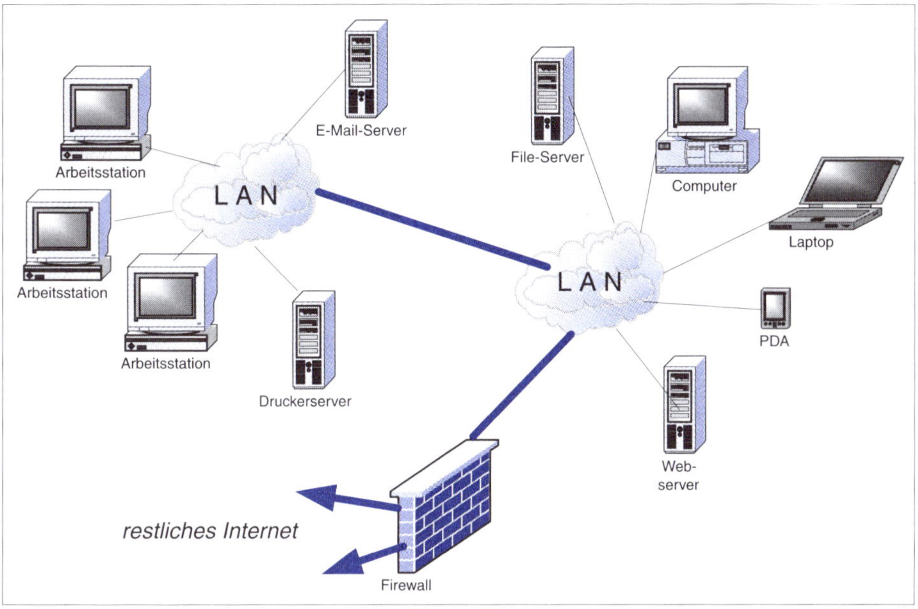

Abbildung 1.7: Allgemeines Architekturbeispiel eines Intranets

Das bereits vorhandene Internet in einem speziellen (geschützten) Kontext zu verwenden, führt uns zu einem weiteren Begriff, den wir auch explizit definieren wollen.

> *Als **Extranet** wird der Teil des Internets bezeichnet, der auf der Grundlage einer speziellen Nutzungsform für einen dadurch definierten Nutzerkreis durch spezielle Technologien (Tunnelung, Kryptografie usw.) geschützt bzw. reserviert ist.*

Auf diese speziellen Technologien für ein Extranet gehen wir im Zusammenhang mit der Bildung und Nutzung derartiger Internetformen noch näher ein.

Eine weitere, im weitesten Sinne mit dem Internet zusammenhängende Technologie ist das so genannte *allgegenwärtige Rechnen (Ubiquitous Computing)*. Es kennzeichnet die Grundidee, „Rechenleistung" stets verfügbar zu haben, insbesondere in seiner mobilen Form. Als Träger dieser Anwendungsform gewinnt vor allem das Internet immer mehr an Bedeutung. Wir definieren diese Ausprägung des Ubiquitous Computing in der folgenden Weise (siehe auch [Banavar 2002] und [Lyytinen 2002]).

> *Unter **allgegenwärtigem Rechnen** verstehen wir die permanente orts-, zeit- und geräteunabhängige Verfügbarkeit spezieller Computerdienste in einem technologischen Gesamtkonzept, wie beispielsweise das des Internets, als Grundlage komplexer, verteilter und skalierter Webdienste.*

Als technische Grundlage werden dabei auch so genannte *spontane virtuelle Netze* eingesetzt. Die Dienstform des Ubiquitous Computing setzt beispielsweise auch die immer weitere Durchdringung aller möglichen Bereiche bzw. Geräteformen voraus, was allgemein als *Pervasive Computing* bezeichnet wird (siehe insbesondere [IEEE 2003]).

Netztechnologien für derartige Dienste können neben dem hier zumeist zugrunde gelegten TCP/IP auch *Funk-LANs* (Reichweite ca. 300 Meter), so genannte *Bluetooths* (mit ca. 20 Meter Reichweite) oder *mobile Gateways* des Telefonnetzes darstellen. Die folgende Abbildung verdeutlicht eine derartige internetbasierte Nutzungsform:

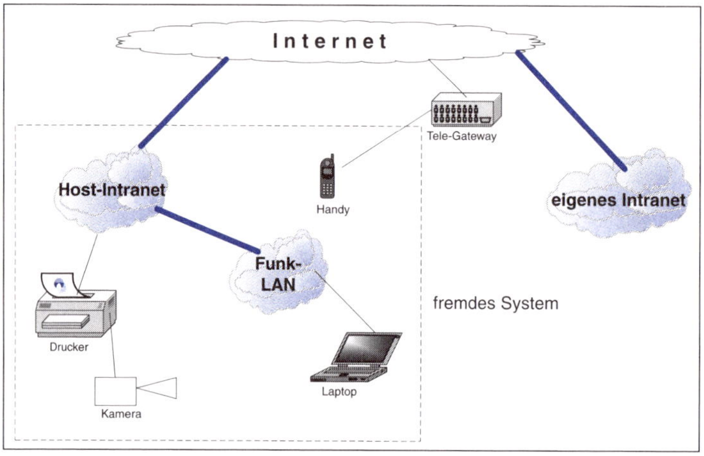

Abbildung 1.8: Mögliche Ausprägung des Ubiquitous Computing

Wir haben bereits mehrfach den Begriff des Servers (als Diensterbringer) verwendet. Auf dieser Grundlage wollen wir jetzt zwei wesentliche Formen der Webdienst-Systeme beschreiben. Als Erstes wenden wir uns den *Client/Server-Systemen* zu, die wir im Kontext des Webs definieren wollen (siehe auch [Coulouris 2002]).

> *Unter einem* ***Client/Server-System*** *verstehen wir ein webbasiertes Softwaresystem, bei welchem die Rollen bzw. Bereiche zwischen dem diensterbringenden Teil (den Servern) und dem dienstnutzenden Teil (den Clients) klar getrennt bzw. strukturiert sind.*

Die Server können verschiedenartige Dienste bzw. *Services* erbringen. Eine Client/Server-Architektur, auf die wir später noch einmal detailliert eingehen werden, hat im Internet beispielsweise die folgende allgemeine Form:

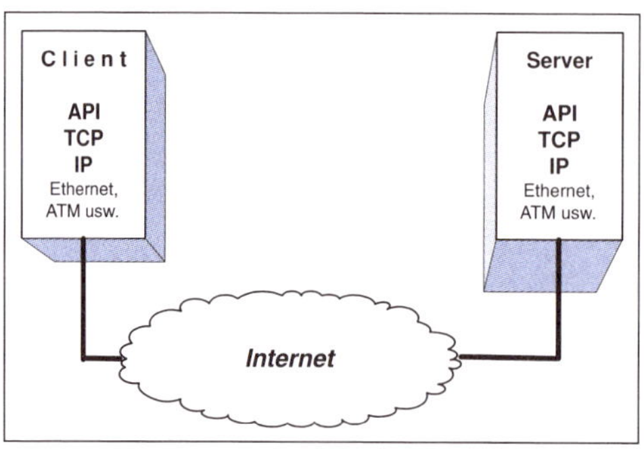

Abbildung 1.9: Allgemeine internetbasierte Client/Server-Verbindung

Mit dem *Application Programming Interface (API)* werden dabei die verschiedenen Dienstrealisierungen der Nutzerschicht zusammengefasst.

Sind diese Dienste nun nicht so klar rollenverteilt oder gar gleichberechtigt, so handelt es sich um die zweite Form der Webdienst-Systeme, die wir wiederum explizit definieren.

> *Webdienst-Systeme, bei denen die Client/Server-Form anwendungsbezogen wechseln kann oder eine gleichberechtigte Diensterbringungs- und Dienstnutzungsform vorliegt, werden **Peer-to-Peer-Systeme** (kurz **P2P**) genannt.*

Ein Diensterbringer – also Server – mit einer derartigen Doppelrolle wird speziell als ***Servant*** *(SERVer And ClieNT)* bezeichnet. Als Basisprozesse für die Webdienste werden im Allgemeinen so genannte Webserver eingesetzt, die wir auch kurz definieren wollen.

> ***Webserver** sind aktive Prozesse eines Rechnernetzknotens, die Webdienste in einfacher oder integrierter Form zur Verfügung stellen.*

Man beachte dabei die Einschränkung auf das WWW. Andere Dienste, zum Beispiel Internetdienste, werden auch durch (andere) Serverarten bereitgestellt, wie zum Beispiel *FTP-Server*, *Mail-Server*, *File-Server* usw. Ein bekanntes Beispiel für einen Webserver ist der so genannte *Apache-Server*, der als Open Source zur Verfügung steht (siehe [Eilebrecht 1998]; darauf gehen wir im Kapitel 5 noch näher ein). Im Webtechnologie-Umfeld wollen wir nun auch den *Application-Server* wie folgt definieren:

> *Ein **Application-Server** stellt hierbei einen Webserver dar, dessen Webservices einem bestimmten Anwendungsbereich zuzuordnen sind. Seine Architektur umfasst in der Regel mehrere Komponenten bzw. fachlich strukturierte Dienste, die in einem firmenspezifischen Gesamtkontext integriert sein können.*

Nachdem wir das Internet als wesentliche Grundlage der Webtechnologie allgemein charakterisiert haben, wollen wir uns nun den speziellen Webtechnologien explizit zuwenden.

Die von Tim Berners-Lee entwickelten Grundlagen des World Wide Web dienten zunächst dazu, Dokumente durch eine Art Hypertextstruktur über *Links* miteinander zu verbinden und sie durch das Internet jedem zugänglich zu machen. Diese Referenzierung zwischen den jeweiligen Dokumenten erfolgt über den so genannten ***Uniform Resources Locator (URL).*** Er bietet die Möglichkeit, auf die jeweiligen Dokumente (auch kurz *Websites* genannt) zu referenzieren, wie zum Beispiel mittels

```
webeng.cs.uni-magdeburg.de
```

auf die Webseite zu diesem Buch. Speziell kann dabei auch eine Referenzierung innerhalb der Dokumente definiert werden bzw. kann diese Referenzierung mit speziellen parametrisierten Suchfunktionen verknüpft werden, wie zum Beispiel

- `webeng.cs.uni-magdeburg.de/` als Referenz auf die Hauptseite bzw. ***Homepage*** unseres Buches (initial wird dabei eine Webseite namens *index.html* aufgerufen)
- `webeng.cs.uni-magdeburg.de/autoren/team.html` als Referenz auf eine spezielle Webseite zu den Buchautoren, wobei „*autoren/team.html*“ einen speziellen Pfadnamen für den Webserver identifiziert
- `webeng.cs.uni-magdeburg.de/search?q=beispiele` als Referenz mit einer Suchaufgabe ausgehend von der Buch-Homepage

Andere Referenzierungsideen, wie die *Uniform Resource Name (URN)*, die insbesondere die logische Identifizierung unterstreicht, oder die *Uniform Resource Characteristic (URC)* als Sammlung spezieller Ressourcen-Eigenschaften haben sich nicht weiter durchgesetzt.

Für die eindeutige Referenz dieser URLs im Web wurde von Berners-Lee das ***Hypertext-Transportprotokoll (HTTP)*** implementiert. Mit dem HTTP stehen gewisse Standardregeln für die Kommunikation in einer allgemeinen Client/Server-Systemarchitektur zur Verfügung. Die Server sind dabei die Webserver und die Clients beispielsweise die so genannten ***Webbrowser***. Die grundlegenden internen Funktionen des HTTP lauten (siehe speziell [Fielding 1996], aber auch [Coulouris 2002]):

- GET: Laden einer Datei (Webseite) vom Webserver (zu einem Webbrowser). Verweist der URL auf ein Programm, so wird es vom Webserver ausgeführt und das Ergebnis dem Client (im Allgemeinen ein Webbrowser) übergeben.
- DELETE: Eine Datei auf einem Webserver löschen. Dabei wird unter Umständen eine Autorisierung überprüft.
- HEAD: Die Dateiinformationen laden, wie beispielsweise letztes Änderungsdatum, Dateityp und -größe.
- OPTIONS: Bereitstellung einer Liste von Methoden (GET, PUT usw.) durch den Server für den Client, die zu einem angegebenen URL erlaubt sind.
- POST: Gibt den URL von Ressourcen bzw. Programmen zurück, die die referenzierten Daten verarbeiten können (beispielsweise als Newsgroup-Einträge oder Datenbasiserweiterungen).
- PUT: Fordert die Abspeicherung eines URL im Webserver zur späteren Verwendung.
- TRACE: Rückgabe der Anforderungsnachricht durch den Webserver, beispielsweise zum Zweck der Analyse oder Überprüfung.

Die Kommunikationsform beim HTTP ist das so genannte Anforderungs-Antwort-Protokoll (Request-Reply). Eine Anforderung kann also beispielsweise lauten:

```
GET  //webeng.cs.uni-magdeburg.de/index.html     HTTP/1.1
```

Sie beschreibt die HTTP-Methode, den URL und die HTTP-Version. Die Antwort hat dann zum Beispiel den Inhalt

```
HTTP/1.1    200    OK    Ressourcendaten
```

und beschreibt die HTTP-Version, den Zustandscode (hierbei „erfolgreich“), die Erfolgskennzeichnung und die explizit referenzierten Daten. Der Zustandscode kann aufgrund des Fehlermodells für Request-Reply-Protokolle Aussagen zur Gültigkeit der Anforderung sowie zur unmittelbar möglichen Antwort kennzeichnen. Beispiele für spezielle Codenummern sind:

204: kein Inhalt vorhanden (no content)

401: nicht autorisierter Zugriff (unauthorized)

403: gesperrter Zugriff (forbidden)

404: nichts gefunden (not found)

414: angeforderter URI zu lang (request-URI too large)

504: Verbindung unterbrochen (gateway time-out)

Im Folgenden wollen wir den allgemeinen Verlauf einer Webseitenanforderung auf der Grundlage des HTTP kurz darstellen. Die folgende Abbildung verdeutlicht die allgemeinen Schritte.

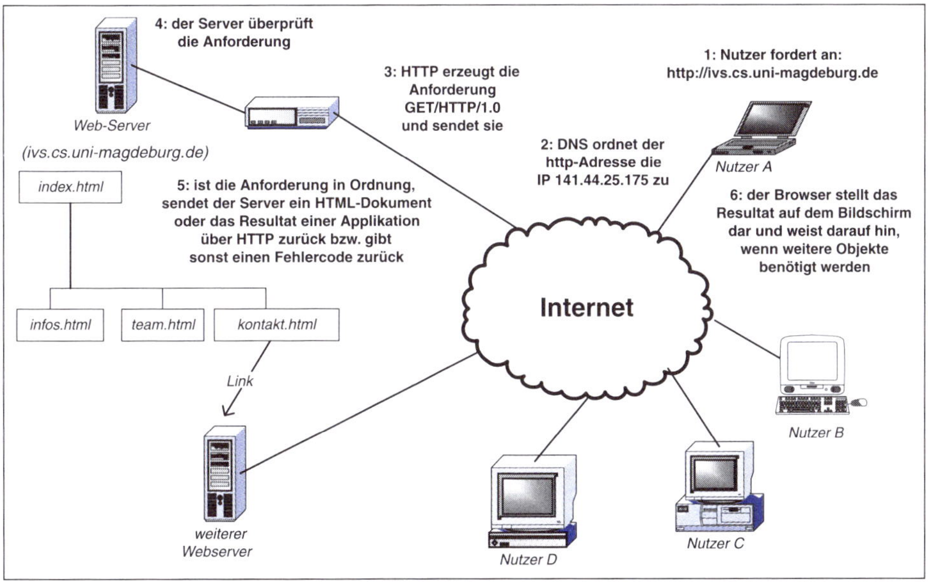

Abbildung 1.10: Verlauf einer Webseiten-Bereitstellung durch das HTTP

DNS (Domain Name Server) ist der jeweilige Dienst im Internet, der eine Abbildung einer HTTP-Adresse auf die jeweilige (im Allgemeinen numerische) Form der Rechneridentifikation (als IP) vornimmt. Für die jeweiligen konkreten Anbindungsformen der Nutzer kann beispielsweise gelten:

Nutzer A:	**Nutzer B:**
100 MB LAN zum Internet *Sun-Blade-100-Rechner* *Netscape 7.01 Browser*	*ADSL zum Internet* *Macintosh* *Netscape 6.22 Browser*
Nutzer C:	**Nutzer D:**
ISDN zum Internet *Pentium 4 mit Windows XP* *Internet Explorer 6.0*	*56000 bps Modem zum Internet* *X11 Terminal* *Mozilla Browser*

Zur Verträglichkeit der Ressourcenübernahme werden die Daten zumeist im so genannten ***MIME-Typ*** *(Multipurpose Internet Mail Extension)* verpackt, welcher sich insbesondere beim Versenden mehrteiliger und heterogener Daten in E-Mails bewährt hat.

Die Implementationssprache für die Dokumente ist die ***Hypertext Markup Language (HTML)***, bei der die Dokumentbeschreibung über spezielle Kommandos, den so genannten *Tags*, vorgenommen wird. Die Interpretation einer HTML-basierten Dokumentbeschreibung wird durch den Webbrowser vorgenommen. Wir gehen auf die HTML in Kapitel 6 noch näher ein.

Die Präsentation der Webdokumente wird also durch Webbrowser realisiert. Die folgende Abbildung soll die allgemeinen Dienste des ***Netscape Navigator*** am Beispiel unserer Lehrbuch-Homepage visuell charakterisieren:

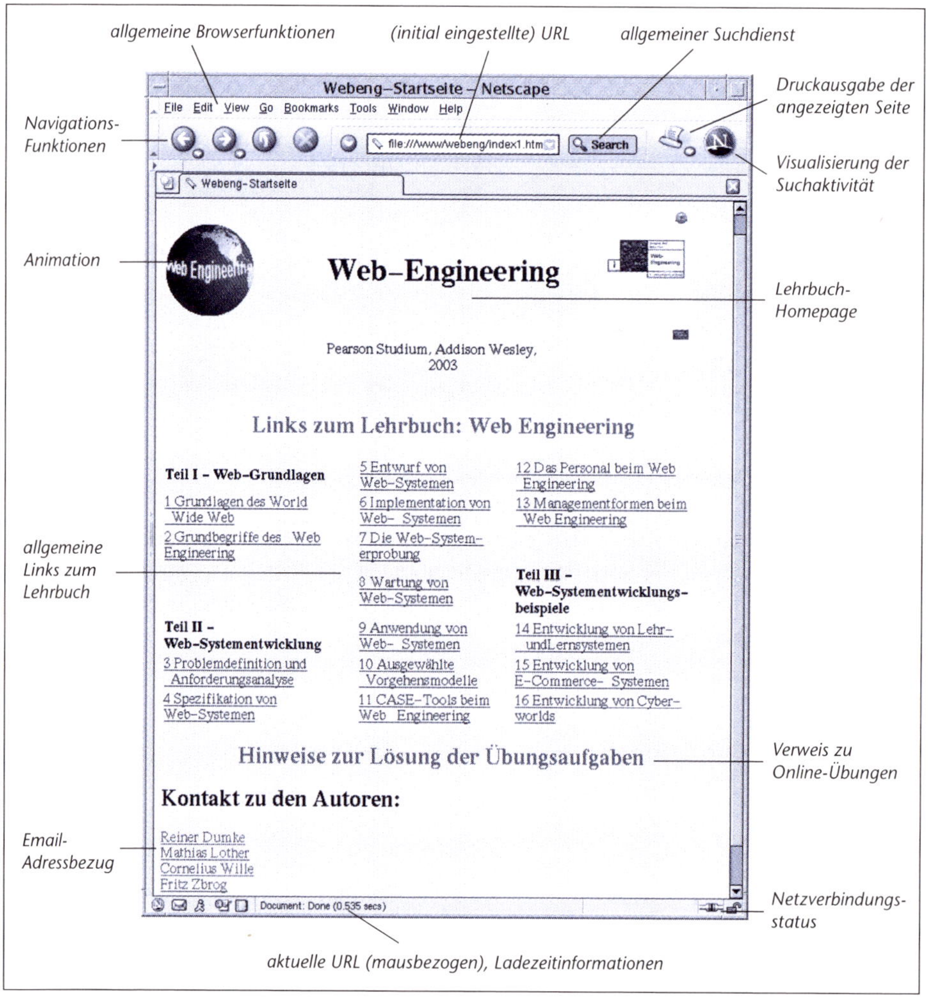

Abbildung 1.11: Lehrbuch-Webseite auf dem Netscape Navigator

Für die ***Navigation*** (oder umgangssprachlich auch *Surfen* genannt) besteht in derartigen Webbrowsern die Möglichkeit folgender URL-Adressenspeicherung bzw. -einstellung:

- Der Aufruf von zuvor gespeicherten Links (beim Netscape Navigator *Bookmarks*, beim Internet Explorer *Favorites*)
- Der Sprung zu einer eingestellten Hauptseite (*Home Page*) beim Browser-Aufruf im jeweiligen Nutzungskontext
- Der relative Sprung zu Webseiten durch *Back-* oder *Forward*, der ein vorheriges Navigieren voraussetzt
- Die Anwendung so genannter Suchmaschinen für eine begriffsbezogene Website-Suche

Für einen effizienten wiederholten Webseitenaufruf sind im jeweiligen Server so genannte *Proxycaches* eingerichtet (lokal zum jeweiligen Browser) bzw. als eigenständige Server (*Proxyserver*) zur Zwischenspeicherung vorgeschaltet. Das sind Speicherbereiche, die bereits „gelesene" bzw. aufgerufene Webseiten eine Zeit lang speichern. Damit kann eine bereits angezeigte Webseite (je nach Cache-Größe) lokal wieder geladen werden.

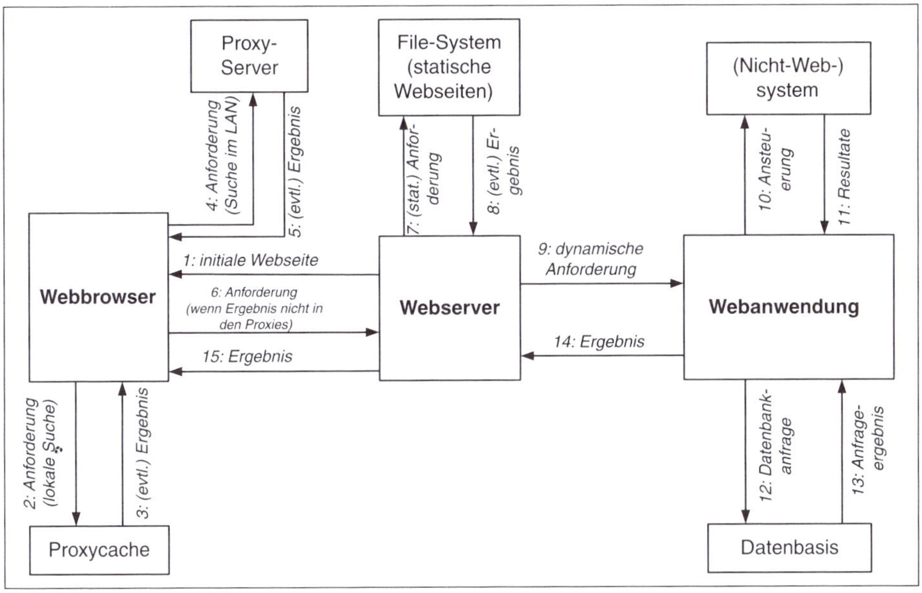

Abbildung 1.12: Architektur und Verlauf einer Webanwendung

Für die Aufgaben der Websuche stehen *Suchdienste* zur Verfügung, die spezielle ***Suchmaschinen*** nutzen. So nutzt beispielsweise *Lycos* die Suchmaschinen *PURSUIT* und *Yahoo!*, eine Lizenz von Open Text. Diese Suchmaschinen müssen immense Datenvolumen bewegen und verwalten. So hatte beispielsweise 1997 *Alta Vista* 50 Millionen Webseiten referenziert und es gab täglich ca. 23 Millionen Zugriffe.

Yahoo! entstand im April 1994 an der Stanford-Universität durch die Doktoranden David Filo und Jerry Yang aus dem Ziel heraus, spezielle thematische Webseiten bzw. Links in einer Art Gelbe Seiten zu strukturieren bzw. zusammenzufassen. Das Ergebnis und das auf der Grundlage einer Verteilungsgebühr von $ 13 erzielte finanzielle Resultat sind hinlänglich bekannt.

Die sehr vereinfachte Architektur einer derartigen Suchmaschine mit seinem *Graphical User Interface (GUI)* zeigt die folgende Abbildung:

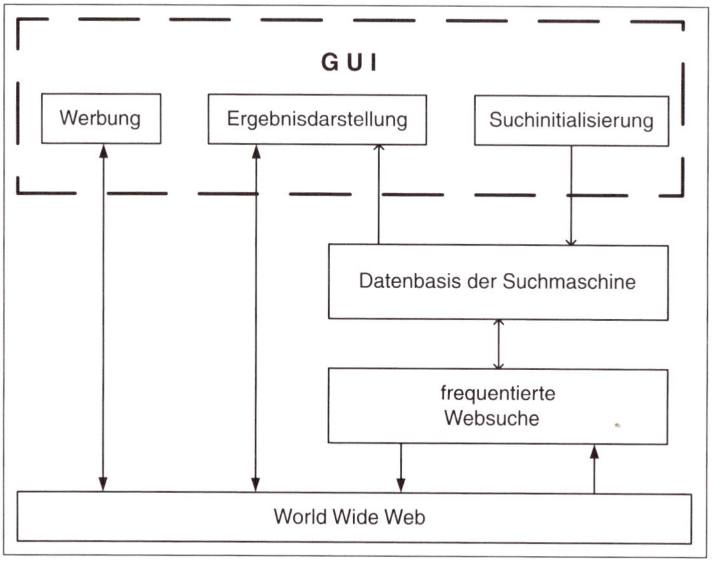

Abbildung 1.13: Allgemeine Architektur einer Websuchmaschine

Wir wollen bereits an dieser Stelle die Aufgaben und Techniken der Suchdienste bzw. der dabei verwendeten Suchmaschinen kurz charakterisieren. Die Suchmaschinen aktualisieren ihre Datenbasis nach „Netzbeobachtungen" (im Allgemeinen wöchentlich). Dabei werden solche Programme wie *Spider*, *Worms* oder *Robots* verwendet. Die Datenbasis hat als Suchbegriff spezielle Schlüsselwörter (als Suchindex) und als eigentlichen Dateninhalt eine Beschreibung (z. B. die Titelangabe bei HTML-Dateien) sowie den oder die entsprechenden Weblinks. Sie gewährleistet dabei die Anpassung an aktuelle Suchprofile. Für die Websuche bestehen die Möglichkeiten der Angabe von Schlüsselwörtern, logischen Verknüpfungen, Kategorieangaben oder Hinweise zu speziellen Suchstrategien. Der Suchbegriff bzw. -ausdruck hat dabei die folgenden allgemeinen Formen:

- Einfache Wortangabe bzw. Wortliste (allerdings unterscheidet beispielsweise *Lycos* nicht deren Reihenfolge)
- Die Verbindung der Begriffe durch logische Operatoren, wie AND bzw. „+", OR, NOT, NEAR (für den synonymen Bezug) und ADJ (für die Wortverbindung)
- Die Zusammenfassung einer Wortfolge bzw. eines Satzes mit „..." und die Kennzeichnung eines Wortstammes mit beliebigen Endungen durch „*"
- Eine mögliche Untersetzung bzw. Verfeinerung der Suche

Die Initiierung einer passiven Suche im herkömmlichen Sinne oder einer aktiven Suche durch so genannte Announcer/Poster-Systeme wird im Allgemeinen automatisch ausgelöst.

Bei der Auslistung der Suchergebnisse wird ein Ranking durchgeführt, beispielsweise in der Art, zunächst die Dokumente anzugeben, die die genannten Schlüsselwörter enthalten, dann die Ergebnisse mit einem Keyword und schließlich die Ergebnisse, die die Keywords als Zeichenfolge beinhalten. Die Gruppierung des Suchergebnisses wird jeweils nach einer festen Dokumentenanzahl (10, 20, 25, 100 usw.) oder in einer wählbaren Anzahl vorgenommen. Darüber hinaus ist die Verwendung weiterer vorgefertigter Suchdienste, wie „What's New" oder *Frequently Asked Questions (FAQs), möglich.* Durch eine Suchmaschine kann eine spezielle *persönliche* Ausrichtung vorgenommen werden, beispielsweise in Form von *MyYahoo!* oder *MyNetscape*. Die Suchformen können unterschiedliche technologische Ausrichtungen haben, wie zum Beispiel eine Link-Verfolgung, die Suche in vorgegebenen Datenbereichen bzw. *Online-Directories* oder als Bildsuche. Schließlich besteht auch die Möglichkeit der Anwendung von Nonstop-Suchdiensten wie *CUSI (Configurable Unified Search Index)* oder *SUSI (Simultaneous Unified Search Index).*

Die folgende Abbildung fasst die Grundkomponenten der Web-Basistechnologie in vereinfachter Form noch einmal zusammen (vgl. Abb. 1.6):

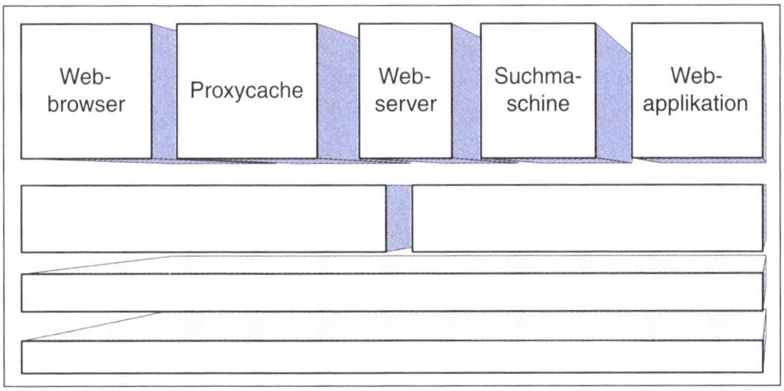

Abbildung 1.14: Basiskomponenten für die Webtechnologien

Neben der Suche im Web interessieren den Webseitenanbieter natürlich die jeweiligen Zugriffshäufigkeiten und -quellen. Ein Beispiel einer derartigen Suchstatistik hinsichtlich der Zugriffsmengen in der jeweiligen Tageszeit ist im folgenden Bild angegeben.

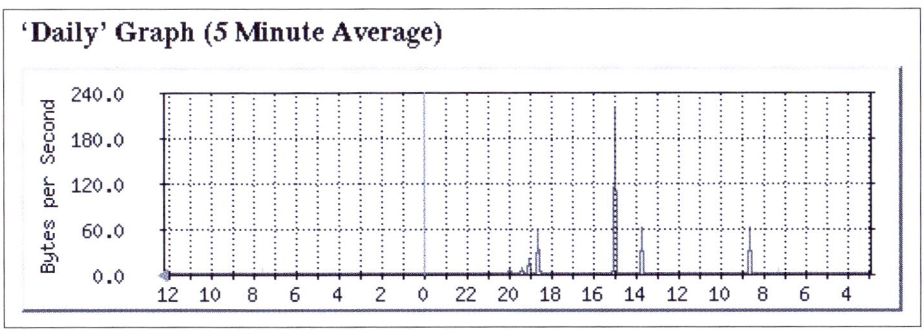

Abbildung 1.15: Beispielstatistik für eine Webserver-Zugriffsanalyse

Neben dieser die reinen Zugriffe zählenden Analyseform können derartige Statistiken auch hinsichtlich der jeweiligen Dokumente, auf die die Zugriffe erfolgten, oder nach dem Nutzer (als so genannte *IP-Domäne*) ausgerichtet werden. Die Nutzungsform bzw. -folge durch einen Nutzer kann in einer Sequenz so genannter *Click-Streams* dokumentiert werden.

Nach der etwas detaillierten Beschreibung der Webtechnologie-Grundlagen wollen wir im Folgenden spezielle Technologien bzw. Techniken, die insbesondere vom W3C-Konsortium initiiert wurden, nur kurz auflisten:

- Zur Standardisierung von Grafikformaten wurde beispielsweise das ***Portable Network Graphics (PNG)*** geschaffen, welches dem GIF insbesondere bei den Komprimierungstechniken überlegen ist. Außerdem entwickelte das Konsortium die ***Scalable Vector Graphics*** basierend auf XML für die Anwendung in unterschiedlich großen Geräten.
- Die ***eXtensible Markup Language (XML)*** ist die standardisierte Grundlage für die Entwicklung weiterer spezieller Markup-Sprachen. So wurde beispielsweise die ***Synchronized Multimedia Integration Language (SMIL)*** implementiert, die sich insbesondere für die Integration verschiedener Medien eignet und als Umgebung für die Zusammenarbeit in Echtzeit (als virtuelles Besprechungszimmer) anwendbar ist. Um eine bessere Dokumentengestaltung zu erreichen (Trennung von Inhalt und Form) definierte *Hakon Lie* die ***Cascading Style Sheets (CSS)***. Auf die Details dieser Sprachen gehen wir noch in Kapitel 6 näher ein.
- Für die Darstellung dreidimensionaler Szenen wurde die ***Virtual Reality Modelling Language (VRML)*** entwickelt. Auf diese Technologie gehen wir allerdings später nicht näher ein, sondern widmen uns analogen Java-Techniken für diese Anwendungsformen.
- Für die Verbesserung der Interoperabilitätstechniken erarbeitete das W3C-Konsortium ein ***Document Object Model (DOM)***. Aus einer *Interaktivität* soll eine *Interkreativität* werden. Wir behandeln die Grundeigenschaften dieser Modellform bei der Betrachtung der ***Dynamic HTML (DHMTL)***.
- Der Zugriff zum Web sollte für jedermann möglich sein, daher initiierte das W3C-Konsortiums die ***Web Accessibility Initiative***.
- Die Zusammenarbeit soll vor allem durch das ***Live-Early-Adoption-and-Demonstration- (LEAD-)*** Projekt gefördert werden. So werden die Webtools *Amaya* und *Jigsaw* angeboten, die die neuen Technologien bereits experimentell einsetzbar machen.
- Ähnlich wie bei relationalen Datenbanken geht es darum, die verschiedenen Webinhalte zu verknüpfen. Dafür wurde vom Konsortium ein ***Resource Description Framework (RDF)***, welches auf XML basiert, entwickelt. Für die allgemeine Verknüpfung von Websites werden *Schemasprachen* entwickelt, eine für XML und eine für RDF. Auch auf diese Technologie gehen wir bei der Behandlung der Implementation von Websystemen noch näher ein.

Für die einzelnen Entwicklungsetappen des Webs gibt es unterschiedliche Klassifikationen. So unterteilt beispielsweise Powell (siehe [Powell 1998]) die Webtechnologien bis zum Zeitpunkt des von ihm verfassten Buches insgesamt in *drei Generationen* (siehe auch [Berners-Lee 1999], [Kaye 1999] und [Nobles 2001]):

- Die ***erste Generation*** begann ca. 1993 mit dem Mosaik-Browser und stellte eine wesentliche Verbesserung der Dokumentenanzeige und -nutzung im Internet dar. Die Dokumente bestanden vornehmlich aus Text, wenigen Bildern bzw. Abbildungen und ersten nur elementaren Möglichkeiten zur Interaktion. Die Interaktionen wurden zumeist mit Hilfe der *Common-Gateway-Interface- (CGI-)Scriptsprache* implementiert und die Bilder waren zumeist im so genannten *Graphics Interchange Format (GIF)* implementiert. Die folgende Abbildung verdeutlicht diesen Entwicklungsstand.

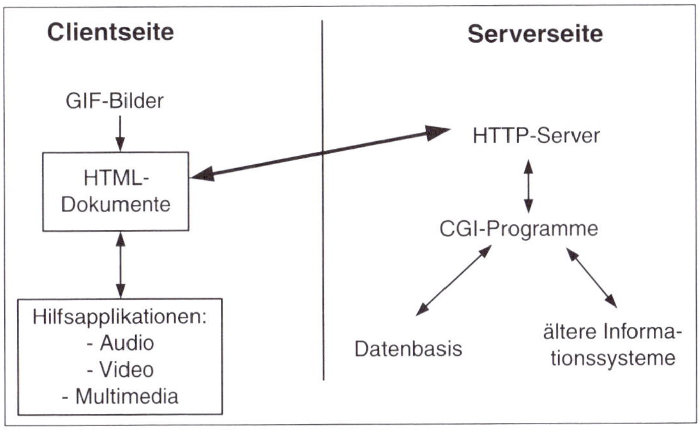

Abbildung 1.16: Merkmale der ersten Generation der Webtechnologie

- Die ***zweite Generation*** wird auch als „frühes Netscape“ bezeichnet und begann etwa 1995. Sie ermöglichte weitere multimediale Implementationsformen, wie zum Beispiel das *JPEG-Format (Joint Picture Expert Group),* sowie integrale Serverkomponenten für die Bereitstellung komplexer Informationsdienste bzw. deren Analysierbarkeit durch so genannte *Cookies*. Die folgende Abbildung zeigt diese weiteren Möglichkeiten.

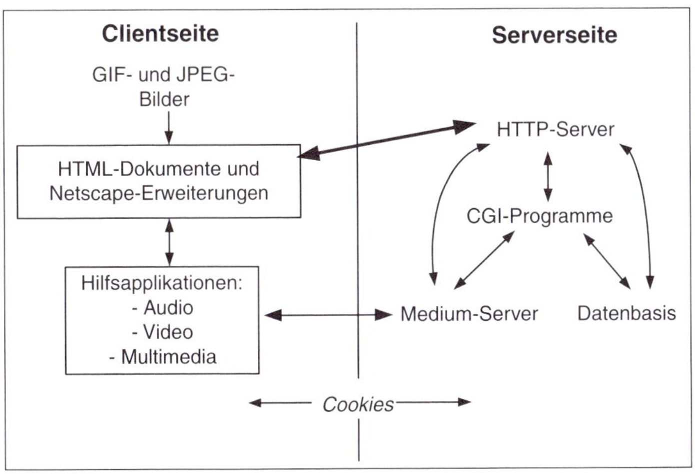

Abbildung 1.17: Merkmale der zweiten Generation der Webtechnologie

- Die ***dritte Generation*** ermöglichte schließlich die Anwendung von *Scripts*, *Java-Applets* bzw. nachladbaren Komponenten für spezielle Mediendarstellungen (so genannte *Plug-ins*). Diese Generation begann etwa 1997. Eine vereinfachte Darstellung dieser Möglichkeiten zeigt uns die folgende Abbildung:

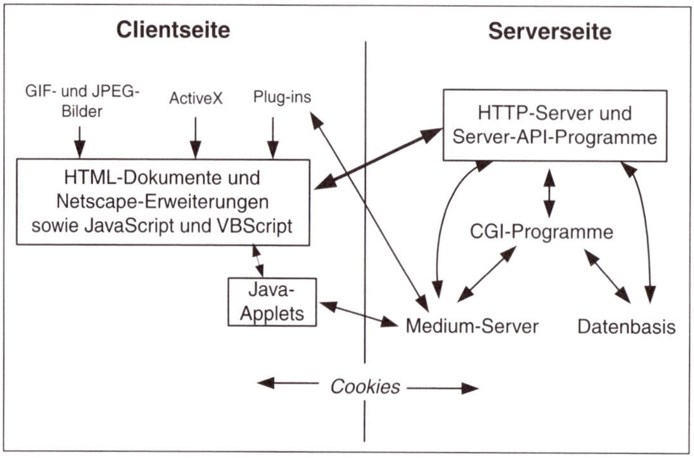

Abbildung 1.18: Merkmale der dritten Generation der Webtechnologie

Wir wollen noch zwei weitere Generationen definieren, die jeweils neue technologische und damit verbundene neue Dienstqualitäten implizierten.

- Die ***vierte Generation*** der Webtechnologie ermöglichte insbesondere die konsistente Entwicklung von Informationssystemen durch eine „inhaltsgetragene" Tool-gestützte Implementations- und Wartungsform im so genannten *Content Management*. Als Scriptsprache dominiert in diesem Kontext die *Personal-Home-Page- (PHP-)* Sprache mit dem dazugehörigen Hypertext Preprocessor. Für die Anbindung einer Datenbasis wird zumeist eine vereinfachte Form der *Structured Query Language* als *MySQL* angewandt. Speziell werden Server-seitig so genannte *Java Server Pages (JSP)* oder *Active Server Pages (ASP)* für grundlegende Interaktionsformen mit den Clients eingesetzt. Innerhalb der Browser- oder Suchmaschinentechnologie besteht die Möglichkeit, selbst eigene Grundeinstellungen als „My-Einstellungen" vorzunehmen oder diese vom Server kontext- bzw. nutzungsabhängig zu generieren. Die folgende Abbildung zeigt wiederum vereinfacht die Grundmerkmale dieser neuen Möglichkeiten im Web, die den Beginn dieser Generation etwa 1999 fixieren.

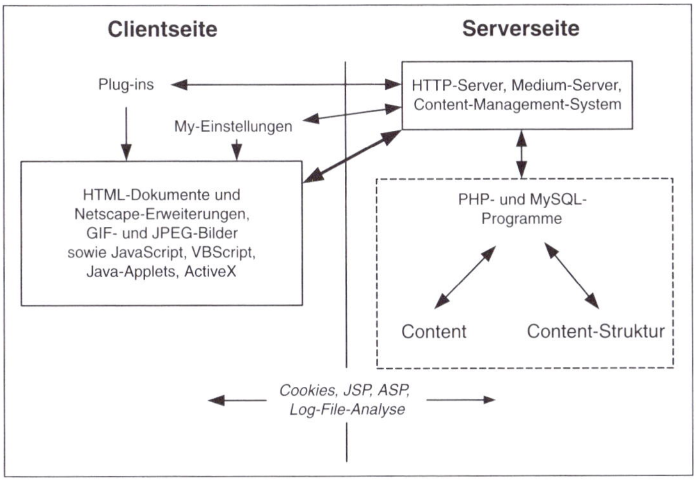

Abbildung 1.19: Merkmale der vierten Generation der Webtechnologie

- Die ***fünfte Generation*** begann etwa im Jahr 2001 und definierte bzw. implizierte die Anwendung von Webtechnologien für das *Semantische Web* durch das so genannte *Resource Description Framework (RDF)* für die nahezu beliebige Verknüpfung von Webinhalten bzw. Interaktionsmöglichkeiten auf der Grundlage einer *DARPA Agent Markup Language (DAML)*. Die inhaltliche Auswertung des Webcontents wird mittels so genannter *Schemasprachen* realisiert.

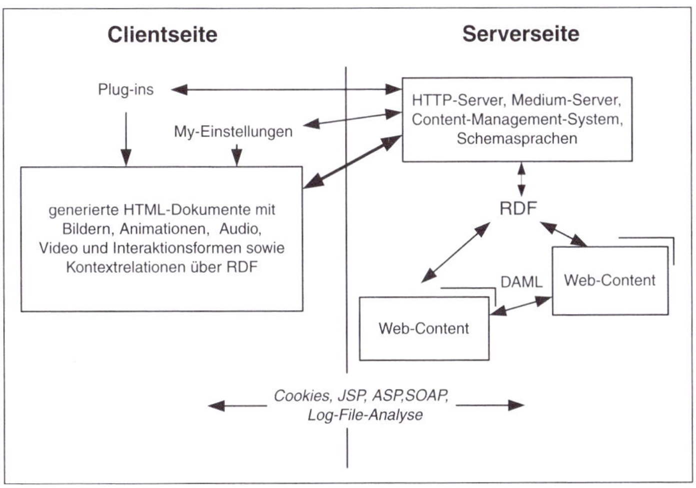

Abbildung 1.20: Merkmale der fünften Generation der Webtechnologie

Künftige Generationen, die ein wirkliches Kooperieren bzw. umfassende Operationalität in eingebetteten Systemen ermöglichen, sind gerade im Entstehen.

Aus der technologische Sicht ergeben sich für das Web eine Reihe aktueller Probleme, die wir im Folgenden kurz auflisten wollen (siehe insbesondere [Berners-Lee 1999]):

- ***Web of Trust***: Wichtig für ein derartiges „Web des Vertrauens" sind zum Beispiel die Verschlüsselungstechnologien, wie das *Public-Key-Crypthography- (PKC-)* Verfahren, welches aber, da es von den USA als „Waffe" klassifiziert wurde, nicht in seiner leistungsfähigen Version (128-Bit-Schlüssel) exportiert werden darf. Das PKC bietet auch die Möglichkeit, Webseiten eindeutige Nummern (*digitale Signaturen*) zuzuweisen. Die Verfahren *Pretty Good Privacy (PGP)* und *Secure MIME (S-MIME)* sind zwei Standards für digitale Signaturen.

  Um weiterhin Vertrauen aufzubauen, werden beispielsweise *Zertifikate* für vertrauenswürdige Webanbieter vergeben. Vom Webnutzer können auch so genannte *Click Streams* erzeugt werden, die sein Anwendungsverhalten dokumentieren. Ebenso können vom Server aus so genannte *Cookies* Kundeninformationen sammeln. Das Problem ist dabei allerdings, dass der Benutzer nicht weiß, welche Informationen gesammelt werden und wie und wo sie weitere Anwendung finden. Das *Platform for Privacy Preferences Project (P3P)* des W3C ist eine Initiative, eine Art *Public Key Infrastructure (PKI)* als technologische Grundlage für ein Web of Trust zu schaffen.

- ***Dezentralisiertes Wachstum des Webs:*** Das Web ist in verschiedene Domänennamensräume unterteilt (gemäß punktierter Unterteilung). Auf der obersten Ebene dieser Hierarchie befinden sich 13 Computer. Der Ausfall nur eines einzigen davon stört ganze Bereiche des Internets und damit des Webs.

- ***Domänennamensgebung:*** Bisher wurde die Namensvergabe von der *Internet Assigned Numbers Authority (IANA)* an der Universität von Südkalifornien verwaltet. Es galt bei der Vergabe das Motto: „Wer zuerst kommt, malt zuerst." Bestimmte Namen sind allerdings insbesondere beim E-Commerce von besonderem Interesse. Daher wird gegenwärtig eine gemeinnützige Organisation aufgebaut, um diesen Prozess der Vergabe von Domänennamen zu lenken. So genannte Toplevel-Domännamen werden zentral festgelegt, während Subdomännamen zumeist national verwaltet werden.

- ***Unabhängigkeit:*** Die Infrastruktur des Webs besteht aus den vier Schichten des Übertragungsmediums, der Hardware, der Systemsoftware und schließlich der Anwendungen. Die Unabhängigkeit dieser drei Komponenten ist nach Meinung von Berners-Lee sehr wichtig. Er beschreibt die Probleme bei der Verletzung dieser Unabhängigkeit beispielsweise wie folgt: „Noch hinterhältiger ist, dass mein Internetanbieter auch die Möglichkeit hätte, mir eine bessere und schnellere Verbindung zu Sites zu bieten, die dafür bezahlt haben ... Die so genannten Portale repräsentieren das sich selbst verstärkende Wachstum von Monopolen, insbesondere diejenigen mit vertikaler Integration." [Berners-Lee 1999, S. 194/195] Allerdings sieht er in der Größe des heutigen Webs (zum Glück) keine Möglichkeit einer derartigen Zentralisierungsform.

- ***Verantwortung:*** „Für eingebettete Verknüpfungen ist der Autor des Dokuments jedoch verantwortlich, auch wenn der Inhalt von einer anderen Website importiert wurde, und sogar wenn das Dokument die URI für den eingebetteten Text oder das Bild anzeigt, so dass ein Browser die Originalquelle prüfen kann." [Berners-Lee 1999, S. 206/207]

Nach dieser Behandlung grundlegender Webtechnologien wollen wir uns nun in einer ersten Übersicht den verschiedenen Möglichkeiten und Ausprägungen von Websystemen zuwenden.

1.3 Webbasierte Softwaresysteme

Wir haben bisher bereits oftmals den Begriff der Websysteme verwendet. Dabei reichte uns das im Allgemeinen vorhandene intuitive Verständnis aus. Jetzt wollen wir uns im Rahmen der Einführung mit diesem Begriff etwas genauer beschäftigen. Wir definieren daher wie folgt:

> ***Webbasierte Softwaresysteme*** *(kurz Websysteme) sind Softwaresysteme, die auf der Grundlage der Webtechnologie implementiert und im World Wide Web genutzt werden.*

Eine wesentliche Ausprägungsform von Websystemen ist deren hypermedialer Charakter. Hypermedial setzt sich aus *Multimedia* und *Hypertext* zusammen, deren Merkmale wir zunächst kurz darstellen wollen. Wir definieren erst einmal den Begriff der Hypertextsysteme:

> ***Hypertextsysteme*** *sind Softwaresysteme zur Erzeugung von Texten verschiedenster Art und Form (z. B. Publishing), die auf einem Computer angewendet (angesehen) werden und die* ***referentiellen*** *Möglichkeiten dieses Computers hinsichtlich der Ausführung von Operationen, wie Sprünge zu bzw. Aufrufen von (passiven) Files, Aktivieren von erläuternden Programm- oder Systemabläufen usw., anwenden.*

Die prinzipielle Struktur verdeutlicht die folgende Abbildung:

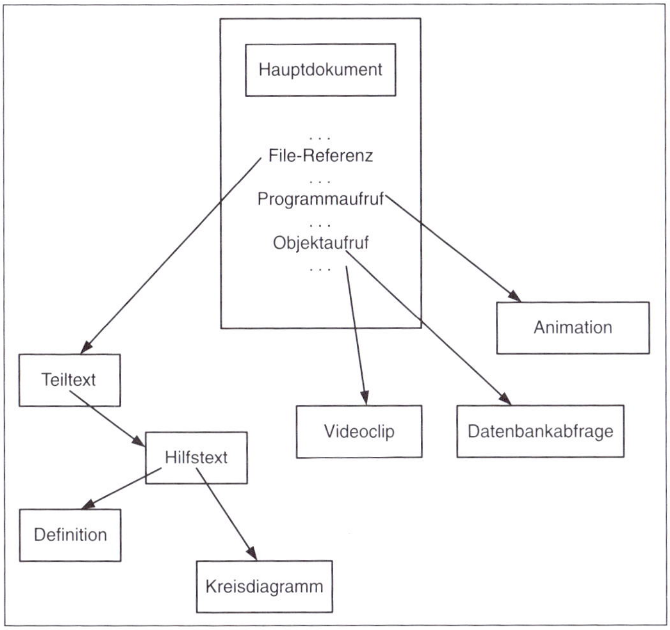

Abbildung 1.21: Allgemeine Hypertextstruktur

Derartige Systeme implizieren also das Problem der Navigation in offenen Komponentenräumen, im so genannten *Hyperspace*.

Die weitere Ausprägung von Websystem-Technologien definieren wir wie folgt (siehe auch [Chang 2000] und [Schifman 1997]).

> ***Multimediale Systeme*** *sind Softwaresysteme, die mehrere Wahrnehmungsbereiche (als Medien) in der Speicherung, Darstellung und Anwendung von Informationen umfassen. Diese Medien leiten sich aus den Sinnen des Menschen ab, wie dem Sehen, dem Hören, dem Tastsinn, dem Temperatursinn, dem Geschmackssinn, dem Geruchssinn und dem Gleichgewichtssinn.*

Gegenwärtig werden hauptsächlich die visuellen und auditiven und in ersten Anfängen auch die olfaktorischen (den Geruchssinn betreffenden) Formen unterstützt. Man beachte allerdings, dass in denkbaren Robotersystemen deren Kommunikation bzw. Wahrnehmung auch andere, dem Menschen nicht sicht-, fühl- oder hörbare Formen zur Anwendung kommen (können).

Die gebräuchlichsten, aus den visuellen und auditiven Formen gebildeten Informations-Darstellungsarten sind die folgenden (siehe auch [Jarz 97] und [Schifman 1999]):

- **Diskrete Informationsart:** Text, Partitur, Grafik, Bild und Objekt
- **Kontinuierliche Informationsart:** Sprache, Klang, Animation, Film und Welten

Die folgende Tabelle nach [Jarz 97] gibt einen Überblick über die Anwendungsfelder multimedialer Systeme (siehe auch [Kaye 1999], [Krol 1992] oder [Thomas 1995]). Auf die jeweiligen technologiebezogenen Begriffe gehen wir später noch einmal genauer ein.

UNTERHALTUNG:	**LERNEN:**
Spiele	Edutainment
interaktives Kino	Courseware
Pay-TV	Teachware
Pay per View	Telelearning
Video on demand	Teleteaching
Near Video on demand	Simulation
PERSÖNLICHE KOMMUNIKATION:	**VERKAUFSKOMMUNIKATION:**
Videokonferenz	Point of Sales-Systeme
Telekonferenz	Teleshopping
Voice Mail	Homeshopping
Video Mail	elektronische Märkte
CSCW (s. u.)	Werbung
Bildtelefonie	Buchungssysteme
Kommunikationsforen	elektronische Einkaufskataloge
MASSENINFORMATION:	**INFORMATION RETRIEVAL:**
Point of Information Systeme	Archivierung
Präsentationen	Dokumentation
Electronic Publishing	Expertensysteme
Infotainment	Engineering-Ansätze
Visualisierung	

Tabelle 1.1: Anwendungsfelder multimedialer Systeme

Bei Multimediasystemen unterscheiden wir weiterhin zwischen passivem und interaktivem Multimedia hinsichtlich der Einbeziehung des Nutzers. Wie bereits erkennbar, haben hypermediale Systeme einen großen Anteil an Interaktion bzw. Kommunikation. Die *Kommunikationssysteme* mit ihrer im Allgemeinen interaktiven Nutzungsform erlangen gerade im Zeitalter des Internets eine zunehmende Bedeutung. Wir definieren daher wie folgt eine Software-Systemform mit diesen Merkmalen (siehe beispielsweise [Goertzel 2002] oder auch [Noll 2001]):

> ***Kommunikationssysteme*** *sind interaktionsbasierte Softwaresysteme, die auf der Grundlage eines Nachrichtenaustausches eine zweckgebundene Systemnutzungsform implizieren. Kommunikationsbasierte Nutzungsformen können beispielsweise die Kooperation, die Koordination, die Konferenz oder die Konsultation darstellen.*

Dabei ist eine zunehmende Tendenz der Verflechtung von webinitiierter, kontrollierter bzw. integrierter Kommunikation im Web zu verzeichnen.

Kommunikationssysteme haben den im folgenden Bild dargestellten allgemeinen Aufbau mit der Angabe ausgewählter Aspekte:

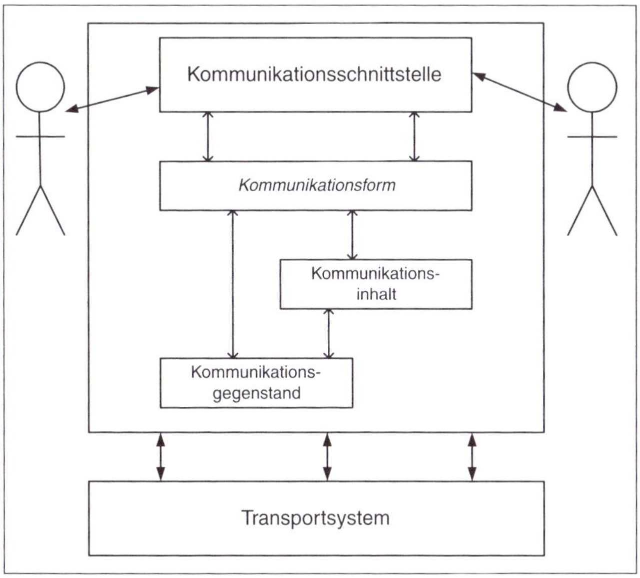

Abbildung 1.22: Allgemeine Kommunikationsstruktur von Websystemen

Nach [Haywood 98] sind folgende Anforderungen für eine effiziente Kommunikation über weite Entfernungen hinweg notwendig:

- Standards für die gegenseitige Verfügbarkeit und Anerkennung der Rollen sind definiert und akzeptiert.
- Die Teammitglieder beseitigen Verständnisprobleme durch Kommunikation.
- Als Hauptkommunikationsform wird die synchrone Form angewandt.
- Die Kommunikationspartner geben in verantwortlicher Weise den Kommunikationsinhalten und –formen den Vorrang.

Hinsichtlich der Beteiligten an einer Kommunikation werden im Allgemeinen verschiedene Konfigurationen unterschieden, die in der folgenden Abbildung strukturell beschrieben sind:

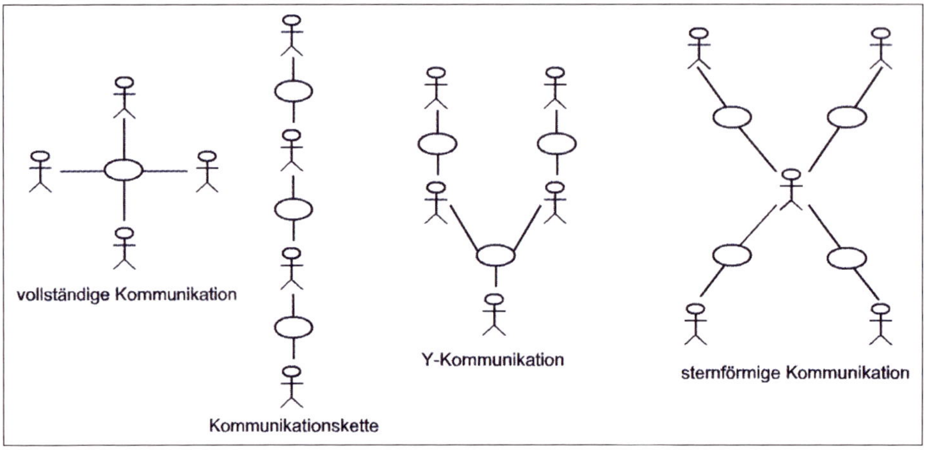

Abbildung 1.23: Allgemeine Kommunikationsformen

Die kreisförmigen Symbole in diesen Diagrammen kennzeichnen spezielle Komponenten eines Kommunikationsprozesses.

Die Kommunikation ist je nach Anwendungsbereich Bestandteil einer Interaktion als Verständigung über den Austausch von Informationen und Arbeitsgegenständen in verschiedenen Formen der Beteiligung (Einzel- und Gruppenkommunikation) und der Zeitbezogenheit (synchron und asynchron). Die Anforderungen an die jeweilige Kommunikationsform bei unterschiedlicher Beteiligungsanzahl wird unterschieden in:

- *1:1-Kommunikation:* Hierbei kann eine einfache Einzelkanaltechnologie zur Anwendung kommen.
- *1:n-Kommunikation:* Realisiert durch einen Einzelgruppenkanal werden beispielsweise Nachrichten an viele Teilnehmer (Multicast) oder alle Teilnehmer (Broadcast) geschickt.
- *n:1-Kommunikation:* Die technologische Grundlage ist ein Gruppeneinzelkanal, der auch als „Combine" bezeichnet wird.
- *n:n-Kommunikation:* Hierfür ist schließlich ein Gruppengruppenkanal erforderlich, den man auch als All-to-all-Broadcast bezeichnet.

Wir wollen im Folgenden kommunikationsgestützte Systemformen kurz charakterisieren.

Koordination: Diese kommunikationsbasierte Organisationsform dient der Synchronisation bzw. Ablaufplanung verteilter Aktivitäten zur Websystem-Entwicklung und -Anwendung im Rahmen eines *Planungskonzeptes*. Derartige Aktivitäten können eingebunden sein in ein allgemeines Management von webbasierten Tätigkeiten bis hin zu Koordinierungsaufgaben im Rahmen der *Global Software Production.*

Für die Synchronisation existiert bei der Koordination im Web das besondere Problem der (weltweiten) Gleichzeitigkeit.

Eine vereinfachte Darstellung eines Koordinationssystems ist beispielsweise die in der folgenden Abbildung gezeigte allgemeine Architektur:

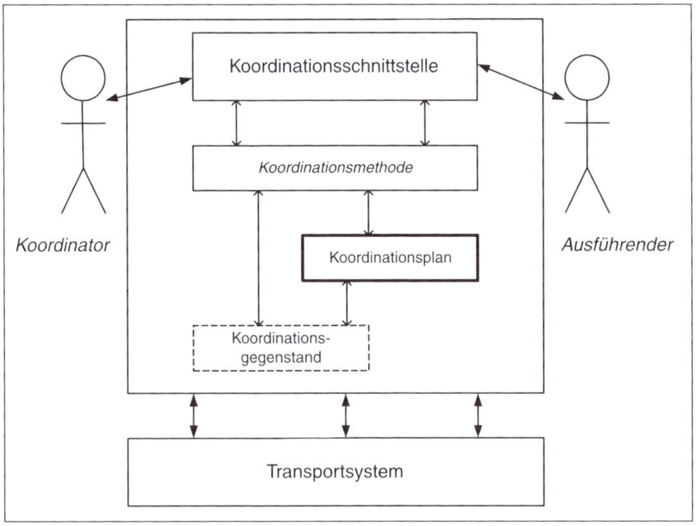

Abbildung 1.24: Allgemeine Systemstruktur einer Koordination

Konsultation: Diese System- bzw. Organisationsform dient der Beratung zur Lösung von Teilaufgaben der Websystem-Entwicklung bzw. -Anwendung in einem Anwendungskontext. Typische Systemausprägungen sind hierbei die klare Rollenverteilung hinsichtlich Beratenden und Konsultanten, die adäquat verteilte Systeminhalte für die Gewährleistung der Rollenwahrnehmung impliziert.

Die folgende allgemeine Architekturdarstellung eines Konsultationssystems verdeutlicht diese Komponentenausprägung für eine webbasierte Systemlösung.

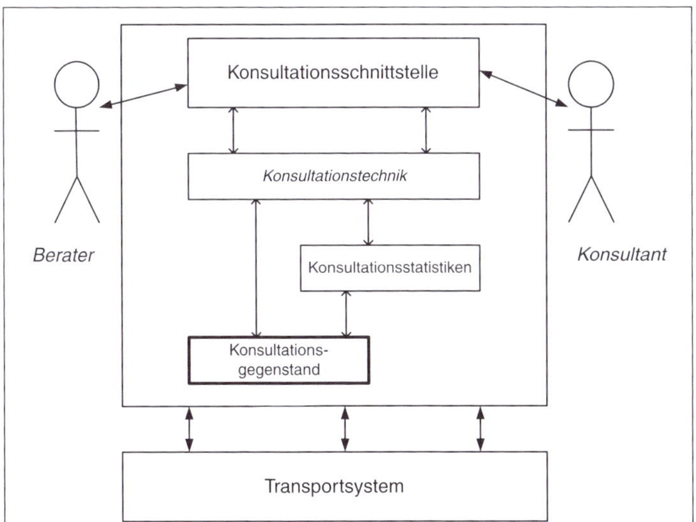

Abbildung 1.25: Allgemeine Konsultationsstruktur

Konferenz: Die kommunikationsbasierte System- bzw. Organisationsform einer Konferenz dient im Allgemeinen dem Informationsaustausch, der Verhandlung bzw. Verständigung zu grundlegenden Zielen und Strategien auf einer webbasierten Grundlage. Wesentliche Komponenten für derartige Websysteme sind beispielsweise die Verständigungsgrundlage (Konferenzsprache) und eine mögliche Rollenstruktur der Teilnehmer (z. B als Konferenzleitung, -assistenz und -protokollierung).

Konkrete Formen dieser Systemart können beispielsweise sein:

- Das *Videoconferencing* mit einer visuellen Kontaktmöglichkeit und einer adäquaten Rollenverteilung für den jeweiligen Anwendungsbereich
- Das *Teleconferencing*, welches ausschließlich auf akustischer Verständigung basiert und gegebenenfalls als Informationsträger im Falle einer webbasierten Lösung verteilte Dokumentensysteme nutzt
- Das *Document Conferencing* mit einer ausschließlich dokumentenbasierten Kommunikationsform

Die folgende Abbildung zeigt uns wiederum die webbasierte Systemausprägung:

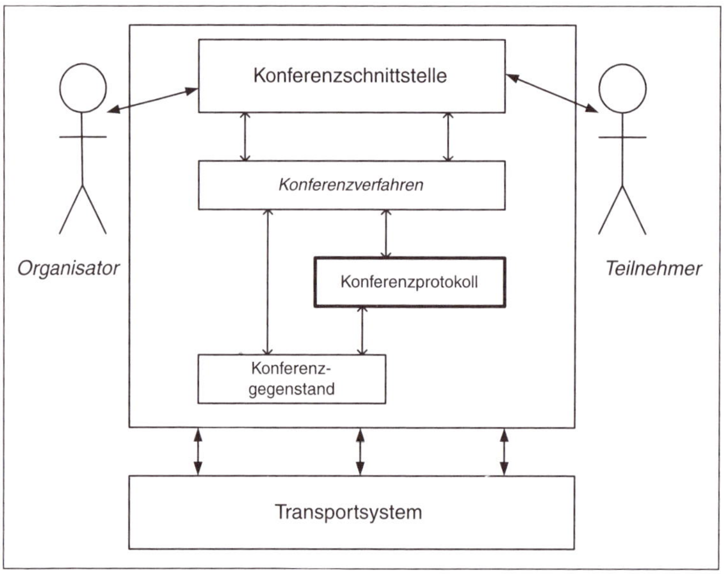

Abbildung 1.26: Allgemeine Struktur eines Konferenzsystems

Kooperation: Diese Organisations- bzw. Systemform kann als die Zusammenarbeit auf der Grundlage eines gemeinsamen, verteilten Arbeitsgegenstandes und einer entsprechenden Aufgabenverteilung verstanden werden. Sie erfordert im Gegensatz zu den vorherigen kommunikationsbasierten Formen die umfangreichsten technologischen Ressourcen und systemtechnischen Ausprägungen.

Die Kooperation selbst kann Komponenten einer Koordination sowie spezieller Konferenz- oder Konsultationsformen mit einschließen.

Für ein webbasiertes Kooperationssystem ist eine digitale Form des Kooperationsgegenstandes von besonderem Vorteil, um eine nahezu vollständige webbasierte Systemausprägung zu erreichen.

Auch für diese „Ko-Form" wollen wir eine allgemeine Architekturbeschreibung angeben, die einer webbasierten Systemart zugrunde liegen kann.

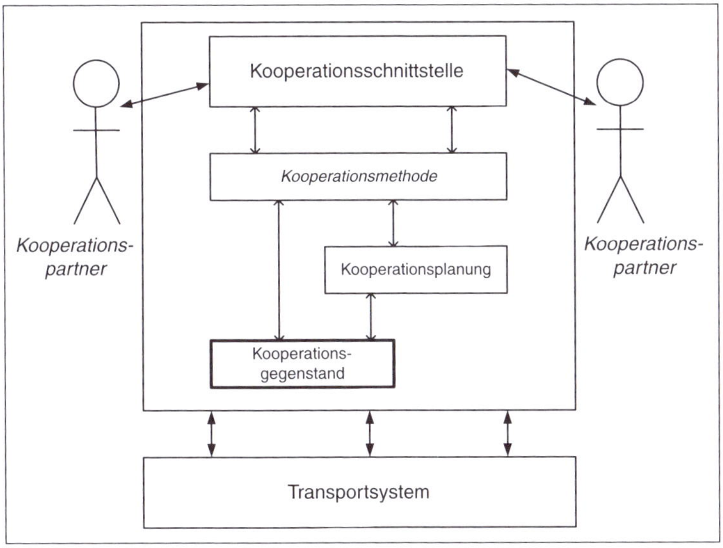

Abbildung 1.27: Allgemeine Kooperationsstruktur

Die kommunikationsbasierten Formen gleichberechtigter Zusammenarbeit, wie die Kooperation, Konferenz und Koordination, werden auch unter dem Begriff *Kollaboration* zusammengefasst. Generell wird eine mehr oder weniger gruppenbasierte Zusammenarbeit auch als *Computer-Supported Cooperative Work (CSCW)* bezeichnet.

Wir wollen jetzt auf Websystem-Ausprägungen eingehen, die bereits zumeist geläufig sind und breite Anwendung finden. Der Nutzen von Websystemen kommt insbesondere durch ihr Leistungsvermögen als *Webdienste* bzw. *Webservices* zum Ausdruck. Wir geben dafür zunächst eine allgemeine Definition an (siehe auch [Apte 2001] bzw. [Rajput 2000]):

> ***Webservices*** *sind aktive Programme/Prozesse oder Softwarekomponenten in einer speziellen Umgebung, die den Zugriff und das Management gewisser Ressourcen erlauben, um bestimmte Funktionen für diese Umgebung erfüllen zu können.*

Eine derartige Umgebung kann natürlich bereits unser Webbrowser sein, auf dem wir mit unserer Homepage einen allgemeinen Informationsdienst implementieren können. Für diese Umgebungen hat sich inzwischen der Begriff der Webportale etabliert, den wir wie folgt beschreiben wollen:

> ***Webportale*** *sind Umgebungen für die Bereitstellung bzw. Gewährleistung von Webservices.*

Dabei sind diese Webservices durchaus sehr flexibel (bzw. dynamisch) und beinhalten zum Teil bereits nahezu alle unsere *„Ko-Formen“*, wie die Konsultation, Konferenz, Kooperation und Koordination. Webportale werden in der Literatur (siehe spezielle [Wege 2002]) allgemein unterteilt in:

- ***Public-Portale:*** Diese Webportale sind allgemein verfügbar und stellen auch zumeist Dienste für jedermann zur Verfügung. Beispiele hierfür sind Yahoo! sowie die hinlänglich bekannten Suchmaschinen. Im Allgemeinen besitzen derartige Portale auch Auswahlmöglichkeiten für eine Zuschneidung auf den persönlichen Bedarf als so genannte *Personalisierung*. Die in diesem Zusammenhang erfolgte Auswahl des „persönlichen“ Teils der Portaldienste wird technologisch durch so genannte *Portlets* implementiert.
- ***Unternehmensportale:*** Diese Portalart, auch als „Corporate Desktop“ bezeichnet, dient der Zugriffsmöglichkeit für die Angestellten zu den unternehmensrelevanten Informationen und Anwendungen.
- ***Handelsportale:*** Hierbei geht es um die Dienstbereitstellung im weitesten Sinne, die Käufer und Verkäufer miteinander verbinden bzw. zweckgebunden kommunizieren lassen.
- ***Spezielle Portale:*** Hierzu zählen Webportale für spezielle Anwendungen, wie zum Beispiel das SAP-Portal, oder für Dienste spezieller Interessenten, wie beispielsweise Uni-Laborportale usw.

Für die Ressourcen unserer Webservices hat sich mit *Web Content* bereits ebenfalls ein spezieller Begriff herausgebildet. Wir definieren hier auch diesen Begriff.

> *Der **Web Content** ist die Informationsressource von Webservices, der technologisch über hypermediale Grundmerkmale verfügt und inhaltlich von Datenmengen über Dokumente bis hin zu Wissensbasen reicht.*

Für eine konsistente Ressourcenverwaltung sind umfangreiche Systeme erforderlich – die ***Content-Managementsysteme***. Für uns sind dies natürlich *Web Content-Managementsysteme*. Neben den Aufgaben der eigentlichen Erstellung der Ressourcen sind dabei solche Aufgaben wie die Recherche, Kontrolle, Konfiguration, Zugriffsform und Archivierung zu realisieren. Beispielsysteme, auf die wir hier zunächst nicht näher eingehen, sind *BladeRunner*, *InfoOffice*, *POET Content Management Suite* oder *Spectra*.

Insgesamt können wir folgende technologische Anforderungen an unsere Websystem-Gestaltung, wenn sie insbesondere dokumentenorientiert ist, konstatieren (siehe auch [Gronbeck 1999] und [Powell 1998]):

- Webseiten sollten inhaltlich konfigurierbar bzw. mit anderen Seiten operativ verbunden werden können.
- Für eine Menge von Dokumenten sind zweckmäßige bzw. effiziente Speicherungs- und Zugriffsformen bzw. Navigationsstrukturen zu gewährleisten.
- Über die Nutzung von Webservices sind Informationen zu erfassen und leicht auswertbar zu gestalten.
- Die Webservices sollten flexible Kommunikationsformen beinhalten bzw. bereitstellen.
- Der Web Content sollte auf den verschiedensten Plattformen nutzbar sein.

Schließlich seien nun auch die Web-Anwendungssysteme allgemeiner Natur und sollen als *Informationssysteme* näher spezifiziert werden (siehe speziell [Kroenke 2002]).

> ***Web-Informationssysteme*** *sind Content-bezogene Webservices, die durch Webserver bzw. Serverarchitekturen instrumentiert sind und jeweils eine mehr oder weniger spezielle Thematisierung des Contents besitzen.*

Beispiele für diese Systemart sind *Digitale Bibliotheken*, Auskunftssysteme oder auch so genannte *Data Warehouses*.

Als weitere allgemeine Websystemart wollen wir neben den Informationsmöglichkeiten auch die Steuerungsmöglichkeiten einbeziehen. Das führt uns zu den so genannten *operationalen Websystemen*. Operationale Websysteme implizieren unterschiedliche Assoziationen und Inhalte. Daher definieren wir diesen Begriff erst einmal wie folgt:

> ***Operationale Websysteme*** *schließen umfangreiche Systemarten bzw. -komponenten (Webportale, Webserver, Web-Informationssysteme usw.) mit ein und führen unmittelbar eine Operationalität im Sinne der Steuerung, Überwachung und/oder Kontrolle durch. Dabei kann eine interaktive Nutzungsform integriert sein.*

Derartige Systeme sind also beispielsweise:

- Eine webgestützte Steuerung von Verkehrsleiteinrichtungen
- Webcams in der passiven (selbst aktualisierenden) oder aktiven (steuerbaren) Form
- Webbasierte Anlagensteuerungen in speziellen Unternehmensbereichen

Die folgende Abbildung verdeutlicht noch einmal die grundlegende Architektur eines speziellen operationalen Websystems zur Gesundheitsüberwachung auf der Grundlage von signalerfassenden und operationalen Körpercomputern (beispielsweise als so genannte *Wearable Computer*):

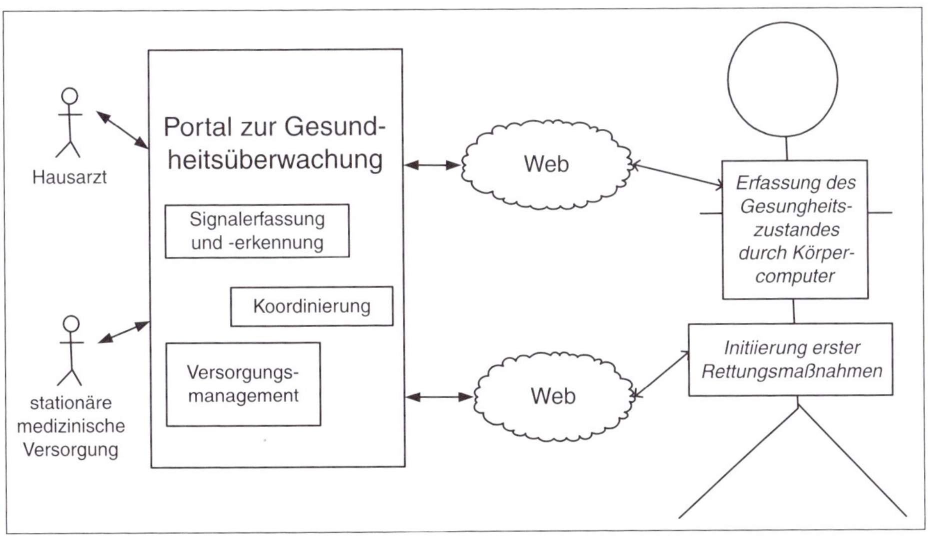

Abbildung 1.28: Beispielarchitektur eines operationalen Websystems

Die Operationalität von Websystemen existiert auch in einer passiven Form, in dem eine kontinuierliche Abarbeitung von Softwareeinheiten, wie zum Beispiel so genannter Softwareagenten, erfolgt, die zum Beispiel Nutzerdienste im „Hintergrund" realisieren oder der Überwachung und Effizienzverbesserung des Webs selbst dienen. Die dabei auch mögliche Technologie einer Anpassung im weitesten Sinne führt uns zur nächstfolgenden Systemdefinition:

> ***Adaptive Websysteme*** *sind webbasierte Softwaresysteme, die auf der Grundlage von passivem oder aktivem Anpassungsvermögen ihren Web Content sowie die darauf basierenden Webservices gemäß sich ergebender neuer Situationen und Zustände im Web anpassen können.*

Während ein passives Anpassungsvermögen auf speziellen Lern- bzw. so genannten Inferenzalgorithmen basiert, besitzt das System im aktiven Falle eine gewisse Autonomie auf der Grundlage von Intentionen und komplexen Zielen. Beispiel für diese Systemart sind webbasierte Navigationssysteme bzw. intelligente und lernende Systeme überhaupt.

Die besondere Ausrichtung einer speziellen Adaptivität auf den Nutzungskontext eines Websystems führt zu einer speziellen Systemdefinition folgender Art:

> ***Kontextadaptive Websysteme*** *werden solche Websysteme genannt, bei denen der Kontext der Benutzung, wie zum Beispiel die Lokalität der Systemanwendung sowie die physischen und technologischen Gegebenheiten, den Anpassungsinhalt bzw. die Anpassungsform bestimmen.*

Das bedeutet zum Beispiel, dass eine Webanwendung für den Nutzer sich auf die technologischen Gegebenheiten (Netzart, Servicekontext usw.) anpasst oder je nach Lokalität der Anwendung (Supermarkt, Bank, Sportstätte usw.) die genau für diesen Bereich zweckmäßigen Dienste bereitstellt.

Die bisherigen Websystemarten basieren im Allgemeinen auf einer durch den jeweiligen Nutzer ausgelösten Funktionalität. Websysteme können allerdings auch im gewissen Rahmen von sich aus aktiv werden bzw. im erforderlichen Maße handeln. Wir definieren daher noch eine weitere Websystemart:

> ***Proaktive Websysteme*** *sind Softwaresysteme, die im Web auf der Grundlage spezieller intelligenter Technologien agieren bzw. basierend auf situativem Handeln mehr oder weniger selbständig reagieren.*

Derartige System können zum Beispiel Überwachungssysteme jedweder Art sein. Allerdings muss hierbei die jeweilige Tauglichkeit der proaktiven Handlungsweise explizit erwiesen sein, wie zum Beispiel im folgenden Websystem für die intelligente Verkehrsüberwachung:

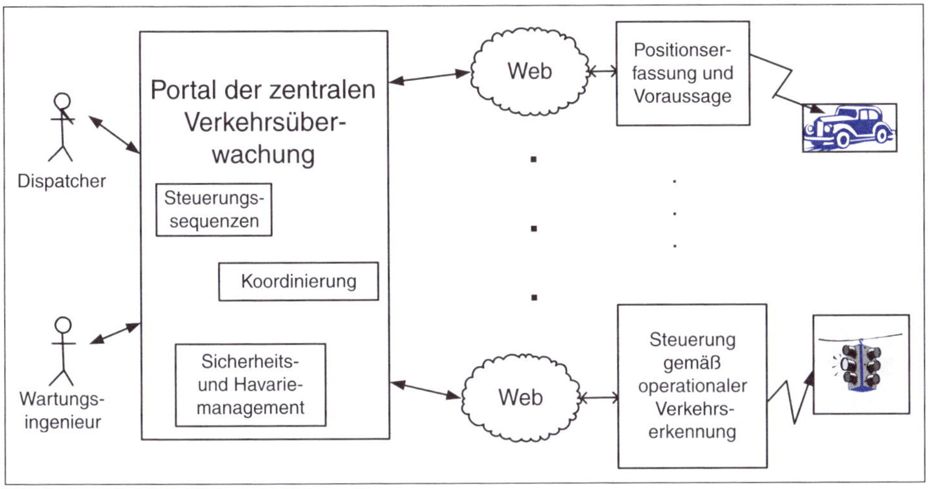

Abbildung 1.29: Beispielarchitektur eines proaktiven Websystems

Abschließend wenden wir uns allgemeinen personellen Strukturen im Web zu, die vor allem zu den Nutzern bzw. Anwendern zählen und denen zumeist ein gleichartiges Interessengebiet oder eine Interessenlage gemeinsam ist (siehe [Figallo 98]).

> ***Webcommunities** sind Personengruppen, die eine gemeinsame Nutzung spezieller Webservices verbindet und die auf der Grundlage gleichartiger Interessen eine mehr oder weniger ausgeprägte Kommunikationsform nutzen.*

Nach diesen Ausprägungen webbasierter System wollen wir uns im nächsten Kapitel dem eigentlichen Web-Engineering zuwenden.

Übungsaufgaben

1. Geben Sie die Grundkomponenten des World Wide Web an, wie sie Berners-Lee ursprünglich entwickelt hat.
2. Welche grundlegende Idee bzw. *Vision* verfolgt(e) Berners-Lee mit dem WWW?
3. Auf welcher Rechnernetzschicht und welcher Netztechnologie setzt das WWW auf? Nennen Sie weitere Dienste, die ebenfalls auf dieser Schicht aufsetzen.
4. Charakterisieren Sie die wesentlichen Merkmale des *Intranets* und des *Extranets*.
5. Welche Entwicklungsintentionen werden beim *ubiquitous* und *pervasive Computing* verfolgt und wie wirken sich diese Technologien auf das WWW aus?
6. Geben Sie die technologischen Grundlagen eines *Client/Server-Systems* bzw. einer *Peer-to-Peer*-Systemausprägung an.
7. Beschreiben Sie den Ablauf von *HTTP*-basierten Protokollsequenzen an ausgewählten Beispielen.
8. Erläutern Sie die allgemeine Architektur von *Webbrowsern* und deren verschiedene nutzerspezifischen Ausprägungen.
9. Charakterisieren Sie ausgehend von den architektonischen Grundlagen die wesentlichen Such- und Anzeigetechniken von Suchmaschinen.
10. Geben Sie die wesentlichen technologischen Unterschiede für die Klassifikation des WWW in *Generationen* an.
11. Beschreiben Sie die Probleme der *Vertraulichkeit*, der *Namensgebung* und der *Unabhängigkeit im Web* und charakterisieren Sie die gegenwärtigen Lösungsansätze zu diesen Problemen.
12. Erklären Sie die grundlegenden Eigenschaften und Anforderungen an *Hypertext-* und *multimedialen Websystemen*.
13. Erläutern Sie die grundlegenden Merkmale und Architekturformen von webbasierter *Kooperation, Koordination, Konferenz und Konsultation*.
14. Beschreiben Sie an einem zusammenhängenden Beispiel die Begriffe *Web Content, Webservice und Webportal*.
15. Charakterisieren Sie die technologischen Unterschiede zwischen *operationalen, adaptiven* und *proaktiven Websystemen*.

Kapitel 2 Grundbegriffe des Web Engineerings

2.1 Zum Begriff des Web Engineerings

In der Literatur finden wir unter anderem folgende Definitionen, die das Web Engineering allgemein charakterisieren:

„Web Engineering is the establishment and use of sound scientific, engineering and management principles and disciplined and systematic approaches to the successful development, deployment and maintenance of high-quality Web-based systems and applications." [Murugesan 2001]

„Web Engineering – The application of systematic, disciplined and quantifiable approaches to the cost-effective development and evolution of high-quality applications in the World Wide Web." [Gaedke 2001]

Insgesamt geht es beim Web Engineering darum, folgende Aspekte des Software Engineerings für den Bereich der webbasierten Systeme anzuwenden bzw. auszuprägen:

Methoden: hinsichtlich der anwendbaren bekannten Entwicklungstechnologien bzw. der Erarbeitung neuer Formen für die speziellen Anforderungen der Verteilung, Navigation und Kommunikation

Werkzeuge: als Menge der CASE-Tools für die Entwicklung, Wartung und Analyse webbasierter Systeme

Standards: bezüglich der besonderen Formen und Inhalte von geltenden bzw. De-facto-Standards für die Regulierung und Handhabung webbasierter Systeme

Maßsystem: als Menge der Bewertungsformen und -kriterien für die neuen komplexen Systemarten

Erfahrungen: als empirische Grundkriterien für die qualitätsgerechte Entwicklung webbasierter Systeme

Wir gehen hierbei im Rahmen des Web Engineerings von einer ganzheitlichen Sicht zum Software Engineering aus und definieren daher wie folgt:

***Web Engineering** ist die methodenbasierte, werkzeugunterstützte, quantifizierte, standardgerechte, erfahrungsnutzende und Community-bezogene Entwicklung und Wartung von webbasierten Softwaresystemen.*

Wir wollen im Folgenden auf einige Unterschiede beim Web Engineering im Gegensatz zum „klassischen" Software Engineering eingehen. Aus der Softwareentwicklung kennen wir den allgemeinen Prozess in der folgenden Form (siehe [Dumke 2001] und [Pfleeger 1998]).

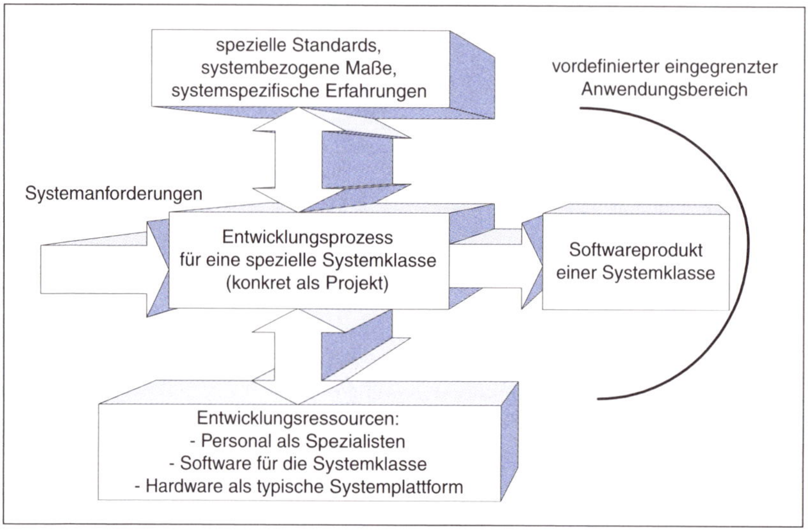

Abbildung 2.1: Klassische Form der Softwareentwicklung

Die dabei genannte Systemklasse bedeutet die klassische Ausrichtung von Softwaresystemen für verschiedene Anwendungsbereiche bzw. auf der Grundlage verschiedener Technologien. Abbildung 2.2 verdeutlicht diese Vielfalt bzw. Spezialisierung (siehe [Chang 2000], [Dumke 2001] oder [O'Connell 2001]).

Die rechte Seite in dieser Abbildung verweist auch darauf, dass die Systemarten jeweils ihre speziellen Anforderungsformen besitzen. Einige der Besonderheiten der Entwicklung von Websystemen wollen wir im Folgenden darstellen (siehe [Murugesan 2001] oder auch [Powell 98]):

- Die Entwicklung von Websystemen bezieht sich gegenwärtig noch vor allem auf dokumentorientierte statische oder dynamische Webseiten.
- Websysteme unterliegen bereits während der Entwicklung immensen Änderungen in all ihren Komponenten, Technologien und Anwendungsbereichen.
- Die Entwicklung selbst hat weniger eine phasenbezogene Form, sondern ist inhaltsbezogen bzw. „inhaltsgetrieben" und besitzt im Allgemeinen dauerhaft inkrementellen bzw. evolutionären Charakter. Das bedeutet beispielsweise, dass Prototypentwicklung, Produktentwicklung und die nachfolgende Softwarewartung miteinander verschmelzen.
- Bei der Anwendung von Websystemen muss mit einer umfangreichen Anwendung innerhalb kürzester Zeitabstände gerechnet werden.
- Außerdem stellt das Web zum einen das Entwicklungsmedium und zum anderen auch das Anwendungsmedium selbst dar.

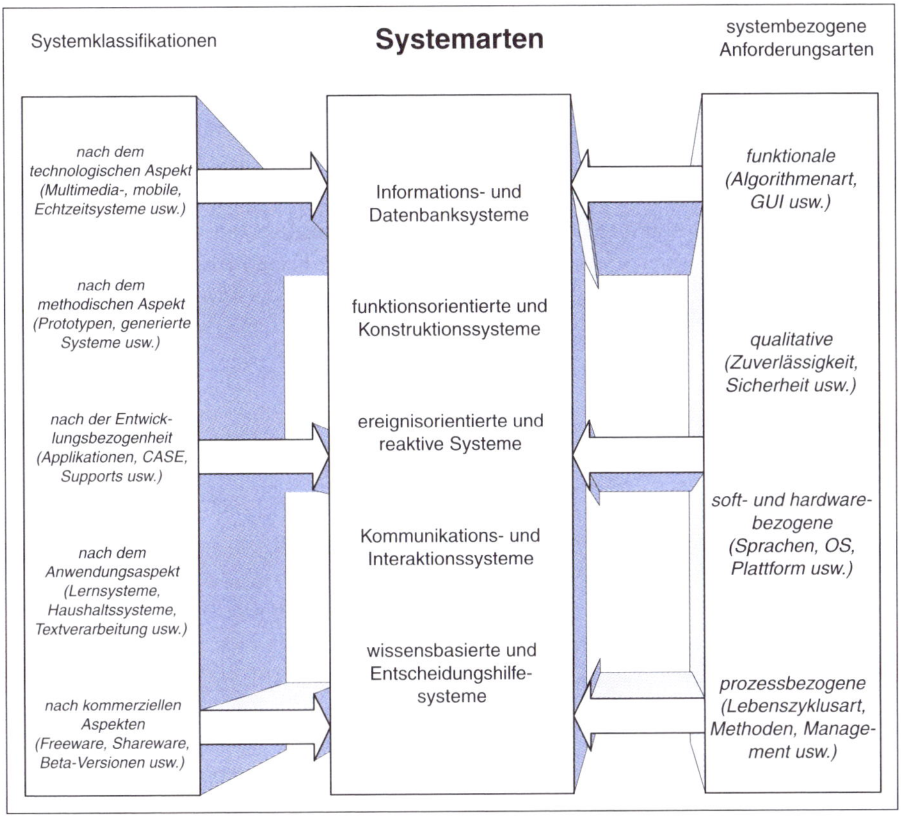

Abbildung 2.2: Spezielle Ausprägungen klassischer Softwaresysteme

- Die Entwicklung von Websystemen vollzieht sich im Kontext der immer weiteren Durchdringung aller Lebensbereiche mit Computern und ermöglicht eine ständige Verfügbarkeit derartiger Systeme.
- Darüber hinaus ist die Anwendungsform bzw. der Anwendungskontext nicht vordefiniert. Zu den avisierten Nutzergruppen können sich auch destruktive Anwender gesellen bzw. die Anwendung kann sachfremd oder missbräuchlich eingesetzt werden.
- Bei der Entwicklung von Websystemen ist zu beachten, dass vor allem die Technologie selbst als Web einer permanenten Evolution unterliegt.
- Die große Komplexität und Vielschichtigkeit künftiger Websysteme vereint einerseits die unterschiedlichsten Entwicklungsspezialisten (vom klassischen Softwareentwickler für die unterschiedlichsten Systemausprägungen bis hin zum Designer bzw. Künstler für die Gestaltung der Nutzeroberflächen) und fokussiert andererseits auf die unterschiedlichsten privaten und institutionellen Nutzergruppen.
- Die Entwicklung von Websystemen vollzieht sich im Kontext umfangreicher Wandlungen in den Implementationstechnologien von einem nun schon klassischen objektorientierten hin zu einem agentenorientierten Software Engineering.

- Die bereits existierenden und zum Teil sehr umfangreichen Altsysteme werden in Websysteme umgewandelt. Dabei ist oftmals eine kontinuierliche Anwendungsform aufrechtzuerhalten.
- Schließlich ist die Verfügbarkeit von Websystemen im Allgemeinen stets „für jedermann" gegeben.

Die Merkmale künftiger webbasierter Systeme stellen also das Software Engineering vor neue komplexe Herausforderungen, die alle Bereiche der Softwareentwicklung von den Methoden zu den Technologien, den personellen Ressourcen bis hin zu den gesellschaftlichen Implikationen und den damit verbundenen neuen Gesetzgebungen für den Anwendungsbereich betreffen.

Eine stark vereinfachte Beschreibung der Entwicklung von Websystemen ist in der folgenden schematischen Darstellung gegeben:

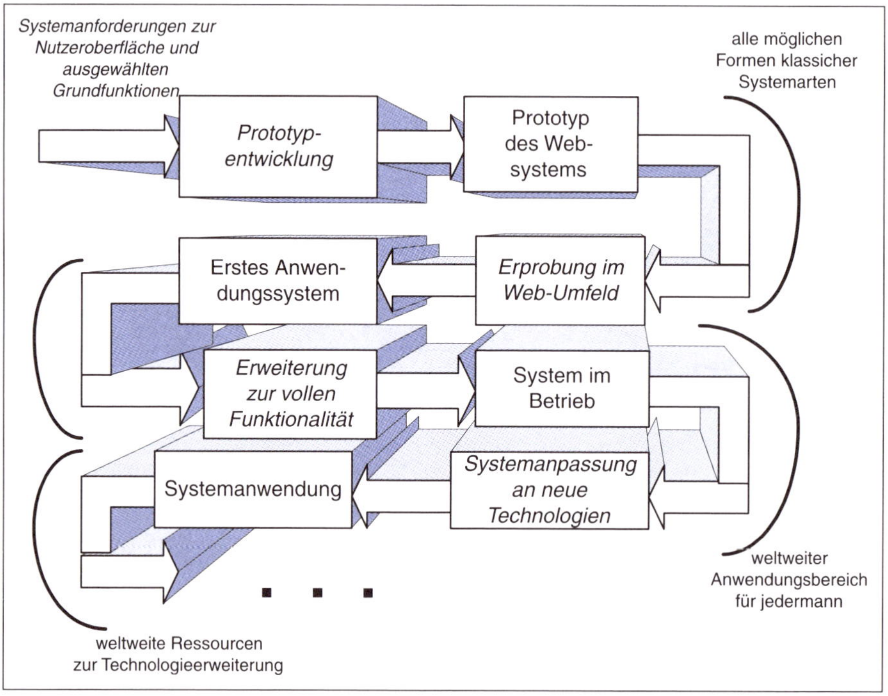

Abbildung 2.3: Allgemeine Entwicklungsform von Websystemen

Für ein erstes Grundverständnis der Methoden und Verfahren zum Web Engineering widmen wir uns zunächst einmal den allgemeinen Merkmalen der Web Engineering-Technologien.

2.2 Web Engineering-Technologien

Das Web Engineering integriert die verschiedensten Ausprägungen einer Softwareentwicklung für eine hohe Produktqualität auf der Grundlage möglichst erfolgreicher Prozessmerkmale. Wie sich das im Verlauf der Herausbildung des Webs selbst vollzogen hat, wollen wir zunächst anhand ausgewählter Prozesseigenschaften kurz darstellen:

- ***Beherrschung der Komplexität:*** Das wurde durch die Anwendung eines Prinzips aus der Physik erreicht, welches darauf beruht, Globales elementar aufzubauen. Für das Web war dies in absteigender Reihenfolge der URI (Berners-Lee nannte den URL ursprünglich *Unified Resource Identifier*), das HTTP und die HTML. „Es gab keinen Computer, der das Web 'kontrollierte', kein separates Netzwerk, auf dem diese Protokolle liefen, ja nicht einmal irgendeine Organisation, die das Web 'betrieb'." [Berners-Lee 1999, S. 62].
- ***Gewährleistung einer Universalität:*** „Das fundamentale Prinzip hinter dem Web war, dass jemand irgendwo ein Dokument, eine Datenbank, eine Grafik, Sound, ein Video oder ein Programm in einem interaktiven Dialog verfügbar machen würde." [Berners-Lee 1999, S.63] Dabei wurde stets darauf geachtet, ein einheitliches Format zugrunde zu legen, von den ersten HTML-Versionen bis hin zur Metasprache XML.
- ***Berücksichtigung von Kompatibilität:*** Es gab bereits eine Reihe von Internetdiensten, wie vor allem das NNTP (Network News Transfer Protocol) zu Netzwerknachrichten, das FTP (File Transfer Protocol) für Dateien oder die E-Mails. Diese mussten in die URIs integriert werden. Gleichzeitig zum Web entstand der von *Brewster Kahle* entwickelte *Wide Area Information Server (WAIS)* (als „Suchmaschine pur") oder das internetbasierte Informationssystem *Gopher* von *Mark McGill*. Daher schuf Berners-Lee zwei neue URI-Präfixe, *wais* und *gopher*, für den Zugriff auf diese Medien.
- ***Zweckmäßige technologische Einordnung:*** Ist HTML wirklich auf der Grundlage der *Standard Generalized Markup Language (SGML)* entstanden? „Ich entwickelte HTML so, dass es wie ein Mitglied dieser Familie aussah. ... So verwendete ich für HTML dieselben Tags, wo immer das möglich war. ... Viele Kollegen beim CERN benutzten SGML." [Berners-Lee 1999, S. 71 ff.]
- ***Möglichst große Verbreitung:*** Im März 1991 verteilte Berners-Lee das Programm WorldWideWeb an einige Mitarbeiter beim CERN. Bei seinen Reisen traf er z. B. *Paul Kunz* vom *Stanford Linear Accelerator (SLAC)*, der ebenfalls begann, das Web zu nutzen. „Das Webprojekt in der Newsgroup *alt.hypertext* öffentlich zu machen, stellte einen Wendepunkt dar. ... Und so starteten wir einen Dienst namens *comp.infosystem.www*." [Berners-Lee 1999, S. 79] 1993 stellte Berners-Lee die Webprotokolle und die bis dahin verfügbaren Web-Tools mit Genehmigung des CERN als *Public-Domain-Software* allgemein zur Verfügung.
- ***Orientierung auf hohe Portabilität:*** Für eine breitere Anwendung des *WorlWideWeb-Programms* konvertierte Berners-Lee sein in *Objective C* geschriebenes Programm in das „weniger leistungsfähigere" C.
- ***Gewährleistung einer Infrastruktur:*** *Jean-François* gründete 1991 in Genf eine Firma namens *infodesign.ch*. Berners-Lee charakterisiert sie als *erste Beratungsfirma für Webdesign*. Im Oktober 1991 wurden direkte Gateways zu WAIS und Gopher installiert.

- ***Bemühungen um Publicity:*** Zur Hypertext'91-Konferenz stellten Berners-Lee und Cailliau „auf die Schnelle“ einen Beitrag zusammen, der abgelehnt wurde. Sie erreichten aber die Erlaubnis einer Präsentation. Hier war es der einzige Beitrag zum Internet bzw. Web. Zwei Jahre später hatten bei dieser Konferenz alle Beiträge einen Bezug zum Web.
- ***Berücksichtigung des Webdesigns:*** „Oft gehen Informationen verloren, wenn innerhalb eines Unternehmens eine 'Endversion' eines Dokuments als Resultat aller Bemühungen erstellt wird. Häufig verschwindet alles hinter der Endversion: die Sitzungsprotokolle, die Forschung, die im Hintergrund stattfand, und die logischen Schlussfolgerungen, welche die Gruppe zu dem Ergebnis brachten. ... Unsere Richtlinie lautet: 'Wenn sich das Dokument nicht im Web befindet, existiert es nicht.' “ [Berners-Lee 1999, S. 238)]
- ***Initiierung einer Community:*** Berners-Lee hielt die *Internet Engineering Task Force (IETF)* für die geeignete Community, um die Spezifikationen zu URI, HTTP und HTML zu standardisieren. Hier wurde aber langwierig diskutiert und manches auch anders entschieden, als Berners-Lee es initiierte, wie zum Beispiel der Begriff *Universal Resource Locator (URL)* anstatt des von ihm vorgeschlagenen *Universal Document Identifier (UDI)* usw.
- ***Globalisierung der Anwendung:*** Berners-Lee warb bei seinen Reisen stets um Hilfe bei der Implementation von leistungsfähigen Webbrowsern, die neben der Dokumentenanzeige vor allem auch das Editieren unterstützen sollten. So entstanden viele Browser, 1992 beispielsweise an der Universität in Helsinki der Browser *Erwise*, an der Universität in Berkeley (von Pei Wei) der Webbrowser *ViolaWWW*, am CERN ein Browser namens *Samba*, am SLAC einer namens *Midas*, bei Hewlett-Packard in Bristol (England) einer namens *Arena*, an der Universität in Kansas ein weiterer namens *Lynx*. 1993 gab es bereits ca. 50 Webbrowser.
- ***Kritische Situationsbewertung:*** Die meisten Webbrowser unterstützten nicht das Editieren. „Und es war einfach schwieriger, einen Editor zu programmieren. Aus diesen Gründen entwickelte sich das Web, das ich als Medium für alle Arten von lokalen bis weltweiten Informationen entwickelt hatte, in Richtung der ganz globalen Informationen und zu einem Publikationsmedium anstatt zu einem Mittel der Zusammenarbeit.“ [Berners-Lee 1999, S. 92]
- ***Persönliches Engagement:*** „... Ich hatte nie promoviert und am CERN war mein akademischer Grad im Laufe meiner Karriere gleich geblieben. Ich hatte natürlich nicht die Zeit zu promovieren. Das hätte bedeutet, von dem Schlitten abspringen zu müssen, den ich zum Gleiten gebracht hatte.“ [Berners-Lee 1999, S. 130] „Meine Priorität ist es, dafür zu sorgen, dass das Web sich in einer Weise entwickelt, die uns allen für lange Zeit zugute kommt. Wenn jemand versucht, das Web zu monopolisieren – indem er z. B. eine proprietäre Variation von Netzwerkprotokollen fördert –, dann legt er sich mit mir an.“ [Berners-Lee 1999, S. 161]
- ***Visionen:*** „Das höchste Ziel des Webs ist die Unterstützung und Verbesserung einer netzartigen Lebensform.“ [Berner-Lee 1999, S. 181] „Ich habe einen Traum für das Web ... und er besteht aus zwei Hälften. In der ersten Hälfte wird das Web zu einem wesentlich leistungsfähigeren Werkzeug für die Zusammenarbeit von Menschen. ... In der zweiten Hälfte des Traums erweitert sich die Zusammenarbeit auf Computer. ... Ein ‚semantisches Web‘, das dies ermöglichen sollte, muss sich noch entwickeln.

> Aber wenn dies geschieht, werden die alltäglichen Mechanismen des Handels, der Bürokratie und unseres Alltags von Computern übernommen werden, die mit anderen Computern kommunizieren.“ [Berners-Lee 1999, S. 239]

Allgemein gesehen, muss die Entwicklung von Websystemen dem strukturellen Anspruch gerecht werden bzw. die Webtechnologien adäquat einbeziehen. Nach [Murugesan 01] sind beispielsweise folgende Disziplinen des Software Engineerings neu zu durchdenken bzw. voranzutreiben:

- Die Webtechnologie mit den einbezogenen Standards, Protokollen und Werkzeugen
- Das Webseiten- und Webinhalts-Management
- Das grafische Design und die Gestaltungslehre
- Das Dokumenten- und Link-Management
- Die Informationsstrukturierung und Hypertexttechnologie
- Die sozialen und gesellschaftlichen Auswirkungen
- Der Urheberrechtsschutz und der Schutz geistiger bzw. intellektueller Leistungen
- Die Multimedia- und Hypermediatechnologien
- Die Webperformance bzw. Netzperformance überhaupt
- Die verteilten Systeme und Datenbanken
- Die Sicherheitsproblematik für alle Entwicklungs- und Anwendungsbereiche
- Das Nutzerprofil bzw. -verhalten
- Die evolutionäre Systementwicklung
- Das Endbenutzer-Computing

Im Rahmen dieser Einführung gehen wir zunächst allgemein auf einige Grundbegriffe, Prinzipien und Verfahren ein.

> *Der* ***Websystem-Entwicklungsprozess*** *ist der gesamte Prozess der Aufgabenstellung bzw. Intention, der Umsetzungsstrategie, der prototypischen Umsetzung und der Validation einer Anwendung auf der Grundlage der Webtechnologien einschließlich der verwendeten Hilfsmittel und Methoden und dem erforderlichen Personal.*

Bei der Softwareentwicklung bezeichnen wir den speziellen Prozess einer Software-Produktentwicklung als *Projekt*. Da allerdings, wie bereits oben angemerkt, unser Web gleichzeitig die Entwicklungs- und Anwendungsplattform darstellt, definieren wir hier wie folgt:

> *Ein* ***Webprojekt*** *ist der konkrete Prozess zur Entwicklung eines konkreten Websystems mit den dafür notwendigen Ressourcen und/oder die Entwicklung von (klassischen) Softwaresystemen unter Anwendung der Webtechnologie.*

Unsere Ressourcen für die Websystem-Entwicklung wollen wir auch in diesem Kontext definieren, und zwar in der folgenden Form:

> *Als* ***Ressourcen*** *fassen wir alle für die Websystem-Entwicklung aufgewendeten bzw. aufzuwendenden personellen, Software- und Hardwaremittel zusammen.*

Analog der klassischen Softwareentwicklung haben wir auch hier einen Doppelcharakter der verwendeten Softwareressourcen.

*Die **Software-Ressourcen** für den **Websystem-Entwicklungsprozess** bilden alle programmtechnischen Hilfsmittel und Systeme, die die Entwicklung unterstützen, (teilweise) automatisieren und dokumentieren. Werkzeuge dieser Art bezeichnen wir als **CASE-Tools** (Akronym für Computer-Aided Software Engineering) oder kurz **Web-CASE**.*

Es handelt sich also hierbei um Werkzeuge, während wir andererseits die extern einbezogene nicht selbst entwickelte Software für unser Websystem ebenfalls als Ressource charakterisieren, und zwar in der folgenden Form:

*Die **Software-Ressourcen** für das **Websystem** sind alle Programm- und Dokumentationsbestandteile, die bereits vorhanden sind und durch das Beschaffen (Akquirieren), Bereitstellen, Hinzufügen oder Anpassen in die jeweiligen Websystem-Entwicklungsstufen mit eingehen. Wir bezeichnen diese Ressourcen auch als **Softwarekomponenten**.*

Wir weisen bereits hierbei darauf hin, dass diese Komponenten einerseits wie in klassischen Systemen üblich fest integriert sind, aber andererseits auch jeweils operational bzw. *ad hoc* in das System einbezogen werden (z. B. als *Plug&Play*). Die besondere Nutzungsmöglichkeit der Websysteme führt uns zur genaueren Betrachtung der (möglichen) Anwendungsgebiete.

*Ein **Websystem-Anwendungsgebiet** ist ein spezieller wirtschaftlicher und/oder gesellschaftlicher Bereich mit den dazugehörenden webtechnologischen und soziologischen Strukturen und Prozessen, die durch multikulturelle Gegebenheiten, ein branchenübergreifendes industrielles Niveau und gesetzliche Regelungen geprägt oder bestimmt sind.*

Auch hier wollen wir bereits darauf verweisen, dass das Anwendungsgebiet je nach Verteilungsart und -struktur wesentlich das Nutzerprofil bzw. deren Gruppierungen und Verantwortlichkeiten bestimmt.

Die Intentionen des W3C gehen in Richtung eines ***Web of Trust*** (ein Web des Vertrauens), welches unter anderem den generellen Einsatz von kryptografischen Verfahren erlaubt, die Kundeninformationen schützt und eine faire Vergabe von Domänennamen gewährleistet.

Für eine möglichst weite Verbreitung von Websystemen ist auch das Vorhandensein von einheitlichen Regelungen bis hin zu Standards von Bedeutung. Auch dafür geben wir eine allgemeine Definition für unseren Kontext an.

*Ein **Webstandard** im Web Engineering ist eine Regelung bzw. Vorschrift zu einem Aspekt oder einer Komponente der Websystem-Entwicklung, die von einem speziellen Standardisierungskonsortium herausgegeben wird und Grundlage einer Prüfung der Einhaltung oder einer Zertifizierung sein kann.*

Die grundlegendsten Standards im Rahmen unseres Web Engineerings werden vom *W3C (dem World Wide Web Consortium)* herausgegeben bzw. zuvor zur Diskussion gestellt. Sie betreffen alle Bereiche der Entwicklung und Anwendung von Websystemen und speziell die grundlegenden Webtechnologien (siehe insbesondere unter `http://www.w3c.org/2001/04/roadmap/`).

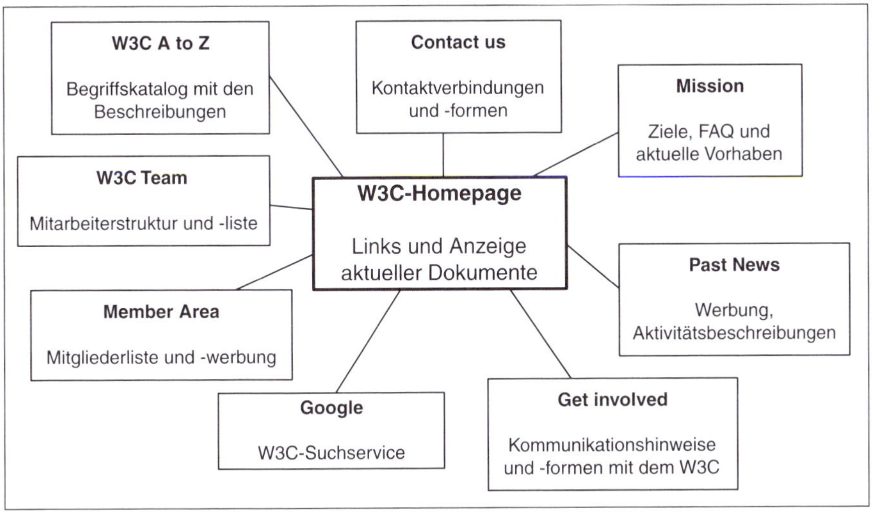

Abbildung 2.4: Grundkomponenten des W3C-Portals

Für eine qualitätsgerechte Entwicklung von Websystemen sind insbesondere Maße bzw. Metriken und die dabei anzuwendenden Messverfahren von entscheidender Bedeutung. Wir wollen die Mess- und Bewertungsmethoden als so genanntes Maßsystem zusammenfassen und wie folgt definieren:

*Ein **Web-Maßsystem** ist eine Menge von Softwaremaßen oder -metriken, die sich auf alle wesentlichen Aspekte der Websystem-Entwicklung und -Anwendung bezieht und die Bewertung bzw. die damit verbundene Prüfung der Einhaltung von Vorgabekriterien gewährleistet.*

Damit sind in unserer Messung und Bewertung alle möglichen Formen der Qualitätsüberwachung bis hin zu Nutzungsstatistiken, wie Nutzerverhalten bzw. Systemakzeptanz, enthalten.

Wie uns bereits aus der Literatur bekannt ist, sind die vorhandenen Maße und Metriken oft sehr eingeschränkt anwendbar. Daher ist eine mehr oder weniger strukturierte Sammlung und Bereitstellung von Erfahrungen ein wichtiges Hilfsmittel. Wir definieren daher auch diesen Aspekt wie folgt:

*Die **Weberfahrung** im Bereich der Websystem-Entwicklung und -anwendung ist das durch Praxis, Fallstudien und Experimente gewonnene Wissen zur Entwicklung und Anwendung von Websystemen einschließlich der dabei zugrunde liegenden Prozesse und verwendeten Ressourcen.*

Die Bereitstellung dieser Erfahrung reicht von den so genannten *FAQs (Frequently Asked Questions)* bis hin zu so genannten *Web Experience Repositories*, die im Allgemeinen im Web selbst präsent und nutzbar sind.

Schließlich wollen wir uns den Rollen des Menschen in dem Prozess der Entwicklung und Anwendung von Websystemen erst einmal kurz zuwenden. Das reicht von den Entwicklern derartiger Systeme bis hin zu deren Nutzern. Wir definieren auch hier wie folgt:

*Das **Webpersonal** fasst alle Arten von Verantwortlichen und Ausführenden an der Websystem-Entwicklung zusammen und reicht von den Web-Technologieentwicklern, den Websystem-Entwicklern über das Personal zur Webgewährleistung bzw. -überwachung bis hin zur Betreibung, Kontrolle und Dienstleistung.*

Auch hierbei wollen wir noch einmal den integralen Charakter der zugrunde liegenden Technologien und der Systemausprägungen hervorheben, der sich natürlich auch auf die personellen Strukturen auswirkt und durch den beispielsweise Nutzer- und Anbieterrollen verschwimmen.

Andererseits bilden sich durch die Vielfältigkeit der Websysteme neuartige Berufsgruppen hinsichtlich einer weiteren Spezialisierung heraus, die aber auch aufgrund der weltweiten Verteilung des Webs einen potentiell größeren Wirkungsbereich bedeuten können.

Übungsaufgaben

1. Erläutern Sie beispielbezogen die sechs Grundmerkmale unserer *Web-Engineering-Definition*.
2. Von welcher (gegenwärtigen) *Situation* geht das Web-Engineering aus und welche Aufgaben müssen insbesondere (noch) erfüllt werden?
3. Charakterisieren Sie die wesentlichen Unterschiede „klassischer" und *weborientierter Softwareentwicklung*.
4. Welche taktischen und strategischen Intentionen verfolgte Berners-Lee bei der Lösung folgender *WWW-Probleme*?
   - Gewährleistung einer Universalität
   - Beherrschung der Komplexität
   - Zweckmäßigkeit der technologischen Einordnung
   - Globalisierung der Anwendung
5. Beschreiben Sie kurz drei *Disziplinen*, die beim Web Engineering noch weiter zu betrachten bzw. auszubauen sind.
6. Erläutern Sie, welche grundlegenden Unterschiede bzw. Veränderungen bei einem *Webprojekt* und einem „klassischen" Softwareprojekt zu verzeichnen sind.
7. Welche Arten und Bereitstellungsformen gibt es für die *Web-Ressourcen*? Beachten Sie dabei den dualen Charakter der Ressourcen sowohl für die Entwicklung als auch für das Produkt.
8. Geben Sie die neuen Formen und Möglichkeiten des *Anwendungsbereichs* von Websystemen an.
9. Charakterisieren Sie die Grundkomponenten des *W3C-Portals* und deren jeweiligen Aufgabenbereich.
10. Erläutern Sie die potentiellen Möglichkeiten der verschiedenen Rollen und Ausprägungen zum *Webpersonal* beim Web Engineering.

Teil 2 Websystem-Entwicklung

Kapitelübersicht

Kapitel

3 Problemdefinition und Anforderungsanalyse

3.1 Einführung

In diesem zweiten Teil wollen wir uns den Entwicklungsaspekten von Websystemen in ihrer allgemeinen Ausprägung zuwenden. Dabei gehen wir auf bestimmte Systemformen ein, wie beispielsweise die Webseiten-basierten Informationssysteme.

Die Betrachtung der Websystem-Entwicklung nehmen wir phasenbezogen vor, d. h. wir beginnen mit der Problemdefinition als Ausgangspunkt einer Systementwicklung, behandeln die spezifischen Formen der Anforderungsanalyse, widmen uns den besonderen Aspekten der Spezifikation bzw. Modellierung von Websystemen, geben grundlegende Entwurfs- und Designtechniken an und behandeln schließlich die Implementations- und Testtechniken für die Websysteme.

Den speziellen Formen der Erprobung von Websystemen, deren Wartung und vor allem deren Anwendung sind weitere Kapitel in diesem Teil gewidmet. Darüber hinaus betrachten wir die speziellen Indikatoren für eine effiziente Websystem-Entwicklung in den Kapiteln zur Tool-Unterstützung, dem Entwicklungspersonal und zum Webmanagement.

Hinsichtlich der betrachteten Technologien gehen wir neben den typischen Websprachen HTML, XML oder PHP vor allem auf Java-basierte Implementationstechniken ein.

3.2 Die Problemdefinition von Websystemen

Die Problemdefinition bzw. die Aufgabenstellung zu einem Websystem ergibt sich aus den unterschiedlichsten Intentionen. Geht es häufig im Ausbildungsbereich darum, diese neue Form für einen wirkungsvollen Einsatz zu nutzen, so steht dem in der Wirtschaft die Aufgabe „Firmen ins Web“ mit dem damit verbundenen erheblichen Aufwand für die Umstellung von (bewährten) Altsystemen für eine webbasierte und vor allem sichere Nutzungsmöglichkeit gegenüber. Darüber hinaus erkunden Künstler die besonderen (weltweiten) Ressourcen des Webs und versuchen, es für neuartige audiovisuelle Darstellungs- und Realisierungsformen zu nutzen. Nahezu beliebige Communities bilden sich aus den unterschiedlichsten Beweggründen heraus und schaffen somit weltumspannende neuartige Gemeinschaftsformen und Gruppierungen.

Der avisierte Kunde, der Anwendungsbereich und die vielfältigen einzusetzenden Mittel und Methoden sind dabei selten klar abgrenzbar oder eindeutig formulierbar. In diesem

Kontext definieren wir erst einmal allgemein eine Problemdefinition für eine Websystem-Entwicklung wie folgt (siehe [Dumke 2001], [Murugesan 2001] oder auch [Powell 1998]).

*Die **Websystem-Problemdefinition** ist die zusammenfassende Beschreibung von **intentionalen Anforderungen** an die Entwicklung eines Websystems, die sich unterteilen in:*

- **funktionale Anforderungen** zur Beschreibung der Arbeitsweise und der grundlegenden Eigenschaften der problembezogenen Aufgabenerfüllung bis hin zum Systemverhalten selbst
- **qualitative Anforderungen** zur Darstellung der zu erzielenden Systemqualität in ihren verschiedensten Ausprägungen
- **plattformbezogene Anforderungen** für die Charakterisierung der erforderlichen hardware- und softwareseitigen Ergänzungen und Erweiterungen für das Web
- **prozessbezogene Anforderungen** zur Beschreibung der entwicklungsspezifischen Merkmale, wie Entwicklungszeit sowie personelle und finanzielle Ressourcen

Der Inhalt der funktionalen Anforderungen ist insbesondere bei Websystemen zumeist eingebettet in bereits vorhandene Referenzlösungen bzw. Rahmenstandards.

Das folgende simple Beispiel einer Vorhabensbeschreibung soll uns als Grundlage für die methodischen und inhaltlichen Betrachtungen zur Problemdefinition dienen:

Softwarehaus Web-Systems

Vorhabensbeschreibung der Webpräsenz

Situationsbeschreibung: In diesem Dokument sind wesentliche Firmenprobleme aufgelistet, die insbesondere durch eine Webpräsenz behoben oder zumindest abgeschwächt werden sollen. Diese Probleme sind beispielsweise die folgenden:

- Gegenwärtig werden durch die Firma umfangreiche finanzielle Mittel für die postalische Ausgabe und Verteilung von Informationsunterlagen und Produktspeichermedien ausgegeben.
- Es sind umfangreiche Kundenlisten zu führen und zu aktualisieren. Diese Bearbeitung erfolgt noch größtenteils manuell.
- Das Softwarehaus agiert vorwiegend territorial begrenzt und besitzt dabei ein sehr spezifisches Produktprofil, was insbesondere den Kundenstammbereich wesentlich eingrenzt.
- Die Firma hat zwar eine einfache Informations-Webseite, diese wird allerdings den internationalen Ansprüchen (Gestaltung, Sprachen) nicht gerecht.
- Es wurde bereits von internationaler Seite entsprechendes Interesse an den Produkten der Firma geäußert, jedoch ermöglicht die derzeitige Logistik der Firma keine derartige Erweiterung.

Vorhaben: Es wird davon ausgegangen, dass durch eine professionelle Webpräsenz einige dieser Probleme gelöst werden können.

Diese Intentionsbeschreibung ist Ausgangspunkt für eine Problemdefinition, deren einzelne Anforderungsarten wir gemäß unserer Klassifikation im Folgenden gesondert betrachten wollen.

3.3 Funktionale Webanforderungen

Die Gewährleistung einer korrekten Funktionsbeschreibung für das Websystem setzt ein korrektes Problem- bzw. Systemzielverständnis voraus. Dafür ist ein entsprechender Klärungsprozess notwendig, der die Bedürfnisse des Auftraggebers bzw. des späteren Nutzers mit den Möglichkeiten einer Systementwicklung abstimmt. Im oben genannten Beispiel einer Problemintention sind solche Aufgaben beispielsweise die folgenden:

Softwarehaus Web-Systems

Herleitung funktionaler Websystem-Anforderungen

- die Herausarbeitung der Firmenprozesse, die durch das Web präsentiert, unterstützt bzw. vollständig bearbeitet werden können
- die Festlegung der Datenbasis bezüglich der Kundeninformationen sowie der Informationen zur Produktinformation und -auswahl
- die Orientierung auf (erste) territoriale Diensterweiterungen mit den damit verbundenen kulturellen bzw. sprachlichen Darstellungsanforderungen
- die Erörterung der Anwendung bereits vorhandener Webdienste zur Unterstützung der Firmenpräsenz bzw. Firmenarbeit überhaupt

Natürlich besitzen die funktionalen Anforderungen in Abhängigkeit von der jeweiligen Websystemart mehr oder weniger spezielle Ausprägungen. Es ist also durchaus unterschiedlich zu recherchieren, wenn man ein E-Commerce-System, eine Teleteaching-Anwendung oder generell Cyber-Welten entwickeln will (siehe beispielsweise [Kouki 1999], [Kunii 1998] oder [Turban 2002]).

Als Methode für die Problemdefinition dienen die verschiedensten Formen der Besprechung, Verhandlung, Konsultation, Abklärung oder Vereinbarung. Als „Kernmethodik" können wir hierbei das so genannte ***Brainstorming*** konstatieren, welches in der folgenden Abbildung beispielhaft skizziert ist:

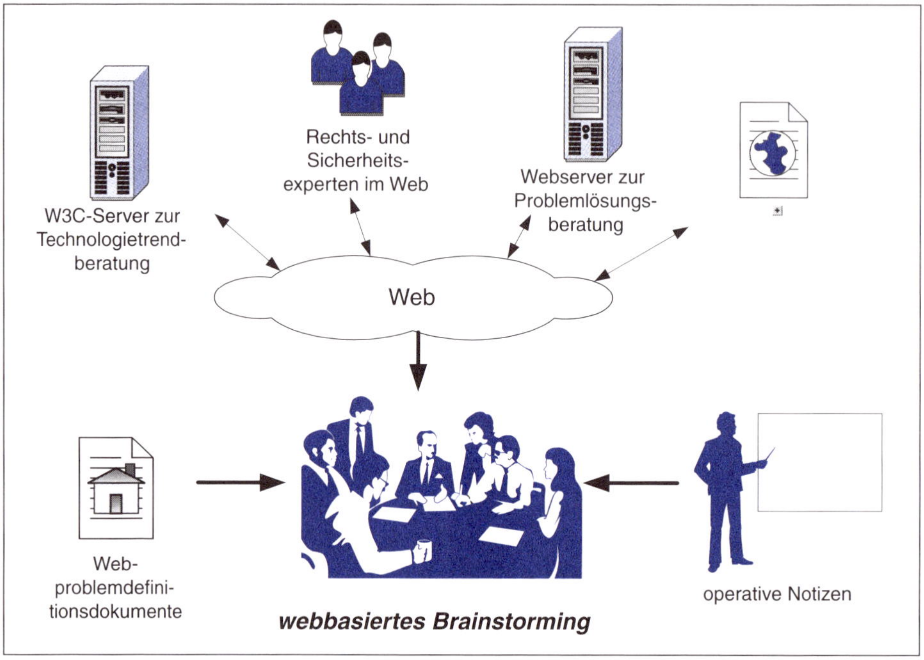

Abbildung 3.1: Beispielarchitektur eines webbasierten Brainstormings

Dabei gehen wir von einem ***webbasierten Brainstorming*** aus, welches folgende webbezogenen Merkmale besitzt:

- Einerseits wird das Web selbst mit seinen Kommunikationsmöglichkeiten als technologische Grundlage verwendet,
- andererseits werden auch die Darstellungsformen des Webs für die Dokumente der Problemdefinition selbst genutzt.

Die Kommunikationsmöglichkeiten im Web schließen dabei vor allem auch Informations-, Beratungs- und gegebenenfalls auch spezielle Erstellungsdienste ein. Insbesondere die Erfahrungen bereits vorhandener ähnlicher Websystemformen stellt eine wichtige Informationsquelle für diese Beratungen zur Problemdefinition dar.

Die Verwendung des Webs in seiner allgemeinen (öffentlichen) Form oder als Intranet für die Dokumente der Problemdefinition selbst besitzt folgende Vorteile:

- Die Dokumente sind im Allgemeinen jedem und an jedem Ort zugänglich bzw. können stets auszugsweise angesehen, analysiert oder gedruckt werden.
- Die Webdokumente können die Möglichkeiten einer sehr anschaulichen Präsentationsform (mittels Multimedia-Komponenten) ausnutzen bzw. die jeweils wichtigen Verbindungen im Web durch die entsprechenden Links in den Dokumenten stets verfügbar machen und somit aktuelle Analysen und Vergleiche gewährleisten.

Die Funktionalität unseres zu entwickelnden Websystems ist natürlich von den jeweiligen strukturell formalisierten Fachtermini (auch *Fachthesaurus* oder *Fachtaxonomie* genannt) unseres Fachgebietes bzw. der ***Fachdomäne*** geprägt. Im WWW wird eine derartige Intention, für ein Fachgebiet einen „Wortschatz" von Konzepten bzw. Komponenten oder einfachen Fachbegriffen verbunden mit logischen Verknüpfungsregeln zu schaffen, als ***Ontologie*** bezeichnet (siehe zum Beispiel [Hovy 2003] und [Kim 2002]). Dabei geht es darum, eine möglichst einheitliche Fachsemantik zu definieren, die die Grundlage für zu definierende Webseiten und Webapplikationen hinsichtlich ihres inhaltlichen Bezugs zu bereits existierenden Komponenten bildet. Für unser obiges Beispiel lautet eine vereinfachte Ontologie als Begriffs- bzw. Komponentenbaum wie folgt:

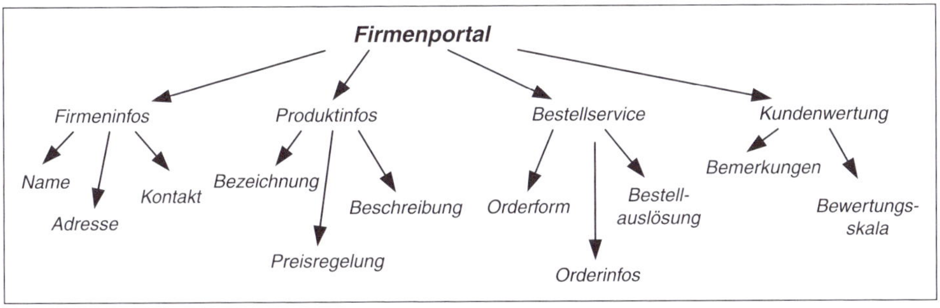

Abbildung 3.2: Ontologiebeispiel eines Firmenportals

Die Beziehungen sind hierbei noch nicht angegeben, können aber beispielsweise darin bestehen, dass ein *informationeller Zusammenhang* zwischen der *Preisregelung* und den *Orderinfos* besteht oder aber ein *kausaler Zusammenhang* zwischen der *Bezeichnung* des Produktes und der jeweiligen Orderform beim Erwerb des Produktes durch den Kunden.

Die Korrektheit funktionaler Websystem-Anforderungen schließt im weitesten Sinne auch deren rechtliche Gültigkeit bzw. die Einhaltung allgemeiner rechtlicher Regelungen im Web zur jeweiligen Systemart ein. Das Gebiet wird allgemein als ***Internetrecht*** bezeichnet und schließt folgende Teilgebiete ein (siehe vor allem [Kröger 2000]):

- *Die allgemeinen Rechtsgrundlagen im Internet:* Hierbei geht es um die allgemeinen Festlegungen zu einem internationalen Rechtsrahmen bzw. um die Einordnung des Internets als Kommunikationsmedium überhaupt. Beispielquellen im Web für diesen Bereich sind:
  - Grünbuch einer EG-Kommission über den Jugendschutz und die Menschenwürde in den audiovisuellen und den Informationsdiensten (`http://europa.eu.int/en/record/green/gp9610/protec.htm`)
  - Mitteilung einer EG-Kommission über die gesetzgeberische Transparenz im Binnenmarkt für die Dienste der Informationsgesellschaft (`http://europa.eu.int/comm/dg15/de/index.htm`)
  - Verpflichtungen zur Telekommunikationsliberalisierung auf WTO-Ebene (`http://www.wto.org/wto/services/tel.htm`)
  - eine Richtlinie des Europäischen Parlaments zum Verbraucherschutz bei Vertragsabschlüssen im Fernabsatz (`http://www.dud.de/aktuell/`)

- Mitteilung der EU über die Globalisierung und Informationsgesellschaft bzw. zu Sicherheit und Vertrauen in der elektronischen Kommunikation (http://www.ispo.cec.be/eif/policy/)

- *Die geltenden Rechtsordnungen im Internet:* Dieser Bereich enthält alle gesetzlichen Regelungen für die konkreten angewendeten Technologien des Websystems bzw. des Webs überhaupt. Beispielregelungen hierfür sind:
  - Mitteilung der Kommission über illegale und schädigende Inhalte im Internet (http://www.echo.lu/legal/en/internet/communic.html)
  - eine Übersicht zum *Platform for Privacy Preference Project* als P3P (http://www.w3.org/P3P/Overview.html)
  - Bonner Ministererklärung zum Einsatz kryptografischer Verfahren (http://www2.echo.lu/bonn/finalde.html)
  - Vorläufige Richtlinie über die Ausfuhr von Verschlüsselungsprodukten (http://www.bxa.doc.gov/encreg.htm)
  - Bedingungen zur Anerkennung digitaler Signaturen (http://eclips.osc.edu/eclips/undocs/model_law.html)
  - Link zum deutschen Gesetz zur digitalen Signatur (http://www.iid.de/rahmen/iukdgbt.html)
  - EU-Richtlinie zur Harmonisierung des Urheberrechts und verwandter Schutzrechte in der Informationsgesellschaft (http://europa.eu.int/comm/dg15/en/intprop/intprop/1100.htm)
- *Die speziellen Regelungen beim Rechtsverkehr:* Hierzu zählen gesetzliche Regelungen zum Vertragsabschluss, zum Zahlungsverkehr oder zu Urheberrechten. Beispielregelungen bzw. Intentionen sind:
  - eine Regelung zu den Urheberrechten als Abkommen über handelsbezogene Aspekte des geistigen Eigentums (http://www.wto.org/wto/intellec/1-ipcon.htm)
  - eine OECD-Studie zu den Prinzipien der Domain-Namensvergabe (http://www.oecd.org/dsti/sti/it/cm/prod/e_97-207.htm)
- *Die Rechtsstellung der Beteiligten im Internet:* Dieser Bereich widmet sich schließlich der Verantwortung und Haftung von Partnern bzw. Kundenbeziehungen überhaupt. Beispiele zu Regelungen auf diesem Gebiet sind:
  - Link zum so genannten Budapest-Berlin-Memorandum zur Sicherstellung von Datenschutz und Privatsphäre im Internet (http://www.datenschutz-berlin.de/)
  - Link zur Freiwilligen Selbstkontrolle Multimedia-Dienstanbieter e. V. (http://www.fsm.de/)

Die Auflistung zeigt uns auf jeden Fall die Vielfältigkeit dieser Problematik und die noch ausstehenden endgültigen Regelungen in einigen Bereichen. Die technologische Umsetzung dieser rechtlichen Aspekte bei der Entwicklung von Websystemen wird als ***Digital Rights Management (DRM)*** bezeichnet und fasst die verschiedenen Regeln, Formen und Technologien für einen „fairen" Umgang im Web zusammen. Für unser obiges Beispiel bedeutet diese Rechtsgrundlage, dass wir beispielsweise folgende Aspekte beachten bzw. Festlegungen treffen:

Softwarehaus Web-Systems

Weitere funktionale Websystem-Anforderungen

- die Beachtung der geltenden Rechtsgrundlagen, wie zum Beispiel der elektronischen Zahlungsformen beim Bestellservice
- die Prüfung und Initiierung von Datenschutzformen für die Informationen zur Kundenwertung unserer Firma bzw. deren Dienste
- die Beachtung internationaler Preisregulierungen und Haftungsbestimmungen beim elektronischen Handel
- die Berücksichtigung eventueller Urheberrechte bei der Darstellung der Produktinfos unserer Firmenprodukte durch die Angabe eines so genannten *Haftungsausschlusses*, der uns von der Verantwortung für die Inhalte anderer Webseiten, auf die wir referenzieren, entbindet

Damit haben wir vor allem der rechtlichen Gültigkeit unserer funktionalen Web-Systemanforderungen entsprochen und wollen uns nun den qualitativen Anforderungen an Websystemen zuwenden.

3.3.1 Webanforderungen zur Systemqualität

Bei den qualitativen Anforderungen für die Entwicklung eines Websystems gilt auch die in der folgenden Abbildung gegebene Klassifikation nach dem so genannten ISO9126-Standard (zu qualitativen Anforderungen allgemein siehe [Merx 1999] oder [Nobles 2001]):

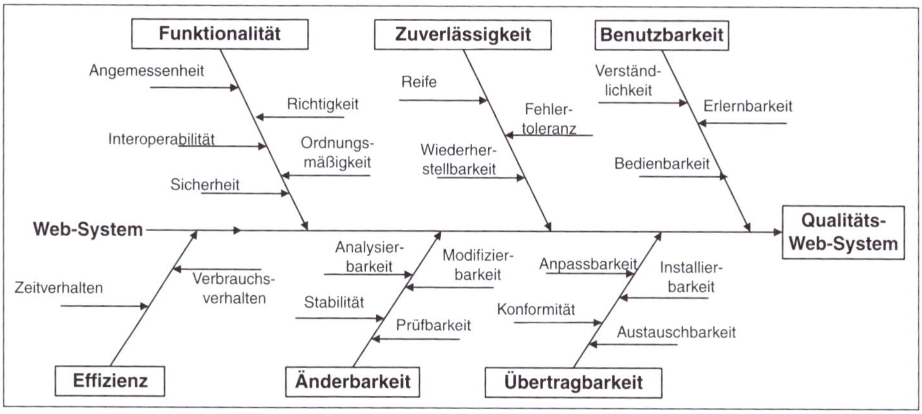

Abbildung 3.3: Allgemeine Systemqualität nach dem ISO9126-Standard

Für die Entwicklung von Websystemen haben diese Merkmale beispielsweise folgende Ausprägungen. Bei der **Funktionalität** geht es vor allem um die Korrektheit (zum Beispiel als richtige Interpretation bzw. Funktionsfähigkeit der Webseiten), die wir mittels unterschiedlicher Testmethoden in gewissem Umfang nachweisen können. Darauf gehen wir in Kapitel 6 noch näher ein.

Das Unterkriterium *Sicherheit* ist für Webanwendungen von besonderer Bedeutung. Die insbesondere für den kommerziellen Bereich wesentliche Systemanforderung definieren (siehe auch [Anderson 2001]) wir wie folgt:

> ***Web Security*** *ist die Gesamtheit der Methoden, Verfahren, Technologien und gesetzlichen Regelungen zur Gewährleistung einer sicheren, vertraulichen und autorisierten Websystem-Anwendung für die verschiedensten Nutzergruppen und Communities.*

Auf die konkreten Aspekte der Web Security gehen wir im Zusammenhang mit der Spezifikation von Websystemen noch näher ein.

Das Merkmal der **Zuverlässigkeit** ist besonders durch eine permanente Verfügbarkeit der Webseiten bzw. Webapplikationen geprägt. Man kennzeichnet diese Thematik mit dem Begriff ***Web Availability***. Wesentliche Aspekte und Probleme zu dieser Qualitätseigenschaft behandeln wir bei der Implementation derartiger Systeme.

Hinsichtlich einer intendierten immer weiteren Verbreitung und Nutzung des Webs hat sich vor allem der Begriff der ***Web Usability*** herausgebildet, der speziell die **Benutzbarkeit** betrachtet. Wir definieren daher wie folgt (siehe beispielsweise [Spool 1999]):

> ***Web Usability*** *definiert die Benutzbarkeit eines Websystems hinsichtlich des Lernaufwandes für die Benutzung, der Qualität seiner Anwendungsunterstützung und schließlich der Motivation für seine Anwendung auf der Grundlage der Nutzeroberfläche und der zugrunde liegenden daten- und funktionsbezogenen Systemkomponenten bzw. -ressourcen.*

Da Websysteme im Allgemeinen einen kommunikativen bzw. interaktiven Charakter haben, können wir in *passiver Usability* (dazu gehören die bereits genannten Merkmale) und in *aktiver Usability* unterscheiden. Das letztere Qualitätsmerkmal wollen wir explizit definieren:

Zur ***aktiven Usability*** gehören alle Formen der Benutzbarkeit eines Websystems, welche die Nutzung des Systems ***motivieren***, die Nutzer für die Websystem-Anwendung ***interessieren*** oder auch den Nutzer an die Systemanwendung ***binden***.

Hinsichtlich allgemeiner Methoden zur Erreichung einer für den Websystem-Bereitsteller erfolgreichen Usability werden folgende Vorgehensweisen zugrunde gelegt (siehe auch [Merx 1999] oder [Thuraisingham 2000]):

> *Nutzungsanalyse:* Dabei werden die Nutzungsintensität, die genutzten Systembereiche sowie die Nutzungsformen analysiert und der Usability empirisch zugrunde gelegt.
>
> *Verhaltensanalyse:* Diese Form der Analyse bestimmt die Nutzungsfrequenz in Abhängigkeit von Websystem-Änderungen oder -verbesserungen.
>
> *Verfügbarkeitsanalyse:* Dabei werden die Möglichkeiten der unterbrechungsfreien Anwendung des Websystems untersucht.

Aufgrund derartiger Analysen werden nun konstruktive Verfahren eingesetzt, deren Wirkungsweise empirisch überprüft wird und somit zu einer besseren Usability führen kann. Beispiele solcher Verfahren sind die Verbesserung der Web-Leistungsfähigkeit bzw. Verarbeitungsgeschwindigkeit oder die Verkürzung der Web-Referenzlängen bzw. Navigationswege.

Diese Eigenschaft der Nutzungsmotivation behandeln wir noch einmal detailliert in Kapitel 9 zur Websystem-Anwendung. Sie ist, wie bereits erwähnt, im Wesentlichen auch von der **Effizienz** des Websystems getragen. Diese qualitative Ausprägung von Websystemen wird durch die ***Web Performance*** charakterisiert. Auch hier definieren wir wie folgt (siehe zum Beispiel [Menasce 1998] oder [Terplan 2000]):

> ***Web Performance*** *umfasst die Mittel und Methoden der Leistungsanalyse, -bewertung und –verbesserung von Websystemen und bezieht sich auf alle Systemebenen bzw. Systemkomponenten, die im Leistungsprozess der Websystem-Anwendung involviert sind.*

Auf Fragen der System-Performance gehen wir im Zusammenhang mit dem Webdesign bzw. den Implementationstechniken näher ein.

Einige der bereits genannten Qualitätsaspekte haben inzwischen auch besondere Betonung bzw. Zuwendung erfahren, so dass sich inzwischen als Teildisziplinen des Web Engineering ein *Usability Engineering*, ein *Performance Engineering* und ein *Security Engineering* herausgebildet haben.

Bezüglich der **Änderbarkeit** von Websystemen sprechen wir im Bereich der Websysteme allgemein von einem ***Content Management***, welches eine konsistente Erweiterung und Änderung einer Webdokumentenmenge unter den Bedingungen verteilter Verantwortung bzw. Befugnis gewährleisten soll. Fragen der Änderung bzw. Wartung unserer Websysteme behandeln wir explizit in Kapitel 8 zur Wartung von Websystemen.

Bei der **Übertragbarkeit** von Websystemen stehen schließlich die technologischen Grundlagen und die damit verbundenen Technologietrends und -verlaufsformen im Mittelpunkt der Betrachtung. Das führt uns unmittelbar zum folgenden Abschnitt der plattformbezogenen Anforderungen an die Websystem-Entwicklung.

Bevor wir darauf eingehen, wollen wir noch einige mögliche qualitative Anforderungen zu unserem obigen Beispiel angeben:

Softwarehaus Web-Systems

Qualitative Websystem-Anforderungen

- Die Informationen zu einem (Software-)Produkt für den Kunden sind stets mit einem Tutorial und einigen beispielhaften Anwendungen zu verbinden.
- Unser Webserver soll zunächst eine Besuchsanzahl von einigen Hundert pro Tag effizient verarbeiten können.
- Für den sicheren Bestellservice sollen die im Web „gängigen" Sicherheitstechnologien für den Zahlungsverkehr zur Anwendung kommen.
- Die Webpräsenz soll vergleichbaren Webportalen entsprechen und eine hohe Nutzerakzeptanz sichern.

Man beachte, dass einige dieser qualitativen Anforderungen erst nach Rücksprache mit den potentiellen Nutzern bzw. nach weiterer analytischer Tätigkeit eindeutig festgelegt werden können.

3.3.2 Plattformbezogene Webanforderungen

Diese Anforderungsart impliziert alle technologischen Aspekte, die die zugrunde gelegte Hardware, die Systemsoftware bis hin zum Implementationsparadigma betreffen. Für unser Beispiel könnten derartige Anforderungen beispielsweise folgendermaßen lauten:

Softwarehaus Web-Systems

Plattformbezogene Websystem-Anforderungen

- Für den Webapplikationsbereich sind, wenn vorhanden bzw. aus Performance-Gründen möglich, Java-basierte Technologien einzusetzen.
- Für die Webinhalte soll ein Open-Source-Content-Managementsystem (Open-Source CMS) erstmals zum Einsatz gebracht und als grundlegende Technologie für weitere Webanwendungen genutzt werden.
- Für den Informationsbereich der Webanwendung ist eine mobile Darstellungsform vorzusehen und anzubieten.
- Als Anwendung bereits vorhandener Systeme ist der Anschluss zu Oracle-Datenbasen zu gewährleisten.

Wir erkennen aus diesen Anforderungen, dass jeweils die Auswahl einer konkreten (Java-) Technologie, der Beginn einer generellen Orientierung (als Open-Source CMS) oder die Berücksichtigung vorhandener Technologien (Oracle-Datenbasen) den Inhalt derartiger plattformbezogener Anforderungen prägen können.

Auf jeden Fall sind wir uns wohl der Bedeutung der Versionseigenschaften genutzter Technologien und Verfahren für die allgemeine Verträglichkeit bewusst. Die folgende Tabelle zeigt uns den Entwicklungsverlauf des Netscape-Browsers selbst (siehe `http://sillydog.org/netscape/verinfo.html` oder auch `http://www.blooberry.com/indexdot/history/ie.htm` für den Internet Explorer). Auf die speziellen Technologien selbst, wie die *Cascading Style Sheets (CSS)*, das *Java Development Toolkit (JDK)* oder das *Distributed Object Model (DOM)*, gehen wir später noch ein.

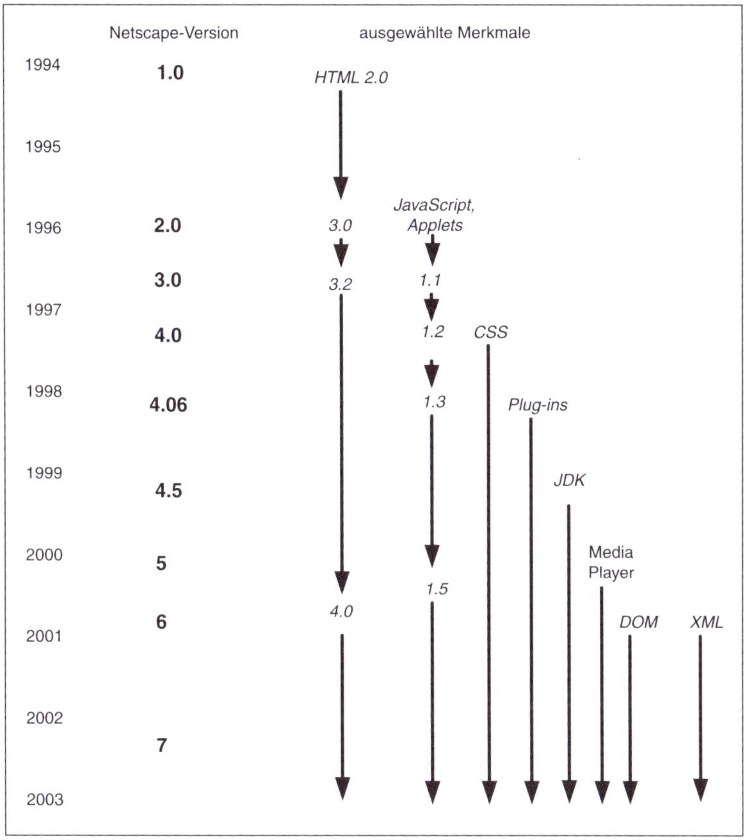

Abbildung 3.4: Ausgewählte Entwicklungsetappen des Netscape-Webbrowsers

Anhand der Darstellung erkennen wir einerseits die Anpassung an veränderte Hard- und Softwaregrundlagen und andererseits die Weiterentwicklung bzw. „Entwicklungsfrequenz" der Browser-Technologien selbst. Mit der Festlegung der jeweiligen Plattform ordnen wir uns in derartige Verläufe, Trends bzw. Abhängigkeiten ein, die den späteren Aufwand an Anpassungen unseres Websystems wesentlich prägen (werden).

3.3.3 Webanforderungen für den Entwicklungsprozess

Hierbei geht es darum, die Anforderungen zum Entwicklungsverlauf und zu den eingesetzten Ressourcen bzw. den beabsichtigten Kostenverhältnissen festzulegen (siehe auch [Chang 2000], [Murugesan 2001], [O'Connell 2001] oder [Schifman 1999]). Inhalte derartiger Anforderungen für unser hier zugrunde gelegtes Beispiel sind unter anderem:

Softwarehaus Web-Systems

Entwicklungsprozessbezogene Websystem-Anforderungen

- Der Grobentwurf für die Portalarchitektur soll nach einem Monat vorliegen und ist Grundlage einer Anwendungsuntersuchung mit ausgewählten, potentiellen ausländischen Kunden.
- Für die Auswahl des Open-Source CMS ist innerhalb von zwei Monaten eine Studie anzufertigen.
- Für die Systementwicklung werden einem Projektleiter insgesamt vier Entwickler sowie ein Mitarbeiter aus dem Firmenverwaltungsbereich zugeordnet.
- Über die Kostenhöhe bzw. den Kostenumfang von notwendigen Lizenzen ist im Projektverlauf gesondert zu entscheiden.
- Bei der Systemanwendung sind die statistischen Kennzahlen zur Anwendungshäufigkeit und -form jeweils wöchentlich auszuwerten und es ist ggf. eine Systemveränderung zu intendieren.

Diese Beispiele verdeutlichen bereits die unterschiedlichen Prozessmerkmale, die zum einen die Kosten an sich betreffen und zum anderen ganz konkrete personelle Festlegungen beinhalten. Des Weiteren ist dabei zu überlegen, ob nicht ein (weltweit) verteilter Entwicklungsprozess möglich bzw. anzustreben ist. Diese zumeist webbasierte Entwicklungsform wird ***Global Software Production (GSP)*** genannt und kann beispielsweise die in der folgenden Abbildung angegebene Ausprägung besitzen (siehe beispielsweise [Gao 1998]).

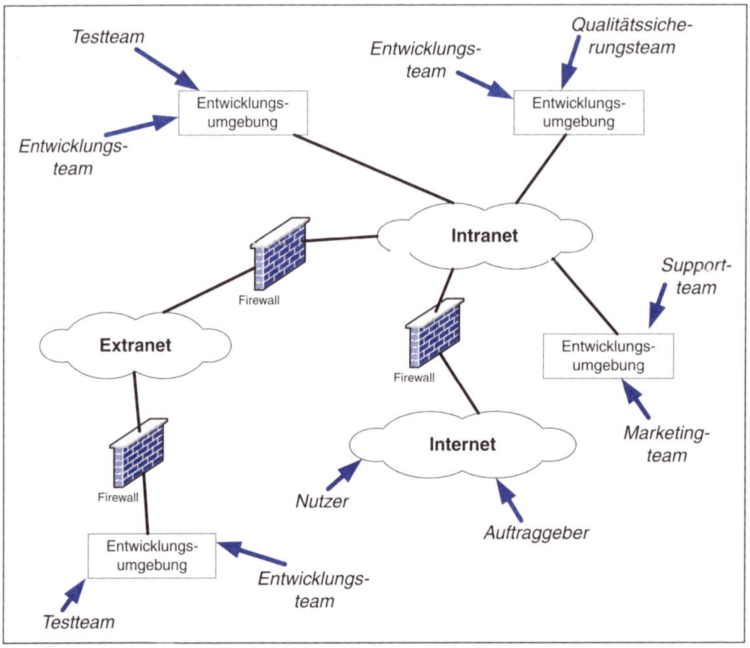

Abbildung 3.5: Netztopologiebeispiel für die Global Software Production

Ein weiterer Entscheidungsbereich hinsichtlich prozessbezogener Systemanforderungen bezieht sich auf die Entscheidung, ob eine Eigenentwicklung oder eine Fremdentwicklung vorgenommen werden soll. Es gilt allgemein:

- ***In-House-Entwicklung:*** Der gesamte Aufwand der Entwicklung liegt im eigenen Bereich. Auf ganz spezielle (kostenbezogene) Entscheidungen kann unmittelbar Bezug genommen werden. Die Klärung von nicht ganz eindeutigen Anforderungen kann noch während der Entwicklung erfolgen. Die Qualität der Entwicklungsdokumentation kann selbst bestimmt werden und damit auch die Voraussetzungen für eine effektive Websystem-Wartung.
- ***Out-Sourced-Entwicklung:*** Für die beauftragende Firma entstehen „nur" vorher festgelegte Entwicklungskosten. Die Anforderungen müssen zu Beginn bereits exakt definiert sein. Das gilt auch für die Abnahmekriterien des fertigen Produktes oder für vereinbarte Kontrollen während der Entwicklung. Das gilt insbesondere für die Wartung, die zum Beispiel ebenfalls als out-sourced gestaltet werden kann.

Speziell für die Out-Sourced-Entwicklung haben sich im Web bereits spezielle Formen des *Web-Hosting* herausgebildet. Die Serviceformen hierbei sind beispielsweise:

- die *Unterstützung* bei der Auswahl und Anwendung von Entwicklungskomponenten für die Websystem-Entwicklung
- die *Realisierung von Teilleistungen* im Rahmen des Entwicklungsprozesses, wie zum Beispiel die Implementation spezieller Komponenten oder die Übernahme spezieller Test- und Erprobungsaufgaben
- die *Übernahme der gesamten Websystem-Entwicklung* auf der Basis einer bereits durch die Anforderungsanalyse geprüften Problemdefinition

Bei einer Out-Sourced-Entwicklung können allerdings dauerhafte Bindungen bis hin zu Abhängigkeiten entstehen, die zuvor bedacht werden müssen.

Nachdem nun die *Problemintention*, in ihrer vollen Ausprägung als *Problemdefinition*, festgelegt ist, wenden wir uns nun noch einmal explizit den Anforderungen in der Phase der *Anforderungsanalyse* zu.

3.4 Die Anforderungsanalyse von Websystemen

Die der Problemdefinition folgende Entwicklungsphase bezeichnet man als Anforderungsanalyse, und wir definieren sie zunächst allgemein wie folgt (siehe [Dumke 2001] und [Maciaszek 2001]):

> *Die **Web-Anforderungsanalyse** ist die Phase der Kontrolle von Anforderungen an ein zu entwickelndes Websystem hinsichtlich Korrektheit, Vollständigkeit, Sachgerechtheit, Konsistenz, Machbarkeit und deren zweckmäßige, im Allgemeinen computergestützte Speicherung für die ständige Nutzung, Aktualisierung und Überprüfung im Verlauf der Websystem-Entwicklung.*

Den Zusammenhang von Problemdefinition und Anforderungsanalyse und deren Einordnung im gesamten Websystem-Entwicklungsprozess zeigt uns die folgende Abbildung:

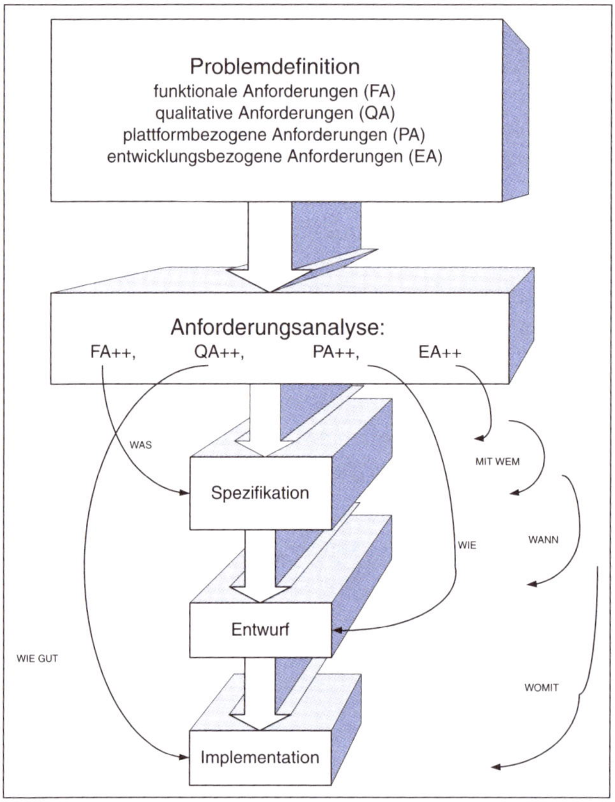

Abbildung 3.6: Die Rollen der Anforderungen bei den Websystem-Entwicklungsphasen

Die Kennzeichnung mit dem „++" verweist auf die durch die Anforderungsanalyse geprüften Anforderungen zum Websystem. Die Pfeile kennzeichnen die jeweilige Phase, bei der die Anforderungen hauptsächlich umgesetzt werden.

Die Anforderungen an ein Websystem innerhalb der Problemdefinition sollten folgende allgemeine Eigenschaften besitzen:

- ***Korrektheit:*** Die Anforderungen müssen sowohl vom Auftraggeber als auch vom (potentiellen) Nutzer in diesem Sinne als zutreffend und richtig erkannt werden.
- ***Konsistenz:*** Diese Eigenschaft bezieht sich insbesondere auf die Beseitigung von Mehrdeutigkeiten in jeglicher Hinsicht. Außerdem dürfen keine gegensätzlichen Eigenschaften ableitbar oder interpretierbar sein.
- ***Vollständigkeit:*** Alle möglichen Zustände bzw. Funktionsausprägungen des Websystems müssen dargestellt und beschrieben sein. Dabei unterscheidet man zwischen *externer Vollständigkeit* (den Nutzer betreffende Funktionalitäten) und *interner Vollständigkeit* (das System selbst betreffende Funktionalitäten).

- ***Realitätsbezogenheit:*** Diese sehr einfach klingende Eigenschaft ist in dieser Anfangsphase der Websystem-Entwicklung oftmals schwer einzuschätzen. Hierbei ist eine genaue Kenntnis des technologischen Standes bzw. der abzusehenden Trends eine Grundvoraussetzung.
- ***Machbarkeit:*** Die technologischen Grundlagen bzw. die algorithmische Komplexität der dem Websystem zugrunde gelegten Funktionalität müssen realisierbar sein und den Vorstellungen bzw. Anforderungen der Leistungsfähigkeit entsprechen.
- ***Sinnfälligkeit:*** Der Sinn ergibt sich hierbei ausschließlich daraus, dass eine Anforderung Nutzerbedürfnissen entsprechen muss und nicht eine „Zugabe" durch den Entwickler sein darf.
- ***Nachprüfbarkeit:*** Die Anforderung muss in jedem Fall nachprüfbar sein, d. h. ihre Realisierung ist eindeutig nachzuweisen.
- ***Verfolgbarkeit:*** Bestimmte Anforderungen kommen erst in späteren Entwicklungsphasen zum Tragen. Bis dahin müssen sie unbedingt erhalten bleiben und nachgewiesen werden können.

Wir wollen die Überprüfung dieser Anforderungsmerkmale an den grundlegenden Methoden bzw. Verfahren der Anforderungsanalyse demonstrieren.

Die korrekte Auswahl der Fachtermini überprüfen wir mittels der **fachspezifischen Begriffskontrolle**. Grundlage hierfür ist ein *Begriffskatalog*, der im firmenspezifischen Intranet verfügbar ist oder (für allgemeine begriffliche Grundlagen) auch im Web selbst. Derartige Begriffskataloge können auch in den bereits oben kurz beschriebenen *Ontologien* enthalten sein. Für unser Beispiel ergibt sich hierbei ggf. folgende Analyse- bzw. Kontrollform:

Softwarehaus Web-Systems

Fachspezifische Begriffskontrolle der Websystem-Anforderungen

Begriff	**Bewertung**	**Maßnahme**
Adresse	✓	–
Bemerkungen	✓	–
Beschreibung	✓	–
Bestellauslösung	✓	–
Bewertungsskala	–	Neu: *Ranking*
Bezeichnung	✓	–
Kontakt	✓	–
Name	–	Neu: *Firmenname*
Orderform	–	Neu: *Bestellform*
Orderinfo	–	Neu: *Bestellinfos*
Preisregelung	✓	–

Für die insbesondere nutzerbezogenen Anforderungen kann sich die Aufgabe einer auf der Grundlage von **Interviews** basierende „Verfeinerung“ bzw. endgültige Klärung erst im Entwicklungsverlauf ergeben. Bezogen auf unser Beispiel kann das unter Umständen Folgendes beinhalten:

Softwarehaus Web-Systems

Interviews zur Klärung der Websystem-Anforderungen

Anforderung	Interviewpartner	Ziel
Anwendung „gängiger“ Sicherheitstechnologien	Security-Experte	konkrete Bestimmung der Security-Technologien
Webpräsenz soll hohe Nutzerrakzeptanz sichern	potentielle (künftige) Anwender	Akzeptanzranking auf der Grundlage eines Prototyps
Beachtung internationaler Preisregulierungsformen	Wirtschaftsexperte	konkrete Festlegung der Preisregelng

Eine weitere Methode zur Anforderungsanalyse ist die **Recherche**, bei der die Gültigkeit der Anforderungen durch Suche in Informationssystemen zum Anwendungsbereich, zur Websystem-Entwicklung sowie zu den Webtechnologien überhaupt geprüft bzw. detailliert wird. Für unser Beispiel könnten ggf. folgende Weblinks für eine Recherche als Grundlage der Anforderungsanalyse dienen:

Softwarehaus Web-Systems

Webrecherche zur Analyse der Websystem-Anforderungen

- Informationen zur Anwendung spezieller Technologien finden sich
  zu HTML unter: `http://www.cwru.edu/help/introHTML/toc.html`
  zu CMS unter: `http://www.contentmanager.de/`
  zur Nutzeranalyse unter: `http://www.torbar.de/logfile-analyse.html`
- Beispiellösungen zu E-Commerce-Portalen und deren Entwicklung
  unter: `http://www.earthweb.com/`
- Informationen zu den Webtechnologietrends beim WWW Consortium
  unter: `http://www.w3.org/`

Generell sind dabei natürlich auch „klassische“ Informationsdienste anzuwenden, wie beispielsweise die Zeitschriftenpublikationen, die uns im folgenden Beispiel eine Übersicht über den Anteil der Sprachen für die im Web vorhandenen Dokumente anzeigt [Paulson 2001].

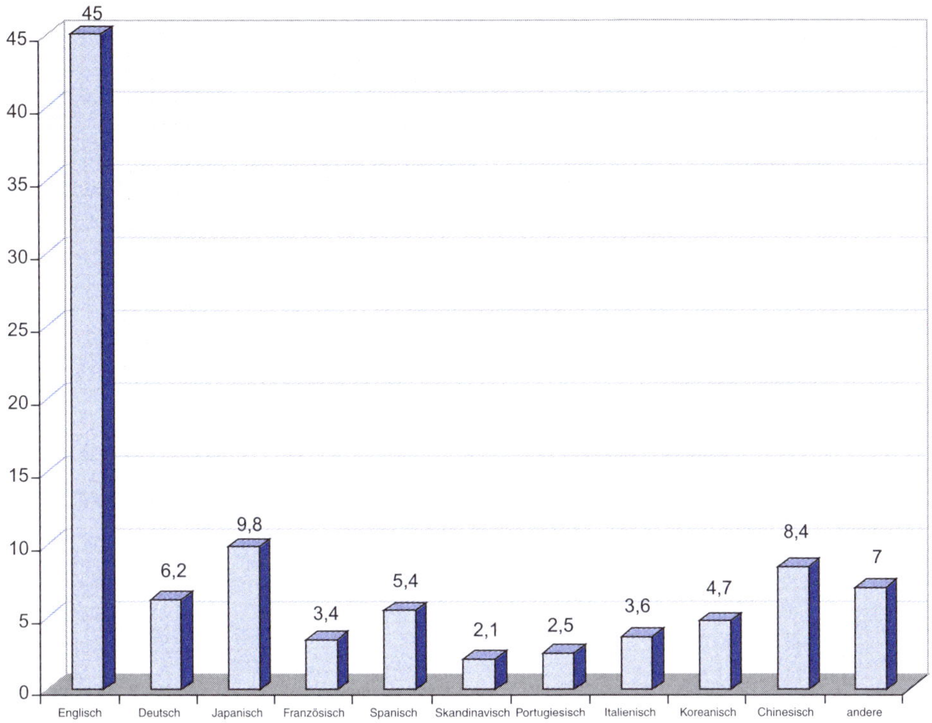

Abbildung 3.7: Verteilung der angewendeten Sprachen bei den Webdokumenten

Für die Anforderungsanalyse können auch so genannte **Expertisen** zur Anwendung kommen. Sie können als *Einzelkonsultation* oder in Gruppenform beispielsweise per Videokonferenz im Web unterstützt bzw. durchgeführt werden. Während man bei der oben bereits beschriebenen Recherche vorhandene Erfahrungen, wie eben auch Expertisen, nutzt, werden bei der Anforderungsanalyse Expertisen explizit geplant (Expertenauswahl) und durchgeführt bzw. in Auftrag gegeben.

Eine sehr effiziente Methode der Anforderungsanalyse ist die so genannte **Analogiemethode**. Dabei verwendet man Erfahrungen gleichartiger Websystem-Entwicklungen, um beispielsweise den zu erwartenden Entwicklungsaufwand oder spezielle Systemmerkmale auf die eigene Entwicklung zu übertragen oder auch zu übernehmen. Analogieschlüsse in diesem Zusammenhang können also beispielsweise sein:

- die Übernahme der Aufwandszeit bzw. -kosten einer Websystem-Anwendung im E-Commerce-Bereich
- die Akzeptanz der Nutzeroberflächengestaltung bereits vorhandener Webportale für das eigene zu entwickelnde Websystem
- die Übernahme von Zahlungsverkehr-Technologien für die eigene Webshop-Anwendung
- die Abschätzung des Testaufwandes einer Websystem-Implementation mit vergleichbaren Systemparametern für die eigene Testphase

- die Annahme einer gleichartigen Websystem-Nutzungsfrequenz aus ähnlich gelagerten Webanwendungen im betrachteten Problembereich

Als besonderen Aspekt einer Websystem-Entwicklung ist die avisierte Menge und Vielfältigkeit an Komponenten, wie zum Beispiel Webseiten und Webapplikationen, zu analysieren bzw. für die Gewährleistung der Systembeherrschung einzugrenzen. Die anzuwendende Methode in diesem Kontext bezeichnen wir als **Komplexitätsanalyse**. Sie widmet sich den Merkmalen, wie sie beispielsweise in der folgenden Abbildung skizziert sind (siehe [Powell 1998]):

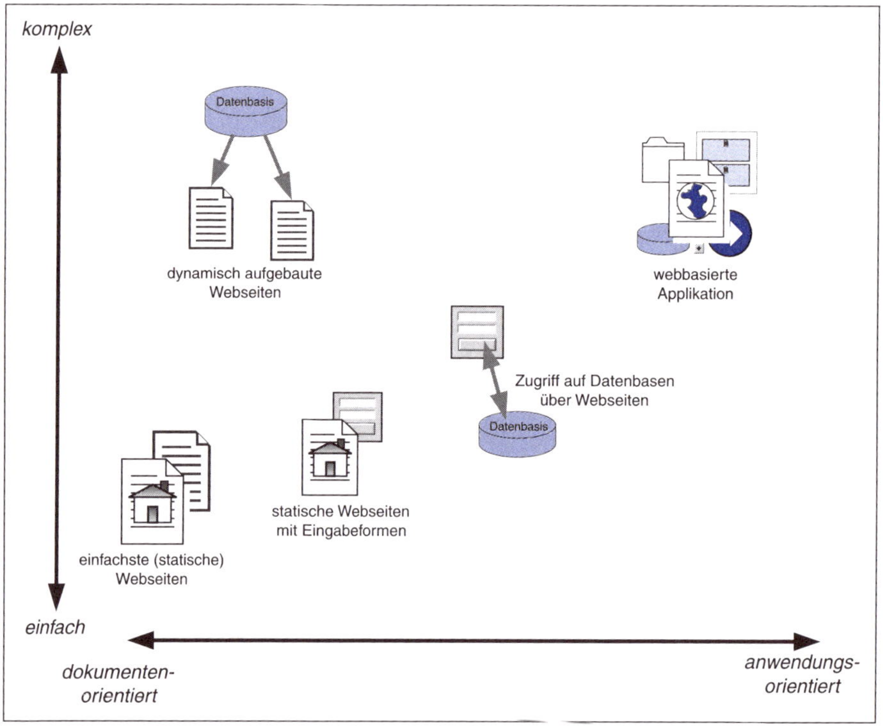

Abbildung 3.8: Webseiten und -anwendungsformen

Für unser obiges Beispiel sind hierbei zu prüfen, welche Form der Informationsdarstellung durch Webseiten (ob dynamisch oder statisch) sinnvoll ist bzw. welche Datenbasis die Informationsgrundlagen darstellen soll.

Eine weitere Methode bei der Anforderungsanalyse ist das **Prototyp-basierte Experiment**. Experimente im Bereich der Websystem-Entwicklung richten sich vor allem auf die Leistungsmerkmale, auf die Nutzerakzeptanz oder aber auf die Verträglichkeit neuwertiger Technologien und Methoden. Für unser Beispiel könnten folgende Experimente initiiert werden:

Softwarehaus Web-Systems

Experimente zur Analyse der Websystem-Anforderungen

- Für die beabsichtigte Nutzung von Open-Source-Content-Managementsystemen ist ein Vergleichstest zwischen ausgewählten Systemen durchzuführen.
- Die Auswahl von Webseiten bzw. Darstellungsformen für die mobile Webinhaltsanzeige ist durch implementierte Beispiele und eine Bewertung durch potentielle Nutzer abzusichern.
- Zur Einschätzung der System-Performance ist auf der Grundlage einer minimalen prototypischen Systemkonfiguration ein Lasttest durchzuführen und auszuwerten.

Schließlich gehört die allgemeine **Konsistenzkontrolle** zu den grundlegenden Methoden der Anforderungsanalyse wobei es um die „Verträglichkeit" der Anforderungen insgesamt geht. Dabei werden beispielsweise folgende Fragestellungen betrachtet bzw. untersucht (siehe auch [Powell 1998] oder [Spool 1999]):

- Sind Anforderungen im Verhältnis zum Kontext der Gesamtlösung des Websystems unnötig, redundant oder sogar widersprüchlich?
- Ist die Umsetzung spezieller Anforderungen ökonomisch nicht vertretbar bzw. kostenmäßig auch nicht überschaubar?
- Würde die Realisierung spezieller Anforderungen den Projektverlauf insgesamt gefährden bzw. unvertretbar verzögern?
- Widersprechen die technologischen Anforderungen den allgemeinen Websystem-Intentionen bzw. Systemvorhaben?

Diese und ähnliche Fragen sind hierbei zu beantworten bzw. Konsistenzfehler zu beheben. Nach der Anforderungsanalyse haben wir dann eine ***geprüfte Problemdefinition***, die den Ausgangspunkt der eigentlichen Systementwicklung – beginnend mit der Spezifikation, dem anschließenden Design und schließlich der Implementation – darstellt.

Übungsaufgaben

1. Geben Sie die vier grundlegenden *Arten von Websystem-Anforderungen* an und nennen Sie Beispiele für eine selbst gewählte Websystemart.
2. Was ist der Unterschied zwischen einer *Problemintention* und einer *Problemdefinition*?
3. Welche beiden Formen der Webanwendung kommen in einem *webbasierten Brainstorming* zur Problemdefinition zum Einsatz?
4. Was muss bei der Aufstellung der *funktionalen Anforderungen eines Websystems* beachtet werden?
5. Nennen Sie die *Qualitätsmerkmale eines Websystems* auf der Grundlage des ISO 9126-Standards und geben Sie Beispiele für derartige Qualitätsanforderungen an.
6. Beschreiben Sie den Unterschied zwischen *passiver* und *aktiver Usability.*
7. Welche Implikationen besitzen die *plattformbezogenen Anforderungen* für die Websystem-Entwicklung und vor allem -Wartung?
8. Beschreiben Sie Beispiele für *Entwicklungsprozess-bezogene Websystem-Anforderungen.*
9. Geben Sie in einem Diagramm eine weitere Topologieform für die *Global Software Production* an.
10. Welche Websystem-Anforderungsart kommt im Allgemeinen in welcher Systementwicklungsphase zur Anwendung?
11. Charakterisieren Sie die Methode der *Begriffsanalyse* hinsichtlich des erforderlichen Kontextes zu ihrer korrekten Anwendung.
12. Welcher Klärungsprozess von Websystem-Anforderungen kann durch *Interviews* erreicht werden?
13. Beschreiben Sie den möglichen Nutzen der *Analogiemethode* für die Anforderungsanalyse an selbst gewählten Beispielen.
14. Geben Sie eine detaillierte *Experimentbeschreibung* für die Prüfung von Performance-Eigenschaften eines zu implementierenden Websystems an.
15. Welche Konsistenzfehler in den Websystem-Anforderungen sollen bei der *Konsistenzkontrolle* entdeckt bzw. beseitigt werden?

Kapitel 4 Spezifikation von Websystemen

Mit dieser Phase beginnt die eigentliche Entwicklung unseres Websystems. Wir wollen sie zunächst ganz allgemein definieren.

*Die **Web-Systemspezifikation** ist die Formulierung der für ein erstes arbeitsfähiges System notwendigen funktionalen Anforderungen in einem Modell, welches die anwendungsbezogenen und organisatorischen Systemkomponenten beschreibt und als prototypische Umsetzung erste Aufgaben zur Analyse der Systemanforderungen erfüllen kann.*

Das Modell erhalten wir durch eine Systemmodellierung in den verschiedensten Ausprägungen. Wir definieren zunächst wie folgt:

*Das **Systemmodellieren** beim Web-Engineering ist die strukturelle, operationelle und informelle Umsetzung von Web-Systemanforderungen in einer dem zu entwickelnden System angemessenen und für den Entwickler und Auftraggeber interpretierbaren Form – dem Modell.*

Bei den Modellierungsaspekten kann es sich, je nach den bereits in Kapitel 1 angegebenen Systemarten, um eine daten-, funktions-, ereignis- oder auch zustandsbezogene Modellierungsform handeln. Wie wir bereits erwähnten, gehen wir bei Websystemen im Allgemeinen vom Vorliegen nahezu all dieser Aspekte aus. Da es sich bei Websystemen vor allem aber auch um verteilte Systeme handelt, die besondere Anforderungen an die Systemsicherheit stellen und moderne Technologien, wie die der agentenbasierten Systeme, verwenden, behandeln wir diese Aspekte in gesonderten Abschnitten.

4.1 Spezifikation webbasierter Dokumentensysteme

Die einfachste Webanwendung besteht in der „Einrichtung“ von Webseiten, die einen speziellen Informationsdienst gewährleisten. Webseiten können im weitesten Sinne als *Dokumente* bezeichnet werden und besitzen folgende Grundformen (siehe auch [Chang 2001], [Murugesan 2001] und [Thuraisingham 2000]):

- ***Hypermediales Dokument:*** Hierbei handelt es sich um eine textbasierte Darstellung mit den Möglichkeiten einer Referenzierung innerhalb des Dokuments oder zu anderen lokalen oder entfernten Dokumenten und der Einbindung multimedialer Komponenten, wie Bildern, Animationen, Audio- und Video-Files. Sie wird allgemein auch als ***statische Webseite*** bezeichnet.

- ***Interaktives Dokument:*** Bei dieser Dokumentenform hat der Nutzer die Möglichkeit der Auswahl von (Darstellungs-)Varianten oder aber der Eingabe spezieller Informationen zur Erbringung weiterer Dienste.
- ***Generatives Dokument:*** Hierbei wird das Dokument bei Bedarf erst aus einer Art *Template* erzeugt, wobei die Elemente für die Dokumentenerzeugung in Verzeichnissen oder Datenbasen vorliegen können. Derartige Dokumente werden auch als ***dynamische Webseiten*** bezeichnet.

Neben diesen technologischen Aspekten dienen die Dokumente den unterschiedlichsten Informationsdiensten bzw. erfüllen selbst die verschiedensten Aufgaben als Situationsbeschreibung oder aber Fixierung rechtlicher Vereinbarungen. In diesem Sinne unterscheiden wir unter anderem folgende Web-Dokumentformen (siehe beispielsweise [Choo 2000], [Igbaria 1998] oder [Tinnefeld 1996]):

- ***Informationsdokumente:*** Sie enthalten Informationen zu den verschiedensten Dingen, Sachverhalten, Ereignissen und Vorgängen und erfüllen je nach ihrer inhaltliche Gestaltung und Ausrichtung einen speziellen Informationsdienst für den Nutzer oder Betrachter. Je nach Nutzungsform sind hierbei besondere Autorisierungsmerkmale vorhanden, um den Autor eindeutig zu identifizieren bzw. dessen Dienst zu schützen.
- ***Formulare:*** Bei diesen Dokumenten werden spezielle Informationen erfasst, die für eine kundenbasierte Beziehung im Web die Grundlage bilden bzw. eine Voraussetzung darstellen. Formulare erfüllen die Aufgaben der Identifikation des Nutzers oder spezieller Dienste und stellen damit eine wichtige Kommunikationsgrundlage dar.
- ***Rechtsdokumente:*** Diese Dokumente enthalten spezielle rechtliche Vereinbarungen, Kontrakte oder Vorschriften und erfordern spezielle Authentizitätsmerkmale zu ihrer Verwendung durch den Nutzer. Zumeist werden diese Dokumente in gedruckter Form archiviert bzw. besitzen in dieser Form ihre weitere Rechtsverbindlichkeit.

Auf die besonderen Modellierungsaspekte derartiger Dokumentformen bzw. Webdienste gehen wir in den folgenden Abschnitten näher ein.

4.1.1 Spezifikation der Dokumentenstrukturen

Mit der Modellierung der Dokumentenstrukturen treffen wir wesentliche Entscheidungen zur Art und Weise ihrer späteren Nutzung. In unserem Kontext besitzen die Dokumente vor allem eine Hypertextstruktur, d. h. sie sind in vielfältigster Weise referentiell miteinander verbunden. Dabei stehen *Nutzerführung* und *Erreichbarkeit* im Mittelpunkt. Wir wollen zunächst die einfachsten Grundstrukturen betrachten (siehe auch [Gronbeck 1999] und [Powell 1998]). Die folgende Abbildung zeigt zunächst eine *lineare Struktur* von Dokumenten bzw. Webseiten.

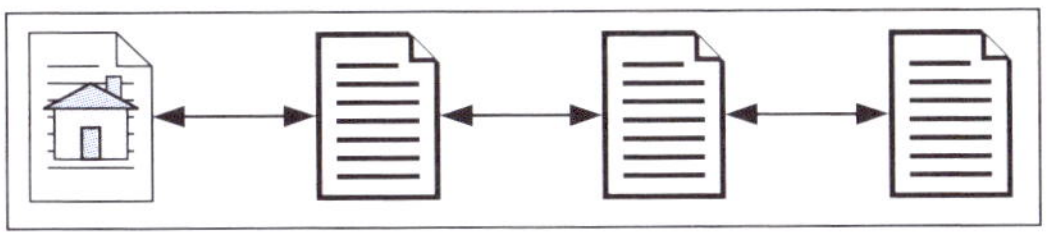

Abbildung 4.1: Lineare Dokumentenstruktur

Diese einfachste Strukturform wird beispielsweise bei einer Folienpräsentation zugrunde gelegt. Eine etwas kompliziertere Form ist die *Linearstruktur mit Alternativen*. Die folgende Abbildung verdeutlicht diese Dokumentenstrukturform.

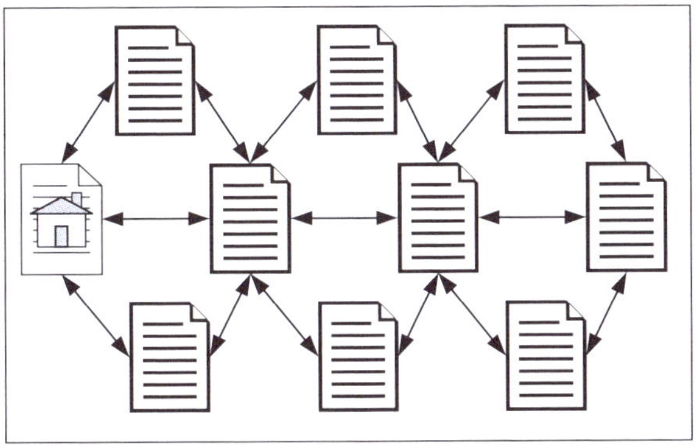

Abbildung 4.2: Linearstruktur mit Alternativen

Hierbei sind bereits Interaktionen durch den Nutzer vorgesehen bzw. möglich, die beispielsweise aufgrund von Ja/Nein-Abfragen initiiert werden. Sind die Alternativen einfache Optionen, so spricht man von einer *Linearstruktur mit Optionen*, wie sie allgemein in der folgenden Abbildung dargestellt ist.

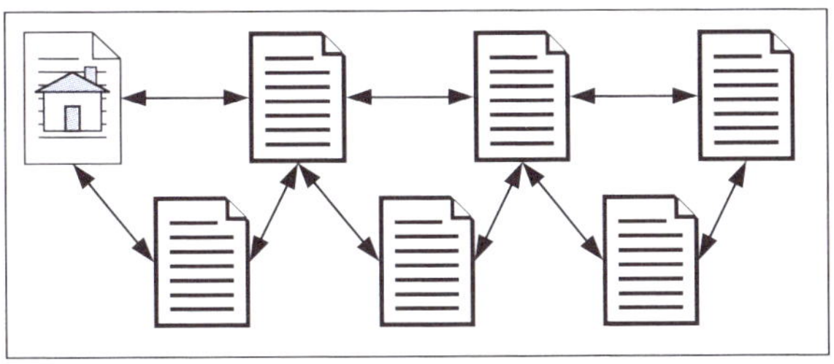

Abbildung 4.3: Linearstruktur mit Optionen

Optionen können dem Nutzer auf der Grundlage einer Abfrage neben anderen Dokumenten auch andere Dienstformen anbieten. Eine weitere Strukturform von Webseiten bzw. Dokumenten ermöglicht von einer jeweils linear aneinander gereihten Seite einen „Nebensprung" zum Beispiel für Annotationen. Wir nennen diese Strukturart *Linearstruktur mit Nebenlink* und geben in der folgenden Abbildung ihre allgemeine Form an:

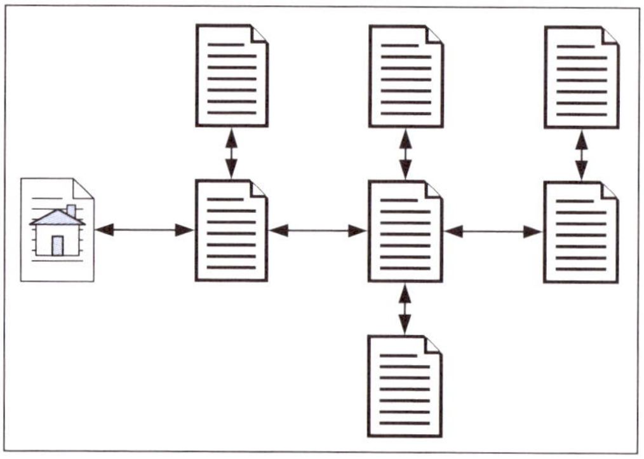

Abbildung 4.4: Linearstruktur mit Nebenlinks

Die nächste Strukturform assoziiert bereits eine netzartige Verflechtung. Sie wird als *Grid-Struktur* bezeichnet und hat die folgende allgemeine Form:

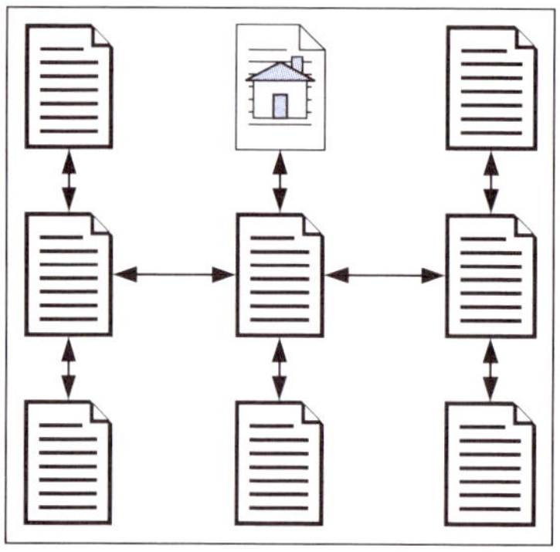

Abbildung 4.5: Grid-Dokumentenstruktur

Dokumente können natürlich auch in hierarchischer Weise miteinander verknüpft sein. Die übliche Grundstruktur einer *Dokumentenhierarchie* zeigt die folgende Abbildung:

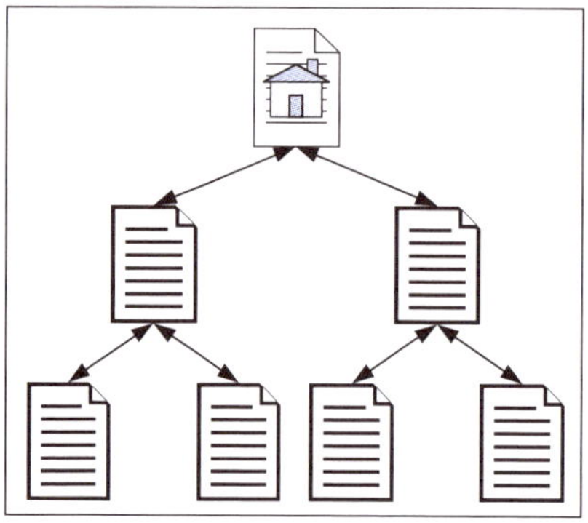

Abbildung 4.6: Hierarchische Dokumentenstruktur

Diese Strukturform ist insbesondere bei einer konsequenten Informations- oder Dienstunterteilung angebracht. Zu dieser allgemeinen Dokumentenhierarchie unterscheidet man beispielsweise noch die Spezialformen einer *breiten Dokumentenhierarchie* oder einer *gemischten Dokumentenhierarchie*.

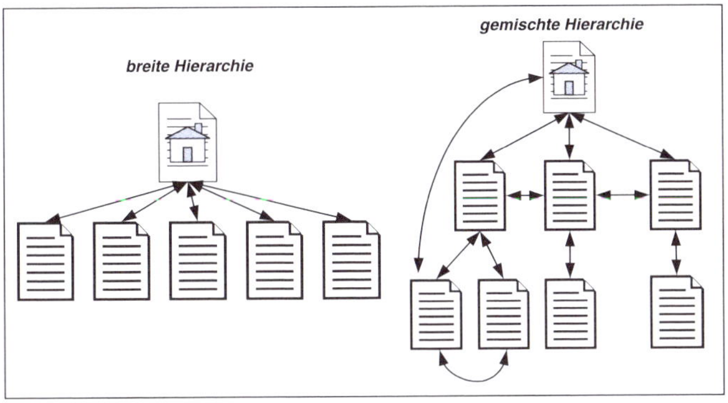

Abbildung 4.7: Weitere Dokumentenhierarchie-Strukturen

Schließlich wollen wir auch noch die Webstruktur „an sich" klassifizieren und beschreiben. Sie besitzt alle vorher beschriebenen Merkmale und kann wie folgt allgemein charakterisiert werden:

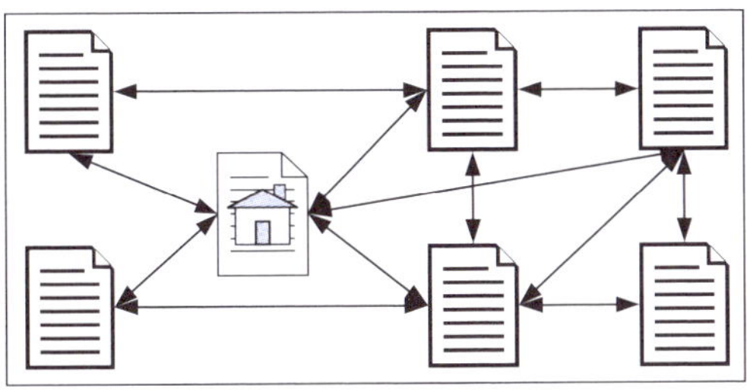

Abbildung 4.8: Ad-hoc-Web-Dokumentenstruktur

Natürlich richtet sich die als Letztes spezifizierte Dokumentenstruktur nach den inhaltlichen Anforderungen – also dem Inhalt bzw. *Content* insgesamt. So unterscheidet man unter anderem folgende allgemeine Strukturierungsformen bzw. -intentionen bei Webdokumenten (siehe [Choo 2000] oder auch [Gronbeck 1999]):

- ***Thematische Gruppierung:*** Bei dieser Form geht es um den Zusammenhang von Dokumenten zu einem Thema. Die Links bzw. Referenzierungen sind durch eine spezielle Themengliederung bzw. Ebenenform geprägt.
- ***Interaktionsbezogene Assoziation:*** Diese Struktur betont den wahlweisen, durch Nutzerinteraktion gesteuerten Zusammenhang von Webdokumenten.
- ***Didaktische Struktur:*** Dieser Strukturform liegt ein spezielles didaktisches (Auswahl-) Prinzip zugrunde. Die hierbei verwendeten Dokumente sind zumeist Lernkomponenten oder dienen der Wissensvermittlung überhaupt.

- ***Intentionale Struktur:*** Diese Web-Dokumentenstruktur geht von speziellen Intentionen aus, wie zum Beispiel einer Kundenbindung, dem Wecken spezieller Interessen oder aber einem zweckgebundenen Informationsdienst.
- ***Nutzerbezogene Struktur:*** Hierbei geht es schließlich darum, den jeweiligen Nutzer in einem gewissen Rahmen zu identifizieren (Geschlecht, Alter, Neigungen) und somit die jeweils für ihn als zweckmäßig betrachteten Dokumente innerhalb einer thematischen Struktur auszuwählen.

Für die Auswahl der Dokumentenstruktur überhaupt gibt Powell folgende Entscheidungshilfe hinsichtlich der möglichen Auswirkung für die spätere Nutzung [Powell 1998]:

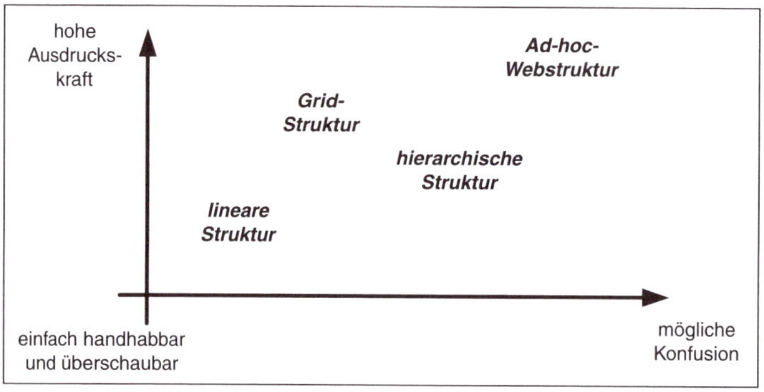

Abbildung 4.9: Eigenschaften ausgewählter Dokumentenstrukturformen

Ein allgemeines „klassisches" Modell zur Spezifikation von Web-Dokumentenstrukturen ist das so genannte ***Dexter Hypertext Reference Model (DHRM)*** (siehe beispielsweise in [Gronbeck 1999]). Es wurde bereits in den achtziger Jahren entwickelt und dient der strukturellen Systematisierung von Hypertextdokumenten überhaupt. Die Grundkomponenten des DHRM übertragen auf unseren Kontext sind folgende:

- ***DHRM-Komponenten:***
  - *Atomare Komponenten:* Dies sind Webdokumente, auf die referenziert wird und deren interne Struktur nicht weiter bekannt ist.
  - *Link-Komponenten:* Hierzu zählen die selbst spezifizierten Dokumente, die auch auf andere Dokumente referenzieren.
  - *Komposite Komponenten:* Diese selbst spezifizierten Dokumente besitzen neben Links zu anderen Dokumenten auch (interne) Links zu Positionen im Dokument selbst.
- ***DHRM-Dreischichten-Architektur:***
  - *Präsentationsschicht:* Diese Schicht verwaltet die allgemeinen Hypertexteigenschaften der Dokumente insgesamt.
  - *Datenbasisschicht:* Hierbei werden die ggf. im Netz verteilten Datenbasen spezifiziert und zusammengefasst.
  - *Dokumentenschicht:* Die Eigenschaften des einzelnen Dokuments werden in dieser Schicht betrachtet bzw. spezifiziert.

- ***DHRM-Kollaborationsunterstützung:***
  - *Verteilte Datenbasisschicht:* Die oben bereits genannte Datenbasisschicht ist hierbei um verteilte Transaktionsmöglichkeiten (s. u.) sowie um ereignisbasierte Verarbeitungsmethodiken erweitert.
  - *Kollaborative Applikationsschicht:* Diese Schicht unterstützt die Spezifikation von Formen und Rollen in der Zusammenarbeit auf der Grundlage definierter Dokumente im Web.

Diese Angaben zum DHRM dienen uns als „Sichterweiterung". Auf die notationellen Besonderheiten gehen wir hier aber nicht weiter ein.

Wir wenden uns jetzt wieder dem im vorangegangenen Kapitel beschriebenen Beispiel der Webpräsentation unserer Softwarefirma **Web-Systems** zu. Die Webseitenstruktur hat dann beispielsweise den folgenden Aufbau:

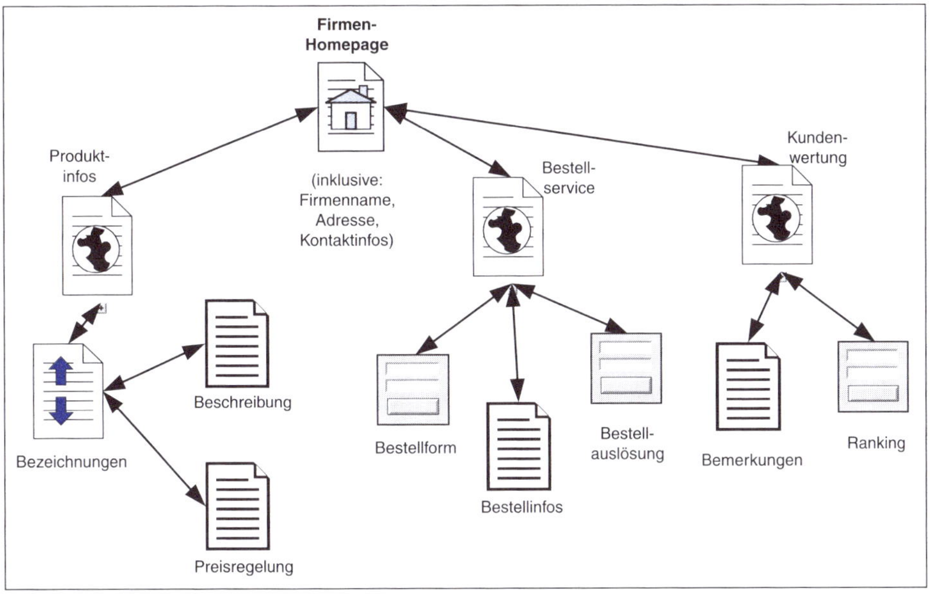

Abbildung 4.10: Webseitenstruktur unseres Firmenbeispiels

Die hierbei zugrunde gelegte Symbolik ist leicht zu erkennen. So haben wir bereits die bisher mit einem Haus gekennzeichnete Webseite als *Homepage* identifiziert und die einfach gestrichelte Seite (z. B. für die „Beschreibung" oder die „Bemerkungen") als *„einfache" Webseite*. Die mit einer Erdkugel gekennzeichneten Seiten dienen der *expliziten Verzweigung*, während die mit Pfeilen gekennzeichneten Seiten eine *listenbezogene Auswahl* symbolisieren. Schließlich erkennen wir bei den mit inneren Kästchen versehenen Symbolen die *Formulare*.

Generell befinden wir uns bei der Spezifikation unserer Webdokumente in einer Art Raum von Netzkomponenten, der letztlich die physische Basis unseres Dokumentensystems bildet. Das führt uns zum Begriff eines *Hyperraumes* bzw. *Hyperspace*, den wir wie folgt definieren wollen:

> *Ein **Hyperspace** ist gekennzeichnet durch den physischen Hintergrund unseres Dokumentensystems im Web, seine Eigenschaften der (physischen) Begrenzung, der autorisierten Nutzbarkeit sowie der generellen Verfügbarkeit über eine spezielle Attributierung der Webdokumente in einem allgemeinen oder speziell thematisierten Anwendungskontext.*

Für die Modellierung der „Operationen" über Hyperlinks unter Berücksichtigung derartiger Hyperspaces werden so genannte ***Navigationsdiagramme*** verwendet. In Ermangelung eines allgemeinen Standards verwenden wir dafür die in der folgenden Abbildung gezeigten und in der Literatur häufig verwendeten Diagrammelemente:

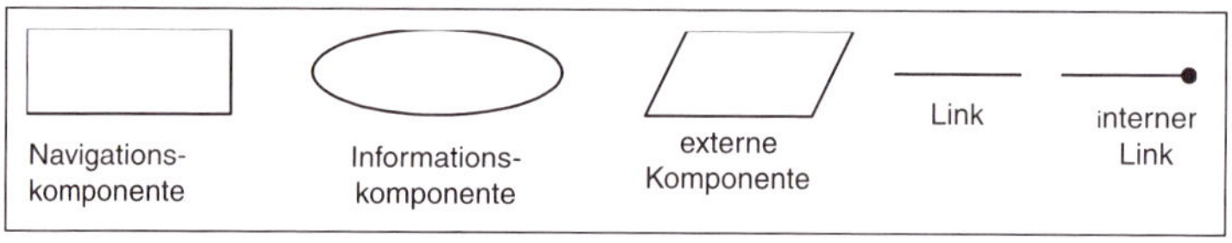

Abbildung 4.11: Grundsymbole eines Navigationsdiagramms

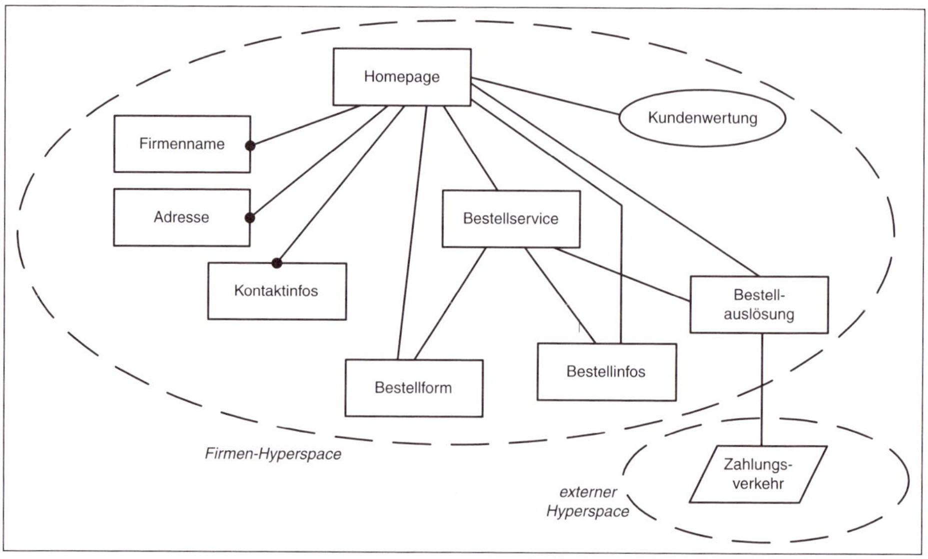

Abbildung 4.12: Beispiel eines Navigationsdiagramms für unser Firmenbeispiel

Der aufmerksame Leser wird allerdings bemerkt haben, dass wir zum einen eine externe Komponente (*Zahlungsverkehr*) und zum anderen generell Links von jeder Webseite *zurück zur Homepage* hinzugefügt haben, um einen relativ „geschlossenen" Hyperspace zu erhalten und damit das *Erreichbarkeitskriterium* zu erfüllen.

Aus semantischer Sicht unterscheidet man beim so genannten ***problembezogenen Navigieren*** (siehe [Gronbeck 1999] oder auch [Nobles 2001]) folgende Arten:

- *Globales Navigieren:* als Wechsel zwischen allgemeinen Themenbereichen innerhalb eines Gesamtkontextes
- *Paralleles Navigieren:* als Kennzeichnung des Wechsels zwischen den jeweiligen Teilthemen eines Themenbereiches
- *Lokales Navigieren:* als Wechsel innerhalb des Textes oder einer Textsammlung zu einem speziellen Thema

Schließlich wollen wir uns noch den Navigationsstrukturen innerhalb einer Webseite zuwenden. Hierbei werden die in der folgenden Abbildung dargestellten allgemeinen Strukturen unterschieden:

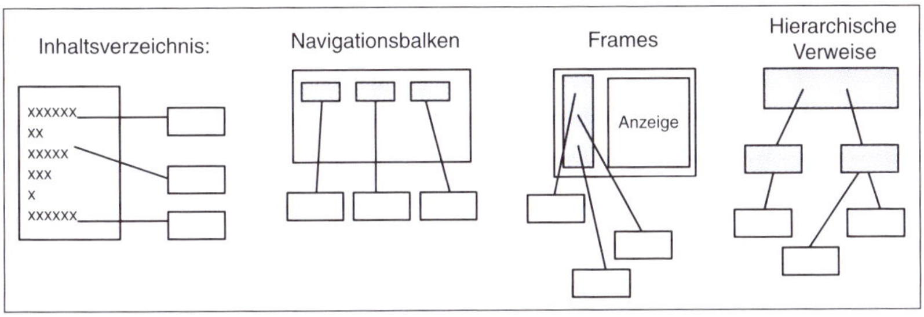

Abbildung 4.13: Navigationsstrukturformen einer Webtitelseite

Neben der differenzierten Betrachtung der Webseiten selbst wollen wir uns jetzt noch einmal den (inhaltlichen) Verbindungen zwischen den Dokumenten zuwenden. Die von uns bisher als einfache Links gekennzeichneten Verbindungen können in einem allgemeinen semantischen Kontext, den wir bereits als *Ontologie* bezeichnet haben, unter anderem folgende inhaltliche Attribute besitzen (siehe [Goertzel 2002], [Hovy 2003], [Predonzani 2000] oder auch [Thuraisingham 2002]):

- *Begriffsbezug:* Der Verweis zur anderen Webseite wird durch einen inhaltsbezogenen Begriff definiert, der die Webseite identifiziert bzw. thematisiert.
- *Ausdrucksbezug:* Der konkrete Verweis zeigt sich im Ergebnis der Bearbeitung bzw. der Interpretation eines (logischen) Begriffs- oder Pfadausdrucks der Dokumentenstruktur.
- *Themenbezug:* Die durch den Verweis referenzierten Webseiten sind thematisch zusammengefasst und werden in diesem Kontext identifiziert.

Damit können wir unser obiges Firmenbeispiel um einige semantische Relationsaspekte erweitern, die in der folgenden Abbildung kurz dargestellt sind:

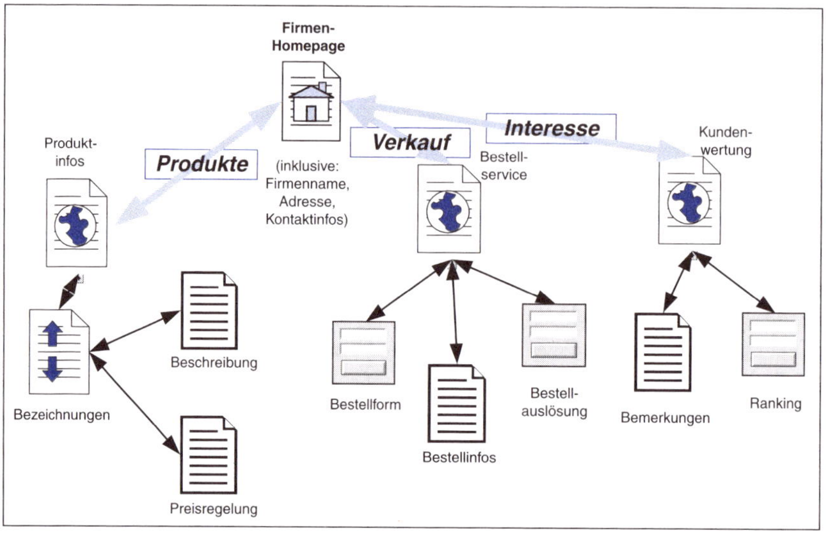

Abbildung 4.14: Ontologische Erweiterung unserer Firmen-Webstruktur

Da unsere Firma „Web-Systems" heißt, ergeben sich im Web insgesamt folgende Such- bzw. Identifikationsmöglichkeiten unserer thematisch gegliederten Webseiten:

- *Web-Systems* ∧ *Produkte:* Identifikation der Produktinfos hinsichtlich aller Produktbeschreibungen mit den jeweiligen preislichen Regelungen,
- *Web-Systems* ∧ *(Verkauf* ∨ *Interesse):* thematische Referenzierung zur Verkaufssituation und zum aktuellen Kundeninteresse unserer Softwarefirma.

Im Stadium der Modellierung in der Spezifikationsphase gilt zunächst nur diese allgemeine Form der Referenzierung. Erst in der nachfolgenden Entwurfsphase widmen wir uns den speziellen Navigationsaspekten, die beispielsweise die Reihenfolge der bereitgestellten Webdokumente bzw. den Bezug der Webseiten untereinander betreffen.

Die bisherigen Dokumentenstrukturen wurden im Rahmen der Spezifikation modelliert und dann in dieser relativ festen Strukturform auch genutzt. Jetzt wollen wir eine Modellform betrachten, die es uns erlaubt, aus spezifizierten Dokumentbeziehungen letztlich die zweckmäßige, endgültige Dokumentenstruktur im Verlauf der Dokumentenanwendung zu *generieren*. Das dafür vom W3C vorgeschlagene Modell ist das so genannte ***Document Object Model (DOM)***. Es erlaubt uns, *dynamische Webseitenstrukturen* zu spezifizieren (siehe [Harold 1998] oder auch [Rouyer 1998]). Die Grundidee ist ein hierarchischer Dokumentenbaum, dessen Knoten jeweils aus Text oder aus speziellen Dokument-Darstellungskennzeichen (den so genannten Tags) bestehen. Die Knoten eines Baumes stehen zueinander in speziell bezeichneten Relationen. So heißt beispielsweise der Nachfolger eines Knotens „Kind" (*Child*), der Vorgänger „Elternknoten" (*Parent*) und der Nachbarknoten in derselben Ebene „Nachbar" (*Sibling*). Analog sind dann auch die jeweiligen (Navigations-) Operationen, um von einem Knoten des Baumes zum anderen zu gelangen, benannt, wie zum Beispiel *nextSibling* oder *firstChild*. Der Navigationsansatz beim DOM definiert ausgehend vom so genannten *Fokussierungspunkt* einen relativen und/oder absoluten Pfad im

Dokumentenbaum, der an die Erfüllung von Knotenattributen geknüpft sein kann und in einem Dokument oder einer Dokumentenmenge zur Anwendung kommt. Die folgende Abbildung zeigt uns ein Beispiel für einen derartigen Dokumentenbaum, der nach unserem DOM-Prinzip aufgebaut ist:

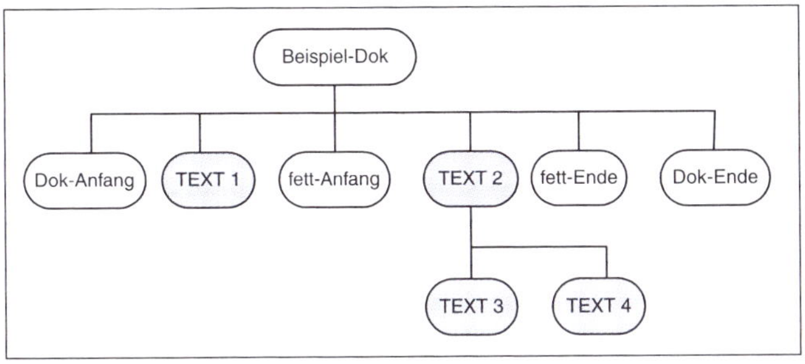

Abbildung 4.15: Dokumentenbeispiel gemäß dem DOM

Mit „fett" soll eine spezielle Darstellung des Textes charakterisiert werden. Unser DOM besitzt nun verschiedene Methoden, die auf die jeweiligen Knoten unseres Baumes Bezug nehmen, so unter anderem

- *parentNode:* Bezug zum Elternknoten
- *nextSibling:* Bezug zum rechten Nachbarknoten
- *previousSibling:* Bezug zum linken Nachbarknoten
- *firstChild:* erster (rechter) Nachfolgeknoten
- *lastChild:* letzter (linker) Nachfolgeknoten
- *childNodes[i]:* Bezug zum i-ten Nachfolgeknoten (von rechts ab null zählend)

Man beachte, dass sich jede nachfolgende Methode stets auf die Position, die durch die vorangegangenen Methoden bestimmt wurde, bezieht. Gehen wir in unserem Baumbeispiel vom Wurzelknoten „Beispiel-Dok" aus, so liefert die Methodenfolge

lastChild, previousSibling, previousSibling, previousSibling,
previousSibling, previousSibling

das Dokument

TEXT 1 **TEXT 2**

während die Methodenfolge

lastChild, previousSibling, previousSibling, previousSibling, childNodes[0],
nextSibling, parentNode, previousSibling, previousSibling,

schließlich das Dokument

TEXT 1 **TEXT 2 TEXT 4 TEXT 3 TEXT 2**

liefert. Um möglicherweise Knoten oder Ebenen zu überspringen, haben die jeweiligen Technologien zur DOM-Anwendung weitere Operationsmöglichkeiten. Wir gehen später noch einmal kurz darauf ein.

Damit haben wir zumindest das Grundprinzip des DOM für eine flexible Generierung unterschiedlicher Dokumente aus einem Dokumentenbaum verdeutlicht.

4.1.2 Spezifikation von Webinteraktionen

Wie im vorherigen Abschnitt bereits zu erkennen, hat unser kleines Firmenbeispiel Webseiten, die einfachste Formen einer Interaktion beinhalten. Für die Modellierung derartiger Interaktionen verwenden wir das entsprechende Diagramm der *Unified Modeling Language (UML)*, und zwar das so genannte ***Sequenzdiagramm*** (siehe [Booch 1999]). Die Grundsymbole dieser Diagrammart sind in der folgenden Abbildung angegeben:

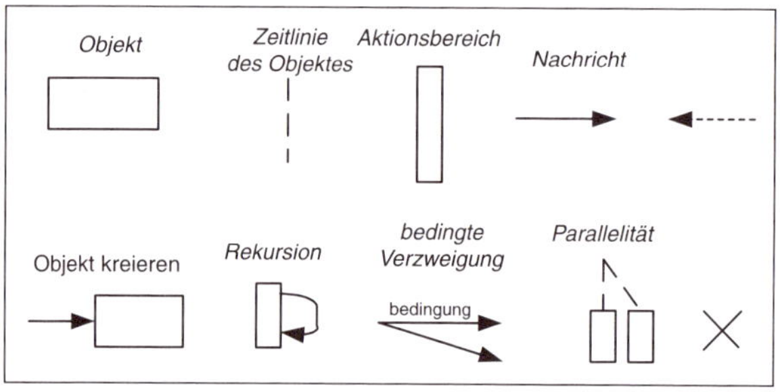

Abbildung 4.16: Grundsymbole des UML-Sequenzdiagramms

Ein Objekt ist hierbei im weitesten Sinne ein Interaktionspartner. Die Interaktion bzw. Kommunikation selbst wird durch die Angabe entsprechender Nachrichten (-inhalte) dargestellt. Das folgende Beispiel einer Websuche verdeutlicht die Anwendung dieser Diagrammform:

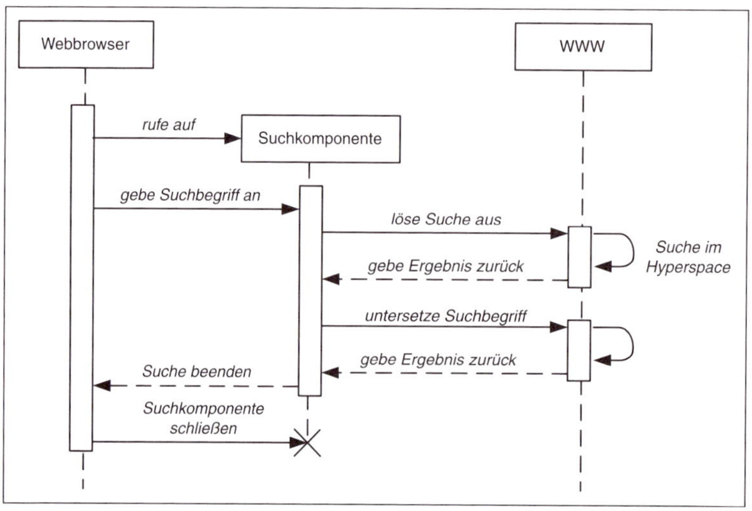

Abbildung 4.17: Web-Kommunikationsbeispiel mit dem Sequenzdiagramm

Für die Darstellung des zeitunabhängigen Bezuges der beteiligten Systemkomponenten können wir (ebenfalls aus der UML) das ***Kollaborationsdiagramm*** anwenden. Die Nachrichtenbeschreibungen werden hierbei nummeriert und definieren in dieser Form eine Kausalität der Interaktion. Ein Beispiel dafür hat dann die folgende Form:

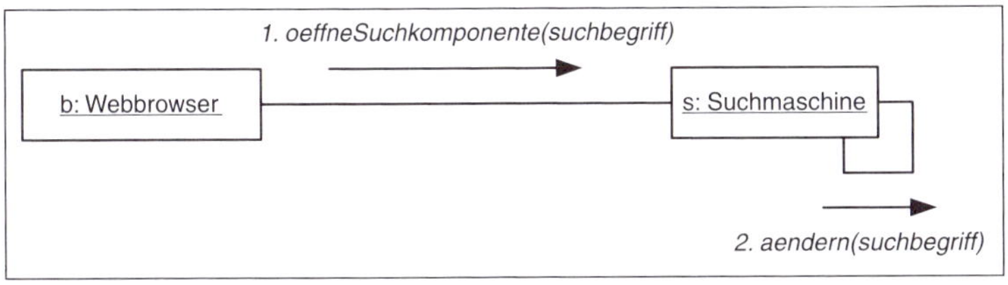

Abbildung 4.18: Kommunikationsdarstellung mit dem Kollaborationsdiagramm

Wir wollen an dieser Stelle wieder unser kleines Firmenbeispiel zur Webpräsentation ins Spiel bringen und definieren die Interaktionen einer (Software-)Produktbestellung. Die folgende Abbildung zeigt uns eine Spezifikation dieser Interaktionsform:

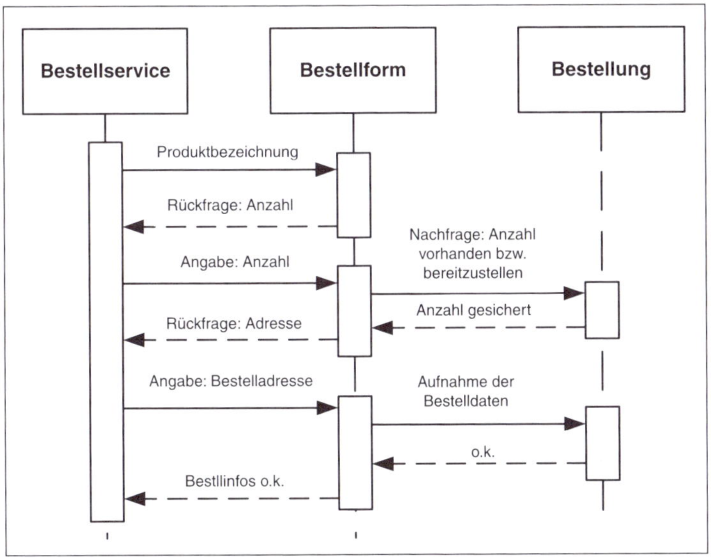

Abbildung 4.19: Interaktionsform einer Formulareintragung

Wenn wir unsere Webseitenstruktur betrachten, sehen wir, dass hierbei die Bestellauslösung noch nicht einbezogen ist. Dafür benötigen wir noch weitere Modellierungsaspekte. Allerdings finden wir für das Objekt *Bestellung* im obigen Sequenzdiagramm keine Webseitenentsprechung in unserem Strukturbeispiel. Das führt uns unmittelbar zum folgenden Abschnitt. Wir haben *Informationen* bzw. *Daten erfasst*, deren Speicherung bzw. Nutzungsmöglichkeiten wir in unserem Websystem ebenfalls spezifizieren müssen.

4.1.3 Spezifikation von Web-Datenbasen

Auf die Aspekte des Bezugs zu so genannten Datenbasen sind wir bereits bei der Betrachtung der unterschiedlichen Komplexität der Websysteme eingegangen. Dabei sind Datenbasen mögliche Quellen der Generierung so genannter dynamischer Webseiten oder aber Dateninhalte schlechthin, die als Informationsbasis des jeweiligen Websystems relevant sind. Wir wollen uns hier auf die zweite Form der Datenbasen beziehen. Derartige Datenbasen, wie sie in Websystemen bzw. überhaupt im Web zu finden sind, wollen wir erst einmal allgemein definieren, zunächst den Begriff der Datenbasis selbst (siehe beispielsweise [Kroenke 2002]):

> ***Datenbasen*** *sind nach speziellen Modellierungsaspekten gespeicherte Daten, über die auf der Grundlage adäquater Zugriffsmethoden spezifische (Informations-) Abfragen für den Nutzer gestellt werden können. Liegt für Teilbestände von Daten eine einheitliche Technologie zugrunde, so spricht man auch von* ***Datenbanken****. Die Verarbeitungstechnologie wird dafür zumeist als Datenbank-Managementsystem (DBMS) bezeichnet.*

Die allgemeine Nutzungsform derartiger Datenbasen im Web verdeutlicht in sehr vereinfachter Form die folgende Abbildung:

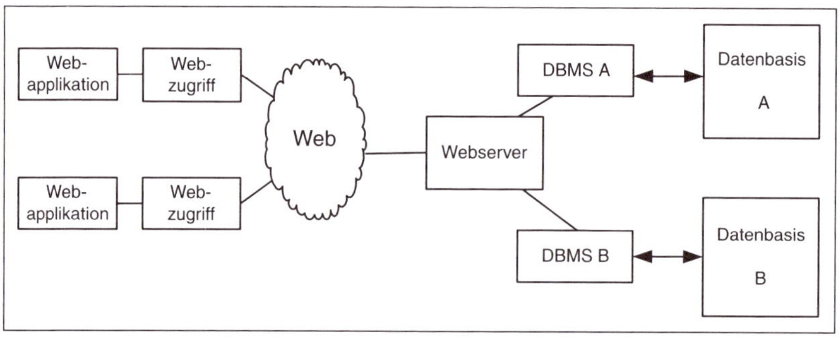

Abbildung 4.20: Nutzungsform von Datenbasen im Web

Haben die Datenbasen spezielle inhaltliche oder technologische Ausprägungen, so werden insbesondere im Web weitere Formen unterschieden. Die folgende Art von Datenbasen bezieht sich auf den besonderen Inhalt der gespeicherten und verwalteten Daten selbst:

> ***Multimediale Datenbasen*** *sind Datenbasen, deren Inhalte homogene oder heterogene Formen von Daten unterschiedlicher Medien darstellen und über die darauf abgestimmten Speicherungs- und Zugriffsmethoden für deren Anwendung verfügen.*

Typische Beispiele für derartige Datenbasen sind Sammlungen so genannter (komprimierter) Audio- oder Video-Files, wobei die Files bzw. Dateien die derzeit dominante Speicherungsform für die Semantik als Musikstück, Szene oder Film darstellen. Auf spezielle Fragen der Spezifikation multimedialer Inhalte gehen wir in einem gesonderten Abschnitt noch einmal ein.

Die Idee, Dokumente beliebiger Art in maschinenlesbarer (also digitaler) Form zu speichern und für die allgemeine Nutzung bereitzustellen, führt zur nächsten Form von Datenbasen im weitesten Sinne:

> ***Digitale Bibliotheken*** *sind Datenbasen, deren Inhalte digitalisierte Dokumente jeglicher Art darstellen und die zumeist über spezielle, autorisierte Nutzungsformen einen Informationsdienst anbieten.*

Derartige digitale Bibliotheken existieren bereits für den größten Teil wissenschaftlicher Publikationen sowie als Literaturdienste zu Büchern, Bildbänden oder Partituren überhaupt.

Schließlich wollen wir in diesem Rahmen noch eine weitere Datenbasisform definieren, die den verschiedensten Problemen heterogener Datenbasen sowie zweckmäßiger Informationsdarstellung für den Nutzer gerecht werden soll. Wir benutzen dabei die fast ausschließlich verwendete englische Bezeichnung.

> *Ein* ***Data Warehouse*** *ist eine Datenbasis, die eine einheitliche Informationsdarstellung auf der Grundlage heterogener Datenbasen erlaubt und für die verschiedensten Anfragen die jeweils dafür notwendigen Aggregationen von Daten speichert und damit einen schnellen Zugriff sichert.*

Wir wollen insbesondere bei dieser sehr komplexen Form von Datenbasen auf die entsprechende Literatur verweisen (siehe beispielsweise [Ceri 2002] oder [Mattison 1997]) und uns einigen grundlegenden, elementaren Spezifikationsformen zuwenden.

Um eine Datenbasis zu spezifizieren, hat sich das so genannte ***Entity Relationship Model (ERM)*** bewährt. Die folgende Abbildung zeigt uns ein Beispiel für diese Modellierungsart (siehe zum Beispiel [Kroenke 2002]). Wir beziehen uns dabei wieder auf unser kleines Firmenbeispiel.

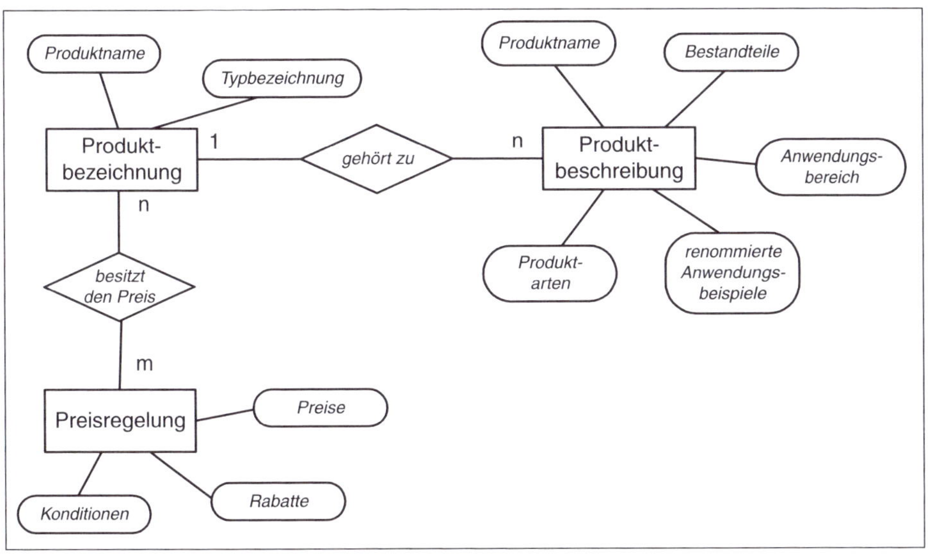

Abbildung 4.21: Beispiel einer ERM-Modellierung

Dabei finden wir in den Rechtecken die *Entitäten*, in den Rauten die jeweiligen Beziehungen (*Relationships*) zwischen ihnen und in den Ovalen die entsprechenden Attribute zur Entität. Die Angaben „1", „n" und „m" zeigen uns die mengenmäßigen Verhältnisse (*Arität*) der jeweiligen Entitäten zueinander. So haben wir möglicherweise zu einer Produktbezeichnung viele (unterschiedliche) Produktbeschreibungen, und zu den (vielen) Produktbezeichnungen jeweils viele Preisregelungen.

Auf der Grundlage dieser Spezifikation können wir nun jeweils tabellenartige Datenbasen aufbauen, die die Angaben jeweils einer oder mehrerer Entitäten beinhalten. Da diese Tabellenform die wirkliche Situation von Datenstrukturen sehr stark vereinfacht (wie zum Beispiel die Nichtbeachtung von Wiederholdaten oder impliziter Teilstrukturen), werden so genannte *Normalformen* definiert, die eine Beachtung der praktischen Informationsstrukturen auch im Kontext der so genannten ***relationalen Datenbasen*** ermöglichen. Auf derartige Details gehen wir hier allerdings nicht weiter ein und verweisen auf die bereits angegebene Literatur.

Die spezielle Speicherungsform von Daten in Datenbasen ist natürlich nicht Selbstzweck. Sie dient einer möglichst effizienten Bereitstellung von Informationen durch so genannte ***Anfragen***. Über die hier zugrunde gelegte Tabellenform, die der Darstellungsform von Daten Di einer Relation $R \subseteq D1 \times D2 \times \ldots \times Dn$ entsprechen, können dabei Ausdrücke mit folgenden Grundoperationen zur Anwendung kommen:

- *Selektion:* als Auswahl der Elemente einer Relation bzw. Zeilen einer Tabelle, die einer bestimmten Bedingung genügen
- *Projektion:* als Auswahl einer bestimmten Teilmenge der Tabellenspalten, wobei inhaltlich identische Zeilen zusammenfallen
- *Join-Operation:* als Zusammenfassung zweier Relationen über ein Spaltenelement Di, wobei die Elemente der beiden Relationen einen gemeinsamen Wertebereich haben müssen

Für eine relationale Datenbasis können solche Anfrageoperationen mittels der standardisierten Anfragesprache ***Structured Query Language (SQL)*** gestellt und entsprechend beantwortet werden. Wir wollen hier nur eine grobe Übersicht zur SQL, für die es die unterschiedlichsten Implementationsformen gibt, angeben. Die grundlegenden drei Sprachelemente einer derartigen SQL sind:

SELECT	*Angabe der gewünschten Tabellenspalten*
FROM	*Angabe der zu wählenden Tabelle(n) bzw. Relationen*
WHERE	*Angabe spezieller Tabellenwerte als Auswahlbedingung*

Wählen wir für unser kleines Firmenbeispiel **Web-Systems** nur das obige ERM-Beispiel als Datenbasisgrundlage, so könnten wir beispielsweise die folgende Anfrage in einer SQL-Form stellen:

SELECT	Produktname, Produktarten, Anwendungsbereich
FROM	BEZEICHNUNG, BESCHREIBUNG
WHERE	Produktname = ´Web-Design-Tool´

und wir erhalten Angaben zu speziellen Webdesign-Tools, die wir in unserer Softwarefirma bereitstellen können. Natürlich können wir unsere Anfrage durch die Verwendung so genannter regulärer Ausdrücke viel flexibler formulieren bzw. die Ausgabe nach verschiedensten Kriterien aufbereiten und zusammenstellen. Aber auch hier verweisen wir unbedingt auf die zur Verfügung stehende Literatur, wollen uns aber im Rahmen des Web Engineerings der Beachtung dieser Aspekte voll bewusst sein.

Für die Beachtung einer Modellierung der Datenbasen, die eine möglichst effiziente Datenhaltung und vor allem Nutzung gewährleistet, sind folgende Speicherungs- und Zugriffsaspekte zu beachten:

- die adäquate Anordnung der Tabellenspalten nach den häufigsten Anfrageinhalten und -strukturen
- die Aufteilung der Datenrelationen nach den anfallenden Datenänderungen sowie Änderungsgruppierungen
- die Anpassung der Tabellenstrukturen nach den jeweils über einen längeren Zeitraum bekannten Nutzungsformen und Pflegeanforderungen
- die geeignete Zwischenspeicherung unser bereits erfragten Daten, um Dopplungen von Anfragen zu vermeiden

Damit haben wir Modellierungsformen für Datenbasen zu unseren Web-Dokumentensystemen in ihren grundlegenden Eigenschaften kennen gelernt (siehe auch [Bertino 2002] und [Thuraisingham 2000]).

4.1.4 Spezifikation multimedialer Komponenten

Für die Spezifikation multimedialer Komponenten müssen insbesondere die grundlegenden Charakteristika dieser Systemelemente beachtet werden. Wir haben bereits im ersten Kapitel multimediale Websysteme als Softwaresysteme definiert, die mehrere Wahrnehmungsbereiche (als Medien) in der Speicherung, Darstellung und Anwendung von Informationen umfassen. Als Medien wollen wir dabei alle sich aus den Sinnen des Menschen ableitende Formen, wie das Sehen, das Hören, den Tastsinn, den Temperatursinn, den Geschmackssinn, den Geruchssinn und den Gleichgewichtssinn; einbeziehen.

Für die Systemspezifikation ergeben sich somit unter anderem folgende allgemeine Modellierungsaspekte im Kontext einer Websystementwicklung (siehe [Chang 2000], [Powell 1998] oder auch [Rubner 2001]):

- die *Darstellungsform* der medialen Komponenten im Rahmen der Websystemanwendung bezüglich wahrnehmender oder präsentierender Aufgabenausrichtung
- die *inhaltlich sinnvolle Einordnung* multimedialer Elemente bezüglich der Intention des Websystems insgesamt
- die *ressourcengerechte Speicherungs- und Zugriffsform* der multimedialen Systemkomponenten für eine effiziente Anwendung
- die *authentische und autorisierte Nutzungsform* der multimedialen Elemente im Kontext einer sicherheitsbezogenen Websystemanwendung

Wir wollen nun auf einige spezielle Modellierungsformen multimedialer Systemkomponenten beispielhaft eingehen.

Für eine allgemeine Modellierung können wir das so genannte ***Use-Case-Diagramm*** oder auch Anwendungsfall- bzw. Geschäftsprozessdiagramm der *UML* verwenden. Die notationellen Grundelemente sind in der folgenden Abbildung angegeben:

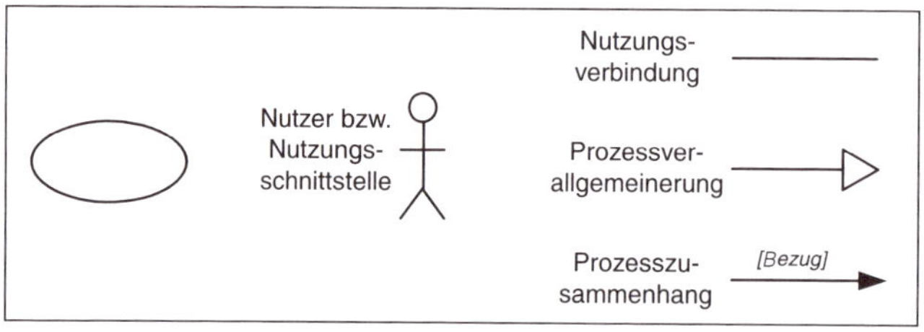

Abbildung 4.22: Grundelemente des Use-Case-Diagramms

Zu unserem Firmenbeispiel könnten wir hier etwa die multimediale Erweiterung der genannten *Produktbeschreibungen* in folgender Form modellieren:

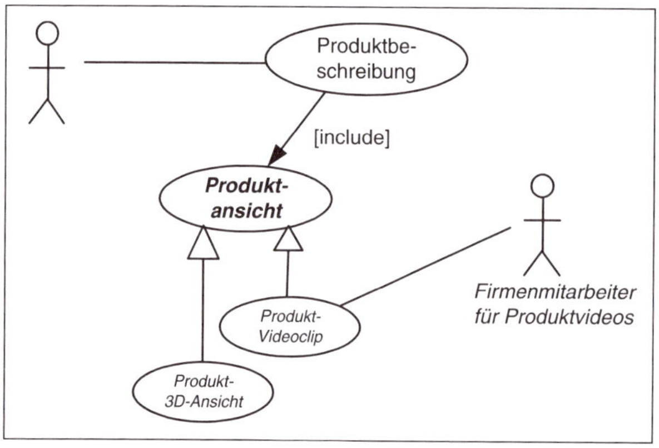

Abbildung 4.23: Multimediale Beschreibungskomponenten unserer Firmen-Webpräsenz

Für die Strukturmodellierung einer multimedialen Komponente selbst kann das so genannte ***Aktivitätsdiagramm*** der UML genutzt werden. Es besitzt insbesondere die hierbei notwendigen Elemente der Splittung und der Synchronisation. Wir geben zunächst wiederum die notationellen Grundelemente an.

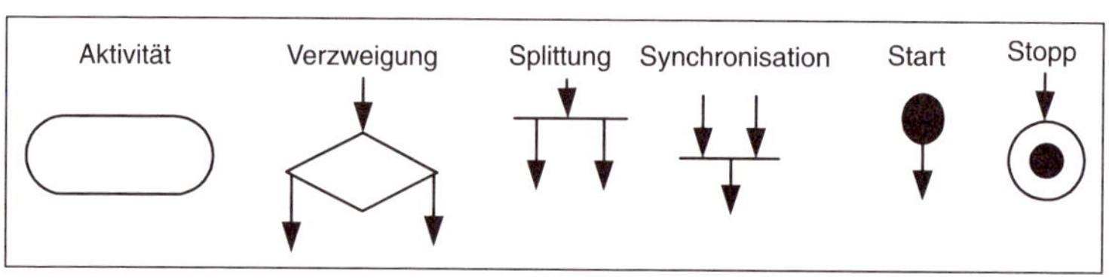

Abbildung 4.24: Grundelemente des Aktivitätsdiagramms

Die Produktvisualisierung unseres Firmenbeispiels können wir auf dieser Grundlage in folgender Weise modellieren:

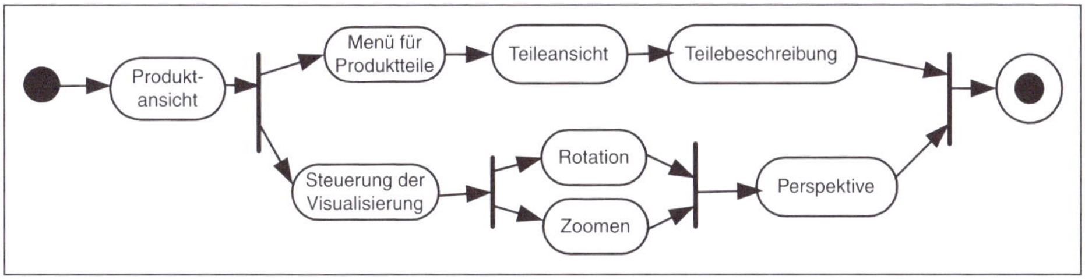

Abbildung 4.25: Szenenverlauf einer Produktvisualisierung

Natürlich gelten für die jeweilige multimediale Form die allgemeinen Modellierungsgrundlagen der medialen Wissensgebiete überhaupt. So sind beispielsweise spezielle Gestaltungsprinzipien für Farbkompositionen, akustische Verträglichkeitsregeln sowie grafische Konstruktionsprinzipien generell anzuwenden (siehe zum Beispiel [Chang 2000], [Merx 2001], [Packer 2001], [Rudner 2001] oder [Schifman 1999]).

Um schließlich multimediale Systeme mit der immanenten Ablauffolge und der erforderlichen Synchronisation bzw. Navigation unter Berücksichtigung der jeweiligen multimedialen Komponentenart zu modellieren, werden so genannte *Drehbuch-Diagramme* oder kurz ***Storyboards*** verwendet. Ihre Notation und ein spezielles Beispiel, das wir hier noch nicht weiter erläutern wollen, zeigt die folgende Abbildung (siehe [Kellogg 1999]):

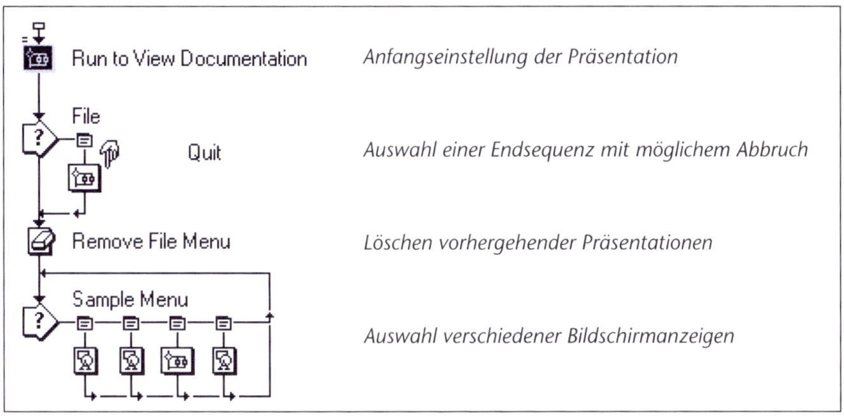

Abbildung 4.26: Ablaufmodellierung von Multimediasystemen mit dem Storyboard

Formal können auch so genannte ***Multimedia-Sprachen*** verwendet werden, deren Terminale *Icons* darstellen und deren Operationen bzw. Regeln alle möglichen *grafischen Interaktionsformen* einschließen (siehe hierzu speziell [Chang 2000]).

Ein wesentliches Grundmerkmal multimedialer Darstellungsformen ist deren temporale Zuordnung zwischen verschiedenen Komponenten. Dabei unterscheidet man im Allgemeinen folgende ***temporale Relationen*** zwischen zwei Komponenten A und B:

- *before:* A beginnt (irgendwann) vor *B*
- *meets:* auf A folgt unmittelbar *B*
- *equals: A* verläuft gleichzeitig mit *B*
- *overlaps: A* und *B* überlappen sich
- *during: A* findet während *B* statt
- *co-begins: A* und *B* beginnen gleichzeitig
- *co-ends: A* und *B* enden gleichzeitig

Im obigen Aktivitätsdiagramm zur Produktvisualisierung haben wir ausschließlich *meets-*, *equals-* und *co*-Relationen.

Insbesondere für Audioformen können Spezifikationen auf dieser Grundlage hilfreich sein. Nehmen wir einmal an, wir hätten für unser Beispiel eine *firmentypische Melodie*, die ähnlich wie beim Warten auf Telefonverbindungen unseren Kunden unterhält bzw. seine Aufmerksamkeit erhalten soll. Wenn A hierbei unsere Firmenpräsentation ist, so kann durch B eine musikalische Umrahmung intendiert werden. Eine mögliche Zuordnung lautet für unser kleines Firmenbeispiel Web-Systems dann wie folgt. Für die Darstellung selbst eignet sich wiederum das Aktivitätsdiagramm.

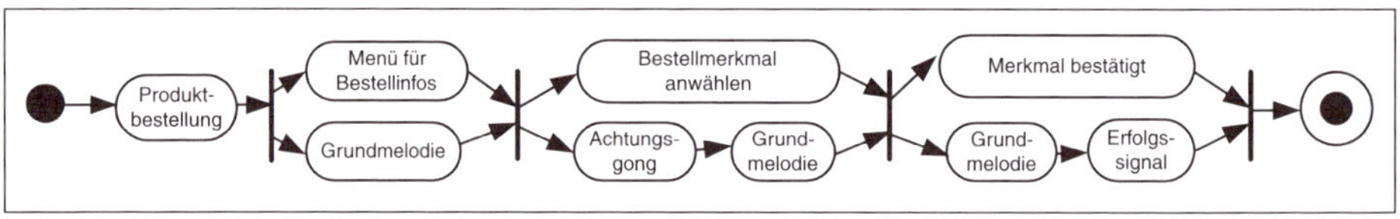

Abbildung 4.27: Kopplung von Präsentation und Audio

Ein weiteres Spezifikationsmerkmal multimedialer Websystem-Komponenten sind die so genannten *aktiven Indizes*. Dabei handelt es sich um die Kopplung eines multimedialen Elements, wie zum Beispiel eines Bildes, mit einer allgemeinen Referenz bzw. einem Link. Zu beachten sind auch Möglichkeiten der Referenzierung in *kontinuierlichen Medien*, wie Audio- und Videoclips. Im Allgemeinen werden dabei drei Niveaustufen derartiger Indizes unterschieden (siehe [Baumgardt 1999] oder auch [Chang 2000]):

- *Level-1-Index:* Von der multimedialen Komponente führt ein (einfacher) Link zu einem weiteren (Web-)Dokument, welches wiederum multimediale Komponenten beinhalten bzw. auf diese referenzieren kann.
- *Level-2-Index:* Diese Referenz führt zu so genannten *Hotspots* auf der Grundlage einer speziellen (Ausnahme-)Situation. Der Link selbst enthält hierbei eine ereignisbezogene Nachricht zur Interpretation im jeweiligen Hotspot. Während Level-1-Indizes ausdrücklich durch den Nutzer ausgelöst werden, kann diese Referenzform allgemein *aktiviert* oder *deaktiviert* werden.
- *Level-3-Index:* Diese Link-Form wird automatisch ausgelöst und stellt weitere Informationen zur jeweils bereits angezeigten Thematik zur Verfügung. In speziellen Webbrowsern kann diese „Automatik" auch unterdrückt werden.

Bezüglich unseres Firmenbeispiels könnten wir also zu unseren Webseiten für die Produktbeschreibung weitere Produktinfos anbieten bzw. den Kunden generell auf aktuelle Informationen beim „Betreten" unserer Firmen-Webseite hinweisen.

4.2 Spezifikationsgrundlagen verteilter Websysteme

4.2.1 Allgemeine Merkmale verteilter Websysteme

Das Verteilungsziel bei verteilten Systemen generell besteht einerseits in der Aufgabenaufsplittung hinsichtlich der Daten oder der Funktionalitäten und zum anderen in einem möglichen Lastausgleich zwischen den am System beteiligten Plattformen. Daraus ergeben sich die folgenden grundlegenden Merkmale verteilter Systeme (siehe [Coulouris 2002], [Tanenbaum 2001] oder [Verissimo 2001]):

- die ***gemeinsame Nutzung von Betriebsmitteln*** hinsichtlich hardware- und softwarebezogener Komponenten
- die ***Nebenläufigkeit*** von Prozessen im Sinne einer ggf. nicht synchronisierten Parallelität
- die ***Skalierbarkeit*** hinsichtlich der Möglichkeit, die Komponenten in unterschiedlicher Größe und Integrationsform für die Anwendung auszurichten
- die ***Offenheit*** bezüglich einer einfachen Integrier- und Erweiterbarkeit
- die ***Transparenz*** als „Durchsichtigkeit" der Verteilung selbst im Sinne der nicht expliziten Wahrnehmbarkeit, wo genau sich die verteilte Systemkomponente befindet
- die ***Fehlertoleranz*** als Fähigkeit des Systems, lokale „kleine" Fehler zu „maskieren" und nicht zur Gefährdung des Gesamtsystems führen zu lassen

Ein verteiltes Websystem ist also ein auf mehreren Internetknoten agierendes Softwaresystem mit den Möglichkeiten der verteilten Verarbeitung von Anwendungen und der Einbeziehung räumlich voneinander getrennter personeller Ressourcen.

Wir wollen im Folgenden auf einige grundlegende Eigenschaften derartiger Systeme eingehen, so wie sie insbesondere für die Spezifikation von Websystemen relevant sind.

Der so genannte „Fernaufruf" einer Prozedur im Rahmen einer einfachen Client/Server-Lösung als ***Remote Procedure Call (RPC)*** zählt zu den grundlegendsten Techniken einer Anwendungsverteilung. Dieses Konstrukt garantiert Transparenz (bezüglich der Lokalität der Funktion) und bietet ein geeignetes Abstraktionsniveau (als Prozedur oder Funktion), das in das Konzept der meisten Programmiersprachen passt. Der allgemeine Ablauf ist in der folgenden Abbildung angegeben:

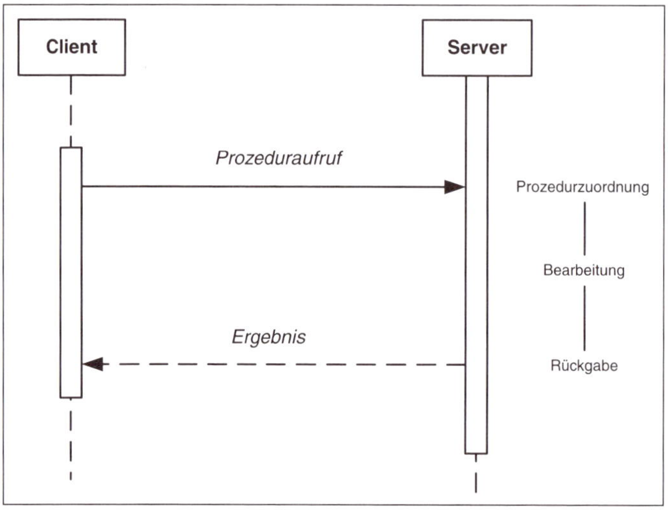

Abbildung 4.28: Grundlegender Ablauf eines RPC

Diese banal anmutende Form eines RPC impliziert allerdings eine Reihe von Problemen bzw. setzt die Lösung dieser Probleme voraus. Dabei geht es unter anderem darum, dass

- eine korrekte Zuordnung des (Prozedur-)Namens zur serverseitigen Funktion bzw. Prozedur erfolgt (als so genanntes ***Namensproblem*** bzw. *Naming*)
- eine inhaltlich adäquate Zuordnung der aktuellen Parameterwerte des Prozeduraufrufs zu den formalen Parametern beim Server erfolgt (als so genanntes ***Typproblem***)
- ein sicherer Transport des Aufrufs und der durch den Server erarbeiteten Ergebnisse erfolgt (als so genanntes ***Übertragungsproblem***)

Auf verschiedene Fehlerquellen bzw. deren Behebung gehen wir später noch gesondert ein. Hier wollen wir allerdings die modellbezogenen Grundformen der Bewältigung der oben genannten Probleme aufzeigen. Abbildung 4.29 zeigt einige der verwendeten Techniken.

Zunächst führen wir für die besonderen Maßnahmen auf jeder Seite so genannte „Stellvertreter" bzw. ***Stubs*** ein, die einige Aufgaben der RPC-Sicherung übernehmen sollen. Stubs realisieren nur die Aufgaben des Clients bzw. des Servers, die unmittelbar für eine Kommunikation über das Web erforderlich sind. Häufig nennt man zur besseren Unterscheidung die Stubs des Servers auch ***Skeleton***. Dem Namensproblem können wir bereits bei der Definition unseres RPC durch die so genannte *Namensqualifizierung* begegnen. Damit schränken sich mögliche falsche Prozedurzuordnungen beim Server erheblich ein. Zur Bewältigung des Typproblems können wir eine einheitliche *Darstellungstransformation* einsetzen, die wir dann auch für das Ergebnis anwenden, um Typdifferenzen zwischen Client und Server „auszugleichen". Um schließlich eine systemunabhängige Übertragungsdarstellung des RPC selbst zu erzeugen, transformieren wir diesen in eine solche Form. Dieser Prozess wird *Marshalling* genannt und seine Umkehrung *Unmarshalling*.

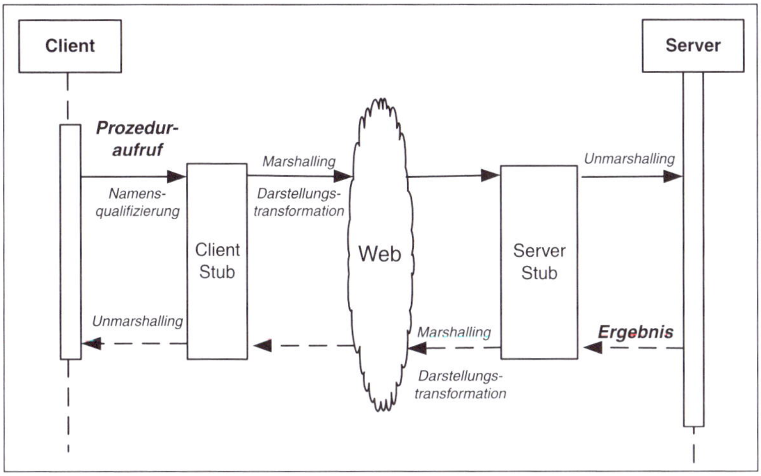

Abbildung 4.29: Ablaufmodell eines relativ gesicherten RPC

Für eine zweckmäßige Unterteilung der Aufgabenbereiche bei verteilten Websystemen hat sich eine so genannte ***Schichtenstruktur***, auch ***n-Tier*** (für n Schichten) genannt, bewährt. Abbildung 4.30 zeigt mögliche operationelle Verbindung zwischen diesen Schichten.

Die Struktur impliziert unterschiedliche Anwendungsformen im Web. So kann beispielsweise jede Schicht auf unterschiedlichen Webknoten verteilt sein; sie verdeutlicht uns die unterschiedlichen Aufgabenverteilungen und Problemsituationen.

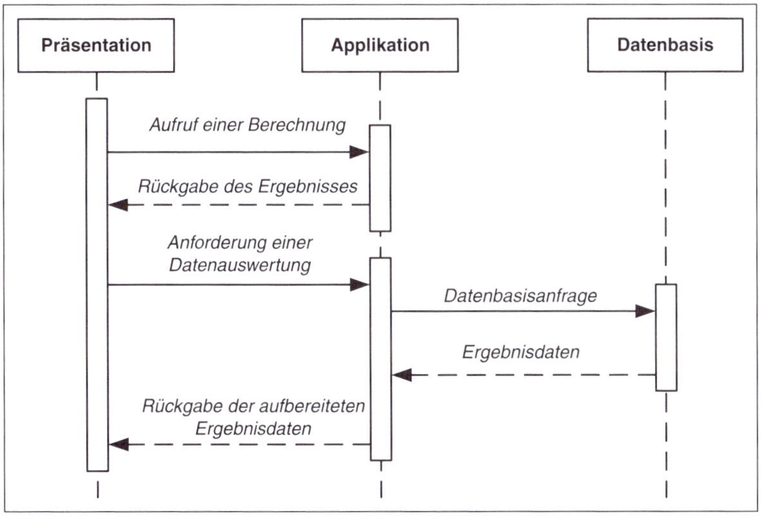

Abbildung 4.30: Interoperabilität einer 3-Tier-Systemstruktur

Für unser Web-Firmenpräsenzbeispiel könnte ein derartiges Schichtenmodell für den Themenbereich *Kundenwertung* wie folgt lauten:

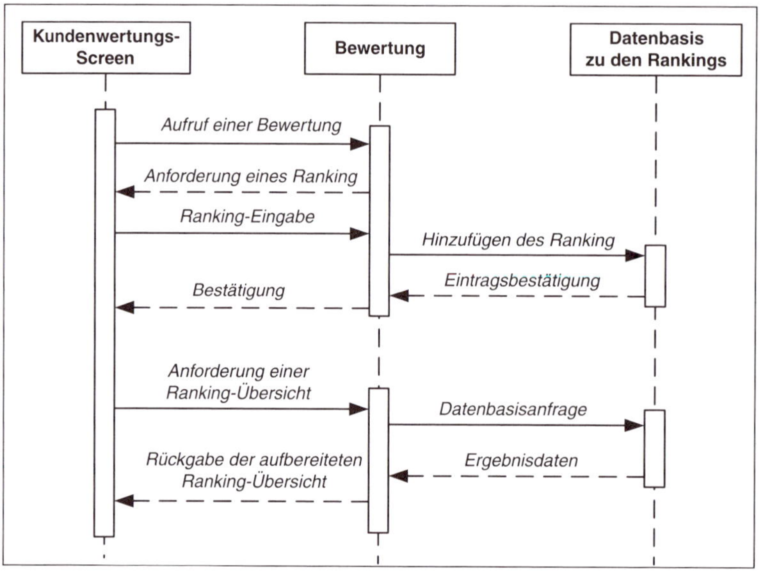

Abbildung 4.31: 3-Tier-Systemstruktur für die Komponente „Kundenbewertung"

Die RPC-Aspekte in diesem Zusammenhang sind bei der speziellen Modellierung der geeigneten Algorithmen für die Operationalität der jeweiligen Schicht zu berücksichtigen. Darauf gehen wir allerdings hier zunächst nicht näher ein.

4.2.2 Transaktionsverarbeitung in verteilten Websystemen

In den vorangegangenen Abschnitten haben wir bereits Operationen über Daten aus den unterschiedlichsten Datenbasen vorausgesetzt bzw. explizit definiert. Jetzt wollen wir auf die besondere Problematik derartiger Datenverarbeitungsoperationen im Kontext verteilter Websysteme eingehen. Eine derartige Datenoperation wird allgemein als Transaktion bezeichnet. Wir definieren diese Operationsform wie folgt (siehe auch [Coulouris 2002] oder [Gray 1993]):

*Eine **Transaktion** ist eine Operationseinheit, die Verarbeitungsschritte zusammenfasst und dabei (gespeicherte) Werte verändert. Die korrekte Ausführung einer Transaktion wird **bestätigt** oder bei einem Fehler **zurückgesetzt**, wobei im Allgemeinen auch die Rücksetzung noch einmal bestätigt und schließlich die Transaktion insgesamt **beendet** wird.*

Da sich Transaktionen in verteilten Systemen häufig auf dieselbe Datenbasis beziehen, kann es bei der gleichzeitigen bzw. nebenläufigen Verarbeitung zu Problemen kommen. Wir wollen dies an einigen Beispielen zeigen und uns dabei wieder auf unser Web-Firmenpräsenzbeispiel beziehen. Dabei steht *commit* für „bestätigt" und *abort* für „beendet" bzw. „abgebrochen".

- *Nicht rücksetzbare Ausführung:*

```
   Transaktion 1        Transaktion 2
1. write(Rankingwert)
2.                      read(Rankingwert)
3.                      commit
4. abort
```

Hierbei ist also in der zweiten Transaktion ein Rankingwert verarbeitet und bestätigt worden, der in der ersten Transaktion durch *abort* abgebrochen und damit wieder zurückgesetzt worden ist. Die Ausführung insgesamt heißt *rücksetzbar*, wenn jede Transaktion erst dann bestätigt wird, wenn alle Transaktionen, von denen sie gelesen hat, bereits bestätigt oder abgebrochen wurden. Das ist hierbei nicht erfüllt und führt damit insgesamt zu Inkonsistenzen.

- *Lesen unbestätigter Daten (Dirty Read):*

```
   Transaktion 1          Transaktion 2          Transaktion 3
1. write(Produktanzahl)
2.                        read(Produktanzahl)
3.                        write(Bestellwert)
4.                                               read(Bestellwert)
5. abort
6.                        commit
7.                                               commit
```

Diese Ausführung ist insgesamt zwar rücksetzbar, erzeugt aber einen so genannten *kaskadierenden Abbruch*, der letztlich auch keinen konsistenten Endzustand erreicht.

- *Überschreiben unbestätigter Daten (Dirty Write):*

```
   Transaktion 1          Transaktion 2
1. write(Bestellwert,15)
2.                        write(Bestellwert,25)
3. commit
4.                        abort
```

Unsere `Write`-Anweisung besteht hierbei aus dem Namen der Verarbeitungsgröße und dem einzutragenden Wert. Die Bestätigung der ersten Transaktion bestätigt auch den eingetragenen Wert der zweiten Transaktion, der wiederum abgebrochen wird, also zurückgesetzt werden soll.

- *Verloren gegangene Änderungen (Lost Updates):*

```
   Transaktion 1              Transaktion 2
1. read(Produktanzahl)
2. inkrement(Produktanzahl)
3.                            read(Produktanzahl)
4                             inkrement(Produktanzahl)
5.                            write(Produktanzahl)
6.                            commit
7. write(Produktanzahl)
8. commit
```

Bei der Ausführung insgesamt geht durch das zweimalige read ein inkrement bzw. die Werterhöhung durch die Funktion verloren.

Um diese und ähnliche Probleme zu vermeiden, gibt es allgemeine Richtlinien, die in dem so genannten ***ACID-Prinzip*** zusammengefasst sind. Es ist ein Akronym aus den folgenden Teilforderungen nach

- der *Atomarität bzw. Atomicity* als Forderung einer vollständigen Ausführung einer Transaktion ohne jede Seiten- oder Nebeneffekte
- der *Konsistenz bzw. Consistency* im Sinne der Konsistenzerhaltung der bearbeiteten Daten- oder Informationsmenge
- der *Isolation* hinsichtlich der Nichtverfügbarkeit bzw. Nichtsichtbarkeit der durch eine Transaktion erzeugten Zwischenergebnisse beliebiger Art für andere Transaktionen
- der *Dauerhaftigkeit bzw. Durability* als Forderung, dass nach Beendigung einer Transaktion auch alle Änderungen erhalten bleiben

Um die unterschiedlichen Zustände einer Transaktion zu beschreiben, verwenden wir das so genannte ***Zustandsdiagramm*** von der UML. Es besitzt die in der folgenden Abbildung gezeigten Symbole:

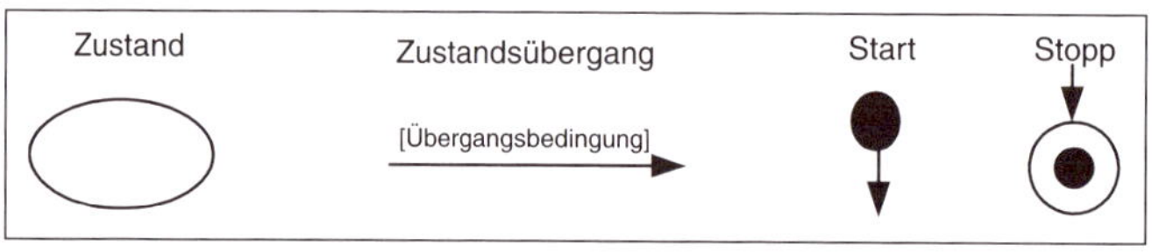

Abbildung 4.32: Grundsymbole des Zustandsdiagramms

Damit können wir einige Eigenschaften von Transaktionsverarbeitungsformen visualisieren. Im Folgenden geben wir dazu zwei Beispiele an, jeweils in der allgemeinen und konkreten, auf unser Firmenbeispiel bezogenen Form:

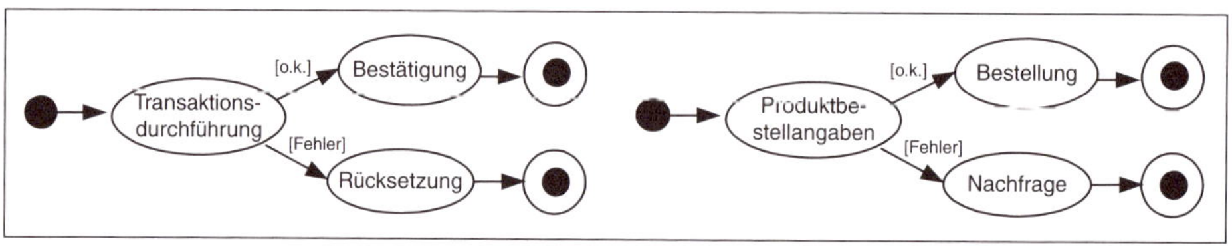

Abbildung 4.33: Allgemeine und konkrete Transaktionsverarbeitungsformen

Wir erkennen hierbei, dass insbesondere ein Nacheinanderausführen – also eine ***serielle Form*** – eine korrekte Ausführung insgesamt besser gewährleisten kann. In diesem Sinne nennen wir die Ausführung nebenläufiger Transaktionen *korrekt*, wenn sie *serialisierbar* und *rücksetzbar* ist.

Um Inkonsistenzen bei der Transaktionsverarbeitung zu vermeiden, gibt es verschiedene Strategien, aus denen wir im Folgenden einige kurz beschreiben wollen:

- Das *Sperren* bzw. *Blockieren*: Hierbei werden die Transaktionen mit Sperroperationen versehen, die im Falle der Nebenläufigkeit mit anderen Transaktionen eine konsistente Beendigung einer Ausführung „erzwingen". Das folgende Beispiel verdeutlicht dieses Prinzip:

Transaktion 1	**Transaktion 2**
`. . .`	`. . .`
`lock(s)`	`lock(s)`
`inkrement(Produktanzahl)`	`inkrement(Produktanzahl)`
`unlock(s)`	`unlock(s)`
`. . .`	`. . .`

  Die Operation *lock* setzt die Variable *s* auf einen bestimmten (Blockierungs-)Wert, während durch *unlock* der Wert wieder zurückgesetzt wird. Wird ein *lock* der beiden Transaktionen erreicht, so wird diese Transaktion bis zum *unlock* ausgeführt und die Verarbeitung der anderen Transaktion unterbrochen (blockiert).

- Die *Zeitstempel*: Dabei wird vor dem Start einer Transaktionsverarbeitung jeder Transaktion ein so genannter Zeitstempel zugewiesen, der somit eine zulässige zeitliche Verarbeitungsfolge festlegt. Bei der Abarbeitung jeder einzelnen Transaktion wird darauf geachtet, dass in diesem Sinne alle zeitlich davor liegenden Transaktionen bereits ausgeführt worden sind.

Als allgemein sehr verbreitetes Verfahren zur erfolgreichen Realisierung der Ausführung einer Menge von Transaktionen hat sich das so genannte ***Zwei-Phasen-Commit-Protokoll*** bewährt. Das Grundprinzip ist dabei folgendes:

- *Erste Phase:* Alle Transaktionen beginnen mit ihrer Ausführung in rücksetzbarer Form und geben einem Koordinator Bescheid, ob sie bestätigen könnten oder aus irgendeinem Grunde abbrechen müssen.
- *Zweite Phase:* Erst wenn alle Transaktionen ihre Bestätigungsmöglichkeit signalisiert haben, wird vom Koordinator bestätigt; sonst wird insgesamt abgebrochen und dabei bereits „angearbeitete" Transaktionen werden wieder zurückgesetzt.

Generell wird eine konsistente Transaktionsverarbeitung mittels so genannter ***Transaktionsmanager*** realisiert, die über die entsprechenden Grundfunktionalitäten und Zwischenspeicherbereiche verfügen. Für die Spezifikation unseres Websystems ist es wichtig zu wissen, ob derartige Systeme zum Einsatz kommen oder ob die oben genannten Prinzipien und Techniken explizit modelliert und damit auch selbst umgesetzt werden müssen.

4.2.3 Interoperabilität in verteilten Websystemen

In diesem Abschnitt wollen wir uns mit der Spezifikation der operationellen Grundlagen einer Kommunikation in verteilten Websystemen überhaupt beschäftigen. Dabei gehen wir zunächst auf einige Probleme ein und zeigen Möglichkeiten, diese abzuschwächen oder gar zu vermeiden.

In einem webbasierten Client/Server-System können dabei typische Formen bzw. ***Probleme der Auftragsbearbeitung*** entstehen, die im folgenden Sequenzdiagramm veranschaulicht sind:

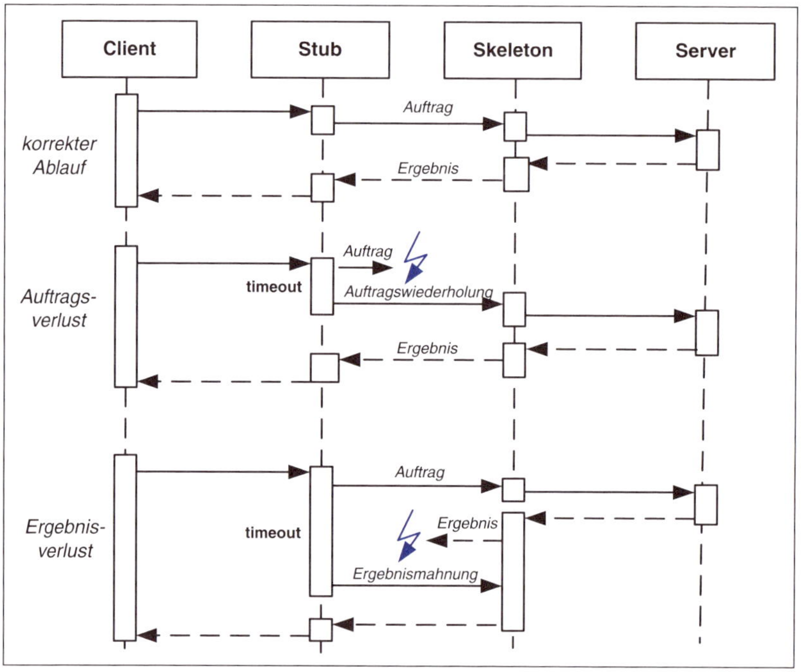

Abbildung 4.34: Probleme bei der Interoperabilität von Websystemen

Diese Problemdarstellung weist zum einen darauf hin, dass besondere „Reaktionsmechanismen", wie zum Beispiel die Reaktion auf ein bestimmtes Zeitintervall als so genanntes ***Timeout***, auf das Versenden oder Empfangen von verteilten Aktivitäten notwendig sind. Andererseits müssen die einzelnen Schritte bzw. Operationen bei einer verteilten Bearbeitung stets determiniert und nachvollziehbar sein (siehe [Häckelmann 2000], [Magee 1998] oder auch [Niemann 1995]).

Eine weitere Aufgabenstellung verteilter Websysteme ist das ***Problem der Gleichzeitigkeit im Web***. Dies läuft auf das Problem einer *globalen Uhr* hinaus, die die Grundlage für eine exakte Koordinierung bzw. Synchronisation von Abläufen in Websystemen darstellt. Im Allgemeinen werden dabei zwei Ansätze unterschieden: zum einen die Koordination auf der Grundlage einer *physischen Uhr* bzw. der physischen Zeit und zum anderen auf der Grundlage einer so genannten *logischen Uhr*. Die folgende Skizze zu unserem Firmenbeispiel soll diese Problematik noch einmal verdeutlichen (Abbildung 4.35).

Die Fragestellungen in dieser Abbildung ergeben sich natürlich aus der Tatsache, dass wir viele Kunden im Web haben (wollen) und die Abfrage, ob noch genügend Produkte vorhanden sind, von mehreren Kunden gleichzeitig gestellt werden kann und dann auch beantwortet werden muss.

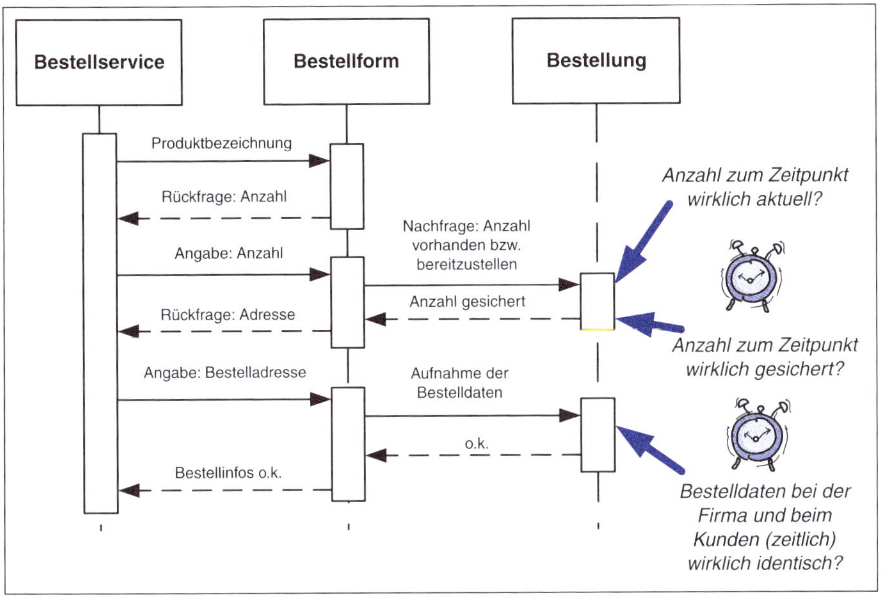

Abbildung 4.35: Zeitbezug beim Bestellservice unserer Web-Firmenpräsenz

Bei der Anwendung des Prinzips der ***physischen Uhr*** haben wir verschiedene Möglichkeiten, von denen wir einige im Folgenden einmal kurz auflisten wollen (siehe [Coulouris 2002] und [Tanenbaum 2001]):

- *Physische Uhren in den Computern selbst:* Das (verteilte) Betriebssystem bildet auf der Grundlage der in einem Netz beteiligten Computer aus deren Hardware-Uhren eine so genannte *Software-Uhr*, die die Grundlage zeitbezogener Prozesse im Web darstellt. Ungenauigkeiten entstehen insbesondere dadurch, dass diese Software-Uhr stets eine Zeitspanne benötigt, um „gestellt" zu werden.
- *Universal Time Coordination (UTC):* Hierbei werden Zeitsignale auf der Grundlage von Atomuhren über so genannte Land-Funkstationen oder Satelliten übertragen. Durch die jeweilige Übertragungsform haben diese Zeitangaben eine Genauigkeit von etwa 0,1 Millisekunden.
- *Network Time Protocol (NTP):* Der Anwendung des NTP liegt eine spezielle Architektur zugrunde. Das NTP-Protokoll realisiert den Zeitdienst auf der Basis des UTC und erreicht insbesondere im Internet akzeptable Genauigkeiten von etwa einer Millisekunde.

Unsere Zeit im Web kann über so genannte ***Zeitserver*** bereitgestellt werden oder aber über einen so genannten Koordinatorrechner (einen ***Master***), der die jeweiligen lokalen Uhren (die ***Slaves***) synchronisiert bzw. eine einheitliche Webzeit bereitstellt.

Während die Betrachtung einer physischen Uhr eigentlich zur Implementation unseres Websystems gehört, müssen wir bereits bei der Spezifikation das zweite Prinzip einer ***logischen Uhr*** in unsere Modellierungsaktivitäten einbeziehen. Den logischen Uhren liegt die so genannte ***logische Zeit*** zugrunde, die eigentlich nur entscheidet, ob etwas *davor, gleichzeitig* oder *danach* liegt. Eine derartige zeitliche Einordnung ist beispielsweise durch eine einfache Vergabe einer fortlaufenden Nummer für die Prozesse möglich. Wir haben bereits bei der Spezifikation multimedialer Komponenten derartige temporäre Relationen betrachtet und als Modellierungsform Aktivitätsdiagramme eingesetzt.

Wenn wir Prozesse in unserem verteilten Websystem modellieren, so müssen wir so genannte ***Probleme der Verklemmungen im Web*** vermeiden. Eine Modellierungsform, derartige Probleme zu beschreiben bzw. zu erkennen, ist das so genannte ***Petri-Netz***. Die notationellen Grundlagen einfachster Petri-Netze haben wir in der folgenden Abbildung dargestellt:

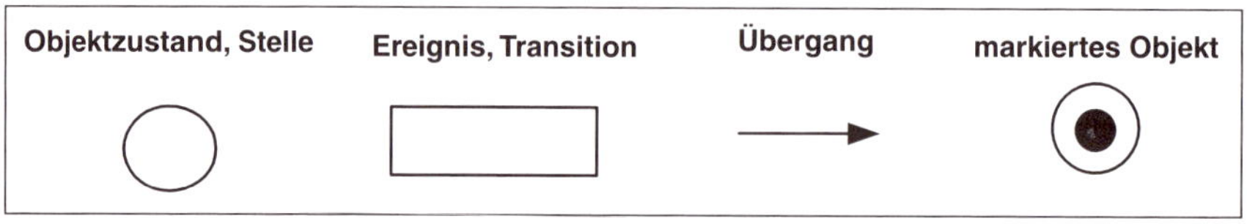

Abbildung 4.36: Grundelemente einfacher Petri-Netze

Wir haben hier die einfachste Form gewählt, die beispielsweise nur eine so genannte Marke für einen Objektzustand zulässt und auch sonst keine weiteren Zustands- oder Transitionsarten unterscheidet (siehe beispielsweise [Baumgarten 1990]). Unser Petri-Netz besteht aus mit einander verbundenen Objektzuständen und Ereignissen, die ein Objekt in einen neuen Objektzustand überführen, zum Beispiel unseren Firmenkunden in „Stammkunden". Jedes Ereignis kann nur dann eintreten bzw. schalten oder „feuern", wenn alle eintretenden Objektzustände markiert und somit alle Voraussetzungen erfüllt sind. Die Ausführung einer Transition „verbraucht" dann diese Marken und setzt in allen nachfolgenden Objektzuständen die Marken ein – markiert sie also. Eine derartige Markierung kennzeichnet demnach die aktuellen Zustände eines oder mehrerer Objekte.

Wir wollen damit nun zwei der häufigsten Verklemmungsarten modellieren, und zwar den ***Deadlock*** und den ***Livelock***. Während es beim Deadlock einfach nicht mehr „weitergeht", „läuft sich" der Livelock sozusagen „tot". Die folgende Abbildung gibt jeweils ein Beispiel dafür an, zeigt allerdings die Situation(en) unmittelbar vor der Verklemmung:

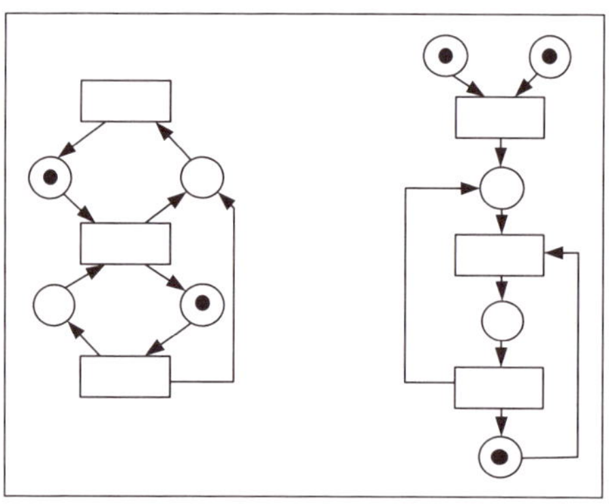

Abbildung 4.37: Petri-Netze für ein Deadlock- und ein Livelock-Beispiel

Wir überlassen es einmal dem Leser, herauszufinden, welches dabei der Deadlock und welches der Livelock ist.

Im Rahmen der Operationalität in verteilten Websystemen wollen wir uns noch einmal dem Nachrichtenaustausch zwischen Webkomponenten zuwenden. Dabei sollen diese Nachrichten den allgemeinen Charakter von Diensten – hierbei also ***Webservices*** – haben. Webservices haben wir bereits als allgemeinen Dienst im Web überhaupt bezeichnet (siehe beispielsweise [Apte 2002], [Fremantle 2002] oder auch [Stal 2002]). Für unser kleines Firmenbeispiel Web-Systems zur Webpräsenz könnten solche Webservices beispielsweise sein:

- **WS1:** die Lieferung von Software-Produkten (nach vorangegangener Bestellung und ggf. auch schon Bezahlung); das ist allerdings auch der eigentliche Sinn unserer Firma
- **WS2:** ein Informationsdienst zu unseren Softwareprodukten bzw. gleichartigen Produkten auf dem (Web-)Markt
- **WS3:** eine Unterstützung bei der Entwicklung von Produktkomponenten, die eine Teilfunktionalität unseres eigentlichen Angebots darstellen
- **WS4:** eine Best-of-Liste unserer Produkte mit den jeweiligen Nutzensangaben bzw. Empfehlungen unserer Kunden

Ein derartiger Webservice kann prinzipiell mit einem Sequenzdiagramm modelliert werden. So könnte eine Spezifikation vom WS2 beispielsweise wie folgt lauten:

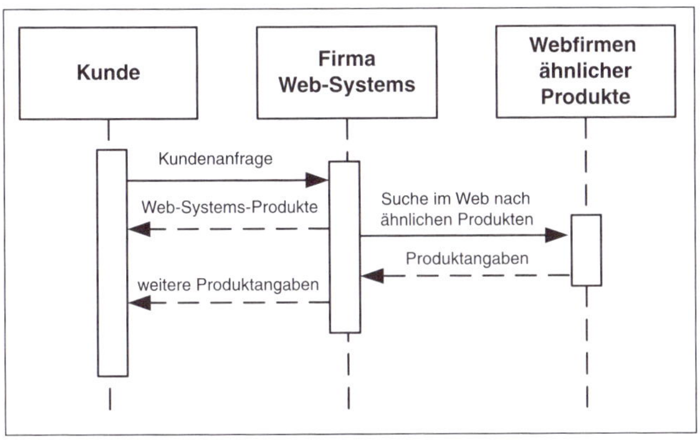

Abbildung 4.38: Informationsdienst als Webservice

Dieser Dienst wirft allerdings auch die Frage auf, ob wir die Informationen anderer Firmen so ohne weiteres erhalten bzw. ob wir sie als möglicherweise zu bezahlenden Dienst auch anbieten dürfen. Betrachten wir die sehr vereinfachte Modellierung vom WS4 in der folgenden Abbildung:

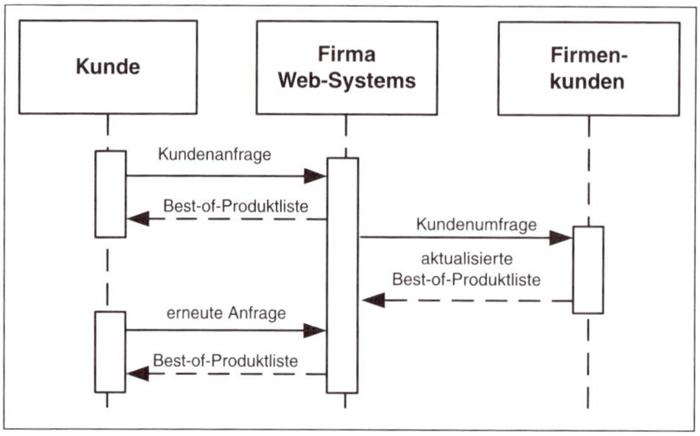

Abbildung 4.39: Best-of-Produktinformation als Webservice

Auch hier benötigen wir das Einverständnis unserer Kunden für die Verarbeitung bzw. Weitergabe ihrer Informationen zu unseren Produkten. Die Lösung dieser Probleme liegt darin, dass man sich jeweils die Erlaubnis dazu einholt und so gewissermaßen ein ***Vertrauen (Trust)*** in den Handlungsweisen des Websystems gewährleistet (siehe zum Beispiel [Winslett 2002]). Da es hierbei noch keine standardisierte Modellierungsform gibt, wählen wir einen dicken Pfeil für eine „abgesicherte" Informations- oder Servicenutzung. Damit könnte unser erstes Webservice-Beispiel (WS1) die folgende Modellierungsform besitzen:

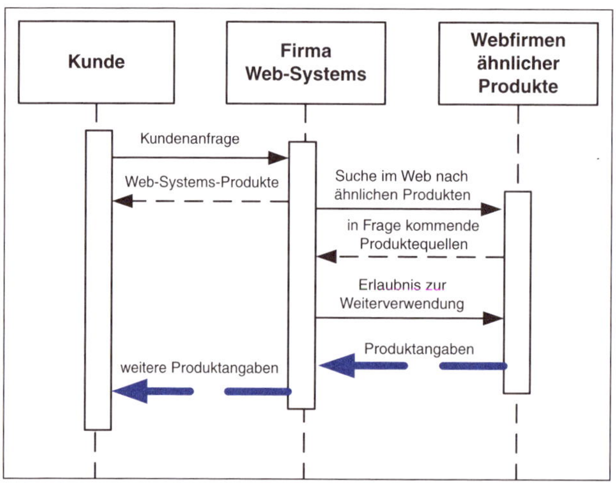

Abbildung 4.40: Vertrauensbasierter Informationsdienst als Webservice

Andererseits, da unsere Firma beispielsweise über einen gesicherten Zahlungsdienst für unsere Kunden verfügt, könnten wir auch diesen oder andere „auf Vertrauensbasis gesicherte Dienste" für sich genommen weiteren Kunden oder auch anderen Firmen anbieten. Man nennt diese Art von Geschäftsbeziehungen im Web auch ***Vertrauensnetze*** bzw. ***TrustBuildings*** (siehe beispielsweise [Thuraisingham 2000] bzw. speziell [Winslett 2002]). Dieses Vertrauen schließt also zum Beispiel eine gewisse Rechtsgültigkeit oder auch Empfehlungs-

bzw. Eignungsaspekte mit ein. Um zum Beispiel Webdienste in dieser Weise zu bewerten, wird eine gewichtete Kennzahl in folgender Weise verwendet (siehe [Benatallah 2002]):

$$\mathbf{U(s)= \sum_{i\in A} wichtung_i * wert_i(s)}$$

Das *U(s)* steht für den Anwendungswert (*Utility Function*) des Dienstes *s*, während der *wert* eine durch den Kunden vergebene ganze Zahl, *wichtung* eine besondere Kalibrierungsmöglichkeit und *A* die jeweils betrachteten Attribute des Webservice (Preis, Bearbeitungszeit, Zuverlässigkeit usw.) darstellen.

Bei der Wichtung eines Webdienstes hinsichtlich seiner Autorisierung können wir, um sicherzugehen, einen so genannten ***Haftungsausschluss*** bzw. *Disclaimer* formulieren. Das bedeutet, dass unser Link auf die jeweilige Web-Ressource zwar „abgesichert" ist, wir jedoch für die dort angegebenen Inhalte jede Verantwortung ablehnen. In der obigen zweiten Webservice-Modellierung für den WS4 können wir dies wie folgt modellieren:

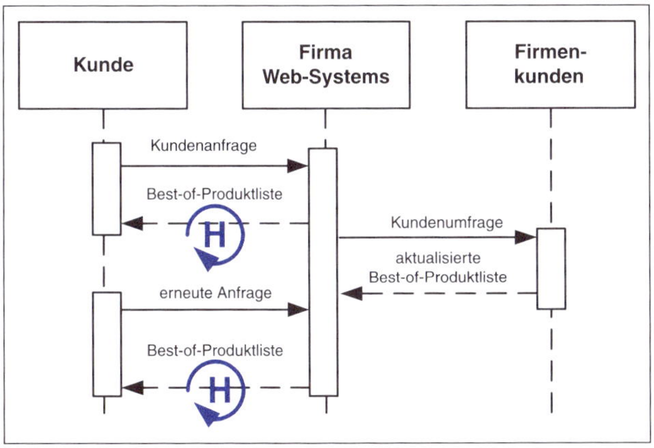

Abbildung 4.41: Webservice mit der Angabe von Haftungsausschlüssen

Damit haben wir einige wesentliche Grundlagen für die Modellierung einer Interoperabilität von Websystemen kennen gelernt.

4.2.4 Spezifikation der Gruppenarbeit in verteilten Websystemen

Schließlich wollen wir noch auf die Möglichkeiten einer Zusammenarbeit im Web auf der Grundlage von Websystemen eingehen. Sie stellt gewissermaßen eine Interoperabilität in einem gemeinsamen, komplexen Kontext dar. In der Literatur hat sich dafür auch der Begriff *Gruppenarbeit* bzw. *Computer Supported Cooperative Work (CSCW)* etabliert (siehe beispielsweise [Borghoff 1998], [Choo 2000] oder [Igbaria 1998]). Er schließt ggf. die bereits im ersten Kapitel erläuterten Formen einer Koordinierung, Konsultation, Konferenz oder auch Kooperation mit ein. Als Modellierungsgrundlagen kommen natürlich die bereits behandelten Formen zur Anwendung. Darüber hinaus haben wir folgende allgemeine Aspekte:

- Eine ***Rollenverteilung***: Das schließt die unterschiedlichen Formen einer Teamstruktur, deren Bildung und die Aspekte der Leitung, Verantwortung oder auch arbeitsbezogener Berechtigungen ein.
- Ein gemeinsamer ***Informationsraum***: Darunter sind die informationellen Grundlagen für eine Zusammenarbeit zu verstehen, die darüber hinaus auch den Verarbeitungsgegenstand, die Sichtkonsolidierung und gegenseitige Aktionswahrnehmung einer Gruppenarbeit selbst einschließen können.
- Eine gemeinsame ***Interoperationalität***: Hierbei sind alle Bearbeitungsflüsse – auch ***Workflow*** genannt – eingeschlossen, die eine thematisch eingegrenzte Zusammenarbeit betreffen.

Wir wollen uns nun wieder ausgewählten Modellierungsformen aus dem Spezifikationsbereich webbasierter Systeme zuwenden.

Die Zusammenarbeit im Web generell modellieren wir mit dem Use-Case-Diagramm, wie es beispielhaft in der folgenden Abbildung zu finden ist:

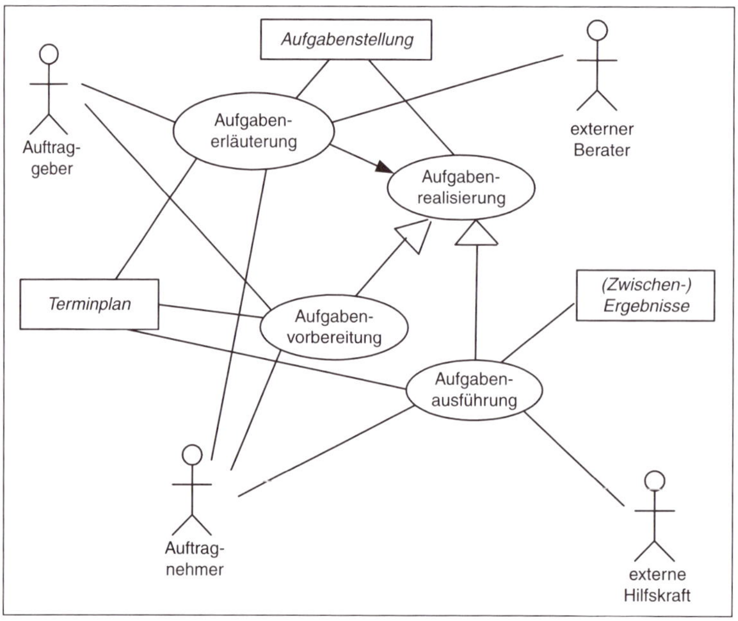

Abbildung 4.42: Allgemeines Beispiel einer Gruppenarbeit

Mit dieser Modellierungsform haben wir bereits zwei unserer drei Aspekte berücksichtigt. Für den gemeinsamen Informationsraum bzw. die möglichen Kooperationsgegenstände selbst erweitern wir das obige Diagramm um Objekte, die diese Informationen enthalten. Die folgende Abbildung zeigt uns eine mögliche Darstellungsform:

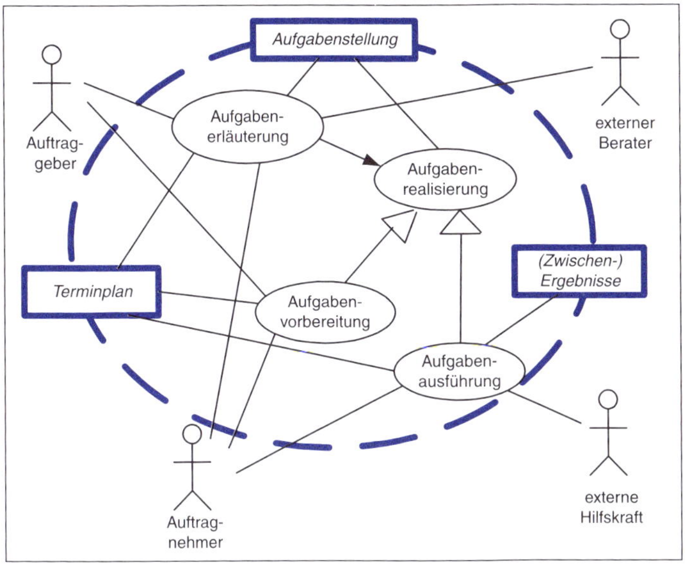

Abbildung 4.43: Gruppenarbeitsbeispiel mit Informationsraum

Für die Darstellung der Workflows bei der Gruppenarbeit verwendet man im Allgemeinen Sequenzdiagramme, Zustandsdiagramme oder auch Petri-Netze. Modellierungsgegenstände sind dabei unter anderem (siehe auch [Borhoff 1998], [Choo 2000], [Dumke 2001], [Figallo 1998], [Kerres 1998] oder [Murugesan 2001]):

- *Konzepte asynchroner und synchroner Kommunikation:* Dabei geht es um die grundlegenden Festlegungen zum Gruppenprozess überhaupt, seine Synchronisationsformen, die jeweilige Rollenverteilung sowie mögliche Konfliktregelungen.
- *Verteilungsstrategien für die Informationsbereitstellung:* Hierbei geht es um effiziente Formen der Lokalisierung, Aufbereitung und Bereitstellung der benötigten Informationen für die Zusammenarbeit bzw. Koordinierung insgesamt.
- *Gestaltung eines gemeinsamen Operationskontextes:* Dieser Aspekt bezieht sich auf die Formen und Methoden einer zeitlichen und inhaltlichen Operationsgrundlage, die ein verklemmungsfreies Zusammenarbeiten gewährleistet und das Problem der notwendigen Zustandssichten für die Partner berücksichtigt.

Für die Modellierung einer möglichen Gruppenarbeit müssen unter anderem unterschiedliche Basisoperationalitäten betrachtet werden, die einen korrekt koordinierten und konsistenten Informationsfluss gewährleisten. Sie bilden die wesentliche Grundlage von CSCW-Systemen, die für eine Gruppenarbeit verwendet werden können. Eine Form ist die (automatische) Versorgung der beteiligten Komponenten derartiger Systeme mit Informationen zu den relevanten Ereignissen. Dazu werden unterschiedliche Formen von ***Ereignismodellen*** genutzt. Die verteilten Objekte in einem derartigen System können Ereignisse senden (als so genannte *Erzeuger* bzw. *Publisher*) oder sie können Ereignisse empfangen (als *Verbraucher* bzw. *Subscriber*). Hinsichtlich der unterschiedlichen Rollenverteilung bei einer Kommunikation gibt es dabei zwei Ansätze:

- Das ***Push-Modell***: Dabei übernimmt der *Publisher* die Initiative und schickt die jeweils auftretenden Ereignisinformationen zu jedem registrierten *Subscriber.*
- Das ***Pull-Modell***: Hierbei leitet der *Subscriber* die Kommunikation ein und holt sich die Information zu auftretenden Ereignissen vom *Publisher.*

Speziell kann ein verteiltes Objekt im CSCW-System zeitlich begrenzt verschiedene Rollen einnehmen und damit zur Gewährleistung einer konsistenten Gruppenarbeit insgesamt beitragen.

Ein anderer Aspekt einer konfliktfreien Gruppenarbeit in einem verteilten Websystem ist das Problem der „stabilen" Koordination. Das schließt die Bewältigung des Problems ein, wenn unser Koordinator ausfällt. Denken wir dabei nur an unseren Zeitserver oder Zeitkoordinator, der die Hauptverantwortung für eine konsistente Workflow-Folge trägt. Eine Lösungsform dafür ist der so genannte ***Bully-Algorithmus***. Er zeigt uns eine Strategie, wie ein neuer Koordinator auszuwählen ist. Die Grundlage hierfür bilden die folgenden drei Nachrichtenformen für die Partner bzw. „Knoten" untereinander:

- e-Nachricht: (*election*): Auslösen einer Auswahl nach bemerktem Koordinatorausfall
- a-Nachricht (*answer*): Bestätigung eines e-Nachrichterhalts durch einen Knoten
- c-Nachricht (*coordinator*): Mitteilung, dass der Sender der neue Koordinator ist

Wir setzen nun voraus, dass unsere Partner bzw. Knoten eine aufsteigende Nummerierung als Identifikation haben. Als Auswahlkriterium für einen neuen Koordinator geben wir dabei die Orientierung vor, dass stets der Knoten mit höchster Nummer der (neue) Koordinator sein soll. Der Bully-Algorithmus setzt sich dann aus den folgenden Schritten zusammen:

1. Der Knoten i bemerkt in irgendeiner Form das Ausfallen des Koordinators und sendet eine *e-Nachricht* an alle Knoten $j > i$.

2. Falls i nach einer bestimmten Zeit (*Timeout*) keine Nachricht erhält, bestimmt er sich selbst zum neuen Koordinator und sendet eine entsprechende *c-Nachricht* an alle anderen *Knoten* $j < i$.

3. Hat i allerdings mindestens eine *a-Antwort* erhalten, wartet er erneut eine Frist (*Timeout*) ab und fährt bei Schritt 1 fort.

4. Empfängt ein Knoten j eine *e-Nachricht* von i, so sendet er eine *a-Nachricht* zurück und startet selbst beim Schritt 1 unseres Algorithmus.

5. Wird ein (Koordinator-)Knoten nach einem Ausfall wieder operabel, so startet er stets bei Schritt 1.

6. Der Knoten mit höchster Nummer muss sich nicht abstimmen, sondern bestimmt sich selbst zum neuen Koordinator.

Mit diesen Beschreibungen interner Modellierungen verteilter Systemeigenschaften wollen wir das sehr umfangreiche Gebiet von kooperativen Websystemen zur Gruppenarbeit beenden und uns weiteren allgemeinen Websystem-Modellen zuwenden.

4.3 Spezifikation agentenbasierter Websysteme

Eine weitere Systemmodellform implizieren die so genannten Multiagentensysteme. Sie basieren auf der Grundlage von Softwareagenten und erschließen einen umfangreichen Bereich autonomer und vor allem auch intelligenter Systemoperationalität für den Webnutzer „im Hintergrund". Insbesondere ihre Mobilitätseigenschaft gewährt ihnen einen nahezu unbegrenzten Handlungsspielraum und lässt sie darüber hinaus als autonome Komponenten in Robotern auch nahezu eine unbegrenzte Aufgabenvielfalt bewältigen – zumindest in der Zukunft. Für Softwareagenten gibt es die unterschiedlichsten Definitionen je nach Intention bzw. Systemausrichtung überhaupt. Wir zitieren zunächst eine Definition von Patty Maes (siehe [Maes 1994]), deren Team sich insbesondere mit den hier hauptsächlich betrachteten ***Internetagenten*** in verschiedenster Weise befasst.

> *„Autonomous agents are computational systems that inhabit some complex dynamic environment, sense and act autonomously in this environment, and by doing so realize a set of goals or tasks for which they are designed."*

Die Betonung auf die Autonomie schränkt die Agentenform eigentlich nicht ein. Wir wollen allerdings unsere Definition darauf aufbauend noch einmal explizit für das Web angeben.

> *Ein **webbasierter Softwareagent** ist eine Webkomponente, welche innerhalb einer definierten Umgebung als Teil des Webs (Extranets) oder im gesamten Web, dessen Bestandteil er auch ist, in einer bestimmten Zeit, mit einer ihm immanenten Verhaltensweise und einer vorgegebenen Zielstellung autonom wirkt/agiert und dabei intelligent entscheidet.*

Anstelle unseres webbasierten Softwareagenten werden wir im Weiteren nur den Begriff *Webagent* oder einfach *Agent* verwenden. In der Literatur finden wir folgende Einteilung der unterschiedlichen Eigenschaften und Fähigkeiten von Agenten (siehe [Darbyshire 2000]):

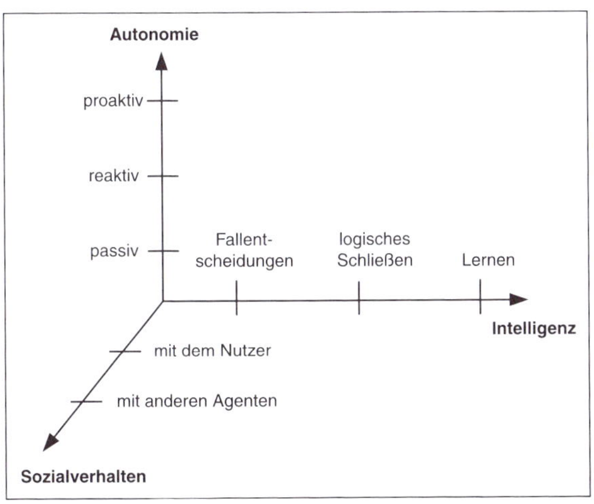

Abbildung 4.44: Eigenschaftsdimensionen von Softwareagenten

Bei den Eigenschaften zur Autonomie handelt es sich bei der *Reaktivität* um die Fähigkeit, aufgrund von Signalen selbständig zu reagieren. Ein *proaktiver Agent* hingegen ist in der Lage, aufgrund spezieller selbst erkannter Situationen zu reagieren. Die passive Agentenform besitzt keine der beiden Eigenschaften.

Bevor wir die einzelnen Eigenschaften erläutern bzw. uns mit deren Modellierung beschäftigen, geben wir allgemein verwendete Symbolformen von Webagenten in der folgenden Abbildung an:

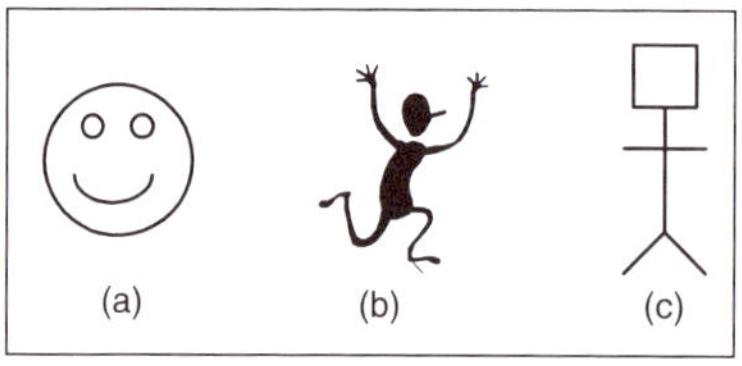

Abbildung 4.45: Symbole für Softwareagenten

Wir werden zumeist die Version (c) verwenden, so dass eine ganz allgemeine agentenbasierte Websystemstruktur beispielsweise die folgende Form haben kann:

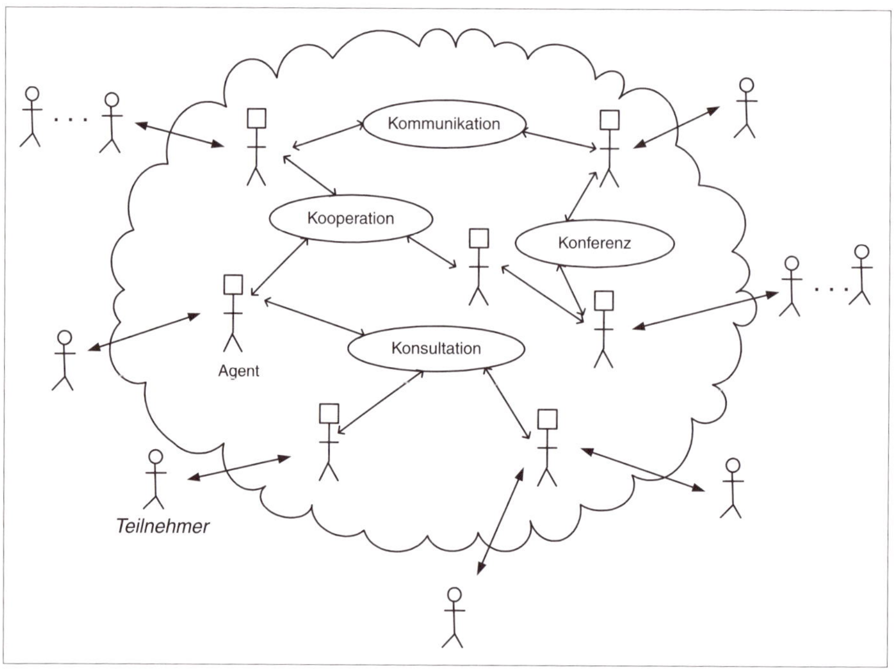

Abbildung 4.46: Allgemeine Darstellung eines agentenbasierten Websystems

Jetzt wollen wir einige Agenteneigenschaften modellieren. Unser „universeller“ Webagent, der nahezu alle oben erwähnten Fähigkeiten besitzen könnte, hätte die folgenden Komponenten in sich vereint (siehe [Ferber 1999], [Wille 2002] oder auch [Wooldridge 2001]):

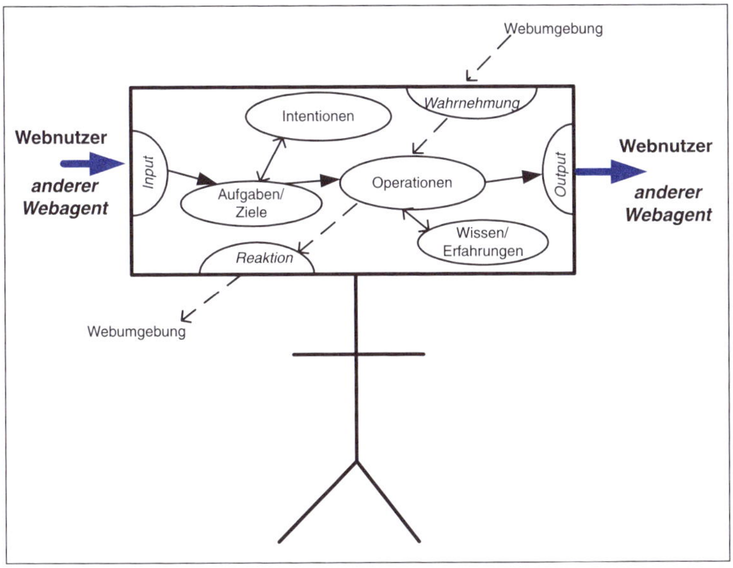

Abbildung 4.47: Allgemeine Struktur eines universellen Webagenten

Unser Webagent erhält seine Aufträge bzw. *Eingaben (Inputs)* vom jeweiligen Nutzer, dem er auch die *Resultate* bzw. *Outputs* nach getaner Arbeit übergibt. Möglicherweise kann er allerdings auch von einem anderen Webagenten „beauftragt" werden bzw. einem anderen Webagenten die Resultate übergeben oder diesen wiederum beauftragen. Der Input wird vom Agenten in seine Liste der *Aufgaben* und *Ziele* auf der Grundlage seiner *Intentionen* eingeordnet. Derartige Intentionen können beispielsweise gewisse Präferenzen oder Erfahrungen hinsichtlich zweckmäßiger Bearbeitungsformen darstellen. Die *Operationen* des Agenten realisieren dann den Auftrag auf der Grundlage seines *Wissens* und seiner *Erfahrungen*. Die Ausführung des Auftrags selbst erweitert wiederum das Wissen des Agenten selbst. Hinsichtlich des Bezugs zur Webumgebung passt sich der Agent veränderten Bedingungen an bzw. wertet Umgebungsaspekte in der Hinsicht aus, dass seine „Lebensfähigkeit" erhalten oder auch verbessert wird.

Für die Handlungsweise eines Webagenten gibt es unterschiedliche Strategien. Ein häufig eingesetztes Modell ist das ***Belief-Desire-Intention-Modell (BDI-Modell)*** (siehe [Goergeff 1998], [Pitt 2000] und vor allem [Wooldridge 2000]). Die Grundkomponenten sind folgende:

- *Belief:* Als Glaube wird hierbei das Wissen des Agenten über seine Umgebung verstanden, welches ihn in die Lage versetzt, effektiv im Web zu arbeiten.
- *Desires:* Die Wünsche des Nutzers bzw. die Verpflichtungen des Agenten betreffen die Ziele, die der Agent auf der Grundlage seiner Aufgaben zu erreichen hat. Dazu zählen beispielsweise Prioritäten oder auch Vergünstigungen im jeweiligen Kontext.
- *Intentions:* Die Intentionen bzw. Absichten stellen schließlich das Wissen des Agenten zum Agentensystemzustand dar und versetzen ihn in die Lage, innerhalb einer Gesamtoperationalität seinen korrekten Beitrag zu leisten.

Die folgende Abbildung bezieht sich auf unser Firmenbeispiel und modelliert eine agentenbasierte Form der Informationsbereitstellung zu unserer Produktinfo-Übersicht externer Anbieter:

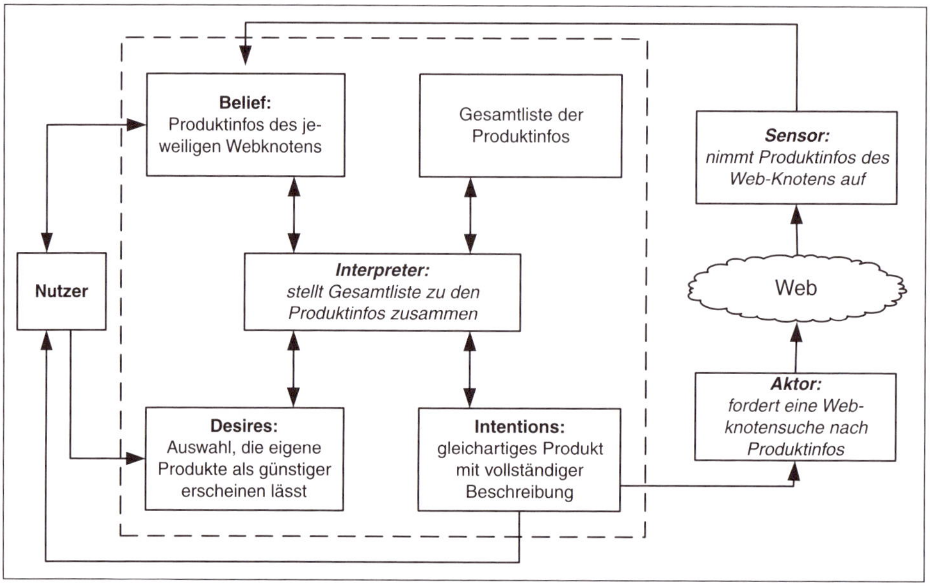

Abbildung 4.48: Webagenten-Beispiel nach dem BDI-Modell

Man beachte, dass hierbei nur die operationellen Zusammenhänge modelliert sind. Der Nutzer erhält natürlich im Gesamtsystem explizit die im Modell angegebene *Gesamtliste der Produktinfos* durch entsprechende Interface-Funktionen.

Natürlich kann man auf der Grundlage derartiger Modelle für einen einzelnen Webagenten bereits dessen grundlegende Merkmale, wie die Leistungsfähigkeit aller seiner Komponenten, spezifizieren. Wir gehen darauf nicht im Einzelnen ein und verweisen zu Performance-Modellierungsformen auf [Dikaiakos 2001], [Evans 1999] oder auch [Wille 2001].

Auf der Basis unserer obigen Webagenten-Modellierung können wir nun auch Interaktionen zwischen diesen Agenten modellieren. Die allgemeinen Aspekte dabei verdeutlicht die Abbildung 4.49.

Für die einzelnen Interaktionsformen gibt es nun unterschiedlichste Strategien bzw. Modelle für ihre Spezifikation. So gilt beispielsweise für die *Kooperation* von Softwareagenten die allgemeine Faustformel:

Kooperation = Kollaboration + Aktionskoordination + Konfliktlösung

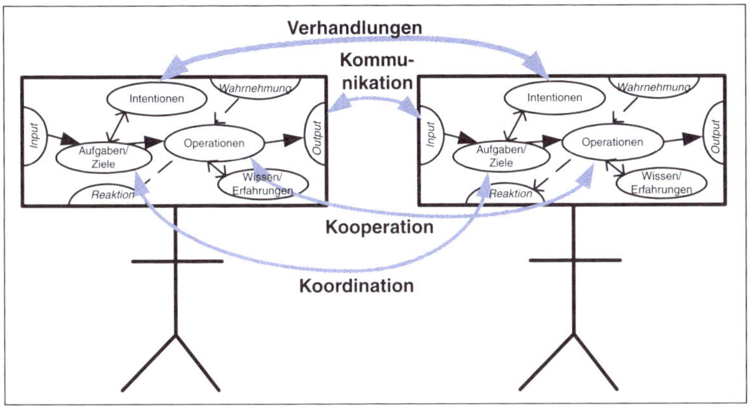

Abbildung 4.49: Interaktion zweier Webagenten

Insbesondere bei *Verhandlungen* unterscheidet man im Allgemeinen folgende vier Formen (siehe beispielsweise [Kraus 2001] oder [Jung 2001]):

- *Symmetrische Kooperation:* Beide Agenten erreichen durch die Kooperation Vorteile bzw. eine Verbesserung (ihrer Arbeit).
- *Symmetrischer Kompromiss:* Für beide Agenten ergibt sich eine Verschlechterung (ein Kompromiss).
- *Nichtsymmetrische Kooperation bzw. nichtsymmetrischer Kompromiss:* Einer der beiden Agenten erreicht einen Vor- bzw. Nachteil.
- *Konflikt:* Keine Einigung zwischen den Agenten möglich (erfolgloser Abbruch der Verhandlung).

So modelliert das folgende Zustandsdiagramm unter Berücksichtigung des BDI-Modells die möglichen Formen einer Konfliktbearbeitung (siehe [Knapik 1998] oder auch [Tessier 2001]).

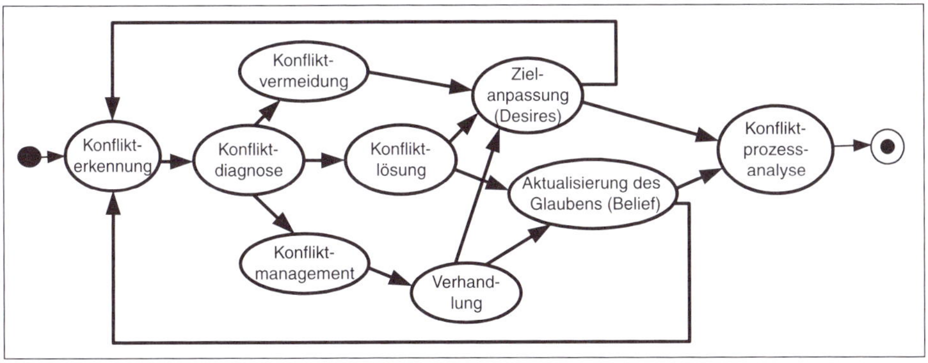

Abbildung 4.50: Konfliktbehandlung zwischen Web-Agenten

Zur Modellierung der Kommunikation an sich werden so genannte ***Agenten-Kommunikationssprachen*** *(Agent Communication Languages (ACL))* eingesetzt (zur Übersicht siehe beispielsweise [Singh 98] oder auch [Wille 2002]). Als „klassische" ACL wollen wir kurz die ***KQML-Sprache*** *(Knowledge Query and Manipulation Language)* betrachten (siehe [Labrou 1997]). Die Kommunikationsbeschreibung beruht hierbei auf Anfragefunktionen, wie zum Beispiel *ask, ask-if, ask-about, ask-one, ask-al*l usw., sowie den jeweiligen Antwortfunktionen, wie beispielsweise *tell, reply* oder auch *sorry*. Wenn wir etwa für unser kleines Firmenbeispiel für die Zusammenstellung weiterer Produktinfos im Web die beiden Webagenten *Sammelagent* und *Suchagent* kommunizieren lassen, so kann sich folgender kurzer Dialog ergeben:

```
ask
    :sender          Sammelagent
    :receiver        Suchagent
    :content         (Produktname, Beschreibung, Preis)
    :reply-with      Anfrage 1
    :language        XML
    :ontology        Produktinformationen
tell
    :sender          Suchagent
    :receiver        Sammelagent
    :content         (Produktname, Beschreibung, Preis)
    :in-reply-to     Anfrage 1
    :language        XML
    :ontology        Produktinformationen
```

Wir strapazieren an dieser Stelle den Verweis auf die Selbstdokumentiertheit dieses Beispiels und nehmen an, dass der Leser auch die zuvor noch nicht genannten Sprachelemente der KQML in diesem Kontext versteht.

Neben der Kommunikation als Grundlage einer flexiblen Operationalität im Web sind natürlich auch die Lerneigenschaften unserer Webagenten zu modellieren. Da diese allerdings sehr paradigmen- bzw. implementationsnah formuliert werden, gehen wir hier nicht näher darauf ein, sondern verweisen auf die entsprechende Literatur (siehe beispielsweise [Ferber 1999], [Stone 2000] oder auch [Wooldridge 2000]).

Für die Bewertung bzw. die effiziente Ausrichtung der Agentenkommunikation sind insbesondere zur Koordination (siehe [Barber 2000]) bzw. zur Kommunikation (siehe [Pitt 2000]) Leistungsmessungen realisiert und ausgewertet worden.

Schließlich wollen wir uns dem ***Multiagentensystem*** *(MAS)* insgesamt zuwenden. Ein allgemeines Modell zeigt uns die Abbildung 4.51.

Das hier betrachtete MAS arbeitet im Web, wobei der jeweilige Webknoten *City* genannt wird. Den Agenten bzw. der Systemkomponente für das MAS-Systemmanagement haben wir keine *City* explizit zugeordnet. Des Weiteren haben wir in der *City B* nur Objekte, die einige Verarbeitungskomponenten unseres MAS beinhalten.

Für die Modellierung eines MAS gelten dieselben Modellierungsgrundlagen wie für den Agenten selbst bzw. für die Interaktion zweier Agenten. Eine Erweiterung erfahren derartige Modelle vor allem durch eine zweckmäßige Rollenver- bzw. -zuteilung im Kontext allgemeiner webbasierter Agentensysteme. Derartige rollenbezogene Agentenarten sind beispielsweise der *Bestellagent*, der *Interface-Agent*, der *Kaufagent*, der *Koordinationsagent*, der *Suchagent*, der *Transformationsagent*, der *Zahlungsagent* usw.

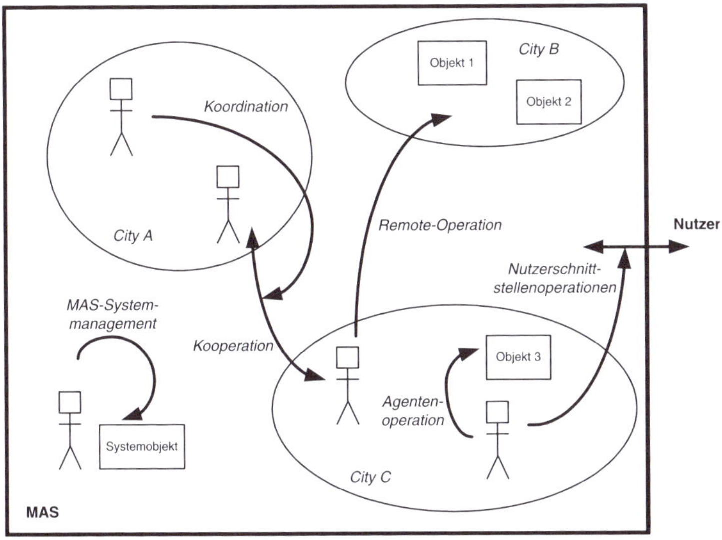

Abbildung 4.51: Allgemeines Modell eines MAS

Besondere Bewertungsformen von MAS gelten beispielsweise der effizienten Lastverteilung (siehe [Gustavsson 1999]), dem Koordinierungsniveau innerhalb des MAS (siehe [Tolksdorf 2000]), der Komplexität von MAS (siehe [Subrahmanian 2000]) oder aber der so genannten Beherrschung der Agentenpopulation (siehe [Liu 2001]).

4.4 Spezifikation operationaler Websysteme

Operationale Websysteme haben wir als „steuernde" Systeme bereits definiert, d. h. sie führen eine Operationalität aus, die ggf. technische Anlagen bzw. autonome Komponenten generell mit einschließt. Genau auf diese Systemformen wollen wir uns im Folgenden beschränken:

Aktive Operationalität: Hierbei liegt eine explizite durch den Nutzer realisierbare Steuerung, Lenkung oder Kontrolle vor, die möglicherweise auf der Basis von eingebetteten Systemen die webbasierten Funktionen umsetzt (siehe zum Beispiel [Lyytinen 2002] oder [Zuidweg 2002]).

Passive Operationalität: Derartige Operationalitäten vollziehen sich im „Webhintergrund" und betreffen beispielsweise die Lokalisierung eines Webnutzers oder eine Auftragsbearbeitung durch autonome Webagenten (siehe beispielsweise [Davies 2001] oder auch [Kanter 2003]).

Als erstes Beispiel wollen wir die Steuerung einer Kamera im Web als so genannte ***Web Cam*** modellieren (siehe zum Beispiel unter `http://www.earthcam.com`). Für die Spezifikation verwenden wir einen einfachen ***Funktionsbaum*** in folgender Form:

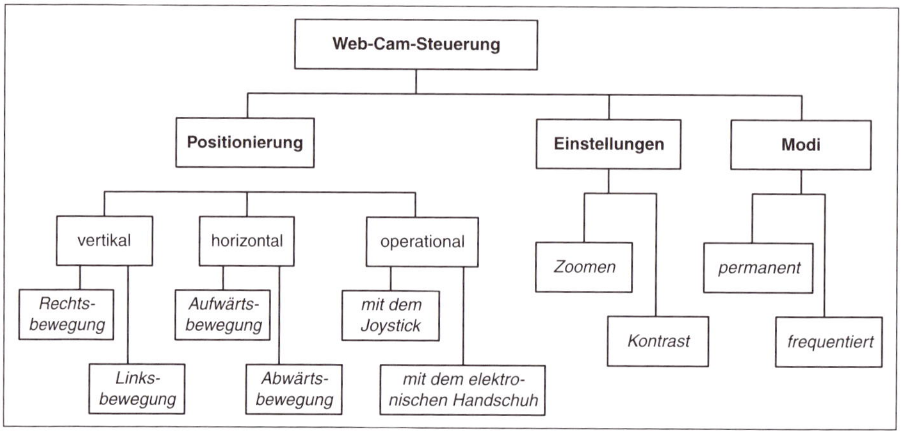

Abbildung 4.52: Web-Cam-Steuerungsfunktionen

Als weiteres Beispiel betrachten wir eine allgemeine Anlagenüberwachung. Für die Spezifikation der dabei auftretenden Situationen verwenden wir hier das so genannte ***Ereignisdiagramm***. Die folgende Abbildung zeigt uns ein derartiges Beispiel, welches wir wiederum nicht näher erläutern müssen:

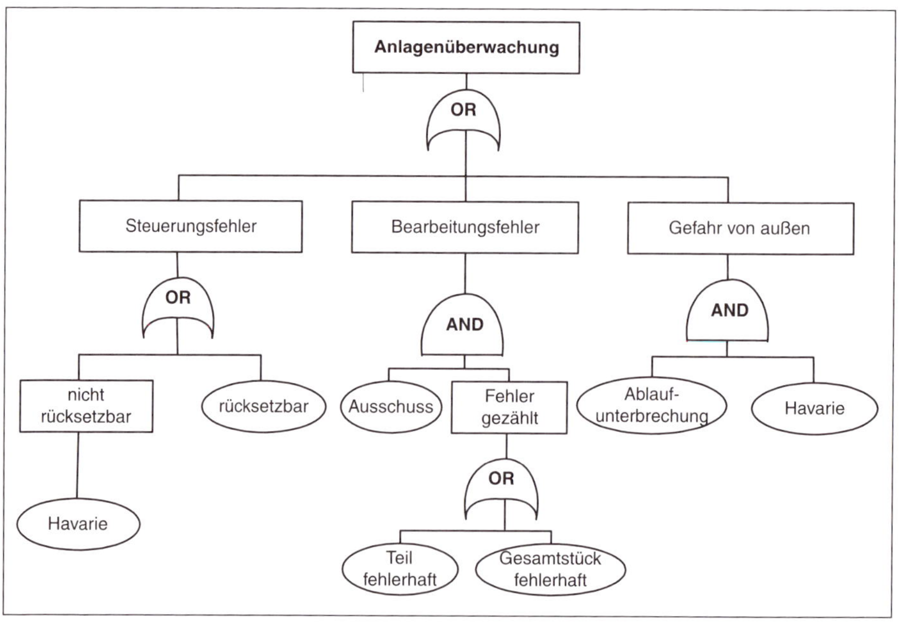

Abbildung 4.53: Ereignisdiagramm zur Anlagenüberwachung

Für die Nutzung komplexer Webservices können wir so genannte ***Webservice-Netze*** benutzen bzw. als Websystem entwickeln, installieren und schließlich erweitern (siehe zum Beispiel [Apte 2002] oder auch [Benatallah 2003]). Derartige Netze werden auch als

Grids (siehe [Snavely 2003] und [Talia 2002]) bezeichnet (wir haben bereits eine derartige Struktur für Webdokumente modelliert). Eine effiziente Webservice-Auswahl können wir nun mit dem so genannten ***Entscheidungsbaum*** spezifizieren. Im Folgenden geben wir wiederum ein kleines Beispiel dafür an:

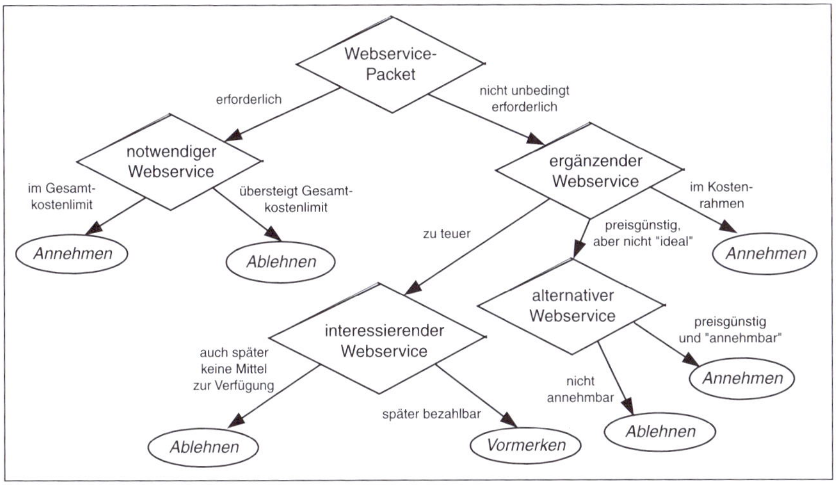

Abbildung 4.54: Entscheidungsdiagramm für eine Webservice-Auswahl

Schließlich wollen wir uns noch einer explizit passiven Operationalität in Form eines *Multiagentensystems* für die Überwachung industrieller Anlagen zuwenden. In Anlehnung an [Massoud 2000] hat ein derartiges MAS beispielsweise die folgende Modellform. Dabei verwenden wir das *Use-Case-Diagramm* mit der Kennzeichnung der Prozessschnittstellen als Web-Agenten.

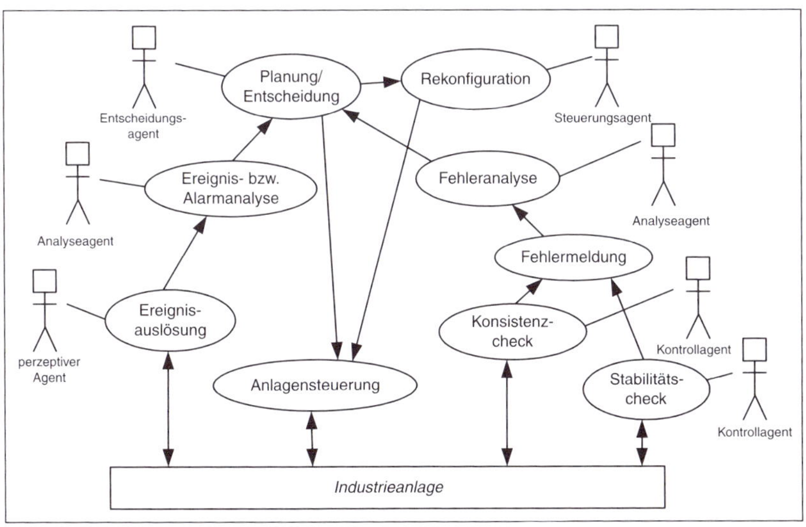

Abbildung 4.55: Multiagentensystem für die Anlagenüberwachung

Generell gilt auch für die Spezifikation operationaler Websysteme, dass die bisher genannten Methoden und Modellierungsformen auch hierbei zur Anwendung kommen und die besondere Komplexität und Operationalität derartiger Systeme in ihrer Gesamtheit beschreiben.

4.5 Spezifikation ausgewählter Qualitätsaspekte

Qualitative Anforderungen an unser Websystem können erst nach der Realisierung bzw. Implementation eines derartigen Systems überprüft bzw. explizit eingeschätzt und bewertet werden. Dennoch sind bereits in der Modellierungsphase Strategien, Methoden und Verfahren einsetzbar bzw. vorzusehen, die eine Reihe erhoffter Qualitätseigenschaften für unser System absichern helfen.

Wir wollen im Folgenden drei Qualitätsbereiche betrachten, die insbesondere für Websysteme eine große Relevanz haben, und zwar die Sicherheit (*Web Security*), die Nutzerfreundlichkeit (*Web Usability*) und die Leistungsfähigkeit (*Web Performance*). Dabei beschäftigen wir uns in diesem Kapitel zunächst nur mit ausgewählten Modellierungsaspekten dieser Qualitätsmerkmale und kommen in den Folgekapiteln jeweils auf die dann notwendigen Formen ihrer Berücksichtigung noch einmal zurück.

4.5.1 Web-Security-Spezifikation

Für die Spezifikation unseres Websystems ergeben aus der Sicht der Web Security folgende allgemeine Ansatzpunkte (siehe [Anderson 2001] oder auch [Oppliger 2000]):

- *Die Grundprinzipien einer Sicherheitspolitik (Security Policy):* Hierbei geht es um die strategischen und konzeptionellen Sicherheitsziele überhaupt. Das reicht von der Art der eingesetzten Technologien über die Rollen der möglicherweise einbezogenen Personen bis hin zu den eigentlichen Anwendungszielen und -bereichen. Personen, die in diesem Rahmen sicherheitsrelevante Aufgaben bzw. Befugnisse haben, sind beispielsweise Hardwareproduzent, Systemtechniker, Sicherheitsmethodenentwickler, Sicherheitsmethodenanwender, Administrator, Bedienpersonal, Nutzer bzw. Kunde. Andererseits sind letztlich hierbei auch die allgemeinen rechtlichen Bestimmungen, wie wir sie bereits im vorangegangen Kapitel erläutert haben, für den jeweiligen Anwendungsbereich relevant (siehe zum Beispiel [Kröger 2000] oder auch [Hassler 2001]).
- *Die Gewährleistung der autorisierten Systemnutzung:* Dieser Aspekt schließt die Zugriffskontrolle sowie die Vergabe und Gewährleistung von Zugriffsrechten unter Anwendung von Passworttechniken, biometrischen Methoden und anderen Zuordnungsverfahren ein (siehe beispielsweise [Phoha 2002] oder [Vitek 1999]).
- *Die Sicherung der Authentizität:* Während die Autorisierung die rollenbezogenen Sicherheitsmethoden einschließt, geht es hierbei um die Gewährleistung der Korrektheit eines Dokuments bzw. einer Webkomponente im Sinne seiner Originalität bzw.

Rechtsgültigkeit. Methoden in diesem Bereich schließen eine Zertifizierung, wie zum Beispiel eine Copyright-Kennzeichnung oder eine digitale Signatur, mit ein. Des Weiteren werden so genannte Verschlüsselungstechniken verwendet, die die Erkennung derartiger Dokumente verhindern bzw. erschweren (siehe unter anderem [Katzenbeisser 2000], [Singh 2000] oder [Tilborg 2001]).

- *Der Schutz vor Attacken jeglicher Art:* Dabei geht es um den Einsatz von Methoden und Verfahren, die Angriffe auf unsere Websysteme in den unterschiedlichsten Ausprägungen rechtzeitig erkennen *(Intrusion Detection)* bzw. ihnen entgegenwirken (siehe zum Beispiel [Brukczynski 2003]).
- *Die Sicherung der Privatsphäre:* Dieser Aspekt beinhaltet insbesondere den Schutz persönlicher Daten und die Vermeidung des Missbrauchs in jeglicher Form (siehe [Berners-Lee 1999] oder auch [Rubin 1998]).
- *Die Beachtung strukturbezogener Sicherheitsverfahren:* Hierbei geht es um die mögliche Integration oder auch Kopplung der bisher genannten Sicherheitsverfahren im Rahmen einer komplexen Websystemstruktur insgesamt (siehe speziell [Anderson 2001] oder auch [Phoha 2002]).

Im Folgenden wollen wir nun einige Verfahren kennen lernen, die uns helfen, ein paar der oben genannten Aspekte bei der Systemspezifikation zu berücksichtigen.

Wir wenden uns zunächst den Möglichkeiten und Verfahren zu, unsere Webdokumente oder Nachrichten zu verschlüsseln. Da wir uns im Web befinden, müssen die ***Verschlüsselungsverfahren*** (relativ) sicher sein. Allgemein werden grundsätzlich zwei Arten von Verschlüsselungsmethoden unterschieden, die symmetrischen und die asymmetrischen Verfahren. Das Grundprinzip einer ***symmetrischen Verschlüsselung*** zeigt die folgende Abbildung:

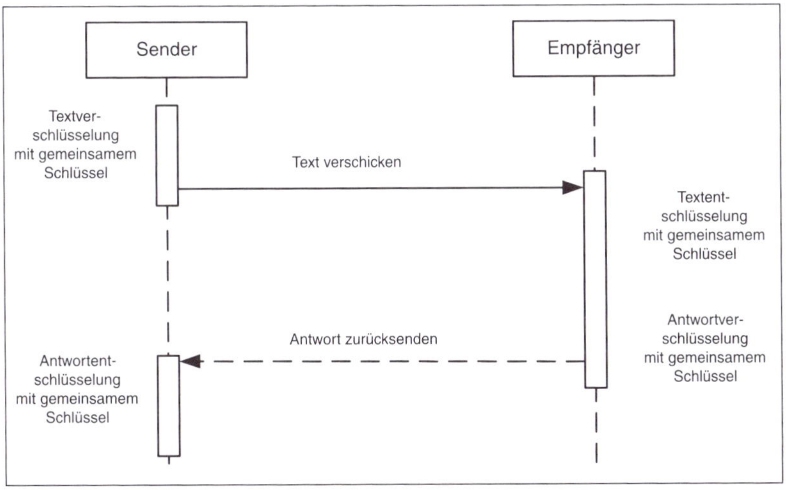

Abbildung 4.56: Prinzip der symmetrischen Verschlüsselung

Das Problem ist hierbei, dass die Sicherheit insgesamt von der Geheimhaltung des (gemeinsamen) gemeinen Schlüssels abhängt. Mehr Schutz bieten ggf. die so genannten

asymmetrischen Schlüssel, bei denen sich der geheime Schlüssel in einen *öffentlichen* und einen *privaten Schlüssel* aufteilt. Wir zeigen das Anwendungsprinzip wiederum in einer Abbildung:

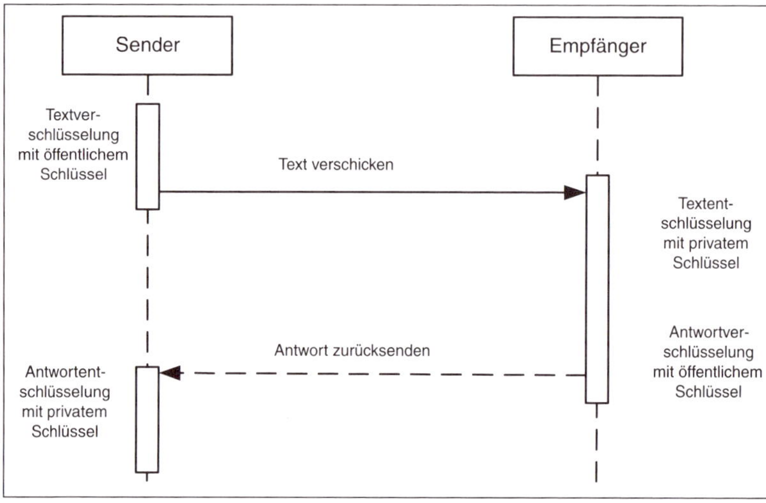

Abbildung 4.57: Prinzip der asymmetrischen Verschlüsselung

Wir wollen die verblüffende Einfachheit und doch so hohe Sicherheit asymmetrischer Verfahren am wohl bekanntesten Verfahren, dem ***RSA-Verschlüsselungsverfahren*** (benannt nach *Ronald Rivest, Adi Shamir und Leonard Adleman*), erläutern. Das folgende Szenario aus [Singh 2000] zeigt uns seine Anwendung für die beiden kommunizierenden Teilnehmer A und B:

- Teilnehmer A wählt zwei sehr große Primzahlen, p und q. Um den Rechenaufwand klein zu halten, wählen wir hierbei nur $p=17$ und $q=11$. Diese Zahlen sind geheim zu halten.
- A multipliziert nun p mit q und erhält hierbei ein $N=187$. Jetzt wird eine weitere Zahl (zum Beispiel $e=7$) gewählt. Diese Zahl sollte mit $(p-1)$ und $(q-1)$ teilerfremd sein, was wir hier nicht weiter begründen (ansonsten siehe [Tilborg 2001]).
- Die Zahlen e und N bilden dann für A und B den ***öffentlichen Schlüssel***.
- Jetzt soll eine Nachricht verschlüsselt werden. Sie wird in eine ASCII-Binärzahl umgewandelt und ergibt dezimal die Zahl M. Die Verschlüsselung von M lautet nun:

  $$C = M^{e} \ (mod\ N)$$

- Wenn wir als Nachricht das eine Zeichen „X" wählen, so ergibt sich als ASCII-Wert *1011000* und schließlich dezimal *88*, d. h. wir erhalten konkret:

  $$C = 88^{7} \ (mod\ 187) = 11$$

- Für die Entschlüsselung einer Botschaft wird eine Zahl d wie folgt berechnet:

  $$e * d = (mod(p-1) * (q-1))$$

- Also konkret:

  $7 * d=(mod\ 16 * 10)$

  $d = 23$

- Diese Zahl stellt nun den ***privaten Schlüssel*** dar.
- Die Entschlüsselung durch A oder B lautet dann für die Nachricht $M=88$ wie folgt:

  $M=C^{d}\ (mod\ N)$

  $M=11^{23}\ (mod\ 187)$

  $M = 88 = X_{\text{ASCII}}$

Durch den öffentlichen Schlüssel – also für jeden zugänglich – ist das Produkt der beiden Primzahlen bekannt, aber nicht die Primzahlen selbst. Diese Primzahlzerlegung ist allerdings so aufwändig, dass für hinreichend große Primzahlen der private Schlüssel fast nicht zu „knacken" ist.

Ein ähnliches Verfahren wird auch bei der so genannten ***digitalen Signatur*** verwendet, bei der an Stelle der Primzahlmultiplikation und Modulo-Funktion eine so genannte *Hash-Funktion* eingesetzt wird.

Um beispielsweise eine eindeutige Kennzeichnung der Originalität eines Dokuments vorzunehmen, werden so genannte ***Wasserzeichentechniken*** eingesetzt. Verfahren hierfür sind *Patchwork-Algorithmen*, diskrete *Fourier-Transformationen* oder *Bildsplittung*; sie werden zumeist im Zusammenhang mit den Komprimierungstechniken angewandt (siehe [Katzenbeisser 2000] oder [Piva 2002]).

Fingerprints hingegen stellen eine spezielle Wasserzeichentechnik für die Einhaltung der Copyrights dar, wobei allerdings die Sicherungsinformationen nicht unbedingt versteckt sind.

Die ***Steganografie*** dient schließlich dem expliziten *Verstecken von Informationen*, bei der die jeweils benutzte Komponente (Dokument, Bild Audio-File usw.) als „Hülle" sowohl für das eigentliche Dokument als auch für eventuell zu überbringende geheime Nachrichten verwendet wird. Dabei kann ein direktes Einbindungsverfahren oder auch eine Verschlüsselung zur Anwendung kommen. Das folgende Beispiel basiert auf einem Verfahren von Zhao und Koch (siehe [Katzenbeisser 2000]) und hat für das Verstecken (als Kodierung) und für das Erschließen (als Dekodierung) die folgende algorithmische Form:

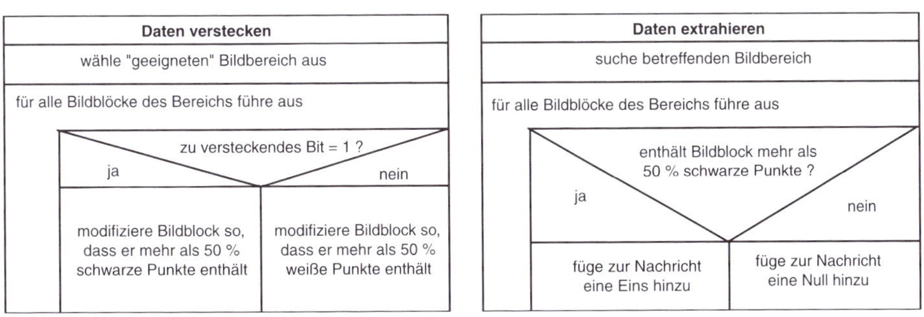

Abbildung 4.58: Steganografischer Algorithmus nach Zhao und Koch

Ein Bildblock ist dabei ein aus mehreren Bildpunkten (zum Beispiel 9×9 Pixel) bestehender Teil eines ausgewählten Bildbereichs für das Verstecken einer Information. Als Modellierungsform für unsere Algorithmen haben wir das ***Struktogramm*** gewählt, dessen Darstellungsmittel wohl keiner Erläuterung bedürfen.

Weitere Verfahren zur Steganografie sind beispielsweise das *Phase Coding* (bei Audio-Files), das *Echo Hiding* oder so genannte *Mimik-Funktionen*.

Schließlich wollen wir aus dem Security-Bereich noch auf ein Verfahren für so genannte ***sichere Dienste*** eingehen. Das Verfahren basiert auf dem ***Kerberos-Authentifizierungsmechanismus*** und verfügt über die in der folgenden Abbildung gezeigten Interaktionsformen (siehe [Coulouris 2002]).

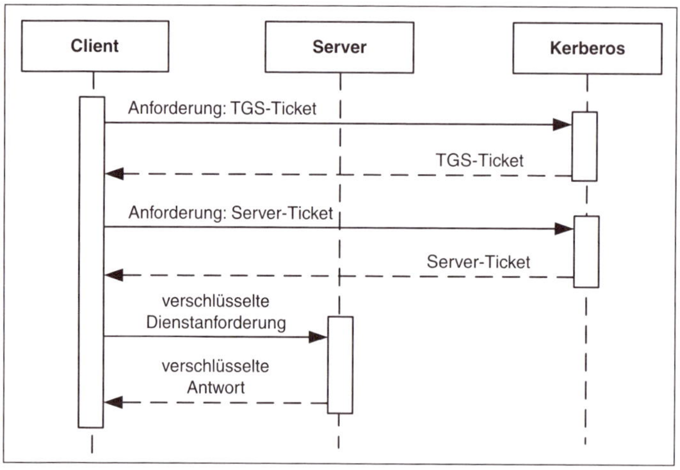

Abbildung 4.59: Sichere Dienste nach dem Kerberos-Prinzip

Unser Client wünscht also einen speziellen Dienst des Servers in Anspruch zu nehmen, der als *gesicherter Dienst* ablaufen soll. Dazu beantragt er zunächst beim Kerberos-Schlüsselverteilungszentrum ein so genanntes *Ticket*, welches den Client für den Dienstanspruch identifiziert. Das Ticket gilt nur für eine bestimmte Zeit. Die Abkürzung *TGS (Ticket Granting Service)* kennzeichnet nur die spezielle Art. Dann fordert der Client ein so genanntes *Server-Ticket* an, welches die *Berechtigung* für den jeweiligen Dienst identifiziert. Erst jetzt wendet sich der Client an den Server und fordert den „gesicherten Dienst" auf der Grundlage einer auf den Tickets basierenden Verschlüsselung an und erhält in gleicher Form auch die Antwort.

Wir überlassen es nun dem Leser, sich Anwendungen dieser Security-Verfahren für unser Firmenbeispiel vorzustellen, wie etwa das „Verstecken von Sonderangeboten" in unseren Produktinformationen oder die Verwendung digitaler Signaturen bei unserem Geschäftsverkehr.

4.5.2 Web-Usability-Spezifikation

Mit der Schaffung von Websystemen ist natürlich auch die Intention verbunden, so viele Interessenten bzw. Kunden wie möglich für die Anwendung dieses Systems zu gewinnen. Das grundlegende Qualitätsmerkmal ist hierfür die Benutzbarkeit bzw. *Usability*, die sich nach dem im vorherigen Kapitel angegebenen ISO 9126-Standard in folgende Aspekte unterteilt:

- in die *Verständlichkeit* des Websystems
- in die *Einfachheit* seiner Bedienung
- in die *Erlernbarkeit* der Websystem-Handhabung

Im dem Kapitel zur Anforderungsanalyse haben wir bereits eine *passive* und eine *aktive Usability* unterschieden. Wir wollen zunächst Spezifikationsmöglichkeiten zu unserem Websystem für eine passive Usability betrachten. Grundlegende Qualitätsmerkmale, die bereits bei der Spezifikation unseres Websystems zu berücksichtigen sind, geben wir in der folgenden Tabelle an (siehe [Becker 2001], [Chi 2002], [Constantine 2002], [Ivory 2002], [Palmer 2002] oder auch [Spool 1999]). Dabei geben wir zunächst allgemein anzuwendende Spezifikationsmethoden an.

Systemmerkmal	Qualitätsmerkmal	Spezifikationsmethode
Erscheinungsform der Homepage	ansprechendes Layout	Experiment mit potenziellen Nutzern zum Layoutentwurf
	Kein Überladen der Webkomponenten	Analogie zu bisherigen Homepage-Erfahrungen
	zweckmäßige kundenbezogene Inhaltsgestaltung	Analogie zu bisherigen Kundenerfahrungen
Navigationsform	kürzeste Wege	Optimierung der Systemstruktur
	Vermeidung von Navigationsfehlern	Konzept zweckmäßiger Rücksprünge
	Navigationshilfen	Semantische Link-Bündelung
Lesbarkeitsformen	Einfachheit des Textes	Festlegung von Metriken für die Lesbarkeitsbewertung; erste Erfahrungen in der Erprobung sammeln
	sprachliche Angemessenheit	Festlegung einer zweisprachigen Darstellungsform (Landessprache und Englisch)

Tabelle 4.1: Spezifikation ausgewählter Usability-Eigenschaften

→

➔

Systemmerkmal	Qualitätsmerkmal	Spezifikationsmethode
Nutzbarkeitsformen	vertraute Systemstruktur	Analogie zu gleichartigen Systemen bzw. zu Systemen gleichartiger Nutzerklassen
	einfache Handhabung	Experiment mit potenziellen Nutzern bei Systemerprobung
	einfaches Erlernen	Analogie zu bisherigen Kundenerfahrungen

Tabelle 4.1: Spezifikation ausgewählter Usability-Eigenschaften *(Forts.)*

Bei der Auswahl oder ***Festlegung von Webmetriken*** sind die jeweilige Eigenschaft und der geltende Anwendungsbereich zu beachten. Generell gelten die folgenden allgemeinen Metrikenanwendungsmerkmale (siehe [Dumke 1992], [Fenton 1996], [Munson 2003] oder [Zuse 1997]):

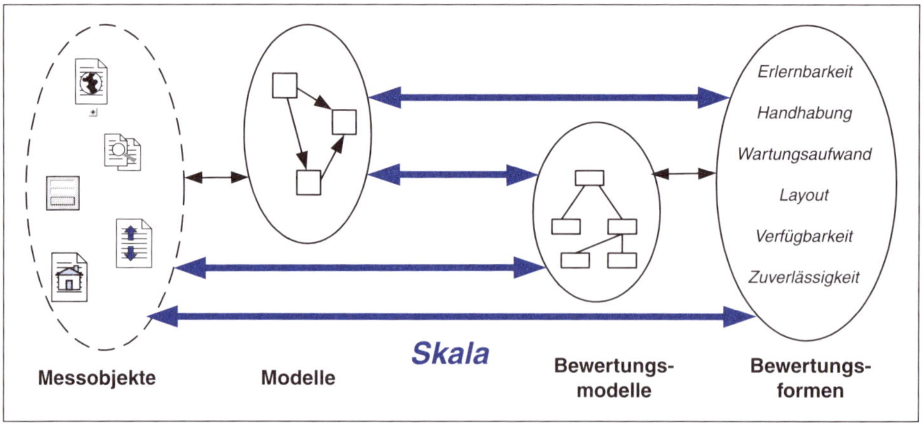

Abbildung 4.60: Merkmale einer Web-Metrikenanwendung

Die Messeigenschaft einer Metrik wird folglich durch ihre Skala definiert. Eine Metrik kann also zwischen einem empirischen Merkmal und einer numerischen Attributscharakterisierung gebildet werden sowie jeweils spezielle Zwischenformen einer Modellierung beinhalten. Wir wollen nun eine Metrikdefinition an einem konkreten Beispiel erläutern. Nehmen wir als *Messobjekt* eine Webseite, so könnte unsere Webmetrik einfach lauten:

LinkRatio = Anzahl der Links auf der Webseite

Unser *Modell* zum Messobjekt besteht nur in der Abstraktion der Webreferenzen von den restlichen Webseitenelementen. Als *Bewertungsform* wählen wir zum Beispiel *„Verbindungsniveau"*, welches sich in diesem Fall nicht weiter in ein *Bewertungsmodell* unterteilen soll. Den *empirischen Gehalt* des Verbindungsniveaus müssen wir noch genauer definieren, und zwar in der folgenden Form:

Das Verbindungsniveau einer Webseite ist durch die Anzahl der Links gekennzeichnet. Viele Links bedeuten ein hohes Verbindungsniveau. Nach bisherigen Erfahrungen hat sich gezeigt, dass eine Link-Anzahl größer 30 einen hohen Wartungsaufwand bedeutet und dass mehr als 140 Links pro Webseite kaum noch aktuell gehalten werden können und somit für eine Webseite abzulehnen sind.

Für die Bestimmung unserer *Skala* ergibt sich nun die folgende Betrachtung (siehe [Dumke 1996] oder auch [Kähler 1995]):

- Die Anzahl der Links hat einen Wertebereich von 0, 1, 2, 3, … , n. Das heißt, die Anforderungen an eine *Verhältnisskala* wären messobjektseitig erfüllt.
- Für den Wertebereich des Verbindungsniveaus gilt:
  - 0 … 30: akzeptabler Wartungsaufwand und somit ein *akzeptables Verbindungsniveau*
  - 31 … 140: hoher Wartungsaufwand und somit ein *kritisches Verbindungsniveau*
  - über 140: kaum noch Aktualität vermutet und somit ein *schlechtes/abzulehnendes Verbindungsniveau*

  Wir haben hier also drei empirisch unterschiedliche Wertebereiche und somit *Einstufungsformen*, welche typische Merkmale einer *ordinalen Skala* darstellen.

Im Zusammenhang ergibt also unsere Webmetrik *LinkRatio* eine *ordinale Skalierung*, auch wenn wir genaue Einzelwerte für die Links bestimmen können.

In unserem Beispiel ist allerdings auch zu erkennen, dass insbesondere möglichst allgemein anerkannte empirische Erfahrungen vorhanden sein müssen, um eine definierte Metrik sinnvoll anwenden zu können. Genau dies ist jedoch gegenwärtig noch ein Problem. Wir wollen dennoch weitere Metrikenmöglichkeiten in diesem Zusammenhang angeben (siehe [Nobles 2001] oder auch [Scharl 2000]):

- *LinkVarianz:* Anzahl unterschiedlicher Link-Arten in einem Dokument bzw. im Verhältnis zu anderen Dokumentelementen,
- *TextVarianz:* Anzahl unterschiedlicher Textdarstellungselemente in einer Webseite oder auch in einem Webseitenkomplex; eine besondere Form dieser Metrik ist der so genannte ***Simpson-Index***, dem folgende vereinfachte Berechnungsform zugrunde liegt:

$$SimpsonIndex = \frac{Durchschnittliche\ \ Häufigkeit\ des\ Auftretens\ unterschiedlicher\ Wörter}{Gesamtzahl\ aller\ Wörter\ einer\ Webseite}$$

- *ComponentRatio* als Verhältniszahl einer bestimmten Webseitenkomponente (E-Mail-Adressverweis, Applet, Bild, Formular usw.) zu den Komponenten insgesamt.

Ihre sinnvolle Anwendung hängt jedoch von den bereits vorhandenen oder im Websystem-Entwicklungsverlauf sich ergebenden empirischen Erfahrungen ab. Um solche Erfahrungen zu erwerben, können zum Zeitpunkt der Spezifikation so genannte Experimente definiert werden, die während der Entwicklung oder zum Zeitpunkt der Erprobung unseres Websystems durchgeführt werden.

In unserem Kontext ist ein ***Experiment*** eine geplante Anwendungsform unseres Websystems bzw. von Teilen davon unter Festlegung einer Klientel und unter Vorgabe ganz spezieller Bewertungsaspekte (siehe [Basili 1986] oder auch [Wohlin 2000]). Natürlich können dabei alle möglichen qualitativen Aspekte untersucht werden. Im Rahmen der Spezifikation *definieren* wir diese Experimente für nachfolgende Entwicklungsphasen. Ein Experiment besteht aus den folgenden vier Phasen:

1. ***Definition:*** Hierbei werden die Merkmale der Motivation für das Experiment, des zugrunde gelegten Experimentgegenstands, der jeweiligen Anwendersicht und des Anwendungsbereiches festgelegt. Darauf aufbauend werden die Ziele klar definiert, d. h. welche Hypothesen bewiesen bzw. welche Eigenschaften bewertet werden sollen.
2. ***Planung:*** In dieser Phase werden die konkreten Experimentkomponenten und die zur Anwendung kommenden statistischen Methoden ausgewählt. Für die Durchführung des Experiments werden die Kriterien sowie die jeweiligen Messverfahren definiert.
3. ***Durchführung:*** Hierbei wird mit der unmittelbaren Vorbereitung begonnen und dann die eigentliche Experimentrealisierung vorgenommen. Eine erste statistische Aufbereitung der Messdaten gehört ebenfalls zu dieser Phase.
4. ***Interpretation:*** Die vierte Phase bereitet schließlich den Interpretationskontext vor und beinhaltet die eigentliche Auswertung der Experimentdaten und deren Bewertung als so genannte Extrapolation. Die Erarbeitung weiterer Fragestellungen bzw. Problemdefinitionen schließt das Experiment insgesamt ab.

Wir wollen die in der obigen Tabelle angegebene Spezifikationsmethode als *Experiment mit potenziellen Nutzern zum Layoutentwurf* genauer beschreiben. Die vier Experimentstufen haben dann beispielsweise den folgenden Inhalt:

1. ***Definition:*** Das Ziel des Experiments und damit auch die Motivation besteht in der Bewertung verschiedener Homepage-Layouts. Als Bewertung wird ein Wertebereich von 1 bis 5 mit den verbalen Interpretationen „abzulehnen", „verbesserungswürdig", „annehmbar", „empfehlenswert" und „unbedingt verwenden" vorgeschlagen. Dabei kennzeichnen die Werte 4 und 5 ein *ansprechendes Layout* gemäß Qualitätsmerkmalsbeschreibung.
2. ***Planung:*** Als Bewertungsgrundlage werden drei Layoutversionen aus der Entwurfsphase ausgewählt. Das Experiment wird mit sieben Mitarbeitern der *Abteilung A* durchgeführt. Als Messverfahren wird eine fragebogengestützte Erfassung angewandt.
3. ***Durchführung:*** Nach einer kurzen Einweisung wird das Experiment an *Firmencomputern* im *Raum B* durchgeführt. Die erhaltenen Daten werden durch ein Statistikprogramm erfasst.
4. ***Interpretation:*** Die Aufbereitung nimmt *Mitarbeiter C* vor. Als Statistiken werden Häufigkeitsanalysen, Mittelwertbestimmungen und Streuung der Experimentdaten für ordinale Skalierungsformen angewandt.

Jetzt wollen wir uns den Spezifikationsmethoden für eine ***aktive Usability*** zuwenden. Derartige methodische Ansätze sind beispielsweise (siehe [Chi 2002], [Figallo 1998], [Kaye 1999] oder auch [Nobles 2001]):

- ***Interessenerregung*** mit den Möglichkeiten einer *Ad-hoc-Zusatzinformation*, dem Verweis auf allgemeines Interesse bzw. auf Vorbildverweise
- ***Interessenbindung durch gesetzlicher Regelungen***, die generell webbasierte Systeme bzw. spezielle Webdienste erfordern
- ***Kundenbindungsformen*** auf der Grundlage von Verhaltensanalysen eines Kundenprofils bzw. eines einzelnen Kunden

Für unser Firmenbeispiel könnten derartige Methodenanwendungen etwa durch folgende Maßnahmen umgesetzt werden:

- Bei der Auswahl einer Produktinfo-Übersicht durch unseren Kunden zeigen wir gleichzeitig eine Webseite mit unserem Topangebot an
- Nach bisheriger Analyse unseres Kunden innerhalb eines Besuchs unseres Portals (Produktansicht, Produktauswahl) empfehlen wir weitere ähnliche Produkte vor dem Verlassen unserer Webseiten
- Nach bisheriger Analyse unseres Kunden über mehrere „Besuche" hinweg geben wir besondere Konditionen bzw. Rabatte im Verlauf einer möglichen Bestellung.

4.5.3 Web-Performance-Spezifikation

Als drittes Qualitätsmerkmal wählen wir die Leistungsfähigkeit (als Performance) unseres Websystems aus. Die Bestimmung dieser Eigenschaft in der Phase der Spezifikation ist besonders schwierig. Ähnlich dem Vorgehen für die Web-Usability geht es hierbei hauptsächlich um die Einbringung von Performance-Eigenschaften in unser Modell, damit es in den folgenden Entwicklungsphasen korrekt umgesetzt wird. Die Web-Performance-Spezifikation besteht unter anderem aus folgenden methodischen Ansätzen (siehe [Menasce 1998], [Dumke 2001a], [Schmietendorf 2001] oder auch [Terplan 2000]):

- Berücksichtigung von Performance-Aspekten (Webservice-Bearbeitungszeit, Webservice-Durchsatzanzahl in den Servern, Antwortzeiten und durchschnittliche Wartezeiten pro Webdienst) in den jeweiligen Modellkomponenten
- Bestimmung bzw. Abschätzung der künftigen Kapazitätseigenschaften der Komponenten (Client, Server, Datenbasis, Operationsvolumen) unseres Websystems
- Abschätzung und Modellierung der künftigen Arbeitslast unseres Websystems im Kontext unterschiedlicher Anwendungsstrategien und -technologien
- Anwendung von Analogien für die oben genannten Modellmerkmale und die damit vorgegebenen Leistungseigenschaften unseres Websystems

Generell geht es um die Gewährleistung einer (vereinbarten) Dienstqualität unseres Websystems als so genanntes ***Service Level Agreement (SLA)***. Da SLAs bei webbasierten Lösungen zunehmend auch „on demand", also zur Laufzeit, abgeschlossen werden können, ergeben sich weiterführende Anforderungen an die unterliegenden Technologien, die inhaltliche Ausprägung abgeschlossener Vereinbarungen, das SLA Monitoring, aber auch an die vorzubereitenden Maßnahmen im Rahmen der Entwicklung. Waren die bisher primär technisch und wirtschaftlich orientierten SLAs eher eine Domäne der Betreiber von IT-Lösungen, so müssen bei Webservice-basierten Lösungen auch die Systemintegratoren die Verwendung von SLA-Vereinbarungen im Rahmen der Entwicklung (insbesondere der Spezifikation) berücksichtigen (siehe [Schmietendorf 2003]).

Aus der Vielzahl der angegebenen Modellierungsgrundlagen wollen wir einige näher betrachten. Für einen Webdienst gelten die folgenden allgemeinen Performance-Merkmale (siehe [Lilja 2000] oder auch [Smith 2001]):

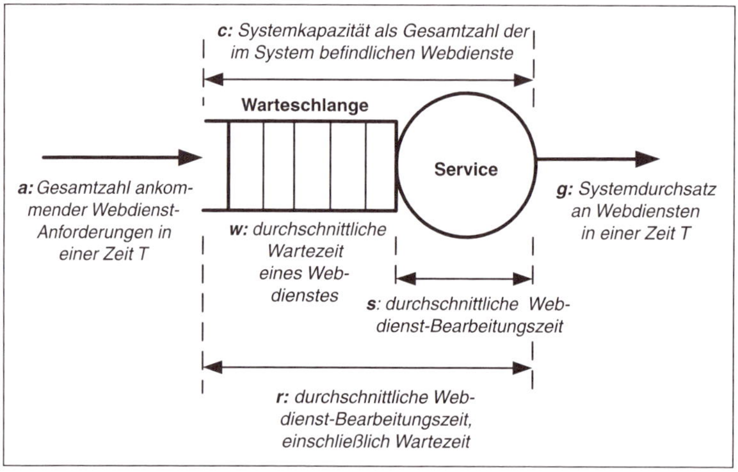

Abbildung 4.61: Performance-Metriken eines Webdienstes

Auf der Grundlage dieser Webdienst-Kennzahlen können dann weitere Performance-Merkmale durch z. B. Verwendung der operationalen Analyse bestimmt werden, wie beispielsweise:

- die durchschnittliche Webservice-Rate: $\mu = 1/s$
- die durchschnittliche Ankunftsrate der Web-Dienstanforderungen: $\lambda = a/T$
- die Webdienst-Durchsatzintensität: $\rho = \lambda/\mu$

Die Kennzahl *a*, die auch ein Merkmal für die so genannte ***Arbeitslast*** (als *Workload*) unseres Websystems darstellt, und die Kennzahl *c* als eine Berechnungsform für die Systemkapazität bilden schließlich die Grundlage für die ***Kapazitätsplanung*** unseres Websystems. Dabei werden die Anforderungen an das System insgesamt auf die jeweiligen Komponenten aufgeteilt bzw. deren Leistungsanforderungen auf dieser Basis abgeleitet (siehe beispielsweise [Menasce 2002] und [Menasce 2002a]). Für die konkreten zeitbezogenen Merkmale müssen wir in der Spezifikationsphase zum Teil wiederum Analogien verwenden, während einige der Größen *a, r* oder *g* vorgegebene SLAs darstellen können. Wie modellieren wir nun diese Performance-Anforderungen für unser Websystem?

Wir wollen uns wieder auf unser Firmenbeispiel beziehen und einige Modellelemente zu diesen Web-Qualitätsmerkmalen betrachten (siehe [Dimitrov 2002] oder auch [Monasce 1998]).

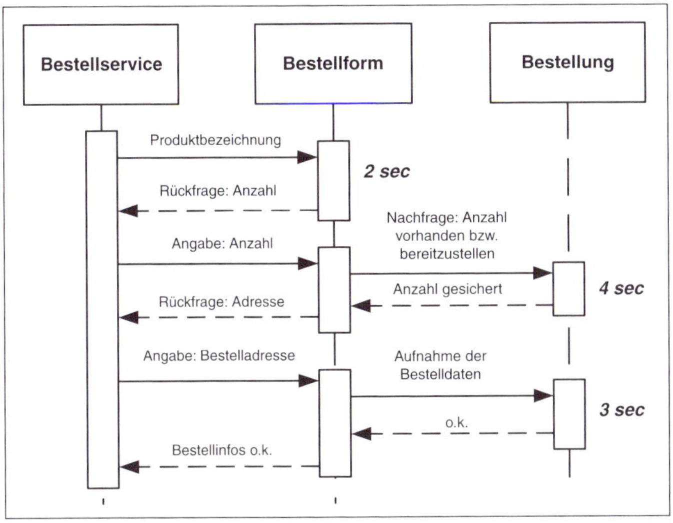

Abbildung 4.62: Kundeninteraktion mit der Angabe von Performance-Bedingungen

Die Sekundenangaben stellen dabei die maximale Ausführungszeit für den jeweils zu bearbeitenden Vorgang dar. In analoger Weise sind derartige Attributierungen der Spezifikationsmodelle unseres Websystems möglich und sinnvoll. Sie dienen als Vorgaben für die folgenden Entwicklungsphasen unseres Websystems, in dem wir ihre Gewährleistung zu einem späteren Zeitpunkt der Systemrealisierung absichern.

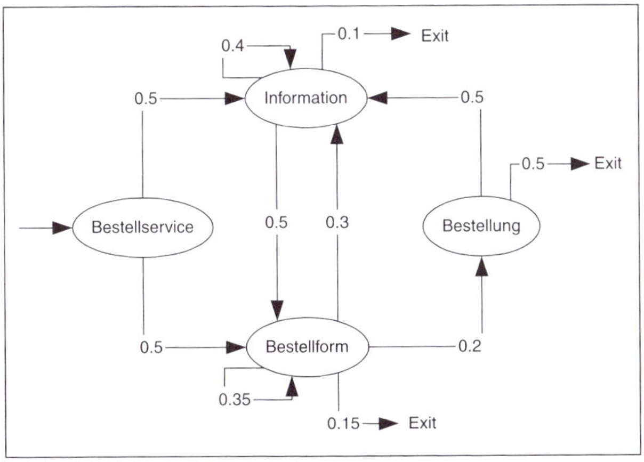

Abbildung 4.63: Prinzip des Customer Behavior Model Graph

Eine Möglichkeit zur Spezifikation von Arbeitslasten webbasierter Systeme bietet sich mit dem durch [Menasce 2000] speziell für den Bereich von E-Commerce-Systemen vorgeschlagenen *Customer Behavior Model Graph (CBMG)*. Dabei handelt es sich um speziell angepasste Zustandsdiagramme. Diese können Nutzeranforderungen an das System als Folge von Zustandsübergängen, welche mit einer bestimmten Wahrscheinlichkeit ausgeführt werden, modellieren. Für jeden Nutzertyp (Nutzer mit vergleichbaren Eigenschaften) ist ein entsprechendes CBMG zu erstellen, wobei den Zustandsübergängen auch entsprechende Denkzeiten zugeordnet werden können. Mit Hilfe des CBMG können Informationen über das Nutzerverhalten spezifiziert werden, wie z. B. die durchschnittliche Anzahl von Aufrufen eines Zustands im CBMG oder auch die durchschnittliche Länge einer Nutzersitzung (siehe [Dimitrov 2002]).

4.5.4 Die Qualität der Spezifikation selbst

Schließlich wollen wir die Qualität unserer Systemsmodelle selbst betrachten. Die grundlegende Aufgabe der Spezifikation ist die vollständige „Umsetzung" der funktionalen Anforderungen sowie die modellseitige Berücksichtigung grundlegender qualitativer Anforderungen. Das System muss also den Vorstellungen und Wünschen des Auftraggebers entsprechen. Wir haben das bereits als ***Validation der Systemmodellierung*** bezeichnet. In diesem Zusammenhang sind folgende Prüfungen für unser Systemmodell vorzunehmen:

- Die definierten Systembegriffe müssen *sachgerecht* sein, d. h. sie müssen der dem jeweiligen System zugrunde liegenden Begriffswelt (als Fachthesaurus oder Webontologie) entsprechen.
- Die Systemelemente müssen *konsistent* sein, d. h. sie dürfen keine unzulässigen Redundanzen enthalten und sich trotz verschiedener Darstellungsmittel nicht widersprechen.
- Die Modelle selbst müssen *notationell korrekt* sein, d. h. sie müssen den Standards entsprechen, um eine eindeutige Interpretation und Weiterverwendung in einem möglichen arbeitsteiligen Kontext zu sichern.
- Die Modelle müssen *verschiedene Sichten* zulassen, die es ermöglichen, unterschiedliche Rollen bei der Systementwicklung und -nutzung (Entwickler, Nutzer, Administrator, Wartungsingenieur usw.) zu bedienen.

Auf dieser Grundlage können wir dann unser ***Ergebnis der Websystem-Spezifkation*** konstatieren, welche im Wesentlichen die folgenden Komponenten beinhaltet:

- Das *Testkonzept*: als Dokumentation der anzuwendenden Funktionstests mit der Vorgabe der Funktionstestdaten
- Das *Abnahme- bzw. Erprobungskonzept*: als Sammlung von Anforderungen, die in der Phase der Systemerprobung erfüllt werden müssen; dazu zählen beispielsweise auch die oben beschriebenen Experimente
- Einen ersten Entwurf der *Anwendungsdokumentation*: Der Umfang dieses Manuals hängt von der Systemart ab. Bei Dokumentensystemen beispielsweise kann von einer allgemein bekannten Nutzungsform ausgegangen werden. Die Anwendungsdokumentation wird erst in der Entwurfsphase vollständig ausformuliert.

- Das *Einsatzkonzept* für die Anwendung: Hierbei werden die einzelnen Anforderungen für die Einführung des Websystems festgelegt, wie notwendige Schulungen, zu erfüllende Plattformvoraussetzungen und anderes mehr.

Auf geeignete Formen und Methoden der Spezifikationsdokumente gehen wir im Zusammenhang mit einer Tool-gestützten Entwicklung noch einmal näher ein.

Übungsaufgaben

1. Geben Sie für die drei Grundformen von Webdokumenten Beispiele an, die jeweils auch unterschiedliche Webdokumentformen darstellen.
2. Erläutern Sie den Unterschied zwischen einer Linearstruktur mit Alternativen und einer Grid-Struktur bei Webdokumenten-Systemen.
3. Beschreiben Sie Beispiele von Webdokumenten-Strukturen unterschiedlicher Ausdruckskraft hinsichtlich ihrer potenziellen Navigationseigenschaften.
4. Erweitern Sie das Navigationsdiagramm in Abbildung 4.12 um einen Hyperspace für einen externen Bestellservice.
5. Erläutern Sie die Vor- und Nachteile von hierarchischen Verweisstrukturen und Frames bei einer Homepage-Gestaltung.
6. Formulieren Sie für die Firmen-Webstruktur in Abbildung 4.14 weitere Ontologie-basierte Suchbegriffe.
7. Geben Sie für das DOM-Beispiel in Abbildung 4.15 eine Methodenbeschreibung an, die das Dokument TEXT 1 ergibt.
8. Erweitern Sie das Beispiel einer formularbezogenen Interaktionsform in Abbildung 4.19 um die Möglichkeit einer Stammkundenidentifizierung.
9. Geben Sie eine einfache SQL-Anfrageform für die Auflistung aller Produktbezeichnungen zu unserem Firmenbeispiel an.
10. Erweitern Sie das Aktivitätsdiagramm in Abbildung 4.25 um die Möglichkeit der Anzeige von Produktanwendungen beim Kunden.
11. Erläutern Sie die drei grundlegenden Probleme beim RPC an einem selbst gewählten Beispiel.
12. Charakterisieren Sie mögliche Beispiele für eine 4-Tier-Architektur.
13. Beschreiben Sie das Zwei-Phasen-Commit-Protokoll in einem Zustandsdiagramm.
14. Geben Sie für die Webservices WS1 und WS3 die noch fehlenden Sequenzdiagrammformen in einem selbst gewählten Kontext an.
15. Erweitern Sie die Webservice-Darstellungen der vorhergehenden Aufgabe um mögliche TrustBuildings-Operationen.
16. Erläutern Sie den Bully-Algorithmus an einer selbst gewählten Systemfunktions- und -ausfallsituation.

➔

→

17. Modifizieren Sie das in Abbildung 4.48 angegebene BDI-Modell durch die Erfassung und Berücksichtigung der Plattforminformationen der Umgebung.
18. Charakterisieren Sie für das MAS-Modell in Abbildung 4.51 eine Systemfunktionalität zu unserem kleinen Firmen-Webpräsenzbeispiel.
19. Überführen Sie den Funktionsbaum der Web-Cam-Steuerung in Abbildung 4.52 in ein Aktivitätsdiagramm.
20. Modifizieren Sie den Entscheidungsbaum in Abbildung 4.54 zur Webservice-Auswahl hinsichtlich einer zeit- bzw. termingebundenen Bewertung.
21. Beschreiben Sie mögliche Grundfunktionen eines *Analyseagenten* und eines *Kontrollagenten* im Anlagenüberwachungsbeispiel in Abbildung 4.55.
22. Erläutern Sie drei allgemeine Ansatzpunkte für die Web-Security.
23. Was ist der „Knackpunkt“ beim RSA-Verschlüsselungsverfahren und welche Merkmale charakterisieren es als asymmetrisch?
24. Was ist bei der Auswahl von Metriken für die Web-Usability-Bewertung zu beachten? Geben Sie für die Dokumentenbewertung ein Metrikenbeispiel an.
25. Definieren Sie ein weiteres Experiment zur Ermittlung einer Web-Usability-Eigenschaft zu unserem Firmen-Webpräsenzbeispiel.
26. Erläutern Sie mögliche Methoden oder Verfahren für eine aktive Web-Usability.
27. Führen Sie für den Webdienst-Durchsatz, die durchschnittliche Ankunftsrate der Webdienst-Anforderungen und die Webdienst-Durchsatzintensität Beispielrechnungen durch.
28. Ergänzen Sie unser Firmenbeispiel um ein weiteres Sequenzdiagramm und ein Zustandsdiagramm zu den Web-Performance-Eigenschaften.
29. Geben Sie Hilfsmittel für den Qualitätstest zu unserer Spezifikation selbst an und erläutern Sie deren Anwendungsmöglichkeiten.
30. Beschreiben Sie in kurzer Form mögliche inhaltliche Ausprägungen der Spezifikation zu unserem Firmenbeispiel.

Kapitel

5 Entwurf von Websystemen

5.1 Allgemeine Entwurfsgrundlagen

Der Entwurf eines Websystems folgt unmittelbar nach der Spezifikation und dient im Wesentlichen der Berücksichtigung der speziellen plattformbezogenen Anforderungen. Die grundlegenden Merkmale unseres *Websystem-Entwurfs* bzw. *Webdesigns* fassen wir in der folgenden Definition zusammen:

> *Der **Websystem-Entwurf** bzw. das **Webdesign** ist die Umsetzung der in der Websystem-Spezifikation erstellten Modelle in eine die hard- und softwarebezogenen Anforderungen berücksichtigende Form von Diagrammen, Schemata und Pseudocodes, die gleichzeitig die hierbei umsetzbaren qualitativen Anforderungen mit einschließen und unmittelbar als Implementationsvorgabe verwendet werden können.*

Im Kontext unserer phasenbezogenen Systementwicklung ergibt sich also die in Abbildung 5.1 gezeigte Einordnung für den Entwurf.

Die grundlegende Aufgabe beim Entwurf stellt die ***Konstruktion einer Systemarchitektur*** aus dem Systemmodell der Spezifikation dar, die die Anforderungen hinsichtlich der auszuwählenden konkreten Technologien und vorhandenen Systemkomponenten berücksichtigt. Während das Modell bzw. die unterschiedlichen Modellkomponenten die Funktionalität korrekt definieren, geht es bei der Architektur unseres Websystems darum, welche physischen Komponenten einmal diese Funktionalität ausführen sollen und durch welche programmtechnischen Konstruktionsformen dies gewährleistet werden soll.

Für die allgemeine Gestaltungsform unserer Modelle, Architekturen und schließlich Programme verwendet man den Begriff des Paradigmas, den wir wie folgt webbezogen definieren:

> *Ein **Web-Entwicklungsparadigma** ist die durch formale oder informale Methoden bei der Webspezifikation, durch die Form der architektonischen Websystemkonstruktion und durch eine Programmiersprachform bei der Websystem-Realisierung geprägte Art und Weise der Systemdarstellung und -implementation.*

Beispiele für Entwicklungsparadigmen allgemein sind die formalen Spezifikationsmethodologien (FSM) oder das wissensbasierte Software Engineering (WSE). Im Rahmen unserer Web-Engineering-Darstellung beschränken wir uns allerdings auf die technologiebezogenen und gegenwärtig dominierenden Paradigmen in diesem Umfeld, wie die objektorientierte (als *Object-Oriented Software Engineering (OOSE)*), die komponentenbasierte (als *Component-Based Software Engineering (CBSE)*) und die agentenbasierte Entwicklungsform (als *Agent-Oriented Software Engineering (AOSE)*).

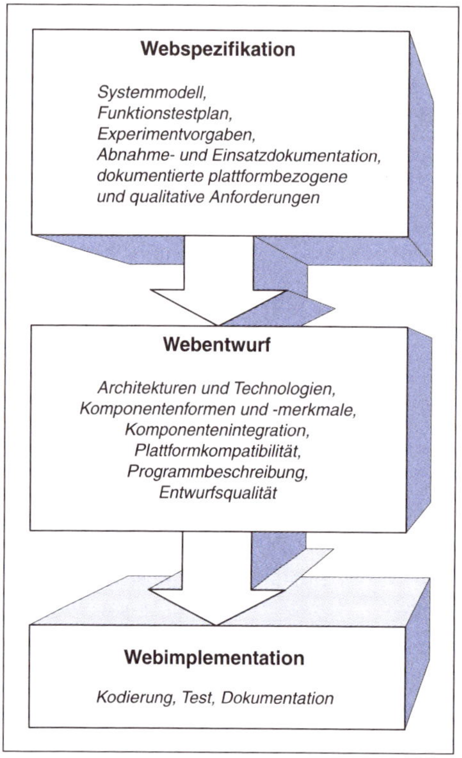

Abbildung 5.1: Einordnung des Websystementwurfs im Entwicklungsverlauf

Im Folgenden wollen wir uns den möglichen Architekturformen für unser Websystem zuwenden und die technologischen Ausprägungen für die verschiedenen Web-Anwendungen betrachten.

5.2 Websystem-Architekturgrundlagen

5.2.1 Web-Architekturmodelle

Im vorhergehenden Kapitel haben wir gesehen, wie unterschiedlich die jeweiligen Systemarten und die dafür geeigneten Modelle sind. In der gleichen Weise gibt es daher auch unterschiedliche Architekturformen. Wir wollen die Betrachtung der Architekturmodelle zunächst als Überblick vornehmen und dabei geeignete Beispiele für die jeweiligen Systemarten erläutern.

Die grundlegenden Merkmale einer Systemarchitektur definieren wir zunächst erst einmal allgemein (siehe [Bass 1998], [Dumke 2001] oder auch [Sodhi 1999]):

Die ***Architektur*** *bei der Websystem-Entwicklung ist die software- und ggf. hardwarebezogene Struktur eines zu entwickelnden Websystems, welche die Komponenten dieser Struktur, deren extern sichtbare Schnittstelle(n) und die Beziehungen zwischen den Komponenten umfasst.*

Architekturen können zunächst in so genannten ***Schichtenmodellen*** dargestellt werden. Wir erinnern uns beispielsweise an die allgemeine Struktur einer Web-Suchmaschine aus dem ersten Kapitel, die wir hier noch einmal angeben wollen.

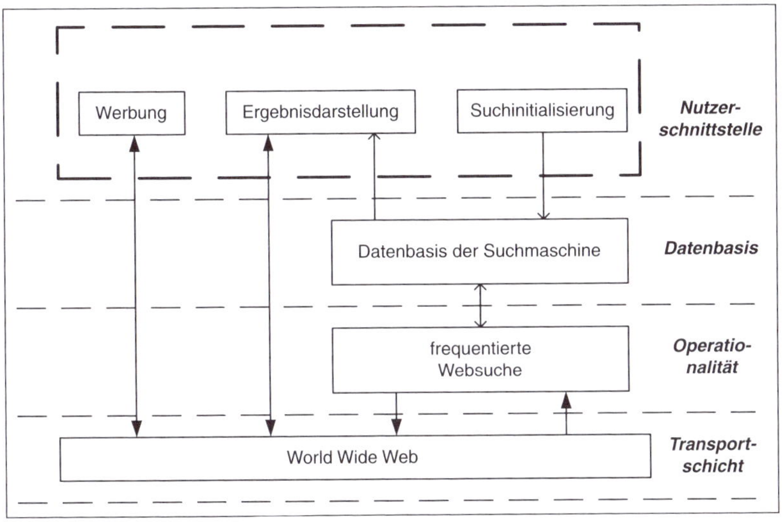

Abbildung 5.2: Schichtenarchitektur einer Suchmaschine

Die Schichten bzw. die darin befindlichen Kästchen fassen *Funktionsbereiche* eines Systems unter technologischen Aspekten zusammen. Dabei werden zum einen allgemeine technologische Strukturen visualisiert, wie zum Beispiel die oben bereits angegebenen Abbildungen zur Netzarchitektur als Basis der Webtechnologie selbst oder zur so genannten n-Tier-Architektur von Web-Applikationen. Anderseits dienen derartige Diagrammformen auch zu firmenspezifischen Technologie-Charakterisierungen. Im Folgenden wollen wir dazu zwei Beispiele angeben, die uns die .Net-Architekturelemente von Microsoft und zum anderen die so genannte Sun-ONE-Plattform der Firma Sun vorstellen (siehe beispielsweise [Beer 2003], [Meyer2001] und [Sun 2002]). Das ONE bei der Sun-Plattform steht dabei für *Open Net Environment*.

Auf die jeweils angegebenen Abkürzungen gehen wir zunächst nicht weiter ein. In den gezeigten Architekturen implizieren die jeweiligen Komponenten neben einer reinen technologischen Charakterisierung, wie zum Beispiel die *Operationsplattform*, auch methodische Aspekte, wie beispielsweise das *Komponentenmodell*.

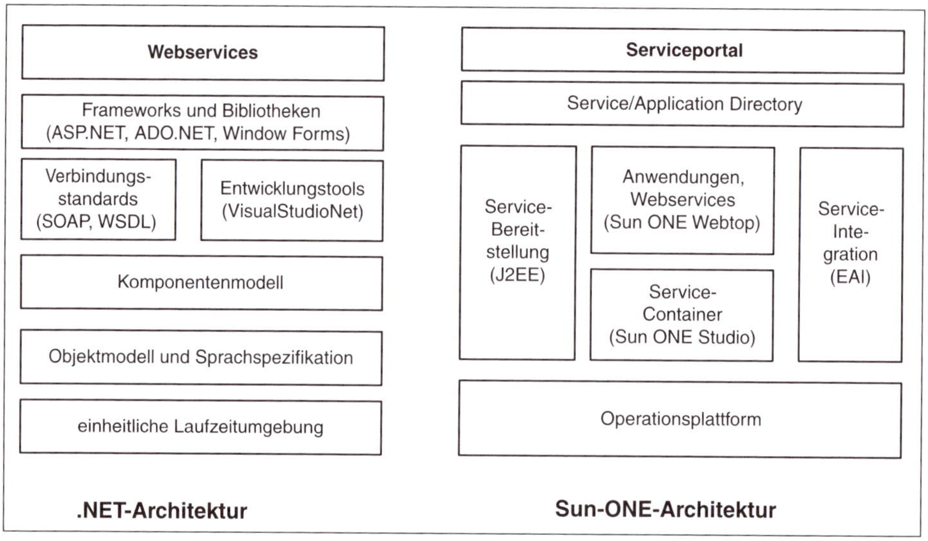

Abbildung 5.3: Schichtenarchitekturen des .NET und der Sun ONE

Um eine Architektur in *Funktionsbausteine* zu unterteilen, kann man das so genannte ***Komponentendiagramm*** der UML verwenden. Die notationellen Grundelemente zeigt uns die folgende Abbildung:

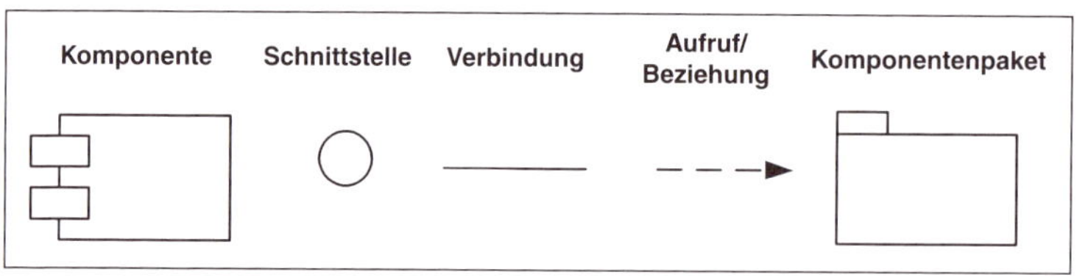

Abbildung 5.4: Grundsymbole eines Komponentendiagramms

Auf dieser Grundlage wollen wir nun eine erste Architekturdarstellung zu unserem Firmenbeispiel angeben, die eine Komponentenaufteilung für unsere Kundenwertung vornimmt.

Wir haben hierbei zwei Komponentenpaare zu Paketen verbunden, wobei das eine Paket zur Kundenwertung die eigentliche Auswahlfunktionalität *KWertung* und eine Schnittstelle als *Formular* enthält. Das zweite Paket fasst die Erfassungsalgorithmen für das Ranking, *RankInput*, und für eine Bewertung in Textform, *BewInput*, zusammen. Die Komponente für die Zusammenstellung eines Ranking-Berichts, *RankReport*, ist separat dargestellt. Die Form und die Technik einer derartigen Paketbildung werden schließlich durch die gewählte Programmiersprache bestimmt.

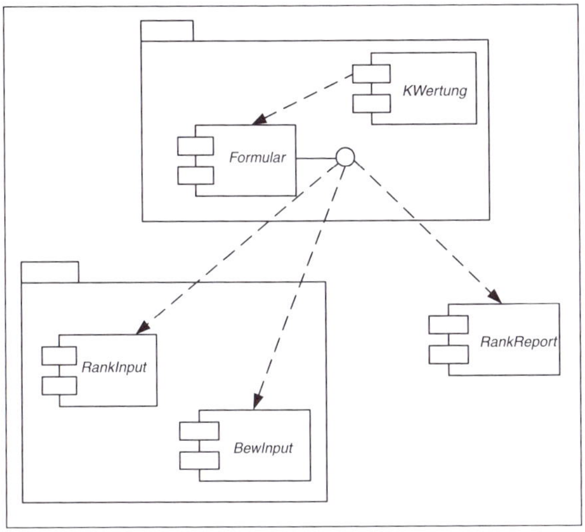

Abbildung 5.5: Komponentendiagramm zur Kundenwertung

Eine vereinfachte Komponentenarchitektur für einen Webbrowser zeigt die folgende Abbildung, die ausschließlich Pakete definiert und hier nicht weiter erläutert werden soll:

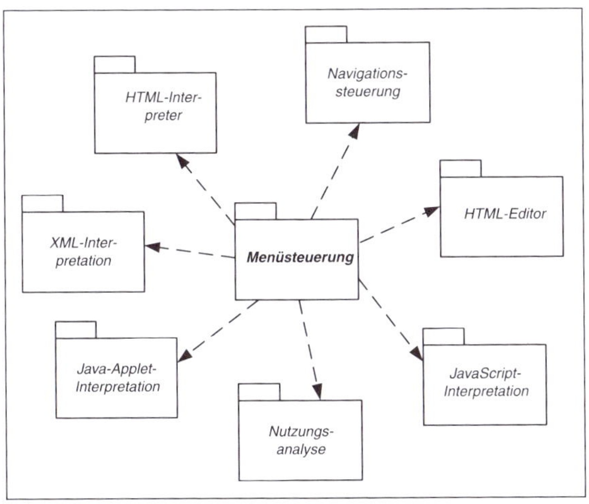

Abbildung 5.6: Software-Paketarchitektur eines Webbrowsers

Um bei einer Architektur auch eine Verteilung auf verschiedene Hardwareplattformen, wie zum Beispiel Netzknoten, zu entwerfen, verwendet man das so genannte ***Verteilungsdiagramm***, welches ebenfalls zur UML gehört. Bei diesem Diagramm gelten die Symbole des Komponentendiagramms ebenso. Allerdings wird eine plattformbasierte Zusammenfassung durch einen perspektivischen Kubus symbolisiert. Das folgende Beispiel zeigt in anschaulicher Weise seine Anwendung:

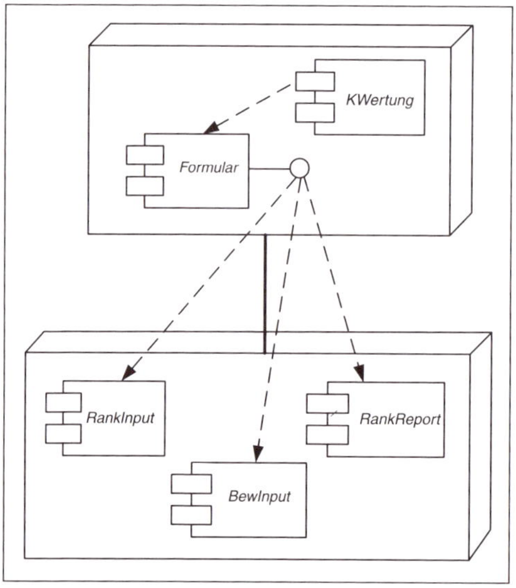

Abbildung 5.7: Verteilungsdiagramm zum Kundenwertungsbeispiel

Wir haben damit festgelegt, dass sich die Nutzeroberfläche unserer Systemkomponente gewissermaßen physisch auf einem anderen „Webknoten“ befindet als die Erfassungs- und Report-Programmkomponenten, was sich ggf. in einer speziellen Serverarchitektur äußern kann.

Nach diesen notationellen Formen der Architekturbeschreibung wollen wir uns nun den verschiedenen Ebenen bzw. Grundkomponenten im Detail zuwenden.

5.2.2 Webbrowser und Webserver

Die vorherrschenden Webanwendungen sind immer noch die Dokumenten-Applikationen nach dem Client/Server-Prinzip. Dabei stellt der Client den Webbrowser dar, bei dem als technologische Grundlage der ***Netscape Navigator*** der Firma Netscape und der ***Internet Explorer*** von Microsoft dominieren. Die Abbildung 5.8 zeigt eine allgemeine Webbrowser-Architektur (siehe [Badach 1999] oder [Häckelmann 2000]).

Die hierbei verwendeten Technologien sind folgende (siehe [Chan 2000], [Deitel 2002], [Fielding 1996], [Harold 1998] und [Seeboerger 2002]):

- ***HTML:*** Die *Hypertext Markup Language* ist die eigentliche Darstellungssprache der Webseiten. Der Browser muss diese Sprache in der jeweiligen aktuellen Version interpretieren.
- ***XML:*** Die *Extensible Markup Language* stellt eine Metasprache zur Erzeugung neuer Markup-Languages dar und ermöglicht die flexible Erweiterung der HTML durch den Anwender. Für eine vordefinierte Funktionalität – insbesondere zur Transformation in verschiedene Textverarbeitungssprachen – besitzt der Browser die erforderlichen Interpretationskommandos.

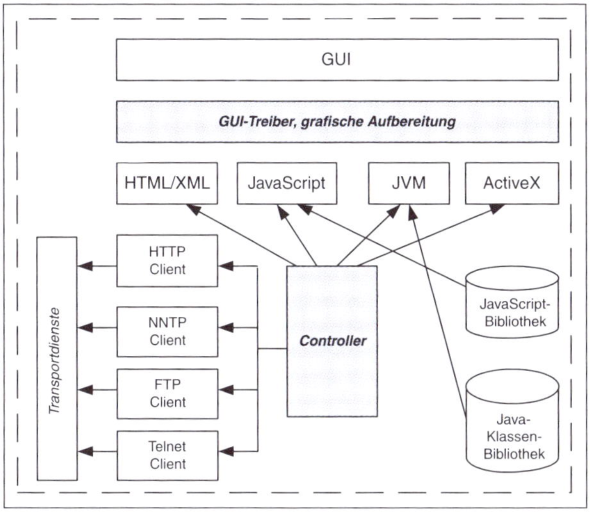

Abbildung 5.8: Prinzipieller Webbrowser-Aufbau

- ***JavaScript:*** Eine Teilmenge der Java-Sprache ermöglicht die Realisierung operationaler Komponenten bei der Ansicht der Webseite, die von Bildfolgen bzw. hin zu einfachen Interaktionen mit dem Server reichen.
- ***JVM:*** Die *Java Virtual Machine* ist die Laufzeitumgebung für die Programmiersprache Java und ermöglicht insbesondere die Realisierung relativ abgeschlossener Komponenten – den so genannten Java-Applets.
- ***ActiveX:*** Als operationales Verfahren zur Interaktion handelt es sich hierbei um eine Microsoft-Technologie zur flexiblen Kommunikation.
- ***HTTP:*** Das *Hypertext Transfer Protocol* ist schließlich die Grundlage für die Webseitenverbindung innerhalb der WWW überhaupt.
- ***NNTP:*** Das *Network News Transfer Protocol* dient der Verbindung zu den bereits schon klassischen *UseNet Newsgroups*, die Foren zu den unterschiedlichsten Themen und Fachgebieten darstellen.
- ***FTP:*** Das *File Transfer Protocol* unterstützt alle Formen einer Versendung bzw. eines Empfanges von Dateien von bzw. zu anderen Netzknoten mit unterschiedlichsten Sicherheitsaspekten.
- ***Telnet:*** Dieser Internetdienst (als *Terminal Network*) ermöglicht die Fernnutzung eines Rechners auf der Grundlage einer Sitzungssteuerung, die beispielsweise die Autorisierung als *Login* einschließt.

Die Schicht der speziellen Treiber (als rechnerbezogene Anpassungsprogramme) und der Komponenten für die so genannte grafische Aufbereitung ist abhängig von der Browserversion auf spezielle (aktuelle) Techniken zugeschnitten. Fehlen für eine Technik die jeweiligen Komponenten, so bietet das Serverprogramm zumeist ein „Ad-hoc-Nachladen“ an. Derartige Komponenten werden auch als ***Plug-ins*** bezeichnet. Eine ähnliche Methodik liegt den so genannten *Helper-Komponenten* zugrunde. Auch hier ist die Help-Funktion als *spezielle Online-Dokumentation* im Browser vorhanden oder kann ggf. autorisierungsbedingt nachgeladen werden.

Wir weisen an dieser Stelle darauf hin, dass wir auf die konkreten Technologien im nächsten Kapitel näher eingehen und dann auch ausgewählte Implementationsbeispiele angeben werden.

An dieser Stelle befinden wir uns jedoch in der Phase des Websystementwurfs und haben beispielsweise folgende ***Designentscheidungen*** zu treffen:

- Zum ***Paradigma***: Dabei berücksichtigen wir die bereits bei der Spezifikation unseres Websystems angewandte Darstellungsform.
- Zur ***Kompatibilität*** zum vorgegebenen Webdienst: Hierbei sind die technologischen Anforderungen des Servers, der uns die jeweiligen Dienste bereitstellt, zu beachten. Allgemein geht es um die Protokoll-, die Betriebssystem- und die Webtechnologieart.
- Zur ***Produktlinie***: Schließlich ist die Auswahl der jeweiligen Komponenten im webtechnologischen Umfeld auch firmenbezogen, d. h. ich lege mich bezüglich einer möglichen oder auch nicht vorhandenen Verträglichkeit meiner Websystem-Komponenten über einen gewissen Zeitraum fest.

Die Grundlage für unsere Webdienste ist bekanntlich der ***Webserver***. Die folgende Abbildung zeigt uns die unterschiedlichen Ausprägungen eines Microsoft- und eines Unix-Webservers (siehe [Eilebrecht 1998], [Häckelmann 2000] oder [Kroenke 2002]):

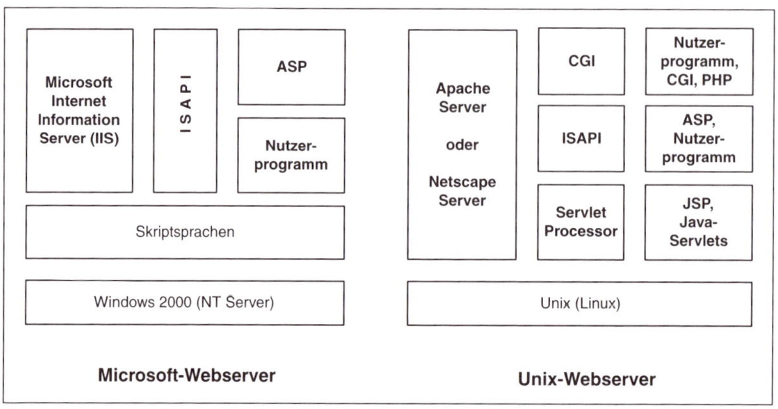

Abbildung 5.9: Architektur eines Microsoft- und eines Unix-Webservers

Hierbei bilden folgende Technologien die Servergrundlage (siehe [Deitel 2002a], [Meyer 2001], [Nakhimovsky 2000], [Rockwell 2001], [Roßbach 2000] oder [Wenz 1999]):

- ***ASP:*** Die *Active Server Pages* sind eine Technik von Microsoft und beinhalten die Funktionalität des Webservers. Eine Ergänzung der Serverdienste kann bzw. wird durch das Nutzerprogramm vorgenommen.
- ***CGI:*** Steht für *Common Gateway Interface* und stellt eine heute schon klassische Form einer Technologie zur Implementation der Interoperabilität zwischen Server und Clients dar.

- ***PHP:*** Steht für *PHP: Hypertext Preprocessor* und ist eine modernere sprachbasierte Ausführung der CGI-Technologie. Sie berücksichtigt die einfache Integration aktueller Technologien für eine Datenbasisanwendung (z. B. mittels *MySQL*) oder auch zur einheitlichen Verwaltung einer Webseitenmenge (z. B. als *Content Management*).
- ***JSP:*** Die *Java Server Pages* haben eine zu den ASPs analoge Bedeutung und fassen die so genannten Java-Servlets zusammen. *Servlets* sind ähnlich den Applets kleine abgeschlossene Java-Programme, die eine serverseitige Funktionalität realisieren. Die JSPs helfen nun, aufgabenspezifisch die ad hoc benötigten Servlets zur Verfügung zu stellen.

Auch hier wollen wir anmerken, dass wir auf den Inhalt und die Anwendungsmöglichkeiten der genannten Technologien im nächsten Kapitel noch beispielhaft eingehen.

In der obigen Abbildung steht *ISAPI* für das *Internet Server Application Program Interface*, welches für die Verarbeitung von HTTP-Nachrichten notwendig ist. Insbesondere bei einem Unix-basierten Webserver ist zumeist der so genannte *Apache-Server* gemeint. Dieser Server führt so genannte ***Log-Files***, die zum einen alle Zugriffsinformationen beinhalten und zum anderen Fehlabläufe dokumentieren (siehe [Eilebrecht 1998] und [Zuidweg 2002]). Daraus lassen sich einfache Statistiken für die Nutzungs- oder auch Fehlersituation unserer Webdienste generieren. Das folgende Bild zeigt eine spezielle Fehlerstatistik bezogen auf das Laden von Webseiten an einem Tag in einem universitären Umfeld.

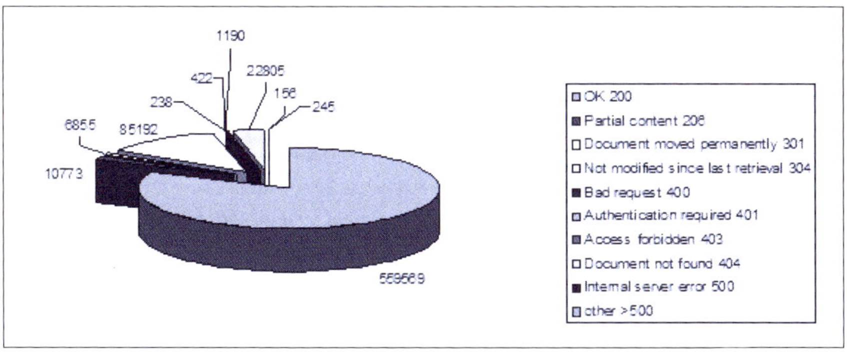

Abbildung 5.10: Fehlerstatistik zum Zugriff auf Webseiten vom Apache-Server

Speziell gibt es bei Servern und somit auch bei Webservern bestimmte Verfahren für deren effizienten Einsatz. So gewährleisten so genannte ***Parallelitätsformen*** zwischen Client und Server eine höhere Performance, wenn zum Beispiel der Client seine Aufträge nacheinander an verschiedene Server schickt, oder eine Parallelität innerhalb des Servers, wenn zum Beispiel ein Klonen, eine Sequenzierung oder die Ausnutzung von Serverpausen zur Anwendung kommt.

Eine weitere Effizienzverbesserung bei Webservern wird durch ein ***hierarchisches Cache-Verfahren*** erreicht. Das bedeutet, dass Webserver untereinander ihre Zwischenspeicherung für Webdokumente koordinieren und/oder kombinieren. Abbildung 5.11 verdeutlicht diese Technologie in einer bildlichen Form (siehe [Burns 2001], [Elkner 1999] oder [Menasce 2002a]).

Eine *Proxycache-Hierarchie* ermöglicht die Suche nach Webseiten bzw. Webobjekten generell in einer vordefinierten (hierarchischen) Reihenfolge. Diese Technologie erweist sich insbesondere dann als effizient, wenn einerseits territorial zusammenhängende Webknoten, wie zum Beispiel die eines Landes oder Kontinents, die Cache-bezogene Speicherung realisieren und damit eine schnelle Dokumentbereitstellung ermöglichen und andererseits auch ein häufiger Fernzugriff notwendig ist, der die Caches überhaupt erst sinnvoll werden lässt.

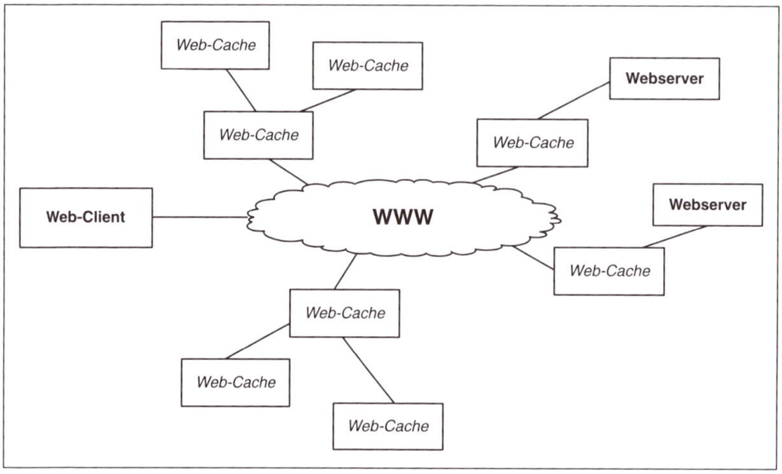

Abbildung 5.11: Cache-Hierarchien im Web

Die bereits bei der Erläuterung zum Webbrowser angegebenen Designentscheidungen gelten auch für die Webserver. Das heißt, mit der Auswahl des Webservers und den damit verbundenen Technologien treffen wir wichtige ***Serverdesign-Entscheidungen*** hinsichtlich der Paradigmenwahl, dem Niveau der Kompatibilität unserer Websystembasis sowie möglicher Restriktionen hinsichtlich festgelegter Produktlinien in diesem Umfeld.

5.2.3 Webapplikationen

Bei der Behandlung der Websystem-Spezifikation haben wir bereits Applikationsstrukturen als so genannte n-Tier-Strukturen definiert. Zunächst wollen wir einige Client/Server-Anwendungsformen nach einer Darstellung von [Niemann 1995] angeben, bei der eine spezielle, schichtenbezogene Systemarchitektur angenommen wurde.

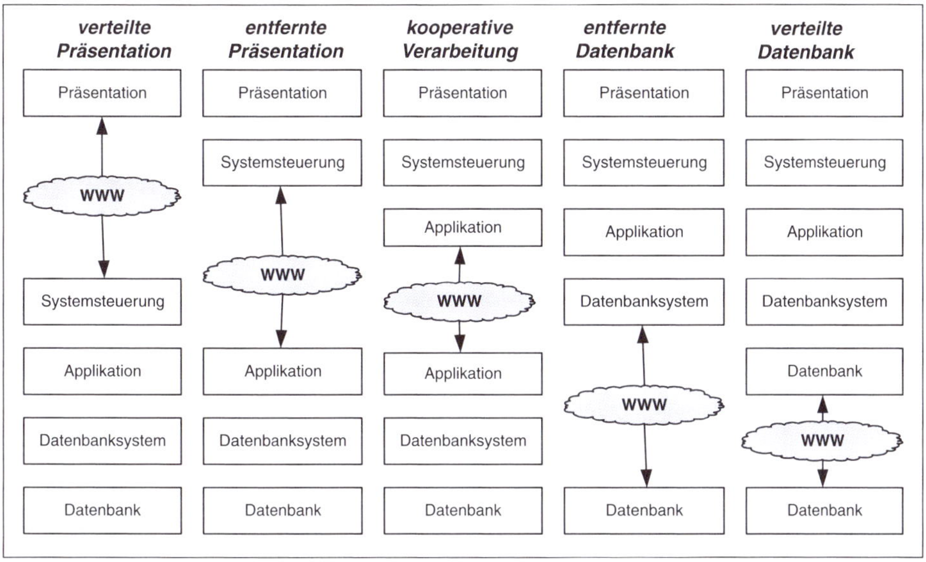

Abbildung 5.12: Varianten einer n-Tier-Architektur

Für unseren Websystementwurf sind allerdings ebenfalls die konkreten Technologien von Bedeutung. Wir wollen im Folgenden datenbasenbezogene Applikationsarchitekturen betrachten. Im ersten Beispiel verwenden wir zwei Serverarten: den *Webserver* und den *Datenbank-Server* bzw. *DB-Server* (siehe [Bertino 2002], [Ceri 2002] oder [Kroenke 2002]).

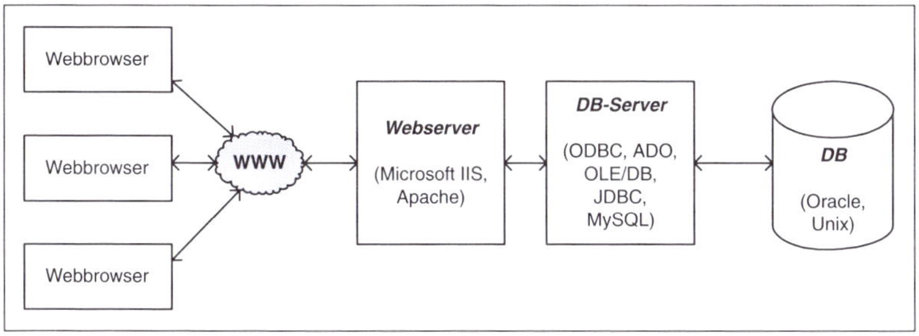

Abbildung 5.13: Technologiebeispiele in einer 3-Tier-Systemarchitektur

Hinsichtlich der Datenbankanbindung sind hierbei folgende Technologien genannt (siehe [Reese 1997] oder [Yarger 2000]):

- ***ODBC:*** Die *Open Database Connectivity* ist eine Technologie, bei der es möglich ist, unabhängig von einem speziellen Datenbankbetriebssystem mittels der SQL auf die Datenbank zuzugreifen.
- ***ADO:*** Bei den *Active Data Objects* handelt es sich um eine Technologie, die vor allem unterschiedliche Techniken, wie Scriptsprachen oder dynamische Webseitenerstellungen, in einem einheitlichen Kontext zur Verbindung mit Datenbasen zusammenfasst.

- ***OLE/DB:*** Diese klassische Microsoft-Technologie einer *Object Linking and Embedding DB* ermöglicht vor allem, bereits vorhandene OLE-Anwendungen auch für den Datenbankanschluss im Web zu verwenden.
- ***JDBC:*** Die *Java Database Connectivity* ist die klassische Form einer Java-basierten Datenbankanbindung.
- ***MySQL:*** Diese Technologie beruht auf einem einfachen Subset von Anweisungen zur Definition eigener Datenbasen und deren SQL-basierten Auswertungsmöglichkeit.

Auch hierbei gilt, dass wir ausgewählte Technologien wiederum im nächsten Kapitel näher beschreiben und anhand einfacher Beispiele erläutern werden.

Weitere Applikationsarchitekturen ergeben sich vor allem auch dadurch, dass die XML in verschiedenster Form als „Bindeglied" eingesetzt wird bzw. dass XML-basierte Sprachen für den Bezug zu weiteren Systemkomponenten soft- oder hardwareseitig eingesetzt werden. Auf der Grundlage von XML definierte Sprachen sind beispielsweise die folgenden (siehe [Bradley 1998], [Brosins 2000], [Goetz 2000], [Holzner 2002], [Rockwell 2001] oder [Thuraisingham 2002]):

- ***BSML:*** Die *Bioinformatic Sequence Markup Language* dient der Schaffung einer einheitlichen Datenbeschreibung für den Austausch von Informationen in komplexen Informationssystemen zur Bioinformatik.
- ***DAML:*** Die *DARPA Agent Markup Language* repräsentiert einen Standard für eine Interoperabilität auf der Grundlage von Softwareagenten.
- ***ebXML:*** Der *Electronic Business XML-Standard* stellt ein System von Hilfsmitteln zur Unterstützung von E-Business-Applikationen, angefangen bei den Business-Prozessen über die Architekturgrundlagen und die Koordinationsunterstützung bis hin zu Webservices, dar.
- ***MathML:*** Die *Mathematical Markup Language* dient vor allem der korrekten Darstellung mathematischer Symbole in einem Webdokument.
- ***MUML:*** Die *Measurement Unit Markup Language* definiert ein einheitliches Datenformat für den Austausch von Messdaten überhaupt.
- ***OMF:*** Das *Weather Observation Markup Format* dient der Vereinheitlichung im Datenaustausch zwischen den weltweit vernetzten Wetterstationen.
- ***PDML:*** Die *Product Data Markup Language* dient der Vereinheitlichung des Produktdatenaustauschs zwischen verschiedenen Informations- und Dienstleistungssystemen im Web.
- ***SAML:*** Die *Security Assertion Markup Language* stellt eine einheitliche Beschreibungsform für die Sicherheitsbedingungen in Websystem-Architekturen dar.
- ***SDML:*** Die *Signed Document Markup Language* entstand im Rahmen einer W3C-Initiative zur digitalen Signatur und unterstützt die operationalen Dokumentenkomponenten für diese Sicherheitstechnologie.
- ***SMIL:*** Die *Synchronized Multimedia Integration Language* dient der Implementation von Webpräsentationen mit unterschiedlichen interaktiven Elementen.
- ***SyncML:*** Die *Synchronization Markup Language* dient der Abstimmung der Datenformate unterschiedlicher Netzwerkgeräte.

- ***WIDL:*** Die *Web Interface Definition Language* definiert ein allgemeines Schema auf der Basis des *Document Object Model* für HTML-Dokumente, so dass zwischen den Servern Interaktionen implementiert werden können.
- ***WML:*** Die *Wireless Markup Language* gewährleistet im Zusammenhang mit dem *Wireless Application Protocol (WAP)* die Darstellungsmöglichkeiten von Webdokumenten auf kleinen Geräten, wie Handys, PDAs und anderen mehr.
- ***WSDL:*** Die *Web Services Description Language* unterstützt die Implementation von Webdiensten in einem kommerziellen Umfeld.

Die Liste ließe sich beliebig fortsetzen, da die XML-basierten Standards bereits in die Hunderte gehen und die verschiedensten Anwendungsbereiche und Webtechnologien einbezogen haben. Eine allgemeine Applikationsarchitektur auf dieser Grundlage kann wie folgt lauten (siehe [Chang 2000], [Kroenke 2002] oder [Noll 2001]):

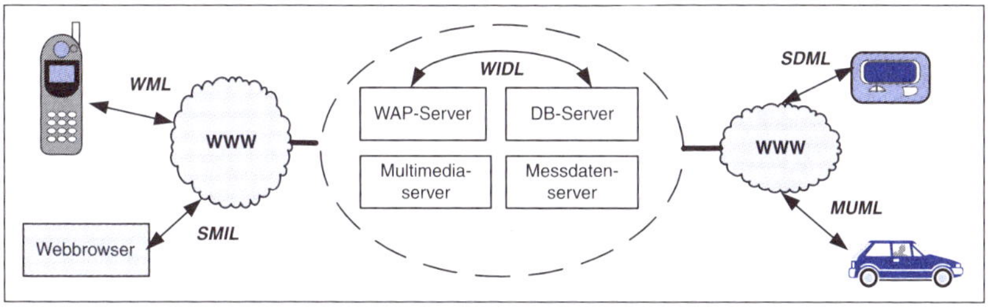

Abbildung 5.14: Serverarchitektur mit XML-basierten Sprachen

In industriellen Anwendungen haben wir unterschiedliche Komponenten zwischen den Webservern und den jeweiligen Datenbankservern. Die folgende Abbildung zeigt einige Beispiele dafür (siehe [Bertino 2002], [Dart 2000], [Powell 1998]):

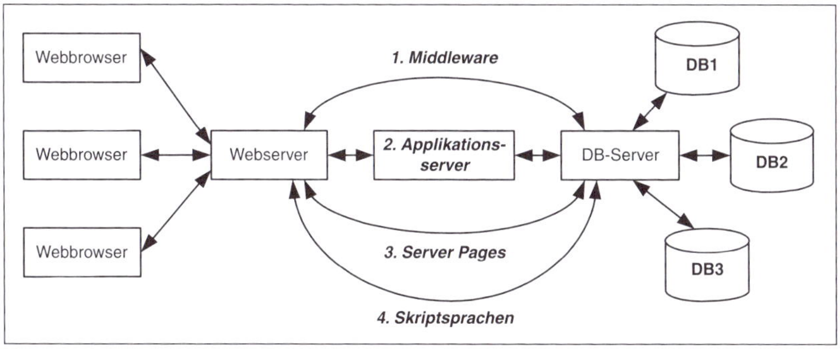

Abbildung 5.15: Business-DB-Webarchitektur-Beispiele

Als so genannte ***Middleware-Technologien*** werden dabei zumeist objektorientierte Verfahren angewandt, wie beispielsweise die folgenden (siehe [Beer 2003], [Coulouris 2002], [Horn 2002], [Lang 2002], [Lea 2003] oder [Pope 1998]):

- ***CORBA:*** Die *Common Object Request Broker Architecture* zählt zu den klassischen Formen der Middleware-Technologien und findet bereits in unterschiedlichen Netzwerken eine weite Verbreitung. CORBA stellt Hilfsmittel zur Verfügung, das Namens- und das Typproblem (mittels der Interface Definition Language (IDL)) zu lösen und impliziert zweckmäßige Techniken des Marshalling und Unmarshalling unserer Nachrichten bei der Kommunikation zwischen Servern oder auch Servern und Clients.
- ***COM:*** Das *Component Object Model* bzw. das *Distributed COM (DCOM)* ist die Middleware-Technologie von Microsoft; sie impliziert solche Technologiekomponenten wie die OLE und das ActiveX.
- ***RMI:*** Die *Remote-Method-Invocation*-Technologie stellt die RPC-Anwendung für die Programmiersprache Java dar. Das so genannte RMI-Paket von Java beinhaltet die Klassen und damit auch die Methoden für die Umsetzung der objektbasierten Kommunikationsformen.

Die Grundidee eines ***Applikationsservers*** besteht in der Zusammenfassung relativ komplexer Aufgaben im Bereich der Geschäftsprozessorganisation und -koordinierung. Technologien in diesem Zusammenhang sind beispielsweise die folgenden (siehe [Adatia 2001], [Schmietendorf 2002], [Sun 2002] und [Turau 2001]):

- ***J2EE:*** Die *Java 2 Enterprise Edition* definiert einen allgemeinen Standard für die Implementation unternehmensweiter Anwendungen. Sie berücksichtigt konsequent die Komponententechnologie und bezieht zum Beispiel die JSPs, die JDBC und die unten noch einmal separat aufgelisteten EJBs mit ein.
- ***Sun ONE:*** Das bereits oben schon einmal kurz erwähnte *Sun Open Network Environment* impliziert unter anderem die Implementation von Applikationsservern und setzt beispielsweise die J2EE-Technologie ein.
- ***EJB:*** Die *Enterprise JavaBeans* stellen eine spezielle Java-basierte Komponententechnologie dar, die im Gegensatz zu den *JavaBeans* serverseitig agiert. Ein Applikationsserver in diesem Sinne vereinigt funktionale Komponenten, die einen Dienst als *Sitzung* auffassen und die Kommunikation beispielsweise nachrichtenbasiert steuern. Enterprise JavaBeans sind daher die *Session-Beans*, die *Entity-Beans* und die *Message-driven-Beans*. Für die Beherrschung des Namensproblems wird das *Java Naming and Directory Interface (JNDI)* verwendet.

Bei den ***Server Pages*** als Verbindungstechnologie kommen im Allgemeinen die *Java Server Pages (JSP)* oder auch die *Active Server Pages (ASP)* von Microsoft zur Anwendung (siehe [Roßbach 2000] und [Wenz 1999]).

Bei den ***Skriptsprachen*** werden insbesondere solche Sprachen wie *Perl* oder auch die *PHP* zum inhaltsbezogenen DB-Anschluss eingesetzt (siehe [Castagnetto 2000], [Deitel 2002] oder auch [Deitel 2002a]).

Schließlich wollen wir uns noch einer Anwendungsarchitekturform zuwenden, die insbesondere das künftige Web stärker prägen soll – das Web als *Wissensbasis*. Eine allgemeine Architekturform für diese Websystemart hat beispielsweise die folgende Form (siehe [Goertzel 2002], [Thuraisingham 2002] und [Zuidweg 2002]):

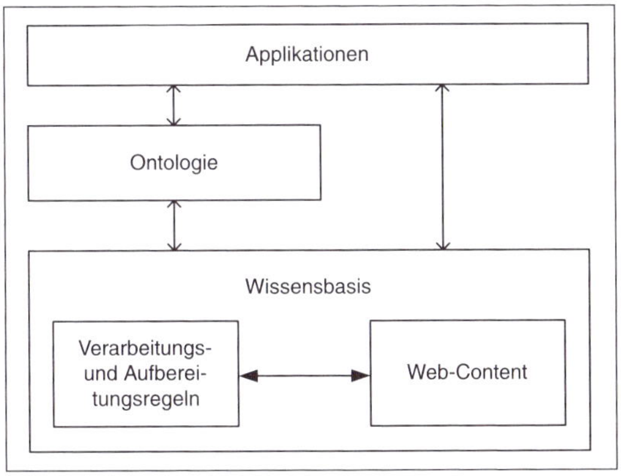

Abbildung 5.16: Allgemeine Architektur einer Web-Wissensbasis

Spezielle Technologien oder Verfahren zur Definition und Anwendung des Webs bzw. der Webdokumente als eine Wissensbasis auf der Grundlage einer virtuellen semantischen Ordnung sind unter anderem folgende (siehe [Choo 2000], [Goertzel 2002], [Hovy 2003], [Thuraisingham 2002], [Zuidweg 2002]):

- ***Webmind:*** Die Grundidee ist hierbei, die Webdokumente erst einmal logisch zu verknüpfen. Dabei werden beispielsweise Link-Relationen zwischen zwei Dokumenten, *A* und *B*, in der Hinsicht definiert, dass gilt: *„A ist ein Spezialfall von B"*, *„A ist Teil von B"*, *„A hat einen ähnlichen Inhalt wie B"* usw. Eine Anwendung stellt dann eine Information auf dieser Grundlage bereit, die der Form einer strukturierten Wissensdarstellung entspricht.
- ***WebIN:*** Das WebIN definiert so genannte *intelligente Netze*. Dies sind beispielsweise Telefondienste, die eine nutzerbezogene (temporäre) Verbindungsstruktur annehmen können, die ggf. Nummern „weiterleiten" oder spezielle Telefondienste zeitbezogen auslösen.
- ***RDF:*** Das *Resource Description Format* ist eine W3C-Initiative zur logischen, ontologiebezogenen Verknüpfung von Webdokumenten. Die Webdokumente werden zunächst mittels eines *RDF-Schemas* identifiziert und über eine *Ontology Web Language (OWL)* miteinander verknüpft. Damit sind dann logische Auswertungsformen ähnlich dem Webmind möglich.
- ***DAML+OIL:*** Die *DARPA Agent Markup Language* und das *Ontology Interface Layer* dienen der Implementation von logischen Webauswertungen auf der Grundlage einer RDF-basierten Dokumentendefinition.

Auch hier wollen wir wiederum darauf verweisen, dass wir auf ausgewählte Beispiele zu den bisher genannten Technologien im nächsten Kapitel zur Implementation von Websystemen eingehen werden.

Und schließlich wollen wir noch anmerken, dass mit der Auswahl und Anwendung der bisher genannten Technologien wiederum auch ***Designentscheidungen*** zu den Bereichen der Kompatibilität und einer möglichen Produktlinienbindung getroffen werden.

5.2.4 Webservices

Die Webdienste haben sich inzwischen als Webservices zu einer relativ eigenständigen Technologie entwickelt. Die grundlegenden Ideen für diese Websystem-Ausprägung sind folgende (siehe [Apte 2002], [Benatallah 2003], [Fremantle 2002] oder [Knuth 2002]):

- ***Webservice-Standard:*** Im Web wird bereits eine umfangreiche Menge an Diensten angeboten. Um diese Dienste beispielsweise zweckmäßig zu verbinden, sind relativ einheitliche Technologien bzw. Architekturen zu entwickeln.
- ***Webservice-Komposition:*** Verschiedene Webservices werden von unterschiedlichen Webdienstanbietern bereitgestellt. Allerdings erweist sich für den Nutzer eine spezielle Kombination, wie zum Beispiel Reise, Übernachtung und Leihwagen, als sehr zweckdienlich.
- ***Webservice-Publikation:*** Die jeweiligen Webservices sollten den Kunden – analog einer Gelbe-Seiten-Darstellung – bekannt gemacht werden und durch eine „registrierte" Übersicht eine gewisse Seriosität vermitteln.

Der Webservice-Technologie liegt die folgende allgemeine Schichtenarchitektur zugrunde (siehe [Kleijnen 2003], [Schmietendorf 2003] oder [Stal 2002]):

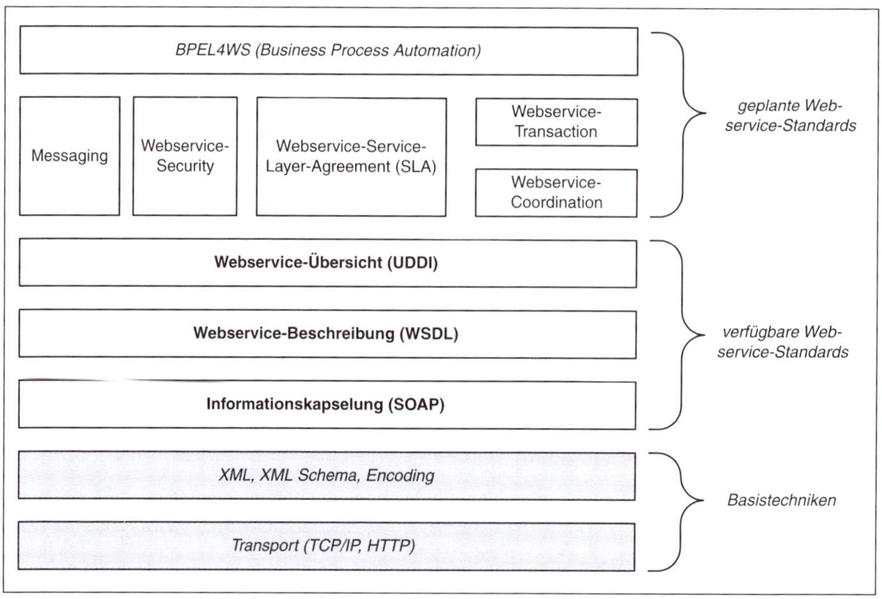

Abbildung 5.17: Webservice-Architektur

Bei Webservice-basierten Lösungen wird das Internet als Middleware für die Realisierung von zumeist B2B- (*Business-to-Business-*)Anwendungen verwendet. Mit den bisherigen Middleware-Ansätzen wie z. B. CORBA, RMI oder DCE (*Data Communications Equipment*) war dieses nicht ohne weiteres möglich. Die starre Kopplung und primär synchronen Kommunikationsverfahren implizierten eine notwendige Auflösung der Kommunikationsbeziehungen bereits zum Zeitpunkt der Entwicklung. Mit Hilfe der Webservice-Technologie können Anwendungen technologieunabhängig, einfach und kostengünstig über das Internet miteinander kommunizieren. Die derzeit standardisierten Webservice-bezogenen Technologieschichten haben dabei die folgende Bedeutung:

- ***SOAP:*** Das *Simple Object Access Protocol* dient dem „Verpacken" von Informationen bezüglich der Kommunikation verschiedener Dienstanbieter im Web. Es stellt gewissermaßen eine objektbasierte Verbindungsform her (ähnlich dem CORBA), ist allerdings sehr einfach aufgebaut und frei verfügbar.
- ***WSDL:*** Die *Web Service Definition Language* dient der unmittelbaren Beschreibung des eigentlichen Webservice. Sie nutzt die durch SOAP gekapselten Dienstkomponenten und stellt ebenso die Verbindung zur darüber liegenden Schicht her.
- ***UDDI:*** Die Komponente der *Universal Description, Discovery and Integration* nimmt die Registrierung eines Webservice vor und beinhaltet die einzelnen Dienstbeschreibungen für den Kunden. Diese sind in drei Bereiche unterteilt: Die *White-Pages* enthalten nur die beteiligten Firmen, die *Yellow-Pages* die jeweiligen Dienste und die *Green-Pages* die allgemeinen Geschäftsbedingungen.

Den Ablauf eines Webservice mit einer derartigen Komponentenarchitektur zeigt uns das folgende Sequenzdiagramm:

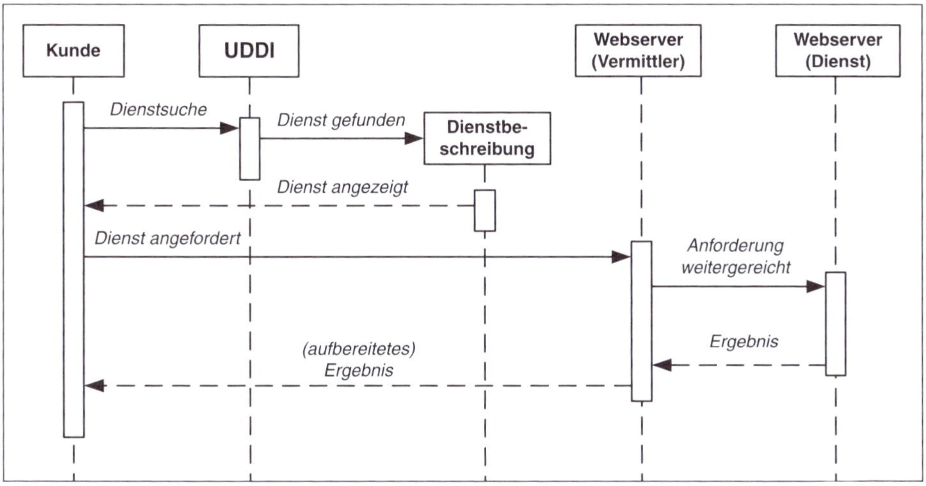

Abbildung 5.18: Webservice-Nutzung

Auf spezielle Beispiele gehen wir im nächsten Kapitel zur Implementation ein. An dieser Stelle wollen wir noch einige firmenspezifische Architekturformen zu Webservices betrachten (Abbildung 5.19, siehe [Apte 2002], [Medjahed 2003] oder auch [Myerson 2002]).

Weitere firmenspezifische Architekturen sind noch für Microsoft, Borland, Oracle oder auch BEA vorhanden. Allerdings beziehen diese technologischen Grundlagen jeweils die WSDL und die SOAP mit ein, so dass sich hier eine gleichartige Komponentenstruktur herausbildet.

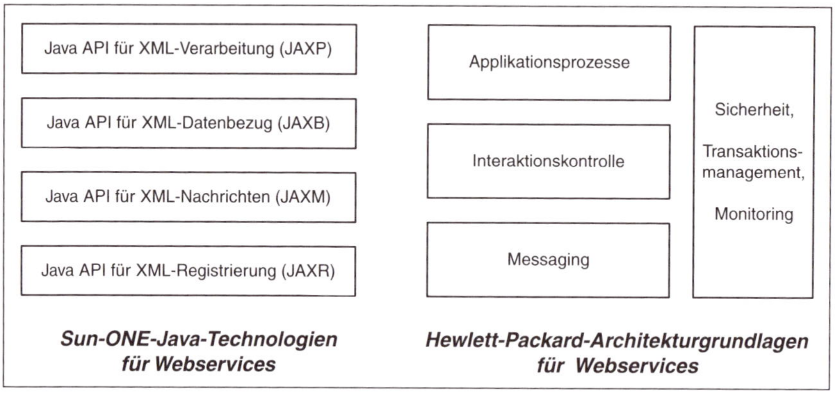

Abbildung 5.19: Firmenspezifische Webservice-Architekturen

Für unseren Websystementwurf ergibt sich hierbei das Problem der Einordnung in die Webservice-Landschaft. So könnten wir für unser kleines Firmen-Webpräsenzbeispiel vorsehen, dass wir einerseits in die Liste der Serviceangebote aufgenommen werden und andererseits eine Kooperation mit bereits vorhandenen Diensten, wie Produktbereitstellung oder Produktanwendungsschulung, eingehen.

5.2.5 Operationale Websystem-Architekturen

Bei den operationalen Websystemen wollen wir drei Websystemarten auswählen. Die erste Art bezieht sich auf ***agentenbasierte Systeme*** (als *MAS*), die wir bereits in der Spezifikationsphase modelliert haben. Für Agentensysteme gibt es Standardisierungsbemühungen der *FIPA (Foundation for Intelligent Physical Agents)* insbesondere hinsichtlich einer einheitlichen Grundarchitektur. Die folgende Abbildung zeigt die grundlegenden Komponenten (siehe [FIPA 2000]):

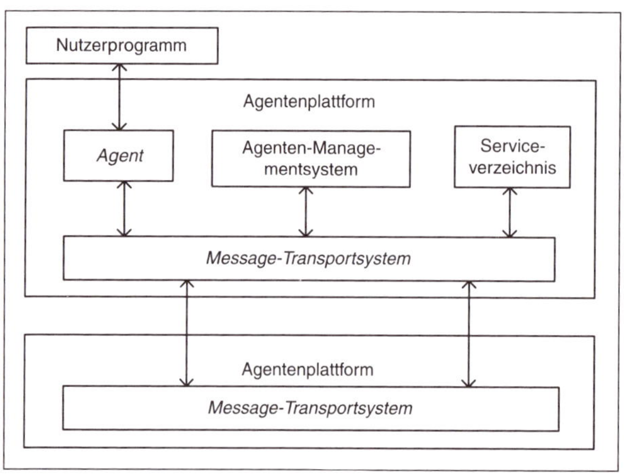

Abbildung 5.20: FIPA-Architektur zum MAS-Management

Diese Abbildung verdeutlicht vor allem die nachrichtenbezogene Kopplung von Agentenplattformen und die besondere Form der Aktionskoordinierung. Das Serviceverzeichnis dient hierbei der Sammlung der Funktionalitäten der Agenten und kann für deren autonome Handlung oder Entscheidung die Grundlage bilden.

Eine spezielle Architektur eines Webagenten zeigt uns die folgende Abbildung (siehe [Jennings 1998] oder auch [Liu 2001]):

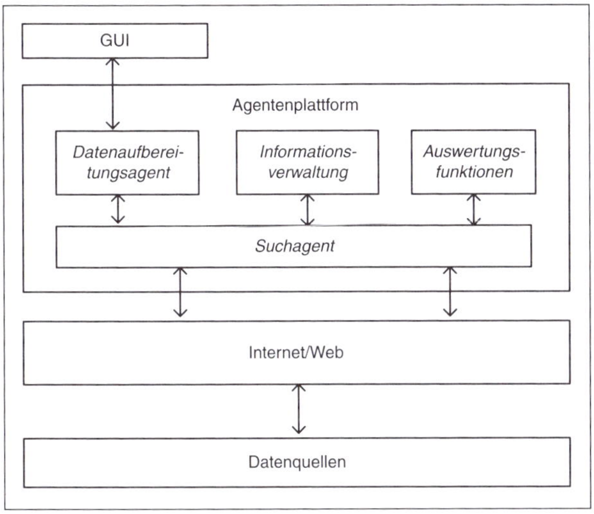

Abbildung 5.21: Architekturbeispiel eines Webagenten

Die operationalen Komponenten sind hierbei der *Suchagent* und der *Datenaufbereitungsagent*. Alle anderen Komponenten bzw. Quellen dienen der Informationssuche und -aufbereitung im klassischen Sinne.

Das nächste Beispiel beinhaltet auch eine Operationalität im eigentlichen Sinne einer Gerätesteuerung und kommt aus dem Bereich „offener Industriesysteme“ (siehe [Deen 2003] oder auch [Huhns 2002]). Die Abbildung 5.22 zeigt uns wiederum vereinfacht die allgemeine Systemarchitektur.

Die zweite Systemart betrifft die ***mobilen Websysteme***, die in gewisser Weise eine operationale Funktionalität aufweisen. Das können zum Beispiel Steuerungs- oder Überwachungssysteme sein. Wir zeigen in Abbildung 5.22 aus [Lehner 2003] ein allgemeines Beispiel für diese Systemart (siehe auch [Bekkers 2001], [Schilit 2002] oder [Wesel 1998]).

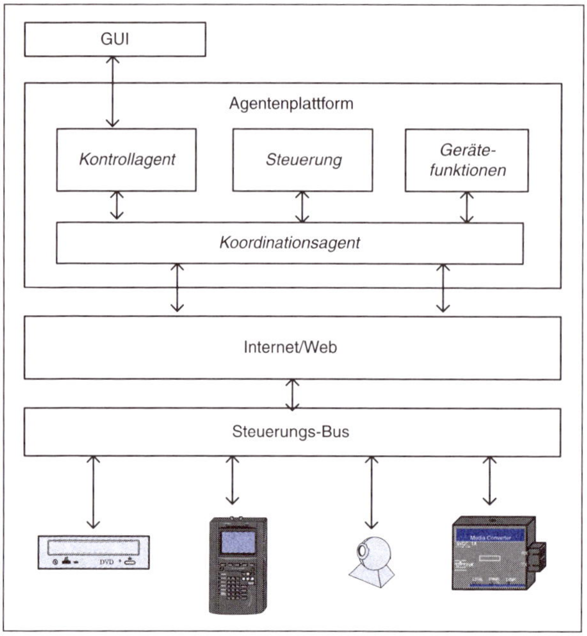

Abbildung 5.22: MAS-Architektur zur Gerätesteuerung

Die Verbindung zwischen dem *Global System for Mobile Communication (GSM)* sowie dem *Universal Mobile Telecommunication System (UMTS)* wird hierbei durch das *Wireless Application Protocol (WAP)* realisiert. Die Operationalität wird hier zum Beispiel durch die Anwendung der *Context-Aware-Technologie* definiert, die ggf. Dienste in Abhängigkeit vom Aufenthaltsort des Nutzers zur Verfügung stellt.

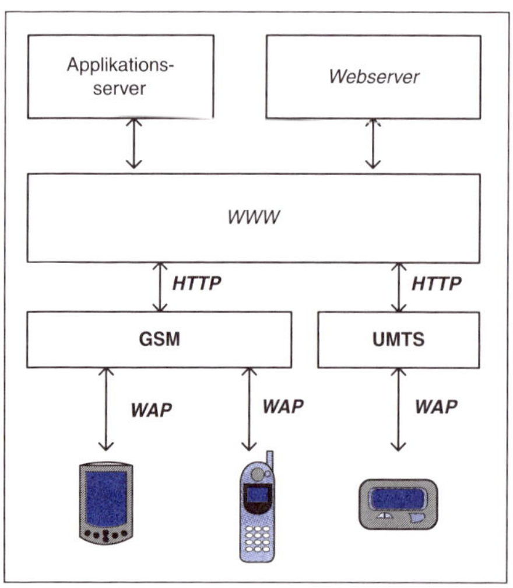

Abbildung 5.23: Mobile operationale Systemarchitektur im Web

Die dritte Systemart bezieht sich schließlich auf so genannte ***Ad-hoc-Systeme***. Das sind Websysteme, die zu einem bestimmten Zeitpunkt gebildet und im Allgemeinen auch temporär genutzt werden. Eine spezielle Technologie dafür ist ***Jini*** (siehe [Arnold 1999] und [Edwards 1999]). Die folgende Abbildung soll den Anwendungsbereich von Jini andeuten:

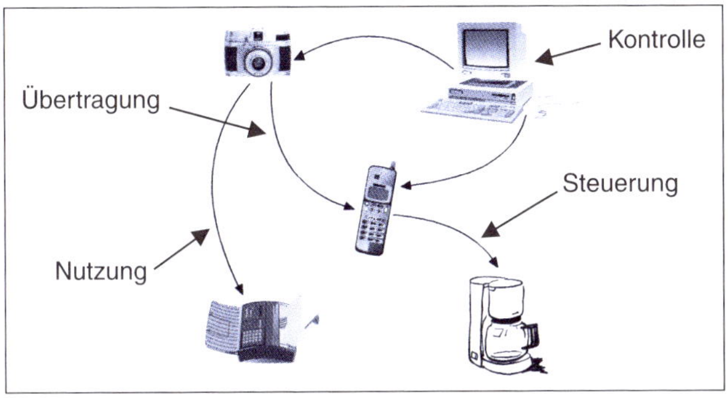

Abbildung 5.24: Jini-Anwendungsintentionen

Jini ist eine Java-basierte Technologie, die für die Initiierung einer verteilten Verarbeitungsform folgende Grundkomponenten besitzt:

- *Discovery:* Diese Komponente dient dem Finden von „Partnern" im Netz im Rahmen einer so genannten Community und legt somit eine „spontane" Netzverbindung fest.
- *Lookup:* Durch diese Jini-Komponente werden nun mögliche Dienste innerhalb der Community bestimmt und für eine Nutzung aufbereitet und explizit angekündigt.
- *Leasing:* Hierdurch werden die notwendigen Ressourcen für die Dienstnutzung (temporär) bereitgestellt bzw. registriert und für die Community insgesamt effizient verwaltet.
- *Remote Events:* Diese Komponente impliziert eine ereignisbasierte Steuerung bzw. Information zwischen den Mitgliedern der Community.
- *Transactions:* Hierbei geht es um die ordnungsgemäße Realisierung der Transaktionen innerhalb der Community nach dem ACID-Prinzip.

Die folgende Abbildung verdeutlicht die unmittelbare Nutzung eines Dienstes in Form einer neuen Dienstinstanz als Proxy-Objekt.

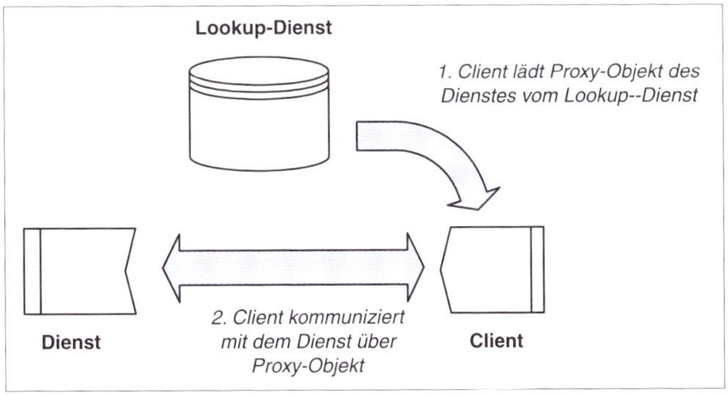

Abbildung 5.25: Dienstnutzung in Communities

Auf die konkrete Anwendungsform von Jini gehen wir im nächsten Kapitel noch einmal näher ein.

5.3 Entwurfsformen für Webarchitekturen

Die Websystem-Architektur ist im Verlauf des Entwurfs in unterschiedlicher Weise zu bilden bzw. zu konstruieren. Abbildung 5.26 zeigt die allgemeinen Vorgehensweisen beim Architekturentwurf.

Wir wollen an dieser Stelle mal wieder auf unser Firmen-Webpräsenzbeispiel zurückkommen. Die genannten Strategien könnten dann wie folgt umgesetzt bzw. angewandt werden:

- *Top down:* Wir entwerfen zunächst unsere Firmen-Homepage und implementieren sie in der Form, dass alle Verzweigungslinks bereits einbezogen wurden, sich allerdings nur auf so genannte „Dummy-Seiten“ (mit dem gern benutzten Inhalt eines *„under construction“*-Icons) beziehen.
- *Bottom up:* Wir haben bereits eine Reihe von webbasierten Produktdarstellungen vorliegen und entwickeln darauf aufbauend die Firmen-Webseiten zur Produktinformation und schließlich dann unsere Homepage.

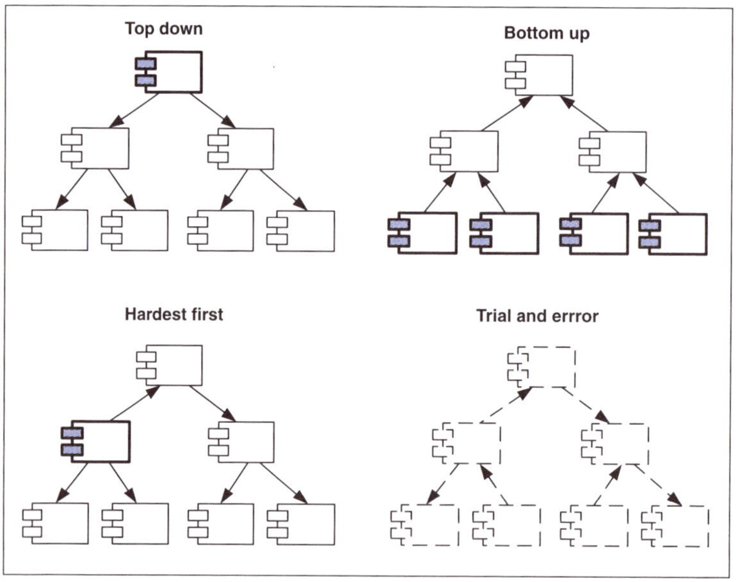

Abbildung 5.26: Strategien zur Architekturbildung

- *Hardest first:* Für die Entwicklung unserer Webpräsenz hat sich (voraussichtlich) ergeben, dass die Komponente der Bestellauslösung mit dem Zahlungsvorgang die sicherheitskritischste und aufwändigste ist. Wir entwickeln diese Komponente zuerst, um eventuelle Rückschlüsse für die Systemausprägung insgesamt zu erhalten.

- *Trial and error:* Unsere Webpräsenz soll für eine neue mobile Plattform entwickelt werden, von der wir nur die Seitengröße kennen. Andererseits ist auch das Kundenprofil noch unbekannt und schließlich sind die möglichen und notwendigen Dienstformen nicht exakt beschrieben. Wir müssen also „experimentieren".

Unsere Websystem-Architektur kann für verschiedene Kunden unterschiedliche Ausprägungen haben (verschiedene Sprachkomponenten wie zum Beispiel deutsche und englische Webseiten oder auch für verschiedene Webbrowser). Für den damit verbundenen flexiblen Architekturansatz benötigen wir den Begriff der „Konfiguration", den wir wie folgt definieren:

> *Die **Websystem-Konfiguration** ist eine Version oder eine Variante der Grundarchitektur eines Websystems, welche auf ganz spezielle Nutzeranforderungen ausgerichtet ist.*

Insbesondere bei Websystemen haben wir zum Teil die besondere Situation einer ***Ad-hoc-Konfiguration***. Grundlegende Techniken dafür sind:

- ***Plug-ins:*** Dem Anwender werden die Komponenten „auf Abruf" bereitgestellt. Wenn beispielsweise für grafische oder textliche Komponenten die Darstellung im jeweiligen Webbrowser nicht gegeben ist, kann auf diese Weise ein „Nachrüsten" erfolgen.
- ***Quellenreferenzen:*** Für die Anwendung eines Websystem-Elements wird auf einen Weblink verwiesen, der die benötigte Interpretations- oder Transformationskomponente enthält. Derartige Formen werden wir bei den XML-basierten Beispielanwendungen noch sehen.
- ***Komponentenassoziation:*** Die Websystem-Anwendung ruft eine (Ausführungs-) Komponente im Falle des Bedarfs auf, wobei diese Komponente sich unmittelbar auf dem Nutzerrechner bzw. -knoten befindet. Derartige Komponenten sind beispielsweise Laufzeitumgebungen für spezielle Dokumente oder auch Anwendungen.

Die Komponenten eines Websystems werden beim Entwurf bezüglich der Implementationsform in zwei Gruppen eingeteilt:

1. die Komponenten, die im Rahmen der Websystem-Entwicklung (selbst) auch implementiert werden müssen
2. die Komponenten, die bereits (auf dem Markt) vorhanden sind und genutzt bzw. integriert werden können

Die kommerziell erworbenen Komponenten werden auch als *Commercial of-the-shelf (COTS)* bezeichnet. Der Prozess der Komponentenbeschaffung selbst heißt Akquisition. Wir definieren diesen Begriff in folgender allgemeiner Form:

> *Die **Akquisition** im Rahmen der Softwareentwicklung beinhaltet die Marktrecherche, Tauglichkeitsprüfung, Vertragsgestaltung und schließlich Beschaffung von Software für die Verwendung in einem zu entwickelnden Websystem.*

Für spezielle Technologien kann die Form der Akquisition auch ad hoc erfolgen, wie beispielsweise durch die oben bereits erwähnten Plug-ins.

Die Komponenten eines zu entwerfenden Websystems müssen natürlich nicht stets neu implementiert werden. Es gilt auch hierbei, vor allem das Prinzip der Wiederverwendung anzuwenden. Wir erinnern uns an die Software-Wiederverwendung als hauptsächliche Intention des CBSE und zitieren eine Definition aus [Ezran 1998]:

> *„**Software reuse** is the systematic practice of developing software from a stock of building blocks, so that similarities in requirements and/or architecture between applications can be exploited to achieve substantial benefits in productivity, quality and business performance."*

Diese Definition weist auf folgende grundlegende Merkmale der Software-Wiederverwendung hin:

- Der Bezug wurde ausschließlich auf die Softwareentwicklung vorgenommen (die Wartung ist im gewissen Sinne als „Weiter"-Entwicklung einbezogen). Auf jeden Fall ist die Anwendung als ausschließliche Verwendung von Software ausgeschlossen.
- Die Charakterisierung der Wiederverwendungskomponenten als *„stock of building blocks"* bezieht die beiden Komponentenarten bezüglich der Anforderungen einerseits und der Architektur (-komponenten) andererseits mit ein.
- Die Wiederverwendung wird als systematisches Vorgehen charakterisiert.
- Die Ziele der Wiederverwendung liegen also in einer höheren Produktivität, Qualität und Rentabilität.

Die systematische Wiederverwendung erfordert Änderungen im Software-Entwicklungsprozess sowie in der Business- und Organisationsstruktur eines Unternehmens. Das ergibt sich vor allem aus dem mit der Software-Wiederverwendung verfolgten Ziel des schrittweisen Übergangs von einer komponentengestützten zu einer komponentenbasierten Entwicklungsform, die nahezu ausschließlich den Einsatz und die Verarbeitung von Komponenten für die Softwareerstellung vorsieht.

Für die Softwarekomponenten hat sich im Rahmen der Software-Wiederverwendung die englische Bezeichnung *Assets* herausgebildet. Assets bezeichnen also das, was innerhalb der Softwareentwicklung oder -wartung wiederverwendet werden kann. Eine technologisch zusammengefasste Menge solcher Assets bezeichnen wir schließlich als ***Asset-Bibliotheken***, von denen wir bereits für die unterschiedlichsten Technologien Beispiele im Web vorfinden.

Wir wollen uns nun dem technologiebezogenen systematischen Entwurf einer Websystem-Architektur zuwenden. Das Software Engineering Institute (SEI) in Pittsburgh startete bereits Mitte der neunziger Jahre eine Initiative zu COTS und den damit verbundenen Technologien und Anwendungsmethoden (siehe [Wallnau 2002]). Die Methode von Wallnau et al. heißt ***Building Systems from Commercial Components***; wir wollen sie ***B-COTS*** nennen. Sie ist ein komponentenbasiertes CBSE und geht von folgenden Begriffsdefinitionen aus:

- ***Kommerzielle Komponente:*** Sie ist eine Einheit einer Systemimplementation, die durch einen Vertreiber zur Verfügung gestellt wird (verkauft oder als Leasing), im Allgemeinen in kompilierter Form angeboten wird und über ein Interface mit anderen Komponenten verbunden werden kann.

- ***Referenz/Zeugnis:*** Hier handelt es sich um das Tripel *<property, value, howVerified>*, welches die Komponentenbezeichnung (*property*), seinen speziellen Wert (*value*) in diesem Kontext und eine Bestätigung (*howVerified*) beinhaltet.
- ***Postulat:*** Hierbei geht es um ein Tripel *<property, value, howToVerify>*, welches insbesondere dessen noch ausstehende Prüfung definiert (*howToVerify*);
- ***Ensemble:*** Ein Ensemble ist eine Menge von Technologien, Produkten und Komponenten, die über Interaktionen ein gewünschtes Systemverhalten gewährleisten.
- ***Blackboard:*** Dies ist die Instantiierung eines Teils eines Ensemble-Metamodells für einen speziellen Anwendungsbereich.
- ***Komponentenraum:*** Ein Component Space ist eine Menge an Komponenten, die durch die drei Dimensionen der *Source of Components, Application/Infrastructure* und *Environments* charakterisiert werden.

Für eine kurze Methodencharakterisierung wollen wir uns erst einmal merken, dass wir COTS-basierte Systeme mittels Blackboards in der Art beschreiben, dass neben den eigentlichen Komponenten auch Technologien und andere Integrationsaspekte erfasst werden. Ein solches Blackboard hat beispielsweise den folgenden Inhalt:

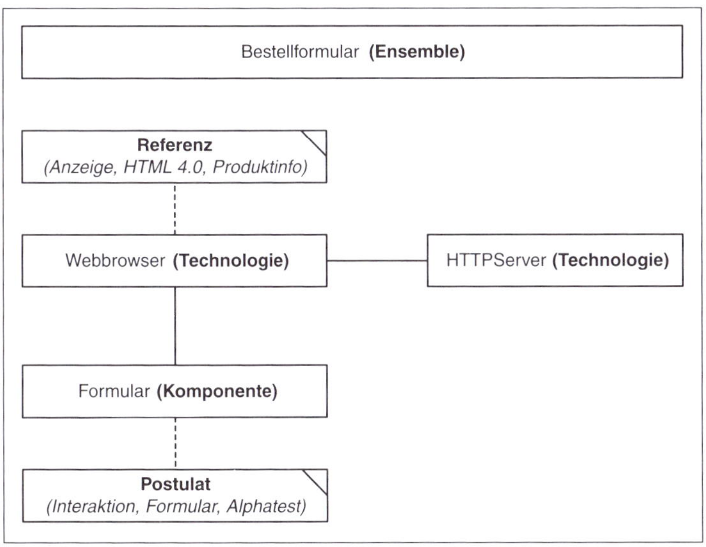

Abbildung 5.27: Blackboard-Beispiel bei der Architekturbildung nach B-COTS

Mit dieser Entwurfsform haben wir für unsere (künftige) Websystem-Architektur erst einmal folgende Prämissen festgelegt:

- Der Architekturentwurf als Blackboard gehört zum Gesamtentwurf (Ensemble) *Bestellformular.*
- Die Komponente *Formular* erfordert die Technologie eines *Webbrowsers*, für den die Eigenschaft, HTML 4.0 interpretieren zu können (und damit auch Formulare), in Form der *Anzeige* einer *Produktinfo* bereits überprüft wurde (als *Referenz*).

- Der *Webbrowser* benötigt als Technologie einen *HTTP-Server*, dessen Tauglichkeit vorausgesetzt wird.
- Für das *Formular* steht der explizite *Alphatest* als Überprüfung der *Interaktion* noch aus (als *Postulat*).

Beim Architekturentwurf beginnen wir also mit derartigen Blackboards und „verfeinern“ bzw. spezialisieren diese, bis wir nahezu ausschließlich Referenzen für unsere Technologien und Komponenten haben. Allgemein kann der weitere Verlauf unserer B-COTS-Methode folgendermaßen charakterisiert werden:

- Aufstellung aller relevanten Blackboards für eine Systementwicklung
- Nutzung des Blackboards für die Angleichung bzw. Verfeinerung einer COTS-basierten Systemlösung
- Erschließung relevanter Komponenteneigenschaften durch Aufstellung und Überprüfung der Postulate
- Konzipierung von Kommunikationsverbindungen (beispielsweise CORBA-basiert mit Hilfe so genannter *Orblets*)
- endgültige Dokumentationsvorlage für eine COTS-basierte Systemlösung

Wir wollen es bei dieser kurzen Charakteristik belassen, aber noch erwähnen, dass in [Wallnau 2002] vor allem Hinweise angegeben sind, die eine allgemeine Umsetzung dieser Methodik in einem Unternehmensbereich betreffen. Dabei geht es um solche Fragen wie der Bildung eines *Component Centers*, der Festlegung von *Infrastrukturen* zu dessen Wirksamkeit, der Abfassung eines *Enterprise Design Handbook* sowie Fragen der *Zertifizierung* in diesem Kontext.

Speziell für die Web-Dokumentensysteme wird bei der Architekturbeschreibung eine besondere Form der Aufteilung bzw. Skalierung vorgenommen. Die Grundidee verdeutlicht uns die folgende Skizze zum inhaltsbezogenen Aufbau einer Webseite:

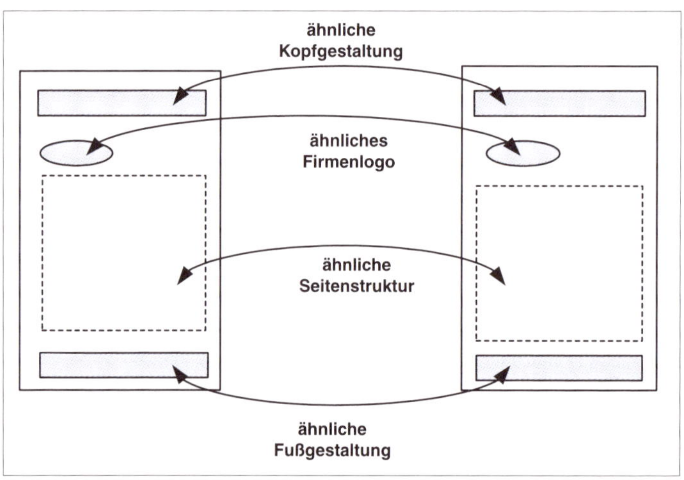

Abbildung 5.28: Ähnlichkeitsaspekte zwischen Webseiten

Neben diesen sichtbaren Aspekten einer relativ einheitlichen Präsenz (als *Corporate Identity*) gelten auch weitere Eigenschaften, wie beispielsweise die Aktualität (als Datum der letzten Änderung), die physische Einordnung im Webknoten sowie die Autorisierung bei der Bearbeitung der Webdokumente. Es liegt nahe, derartige gemeinsame Aspekte von Webdokumenten auch gemeinsam zu verwalten bzw. zu bearbeiten (siehe [Dart 2000] oder [Mikkelsen 1997]). Das schließt die Schaffung von Bibliotheken ein, die die gemeinsamen Elemente unserer Webseiten beinhalten und bereitstellen.

Wenn wir uns an den Begriff des Web-Dokumenteninhalts als „Web-Content" erinnern, führt uns dies zum ***Content-Management*** (siehe [Dilley 2002], [Knobloch 2003]). Im Folgenden geben wir die grundlegenden Aspekte eines *Content-Management-Systems (CMS)* an und erläutern diese anhand unseres kleinen Firmenbeispiels:

- *Geschäftsprozesse:* In unserer Webpräsenz bedeutet dies die Aufbereitung der Abläufe für eine nahezu vollständige Überführung in eine webbasierte Form. Für das CMS ist dann eine einheitliche Gestaltung zur effizienten Implementation und Verwaltung anzustreben.
- *Bearbeitung:* Für die Komponenten unserer Webpräsenz sind die verschiedenen Bearbeitungs-Tools bereitzustellen. Das bedeutet konkret, dass wir über einen Web-Editor, ein Bildverarbeitungs-Tool, Java-Programmierumgebungen und eine CMS-Programmierumgebung verfügen müssen.
- *Speichersysteme:* Das CMS muss für unsere Produktpräsentationen über einen Multimedia-Server sowie über diverse Tabellenspeicherkomponenten verfügen.
- *Wiederverwendung:* Unsere Webpräsenz hat eine einheitliche Kopf- und Fußgestaltung und benutzt gleichartige Schaltflächen, so dass eine relativ umfangreiche Wiederverwendung gewährleistet wird.
- *Mehrsprachigkeit:* Neben den deutschsprachigen Webdokumenten haben wir für unsere Kunden eine Wahlmöglichkeit zu englischsprachigen Webseiten.
- *Mehrfache Darstellungsformen:* Unsere Firmenpräsenz soll zunächst als HTML-basierte Webseiten und in Form von WML-basierten Komponenten für eine Anzeigemöglichkeit auf mobilen Geräten, wie beispielsweise Handys, implementiert werden.
- *Rollen und Rechte:* Mitarbeiter unserer Firma werden jeweils mit Rechten versehen, die zum einen für die Gestaltung des einheitlichen Layouts unserer Webdokumente und zum anderen für die spezielle Technik einer sicheren Zahlungsform verantwortlich sind.
- *Versionierung:* Für die Sicherung kompatibler Webdokumente sehen wir ein Konfigurationsmanagement über alle Webdokumente vor.
- *Qualitätssicherung:* Zur Gewährleistung von qualitativ hochwertigen Webdokumenten verwenden wir die grundlegenden Metriken zur Lesbarkeit und zum Referenzniveau für HTML-Texte.

Unter Beachtung dieser Aspekte ist eine konsistente Haltung unserer Dokumente möglich. Auf die speziellen Content-Management-Systeme, wie *BladeRunner, Community Engine, InfoOffice* oder auch *POET Content*, wollen wir hier nicht weiter eingehen.

Für den Websystem-Entwurf treffen wir mit der Auswahl eines derartigen CMS allerdings besonders gravierende Entscheidungen für die Technologie der Nutzung und Wartung unseres Websystems.

5.4 Eigenschaften und Formen von Websystem-Komponenten

Nachdem wir die Websystem-Architekturen in ihrer Gesamtheit betrachtet und uns ebenso mit den Architekturentwicklungsformen beschäftigt haben, wollen wir nun auf mögliche Ausprägungen und Entwurfsaspekte der Komponenten selbst eingehen.

5.4.1 Komponenteneigenschaften

Die Komponenten unserer Architektur haben je nach Websystemart die unterschiedlichsten Formen, wie Dokumente, Scripts, Objektcode und andere mehr. Im Rahmen des Websystem-Entwurfs sind daher in Abhängigkeit von den Plattformanforderungen an unser System die jeweiligen Eigenschaften hinsichtlich der Verträglichkeit bzw. Kompatibilität sowie der Leistungsfähigkeit genau zu beachten.

Speziell für die Verarbeitungs- und Darstellungsform unserer Komponenten sind die jeweiligen ***Formate*** zu berücksichtigen bzw. auszuwählen (siehe [Jarz 1997], [Merx 2001], [Packer 2001], [Powell 1998] oder auch [Wesel 1998]). Die folgende Darstellung gibt einen groben Überblick zu ausgewählten ***Grafikformaten***:

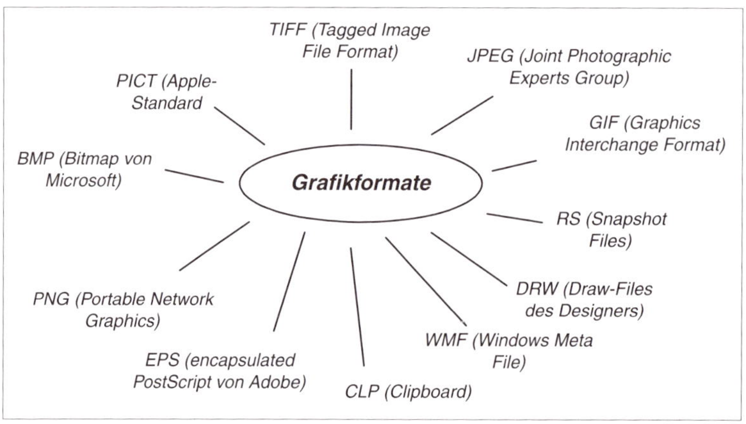

Abbildung 5.29: Ausgewählte Grafikformate im Multimediabereich

Bereits hier in der Entwurfsphase treffen wir wesentliche Entscheidungen für die künftige Systemausprägung und den damit verbundenen Formatfestlegungen, jedoch müssen wir auch die softwarebezogenen Anforderungen an unser Websystem beachten und bestimmte Formate unbedingt „aufnehmen". Hinsichtlich einer Grafikkomponente haben wir die Wahl zwischen guter Bildqualität (GIF, EPS) einerseits und relativ geringem Speicherbedarf und damit auch einer geringen Übertragungszeit (JPEG, PNG) andererseits. Bei der Websystem-Gestaltung aus bereits vorhandenen Systempräsentationen kann eine Verträglichkeit zu „sehr alten" Formaten notwendig sein (WMF, DRW). Das heißt, wir legen eine zurückweisende und künftige Verträglichkeit bzw. Kompatibilität fest. Diesen wichtigen Aspekt definieren wir wie folgt:

> *Unter **Abwärtskompatibilität** verstehen wir bei den Komponentenformaten die technologische Verträglichkeit hinsichtlich der Darstellung und Anwendung von Komponenten vorhergehender Versionen eines Formats. Die **Aufwärtskompatibilität** sichert bzw. intendiert die technologische Verträglichkeit von Komponentenformaten für künftige Versionen.*

Eine ähnliche Vielfalt wie bei den Grafikformaten haben wir auch bei den ***Videoformaten*** zu verzeichnen. Die folgende Abbildung zeigt eine spezielle Auswahl derartiger Formate, auf deren besondere Eigenschaften wir an dieser Stelle nicht weiter eingehen wollen:

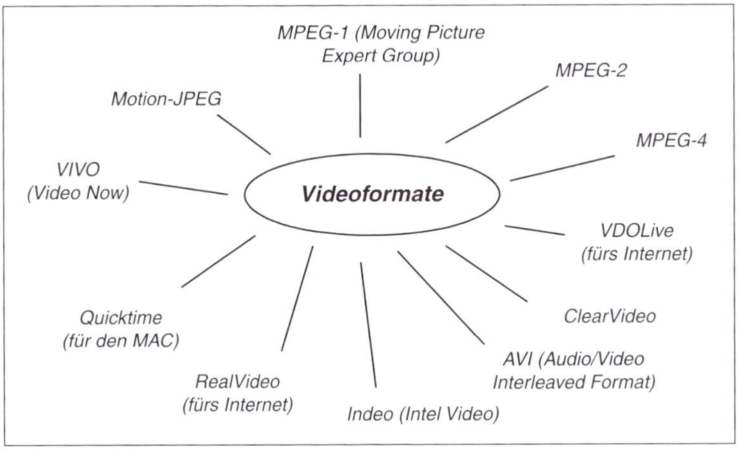

Abbildung 5.30: Ausgewählte Videoformate im Multimediabereich

Die Spanne zwischen einer hohen Bildqualität und den dafür notwendigen Leistungsanforderungen ist bei den Videoformaten besonders groß. Während MPEG-1 einen Durchsatz von bis zu 5 Mbps (Megabit pro Sekunde) erfordert, muss er bei MPEG-2 bereits ca. 16 Mbps betragen. Andererseits hängt die Formatauswahl auch von den avisierten Plattformen ab, auf denen das jeweilige Video gezeigt werden soll. So dient insbesondere MPEG-4 der „Verschmelzung" von Film, Fernsehen und Kommunikation überhaupt und verfügt bereits über umfangreiche technologische Verbreitungsgrundlagen.

Auch bei den ***Audioformaten*** wollen wir in der Abbildung 5.31 eine Übersicht über ausgewählte Formate geben.

Die Formatauswahl richtet sich natürlich auch nach der Tool-Umgebung, die uns beim Entwurf bzw. später ebenso bei der Pflege unseres Systems zur Verfügung steht. Dazu zählen auch die anwendbaren bzw. einzusetzenden ***Kompressionsverfahren*** wie beispielsweise der *LPC (Linear Prediction Coder)*, die *CELP-Verfahren (Code Excited Linear Prediction)* oder für die Sprachverarbeitung der Standard *G.723.1 (TrueSpeech)*.

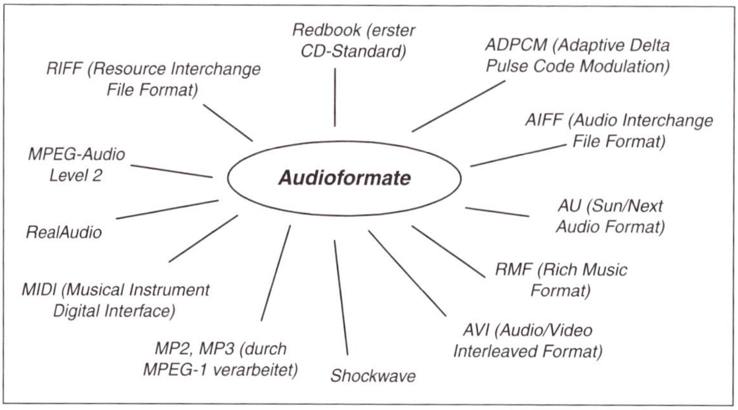

Abbildung 5.31: Ausgewählte Audioformate im Multimediabereich

Natürlich ist es bei einer Speicherung unserer Komponenten für eine effiziente Diensterbringung von Bedeutung, welches Format wir in dieser Hinsicht verwenden bzw. zugrunde legen. Auch dazu wollen wir wiederum eine Übersicht geben, die ausgewählte Speicherformate für unsere insbesondere multimedialen Websystem-Komponenten darstellt:

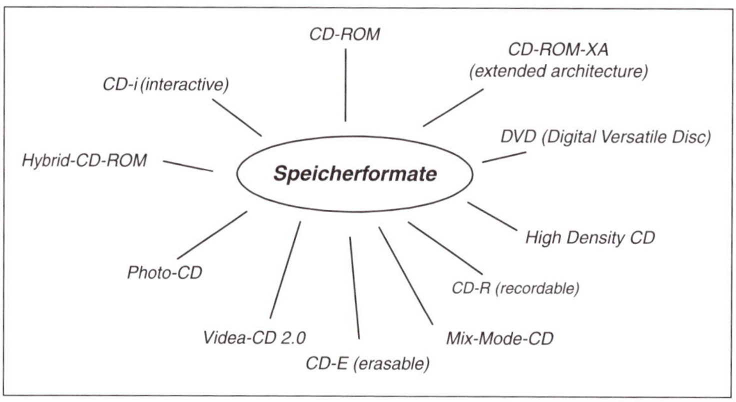

Abbildung 5.32: Ausgewählte Speicherformate im Multimediabereich

Die besondere Speicherfähigkeit einer DVD ist in diesem Zusammenhang allerdings auch ein Kostentreiber, so dass wir die jeweilige Formatausrichtung in einem relativ komplexen Kontext betrachten müssen. Schließlich sind Formatanforderungen auch firmenabhängig oder können von einer freien Nachnutzbarkeit zu einer kommerziellen wechseln.

Eine ähnliche Problemstellung hinsichtlich Kompatibilität und Leistungsfähigkeit haben wir auch bei den Websystem-Komponenten, die die Nutzung bzw. Verarbeitung der bisher genannten Formen betreffen. Auf die Eigenschaften dieser Komponenten gehen wir allerdings erst bei der Behandlung der Systemimplementation näher ein.

5.4.2 Komponentenentwurf

Bei der Behandlung der Websystem-Architektur haben wir bereits die beiden grundlegenden Arten einer Komponentenerstellung für unser Websystem kennen gelernt, die auch ganz wesentlich die Entwurfsstrategien bestimmen. Neben der eigenen Entwicklung haben wir bereits auf die Nachnutzung vorhandener Komponenten beispielsweise als COTS verwiesen. Andererseits kann bei einer Eigenentwicklung gleichzeitig das Augenmerk auf eine Wiederverwendbarkeit der Komponenten gerichtet werden. Durch diese Verbindung beider Strategien haben wir für das Software Engineering insgesamt und für das Web Engineering selbst eine zweckmäßige Vorgehensweise. Die folgende Abbildung zeigt den Kontext der involvierten Entwicklungsstrategien (siehe [Schmietendorf 2002] bzw. [Sodhi 1999]):

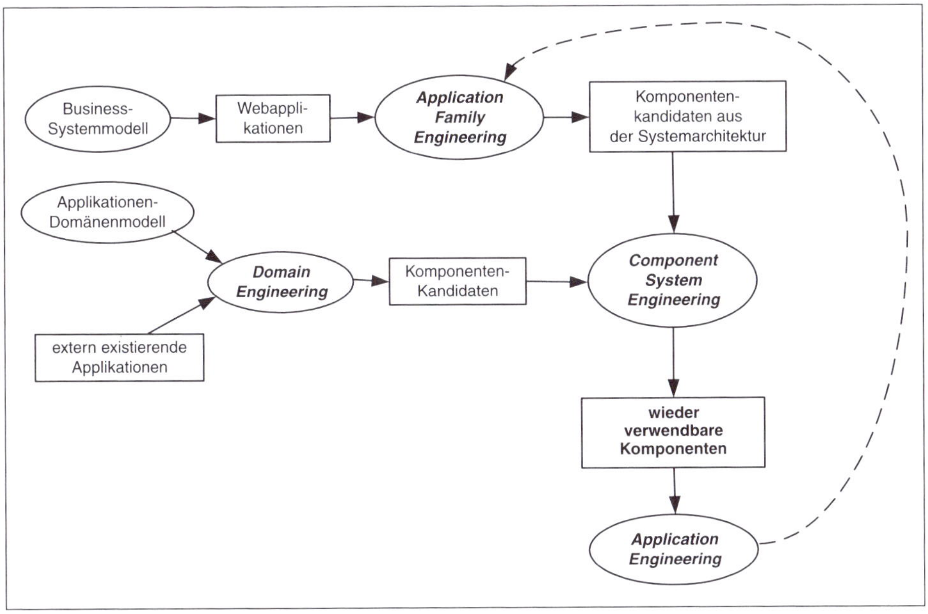

Abbildung 5.33: Bildung von Komponenten im Entwicklungsprozess

Wir wollen im Folgenden einige dieser Begriffe im Kontext einer Websystem-Entwicklung kurz beispielhaft erläutern:

- ***Application Family Engineering:*** Diese Technologie widmet sich der Orientierung auf Wiederverwendung aus funktionaler Sicht ausgehend vom Business- bzw. Unternehmensmodell einer Systemspezifikation. Dabei können bereits Komponenteninhalte abgeleitet werden bzw. dafür so genannte Frameworks zum Einsatz kommen. Ebenso wird die Kapselung im Falle von Altsystemen (Legacy Systems) zu Komponenten betrachtet. Dieser Aspekt ist für das Web Engineering besonders relevant, da es sich zu Beginn der Websystem-Entwicklung zumeist um ein Übertragen bestehender Systeme auf das Web handelt (als „*Move to the Web*“).

- ***Domain Engineering:*** Als Domäne (*Domain*) hatten wir bereits den jeweiligen Problembereich charakterisiert, in den sich die Funktionalität des zu entwickelnden Systems einordnet. Diese Engineering-Form impliziert die Problematik der Abbildung einer zweckmäßigen Funktions- bzw. Modellstruktur auf eine (komponentenbasierte) Systemarchitektur, wie wir sie beim Übergang von der Spezifikation zum Entwurf bereits beschrieben haben. Es geht hierbei darum, Webkomponenten aus bereits existierenden Webapplikationen zu identifizieren.
- ***Component System Engineering:*** Dieser Bereich widmet sich der eigentlichen Erstellung der Komponenten und nutzt dabei eine spezielle Technologie, wie zum Beispiel die bereits kurz angegebenen Arten der Enterprise JavaBeans (EJB) oder des COM bzw. DCOM.
- ***Application Engineering:*** Diese Engineering-Form beschäftigt sich mit der Systemkonstruktion auf der Grundlage von *Softwarekomponenten* bei denen die verschiedensten Webapplikationen entstehen können.

Neben dieser methodischen Intention, Komponenten zu definieren und darauf aufbauend Websysteme zu konzipieren, besitzt die Komponente des zu entwickelnden Websystems vor allem eine spezielle Ausrichtung für folgende Websystembereiche (siehe [Dart 2000], [Dumke 2001], [Pfleeger 1998], [Powell 1998] und [Schifman 1997]):

- Die *Nutzeroberfläche*: Dieser kurz als *GUI (Graphical User Interface)* bezeichnete Bereich beinhaltet alle Komponenten zur Realisierung der Nutzerinteraktion bzw. -information. Bei den Websystemen gehören hierzu die *Nutzerführung*, die grundlegenden *Kommunikationselemente* sowie die operationellen Grundlagen einer Diensterbringung. Komponenten für diesen Bereich sind *Homepages, Webseiten* überhaupt, *Formulare*, *Prozesssteuerungen* (wie zum Beispiel ein Zahlungsvorgang) oder aber auch *Kommunikationskomponenten* (wie zum Beispiel Auswahl- und Anfrageelemente).
- Der *Datenbasisbereich*: Die Datenbasis ist vor allem die Informationsbasis eines Websystems und enthält die jeweiligen kundenbezogenen Daten zur Abwicklung von Dienstprozessen im Web. Komponenten sind hierbei die *Verbindungselemente, Such-* und *Recherchekomponenten, (autorisierte) Zugriffs-* und *Speicherungstechniken* spezieller Datenbanktechnologien sowie *Content-Management-Komponenten.*
- Der *Prozessbereich*: Dieser Bereich widmet sich der Operationalität im Websystem insgesamt. Dazu zählen Aspekte der verteilten Anwendung, der Synchronisation einer Darstellung oder Systemnutzung und der server- oder masterbezogenen Systemsteuerung. Komponenten für diesen Bereich sind *Transaktionsmanager, Prozessmanager* oder aber auch Komponenten eines allgemeinen *Controlling* von Industrieanlagen.

Zur beispielhaften Erläuterung des Entwurfs derartiger Komponenten wollen wir wiederum unser kleines Firmenbeispiel betrachten. Auf der Grundlage der Websystem-Spezifikation gehen wir von folgender Systemarchitektur aus:

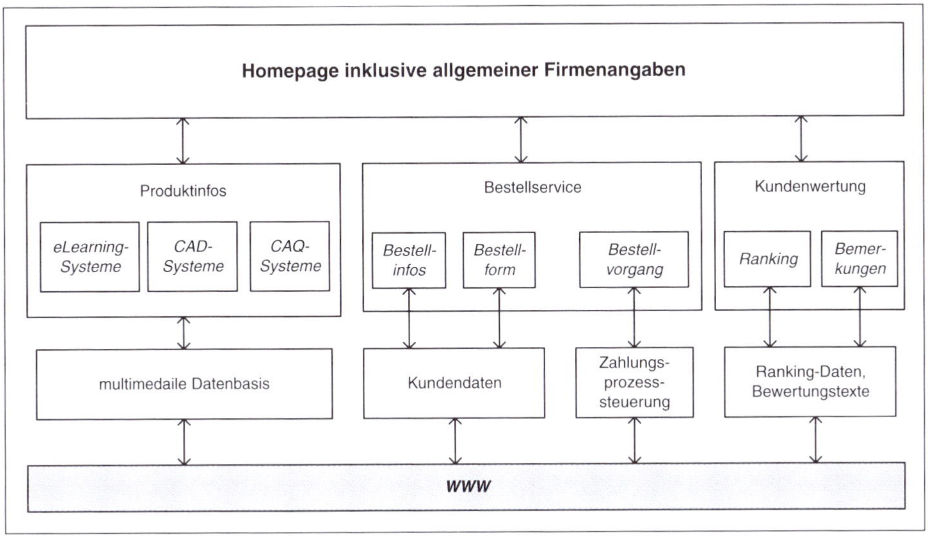

Abbildung 5.34: Komponentenarchitektur unseres Firmenbeispiels

Bei der Spezifikation unseres Firmenbeispiels haben wir bereits auf Gestaltungs- und Effizienzfragen bei der Systementwicklung hingewiesen. Im Rahmen des Websystem-Entwurfs wird nun das konkrete Layout festgelegt (siehe auch [Baumgardt 1999], [Constantine 2002], [Damer 1998], [Nobles 2001] oder [Powell 1998]). Unsere Homepage habe als Webseite die in Abbildung 5.35 dargestellte Form.

Mit diesem Layout haben wir gleichzeitig die allgemeine Form hinsichtlich Kopf- und Fußgestaltung für die anderen Webseiten festgelegt. Man beachte, dass ein Layoutentwurf normalerweise eine ***Layoutskizze*** darstellt, die vom Programmierer umzusetzen ist. Die Leistungsfähigkeit spezieller Entwicklungs-Tools bzw. die Einfachheit einer (HTML-) Dokumentenbeschreibung versetzt uns in die Lage, die Layoutentwürfe bereits zu implementieren, und zwar in der Form, dass das Layout soweit erforderlich zu erkennen, eine vollständige Funktionalität aber noch nicht vorhanden ist. So genannte „*tote Links*" sind hierbei keine Entwurfsfehler.

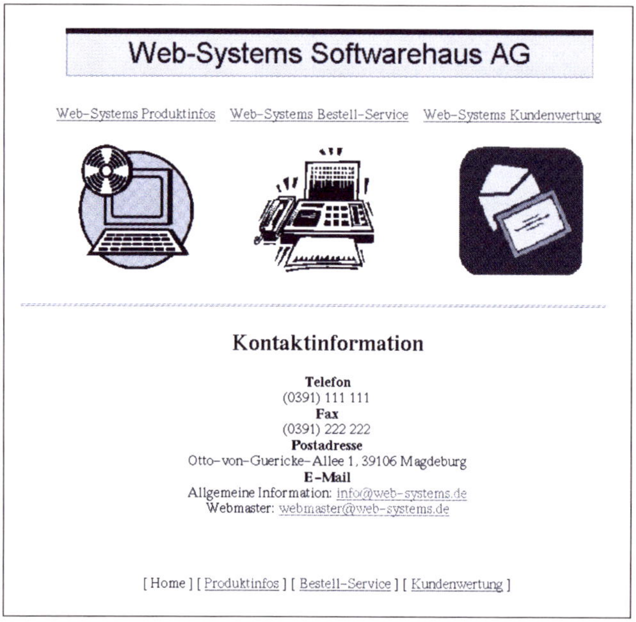

Abbildung 5.35: Homepage-Layout unseres Firmenbeispiels

Für die Softwareprodukte, die wir als Softwarehaus anbieten wollen, haben wir eine Eingrenzung auf drei Systemarten vorgenommen. Unsere Webseite, die auf unsere Produktausrichtung verweist, hat dann also beispielsweise den folgenden Inhalt:

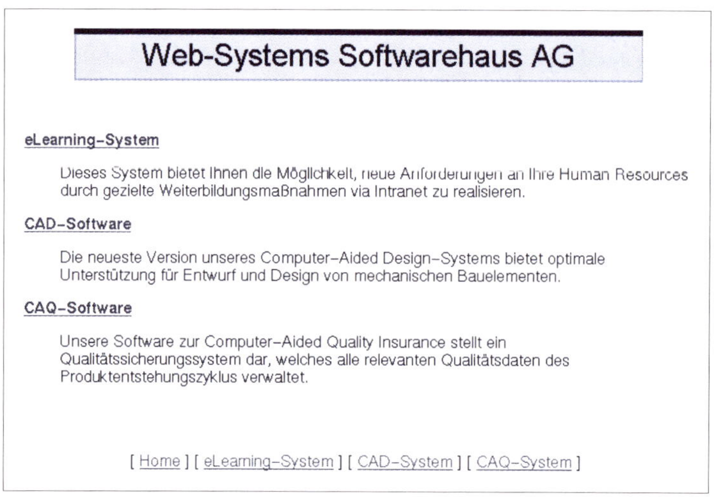

Abbildung 5.36: Produktangebot unseres Firmenbeispiels

Eine konkrete Angebotsseite unseres Kundendienstes habe dann beispielsweise das folgende Web-Seitenlayout:

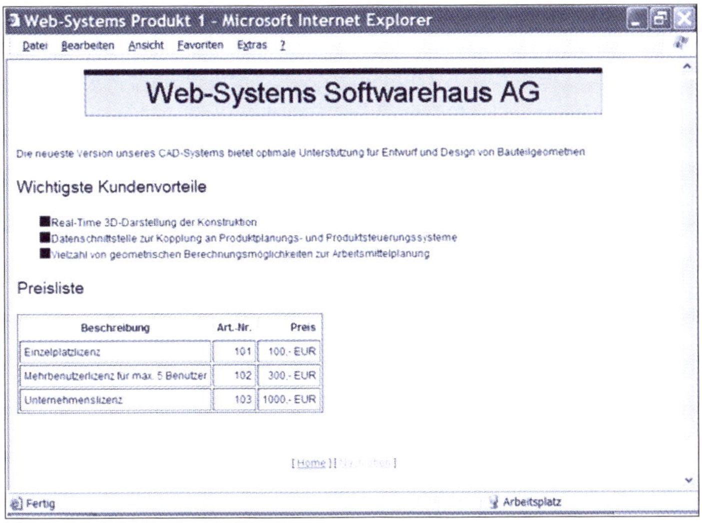

Abbildung 5.37: Angebotsseite unseres Firmenbeispiels

Aus dem Bereich des Bestelldienstes wählen wir das Beispiel des Bestellformulars aus und geben dafür das folgende Layout vor:

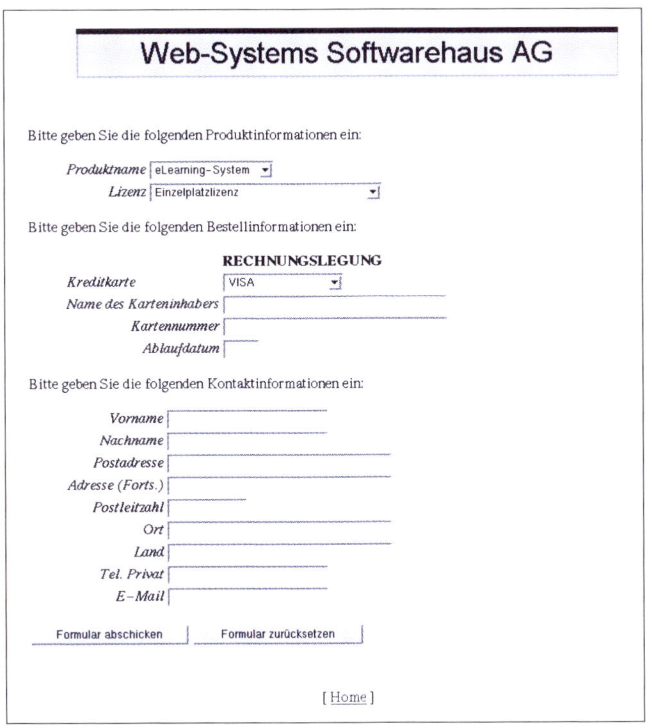

Abbildung 5.38: Bestellformular zu unserem Firmenbeispiel

Schließlich legen wir auch das Layout für eine mögliche Bewertung unseres Service durch den Kunden fest. Dabei verbinden wir die Bewertung in der Form eines so genannten Rankings mit der Möglichkeit, auch eine Kommentierung der Bewertung vorzunehmen. Die Aufforderung zur Bewertung habe dann zum Beispiel die folgende Form:

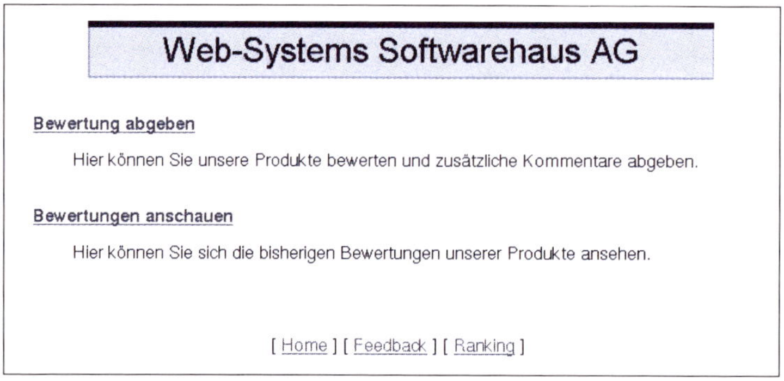

Abbildung 5.39: Auswahl zur Kundenwertung in unserem Firmenbeispiel

Wählt man die Abgabe einer Bewertung, so fordern wir den Kunden explizit zur Bewertung auf. Das Layout habe dann die folgende Form:

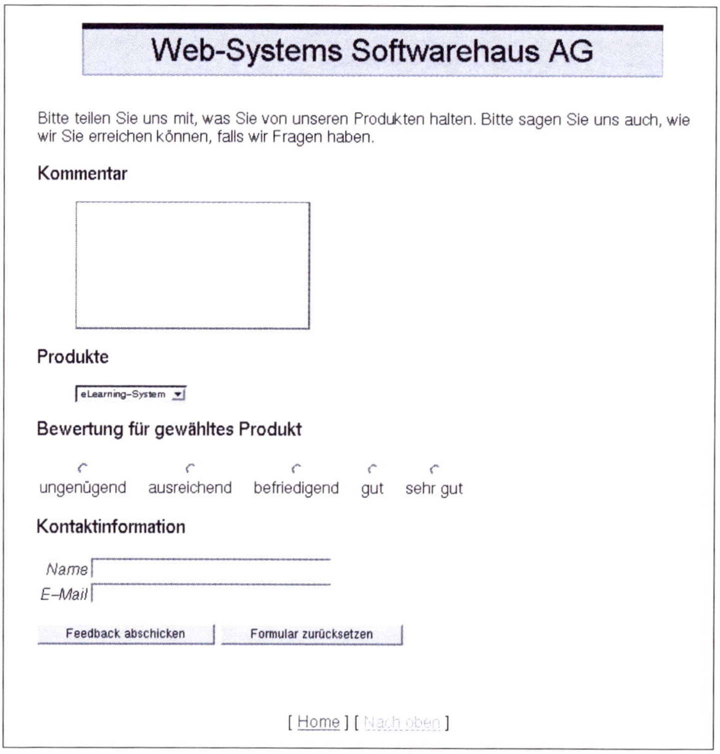

Abbildung 5.40: Webseite zum Ranking in unserem Firmenbeispiel

Schließlich kann der Kunde auch den (durchschnittlichen) laufenden Bewertungsstand ansehen. Das Layout legen wir wie in Abbildung 5.41 gezeigt fest.

Damit sind die wesentlichen Layoutvorgaben entworfen. Für die Datenbasis- und Prozessbereiche unseres Websystems ist eine analoge Vorgabe zu realisieren. Auf diese Details zu unserem Firmenbeispiel gehen wir hier allerdings nicht weiter ein.

Zum (Komponenten-)Entwurf gehört natürlich auch eine detaillierte Beschreibung der zu implementierenden Algorithmen. Im Web Engineering, bei dem es immer noch vorwiegend um Web-Dokumentgestaltung geht, stellen diese Vorgaben bereits die zuvor gezeigten Layoutbeispiele dar. Die Funktionalität ist ansonsten mit den dafür bewährten Techniken eines *Pseudocodes* oder auch *Struktogramms* zu entwerfen.

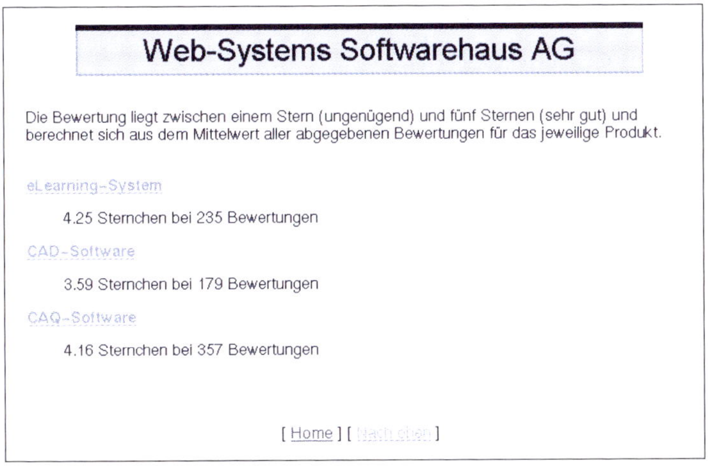

Abbildung 5.41: Kundenwertungsübersicht zu unserem Firmenbeispiel

5.5 Integrationsformen der Websystem-Komponenten

Nach der Behandlung von Webarchitekturen und den dafür notwendigen Komponenten wollen wir uns noch einmal explizit den verschiedenen Formen der Integration von Webkomponenten zuwenden. Im Allgemeinen werden folgende Techniken zur Integration eingesetzt (siehe [Griffel 1998], [Pfleeger 1998], [Sametinger 1997], [Schmietendorf 2002], [Sodhi 1999] oder auch [Wallnau 2002]):

- ***Systemtechnische Integration:*** Diese Integrationsform bezieht sich vor allem auf die Gewährleistung der Verbindungsmöglichkeit von Komponenten hinsichtlich ihrer Kommunikationsfähigkeit. Ein Beispiel hierfür ist die ***Aggregation*** von Komponenten durch eine *daten- oder steuerungsbezogene Interaktionsform.* Webtechnologien für diese Integrationsform sind unter anderem JDBC, WML, CGI oder WSDL. Ein Beispiel für die Aggregation ist in der folgenden Abbildung angegeben, das wir an dieser Stelle nicht weiter erläutern wollen.

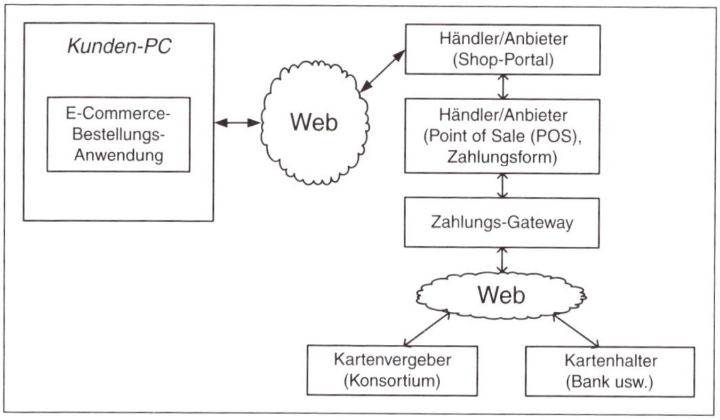

Abbildung 5.42: Beispiel einer Komponentenaggregation

- ***Modelltechnische Integration:*** Hierbei wird eine Integration auf Modellebene vorgenommen, die eine Abbildung verschiedener Modelle oder eine Einordnung in ein übergreifendes Modell sein kann. Beispiele hierfür sind die ***Komposition*** der Komponenten durch eine *einheitliche Präsentationsform* oder die ***Assoziation*** der Komponenten durch verschiedene *Vermittlungstechniken* wie Middleware oder Wrapper-Techniken. Web-Technologieformen hierzu sind RMI, EJB, ASP und SOAP. Ein Beispiel für eine Komposition zeigt die folgende Abbildung:

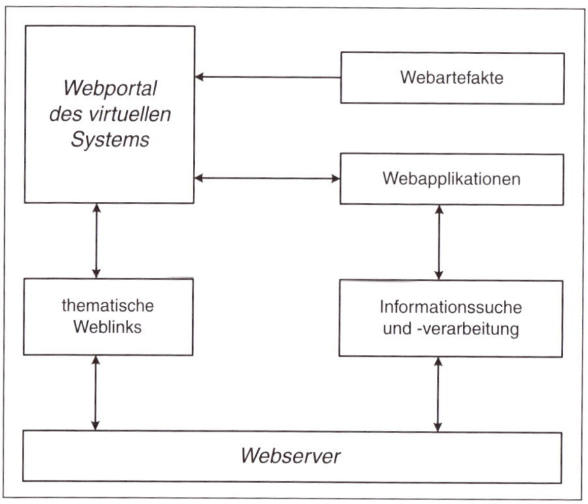

Abbildung 5.43: Beispiel einer Komponentenkomposition

- ***Prozesstechnische Integration:*** Bei dieser Integrationsform sind übergreifende Arbeitsvorgänge bzw. Prozesse möglich. Ein Beispiel für diese Integrationsform ist schließlich die ***Kooperation*** von Komponentenprozessen zur Lösung gemeinsamer Aufgaben. Webtechnologien für diese Integrationsform sind unter anderem J2EE, Jini, DAML+OIL und SunONE. Ein Beispiel zur Kooperation ist schließlich im Folgenden angegeben:

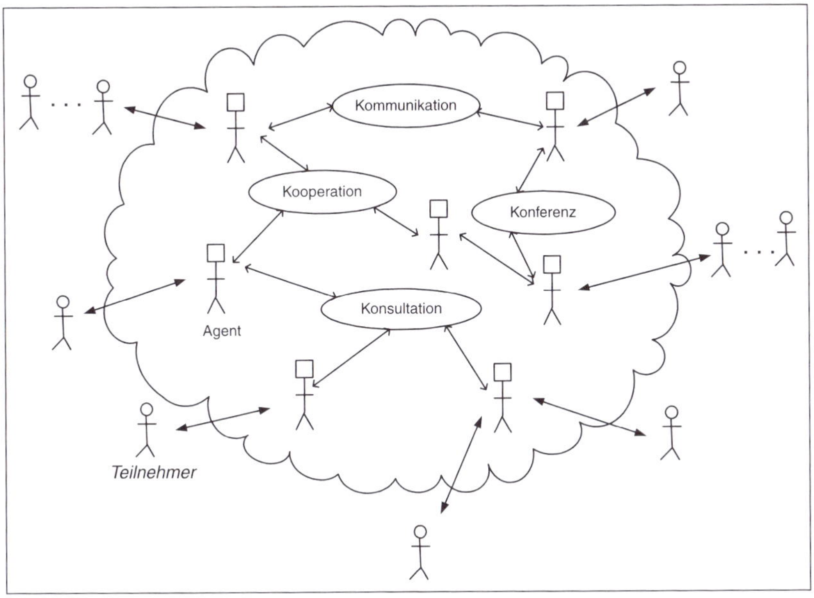

Abbildung 5.44: Beispiel einer Komponentenkooperation

Auf die Merkmale spezieller Integrationstechnologien sind wir bereits bei der Behandlung der Architekturgrundlagen eingegangen. Die Integration unter dem semantischen Aspekt einer Firmenlösung wird als ***Enterprise Application Integration (EAI)*** bezeichnet und charakterisiert ein gegenwärtig sehr stark beachtetes Forschungsgebiet und Anwendungsfeld (siehe [Reitz 2003]) für eine immer komplexere Gestaltung von webbasierten Unternehmensapplikationen zur Gewährleistung immer komplexerer Dienste für Kunden als Einzelpersonen, Zulieferfirmen oder Geschäftspartner überhaupt.

5.6 Qualitätsaspekte beim Websystem-Entwurf

Auch im Bereich des Entwurfs wollen wir auf ausgewählte Qualitätsaspekte und deren Umsetzung in dieser Entwicklungsphase der Websystem-Entwicklung eingehen. Wir betrachten dabei wiederum die Web-Security, die Web-Usability und die Web-Peformance.

5.6.1 Web Security-Entwurf

Bei der Spezifikation unseres Websystems haben wir die verschiedenen Verfahren und Modelle zur Sicherheit behandelt. Hierbei geht es nun um die anzuwendenden Technologien in diesem Umfeld. Zur Verdeutlichung der Problematik geben wir noch einmal eine allgemeine Übersicht zu kundenbezogenen Sicherheitsproblemen:

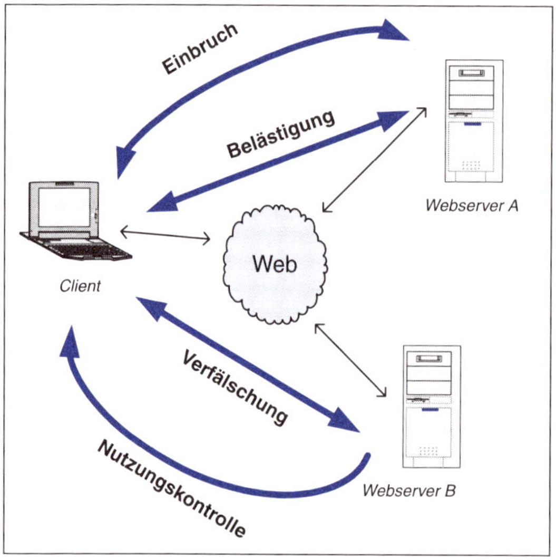

Abbildung 5.45: Sicherheitsprobleme beim Client

Für die Technologieauswahl beim Websystementwurf wollen wir nun ausgewählte Bereiche unserer Systemarchitektur betrachten (siehe [Oppliger 2000], [Pohlmann 2003] oder auch [Tanenbaum 2003]).

Eine erste Technologie ist der so genannte ***Passwort-Schutz***. Mögliche Implementationsformen hierfür sind beispielsweise:

- *HTTP-bezogener Schutz:* Zu Beginn einer HTTP-Anwendung wird eine Autorisierung in Form einer Passwortdefinition angegeben.
- *Betriebssystembezogener Schutz:* Beim Passwortschutz werden die Möglichkeiten des jeweiligen Betriebssystems für eine Passworteinstellung genutzt und implementiert.

Für eine weiterführende Berücksichtigung sicherheitstechnischer Aspekte wurde das ***S-HTTP*** *(Secure Hypertext Transfer Protocol)* entwickelt, auf das wir an dieser Stelle nicht weiter eingehen wollen.

Für die Sicherung unserer Webverbindung generell kann auf der Internetebene das so genannte ***Internet Security Protocol (ISP)*** verwendet werden. Hierbei handelt es sich um einen Sammelbegriff für spezielle Protokollformen, die die TCP/IP-basierte Verbindung auf der Grundlage besonderer Sicherheitsaspekte modifizierten. Abbildung 5.46 deutet grob an, was die Anwendung eines ISPs generell für die Architektur unseres kleinen Firmenbeispiels bedeutet.

Als besondere Form der Sicherheit kann mit den ISPs eine so genannte *Tunnelung* implementiert werden. Das bedeutet, dass wir gemeinsam und gleichzeitig mit anderen das Internet nutzen, unsere Verbindung aber dabei „eingekapselt" und somit abgesichert ist. Beispiele für konkrete ISPs, die wir allerdings hier nicht weiter erläutern wollen, sind das *Point-to-Point-Tunneling Protocol (PPTP)*, das *Internet Key Management Protocol (IKMP)*, das *IP Security Protocol (IPSP)* oder auch das *Network Layer Security Protocol (NLSP)*.

Protokolle bzw. Techniken zur Realisierung von Sicherheitsaspekten im Internet werden insgesamt als ***Internet Protocol Security Architecture (IPSec)*** zusammengefasst.

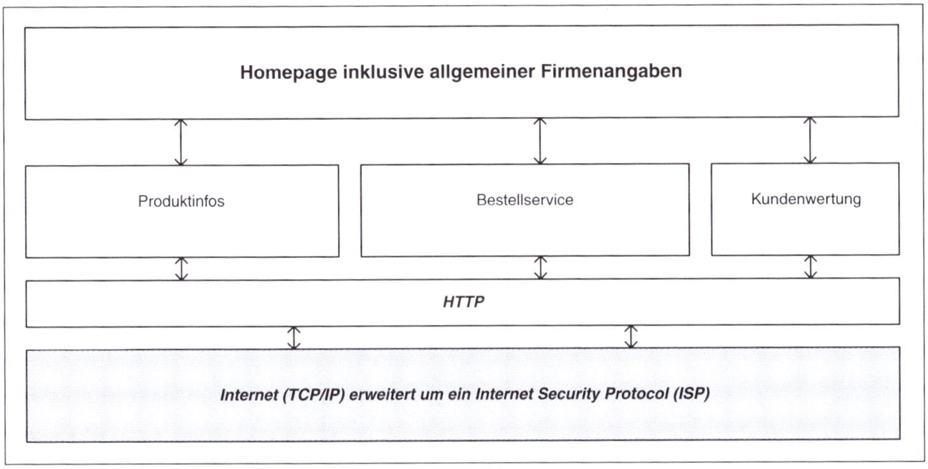

Abbildung 5.46: ISP-Anwendung in der Architektur unseres Firmenbeispiels

Als weitere Form der Verbindungssicherung kann die so genannte ***SSL*** *(Secure Sockets Layer)* mit der neueren Bezeichnung als ***TLS*** *(Transport Layer Security)* angewendet werden. Das SSL ist oberhalb der Transportschicht in unserem Web angesiedelt und ermöglicht somit eine flexible Beeinflussung der Internetverbindung hinsichtlich Filterung, Verschlüsselung und den dafür notwendigen Kontrollmechanismen. Die folgende Abbildung verdeutlicht diesen Entwurfsaspekt im Rahmen unseres kleinen Firmenbeispiels zur Webpräsenz.

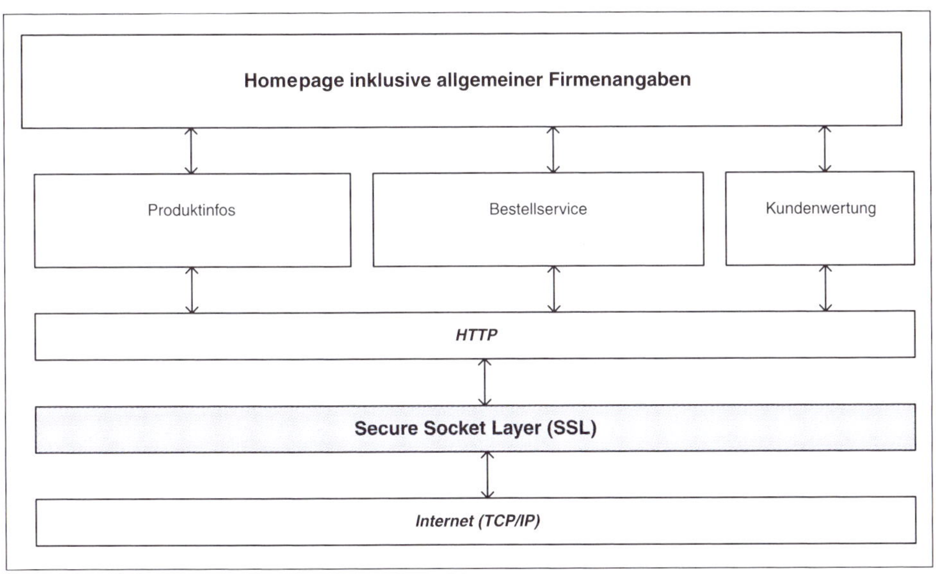

Abbildung 5.47: SSL-Anwendung in unserer Web-Firmenpräsenz

Wir setzen also auf das Internet einen „Sockel" (*Socket*) auf, der die sicherheitsrelevanten Techniken enthält und umsetzt. Der Vorteil des SSL besteht in einer „grundlegenden" Sicherung, die im Prinzip keine Änderung der Komponenten unserer Anwendung erfordert. Clientseitig besteht die Möglichkeit, in den Webbrowsern, wie dem *Netscape Navigator* oder dem *Internet Explorer*, dann die entsprechenden Einstellungen vorzunehmen.

Eine weitere Technologie zur Websystem-Sicherung sind die so genannten ***Firewalls***. Die grundlegende Form einer Firewall-Anwendung zeigt uns die folgende Abbildung:

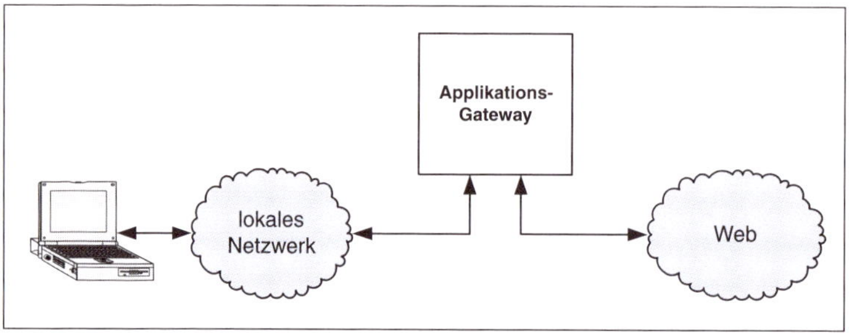

Abbildung 5.48: Architektur einer Firewall-Anwendung

Das *Applikations-Gateway* sichert unser Netz in diesem Fall auf höchster Ebene und unterbricht die ungewollte Nutzung einer Applikation sowie die durch die Applikation initiierten Dienste konsequent. Je nach dem Schichtniveau unseres Netzes kann man sich dabei natürlich auch andere Firewalls vorstellen. So dienen beispielsweise auf der Internetebene die so *genannten Packet-Filter* der Aussonderung unerwünschter Dienstkomponenten jeglicher Art.

Eine spezielle Realisierungsform von Firewalls ist der so genannte *Proxy Server*. Man dupliziert gewissermaßen vorhandene Server in der Weise, dass diese dann ausschließlich Sicherheitsaufgaben übernehmen. Die Konfiguration bzw. „Einstellung" derartiger Firewalls ist wiederum mittels der üblichen Webbrowser möglich.

In der Applikationsebene selbst können natürlich auch über *operationale Komponenten* Sicherheitsfunktionen implementiert werden. In diesem Fall ist unsere Architektur mit derartigen Elementen zu erweitern. Beispiele für derartige operationale Komponenten sind die *Security Shells (SSH)* oder auch die allgemeinen Scriptsprachen-Technologien, wie *ASP* und *JSP*. Eine derartige Architekturergänzung für unser Firmenpräsenzbeispiel zeigt uns Abbildung 5.49.

Schließlich wollen wir noch kurz ein allgemeines Sicherheitskonzept charakterisieren, und zwar das des ***Virtual Private Network (VPN)***. Es handelt sich hierbei um eine Form des Extranets, bei dem auch die bisher genannten Technologien zur Anwendung kommen können. Dabei wird das Web als geschützte Dienstbasis für ausgewählte Nutzer auf der Grundlage spezieller Tunnelungstechniken verwendet (siehe Abbildung 5.49).

Wir weisen an dieser Stelle wiederum darauf hin, dass wir auf ausgewählte Formen zur Realisierung der oben genannten Technologien erst im folgenden Kapitel eingehen werden.

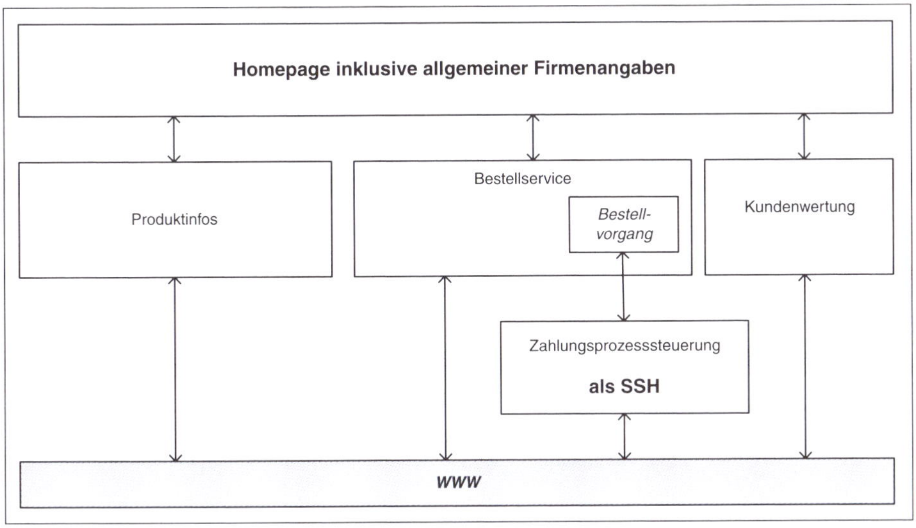

Abbildung 5.49: Sicherheitsbezogene Ergänzung unserer Beispielarchitektur

5.6.2 Web Usability-Entwurf

Beim Entwurf unseres Websystems haben wir bereits die Layoutentscheidungen zu treffen. Im Kapitel zur Spezifikation haben wir dafür beispielsweise *Experimente* vorgesehen, die wir im Verlauf der Entwicklung oder zu Beginn der Anwendung mit ausgewählten Nutzern realisieren. Allerdings gibt es bereits auch Erfahrungen auf diesem Gebiet des *Webdesigns*, die wir natürlich nutzen können und sollten (siehe auch [Baumgardt 1999], [Constantine 2002], [Damer 1998], [Packer 2001] oder [Palmer 2002]). Die folgende Abbildung zeigt einige dieser zu treffenden Layoutentscheidungen für unser Firmenpräsenzbeispiel.

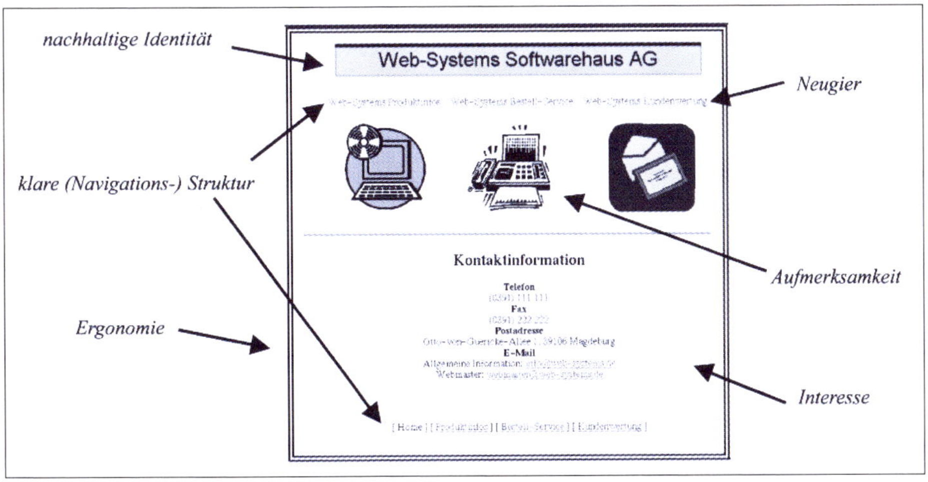

Abbildung 5.50: Bewertetes Homepage-Layout unseres Firmenbeispiels

Wir überlassen es dem Leser, den Grad der Erfüllung dieser Merkmale an unserem Beispiel zu bewerten bzw. einzuschätzen. Für eine *aktive Usability* ergeben sich weitere Designentscheidungen, die eine kundenbezogene Ausrichtung der Dienste sowie eine proaktive Kundenbetreuung betreffen. Für unser kleines Firmenbeispiel könnte dies etwa die Einrichtung einer besonderen Bestellform für so genannte *Stammkunden* sein. Die folgende Architekturdarstellung deutet diesen Entwurfsaspekt an:

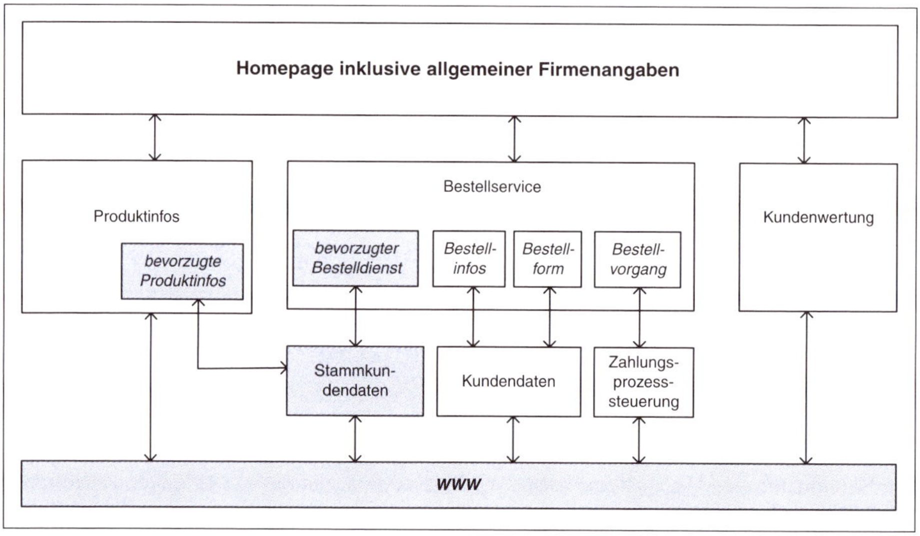

Abbildung 5.51: Architektur unseres Firmenbeispiels mit der Berücksichtigung von Stammkunden

Damit haben wir die wesentlichen Bereiche einer Web Usability für den Entwurf eines dokumentenbasierten Websystems aufgezeigt. Für weitere, insbesondere operationale Websysteme gelten zumindest für das Layout bzw. die Nutzerführung ähnliche Aspekte und Bewertungsindikatoren.

5.6.3 Web-Performance-Entwurf

Bezüglich der Leistungsfähigkeit bzw. der Leistungsanforderungen der jeweiligen Komponenten unseres Websystems haben wir bei der konkreten Technologieauswahl wichtige Entwurfsentscheidungen zu treffen. Beispielsweise ist es insbesondere bei ***multimedialen Komponenten*** wichtig, welche Darstellungsform gewählt wird bzw. erforderlich ist, um den Nutzeranforderungen gerecht zu werden. Tabelle 5.1 verdeutlicht einige dieser Aspekte (siehe [Chang 2000] und [Schifman 1999]).

Leistungsanforderungen bei multimedialen Komponenten wirken sich also teilweise sehr erheblich auf den Ressourcenbedarf aus.

Inhalt	Darstellungsform	Größe
100 Seiten Text	ASCII-Text RTF Text als Bild	250 KB 300 KB 6 MB
10 Minuten Audio	8-Bit, 11KHz mono 16-Bit, 44 kHz stereo	6,67 MB 106 MB
Bilder (640 x 480 Pixel)	1-Bit, s/w 8-Bit, 256 Farben 24-Bit, 16,7 Mio Farben	38 KB 300 KB 900 KB
Quicktime-Video (10 sec, 320 x 240 Pixel)	10 Bilder/sec 15 Bilder/sec	20 MB 30 MB
Quicktime-Video (komprimiert)	10 Bilder/sec	2 MB

Tabelle 5.1: Speicherplatzanforderungen für ausgewählte Medien

Ein weiterer Aspekt zur Performance ergibt sich insbesondere bei ***aktiven Komponenten*** in der Hinsicht, dass die *Ad-hoc-Bereitstellung* beispielsweise bei den Servlets und die für diese Komponentenart fast ausschließlich verwendete *Interpretationstechnik* zusätzlichen Zeitbedarf erfordern (siehe [Menasce 1998] oder auch [Iyengar 2000]). Wenn die gewählte Technologie weitere umfangreiche Dienste für den Aufbau verteilter Webanwendungen zur Verfügung stellt, sind die leistungsbezogenen Merkmale zumeist nur experimentell zu bestimmen. Neben der experimentellen Analyse der eigenen Anwendung durch eine entsprechende Instrumentierung (*Performance-Messpunkte*) bieten sich für diese Aufgabenstellungen auch entsprechende Standard-Benchmarks, wie sie z. B. vom *TPC (Transaction Processing Council)* oder der *SPEC (Standard Performance Evaluation Co-operation)* angeboten werden, an (siehe auch [Hopfer 2001]). Im Folgenden finden sich einige ausgewählte Beispiele von Benchmarks, die sich speziell der Web-Performance widmen:

- *SPEC JVM 98:* Die SPECjvm98-Benchmark enthält acht unterschiedliche Tests, wovon fünf direkt aus realen Anwendungen übernommen wurden.
- *SPECjbb2000:* Die Java-Business-Benchmark bietet die Performance-Analyse einer dreischichtigen Client-/Server-Applikation und fokussiert insbesondere auf die Serverimplementierung.
- *SPECweb99:* Diese Benchmark bietet Performance-Aussagen zu allen derzeit verfügbaren Webservern (z. B. Microsoft IIS, Apache) unter einem definierten *Lastmix,* welcher durch browserorientierte Interaktionen repräsentiert wird.
- *SPECjAppServer2002:* Die Java-Application-Server-bezogene Benchmark vermisst die Performance von J2EE-konformen Applikationsservern und verwendet dabei eine komplette webbasierte Applikation.
- *TPC-W:* Gemessen werden durch diese Benchmark die Webinteraktionen pro Sekunde. Dabei wird ein Online-Shop zugrunde gelegt und es werden die entsprechenden Nutzerinteraktionen simuliert.

Die folgende Abbildung zeigt uns eine Performance-Messung mit dem SPEC JVM 98 auf der Grundlage realer Leistungsparameter:

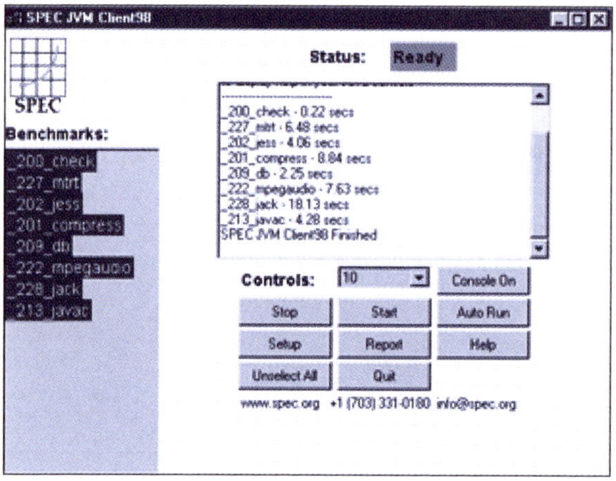

Abbildung 5.52: Performance-Analyse der virtuellen Java-Maschine mit Hilfe des SPEC JVM 98

Die Ergebnisse dieser Benchmarks können so zur Abschätzung der Performance der eigenen Webkomponente auf der Basis eines Analogieschlusses herangezogen werden. Darüber hinaus können eigene Benchmarks in Anlehnung an die Vorgehensweise der Standard-Benchmarks implementiert werden. Ebenso können durch die Verwendung dieser Benchmarks ressourcenseitige Anforderungen an Hardware und Systemsoftware determiniert werden.

Generell sind folgende Untersuchungen zu den konkreten Technologien beim Entwurf durchzuführen und gemäß den Systemanforderungen als Entscheidungshilfe zu nutzen (siehe [Dumke 2001a], [Erdogmus 2002], [Lilja 2000], [Menasce 1998], [Rubner 2001], [Terplan 2000]):

- *Die Leistungsfähigkeit der Webverbindung:* Hierbei geht es um die konkrete Netztechnologie, die gewählten Verbindungsprotokolle und die vorgesehenen Sicherheitstechnologien für die Websystemverbindung.
- *Das Leistungsverhalten der Webverbindung:* Dieser Aspekt berücksichtigt insbesondere das Nutzer- und Nutzungsverhalten unserer Transportverbindung und bestimmt kritische Momente, wie zum Beispiel den *PeakPageRequest* als höchste Zugriffsanforderung auf unsere Webseiten.
- *Die Leistungsfähigkeit der Dienstbereitstellung:* Dazu zählt die Effizienz einer Serverarchitektur in den verschiedensten Dienstausprägungen und (weltweiten) Verteilungsformen, wie zum Beispiel als Serverfarm, Grid und anderes mehr.
- *Die Leistungsfähigkeit der Systemkomponenten:* Hierbei bezieht man die jeweilige Implementationsform bzw. Programmierungstechnologie für die Komponenten und ihre mehr oder weniger umfangreiche Einordnung in eine Websystem-Technologie mit ein, wie beispielsweise J2EE oder .NET.

- *Der Leistungsbedarf für die Komponentenbildung:* Dieser Aspekt betrifft die funktionale Einordnung der Komponente in das Websystem und die sich daraus ergebenden Leistungsanforderungen an das System insgesamt.
- *Die Leistungsfähigkeit der Komponentenverbindung:* Das betrifft die vorgesehene Technologie für die Verbindung der jeweiligen Systemkomponenten, die bei komplexen Technologien, wie zum Beispiel J2EE, besonders schwierig abzuschätzen ist.
- *Die Leistungsfähigkeit der Datenbasis:* Dabei geht es um das Leistungsverhalten der jeweiligen Daten, die auch multimedialen Charakter haben können, im Zusammenhang mit der gewählten Speicherungs- und Zugriffsform,

Auf die Leistungsmessung gehen wir im Zusammenhang mit den CASE-Tools in Kapitel 11 noch einmal näher ein.

5.6.4 Die Qualität des Websystementwurfs selbst

Zum Abschluss dieses Kapitels widmen wir uns wiederum den qualitativen Eigenschaften der Ergebnisse dieser Entwicklungsphase. Wir haben in dieser Phase vor allem die *plattformbezogenen Anforderungen* umgesetzt und dabei wichtige Entscheidungen für die künftige Ausrichtung unseres Websystems getroffen. Dazu zählen insbesondere:

- Die Festlegung des Paradigmas impliziert eine mögliche Einschränkung auf Technologien, die künftig bedeutungsvoll bleiben oder auch nicht. Die folgende Abbildung zeigt ausgewählte Technologietrends (siehe [Huhns 2002a] oder auch [Siau 2003]):

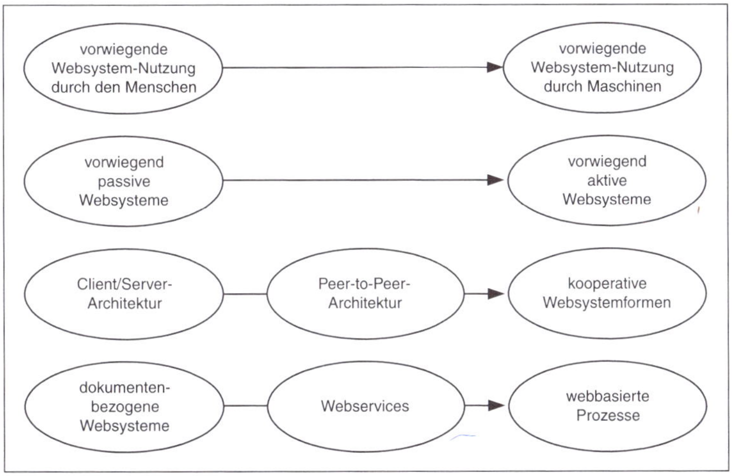

Abbildung 5.53: Trends von Webtechnologien

- Die Ausrichtung auf eine spezielle Firmenbezogenheit wirkt sich auf die weitere Systemgestaltung insbesondere hinsichtlich der Versionsbezogenheit, der Kompatibilitätsaspekte sowie der unter Umständen entstehenden Restriktionen für die Systemanwendung aus (siehe [Clark 2001] oder auch [Fremantle 2002]).

Bei der Prüfung der Korrektheit unserer Entwurfsergebnisse handelt es sich vom Prinzip her um eine ***Verifikation***. Das bedeutet, dass wir die korrekte Erfassung der Nutzerwünsche in der Spezifikation voraussetzen (als Validation unseres Websystems) und eine vollständige und inhaltlich korrekte Überführung der Modelle in die technologiebezogenen Systemarchitekturen gewährleisten. Als ***Ergebnis der Websystem-Entwurfsphase*** erhalten wir schließlich:

- den *Websystementwurf* mit den dazugehörigen Architekturmodellen und Implementationsvorgaben für die Komponenten
- das *verfeinerte Testkonzept*, welches die bereits definierten funktionalen Testfälle aus der Spezifikation erweitert und die Anforderungen aus den Strukturen zur Systemarchitektur berücksichtigt
- den ersten Entwurf einer *Entwicklerdokumentation*, die alle notwendigen Details für eine Systempflege zusammenfasst
- eine ergänzte *Anwenderdokumentation*, die die Spezifika der Plattformausrichtung berücksichtigt
- ein ergänztes *Einsatzkonzept* zur Anwendung unseres Websystems mit den systemtechnischen Voraussetzungen für dessen Nutzung

Damit sind die Voraussetzungen gegeben, unser Websystem in einer speziellen Programmiersprache und auf einer speziellen Plattform explizit zu realisieren und damit anwendbar zu gestalten.

Übungsaufgaben

1. Charakterisieren Sie die Unterschiede zwischen einem Websystem-Modell und einer Websystem-Architektur.
2. Formulieren Sie für die Komponenten der Produktinfos und des Bestellservice für unser Firmenpräsenzbeispiel jeweils ein Komponentendiagramm.
3. Übertragen Sie die in Aufgabe 72 erstellten Komponentendiagramme in ein Verteilungsdiagramm.
4. Erläutern Sie die Designentscheidungen zum Paradigma, zur Kompatibilität und zur Produktlinie jeweils an einem Beispiel eines Webbrowsers und eines Werbservers.
5. Welche Vorteile bieten Web-Cache-Hierarchien in Serverfarmen?
6. Geben Sie konkrete Beispiele für die Varianten einer n-Tier-Architektur in Abbildung 5.12 an.
7. Nennen Sie XML-basierte Sprachen und deren Anwendungsmöglichkeiten in Websystemen.
8. Welche allgemeinen und konkreten Verbindungsformen zwischen Webservern und Datenbank-Servern werden normalerweise genutzt?

9. Erläutern Sie die funktionellen Grundlagen einer allgemeinen Webservice-Schichtenarchitektur.
10. Ergänzen Sie das Sequenzdiagramm zur Webservice-Nutzung in Abbildung 5.18 um weitere Webserver.
11. Erläutern Sie die MAS-Schichtenarchitektur zur Gerätesteuerung in Abbildung 5.22 anhand konkreter industrieller Beispiele.
12. Welche Grundintentionen besitzt die Jini-Technologie?
13. Charakterisieren Sie wesentliche Unterschiede zwischen den Entwurfsstrategien *Bottom-up* und *Hardest-first*.
14. Erläutern Sie den Begriff der Websystem-Konfiguration und charakterisieren Sie Techniken zu einer Ad-hoc-Konfiguration.
15. Welche technologischen Hilfsmittel stehen für eine Komponentenwiederverwendung zur Verfügung?
16. Führen Sie die Verfeinerung des B-COTS-Diagramms in Abbildung 5.27 bis zu einer konkreten Technologie und Komponente weiter.
17. Welche Aufgaben muss ein Content-Management-System erfüllen?
18. Was versteht man unter Abwärts- und Aufwärtskompatibilität?
19. Durch welche Entwurfsentscheidungen ist die Anwendung multimedialer Komponenten für die Websystem-Entwicklung geprägt?
20. Welche Aufgaben sind durch ein *Component System Engineering* und ein *Application Engineering* zu erfüllen?
21. Geben Sie zu den Layoutangaben unseres Firmenpräsenzbeispiels (Abbildungen 5.35 bis 5.41) die erforderlichen Implementationsvorgaben an.
22. Charakterisieren Sie den Unterschied zwischen system- und modelltechnischer Integration von Komponenten an konkreten Websystembeispielen.
23. Welche Sicherheitsaufgaben bearbeiten das ISP, das SSL und die SSH?
24. Ergänzen Sie die Architektur unseres Firmenbeispiels in Abbildung 5.51 um weitere Komponenten zur aktiven Usability.
25. Charakterisieren Sie die verschiedenen Performance-Ausprägungen der Komponenten eines allgemeinen Websystems.

Kapitel 6 Implementation von Websystemen

Nach den Entwurfsgrundlagen wollen wir uns nun der eigentlichen Implementation eines Websystems mit den dazu gehörigen Technologien zuwenden. Wir definieren:

> *Die **Websystem-Implementation** ist die Umsetzung der Entwurfsergebnisse in ein programmiertes, auf spezieller Hardware oder Hardwareklassen abarbeitbares Websystem und vollzieht sich in den Phasen der Kodierung, des Tests, der Integration und der Installation.*

Dabei spielt die jeweilige Implementationssprache bzw. Programmierungssprache eine wesentliche Rolle. Während wir für die Implementation von Dokumenten in erster Linie *Präsentationssprachen* einsetzen, verwenden wir für unsere operationellen Komponenten *Programmiersprachen* „im üblichen Sinne". Allerdings wünschen wir uns dabei sprachliche Mittel, die unmittelbar auf die Technologien unseres Webs Bezug nehmen bzw. eine einfache Webanwendung „direkt" implementieren. Dafür verwendet man so genannte Programmierumgebungen, auf die wir im Kapitel 11 noch einmal näher eingehen werden.

In der ersten Phase der Implementation – der ***Kodierung*** – geht es um die Erstellung des Programmcodes aus den Vorgaben des Websystem-Entwurfs. Das Ergebnis unserer Kodierung bezeichnet man als *Quelltext* oder auch *Quellcode*. Im Allgemeinen werden bei der Kodierung folgende Techniken angewandt:

- *Editieren:* Dabei wird der Quelltext grundsätzlich Tool-gestützt Zeile für Zeile manuell erfasst und ggf. durch den Editor aufgrund erster syntaktischer Kontrollen überprüft.
- *Generieren:* Diese Form der Quellcode-Erstellung setzt ein entsprechendes Tool voraus, welches aus Quellcodemuster und spezieller Parameterwerte den Quellcode erzeugt. Eine andere Form ist die Erzeugung des Quellcodes durch vorgegebene, symbolische *Konstruktbeschreibungen* innerhalb einer Programmierumgebung, die wir in Kapitel 11 zu den CASE-Tools noch ausführlich behandeln werden.
- *Anpassen:* Das Anpassen setzt expliziten Quellcode voraus und ist eine Form der mehr oder weniger umfangreichen Wiederverwendung. Die Webbrowser enthalten zumeist eine derartige Funktionalität, bei der zunächst das HTML-Quelltext-File bereitgestellt wird und dann eine Anpassung vorgenommen werden kann. Generell kann es sich hierbei auch um ein Grundprinzip der objektorientierten Programmierung handeln, bei der uns umfangreiche Klassenbibliotheken zur Verfügung stehen, die wir unserer Problemstellung anpassen können.
- *Übernehmen:* Dabei haben wir bereits vorhandene Lösungen oder Lösungsteile unseres Websystems in implementierter Form vorliegen. Die Anwendung von Asset-Bibliotheken ist eine typische Form dieser Kodierungsart. In Webbrowsern können wir durch

das Ansehen des Quellcodes (*View Source Code*) und dessen Markieren ein einfaches Übernehmen realisieren, sollten dies allerdings nur mit unseren eigenen Lösungen tun.

Die Art der Kodierung, das gewählte Programmierparadigma und die Formen der Übersetzung bzw. Verarbeitung bilden insgesamt die so genannte ***Programmierungstechnik***. Abbildung 6.1 zeigt ausgewählte Techniken der Programmentwicklung und -abarbeitung, die insbesondere für das Web Engineering relevant sind. Die Phase der Kodierung zeigt hierbei die Editierung mit ggf. vordefinierten Quellcode-Elementen sowie die Quellcode-Generierung. Für den erhaltenen Quellcode bestehen dann zwei grundsätzliche Arten der Weiterverarbeitung: Zum einen die ***Programminterpretation*** und zum anderen die ***Programmübersetzung***. Bei der Interpretation wird der Quellcode Anweisung für Anweisung analysiert und „unmittelbar" ausgeführt. Dieser Vorgang ist zumeist sehr zeitaufwändig. Daher wird insbesondere bei objektbasierten Paradigmen eine Vorübersetzung eingeschoben, die unter anderem mehrere Anweisungsblöcke zusammenfasst und insgesamt eine effizientere Interpretation ermöglicht. Die hier betrachtete Programmiersprache Java (s. u.) arbeitet nach diesem Prinzip.

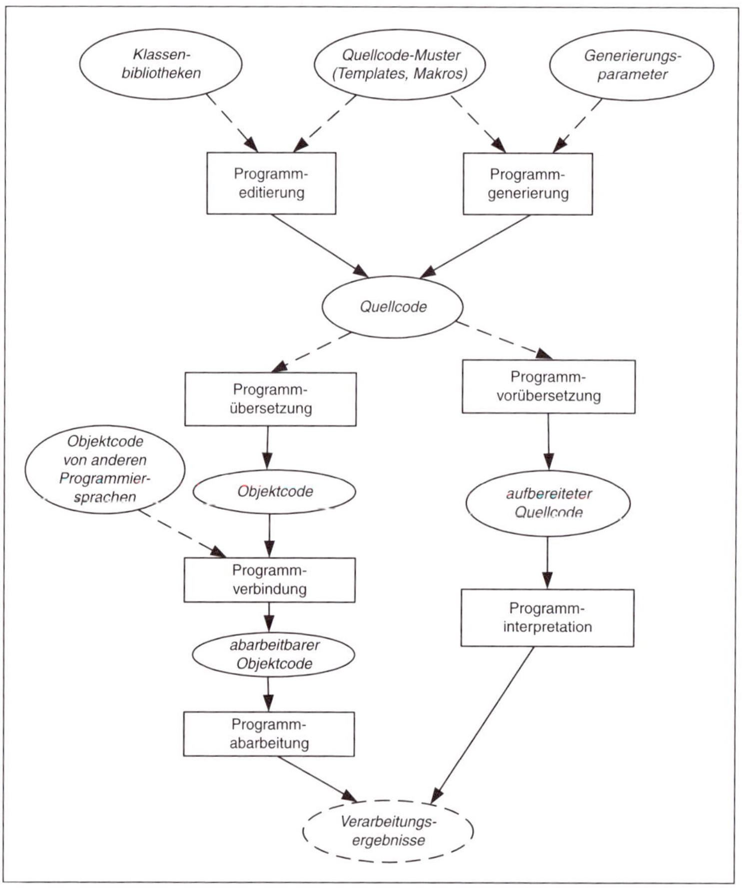

Abbildung 6.1: Ausgewählte Programmierungstechniken

Bei einer Programmübersetzung entsteht so genannter Objektcode, der mit Objektcode aus anderen Programmiersprachen „verbunden" werden kann, um dann schließlich vom Supervisor bzw. Monitorprogramm des jeweiligen Betriebssystems abgearbeitet zu werden. Diese Programmierungstechnik ist in der Abarbeitung sehr effizient, ermöglicht allerdings weniger Flexibilität in „dynamischen" Verarbeitungsumgebungen. Diese Dynamik ist insbesondere bei Ad-hoc-Techniken (s. o.) erforderlich.

Ein weiterer wichtiger Aspekt bei der Kodierung sind die so genannten ***Programmierkonventionen***. Dabei handelt es sich um Richtlinien bzw. Vorgaben für die Form, die Struktur und den Inhalt des zu erstellenden Quelltextes. Beispiele für derartige Konventionsformen sind:

- *Namenskonventionen:* Dabei wird die Namensbildung in den Programmen und insbesondere für die Quelltext-Files nach einem allgemeinen Schema festgelegt, um an der Mnemonik beispielsweise Inhalte, Entwickler und Versionen zu erkennen.
- *Kommentierungskonventionen:* Bei diesen Richtlinien werden die Art und Menge einer Programmkommentierung festgelegt, um beispielsweise der Entwicklungsdokumentation einen „selbstdokumentierenden" Charakter zu verleihen.
- *Strukturkonventionen:* Hierbei werden Vorschriften für die Programmstruktur angewandt. Für Webdokumente können dies auch so genannte *Navigationskonventionen* darstellen, die umgesetzt dem Nutzer ein einfaches, einheitliches Navigieren ermöglichen.

Derartige Konventionen sollten sich an bereits vorhandene Richtlinien, wie etwa die „ausführliche" Namensbildung bei der objektorientierten Programmierung, orientieren und in einem Web-Entwicklungsumfeld konsequent eingesetzt werden.

Die weiteren Phasen der Implementation – der Test, die Integration und die Installation – wollen wir anhand ausgewählter Web-Implementationssprachen im Folgenden behandeln. Den Test unserer Websystem-Komponenten und unseres Websystems insgesamt behandeln wir ausführlich in einem gesonderten Abschnitt am Ende dieses Kapitels. Dabei gehen wir zunächst auf die wesentlichsten Dokumentationssprachen ein, zeigen die Handhabung ausgewählter Skriptsprachen und widmen uns dann einigen Java-Technologien, die insbesondere für die Websystem-Implementation besondere Bedeutung haben.

6.1 Dokumentensprachen

6.1.1 Strukturelle Grundlagen von HTML

Wir haben die Entstehung und die grundlegende Bedeutung der HTML (*Hypertext Markup Language*) für das Anzeigen von Dokumentseiten als *Präsentation* bereits beschrieben (siehe [Berners-Lee 1999], [Deitel 2002] [Nobles 2001] oder auch [Powell 1998]). Als Sprachform hat man hierbei zunächst die klassische *Kommandoschreibweise* verwendet. Danach hat ein HTML-Dokument die folgende Grundstruktur:

```
<HTML>
<HEAD>
  <TITLE> ...  </TITLE>
</HEAD>
<BODY>

 .  .  .

</BODY>
</HTML>
```

Die Steuerzeichen sind in spitzen Klammern eingebettet und haben im Allgemeinen einen Strukturanfang und ein mit "/" gekennzeichnetes Strukturende. Sie werden auch als ***Tag*** bezeichnet. In der Dokumentbeschreibung sind im Kopf (*head*) Angaben zum HTML-Editor, zu verwendeten Textmustern und zur speziellen inhaltlichen Charakterisierung vorhanden. Die eigentliche Dokumentbeschreibung ist im Rumpf (*body*) angegeben. Die folgende Übersicht fasst die sprachlichen Grundlagen der HTML in grober Form zusammen:

Kopfelemente:	**Schriftelemente:**	**Seitenkomponenten:**
- Titelangabe, *- Editorangaben,* *- Schlüsselwortangaben,* *- Stilbeschreibungen*	*- Schriftgröße,* *- Farbe,* *- Zitate,* *- laufende Schrift*	*- Bilder,* *- Animationen,* *- Formulare,* *- Applets*
Seitenstrukturelemente:	**Referenzierungen:**	**Serverinteraktionen:**
- Überschriften, *- Blockformen,* *- Listenformen,* *- Tabellen,* *- Strukturlinien*	*- interne Links,* *- externe Links,* *- FTPs,* *- E-Mails,* *- Telnet*	*- ereignisbezogene Bilder,* *- Suchindexangaben,* *- Skriptbezüge,* *- Servlets*

Abbildung 6.2: Grundelemente der HTML

Wir wollen uns hier an unser Firmenpräsenzbeispiel erinnern und den HTML-Text für unsere Homepage explizit angeben. Die Seite selbst hatte das folgende Layout:

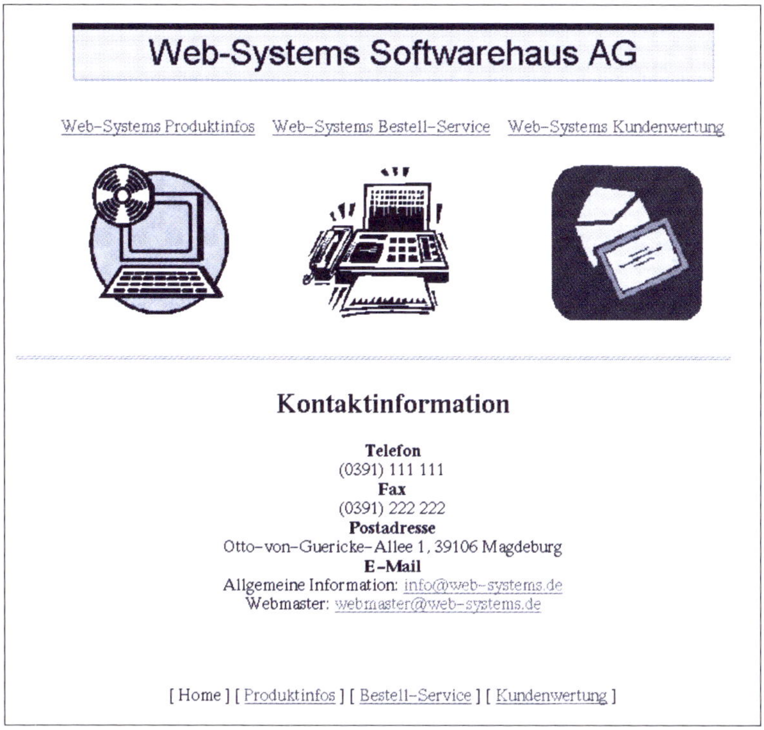

Abbildung 6.3: Homepage unseres Firmenbeispiels

Der entsprechende HTML-Quelltext, den wir ein wenig vereinfacht haben, lautet dann für unsere Homepage:

```
<html>
<head>
<title>Homepage</title>
</head>
<!--------------- Beginn des Rumpfes ---------------------------->
<!--------------- Kopfzeile mit dem Firmenlogo ------------------>
<body>
<center><img src="Firmenlogo.gif" width="599" height="53"></p>

<!--------------- drei Verweise zu den Diensten ----------------->

<a href="products.htm">Web-Systems Produktinfos</a>
   
<a href="bestellung.htm">Web-Systems Bestell-Service</a>
   
<a href="kunden.htm">Web-Systems Kundenwertung</a></p>

<!--------------- die drei Bilder ------------------------------->
```

```
<p><img src="Computer.gif" width="150" height="156">
     
<img src="Telefon.gif" width="150" height="152">
     
<img src="Briefe.gif" width="150" height="150"></p>

<hr>

<!--------------- der Kontaktinfoteil ---------------------------->

<h2>Kontaktinformation</h2>
<center>
<strong>Telefon</strong> <br>
 (0391) 111 111 <br>
<strong>Fax</strong> <br>
 (0391) 222 222 <br>
<strong>Postadresse</strong> <br>
 Otto-von-Guericke-Allee 1, 39106 Magdeburg <br>
<strong>E-Mail</strong> <br>
Allgemeine Information: <a href="mailto:info@web-systems.de">
        info@web-systems.de</a><br>
Webmaster: <a href="mailto:webmaster@web-systems.de">
        webmaster@web-systems.de</a><p>

<!--------------- Verzweigungen der Fußzeile --------------------->
[ Home ] [
<a href="products.htm">Produktinfos</a> ] [
<a href="bestellung.htm">Bestell-Service</a>  ] [
<a href="kunden.htm">Kundenwertung</a> ] </p>

</center>
</body>
</html>
```

Wir wollen einige Elemente erklären, setzen allerdings Grundkenntnisse in HTML voraus. Unsere Webseite stellt insgesamt eine einfache Auflistung von Informationen, die Anzeige von Bildern (mittels *<img ...>* und gif-Bildern) und verschiedene Referenzen (als Link mittels *<a href=...>...</a>*, als E-Mail-Aufforderung mittels *<a href="mailto:...>*) dar. Das *<hr>* liefert uns die Trennlinie auf der Webseite, und die Anweisung * * erzeugt jeweils leere feste Zwischenräume. Mittels *strong* wird hierbei eine Fettdruckanzeige bewirkt. Des Weiteren erkennen wir, dass die Referenzierung ausschließlich auf *htm-Files* aus der „PC-Welt" erfolgt – im Gegensatz zum üblichen Postfix *html* für die HTML-Files. Bei dem Quelltextinhalt unserer übrigen Firmenseiten als HTML-File verweisen wir auf die Angaben in unserer Webseite zum Buch (`webeng.cs.uni-magdeburg.de`).

Als Programmierungstechnik liegt dem HTML die Interpretation durch die Webbrowser zugrunde. Dazu werden heute zumeist die aktuellen Versionen des Netscape Navigator oder des Internet Explorer eingesetzt. Eine der ersten Seiten im Umfeld der Autoren dieses Buches ist in der folgenden Abbildung angegeben und zeigt noch die Darstellungsform mit dem Mosaik-Browser:

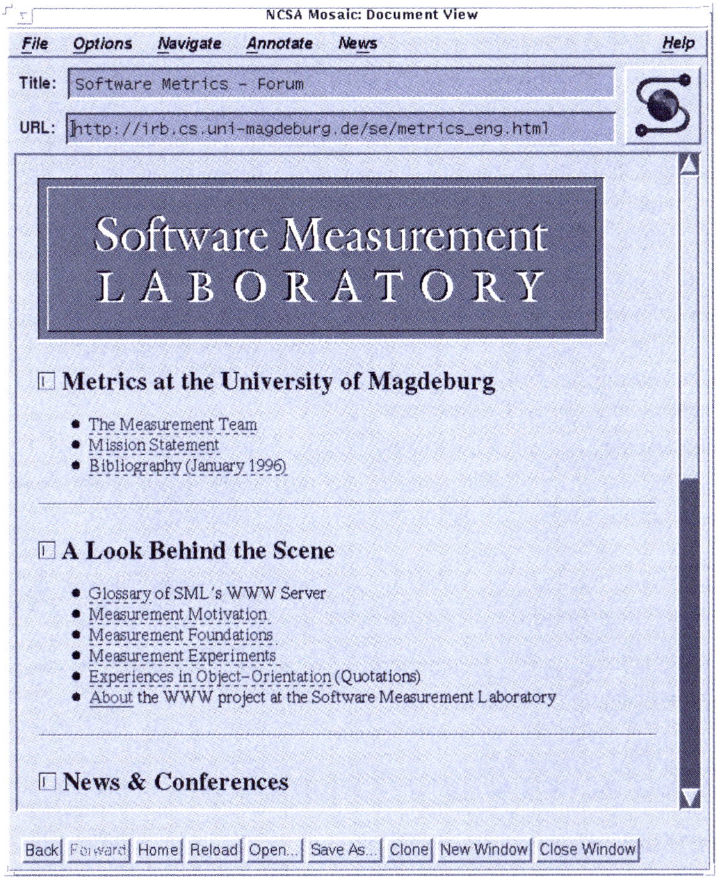

Abbildung 6.4: Erste Webseite an der Uni Magdeburg (seit August 1994)

Wir erkennen hierbei bereits mögliche ***Wartungsprobleme***, welche sich unter anderem aus folgenden Gründen ergeben (können):

- Das Löschen eines Dokuments, auf das ein Link existiert, führt bei dessen Aufruf natürlich zu einem Fehler. Um dies zu vermeiden, sollte eine *Dummy-Seite* bestehen bleiben, die einen Hinweis auf die Änderung und einen Link auf die neue Webseite enthält.
- Eine falsche Referenzierung einer URL-Adresse kann sich ergeben, wenn sich der Namensraum im Hyperspace verändert oder überlagert wird. Daher ist eine ständige Kontrolle der Links bezüglich ihres Verweises auf „entartete“ Webinhalte vorzusehen.
- Das Löschen eines Dokuments, welches Links zu anderen Dokumenten beinhaltet, kann zu *singulären Webseiten* führen, die ggf. gar nicht mehr referenziert werden. Hierbei hilft eine Webseiten-Strukturanalyse, auf die wir in Kapitel 11 noch einmal eingehen werden.
- Eine Webseite in einer veralteten HTML-Version führt kaum zu Darstellungsproblemen, sollte aber hinsichtlich ihrer beabsichtigten Erkennung und richtigen Einordnung durch Suchmaschinen überprüft werden.

Die ***Qualität*** unserer Implementation ist in diesem Falle sehr einfach zu bewerten, da wir uns unmittelbar nach der HTML-Texterstellung das Dokument im Browser ansehen können. Die bereits in Kapitel 4 zur Spezifikation angegebenen Kennzahlen zum HTML-Text sind hierbei leicht zu bestimmen und ermöglichen somit ein erste Charakterisierung unseres Dokuments hinsichtlich Lesbarkeit, einer gewissen Einheitlichkeit, Verflechtungsniveau oder auch Komplexität der eingesetzten Techniken. Allerdings kann die Benutzbarkeit (Layout, Handhabung, Navigation), die im Allgemeinen durch den (späteren) Nutzer bzw. Kunden einzuschätzen ist, erst in der Erprobung endgültig bestätigt werden.

Schließlich wollen wir noch auf die aktuellste Version der HTML, die *XHTML (Extensible HTML)*, eingehen. Es handelt sich dabei um die vollständige Implementation der HTML Version 4 durch *XML*. Auf die XML gehen wir in einem späteren Abschnitt noch ein, wollen hier aber bereits einige wesentliche Unterschiede zwischen der XHTML und der HTML anführen bzw. die Besonderheiten der XHTML nennen:

- Bei der XHTML müssen alle Tags mit Kleinbuchstaben geschrieben sein.
- Jedes Tag muss einen *Slash* als Abschluss beinhalten. So muss also z. B. zu einem *<p>* stets auch ein *</p>* angegeben sein, bzw. beim *<img … >* ist stets ein *<img … />* zu schreiben.
- Alle Attributsangaben beim XHTML sind stets in Anführungszeichen zu setzen. So ist beispielsweise *size="2"* anstelle von *size=2* zu schreiben.

Im Allgemeinen wird der XHTML-Quelltext generiert, für mögliche manuelle Änderungen jedoch sind diese Hinweise von Bedeutung.

6.1.2 Die dynamischen Grundelemente der DHTML

Die DHTML (*Dynamic* HTML) erweitert die HTML um die mögliche Anwendung des so genannten Ebenenkonzeptes zur Überlagerung und präzisen Positionierung der Seitenelemente, des *Document Object Model (DOM)*, der so genannten *Style-Sheets* sowie um die Anwendungsmöglichkeit so genannter *Skriptsprachen* (siehe [Deitel 2002] und [Royer 1998]). Wir wollen die Grundelemente von DHTML wiederum in einer Gesamtübersicht darstellen.

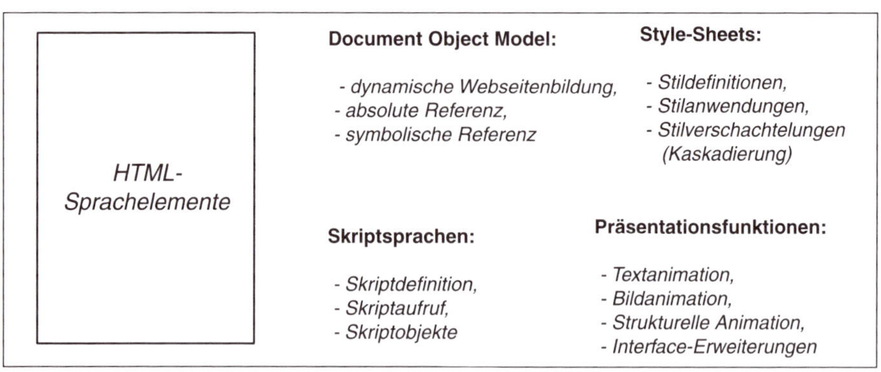

Abbildung 6.5: Grundelemente der DHTML

Die Präsentationsfunktionen bieten spezielle Gestaltungsmöglichkeiten, die wir im Folgenden nur kurz charakterisieren:

- *Textanimationen:* Dazu zählen der aufblinkende Text *(flashing text)*, der laufende Text *(scrolling text)*, der gezogene Text *(fading text)* und die Textvergrößerung *(zooming text)*.
- *Bildanimationen:* Hierbei geht es um die Art und Weise der Bildfolge, wie zum Beispiel als Ersetzung *(replacement animation)*, zufällige Einstreuung *(random animation)*, Folienfolge *(slide animation)* oder zeitgesteuerter Bildaufruf *(keyframe animation)*.
- *Strukturelle Animationen:* Diese Form betrifft die verschiedenen Animationssteuerungen, wie Clip-Verlauf *(clipping animation)*, zirkulierender Verlauf *(circular animation)*, linearer Verlauf *(linear animation)* und Pfadverlauf *(path animation)*.
- *Interface-Erweiterungen:* in den Formen einer knopfartigen Darstellung *(toggle menu)*, einer Clips-Form *(clipping menu)*, einer scrollenden Form *(scrolling menu)* und einer Pop-up-Form *(pop-up menu)*.

Die mit den Präsentationsfunktionen versehenen Dokumente benötigen allerdings DHTML-Browsererweiterungen.

Für die *dynamische Erstellung* von Webdokumenten wurde das *Document Object Model (DOM)* konzipiert, welches wir bereits im vorhergehenden Kapitel kurz erläutert haben. Auf die Anwendung des DOM gehen wir im Zusammenhang mit der XML noch näher ein.

Als weitere Technologie wurden bei der DHTML die so genannten *Style-Sheets*, speziell in der Form der ***Cascading Style Sheets (CSS)***, angewandt. Die Motivation für diese Dokumentstilbeschreibungen leitet sich unter anderem aus der in der folgenden Abbildung gezeigten Problematik ab:

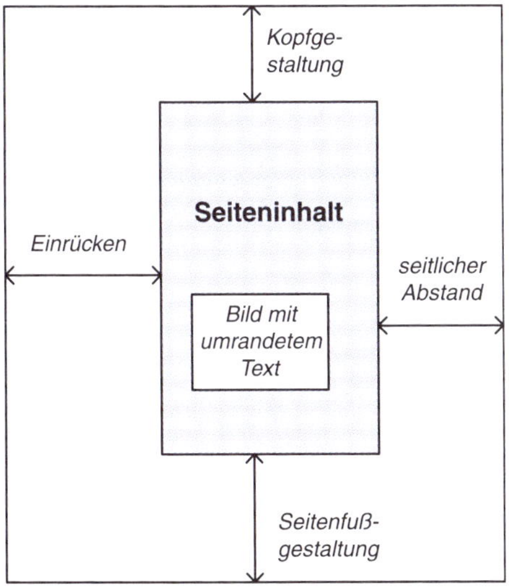

Abbildung 6.6: Elemente einer Seitengestaltung

Die Kaskadierung der Stilbeschreibung bedeutet, dass die Style-Sheets in verschiedener Weise (vor-)definiert sein können und bei ihrer Anwendung eine spezielle Gültigkeitsüberlagerung (von innen nach außen) berücksichtigt wird. Wir wollen nun eine Anwendung der CSS für unser kleines Firmenpräsenzbeispiel angeben:

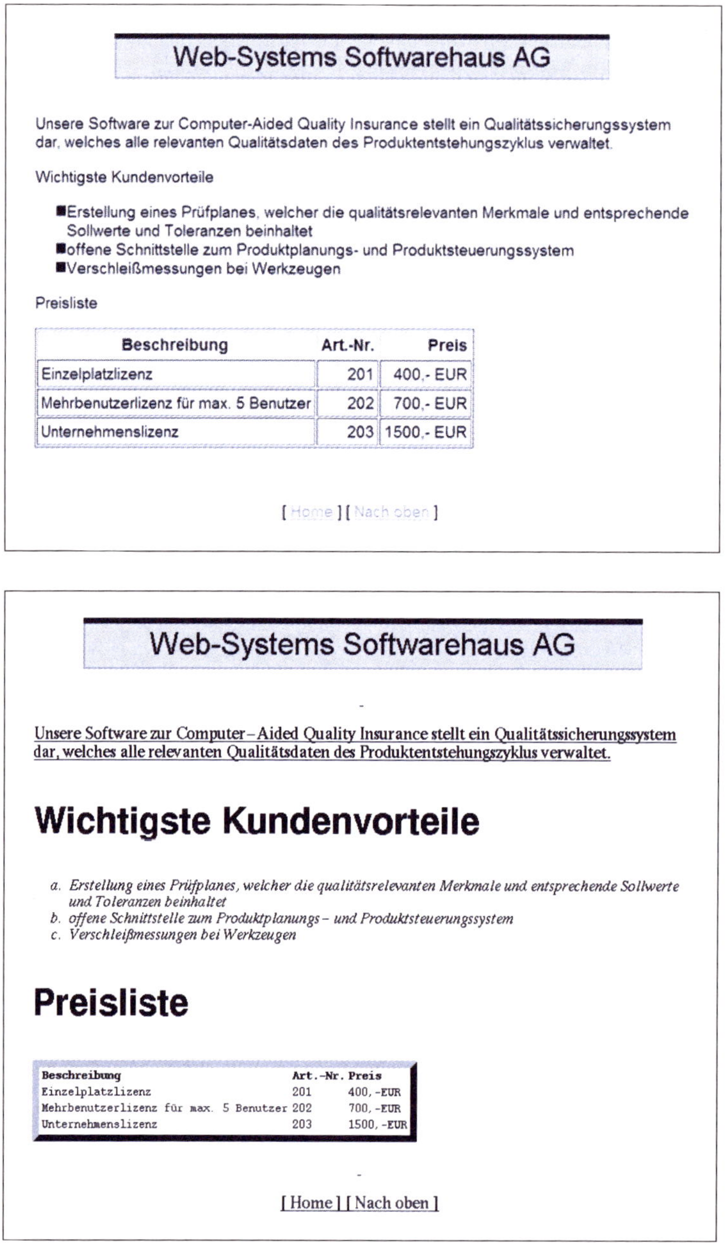

Abbildung 6.7: Webseiten-Darstellung (oben: alt, unten: mit CSS)

Wir nehmen an, dass wir unser Layout mit der zweiten Darstellung einem „besseren Stil“ zugeführt haben, und zeigen im Folgenden die dafür notwendigen Erweiterungen unseres HTML-Quelltextes. Dabei sind die definierten Stiländerungen explizit im Quelltext angegeben und haben damit die höchste Priorität. Auf diese oder weitere Style-Sheets kann in unserem HTML-Text auch referenziert und damit eine (bewährte) Darstellungsform in einem Dokumentenumfeld insgesamt zweckmäßig eingesetzt werden.

```
<html>
<head>
<title>Web-Systems Produkt 2</title>
<style type="text/css">
<!-------------- Änderung der HTML-Tags durch die CSS ----------->
h3       { font-family: arial, sans-serif;
           font-size: 30pt }

li       { list-style-type: lower-alpha;
           font-style: italic }

p        { font-family: gothic;
           font-size: 14pt;
           text-decoration: underline }

th       { font-weight: bolder;
           text-align: left }

tr       { font-family: monospace;
           text-aign: center }

table    { border: 6pt;
           border-style: outset}
</style>
</head>
<body>
<!-------------- Änwendung der speziellen CSS ------------------->

<p><img src="Firmenlogo.gif" width="599" height="53"></p>

<p>Unsere Software zur Computer-Aided Quality Insurance stellt ein
Qualitätssicherungssystem dar, welches alle relevanten Qualitätsdaten des
Produktentstehungszyklus verwaltet.</p>

   <h3>Wichtigste Kundenvorteile</h3>
   <ul>
     <li>Erstellung eines Prüfplanes, welcher die qualitätsrelevanten
     Merkmale und entsprechende Sollwerte und Toleranzen beinhaltet
     </li>
     <li>offene Schnittstelle zum Produktplanungs- und
         Produktsteuerungssystem</li>
     <li>Verschleißmessungen bei Werkzeugen</li>
```

```
    </ul>
    <h3>Preisliste</h3>
    <table>
      <tr>
        <th>Beschreibung</th>
        <th>Art.-Nr.</th>
        <th>Preis</th>
      </tr>
      <tr>
         <td>Einzelplatzlizenz</td>
         <td>201</td>
         <td>400,-_</td>
        </tr>
        <tr>
<!----------------------- ...... usw. ...... ----------------------->
</body>
</html>
```

Die DHMTL hat eine umfangreiche Verbreitung gefunden, auch wenn heutzutage auch andere spezielle Technologien für eine flexible Erzeugung von Webdokumenten genutzt werden (siehe [Datta 2002], [Deitel 2002] oder auch [Nobles 2001]).

6.1.3 Das Grundkonzept von XML

XML steht für *eXtensible Markup Languag*e und hat seine Grundlagen, wie HTML, in dem allgemeinen Sprachkonzept *SGML (Standard Generalized Markup Language)* mit den dazugehörigen *DTDs (Document Type Definition)*. Wir wollen zunächst die einfache XML-Definition von Bradley angeben (siehe [Bradley 1998], aber auch [Harold 1998], [Kroenke 2002], [Rockwell 2001] und [Thuraisingham 2002]).

> *"XML is an ideal data format for storing structured and semi-structured text intended for dissemination and ultimate publication, perhaps on a variety of media."*

Die große Einsatzbreite erreicht XML allerdings durch den sehr weit fassbaren Begriff des *Datenformates*, welches Texte, Bilder, Animationen bis hin zu Interaktionsformen einschließt. XML ist in diesem Sinne eine ***Metasprache***. Die Grundform der Kommandos sind wiederum spezielle Marken (***Tags***), die im Allgemeinen den jeweiligen Kommandoanfang in spitzen Klammern einbinden und das Kommandoende jeweils mit dem Präfix „/" kennzeichnen. XML dient somit zur Schaffung neuer, anwendungsbezogener Sprachstandards, von denen wir einige bereits aufgelistet haben und hier weitere Beispiele nennen wollen:

- ***SMIL*** *(Synchronized Multimedia Integration Language)* zur einheitlichen Darstellung und Handhabung von Präsentationen auf der Grundlage von Text-, Bild-, Audio- und Video-Files
- ***MoDL*** *(Molecular Dynamics Language)* für die Simulation molekularen Verhaltens in der Chemie
- ***PSL*** *(Process Specification Language)* zur Semantikbeschreibung von Prozessen mit Hilfe der XML

- ***FpML*** *(Financial Products Markup Language)* als einen neuen Standard insbesondere für die Systemgestaltung im E-Commerce
- ***DPRL*** *(Digital Property Rights Language)* zur Unterstützung von Firmen, die sich mit der Herstellung digitialisierter Produkte (elektronische Bücher, Musik, Spiele usw.) beschäftigen
- ***MathML*** *(Mathematical Markup Language)* unterstützt den Anwender vor allem bezüglich der Verwendung mathematische Symbole und Schreibweisen

Der simple Grundgedanke von XML liegt beispielsweise darin, eine in HTML übliche Darstellung einer bibliografischen Angabe wie folgt schreiben zu können:

```
<buch>
   <titel> Web Engineering </titel>
   <autoren> Dumke, Lother, Wille, Zbrog </autoren>
   <verlag> Pearson Studium </verlag>
   <publikationsjahr> 2003 </publikationsjahr>
   . . .
 </buch>
```

Es soll also die Möglichkeit bestehen, eigene Tags zu definieren und sie in einem speziellen Kontext standardisiert anwenden zu können. Darüber hinaus soll es auch der Layoutverallgemeinerung dienen, wie zum Beispiel bei den so genannten ***Aural Style Sheets***, die innerhalb der so genannten CSS2 definiert sind und Tags für die Lautstärke, für Sprechpausen und Sprechgeschwindigkeit sowie zur Stimmlage für den eventuellen Vortrag eines Textes in Audioform beinhalten.

Wir wollen im Folgenden die Komponenten, Technologien oder auch Standards der XML insgesamt erst einmal auflisten:

- *XML:* Dabei handelt es sich um die Grundelemente der Metasprache selbst.
- *XML Namespaces:* Dieser Standard impliziert die Möglichkeit, eigenständige Hyperspaces zu definieren, die als Namensraum die Gültigkeit der Sprachelemente gewährleisten.
- *XML Schema:* Diese Komponente unterstützt auf der Grundlage von DTDs die Strukturierung der XML-Dokumente und spielt eine wichtige Rolle bei der Anbindung von Datenbasen.
- *XSL:* Die *Extensible Style Language* stellt eine Erweiterung und Vereinheitlichung der Style-Sheet-Anwendung dar, auf die wir später noch eingehen werden.
- *XSLT:* Die *XSL-Transformation-Komponente* ermöglicht, standardisierte Dokumentformen, wie beispielsweise Word-Texte, HTML-Texte und andere, untereinander zu konvertieren und dabei eine konsistente Darstellungsform zu gewährleisten.
- *XPath:* Diese Komponente stellt einen Teil von XSLT für die Identifikation ausgewählter zu transformierender Dokumente dar.
- *XPointer:* Die Flexibilisierung der Referenzierungsmöglichkeiten mit der Anwendungsmöglichkeit des DOM ist Inhalt dieser XML-Komponente.
- *SAX:* Das *Simple Application Program Interface* ist ein ereignisbasierter Parser, der spezielle Funktionalitäten während der XML-Interpretation ausführt.

- *DOM:* Das *Document Object Model* findet in der XML seine volle Ausprägung und wird durch vielfältige Sprachelemente unterstützt.
- *XQL:* Die *XML Query Language* ist eine spezielle Komponente für die Anbindung von Datenbasen in einem reinen XML-basierten Kontext.

Wir wollen die Sprachelemente wie bei den bisherigen Dokumentensprachen wiederum in einer Übersicht zusammenfassen:

XML-Basiselemente:	**XML-Schema:**	**XSLT:**	**XQL:**
- Strukturelemente, *- Prozessinstruktionen,* *- Attributsangaben,* *- Komponenteneinbindungen*	*- Datenkonvertierung,* *- Datenattributierung*	*- Seitenlayout,* *- Dokumentorganisation,* *- Stilbeschreibungen*	*- Anfrageelemente,* *- Anfragestruktur*
XML Namespace:	**XPointer:**	**XPath:**	**DOM:**
- Namensvergabe, *- Identifikation,* *- Markierung*	*- absolute Adressierung,* *- relative Adressierung,* *- Referenzberechnung*	*- Pfadangabe,* *- Pfadberechnungen*	*- Objekthierarchie,* *- relative Zuordnung,* *- absolute Zuordnung*

Abbildung 6.8: Die Grundelemente der XML

Die Verarbeitung von XML-Dokumenten geschieht im Allgemeinen in einer der folgenden Formen bzw. Technologien:

- *Clientseitig:* Der Browser muss die so genannten *Generic Markups* des XML-Textes ausführen können. Das gilt allerdings nur für so genannte *wohlgeformte* XML-Dokumentationen, die keine DTDs beinhalten.
- *Serverseitig:* Das XML-Dokument wird zunächst in einen HTML-Text *transformiert* und dann üblicherweise im Browser angezeigt.
- *Speziell:* Einige spezielle Umsetzungsformen betreffen die Dateneinblendung oder den Datenaustausch und die damit verbundene Anwendung speziell dafür entwickelter XML-basierter Tools.

Ein XML-Dokument wird im Allgemeinen deklariert hinsichtlich des anzuwendenden XML-Prozessors, der möglichen Dokumentkodierungsform und des Charakters eines einfachen (*standalone*) Dokuments oder eines mit (dynamischen) Referenzen versehenen Dokuments, wie zum Beispiel über externe DTDs. Zur Erweiterung des Zeichenvorrats existieren einige Standards, wie *ISOnum* für einige Symbolformen, *ISOlat1* für spezielle Spracherweiterungen, *ISOgrk1* für die griechischen Buchstaben, *ISOpub* für das Publishing und *ISOtech* für technische Symbole.

Wir wollen nun auf einige Grundeigenschaften der XML etwas näher eingehen und eine Anwendung zu unserem Firmenbeispiel erläutern. XML-Dokumente habe die folgende allgemeine Struktur:

Prolog:

– **XML-Deklaration:** Diese Vereinbarung zeigt die XML-Version und die XML-Codeart an. Ein Beispiel dafür ist:

```
<?xml version="1.0" ?>
```

– **Dokumenttyp:** Hierbei werden eine Dokumentkennzeichnung und die Typfestlegung für die Elemente vorgenommen. Dieser Teil stellt die eigentliche *Document Type Description (DTD)* dar. Ein Beispiel hierfür lautet:

```
<!DOCTYPE Beispiel
      <! ELEMENT gruss (#PCDATA)>
. . . ]
```

Wir haben damit ein neues Tag, *gruss*, definiert, wobei PCDATA für *Parsed Character Data* steht und dieses Element als „reine" Textform kennzeichnet. Auf die DTD kann auch referenziert werden.

Inhalt: Hier wird nun der eigentliche XML-Dokumentinhalt angegeben, der die zuvor definierten Elemente verwendet, in unserem Fall also beispielsweise:

```
. . .
<gruss> hallo </gruss>
. . .
```

Bei der Verwendung von *Sonderzeichen* im normalen Text ist auf die entsprechend zu verschlüsselnde Darstellung zu achten (also `*& quot*` für ` " ` usw.). *Kommentare* werden in XML in der Form

```
<!--    . . .    -->
```

dargestellt. So genannte *Prozessinstruktionen* dienen der Einfügung von Operationen im laufenden Text, beispielsweise:

```
<?apache include file="kopf.html" ?>
```

Multimediale Komponenten können beispielsweise durch eine DTD-Definition und deren spätere Nutzung im Text realisiert werden. Die folgende DTD-Deklaration im XML-Prologteil

```
<!ENTITY bild SYSTEM "bild.jpg" NDATA JPEG >
```

kann im XML-Text durch *&bild* aufgerufen werden. NDATA kennzeichnet dabei das Bild als Nicht-XML-Daten. Elemente können (im Prologteil) auch mit *Attributen* versehen werden. So beschreibt beispielsweise die Deklaration

```
<!ATTLIST img
 src    CDATA #REQUIRED
 alt    CDATA #REQUIRED
 height CDATA #IMPLIED
 width  CDATA #IMPLIED
   >
```

die notwendigen und wählbaren Parameter des HTML-Tags *img*. Das CDATA (*Character Data*) weist darauf hin, dass hier kein Tag definiert wird. Spezielle Abschnitte in XML-Dokumenten können auch bedingt zur Anwendung kommen, wie im folgenden Beispiel zu sehen ist:

```
<!INCLUDE [                  einfügen
<!ELEMENT . . . >
    ] ]>
 <!IGNORE [                    ignorieren/überspringen
  <!ELEMENT . . . >
  ] ] >
```

Damit sind im gewissen Sinne auch XML-Schemata für eine Gruppe von Dokumentarten bzw. -formen implementierbar.

Innerhalb von XML sind zwei spezielle Standards anwendbar, und zwar die ***XLL** (XML Linking Language)* und die ***XSL** (XML Stylesheet Language)*. Der Begriff der XLL wird heutzutage kaum noch verwendet. Stattdessen bezieht man sich hauptsächlich auf ihre Hauptkomponenten, die *XPointer*.

Wir wollen zunächst einige Grundelemente der XLL betrachten. Sie dienen vor allem der Erweiterung der Referenzierungsmöglichkeiten und stellen unterschiedliche Attributierungen für die jeweiligen Links bereit, wie beispielsweise:

- ***simple:*** Hierunter sind Links zu lokalen Ressourcen oder die einfache Referenz zu einer entfernten Ressource zu verstehen. Dabei ist die Groß- und Kleinschreibung zu beachten. Die Syntax für diese Referenzart lautet:

  ```
  Locator ::= URI | Connector ( XPointer | Name ) |
              URI Connector (XPOINTER | Name )
  Connector ::= '#' | '|' (pipe)
  URI ::= URIchar*
  Query (?) ::= 'XML-PTR=' (XPointer | Name )
  ```

  Ein Beispiel hierfür ist

  ```
  <a xml:link="simple" href="http://...html#13">...text  ;
  ```

- ***extended:*** Diese Form ermöglicht es, mehrere Links in den Formen einer einfachen Gruppierung, einer entscheidungsbezogenen Auswahlmöglichkeit oder einer zentralisierten Ablaufsteuerung zusammenzufassen. Die Kennzeichnung ist `xml:link="extended"` und gestattet die folgenden Attributsangaben:
  - ***inline:*** für die Spezifikation einer direkten oder indirekten Link-Angabe
  - ***show:*** als *embed* für das Einblenden neuer Ressourcen, als *replace* für das Ersetzen und als new für das Anzeigen an neuer Stelle (zum Beispiel durch ein neues Fenster)
  - ***actuate:*** mit dem Teilattribut *auto* als automatisches Einblenden der neuen Ressource und *user* als nutzerbedingte Festlegung
  - ***behavior:*** als spezielle, operationelle Festlegung für das Traversieren
  - ***in-line:*** als Bezug zu ausschließlich lokalen Ressourcen bzw. Dokumenten
  - ***out-of-line:*** als generell externer Bezug überhaupt

Die *XPointer* erlauben nun eine verbale bzw. relative Bezugsmöglichkeit in Dokumenten. XML erweitert die Dokumentstruktur gegenüber HTML um die Möglichkeit einer buchgerechten Strukturierung (als *book, chapter, section* und *para*). Das erleichtert beispielsweise die abschnittsweise Referenzierung und basiert auf dem bereits oben beschriebenen *Document Object Model (DOM)*. Damit kann eine sehr flexible Referenzierung vorgenommen werden, wie zum Beispiel in den Formen:

- „zum dritten Kapitel"
- „zum zweiten Paragraphen des vierten Kapitels"
- „zu einer Zeichenfolge, die zum n-ten Mal im Text auftritt"
- „zur dritten Liste, die über ein spezielles Attribut verfügt"

Die Syntax für XPointer ist in der folgenden BNF kurz charakterisiert:

```
XPointer ::= AbsTerm '.' OtherTherms | AbsTerm | OtherTerms
OtherTerms ::= OtherTerm | OtherTerm.Other.Term
OtherTerm ::= RelTerm | SpanTerm | AttTerm | StringTerm
```

Als *absolute Verweise* werden dabei beispielsweise angewandt: *root( )* für den Start der Suche beim Wurzelelement, *origin( )* für den Beginn der Suche im vorliegenden Dokument, *id(name)* für die Suche nach dem so genannten ID-Typ mit dem Wert *Name* und *html(...)*, bei dem die Suche nach der Angabe von *Name="..."* erfolgt.

Als *relative Verweise* sind durch XLL unter anderem definiert: *child* für die direkten Kinder der Verweisquelle, *descendent* für die Nachfahren innerhalb der Verweisquelle, *ancestor* für die jeweiligen Vorfahren, *preceding* für die Elemente vor der Verweisquelle, *following* für die Elemente, die der Verweisquelle folgen, *psibling* für die „älteren" Geschwisterelemente und *fsibling* für die jüngeren Geschwisterelemente.

Die XSL basiert auf einem Subset der so genannten DSSSL (Document Style Semantics and Specification Language) und ist in gewissem Sinne auch kompatibel mit CSS. Durch XSL wird einerseits eine flexiblere Darstellungsmöglichkeit von Dokumenten und andererseits, durch die Persistenz des XML-Prozessors, auch eine einheitliche Darstellung in den verschiedenen Browsern erreicht (als WYSIWIS-Prinzip: What You See Is What I See). Unterstützte Stilformen sind beispielsweise:

- *Seitenlayout:* mit den expliziten Angabemöglichkeiten der Größe und der Struktur
- *Dokumentreorganisation:* mittels einer flexiblen Strukturdefinition, die es ermöglicht, (parametrisiert) Teile auszuwählen
- *Bezeichnungsmodi:* für die Festlegung von Grundformen ausgewählter Bezeichnungen bzw. zur Gewährleistung einer Namenskonvention

XSL hat sich inzwischen zu einer *XSL Transformation (XSLT)* entwickelt und wird für die unterschiedlichsten Textkonvertierungen angewandt. Die Voraussetzung für eine XSLT-Anwendung ist die hierarchische Darstellung einer Dokumentenstruktur nach dem DOM. Das technologische Konzept verdeutlicht die folgende Abbildung:

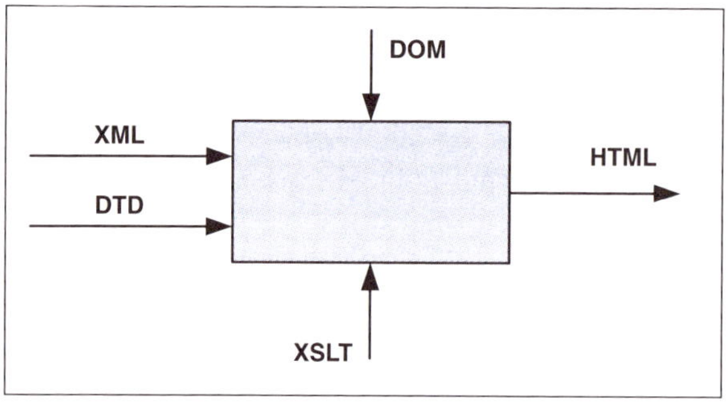

Abbildung 6.9: Grundkonzept einer XSLT-Anwendung

XSLT stellt unter anderem folgende Kommandos für die Interpretation der Dokumententeile aus der DOM-Hierarchie bzw. dem DOM-Baum zur Verfügung:

- Durchlaufen aller Subknoten eines „Baumknotens“ aus dem DOM-Baum:

```
<xsl:for-each select="baumknoten" />
```

- Einstellung bzw. Fokussierung auf die Wurzelposition:

```
<xsl:template>
```

- Auswahl einer explizit angegebenen Knotenfolge:

```
<xsl:apply-templates select="knotenfolge"/>
```

- Verwendung des Knoteninhalts für die Dokumentengenerierung:

```
<xsl:value-of select="baumknoten"/>
```

- Bedingtes Ersetzen eines Textelements:

```
<xsl:if match="text"> ersetzung</xsl:if>
```

Für ein Beispiel einer flexiblen Darstellungsform von Webdokumenten wollen wir uns wieder auf unser Firmenpräsenzbeispiel beziehen. Aus den einzelnen Produktdarstellungen bilden wir eine Zusammenfassung und nutzen dazu das XSLT. Die Produktbeschreibungen (*wsprodukte*) setzen sich aus Einzelbeschreibungen (*wsprodukt*) zusammen. Jede Produktbeschreibung beginnt mit einem Vorspann (*vorspann*), der sich wiederum in die Titelangabe (*stitel*), das Firmenlogo (*logo*) und einen allgemeinen Text (*allgemein*) gliedert. Dann werden die Produktvorteile (*vorteilsliste*) angegeben und schließlich die Preisliste mit den entsprechenden Unterteilungen. Danach haben die Produktbeschreibungen beispielsweise den folgenden strukturellen Aufbau (als *Document Object Model (DOM)* für unser Beispiel):

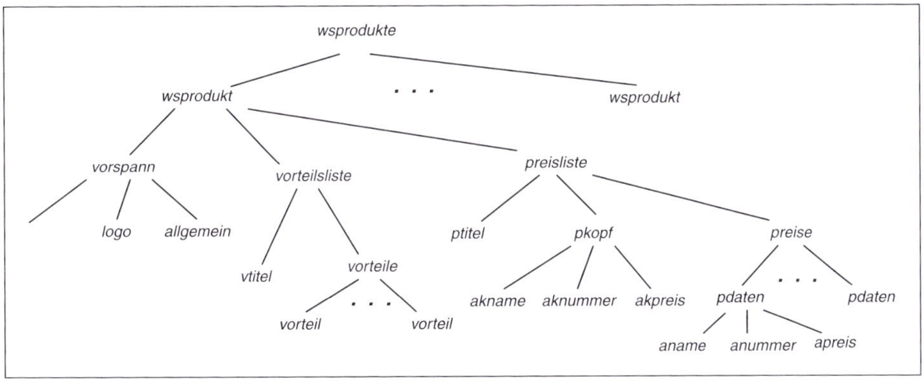

Abbildung 6.10: DOM-Hierarchie zu den Produktbeschreibungen unseres Firmenbeispiels

Dazu geben wir zunächst den XML-Text an, der die oben genannten DOM-Hierarchie-Elemente als Tags anwendet. Das setzt eine Definition der Tags voraus, die wir als DTD voranstellen wollen. Die Verwendung von „+" weist auf eine Folge hin, während die Klammerung für ein definiertes Tag die verschachtelte Tag-Struktur vorgibt.

```
<!ELEMENT wsprodukte (wsprodukt+)>
<!ELEMENT wsprodukt (vorspann, vorteilsliste, preisliste, kontakt)>
<!ELEMENT vorspann (stitel, logo, allgemein)>
<!ELEMENT stitel (#PCDATA)>
<!ELEMENT logo EMPTY>

<!NOTATION uri SYSTEM "Firmenlogo.gif">
<!ATTLIST logo uri CDATA #REQUIRED>

<!ELEMENT allgemein (#PCDATA)>

<!ELEMENT vorteilsliste (vtitel, vorteile)>
<!ELEMENT vtitel (#PCDATA)>

<!ELEMENT vorteile (vorteil+)>
<!ELEMENT vorteil (#PCDATA)>

<!ELEMENT preisliste (ptitel, pkopf, preise)>
<!ELEMENT ptitel (#PCDATA)>

<!ELEMENT pkopf (akname, aknummer, akpreis)>
<!ELEMENT akname (#PCDATA)>
<!ELEMENT aknummer (#PCDATA)>
<!ELEMENT akpreis (#PCDATA)>

<!ELEMENT preise (pdaten+)>

<!ELEMENT pdaten (aname, anummer, apreis)>
<!ELEMENT aname (#PCDATA)>
```

```
<!ELEMENT anummer (#PCDATA)>
<!ELEMENT apreis (#PCDATA)>

<!ATTLIST apreis waehrung (DOLLAR|POUND|EURO) "EURO">

<!ELEMENT kontakt (#PCDATA)>

<!ATTLIST kontakt
datum CDATA #REQUIRED
email CDATA #REQUIRED>
```

Der XML-Text ist im Folgenden angegeben und verwendet diese DTD, aber auch eine noch zu beschreibende XSLT-Quelle:

```
<?xml version="1.0" standalone="yes"?>
<?xml-stylesheet href="wsprodukte.xsl" type="text/xsl"?>
<!DOCTYPE wsprodukts SYSTEM "wsprodukts.dtd">

<wsprodukte>
<wsprodukt>
<vorspann>
<stitel>Web-Systems Produkt 1</stitel>
<logo uri="Firmenlogo.gif"/>
<allgemein>
Die neueste Version unseres CAD-Systems bietet optimale
 Unterstuetzung fuer Entwurf und Design von Bauteilgeometrien.
</allgemein>
</vorspann>
<vorteilsliste>
<vtitel>Wichtigste Kundenvorteile</vtitel>
<vorteile>
<vorteil>Real-Time 3D-Darstellung der Konstruktion</vorteil>
<vorteil>Datenschnittstelle zur Kopplung an Produktplanungs- und
          Produktsteuerungssystemen</vorteil>
<vorteil>Vielzahl von geometrischen Berechnungsmoeglichkeiten zur
          Arbeitsmittelplanung</vorteil>
</vorteile>
</vorteilsliste>
<preisliste>
<ptitel>Preisliste</ptitel>
<pkopf>
<akname>Beschreibung</akname>
<aknummer>Art.-Nr.</aknummer>
<akpreis>Preis</akpreis>
</pkopf>
<preise>
<pdaten>
<aname>Einzelplatzlizenz</aname>
<anummer>101</anummer>
<apreis waehrung="EURO">100,00</apreis>
```

```
</pdaten>
<pdaten>
<aname>Mehrbenutzerlizenz fuer max. 5 Benutzer</aname>
<anummer>102</anummer>
<apreis waehrung="EURO">300,00</apreis>
</pdaten>
<pdaten>
<aname>Unternehmenslizenz</aname>
<anummer>103</anummer>
<apreis waehrung="EURO">1000,00</apreis>
</pdaten>
</preise>
</preisliste>
<kontaktdatum="11/11/9999" email="web_services@world.de">Impressum</kontakt>
</wsprodukt>

<wsprodukt>
   . . .
</wsprodukt>

<wsprodukt>
   . . .
</wsprodukt>

</wsprodukte>
```

Schließlich geben wir – allerdings auch in einem Auszug – die XSLT-Anweisungen an, die die veränderte und zusammengefasste Produktbeschreibungsdarstellung erzeugt:

```
<!------------ Laden der XSL Tags --------------------->
<xsl:stylesheet xmlns:xsl="http://www.w3.org/TR/WD-xsl">
<xsl:template>
<html>
<head>
<title>Produktpalette</title>
</head>
<body>
<!------------ Produktlisten auswaehlen ---------------->
<xsl:for-each select="wsprodukte/wsprodukt">
<h1>
<xsl:value-of select="vorspann/stitel"/>
</h1>
<xsl:value-of select="vorspann/logo"/>
<img src="Firmenlogo.gif"/>
<p style="font-family: century gothic; font-size 14pt;">
<xsl:value-of select="vorspann/allgemein"/>
</p>
<h3 style="font-family: century gothic; font-size 32pt;">
<xsl:value-of select="vorteilsliste/vtitel"/>
</h3>
```

```
<!------------ Vorteilsangaben zusammenstellen ------------->
<ul>
<xsl:for-each select="vorteilsliste/vorteile/vorteil">
<li>
<xsl:value-of select="."/>
</li>
</xsl:for-each>
</ul>
<h3 style="font-family: century gothic; font-size 32pt;">
<xsl:value-of select="preisliste/ptitel"/>
</h3>

<!------------ Preistabellen zusammenstellen --------------->
<table border="1" cellpadding="4">
<tr>
<th><strong>
<xsl:value-of select="preisliste/pkopf/akname"/>
</strong></th>
<th align="right"><strong>
<xsl:value-of select="preisliste/pkopf/aknummer"/>
</strong></th>
<th align="right"><strong>
<xsl:value-of select="preisliste/pkopf/akpreis"/>
</strong></th>
</tr>
<xsl:apply-templates select="preisliste/preise/pdaten"/>
</table>
</xsl:for-each>
</body>
</html>
</xsl:template>

<!------------ Daten in der Tabelle behandeln --------------->
<xsl:template match="pdaten">
<tr>
<td>
<xsl:value-of select="aname"/>
</td>
<td align="right">
<xsl:value-of select="anummer"/>
</td>
<td align="right">
<xsl:apply-templates select="apreis"/>
</td>
</tr>
</xsl:template>
<xsl:template match="apreis">
<xsl:value-of select="."/>
```

```
<!---------------- Währungszeichen Setzen --------------------->
<xsl:if match="apreis[@waehrung = 'EURO' ]">&#x20AC;</xsl:if>
<xsl:if match="apreis[@waehrung = 'PFUND' ]">&#x00A3;</xsl:if>
<xsl:if match="apreis[@waehrung = 'DOLLAR' ]">&#x0024;</xsl:if>
</xsl:template>
</xsl:stylesheet>
```

Als Ergebnis erhalten wir eine fortlaufende Liste unserer Produktbeschreibungen, die allerdings *dynamisch* zusammengestellt wurde.

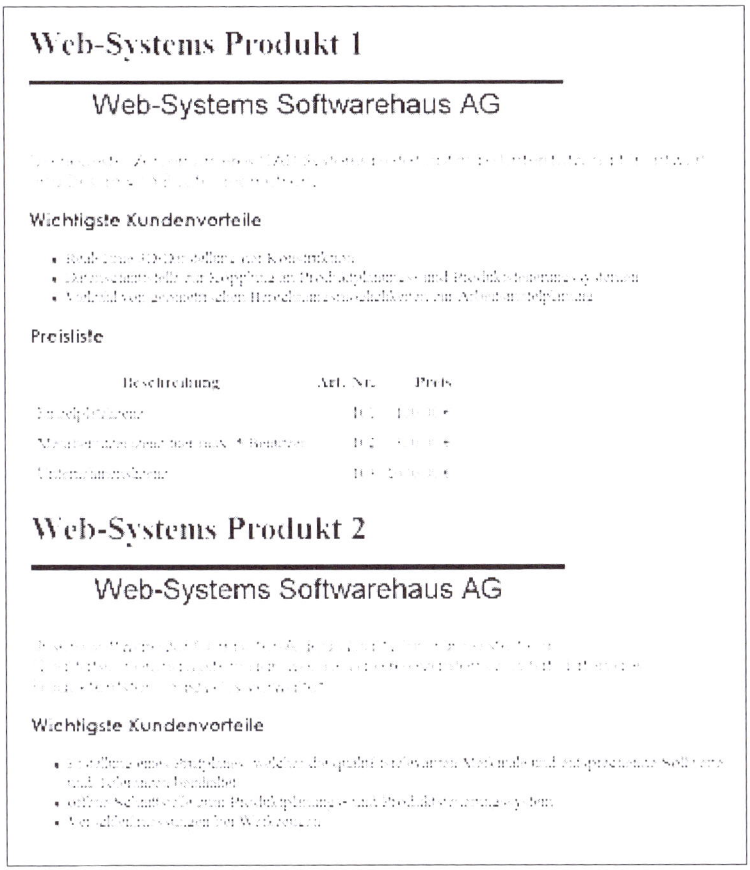

Abbildung 6.11: Generierte Produktbeschreibungen unseres Firmenbeispiels

Zur Ansicht der vollständigen Skripte verweisen wir wiederum auf unsere Webseite zum Lehrbuch unter `webeng.cs.uni-magdeburg.de`. Abschließend wollen wir spezielle Anwendungstechniken von XML, die auch gegenwärtige Entwicklungstrends verdeutlichen, angeben. Dazu zählen unter anderem (siehe [Harold 1998], [Murugesan 2001], [Thuraisingham 2002], [Turban 2002] und [Zuidweg 2002]):

- *Architekturmuster:* Hierbei handelt es sich um einen Mechanismus, der es ermöglicht, so genannten Standard-Templates zu einem Dokument hinzuzufügen und somit Schichten mit einer neuen/anderen Semantik zu belegen. Beispiele sind der *HyTime* und der *ICADD*-Standard (*International Committee for Accessible Document Design*).
- *Metamodellierung:* Dabei können Informations- oder Dokumenteinheiten als Objekt behandelt und damit flexibilisiert werden. Beispiele dafür sind:
  - ***MCF*** *(Meta Content Framework):* Diese Technik ist Netscape-bezogen und gestattet, unter anderem relativ flexible Objekte für unterschiedliche Nutzungsformen und -rechte innerhalb einer Dokumentenverteilung zu gewährleisten.
  - ***CDF*** *(Channel Definition Format):* Dabei ist es möglich, zeitbezogen oder zeitgesteuert einen „Kanal" zwischen zwei oder mehreren Teilnehmern einzurichten. Auf dieser Grundlage können dann die Webanwendungen in einem *Logfile* dokumentiert werden, um damit den Nutzern gezielte Informationen (Aktualisierungshinweise) zukommen zu lassen oder den jeweiligen Inhalt des Kanals zu bestimmen.
  - ***RDF*** *(Resource Description Framework):* Diese Technik dient der Vereinheitlichung von speziellen herstellertypischen Dokumentbeschreibungen auf der Grundlage logischer, Ontologie-bezogener Verweise. Andererseits eignet sich diese Technik auch zur Serialisierung von hierarchischen Dokumentstrukturen.
- *Namensräume:* Diese Technik dient schließlich der Rationalisierung der Dokumentidentifikation in einem vorgegebenen bzw. bekannten Anwendungsbereich bzw. Hyperspace.

Die Implementationstechnik auf der Grundlage von XML impliziert folgende programmierungstechnische Qualitätsprobleme (siehe [Chang 2001], [Dumke 1996], [Sneed 2002] und [Thuraisingham 2000]):

- Die Ausführung des XML-Quelltextes ist Mittel zum Zweck und daher vom Operations- bzw. Qualitätsniveau der zumeist selbst entwickelten Interpretationskomponenten abhängig.
- Die XML ermöglicht im Zusammenhang mit den DTDs, der XSLT und der XLL eine *Mehrebeneninterpretationsform*, die die Probleme der Fehlervererbung bzw. -überlagerung in sich birgt.
- Die verschiedenen Komponenten bei einer XML-basierten Operationalität implizieren eine hohe *Kopplungskomplexität*, die es entwicklungsseitig, aber vor allem auch wartungsseitig zu beherrschen gilt.
- Im Allgemeinen werden bei XML-Sprachen die jeweiligen Syntaxchecker oder die speziellen *Sprachkomponenten per Link* angefordert, was bei einer Einschränkung oder speziellen Ausrichtung des jeweiligen Hyperspace, beispielsweise als Intranet, zu beachten ist.
- Zur methodischen Aufbereitung von XML existieren bereits eine Reihe von standardisierten Ansätzen, wie zum Beispiel die Verbindung von XML mit der UML als *XML Metadata Interchange (XMI)*, die Vereinheitlichung von Formularimplementationen mittels der *Extensible Forms Definition Language (XFDL)*, die Anwendungsmöglichkeit eines Applikations-Objektmodell mittels *XUL* oder der Versuch einer Allzweck-Implementationsform mittels *XML for All (XFA)*.

- Schließlich ist der Bereich der XML-basierten Technologien ein sehr dynamischer Bereich, so dass ohnehin *Kompatibilitäts-* und *Portabilitätsprobleme* in mehr oder weniger umfangreichem Maße bestehen.

Nach dieser kurzen Übersicht zu *der* Metasprache für die Dokumentenimplementation im Web wollen wir uns im Folgenden zwei Sprachbeispielen zuwenden, die auf XML basieren, der *WML* und der *SMIL*.

6.1.4 Mobile Kommunikation mit der WML

Für die Darstellung von Internetseiten auf mobilen Empfangsgeräten, wie beispielsweise Mobiltelefonen, PDAs oder Pagern wurde das WAP *(Wireless Application Protocol)* entwickelt (siehe [Brosius 2000], [Seeboerger 2000]). Eine derartige Kommunikationsform zwischen mobilen Empfangsgeräten und dem Internet stellt insbesondere aus zwei Gründen spezielle Anforderungen an die darzustellenden Inhalte und die Technik der Datenübertragung:

- Zum einen sind die Übertragungsgeschwindigkeiten zwischen dem mobilen Empfangsgerät und dem festen Netz derzeit noch sehr gering; sie betragen in der Regel nur 9.600 bps. Daher enthält das WAP eigene Protokolle für die Kommunikation zwischen den mobilen Endgeräten und dem Festnetz. Etwas vereinfacht kann man sagen, dass diese Protokolle in ihrer Funktion dem im Internet verwendeten HTTP entsprechen.
- Zum anderen weisen mobile Empfangsgeräte zumeist nur sehr kleine Displays auf, die ungeeignet sind, die im Internet üblichen HTML-Seiten darzustellen.

Diesem Umstand sowie der Tatsache, dass die Displays der Empfangsgeräte häufig keine Farben darstellen können, trägt das WAP durch eine eigene Seitenbeschreibungssprache, der ***WML*** *(Wireless Markup Language)*, Rechnung, die damit das Pendant zu der für Webseiten üblichen HTML bildet. Entwickelt wurden die WAP-Spezifikationen von einem *WAP-Forum*, einer Non-Profit-Organisation, die 1997 mit dem Ziel ins Leben gerufen wurde, Standards für einen Zugriff von mobilen Empfangsgeräten auf das Internet zu erarbeiten. Dem WAP-Forum gehören inzwischen mehrere hundert Unternehmen aus dem weiteren Umfeld der mobilen Telekommunikation an, darunter ein Großteil der Hersteller mobiler Empfangsgeräte, Netzbetreiber und andere Infrastrukturanbieter sowie Softwareentwickler (siehe [Brosius 2000], [Deitel 2002a] und [Lehner 2003]). Die WML hat die folgenden allgemeinen Komponenten:

WML-Basiselemente: *- Kopf (Header),* *- Deck unterteilt in Cards,* *- Attributsangaben,* *- Komponenteneinbindungen*	**WAP:** *- WSP,* *- WTP,* *- WTLS,* *- WDP*	**SDK:** *- WML-Editierung,* *- WML-Emulation,* *- Skripteinbindung*
WMLScript: *- Variablendefinition,* *- Kontrollkonstrukte,* *- Interaktionsbeschreibung*	**WBMP:** *- Bilderfassung,* *- Bildskalierung,* *- Bildkonvertierung*	**Komponenten:** *- Einbindung,* *- Aufruf,* *- Interpretation*

Abbildung 6.12: Grundelemente der WML

Wir haben hier ausnahmsweise die Programmierumgebung mit aufgenommen, da speziell bei WML aufgrund der einfachen Testform als Emulation nahezu ausschließlich auf dieser Grundlage entwickelt wird.

Das WAP setzt sich aus mehreren Einzelprotokollen zusammen, die den gesamten Prozess der Kommunikation zwischen den mobilen Empfangsgeräten und dem Internet abdecken. Dabei wird zum einen ein Übertragungsstandard für die Kommunikation zwischen den Empfangsgeräten und dem festen Netz formuliert und zum anderen die Anwendungsumgebung selbst beschrieben. Beim Entwickeln und Veröffentlichen von so genannten *WAP-Seiten* kommt man unmittelbar nur mit der zweiten Komponente, den Spezifikationen der Anwendungsumgebung, in Berührung. Diese sehen vor, dass jedes WAP-fähige Empfangsgerät unter anderem mit einem speziellen Browser ausgestattet sein muss, der einerseits in der Lage ist, WML-Seiten darzustellen, und andererseits einen Interpreter für WMLScript-Programme enthält. Damit werden umgekehrt dem Entwickler von WAP-Anwendungen zwei Werkzeuge an die Hand gegeben: erstens die bereits angesprochene WML und zweitens die Programmiersprache *WMLScript*. Während WML analog zu HTML der Beschreibung der auf den Displays darzustellenden Seiten dient, stellt WMLScript eine einfache Programmiersprache dar, die speziell auf die Bedürfnisse von WAP-Anwendungen zugeschnitten wurde. WMLScript ermöglicht somit das Schreiben einfacher Skriptfunktionen analog etwa zu JavaScript (s. u.), nur auf einfacherem Niveau und mit deutlich beschränkteren Möglichkeiten.

Die andere Komponente des WAP, die Formulierung eines Übertragungsstandards, folgt einem Schichtenmodell und unterteilt sich in vier Schichten:

1. Sitzungsschicht WSP (Wireless Session Layer):

   Die WSP beschreibt die verschiedenen Vorgänge während einer WAP-Verbindung zwischen dem Empfangsgerät und dem Übergangspunkt zwischen dem Mobilnetz und dem Internet. Dies sind zum Beispiel das Aufbauen und Beenden einer solchen Verbindung sowie die Kommunikation währenddessen.

2. Übertragungsprotokoll WTP (Wireless Transaction Protocol):

   Das WTP entspricht gemeinsam mit der WSP dem bekannten HTTP und beschreibt ein auf die geringe Übertragungskapazität innerhalb der Mobilnetze ausgerichtetes Übertragungsprotokoll. Damit bilden WSP und WTP gemeinsam die Grundlage der direkten Kommunikation zwischen dem Empfangsgerät und dem Übergangspunkt zwischen Mobilnetz und Internet.

3. Sichere Datenübertragung durch WTLS (Wireless Transport Layer Security):

   Die WTLS ermöglicht eine sichere Datenübertragung, die eine Authentifizierung der Anwender, den Abhörschutz und die Integrität der Daten gewährleistet. Die WTLS bildet damit das Pendant zu *SSL (Secure Sockets Layer)* bzw. zur *TLS (Transport Layer Security)*.

4. Schnittstelle zum Netzwerk WDP (Wireless Datagram Protocol):

   Die WDP beschreibt die Schnittstellen zwischen den Mobilnetzen und den übrigen Schichten. Auf diese Weise wird die Kompatibilität der gesamten WAP-Architektur mit unterschiedlichen Netzen hergestellt. Unterstützt werden dabei unter anderem die Standards *GSM, CDMA, DECT* und *CDPD*.

Dieser Übertragungsstandard kommt bei der Kommunikation zwischen dem mobilen Empfangsgerät und einem Verbindungspunkt zwischen dem Mobilnetz und dem Internet zur Anwendung. Die Übertragung der Daten innerhalb des Internets erfolgt dagegen in jedem Fall auf Basis der typischen Internetprotokolle wie HTTP.

Durch die heutzutage noch begrenzten Kapazitäten von Mobiltelefonen in Bezug auf Übertragungsgeschwindigkeit, Displaygröße, Speichervermögen etc. ist es erforderlich, die Quellcodegröße von WAP-Seiten für Handys gering zu halten, ohne jedoch den Bedienungskomfort zu sehr einzuschränken. Aus diesen Vorgaben entwickelte sich WAP als Übertragungsprotokoll und WML als Sprache für WAP-Seiten.

WML besitzt zur Beschreibung einer Seite einen *Header, Tags* und *Attribute*. Daneben erlaubt WML auch die Einbindung von Bildern im so genannten *WBMP-Format* auf einer WAP-Seite oder das Ausführen von clientseitigen Skripts in WMLScript. Eine WML-Seite kann, genauso wie eine HTML-Seite, unter Verwendung von serverseitigen Skriptsprachen dynamisch generiert werden, um zum Beispiel Ergebnisse einer Datenbankabfrage darzustellen. Ein WML-Dokument besteht aus einem *Deck*, welches sich in Untergruppen, so genannte *Cards*, unterteilt, die über Links miteinander verknüpft sind. Das Deck kann man sich also wie einen Container vorstellen, der in mehrere Fächer unterteilt ist. Um den Nachteil der geringen Übertragungsgeschwindigkeit bei *GSM* (und anderen Funknetzen) zu umgehen, wird das Deck mit all seinen Cards auf einmal in den internen Mobiltelefon-Speicher übertragen. Aus diesem Grund sollten für eine WAP-Site alle zusammengehörigen Cards in einem Deck untergebracht sein, um eine rasche Navigation zwischen den Cards zu ermöglichen.

Für die Erstellung von WML-Seiten können *SDKs (Software Development Kit)* verwendet werden, wie sie von diversen Anbietern (z. B. Nokia, Ericsson) oft gratis im Internet zum Download zur Verfügung gestellt werden. Ein derartiges SDK erlaubt ebenfalls den Test der WML-Seite in Form einer *Emulation*. Das bedeutet, dass auf einem Rechner bzw. innerhalb einer Programmierumgebung auch die Interpretation des Quelltextes, der für eine gänzlich andere Hardwareplattform geschrieben wurde, möglich ist.

Wir wollen nun zunächst ein einfaches Beispiel einer WAP-Seite erläutern, welches das übliche „Hello World“ auf unserem Handy anzeigt. Der WML-Quelltext lautet dazu wie folgt:

```
<?xml version="1.0"?>
<!DOCTYPE wml PUBLIC „-//WAPFORUM//DTD WML 1.1//EN"
„http://www.wapforum.org/DTD/wml_1.1.xml">
<wml>
<card id="card1" title="Testseite">
<p>
 Hello World!!!
</p>
</card>
</wml>
```

Das folgende Bild zeigt das Editieren unseres Beispiels auf einem *Nokia-SDK* mit der entsprechenden syntaxgesteuerten Quelltextüberprüfung:

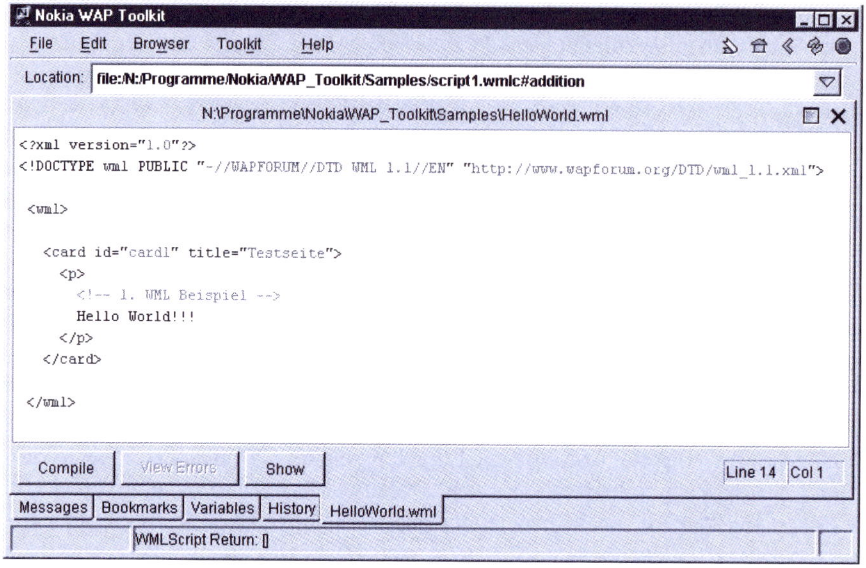

Abbildung 6.13: Editieren des Hello-World-Beispiels

Die Realisierung bzw. Emulation des obigen WML-Quelltextes zeigt ebenfalls unsere Entwicklungsumgebung in der folgenden Form an:

Abbildung 6.14: Emulierte Handy-Anzeige des Hello-World-Beispiels

Im zweiten Beispiel wollen wir uns wieder unserem kleinen Firmenbeispiel zuwenden. Wir wollen mit unserer Firma natürlich auch auf dem Handy präsent sein und definieren daher im folgenden Beispiel erst einmal unsere vereinfachte Homepage. Die folgende Abbildung zeigt die WML-Quellcode-Erstellung mit einem neueren Nokia-SDK:

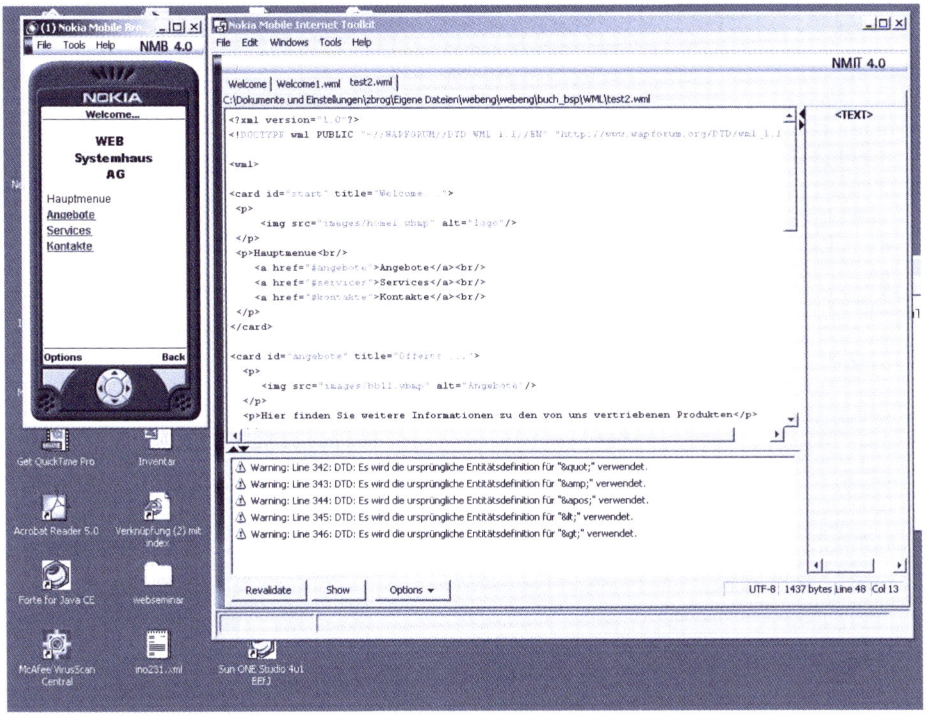

Abbildung 6.15: Entwicklung der WML-basierten Homepage unseres Firmenbeispiels

Wir teilen also unsere (zu große) Homepage in die drei Auswahlreferenzen für die Produktbeschreibungen (*Angebote*), den Bestellservice (*Services*) und die Kontaktangaben auf. Der WML-Quelltext insgesamt lautet hierfür:

```
<?xml version="1.0"?>
<!DOCTYPE wml PUBLIC "-//WAPFORUM//DTD WML 1.1//EN" "http://www.wapforum.org/
DTD/wml_1.1.xml">

<wml>

<card id="start" title="Welcome...">
 <p>
     <img src="images/home1.wbmp" alt="logo"/>
 </p>
 <p>Hauptmenue<br/>
    <a href="#angebote">Angebote</a><br/>
    <a href="#services">Services</a><br/>
    <a href="#kontakte">Kontakte</a><br/>
```

```
  </p>
 </card>

 <card id="angebote" title="Offerts ...">
   <p>
      <img src="images/bb11.wbmp" alt="Angebote"/>
   </p>
   <p>Hier finden Sie weitere Informationen zu den von uns vertriebenen
 Produkten</p>
   <p>
     <anchor>Produktinfos
        <go href="http://www.web-services.de/produkte"/>
     </anchor><br/>
     <a href="#start">Hauptmenue</a>
   </p>
 </card>

 <card id="services" title="Services...">
    <p>
      <img src="images/bb22.wbmp" alt="Services"/>
    </p>
    <p>Wenn Sie sich f&#252;r unsere Produkte entschieden haben..</p>
    <p>
      <anchor>Produktkauf
        <go  href="http://www.web-services.de/markt"/>
      </anchor><br/>
      <a href="#start">Hauptmenue</a>
    </p>
 </card>

 <card id="kontakte" title="Contacts...">
    <p>
      <img src="images/bb33.wbmp" alt="Kontakte"/>
    </p>
    <p>Ihre Bewertung zu unseren Produkten.<br/>
       Anfragen, W&#252;nsche und Reklamationen</p>
    <p>
      <anchor>Bewertungen
        <go href="http://www.web-services.de/support"/>
      </anchor><br/>
      <a href="#start">Hauptmenue</a>
    </p>
 </card>
 </wml>
```

Wir schränken uns im Folgenden auf die Darstellung der Ergebnisse ein, da wir einen selbst dokumentierenden Quelltext vorliegen haben:

Abbildung 6.16: Teil-WML- bzw. WAP-Seiten unseres Firmenbeispiels

Damit haben wir grundlegende Formen einer WAP-Seiten-Implementation und -Anwendung kennen gelernt. Durch das Emulationsprinzip werden hierbei wesentliche Testkosten eingespart und eine konsistente Präsentation auf unterschiedlichen Webplattformen leicht nachvollziehbar gestaltet.

6.1.5 Webpräsentationen mittels SMIL

Die ***Synchronized Multimedia Integration Language (SMIL)*** ist eine auf XML basierende notationelle Möglichkeit, Präsentationen mit multimedialen Komponenten im Web zu konstruieren (siehe [Goetz 2000]).

SMIL-Basiselemente:	**Media-Objektelemente:**	**Ablaufsteuerung:**
- Kopf (head), *- Beschreibung (meta),* *- Layoutangaben (layout),* *- Anordnungen (region)*	*- Bild,* *- Animation,* *- Video,* *- Audio,* *- Text bzw. Text-Stream*	*- Parallelität,* *- Synchronisation,* *- Alternativen,* *- Popup-Fenster,* *- Skriptsprachennutzung*
Webreferenzen:	**Real-System:**	**Protokolle:**
- Server-Dienstreferenzierung, *- URI-Referenzierung,* *- Bandbreite definieren,* *- operationelle Verknüpfung*	*- Abspielsystem (Realplayer),* *- Bildübertragung (RealPix),* *- Text-Streaming (RealText),* *- Präsentationsintegration, Multicasting (RealServer)*	*- Zugriffsprotokoll,* *- Zwischenspeicherungs-protokoll,* *- Fehlerprotokoll*

Abbildung 6.17: Grundelemente der SMIL

Den Rahmen dafür bilden die SMIL-Files mit der folgenden, bereits von den anderen XML-basierten Sprachen her bekannten allgemeinen Notation:

```
<?xml version="1.0"?>
<!---------- Aufruf der SMIL-Sprachkomponenten ----->
< smil >
 < head >
 <!---------- Präsentationskontextelemente ---------->
 < head >
< body >
 <!---------- Präsentationsbeschreibung ------------->
< /body >
< /smil >
```

Die die Präsentation darstellenden multimedialen File-Referenzen enden zum Beispiel mit einem *Slash*, wenn es sich um keine Endekomponente handelt, also beispielsweise:

```
<video src="video01.rm"/>
```

Um die entsprechenden präsentationsbezogenen Informationen anzugeben, wird innerhalb des Kopfes (*head*) ein so genanntes *meta-Tag* verwendet. In SMIL unterscheiden wir die folgenden (selbsterklärenden) File-Formen:

Tag-Typ	**File-Attribut**
animation	.swf für Shockwave-Flash
audio	.rm für RealAudio
img	als .jpg oder .gif
ref	für alle Cliptypen (z. B. .rp für RealPix)
text	.txt für statische Textclips
textstream	.rt für RealText-Ströme
video	.rm für Video-Files

Tabelle 6.1: Präsentationskomponenten in SMIL

Unsere SMIL-Präsentation kann auch mit einem Server verbunden werden, zum Beispiel in der Form

```
<audio src="rtsp://realserver.domain.tld:portadresse/mountpoint/filename.rm">
```

Anstelle von HTTP verwenden wir hierbei also das *Real Text Streaming Protocol (RTSP)*. Unsere Präsentation benötigt natürlich einen so genannten *Player*. Dabei können wir zum Beispiel den unter *JMF* beschriebenen ***RealPlayer*** (s. u.) zugrunde legen. Die allgemeine Seitengestaltung für eine Präsentation zeigt uns die folgende Abbildung:

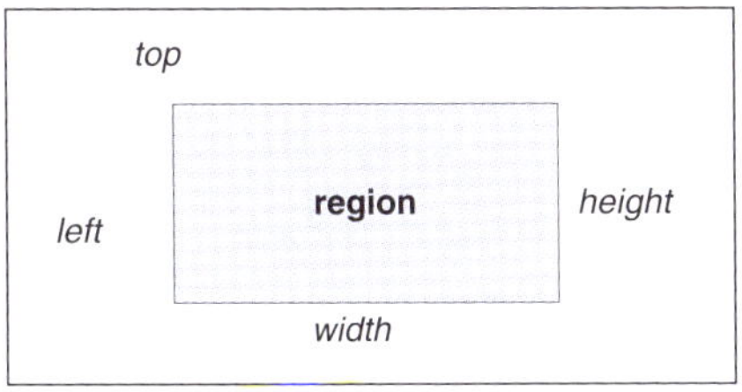

Abbildung 6.18: Einstellung des Seitenlayouts bei SMIL

Dabei sind auch Tag-Namen bzw. Parameterbezeichnungen angegeben. Die Layoutgestaltung speziell für eine Videopräsentation mit möglichen Untertiteln zeigt uns das folgende Bild:

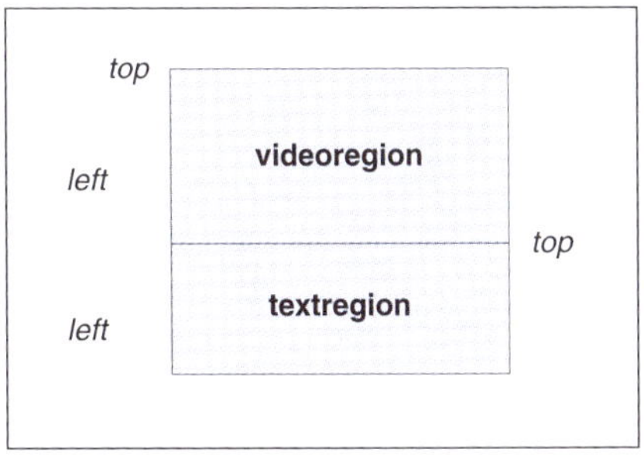

Abbildung 6.19: Layoutgestaltung bei einer Videopräsentation

Eine Präsentation kann natürlich einem *Zeitmodell* zugeordnet werden. Im Einzelfall geschieht dies durch die Angabe einer Duration-Festlegung, zum Beispiel als *dur="30s"*. Ähnliches gilt für Wiederhol- und andere Ablaufstrukturen.

Für das Abspielen einer Präsentation in einer Webseite sind zunächst entsprechende *Plug-ins* für den jeweiligen Browser notwendig. Diese sind im Allgemeinen einmalig zu laden und werden dann stets bei entsprechenden Präsentationen als Laufzeitumgebung zur Anwendung gebracht. Für *Netscape-Plug-ins* wird dafür das so genannte *embed-Tag* verwendet.

Wir wollen uns jetzt wiederum unserem Web-Firmenpräsenzbeispiel zuwenden und eine SMIL-basierte „Werbeshow" entwickeln. Dazu planen wir eine allgemeine Webdarstellung mit der Vorstellung unserer Firma, einigen Werbeinhalten als Dias sowie ausgewählten Produktbeschreibungen in Videoform. Die Planung wird einerseits hinsichtlich des Layouts vorgenommen und andererseits als Zeitverlauf. Die folgende Abbildung zeigt eine mögliche Form dieser Planung:

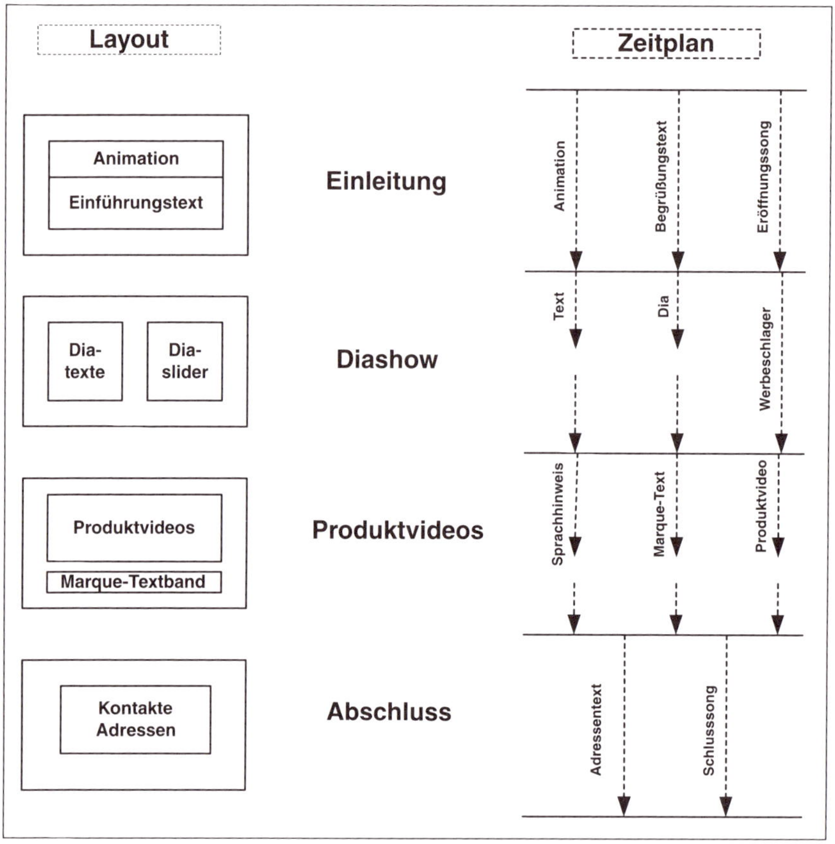

Abbildung 6.20: Szenenplanung einer Webpräsentation zum Firmenbeispiel

Der entsprechende SMIL-Quelltext ist hierfür wiederum auszugsweise angegeben. Der Kopf enthält allgemeine Angaben zur Präsentation (*meta*) sowie eine Charakterisierung der Layoutfolgen (*layout, region*). Danach kommt die Szenensteuerung als Ablauffolge (*seq*). Dabei wird zum einen die verfügbare Bandbreite der Verbindung berücksichtigt (xDSL, IDSN, Modem) und zum anderen eine Sprachausrichtung (deutsch, französisch, spanisch, englisch) in Abhängigkeit von der Hosteinstellung vorgenommen.

```
<smil>
 <head>
  <meta name="title" content="SMIL Presentation"/>
  <meta name="author" content="Web-Services-Vertrieb"/>
  <meta name="copyright" content="(c) 2003 Web-Services"/>
  <meta name="abstract" content="SMIL Werbung 2003"/>
  <meta name="base" content="rtsp://www.webservice.de/"/>
  <layout>
   <root-layout background-color="marineblue" width="400" height="320"/>
   <region id="animation" top="10" left="10"
          width="380" height="120" z-index="0"/>
```

```
  <region id="einleitung" top="140" left="10"
          width="380" height="170" z-index="0"/>
  <region id="diatext" top="20" left="20"
          width="120" height="280" z-index="1"/>
  <region id="diaslide" top="20" left="180"
          width="200" height="280" z-index="1"/>
  <region id="produktvideo" top="40" left="40"
          width="320" height="180" z-index="2"/>
  <region id="marquetext" top="160" left="40"
          width="320" height="20" z-index="2"/>
  <region id="kontakttext" top="60" left="50"
          width="300" height="200" z-index="3"/>
 </layout>
</head>
 <!--------------- Szenensteuerung ------------------>
<body>
 <seq>
 <!--------------- Einleitung fuer xDSL ------------------>
  <switch>
  <!- Einleitung -->
   <par system-bitrate="75000">
   <!- xDSL -->
    <animation src="animation1.ram"
             region="animation" dur="6s" rep="3"/>
    <audio src="logosong1.ra" dur="20s"/>
    <switch>
     <text src="german/einleitung1.rt"
           region="einleitung "system-language="ge"/>
     <text src="french/einleitung1.rt"
           region="einleitung" system-language="fr"/>
     <text src="spanish/einleitung1.rt"
           region="einleitung" system-language="sp"/>
     <text src="english/einleitung1.rt"
           region="einleitung"/>
    </switch>
  </par>

 <!--------------- Einleitung fuer ISDN ------------------>
  <par system-bitrate="47000">
  <!- ISDN -->
    <animation src="animation2.ram"
             region="animation" dur="6s" rep="3"/>
    <audio src="logosong2.ra" dur="20s"/>
    <switch>
     <text src="german/einleitung2.rt"
           region="einleitung" system-language="ge"/>
     <text src="french/einleitung2.rt"
           region="einleitung" system-language="fr"/>
     <text src="spanish/einleitung2.rt"
           region="einleitung" system-language="sp"/>
```

```
    <text src="english/einleitung2.rt"
          region="einleitung"/>
   </switch>
 </par>

<!--------------- Einleitung fuer Modem ------------------>
 <par system-bitrate="20000">
 <!- Modem -->
   <animation src="animation3.ram"
             region="animation" dur="6s" rep="3"/>
   <audio src="logosong3.ra" dur="20s"/>
   <switch>
    <text src="german/einleitung3.rt"
          region="einleitung" system-language="ge"/>
    <text src="french/einleitung3.rt"
          region="einleitung" system-language="fr"/>
    <text src="spanish/einleitung3.rt"
          region="einleitung" system-language="sp"/>
    <text src="english/einleitung3.rt"
          region="einleitung" />
   </switch>
 </par>
<!---------- analoger SMIL-Code fuer die Diashow  --------->
     .  .  .

<!----------------- Produktvideos ------------------------>
 </switch>
 <switch>
 <!- Produktvideos -->
  <par system-bitrate="75000">
  <!- xDSL -->
   <video src="produkte1.mov" region="produktvideo" dur="300"/>
   <switch>
    <textstream src="german/produkttexte1.rt"
          region="marquetext" system-language="ge"/>
    <audio src="german/produktvoice1.wav" system-language="de"/>
    <textstream src="french/produkttexte1.rt"
          region="marquetext" system-language="fr"/>
    <audio src="french/produktvoice1.wav" system-language="fr"/>
    <textstream src="spanish/produkttexte1.rt"
          region="marquetext" system-language="sp"/>
    <audio src="spanish/produktvoice1.wav" system-language="sp"/>
    <textstraem src="english/diatexte1.rt"
          region="marquetext" />
    <audio src="english/produktvoice1.wav"/>
   </switch>
  </par>
<!------------- analog fuer andere Bandbreiten ----------->
     .  .  .
```

```
<!------------ analog fuer die Kontaktbeschreibung ------>
      . . .

  </seq>
 </body>
</smil>
```

Bezüglich der vollständigen SMIL-Code-Angabe verweisen wir wieder auf unseren Link zum Buch unter `webeng.cs.uni-magdeburg.de`. Wir erkennen aber bereits die besondere Technologie einer SMIL-Präsentation, die die Ressourcen aus Komponenten „irgendwo" im Web zusammenstellt und dabei auch die lokalen Gegebenheiten (Sprache usw.) berücksichtigt. Ebenso „passt" sich eine derartige Präsentation den zur Verfügung stehenden Verbindungskapazitäten an.

Als besonderer Aspekt eines Tests einer SMIL-Anwendung erweist sich hierbei die relativ hohe Komplexität der Ressourcenquellen bzw. Netztopologien.

6.1.6 Dokumentverknüpfungen mit dem RDF

Das *Resource Description Format (RDF)* ist eine W3C-Initiative zur logischen, ontologiebezogenen Verknüpfung von Webdokumenten. Die Webdokumente werden zunächst innerhalb eines Domänbereiches (*RDF Namespace*) identifiziert und deren Beziehungen mittels so genannter Statements definiert. Für komplexere Dokumentbeziehungen können *RDF-Schemas* verwendet werden. Die folgende Abbildung gibt einen allgemeinen Überblick über die grundlegenden Sprachelemente des RDF (siehe [Brickley 2000], [Lassila 1999] und [Thuraisingham 2002]):

RDF-Basiselemente: *- Kopf (Header),* *- Ressourcenreferenzen ,* *- Ontologiebeschreibung*	**RDF Schema:** *- Klassen,* *- Properties,* *- Constraints*	**Ressourcen:** *- Webdokumente,* *- Webkomponenten,* *- Ressourcenbeschreibung*
RDF Namespace: *- XML-Namespace*	**Properties:** *- Ressourcenmerkmale,* *- Objektcharakteristika,* *- Relationen*	**Statements:** *- Subjekt,* *- Prädikat,* *- Objekt*

Abbildung 6.21: Grundelemente der RDF

Eine ontologiebezogene Verknüpfung zwischen Webdokumenten kann mit dem RDF durch die folgende Gesamtstruktur gebildet werden:

- *Kopfzeile:* Hier erfolgt der übliche allgemeine XML-Versionsbezug in einer ersten Zeile.
- *Domäne:* Dieser Teil beschreibt den Hyperspace der in den Dokumentbeziehungen einbezogenen Ressourcen. Dazu werden die XML-Namespace-Anweisungen genutzt (`xmlns`).

- *Ontologie:* In diesem Teil erfolgt schließlich die Beschreibung der einzelnen Komponenten bzw. Ressourcen (`rdf:Description rdf: about="begriff"`) und deren logische Verknüpfung bzw. strukturelle Einordnung (`rdfs:{domain,subClassOf}`). Dabei werden auch die Eigenschaften, wie Typ, Art und Wertebereich (`rdf:{type, resource}`, `rdfs: {range, isDefindeBy, subPropertyOf}`) definiert. Die Relationen zwischen den Dokumenten selbst werden durch Anweisungen formuliert (`rdf:{Statement, subject, predicate, object}`).

Wir wollen eine Möglichkeit zur RDF-Anwendung wiederum an unserem Firmenbeispiel zeigen. Wir haben dabei die *Produkte*, den *Bestellservice* und die (Kunden-)*Bewertung* als RDF-Klasse definiert, da es sich hierbei um die Hauptkomponenten der Ontologiebeschreibung handelt. Die weiteren Webseiten sind dann jeweils als Eigenschaften dieser Klassen definiert und ermöglichen somit eine logische Abfrage zu unserer Webpräsenz in der Hinsicht, dass wir einfach ermitteln können, welche Aspekte zur jeweiligen Komponente gehören, ohne diesen Zusammenhang erst durch Navigation bestimmen zu müssen. Eine explizite Verknüpfungsstruktur zeigt uns der folgende RDF-Quelltext:

```
<?xml version="1.0"?>
<rdf:RDF
    xmlns:rdf="http://www.w3.org/1999/02/22-rdf-syntax-ns#"
    xmlns:rdfs="http://www.w3.org/2000/01/rdf-schema#" >

  <!-- Definition der Hauptkomponenten als RDF-Klassen ---------------->

  <rdf:Description rdf:about="Bestell-Service">
    <rdf:type rdf:resource="http://www.w3.org/2000/01/rdf-schema#Class"/>
    <rdfs:subClassOf rdf:resource=
                     "http://www.w3.org/2000/01/rdf-schema#Ressource"/>
  </rdf:Description>

  <rdf:Description rdf:about="Produkte">
    <rdf:type rdf:resource="http://www.w3.org/2000/01/rdf-schema#Class"/>
    <rdfs:subClassOf rdf:resource=
                    "http://www.w3.org/2000/01/rdf-schema#Ressource"/>
  </rdf:Description>

  <rdf:Description rdf:about="Bewertung">
    <rdf:type rdf:resource="http://www.w3.org/2000/01/rdf-schema#Class"/>
    <rdfs:subClassOf rdf:resource=
                    "http://www.w3.org/2000/01/rdf-schema#Ressource"/>
  </rdf:Description>

  <!-- Definition der Produktarten als RDF-Subklassen ------------------>

  <rdf:Description rdf:about="CAD-Software">
    <rdf:type rdf:resource="http://www.w3.org/2000/01/rdf-schema#Class"/>
    <rdfs:subClassOf rdf:resource="Produkte"/>
  </rdf:Description>
```

```
  <rdf:Description rdf:about="CAQ-Software">
    <rdf:type rdf:resource="http://www.w3.org/2000/01/rdf-schema#Class"/>
    <rdfs:subClassOf rdf:resource="Produkte"/>
  </rdf:Description>

  <rdf:Description rdf:about="eLearning-System">
    <rdf:type rdf:resource="http://www.w3.org/2000/01/rdf-schema#Class"/>
    <rdfs:subClassOf rdf:resource="Produkte"/>
  </rdf:Description>

  <!-- Definition von Gültigkeitsbereichen (range) --------------------->

  <rdf:Description rdf:about="Kommentar">
    <rdfs:domain rdf:resource="Kundenbewertung"/>
   <rdf:type rdf:resource=
             "http://www.w3.org/1999/02/22-rdf-syntax-ns#Property"/>
    <rdfs:range rdf:resource=
              "http://www.w3.org/2000/01/rdf-schema#String"/>
  </rdf:Description>
usw.

  <!-- Definition allgemeiner Typangaben (type) ----------------------->

  <rdf:Description rdf:about="Lizenz">
    <rdfs:subPropertyOf rdf:resource="Produktinformationen"/>
    <rdf:type rdf:resource="http://www.w3.org/2000/01/rdf-schema#String"/>
  </rdf:Description>

  <rdf:Description rdf:about="E-Mail">
    <rdfs:subPropertyOf rdf:resource="Kontaktinformationen"/>
    <rdf:type rdf:resource="http://www.w3.org/2000/01/rdf-schema#Literal"/>
  </rdf:Description>
  <rdf:Description rdf:about="Ablaufdatum">
    <rdfs:subPropertyOf rdf:resource="Bestellinformationen"/>
    <rdf:type rdf:resource="http://www.w3.org/2000/01/rdf-schema#Date"/>
  </rdf:Description>
usw.
</rdf:RDF>
```

Die insgesamt definierten Verknüpfungsformen für unser Firmenbeispiel sind in der Abbildung 6.22, die mit dem IsaViz-Tool erzeugt wurde (siehe [IsaViz 2001], aber auch [McBride 2002] und [McBride 2003]), angegeben.

Mit dem RDF wird also zunächst nur eine Beschreibung der Zusammenhänge der zu einem Kontext beteiligten Ressourcen vorgenommen. Die Auswertung auf dieser Grundlage wird dann durch spezielle Tools realisiert, die die entsprechenden Interpretations- und Auswertungsformen umsetzen.

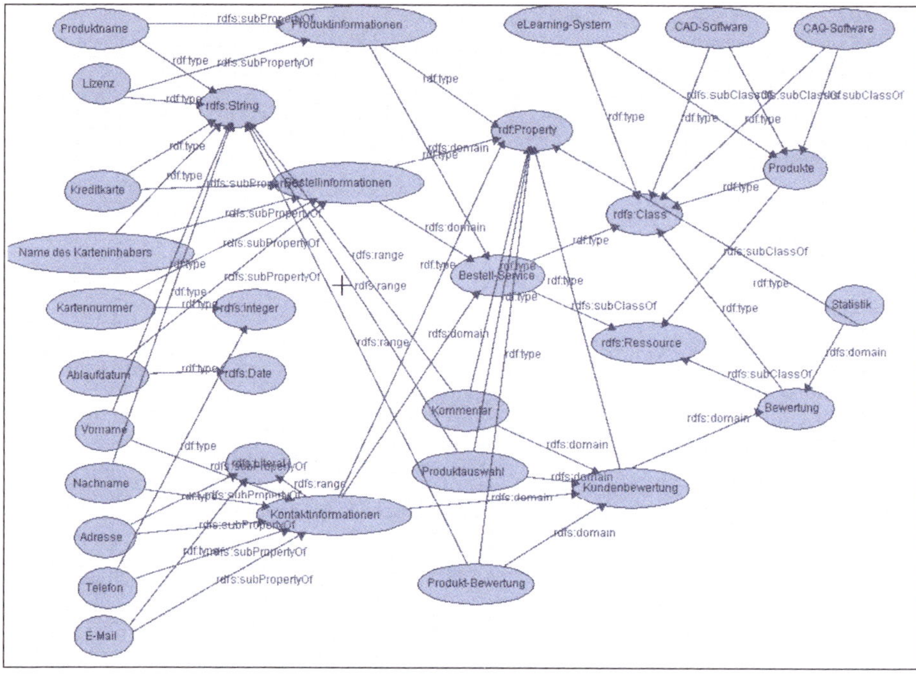

Abbildung 6.22: RDF-Struktur zum Firmenbeispiel

6.1.7 Semantikdefinitionen mit dem DAML+OIL

Die *DARPA Agent Markup Language (DAML)* und das *Ontology Interface Layer (OIL)* dienen der Implementation von logischen Webauswertungen auf der Grundlage einer RDF-basierten Dokumentendefinition. Die sprachlichen Grundlagen für DAML+OIL haben wir in der folgenden Übersicht zusammengefasst:

DAML-Basiselemente:	**RDF:**	**OIL:**
- Kopf (Header), *- Ressourcenreferenzen ,* *- Ontologiebeschreibung*	*- RDF Namespace,* *- RDF-Schema,* *- RDF-Komponenten*	*- Ontology Container* *- Begriffsvorgaben* *- Logische Ausdrücke* *- Relationen* *- Operationen*
Ontologiedefinition:	**Klassen:**	**Properties:**
- Bezeichnung, *- RDF-basierte Beschreibung,* *- Importe*	*- Bezeichnung,* *- Definition von Subklassen,* *- Gültigkeitsbereiche*	*- Klasseneigenschaften,* *- Objekteigenschaften,* *- Datentypeigenschaften*

Abbildung 6.23: Grundelemente der DAML+OIL

Eine auf der Grundlage von DAML+OIL geschriebene Relations- und Auswertungsform enthält folgende allgemeine Komponenten (siehe [Bryson 2002], [Fensel 2002], [Missikoff 2002] und [Harmelen 2000]):

- *Kopf:* Hier erfolgt der übliche allgemeine XML-Versionsbezug in einer ersten Zeile.
- *Ressourcen:* Dieser Teil beschreibt die referenzierten Ressourcen, auf die im DAML-Quelltext Bezug genommen wird (`rdf`).
- *Ontologie:* In diesem Teil erfolgt wiederum die Beschreibung der einzelnen Komponenten bzw. Ressourcen (`daml:Ontology rdf: about="`*`begriff`*`"`) und deren logische Verknüpfung bzw. strukturelle Einordnung (`rdfs:{domain,subClassOf}`). Außerdem wird eine detaillierte Beschreibung der Komponentenbeziehungen für deren (logische) Auswertungsmöglichkeiten angegeben (`daml: {ObjectProperty, DatatypeProperty, Restriction}`).

Bevor wir wiederum einen Beispieltext zu unserer Firmenpräsenz angeben, wollen wir zunächst die Tool-gestützte Form einer DAM+OIL-Quelltexterzeugung mit dem so genannten ***Ontology Editor (Oiled)*** zeigen (siehe [Bechhofer 2001]). Dabei werden zunächst die Klassen erfasst. In unserem Fall definieren wir die Klassen *Bestellservice, Bewertung, Kreditkarte, Person* und *Produkte*. Unter den Produkten definieren wir wiederum die Subklassen *CAD-Software, CAQ-Software und eLearning-System.* Die folgende Abbildung zeigt die bereits definierten Klassen und Subklassen:

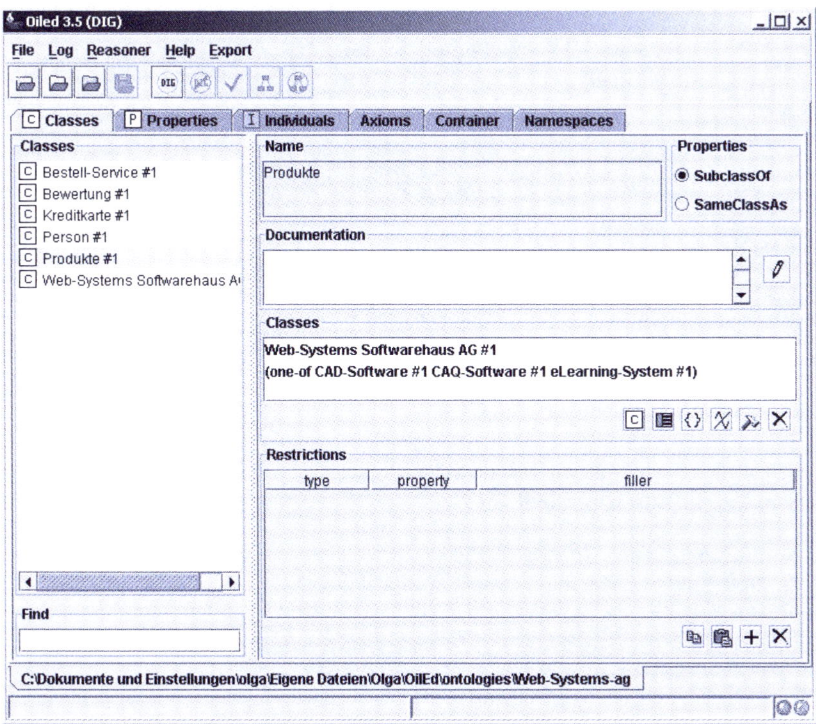

Abbildung 6.24: Klassendefinition mit dem Oiled

Dann werden wieder die gesamten Klassen- bzw. Objektbeziehungen implementiert, die im Gegensatz zum RDF über eine erweiterte Sicht bezüglich der konkreten Objekteigenschaften (*ObjectProperty*), der Datentypeigenschaften (*DatatypeProperty*) und des jeweiligen semantischen Kontexts (*Restriction*) verfügen. In unserem Firmenpräsenzbeispiel können wir so die verschiedensten Teilaspekte als Eigenschaften zu den Klassen definieren. Die folgende Abbildung zeigt die Eigenschaftsdefinition *Kontaktinformation* zu unserer Klasse *Person* für unseren Kunden, die hinsichtlich ihres Wertebereichs (*range*) als Zeichenkette (*String*) anzugeben ist:

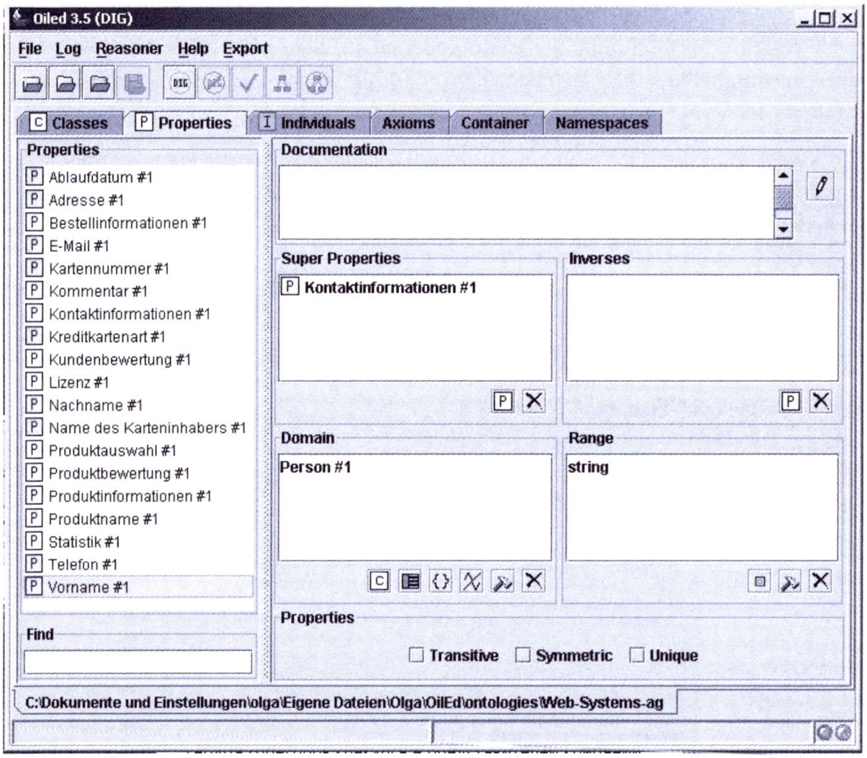

Abbildung 6.25: Property-Definition mit dem Oiled

Im Folgenden geben wir wieder einen Teil des Quelltextes einer DAML+OIL-Implementation zu unserem Firmenpräsenzbeispiel an:

```
<?xml version="1.0" encoding="ISO-8859-1"?>
<rdf:RDF xmlns:daml="http://www.daml.org/2001/03/daml+oil#"
    xmlns:dc="http://purl.org/dc/elements/1.1/"
    xmlns:oiled="http://img.cs.man.ac.uk/oil/oiled#"
    xmlns:rdf="http://www.w3.org/1999/02/22-rdf-syntax-ns#"
    xmlns:rdfs="http://www.w3.org/2000/01/rdf-schema#"
    xmlns:xsd="http://www.w3.org/2000/10/XMLSchema#">
```

```
<!-- Definition der Ontologie Web-Systems AG- (dc: dublin core) --->

  <daml:Ontology rdf:about="">
      <dc:title>Web-Systems Softwarehaus AG</dc:title>
      <dc:date>Juni 2003</dc:date>
      <dc:creator></dc:creator>
      <dc:description></dc:description>
      <dc:subject></dc:subject>
      <daml:versionInfo></daml:versionInfo>
  </daml:Ontology>

<!–Detaillierte Klassendefinition zur Bewertung ------------------->

 <daml:Class rdf:about="#Bewertung">
      <rdfs:subClassOf>
      <daml:Class rdf:about="#Web-Systems Softwarehaus AG"/>
    </rdfs:subClassOf>
    <rdfs:subClassOf>
       <daml:Class>
       <daml:oneOf>
     <daml:List> <daml:first> <daml:Thing rdf:about="#ausreichend"/>
      </daml:first> <daml:rest>
    <daml:List> <daml:first> <daml:Thing rdf:about="#befriedigend"/>
      </daml:first> <daml:rest>
    <daml:List> <daml:first> <daml:Thing rdf:about="#gut"/>
      </daml:first> <daml:rest>
    <daml:List> <daml:first> <daml:Thing rdf:about="#sehr gut"/>
      </daml:first> <daml:rest>
    <daml:List> <daml:first>
      <daml:Thing rdf:about="#ungenügend"/>
    </daml:first> <daml:rest>
       <daml:nil/> </daml:rest>
    </daml:List> </daml:oneOf>
   </daml:Class>
   </rdfs:subClassOf>
 </daml:Class>
usw.

 <!-- Definition der Merkmale zur Person bzw. zum Kunden ---------->

   <daml:Class rdf:about="#Person">
       <rdfs:subClassOf>
           <daml:Restriction>
               <daml:onProperty rdf:resource="#Vorname"/>
               <daml:toClass rdf:resource=
                    "http://www.w3.org/2000/10/XMLSchema#string"/>
           </daml:Restriction>
       </rdfs:subClassOf>
       <rdfs:subClassOf>
           <daml:Restriction>
               <daml:onProperty rdf:resource="#Nachname"/>
```

```
                <daml:toClass rdf:resource=
                    "http://www.w3.org/2000/10/XMLSchema#string"/>
            </daml:Restriction>
        </rdfs:subClassOf>
        <rdfs:subClassOf>
            <daml:Restriction>
                <daml:onProperty rdf:resource="#Telefon"/>
                <daml:toClass rdf:resource=
                    "http://www.w3.org/2000/10/XMLSchema#integer"/>
            </daml:Restriction>
        </rdfs:subClassOf>
        <rdfs:subClassOf>
            <daml:Restriction>
                <daml:onProperty rdf:resource="#E-Mail"/>
                <daml:toClass rdf:resource=
                    "http://www.w3.org/2000/10/XMLSchema#anyURI"/>
            </daml:Restriction>
        </rdfs:subClassOf>
        <rdfs:subClassOf>
            <daml:Restriction>
                <daml:onProperty rdf:resource="#Adresse"/>
                <daml:toClass rdf:resource=
                     "http://www.w3.org/2000/10/XMLSchema#string"/>
            </daml:Restriction>
        </rdfs:subClassOf>
    </daml:Class>
    <daml:Class rdf:about="#Web-Systems Softwarehaus AG">
    </daml:Class>
usw.

  <!-- Definition ausgewählter Objekt- und Attributsmerkmale ---->

    <daml:ObjectProperty rdf:about="#Kontaktinformationen">
         <rdfs:subPropertyOf rdf:resource="#Kundenbewertung"/>
    </daml:ObjectProperty>
    <daml:DatatypeProperty rdf:about="#Nachname">
        <rdfs:subPropertyOf rdf:resource="#Kontaktinformationen"/>
        <rdfs:domain>
            <daml:Class rdf:about="#Person"/>
        </rdfs:domain>
        <rdfs:range>
            <xsd:string/>
        </rdfs:range>
    </daml:DatatypeProperty>
usw.

  <!------ Definition der (RDF-) Relationen ------------------->

    <rdf:Description rdf:about="#CAD-Software">
            <rdf:type>
            <daml:Class rdf:about="#Produkte"/>
```

```
        </rdf:type>
    </rdf:Description>
    <rdf:Description rdf:about="#CAQ-Software">
            <rdf:type>
            <daml:Class rdf:about="#Produkte"/>
        </rdf:type>
    </rdf:Description>
    <rdf:Description rdf:about="#eLearning-System">
            <rdf:type>
            <daml:Class rdf:about="#Produkte"/>
        </rdf:type>
    </rdf:Description>
usw.
</rdf:RDF>
```

Wir haben mit dieser Beschreibungsform zum einen den Detaillierungsgrad erhöht und zum anderen die unmittelbare Analysierbarkeit der semantischen Beziehungen in unserem Beispiel gewährleistet. Eine explizite Auswertung ist beispielsweise mit der *DAML Query Language (DQL)* möglich (siehe [Fikes 2003]).

Hinsichtlich der Vollständigkeit unseres Beispiels verweisen wir wiederum auf unsere Webseite zum Buch unter `http://webeng.cs.uni-magdeburg.de`.

Zum Abschluss der Beschreibung ausgewählter Dokumentensprachen wollen wir in der folgenden Abbildung noch einmal eine Gesamtdarstellung der hier kurz erläuterten Technologien, die inzwischen nahezu ausschließlich XML-basiert sind, geben:

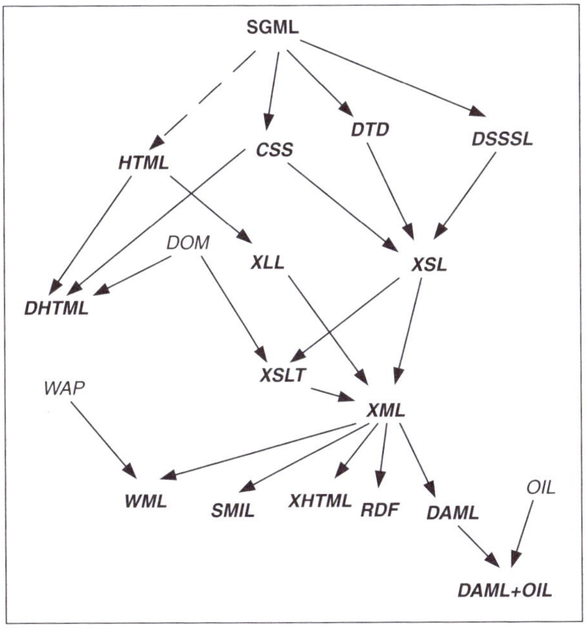

Abbildung 6.26: Entwicklungsverlauf der XML und angrenzender Technologien

Aus der Sicht eines Web Engineerings ergeben sich bei den Dokumentationssprachen folgende grundlegenden Entwicklungsaspekte (siehe [Allman 2003], [Bradley 1998], [Brosius 2000], [Chang 2001], [Dumke 1996], [Harold 1998], [Kroenke 2002], [Powell 1998], [Rockwell 2001], [Seeboerger 2000], [Sneed 2002] und [Thuraisingham 2002]):

- Dokumentensprachen sind nahezu ausschließlich *interpreterbasiert* und besitzen die dabei möglichen Vorteile einer hohen Variabilität zu generierender Quelltexte. Andererseits können bei Interpretationen (kaskadierende) Zyklen auftreten, die den Generierungsinhalt bzw. den Generierungsverlauf „außer Kontrolle" geraten lassen.
- Dokumentensprachen basieren auf einer Reihe von angewandten Teiltechnologien (Dokumentform, Dokumentquelle, Dokumentstruktur), die eine hohe *Strukturkomplexität* erzeugen, welche es im Verlauf der Entwicklung und Wartung zu beherrschen gilt.
- Bei einer anderen Webgrundlage als dem Internet, also beispielsweise Intranet oder Extranet, ist die bei Dokumentensprachen übliche Bereitstellung der Basiskomponenten per Quell-Links entsprechend durch sichere Referenzierung oder Quellenspiegelung im eigenen Netz zu realisieren.
- Für aufwändige Plattformanforderungen zum Test von webbasierten Dokumentendarstellungen eignet sich vor allem das *Emulationsprinzip* im Rahmen der jeweils angewandten Entwicklungsumgebung.
- Schließlich haben wir bereits auf die Dynamik XML-basierter Technologien hingewiesen, so dass ohnehin *Kompatibilitäts-* und *Portabilitätsprobleme* in mehr oder weniger umfangreichem Maße bestehen können und ggf. zu lösen sind.

Nach dieser Betrachtung der eigentlichen Dokumentensprachen wollen wir nun die in diesem Rahmen ebenfalls nutzbaren operationellen Möglichkeiten, und zwar die Skriptsprachen, näher betrachten.

6.2 Skriptsprachen

Die Definition einer flexibleren Operationalität mit grundlegenden Interaktionsformen ist durch die Anwendung so genannter Skripte möglich. Dafür werden ***Skriptsprachen*** eingesetzt, wie beispielsweise

- als klassische Formen im Unix-Bereich: *Perl, Python* und *Tcl/Tk*,
- speziell für den Webbrowser: *JavaScript, VBScript* und *WLMScript*,
- speziell für das WWW: *ASPScript* und *PHP*.

Nach dieser Auflistung gehen wir auf zwei Skriptsprachen näher ein, zum einen auf das wohl zumeist eingesetzte JavaScript und auf die aktuell dominierende PHP. Da wir beim Leser zumindest Grundkenntnisse in der Programmierung voraussetzen, sind die Beispiele nur kurz charakterisiert. Hinsichtlich einer weiteren Vertiefung der Merkmale der hier genannten Sprachen verweisen wir unbedingt auf unsere Webseite zu diesem Buch (`webeng.cs.uni-magdeburg.de`).

6.2.1 JavaScript

Um für den Webbrowser die flexiblen Operationsformen einer Programmiersprache zu erschließen, wurde eine Teilmenge der Java-Sprache spezifiziert und den Komponenten des Browsers hinzugefügt. Sie wird unmittelbar vom Browser innerhalb des Nutzungsprozesses des Webs interpretiert, also ohne eine Vorübersetzung wie beim Java selbst. Genau dies ist die Eigenschaft einer Skriptsprache. Die folgende sehr vereinfachte Übersicht zeigt die wesentlichen Grundelemente von JavaScript (siehe [Deitel 2002], [Nobles 2001] bzw. [Seeboerger 2002]):

JavaScript-Basislemente:	**Konstrukte:**	**Klassen:**
- Grunddatentypen, *- Zuweisungen,* *- Objektinstanziierung,* *- Referenzierungen*	*- Verzweigungen,* *- Zyklen,* *- Ausnahmebehandlung,* *- Ereignismodell*	*- einige aus java.lang,* *- die java.awt,* *- einige aus java.util,* *- spezielle JavaScript-Klassen*
Standardanwendungen:	**Komponentenbezug:**	**Server-Bezug:**
- Laufschriften, *- Popup-Fenster,* *- Dialogboxen,* *- Formularauswertung,* *- Browsererkennung*	*- DOM,* *- UTC,* *- CSS*	*- Cookies,* *- Passwortschutz,* *- Log-Files*

Abbildung 6.27: Grundelemente von JavaScript

Das erste JavaScript-Beispiel dient der Angabe des letzten Änderungszeitpunkts zu einem Dokument. Die JavaScript-Anweisungen dafür lauten:

```
<SCRIPT LANGUAGE="JavaScript1.1">
  var aedate = new Date;
  aedate.setTime(Date.parse(document.lastModified));
  dstring = unescape(escape(aedate));
  dateTeil = dstring.split(" ");
  s = "Letzte Aenderung am";
  s = s + dateTeil[0] + " ";
  s = s + dateTeil[2] + " ";
  s = s + dateTeil[1] + " ";
  s = s + dateTeil[5] + " ";
  s = s + dateTeil[3].substr(0,5);
  document.write(s);
</SCRIPT>
```

Dabei berücksichtigt *dateTeil* insbesondere das Format des bereitgestellten Änderungsdatums. Das zweite Beispiel ist wieder auf unser Firmenbeispiel bezogen und erzeugt den laufenden Wechsel bei der Anzeige:

```
<SCRIPT LANGUAGE="JavaScript1.1">
pictures=new Array();
i=0
timeDel=3000
temp=0

pictures[i]=new Image();pictures[i].src='InfoBild1.gif';i++
pictures[i]=new Image();pictures[i].src='InfoBild2.gif';i++
pictures[i]=new Image();pictures[i].src='InfoBild3.gif';i++

function nextPicture()
{
       temp++
       if (temp==3) temp=0
       document.member.src = pictures[temp].src
       setTimeout ("nextPicture()",timeDel)
}
       setTimeout ("nextPicture()",timeDel)
</SCRIPT>
```

Die Wirkung dieses Skriptbeispiels deuten wir in der folgenden Skizze nur an und zeigen damit zumindest das prinzipielle Vorgehen:

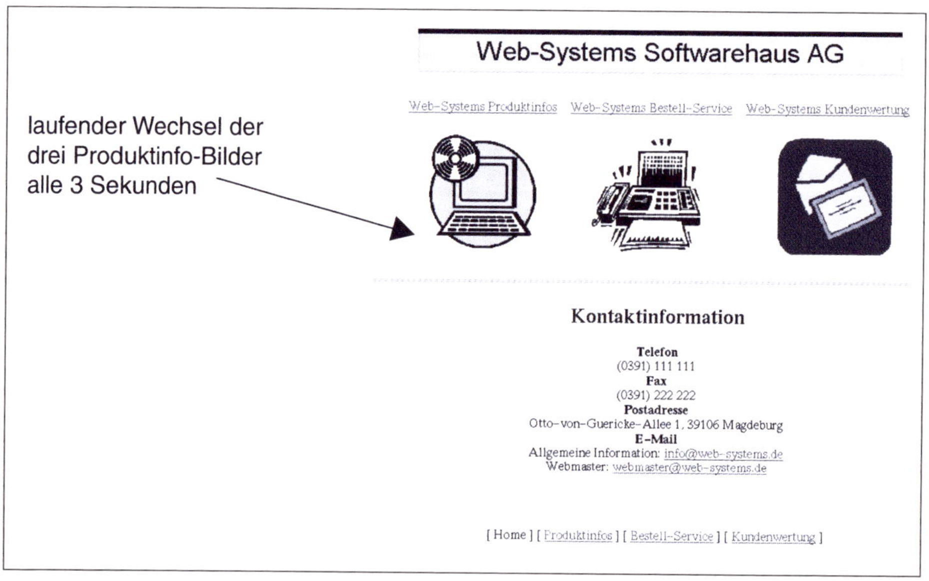

Abbildung 6.28: Kontext der Bildfolgedefinition als JavaScript

Die Nutzung des obigen JavaScript-Programms innerhalb des HTML-Textes wird erreicht mittels

```
<img name=member src="InfoBild1.gif" width=120 height=160 border=1>
```

Eine spezielle Form der Analyse von Anfragen bzw. Kommunikation im Web sind die so genannten ***Cookies***. Ihr Grundprinzip besteht im persistenten Speichern von Clientdaten auf der Clientseite und deren Sammlung auf der Serverseite in einem *cookies.txt-File* in der allgemeinen Notation "*name=value;expires=expDate*". Diese Eigenschaft besitzt nahezu jeder Webserver, so dass die Daten durch Cookie-Funktionen jederzeit ausgewertet werden können, und zwar bezüglich der grundlegenden Webinformationen wie URL, Datum und (zeichenbezogenen) Inhalt. Ein derartiges Beispiel lautet dann wie folgt:

```
function cookieAuswertung (Name) {
    var suche = Name + "="
if (dokument.cookie.length > 0) { // Suche nach einem Cookie
    anfang = dokument.cookie.indexOf(suche)
    if (anfang != -1) { // wenn Cookie existiert
    anfang += suche.length
    // Index wird auf Anfangsposition von value gesetzt
    ende = dokument.cookie.indexOf(";", anfang)
    // Index auf das Ende von value gesetzt
    if (ende == -1) // kein ';' gefunden;
     // Cookie ohne Datumsangabe
    ende = dokument.cookie.length
    return unescape(dokument.cookie.substring(anfang,
    ende – anfang + 1)
    // Verwendung von unescape fuer die Dekodierung
    // spezieller Symbole im Cookie
    }
    }
    }
```

Wir haben hierbei vorausgesetzt, dass unsere Cookie-Daten in einer *dokument*-Struktur gespeichert bzw. gesammelt wurden. Unsere Funktion *cookieAuswertung* stellt uns das value bereit, das üblicherweise den URL des Clients beinhaltet. Durch eine ähnliche Funktion für den Zeitpunkt des Serverzugriffs (*expDate*) können wir dann mit unserem Kunden kommunizieren, ihn zum Beispiel auffordern, sich unsere neuesten Produkte anzusehen, oder aber ihm zu Jubiläen und Feiertagen einfach nur alles Gute wünschen.

Im Gegensatz zu Dokumentationssprachen handelt es sich bei Skriptsprachen um interpretierte Programmiersprachen, bei denen die üblichen Testmethoden, auf die wir am Ende dieses Kapitels noch eingehen werden, anzuwenden sind.

6.2.2 PHP

Die Skriptsprache zum *PHP Hypertext Preprocessor* berücksichtigt eine ganze Reihe wichtiger Aspekte einer flexiblen Webpräsentation, wie beispielsweise (siehe [Castagnetto 2000], [Deitel 2002] und [Yarger 2000])

- die Operationalität einer Skriptsprache überhaupt,
- die einfache Anbindung von Datenbasen innerhalb einer Webanwendung,
- die Nutzung spezieller Sicherheitskomponenten bzw. deren spezifische Ausrichtung,

- die einfache Implementationsmöglichkeit von Interaktionen,
- den integrativen Charakter zwischen Client- und Servervariablen,
- die prinzipielle Anwendung von Content-Management-Prinzipien.

In der folgenden Übersicht haben wir wiederum die wesentlichen Elemente des PHP-Sprachkonzepts zusammengefasst:

PHP-Basislemente:	**Datenbasisbezug:**	**Netzwerkfunktionen:**
- Variablen, *- mathematische Funktionen,* *- Felder, Zeichenketten,* *- Datums-/Zeitfunktionen*	*- ODBC-Funktionen,* *- MySQL-Funktionen,* *- FTP-Funktionen*	*- Hyperlinks,* *- IP-Identifizierung,* *- Host-Identifizierung,* *- E-Mail-Versand*
Sessions:	**Fehlerbehandlung:**	**Serverbezug:**
- Sitzungskonfiguration, *- Sitzungssteuerung,* *- Datenbezug,* *- Cookies*	*- Fehler-Log-Datei,* *- Fehlervariablen,* *- Fehler-Mails*	*- Webserver,* *- Passwortschutz,* *- Log-Files*

Abbildung 6.29: Grundelemente der PHP

Zur Erläuterung einer Möglichkeit beziehen wir uns wieder auf unser Firmenbeispiel und wollen mit einem PHP-Skript einen Bezug bzw. eine Auswertung einer Datenbasis zur Kundenwertung implementieren. Unsere kleine Datenbank bestehe aus einer Tabelle von Werten des Tupels:

- *Name:* als Name des Kunden, der die Bewertung vorgenommen hat
- *E-Mail:* als E-Mail-Adresse dieses Kunden
- *Produkt:* als Kennzeichnung des jeweils bewerteten Produktes
- *Stern:* als Bewertungsergebnis in Form von vergebenen „Sternchen"

Als Datenbankbezug können wir eine SQL-basierte Form voraussetzen, und zwar wählen wir hierbei die *MySQL-Variante*. Der folgende PHP-Quelltext zeigt uns dann eine Anwendungsmöglichkeit im obigen Sinne:

```
<?
$MySQL_Host="localhost";
$MySQL_User="root";
$MySQL_Passw="";
  //Verbindung mit MySQL aufbauen
function connect() {
    global $MySQL_Host,$MySQL_User,$MySQLPassw;
  if
 (! $linkid=mysql_connect("$MySQL_Host","$MySQL_User","$MySQL_Passw"))
    {echo "Die Verbindung zu ",$MySQL_Host,
    " konnte nicht hergestellt werden<br>";
    exit;
```

```
    }
    return $linkid;
}
  //Senden der eigentlichen SQL-Anfrage mit Ergebnisrueckgabe
function send_sql($db,$sql) {
    if (! $res=mysql_db_query($db,$sql)) {
      echo mysql_error();
      exit;
    }
    return $res;
}
 //SQL-Anfrage fuer die Auswertung der Bewertung fuer eLearning-System
 $sql1="SELECT AVG(Stern)
  FROM Wertung WHERE Produkt='eLearning-System'";
 $sql2="SELECT COUNT(Name)
  FROM Wertung WHERE Produkt='eLearning-System'";
   //Verbindung mit MySQL
 $lk=connect();
   //Name der Datenbank
 $db="Kundenwertung";
   //Fehlerueberpruefung, ob Syntax der Anfrage korrekt
 $if (! $result1=send_sql($db,$sql1)) {
   echo "SQL-Kommando nicht ausgeführt";
 }
 $if (! $result2=send_sql($db,$sql2)) {
   echo "SQL-Kommando nicht ausgeführt";
 }
   //Ausgabe des Ergebnisses
 echo $result1." Sternchen bei ".$result2." Bewertungen";
   //Verbindung mit MySQL trennen
 $lk=mysql_close();
?>
```

PHP selbst stellt vor allem auch eine Basistechnologie für die Content-Management-Systeme (CSM) dar. Im Rahmen des sich derzeit etablierenden Semantic Web treten jedoch die CMS mehr und mehr in den Hintergrund und wir gehen daher hier nicht näher darauf ein.

Für die Programmierungstechnik, insbesondere den Test, gilt für die PHP prinzipiell derselbe methodische Ansatz wie für das JavaScript, so dass wir im letzten Abschnitt dieses Kapitels noch einmal speziell darauf eingehen werden.

6.3 Java-basierte Technologien

6.3.1 Java-Applets, Java-Servlets, Java-Midlets und Java-Aglets

Für die weitere Dynamik in Webdokumenten können vor allem die „Java-lets"-Technologien verwendet werden. Dabei liegt als Architekturprinzip hierbei zumeist das Client/Server-Prinzip zugrunde. Die folgende Abbildung zeigt eine Auswahl der wichtigsten Arten (siehe [Chan 2000], [Deitel 2002], [Deitel 2002a], [Joines 2003], [Nelson 1999], [Schmietendorf 2002]):

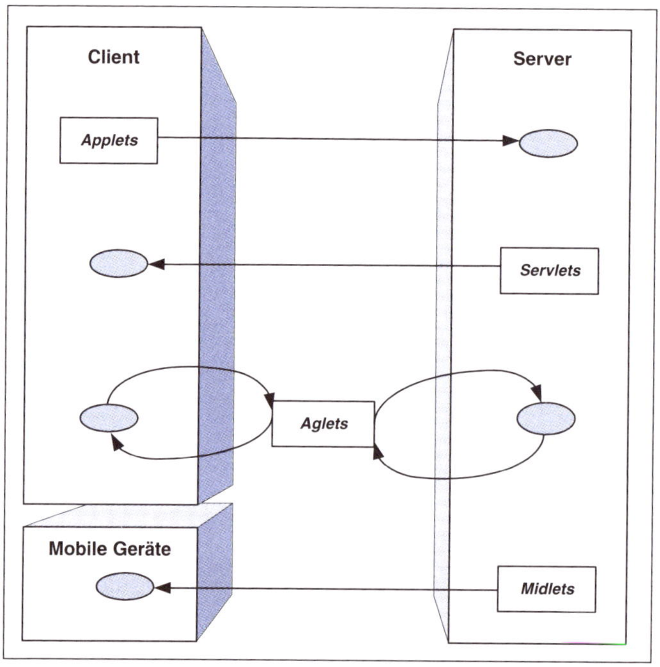

Abbildung 6.30: Übersicht zu ausgewählten Java-Webtechnologien

Im Folgenden wollen wir nun auf die einzelnen Technologien kurz eingehen und grundlegende Merkmale ihrer Anwendung charakterisieren. Dabei setzen wir allgemeine Grundkenntnisse in der Java-Programmierung voraus. Sollte das nicht der Fall sein, so empfehlen wir die *Magdeburger Java-Seite* unter *java.cs.uni-magdeburg.de*.

Als Erstes wenden wir uns den ***Java-Applets*** zu. Dabei handelt es sich um „kleine" Applikationen, die in Java implementiert werden und folgende allgemeine Merkmale besitzen:

- Ein Applet ist kein eigenständiges Java-Programm, d. h. es besitzt *keine Main-Methode*.
- Die Ein- und Ausgaben werden ausschließlich über die durch das Applet implementierte GUI realisiert.

- Applets werden im Allgemeinen *ereignisgesteuert* konzipiert.
- Ein Applet wird durch einen Webbrowser nach dem so genannten *Sandkastenprinzip (Sandbox)* abgearbeitet, d. h. es hat keine Rechte für die Bearbeitung lokaler (Client-) Ressourcen. So kann man also beispielsweise auch keine Druckausgaben in einem Applet definieren.

Auf ein Java-Applet kann in einer Webseite referenziert werden. Für dessen Abarbeitung besitzt der Webbrowser im Allgemeinen die notwendige Laufzeitumgebung. Das Anwendungsprinzip der Java-Applets zeigt uns die folgende Abbildung:

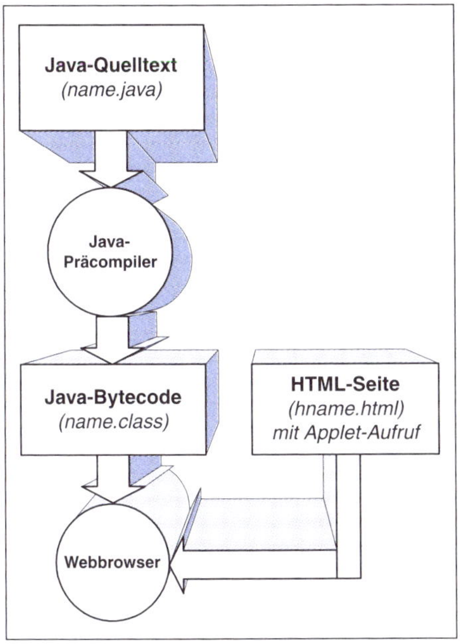

Abbildung 6.31: Phasen der Java-Applet-Entwicklung und -Verarbeitung

Die HTML-Tags für die Java-Applet-Anwendung haben die folgende allgemeine Form:

```
<applet CODE="name.class"
   WIDTH="breite" HEIGHT="hoehe">
   <param NAME="pname" VALUE="parwert">
</applet>
```

Prinzipiell besteht also die Möglichkeit einer Parameterübermittlung. Hinsichtlich der Bearbeitungszustände haben wir bei einem Applet die typischen Prozesszustände bzw. -übergangsformen. Die folgende Abbildung kennzeichnet diese Statusformen eines Applets, wie sie sich in einer Anwendung in einem Webbrowser ergeben:

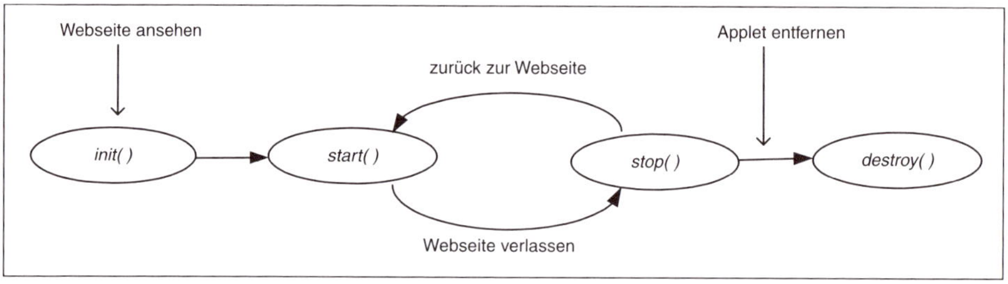

Abbildung 6.32: Zustände eines Java-Applets

Die Programmierung eines Applets sehen wir uns an einem einfachen Beispiel an. Wir wollen auf unserer Webseite einfach eine Schaltfläche definieren, die anzeigt, wie oft sie betätigt wurde. Wir formulieren daher wie folgt:

```
import java.applet.Applet;
import java.awt.Graphics;
import java.awt.event.*;

public class Anklicken extends Applet {
    private int n = 0;
    public void init() {
       addMouseListener(new Klicken( this));
    }
  public void doClick()
     { n++; repaint(); }
  public void paint(Graphics g) {
       g.drawRect(0, 0, getSize().width-1,
                   getSize().height-1);
       g.drawString( " Bitte Anklicken, bereits " +
                   n + " Mal!", 5, 30);
    }
 }
class Klicken extends MouseAdapter {
    private Anklicken app;
    Klicken(Anklicken ap)
       { app = ap; }
    public void mouseClicked(MouseEvent e)
      { app.doClick(); }
}
```

Genau diese Klasse übersetzen wir mit dem Java-Compiler und fügen sie mittels der Anweisungen

```
<APPLET CODE="Anklicken.class" WIDTH=200 HEIGHT=50> </APPLET>
```

in einen HTML-Text ein und erhalten die nachstehende Applet-Anwendung:

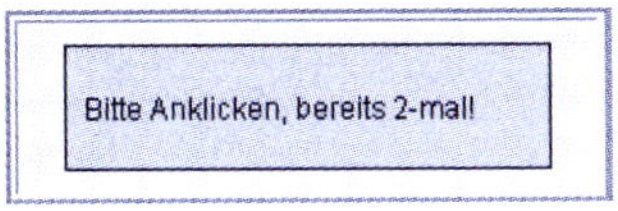

Abbildung 6.33: Anzeige des Anklicken-Applet-Beispiels

Java-Applets werden oftmals zu nutzergesteuerten Visualisierungen verschiedenster Anwendungsbereiche verwendet. Für unser Firmenbeispiel könnten wir uns hierbei eine Demonstration spezieller Produktfunktionalitäten vorstellen, was allerdings auch entsprechenden Implementationsaufwand erfordert.

Als nächste Java-Technik wenden wir uns den ***Java-Servlets*** zu. Java-Servlets haben ihre Bezeichnung von den Applets, die „serverseitig" implementiert werden können und somit einen ständigen Dienst bereitstellen (siehe [Hunter 1998] und [Roßbach 2000]). Die Entwicklungsumgebung ist durch das so genannte *Java Servlet Development Kit (JSDK)* gegeben und stellt hierbei eine *Servlet-Engine* bereit, die die Testung der entwickelten Servlets gestattet.

Servlets stellen also Java-Programme auf der Serverseite dar, die beispielsweise den Webserver um *dynamische Komponenten* erweitern. Sie laufen auf dem Server und verursachen daher beim Anwender selbst keinen entsprechenden Ressourcenverbrauch. Servlets besitzen unter anderem folgende Eigenschaften für die Implementation flexibler Webanwendungen:

- Servlets können Daten aus dem so genannten *Secure Hypertext Transfer Protokoll (SHTTP)* verarbeiten, wodurch beispielsweise auf Kreditkarteninformationen aus einer HTML-Seite zugegriffen werden kann.
- Die Prozesse (*Threads*) der Servlets lassen sich synchronisieren. Damit können zum Beispiel Online-Konferenzen mit mehreren Clients implementiert werden.
- Durch eine Aufgabenteilung hinsichtlich der Zusammenarbeit von mehreren Servlets auf verschiedenen Rechnern ist es möglich, im Sinne eines allgemeinen Lastausgleichs Überlastungssituationen abzufangen.
- Nach der Verbindungsaufnahme zwischen einem Client und dem Server über das HTTP-Protokoll kann über ein frei wählbares Protokoll kommuniziert werden.
- Dynamische Codeerweiterungen sind möglich, wobei Java-Bytecode zur Laufzeit auf den Server geladen und ausgeführt werden kann.

Im Folgenden geben wir den allgemeinen Lebenszyklus eines Servlets bei seiner Anwendung auf einem Webserver an:

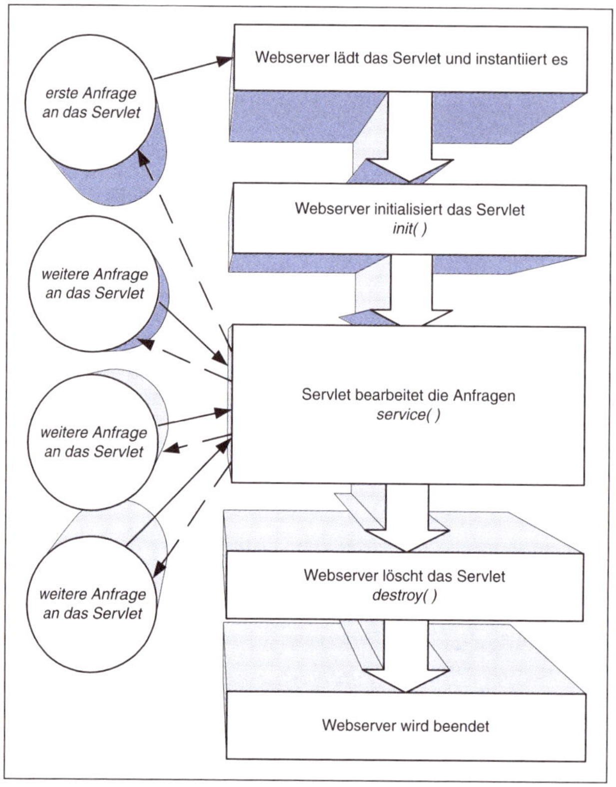

Abbildung 6.34: Phasen einer Java-Servlet-Anwendung

Schließlich wollen wir auch hier ein Beispiel angeben und formulieren ein einfaches *Hello-World-Servlet* in der folgenden Java-Implementation:

```
import java.io.*;
import javax.servlet.*;
import javax.servlet.http.*;
public class HelloWorld extends HttpServlet {
  public void doGet(HttpServletRequest req,
     HttpServletResponse res) throws ServletException,
           IOException {
  res.setContentType("text/html");
  PrintWriter out = res.getWriter();
  out.println("<HTML>");
  out.println(
        "<HEAD><TITLE>Hello World</TITLE></HEAD>");
  out.println("<BODY>");
  out.println("<BIG>Hello World</BIG>");
  out.println("</BODY></HTML>"); }
}
```

Das folgende Bild zeigt uns den einfachen Aufruf dieses Servlets und die entsprechende Visualisierungsform der Ausgabe in der JSDK-Entwicklungsumgebung:

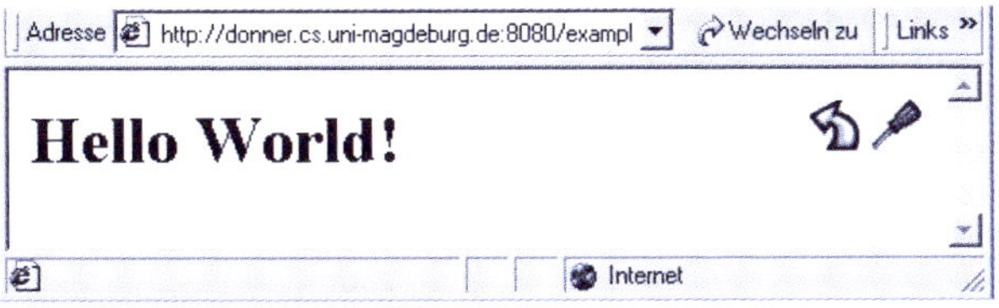

Abbildung 6.35: Anzeige des Java-Servlet-Beispiels

Servlets werden häufig genutzt, um beispielsweise Besucheranzahlen oder andere Statistiken zu Webseiten anzuzeigen. So könnten wir etwa in unserem Firmenbeispiel explizit auf die Anzahl der Interessenten zu unserer Webseite hinweisen.

Java-Midlets (auch MIDlets geschrieben) stellen einen Sammelbegriff für die Java-Technologien für *mobile Geräte (Mobile Information Devices (MID))*, wie zum Beispiel Handys, PDAs, Handhelds usw., dar. Die Entwicklungskomponenten für diese Technik sind in der *Java 2 Platform Micro Edition (J2ME)* enthalten. Die allgemeine Architektur dieser Technologie zeigt uns die folgende Abbildung:

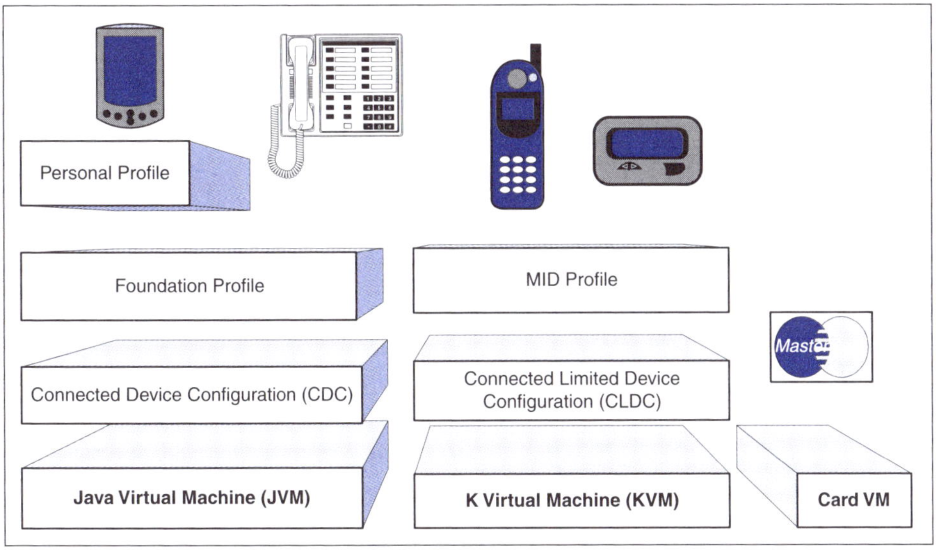

Abbildung 6.36: Architekturkomponenten für die Java-Midlets-Anwendung

Wir wollen wiederum eine sehr einfaches Beispiel auswählen. Das folgende Programm dient der Darstellung einer temporären Zeichenfläche (*MeinScreen*) auf einem mobilen Gerät:

```
import java.util.*;
import javax.microedition.lcdui.*;

public class MeinScreen extends Canvas {
  private Display display;
  private Displayable next;
  private Timer  timer = new Timer();
  public MeinScreen( // Initialisierung
    Display display, Displayable next ){
    this.display = display; this.next = next;
    display.setCurrent( this );
   }
protected void keyPressed( int keyCode )
    {
     dismiss();
    }
protected void paint( Graphics g ){
  // Angabe der gewünschten Zeichenfunktion
   }
protected void pointerPressed( int x, int y )
  // Screen verschwindet beim Druecken einer Taste
    {
      dismiss();
    }
protected void showNotify(){
  // Screen verschwindet nach 5 Sekunden
     timer.schedule( new CountDown(), 5000 );
   }
private void dismiss(){
     timer.cancel();
     display.setCurrent( next );
   }
private class CountDown extends TimerTask {
  public void run(){
    dismiss();
   }
 }
}
```

Die Midlets stellen gewissermaßen eine Alternative zur WML in der Hinsicht dar, dass sie zwar „Java-fähige“ Geräte voraussetzen, dann allerdings die hohe Operationalität einer Programmiersprache zur Anwendung bringen können. Die Entwicklung von Midlets und deren Test vollzieht sich wiederum innerhalb einer Java-Entwicklungsumgebung nach dem Emulationsprinzip.

Bevor wir nun auf die eigentlichen Software-Aglets eingehen und damit eine Java-basierte Möglichkeit der Implementation von Softwareagenten kennen lernen, wollen wir noch eine allgemeine Möglichkeit in Java zeigen, so genannte „stationäre“ ***Informationsagenten*** zu implementieren. So kann beispielsweise das folgende Java-Programm, welches einfach nur den Inhalt einer speziellen Webseite ausgibt bzw. anzeigt, als einfachste Form eines Informationsagenten angesehen werden:

```
import java.net.*;
import java.io.*;
class webseitenAufruf {
 public static void main(String args[ ]) {
  try {
    URL seite = new URL("http://webeng.cs.uni-magdeburg.de");
    URLConnection seiteConnection = seite.openConnection();
    DataInputStream dis;
    String inputZeile;
    dis = new DataInputStream(seiteConnection.getInputStream());
    while ((inputZeile = dis.readLine()) != null) {
         System.out.printIn(inputZeile);
     }
    dis.close();
    } catch (MalformedURLException me) {
    System.out.printIn("MalformedURLException: " + me);
    } carch (IOException ioe) {
    System.out.printIn("IOException: " + ioe);
    }
  }
}
```

Dieses Beispiel nutzt unter anderem die Klassen *URL* und *URLConnection*, die insbesondere die Weborientierung der Java-Sprache demonstrieren.

Wendet man diese Implementationsform in komplexerer Weise an, so kann man beispielsweise einen ***Suchagenten*** implementieren. Das folgende Bild zeigt den an der Uni Magdeburg entwickelten *WebSpector*, der es unter anderem ermöglicht, in Zeitintervallen eine gezielte Webseiten-Inhaltsanalyse durchzuführen:

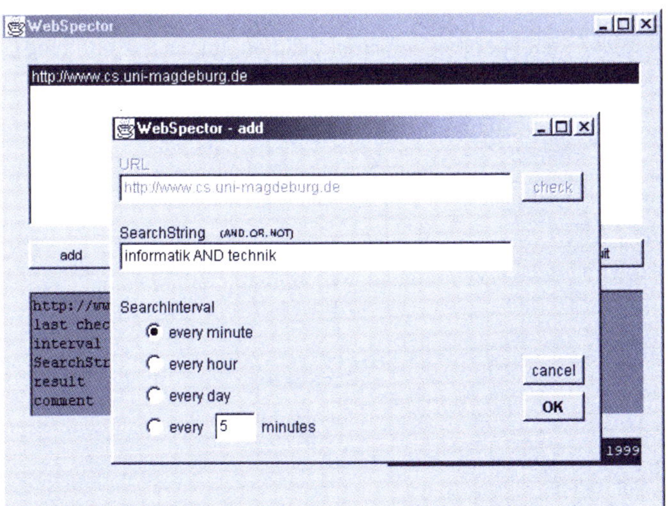

Abbildung 6.37: Webseitenauswertung mit dem WebSpector

Für die Realisierung von wirklich mobilen Agenten gibt es mittels Java verschiedene Möglichkeiten. Eine davon ist die Kombination der Java-Applets mit der Agententechnologie als so genannte ***Java-Aglets*** (siehe [Lange 1998]). Einem Aglet liegen im Allgemeinen drei Modelle zugrunde, die wir im Folgenden kurz nennen wollen:

- Das *Aglet-Objektmodell* mit den Grundelementen des eigentlichen *Aglets*, dem *Proxy* für die verteilte Verarbeitung und dem *Context* als „Arbeitsplatz" eines Aglets und seinem *Identifier*
- Das *Aglet-Ereignismodell* mit den Komponenten *Clone Listener* für die Kontrolle des Klonens von Aglets, *Mobility Listener* für die Kontrolle des jeweiligen Kontextes eines Aglets und *Persistence Listener* zur Beobachtung des Aktivierens und Deaktivierens eines Aglets
- Das *Aglet-Kommunikationsmodell* mit den Komponenten der *Message* als Übertragungsform, dem *Future Reply* für die asynchrone Nachrichtenübermittlung und *Reply Set* als eigentliche Bestätigung für einen Nachrichtenempfang

Die Grundoperationen bzw. -methoden, die durch die Aglet-Klasse bereitgestellt werden, sind im Folgenden kurz aufgelistet:

- *Creation:* für den Aufbau eines Aglets in einem bestimmten Kontext
- *Cloning:* für die Kopie eines Aglets mit neuem Identifier und dem aktuellen Agentenzustand
- *Dispatching:* für den Wechsel eines Aglets von einem Kontext in einen anderen (als grundlegende Unterstützungsform für die Mobilität)
- *Retraction:* für die Rückführung zum Ausgangskontext
- *Activation* und *Deactivation:* für das temporäre Anhalten und Fortsetzen von Aglets
- *Disposal:* für das Anhalten eines Aglets und dessen gleichzeitiger Entfernung aus dem jeweiligen Kontext

Den Zusammenhang dieser Aglet-Grundoperationen verdeutlicht die folgende Abbildung:

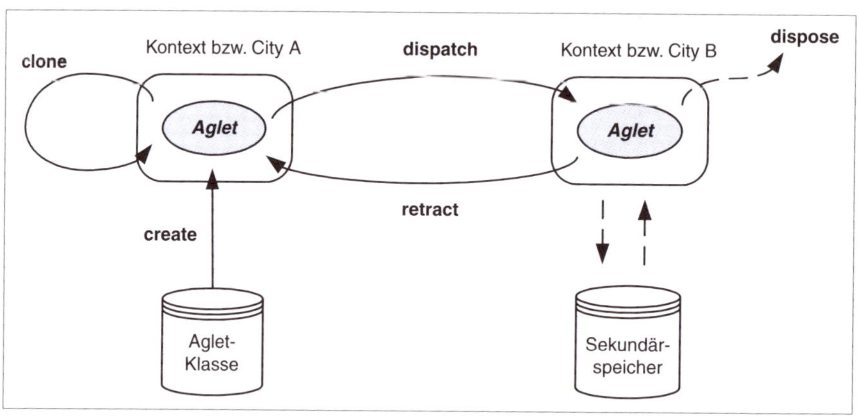

Abbildung 6.38: Aglet-Grundoperationen

Für die Aglet-Entwicklung steht uns wiederum eine GUI zur Verfügung. Wir wollen kurz ein kleines Beispiel anhand dieser GUI demonstrieren und verweisen hinsichtlich der Quelltexte auf unsere Webseite zum Buch unter `webeng.cs.uni-magdeburg.de`. In unserem Beispiel erzeugt das *HelloAglet* einen Agenten der sich auf einen anderen Computer begibt und dort die ihm übergebene Nachricht darstellt. Der Agent verweilt zunächst auf diesem Computer. Er meldet sich dann ab, kehrt zu seinem Ausgangspunkt zurück und beendet sich nach seiner Rückmeldung selbstständig. Auf dem eigenen wie auch auf dem anderen Computer kann der Agent nur existieren, wenn ihm ein entsprechender Kontext bereitgestellt wird. Diesen Kontext bildet der Agentenserver, der auf einem Host die Agentenplattform hinsichtlich der oben genannten Funktionalitäten realisiert. Wir zeigen hier den frei verfügbaren *Tahiti Server*, der beim Start mit einem bestimmten Port verbunden wird. Im angegebenen Beispiel ist dies der Port 434. Die erste Abbildung zeigt uns die GUI zur Aglet-Definition:

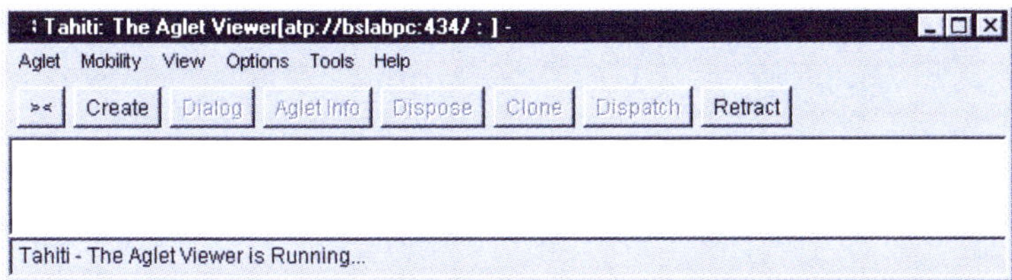

Abbildung 6.39: Start des Aglet-Servers

Unter dem Menüpunkt *Create* erscheint ein Auswahlfenster mit den verschiedenen bereits verfügbaren Aglets in unserem Kontext.

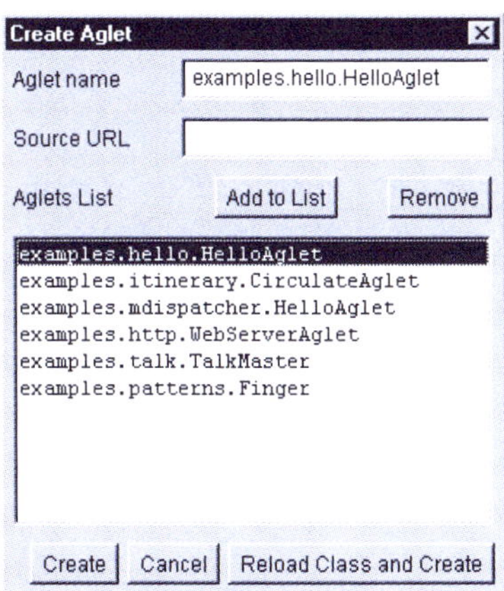

Abbildung 6.40: Anzeige bereits existierender Aglets

Zur eigentlichen Implementation des HelloAglets dient ein Dialogfenster, welches ein Textfeld für die Nachrichten und ein Textfeld für die Adresse des *Remote Computers* besitzt. Die Adresse muss dabei auch den Port des Tahiti-Servers des Remote-Computers enthalten. Mit den Schaltflächen lassen sich jeweils die gewünschten Funktionen zum

Agenten „einbauen". Die folgende Abbildung zeigt beispielsweise das Klonen unseres HelloAglets.

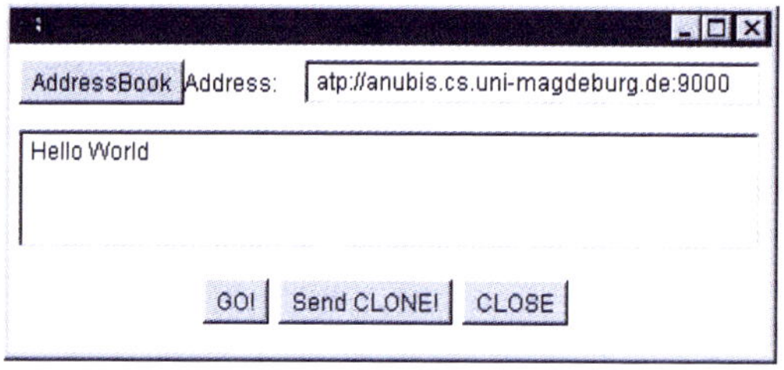

Abbildung 6.41: Anzeige des Textes auf dem Zielrechner

Im Folgenden zeigen wir nun die Wirkungsweise unseres Hello-Agenten in einem speziellen Kontext. Auf dem Remote-Computer meldet sich unser HelloAglet und stellt die ihm übergebene Nachricht „Hello World" dar. Er benutzt dazu das Ausgabefenster des Tahiti-Servers.

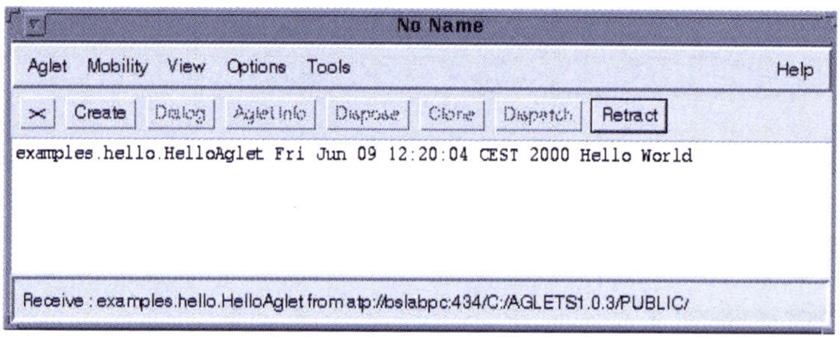

Abbildung 6.42: Protokollierung des Aglet-Aufenthalts

Der Agent meldet sich selbständig auf dem Remote-Computer ab und kehrt zu seinem Ausgangspunkt zurück. Nach der Rückmeldung beendet sich unser Aglet selbständig.

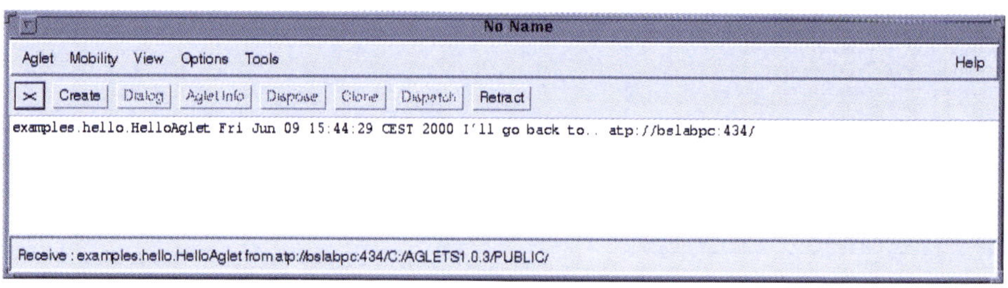

Abbildung 6.43: Protokollierung der Aglet-Rückkehr

Die Besonderheit dieser Agententechnologie liegt natürlich in der Voraussetzung eines Kontextes auf alle beteiligten Netzknoten – hierbei der Tahiti-Server. Das ist allerdings für das Web insgesamt noch eine zu restriktive Voraussetzung.

Daher gehen gegenwärtige Bestrebungen in die Richtung, eine gemeinsame (minimale) Operationalität von Softwareagenten – beispielsweise durch die *DARPA Agent Markup Language (DAML)* zu initiieren und so schrittweise die Plattformgrundlagen für eine höhere Interoperabilität im Web zu gewährleisten (siehe [Farkas 2002] und [Thuraisingham 2002]).

6.3.2 JSP, JDBC, JMF, JDMK, JMS, JavaCard und Jini

Die ***Java Server Pages (JSP)*** sind eine konsequente Erweiterung der Technologie der Java-Servlets in der Hinsicht, dass die Dienstbeschreibungen *deklarativ* vorgenommen werden und damit eine höhere Flexibilität erreicht werden kann (siehe [Rockwell 2001]). Die originäre Anwendungsform der JSP ist die Implementation einer Webseiten-Dynamik durch die Generierung von Servlets aus den JSPs. Die folgende Abbildung verdeutlicht diese Anwendungsform:

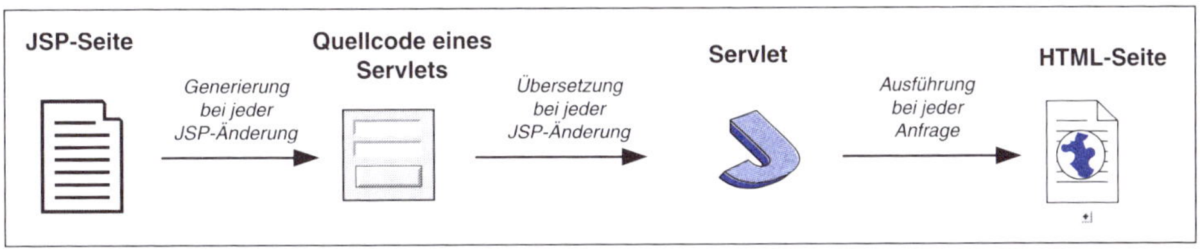

Abbildung 6.44: Generierung von Servlets aus JSPs

Das dynamische Verhalten bzw. die „Auswertung" einer JSP zeigt uns die folgende vereinfachte Interaktionsdarstellung:

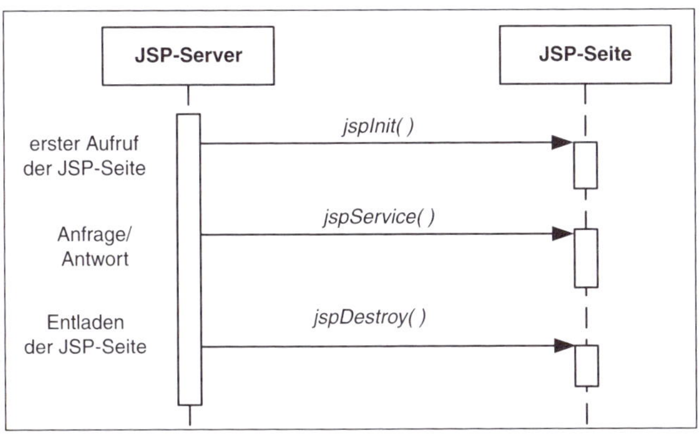

Abbildung 6.45: Auswertung einer JSP

Eine JSP-Seite besteht im Wesentlichen aus drei Grundtypen: den *Direktiven*, den *Skripten* und den *Aktionen*. Während die Direktiven die Strukturierung einer JSP bzw. das Nachladen weiterer Files oder so genannter Tag-Libs ermöglichen, dienen die Skriptelemente einer höheren flexiblen Einbindung von Servlets. Die Aktionen schließlich gewährleisten die Anwendung spezieller Funktionalitäten zur Steuerung, Gestaltung und Auswertung einer

Anwendungssitzung. Dafür gibt es eine Reihe von so genannten *impliziten JSP-Objekten* folgenden Inhalts:

- *request:* Dieses Objekt kapselt alle Informationen über die Anfrage an die aktuelle JSP-Seite.
- *response:* Hierbei wird durch dieses Objekt die Antwort auf die jeweilige Anfrage repräsentiert.
- *pageContext:* Dieses Objekt ermöglicht den Zugriff auf die Objekte in den verschiedenen Blöcken einer JSP-Seite.
- *session:* als (zentrales) Sitzungsobjekt.
- *application:* als Repräsentation der gesamten Webanwendung,
- *out:* als Ausgabeobjekt der JSP-Seite.
- *config:* Dieses Objekt erlaubt den lesenden Zugriff auf die Konfigurationsparameter der JSP-Seite.
- *page:* Hierdurch wird ein *this*-Attribut für das erzeugte Servlet bereitgestellt.
- *exception:* Dieses Objekt stellt schließlich das erzeugte Ausnahmeobjekt im Fehlerfall dar.

Wir wollen es bei dieser allgemeinen Charakterisierung der JSP belassen und zu den Details wiederum auf unsere Webseite *webeng.cs.uni-magdeburg.de* verweisen. Es ist jedoch deutlich geworden, welche technologischen Intentionen diese serverseitige Operationalität verfolgt und ermöglicht.

Das ***Java Database Connectivity Interface (JDBC)*** ist eigentlich schon eine klassische Form der Anbindung von Datenbasen innerhalb von Webapplikationen (siehe [Kroenke 2002] oder [Reese 1997]). Auch wenn anstelle des JDBC heute immer mehr MySQL eingesetzt wird, wollen wir im Rahmen der Java-Technologien auf die Grundprinzipien und Möglichkeiten des JDBC eingehen. JDBC dient insbesondere dazu, SQL-basierte Anfragen an Datenbasen umzusetzen. Die *Structured Query Language (SQL)* haben wir bereits kurz erläutert. Das Grundprinzip der JDBC zeigt die folgende Abbildung:

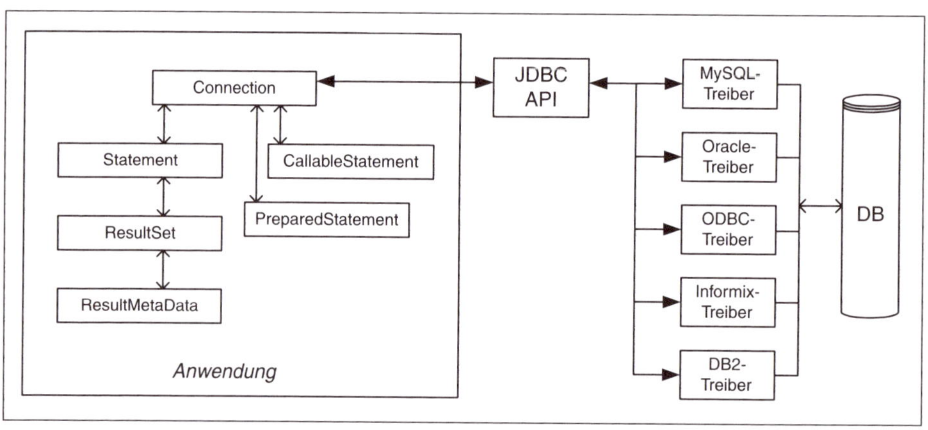

Abbildung 6.46: JDBC-Architekturkomponenten

Die JDBC dient also als Schnittstelle zwischen der (Java-)Anwendung und einem SQL-basierten Datenbanksystem. Die Struktur dieser Schnittstelle wird durch folgende Komponenten implementiert:

- *java.sql.Driver:* als Kernstück und eigentliches Interface
- *java.sql.Connection:* für den Verbindungsaufbau des Datenaustausches
- *java.sql.Statement:* zur Implementation der SQL-Abfrage selbst
- *java.sql.ResultSet:* für die Ergebnisdarstellung einer Datenbankabfrage
- *java.sql.ResultMetaData:* zur weiteren Verarbeitung der Ergebnisdarstellung
- *java.sql.CallableStatement* und *java.sql.PreparedStatement:* für die Interpretation von bereits übersetzten Anfragen

Die Bereitstellung der JDBC-Komponenten wird, wie bereits ersichtlich, durch *java.sql.*;* erreicht. Wir wollen im Folgenden ein kleines JDBC-Beispiel angeben, welches die prinzipielle Anwendungsform verdeutlicht. Dabei beziehen wir uns auf unser Firmenbeispiel, welches die Datenbasis zur Kundenwertung verwendet. Beim Aufruf dieser Datenbasis wird zunächst eine weitere Bewertung hinzugefügt und dann eine Gesamtauswertung vorgenommen.

```
import java.io.*;
import java.util.*;
import java.sql.*;

public class jdbcBeispiel {
 public static void main(String args[]) {

  java.sql.Connection conn = null;
  Statement stmt;
  ResultSet rs;

 try {
  // Verbindungsaufbau zur Datenbank ********************************
  Class.forName("org.gjt.mm.mysql.Driver").newInstance();

 } catch(ClassNotFoundException ce) {
    System.out.println(ce.toString());
 } catch(InstantiationException ie) {
    System.out.println(ie.toString());
 } catch(IllegalAccessException ae) {
    System.out.println(ae.toString());
 }
 try {
     // Zugriff auf die Datenbank: Kundenwertung *********************
  conn = DriverManager.getConnection(
    "jdbc:mysql://websystems/kundenwertung");
  stmt = conn.createStatement();
  rs = stmt.executeQuery("USE kundenwertung");
  stmt = conn.createStatement();
```

```
String query = "SELECT lv FROM votum";
rs = stmt.executeQuery(query);
boolean recexist = rs.next();
if ( ! recexist ) {

 // Aufbau der SQL-Anweisung zur Speicherung der neuen Bewertung ***
  stmt = conn.createStatement();
  query = "INSERT votum SET lv='" + args[0] + "',a=" + args[1]
           +",b=" + args[2] +
           ",c=" + args[3] + ",d=" + args[4] + ",e=" + args[5];
  int rc = stmt.executeUpdate(query);
} else {
  int x=0;
  do {
    String lv = rs.getString(1);
    if ( (lv.compareTo(args[0]) == 0) ) {
      x=1;
    }
  } while(rs.next());

  // Aufbau der Gesamtauswertung **********************************
 if ( x == 1 ) {
  stmt = conn.createStatement();
  query = "SELECT * FROM votum WHERE lv=" + "'" + args[0] + "'";
  rs = stmt.executeQuery(query);
 while(rs.next()) {
  String lv = rs.getString(1);
  int a = rs.getInt(2) + Integer.parseInt(args[1]);
  int b = rs.getInt(3) + Integer.parseInt(args[2]);
  int c = rs.getInt(4) + Integer.parseInt(args[3]);
  int d = rs.getInt(5) + Integer.parseInt(args[4]);
  int e = rs.getInt(6) + Integer.parseInt(args[5]);

  query = "UPDATE votum SET a=" +  a + ",b=" + b + ",c=" +
          c + ",d=" + d + ",e=" + e +
          " WHERE lv=" + "'" + args[0] + "'";
 }
  int rc1 = stmt.executeUpdate(query);
  } else {
    stmt = conn.createStatement();
    query = "INSERT votum SET lv='" + args[0] + "',a=" + args[1]
              +",b=" + args[2] +
           ",c=" + args[3] + ",d=" + args[4] + ",e=" + args[5];
    int ergebnis = stmt.executeUpdate(query);
  }
}
conn.close();
} catch(SQLException ex) {
```

```
      while(ex != null) {
       System.out.println("SQLState: " + ex.getSQLState());
       System.out.println("Message: "  + ex.getMessage());
       System.out.println("Vendor: "   + ex.getErrorCode());
       ex = ex.getNextException();
       System.out.println("");
      }
    }
  }
}
```

Unser JDBC-Programmbeispiel liefert uns die Gesamtauswertung in der Variablen *ergebnis*. Um die Auswertung in geeigneter Form anzuzeigen, ist noch ein entsprechender Implementationsaufwand, zum Beispiel als Darstellung des Ergebnisses in unserer Firmenwebseite, notwendig.

Im Folgenden wollen wir die Hypermedialität, wie sie durch Java unterstützt wird, in ihren Grundlagen kennen lernen. Neben den durch Java selbst realisierbaren Formen der Bilddarstellung, Animation und Vertonung gibt es dafür speziell ein ***Java Media Framework (JMF)*** (siehe [DeCarmo 1999]). Es deckt im Wesentlichen drei Funktionalitäten ab:

- Das *Abspielen (media playback)* von Files unterschiedlicher audiovisueller Medien
- Das *Verarbeiten (media capture)* multimedialer Anwendungen bzw. Dateien unterschiedlicher Darstellungsarten und -formate
- Das *Veranstalten (media conferencing)* in Form der Darbietung oder der Präsentation für und/oder durch mehrere Teilnehmer

Die folgende Abbildung zeigt das grundlegende Aussehen eines mit dem JMF generierten Players mit den bekannten Icons für die Steuerung:

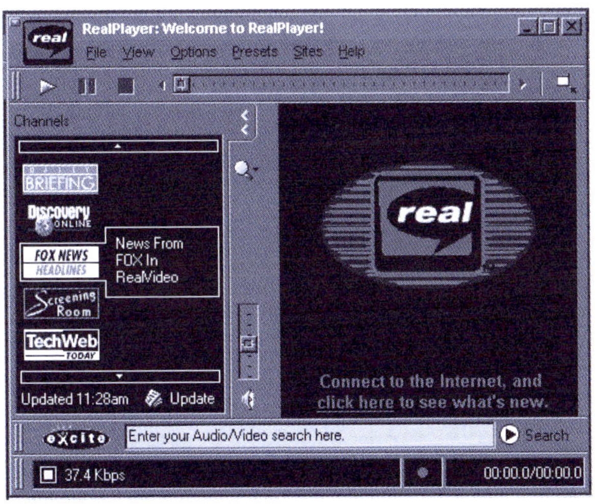

Abbildung 6.47: Layout des Java Media Player

Die einzelnen Phasen bzw. Zustände, die für eine Nutzung zu definieren sind, lauten für eine Player-Anwendung:

- *unrealized:* Ein Player ist instantiiert, hat aber noch keine Mediuminformationen bzw. -zuordnungen.
- *realizing:* Ressourceninformationen werden bestimmt (Medium, Computer usw.).
- *realized:* Medium-Informationen liegen vor.
- *prefetching:* Vorbereitung des Abspielens (Datei laden, Betriebsmodus einstellen).
- *prefetched:* Player ist abspielbereit.
- *started:* Das Abspielen wurde gestartet.

Darüber hinaus werden durch JMF-Techniken zur Synchronisation, zur Kompression und Dekompression sowie zum kontinuierlichen Datenfluss (*Real-time Streaming*) unterstützt. Im Gegensatz zum SMIL stellt das JMF die *Instrumentierung* einer multimedialen Verarbeitung dar und kann in diesem Sinne auch als Interpreter für SMIL-Präsentationen angepasst werden.

Das *Java Dynamic Management Kit (JDMK)* ist ein spezielles Toolkit für das Performance Monitoring und Tuning, welches den Aufbau einer plattformübergreifenden, komponentenbasierten Agentensystem-Infrastruktur unterstützt. Als Java-Technologie werden die JavaBeans verwendet. Die Messobjekte bzw. zu bewertenden Ressourcen können Applikationen, Services oder Geräte sein, die dafür in geeigneter Weise instrumentiert werden müssen. Die folgende Abbildung zeigt die grundlegende Architektur des JDMK, wobei die Ressourcen durch den MBean-Server beim Client dadurch gemessen werden, indem sie dort als Proxies agieren:

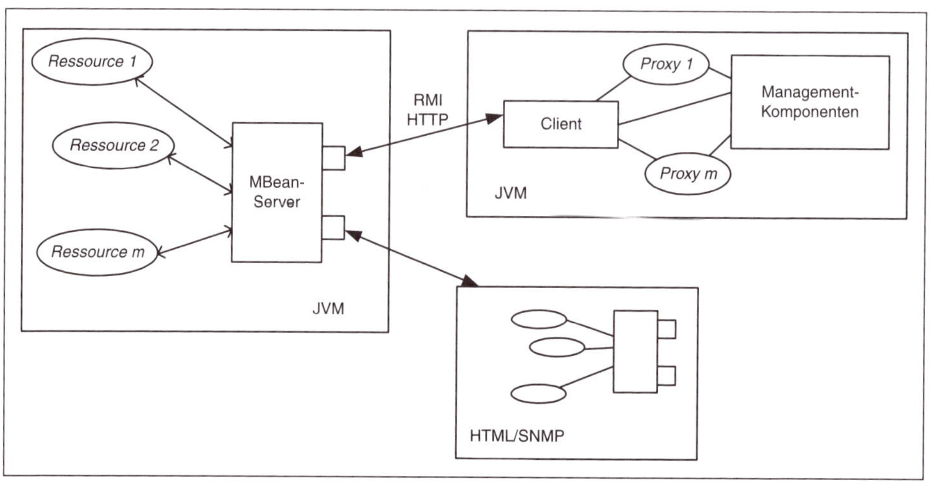

Abbildung 6.48: Architektur einer JDMK-Anwendung

Die Kommunikationsformen sind vordefiniert und optimal an die jeweiligen Infrastrukturen angepasst. Eine Anbindung des Nutzers erfolgt über eine Browser-Schnittstelle (HTML), wobei die *JVMs (Java Virtual Machines)* untereinander über ein IP-basiertes *RMI (Remote Method Invocation)* kommunizieren und mit den Geräte-Proxies per *SNMP (Simple Network Management Protocol)* verbunden sind. Jede Ressource wird durch ein Java-Objekt repräsentiert, das ihre Attribute und Methoden abbildet. Um einen parallelen internen und externen Zugriff zu sichern, wird die JavaBeans-Technologie integriert. Bedarfsweise kann so mit Hilfe eines GUI im Browser auf jede Ressource zugegriffen werden, d. h. jede Ressource wird durch ein *s* genanntes *MBean* (*Managed Beans*) repräsentiert.

Ein Beispiel eines JDKM-Agenten wollen wir für die Bestimmung der Speicherressourcen-Verteilung auf unserer Festplatte angeben. Die folgende Abbildung zeigt zunächst die Agentenlokalisierung bzw. die für die Messung einzubeziehenden expliziten Ressourcen: die MBeans für die Auswertung der Speicherbelegung unserer Festplatte (*DiskVolume*).

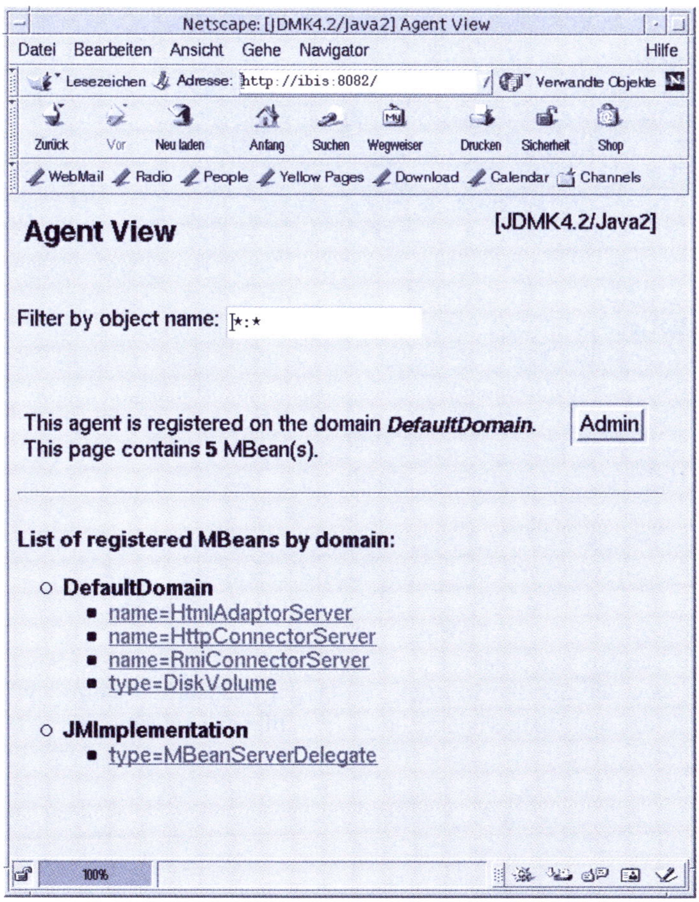

Abbildung 6.49: Ressourcenzuweisung für den JDMK-Agenten

Die Agentendefinition vollzieht sich hierbei wiederum in einer Entwicklungsumgebung, die die Auswahl und Einstellung der Agentenmerkmale sehr erleichtert. Das dem Agenten zugeordnete MBean hat dabei die folgenden Charakteristika bzw. Installationsmerkmale (hierbei für die Plattenmessung *queryDisc* ausgewählt).

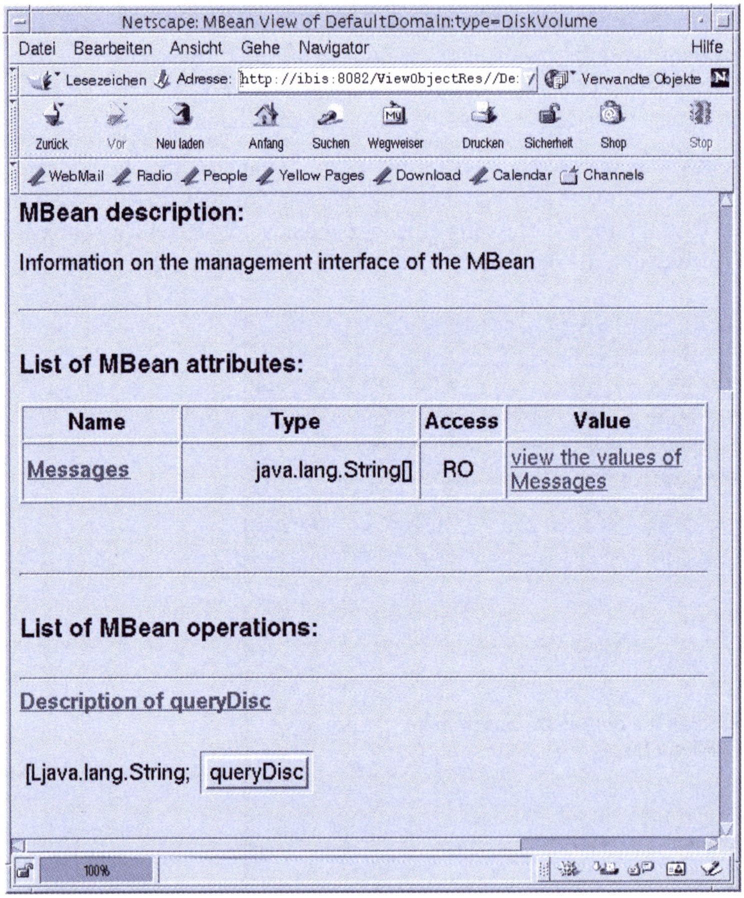

Abbildung 6.50: Mbean-Ausrichtung für den JDMK-Agenten

Die folgende Abbildung zeigt die Speichersituation auf unserer Festplatte in Form von Prozentangaben bezüglich der Speicherbelegung für das jeweilige Verzeichnis, die wir hier nicht weiter interpretieren wollen.

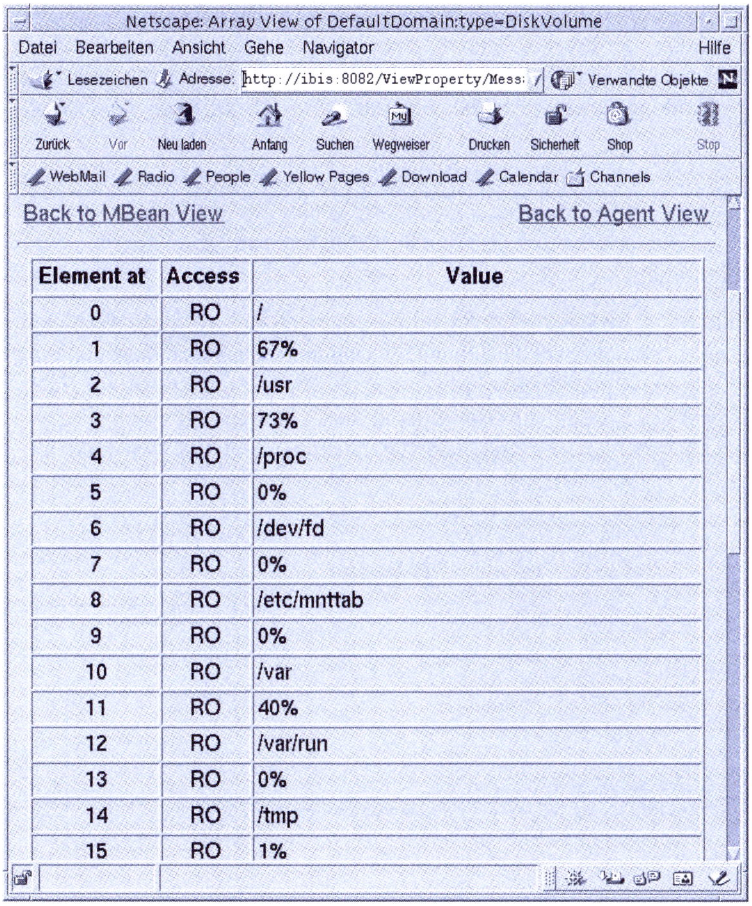

Abbildung 6.51: Auswertungsergebnis eines JDMK-Agenten

Auf der Grundlage des JDMK sind bereits kommerzielle Netzlastüberwachungssysteme implementiert worden, die zum Teil bereits vorhandene Systemagenten bzw. Leistungsmess-Tools integrieren (siehe [Zbrog 2002]).

Eine besondere Form der Kommunikationsunterstützung durch Java gewährleistet der so genannte ***Java Message Service (JMS)*** (siehe [Monson-Haefel 2001]). Die Grundidee liegt in der vornehmlichen Unterstützung der Nachrichtenverbindungen zwischen den Netzknoten, wie sie beispielsweise durch die *Message-Oriented Middleware (MOM)* bereits intendiert wurde. Die Ursache für eine derartige „Einschränkung" der Interoperabilität liegt in der für die meisten Websysteme völlig ausreichenden Kommunikationsunterstützung realer Webdienste. Für die Verbindung der Clients und Server kommen bei dieser Interaktionsform zwei Modellarten zur Anwendung:

- Das *Erzeuger-Verbraucher-Prinzip (Publisher-Subscriber):* Hierbei handelt es sich um eine 1:n-Beziehung, bei der über einen virtuellen Kanal (*Topic*) aufgrund einer „Interessenbekundung" (*Subscribing*) eine Verbindung hergestellt wird. Spezielle Formen dieser Verbindung haben wir bereits im Kapitel 4 zur Spezifikation von Websystemen erläutert.
- Die *Point-to-Point-Verbindung:* Diese 1:1-Verbindung kann synchron oder asynchron realisiert werden und identifiziert dabei eindeutig die beiden Kommunikationspartner. Eine Menge von möglicherweise „angesammelten" Nachrichten wird über die so genannte *Queue* übermittelt.

Für die Implementation von JMS-basierten Systemlösungen stehen uns client- und serverseitig Programmierumgebungen zur Verfügung, bei denen in einzelnen Schritten eine spezielle Message-Architektur aufgebaut werden kann. Bevor wir uns einem konkreten Beispiel zum JMS zuwenden, wollen wir erst einmal in der folgenden Abbildung die wesentlichen Komponenten bzw. Klassen von JMS für die Implementation von Message-Verbindungen angeben:

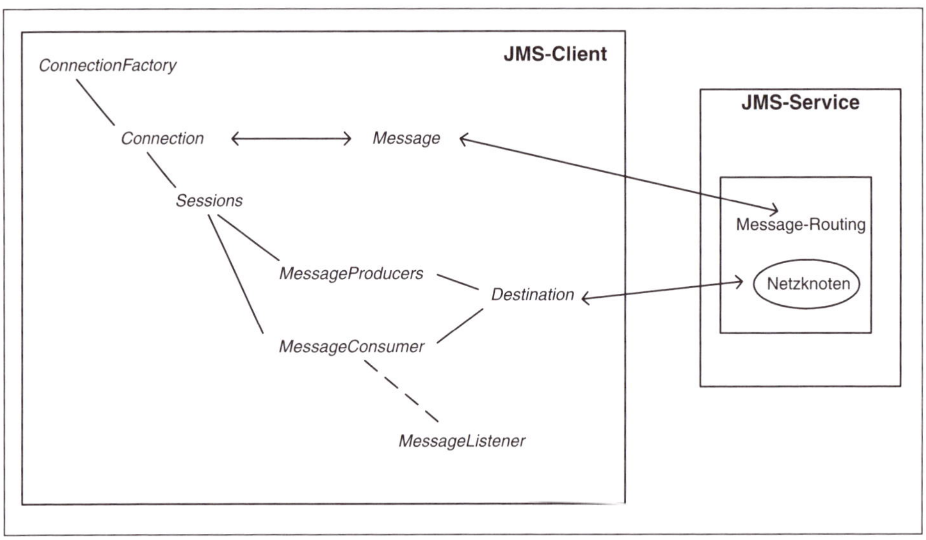

Abbildung 6.52: Java-Klassen zum Aufbau eines JMS-Clients

In unserem folgenden Beispiel beziehen wir uns wiederum auf unser Firmenbeispiel und wollen eine ***Chat-Möglichkeit*** für unsere Kunden aufbauen. Bevor wir das JMS-Client-Programm betrachten, zeigen wir zunächst die Einrichtung der Kommunikationsarchitektur, die nach dem Publisher-Subscriber-Prinzip erfolgen soll. Dafür können wir die Tool-Umgebung von *Sun ONE* verwenden. Die erste Abbildung zeigt uns bereits die Definition des Message-Servers für unsere Chat-Teilnehmer:

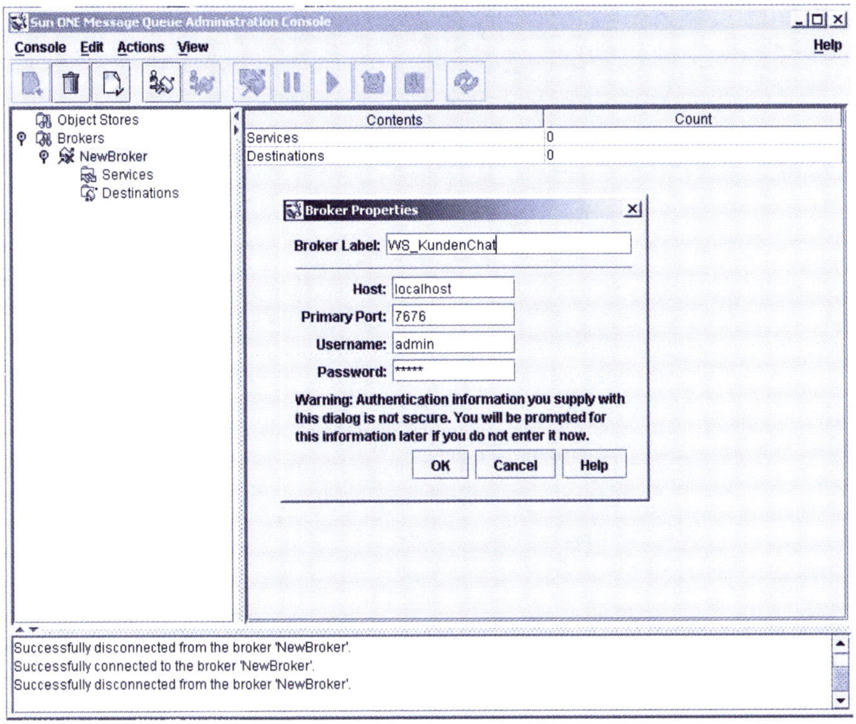

Abbildung 6.53: Einrichtung eines Message-Servers mittels Sun ONE

Dabei wird zunächst der Message-Sever mit den entsprechenden lokalen netzbezogenen Merkmalen eingerichtet und dabei auch entsprechend autorisiert.

Abbildung 6.54 zeigt uns die Auswahl des Publisher-Subscriber-Prinzips mit dem Chat-Raum (Topic) für unsere Kunden. Außerdem können hierbei auch spezielle Nachrichteneigenschaften eingestellt bzw. vordefiniert werden.

Schließlich zeigen wir in der Abbildung 6.55 eine Möglichkeit der Arbeitsweise unseres Chat-Beispiels, in dem sich unsere Kunden mit unserem Service-Center „unterhalten“.

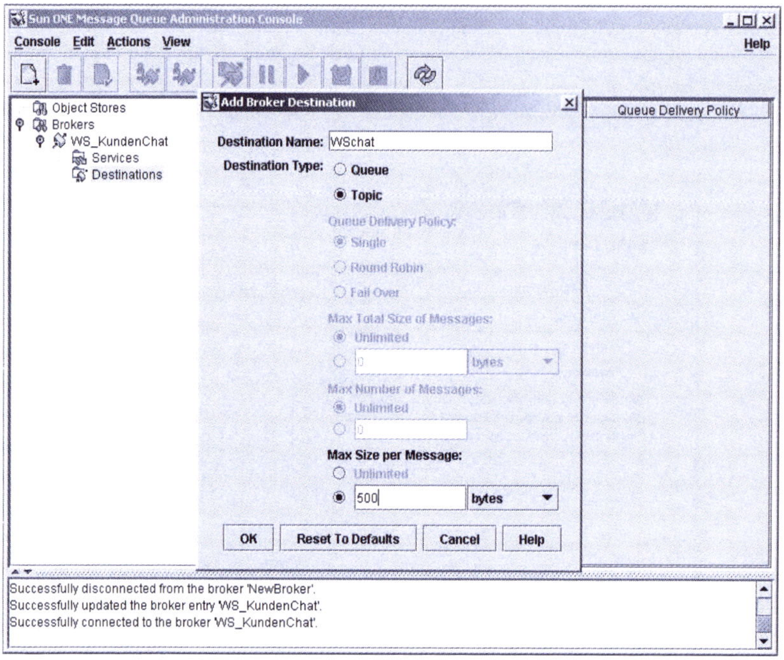

Abbildung 6.54: Auswahl der Message-Strategie für einen Chat-Raum

Abbildung 6.55: Protokoll eines JMS-basierten Chat-Beispiels

Für die bereits gezeigte Operationalität unseres Beispiels müssen unsere Kunden allerdings über ein implementiertes und gestartetes Client-Programm in Java unter Einbeziehung des JMS-API verfügen. Wir wollen das Client-Programm HelpDesk nennen und geben im Folgenden den Quellcode dazu an. Dabei verweisen wir wiederum auf seine „Selbsterklärungseigenschaft".

```
package Web_Services;
import java.io.*;
import java.io.InputStreamReader;
import java.util.*;
import java.util.Properties;
import javax.jms.*;
import javax.naming.*;

public class HelpDesk implements javax.jms.MessageListener {
// Benennung der Verbindungsvariablen ****************************
  private TopicSession pubSession;
  private TopicSession subSession;
  private TopicPublisher publisher;
  private TopicConnection connection;
  private String username;

public HelpDesk(String topicName, String user)
        throws Exception {
// Einstellung der Sitzungsform im Konstruktor *******************
   username = new String(user);
   Properties env = new Properties();
   env.put(Context.INITIAL_CONTEXT_FACTORY,
            "com.sun.jndi.fscontext.RefFSContextFactory");
   env.put(Context.PROVIDER_URL,
            "file:///c:/Temp");
   InitialContext jndi = new InitialContext(env);
   TopicConnectionFactory conFactory =
        new com.sun.messaging.TopicConnectionFactory();
   TopicConnection connection =
        conFactory.createTopicConnection();
   TopicSession pubSession =
      connection.createTopicSession(false, Session.AUTO_ACKNOWLEDGE);
   TopicSession subSession -
      connection.createTopicSession(false, Session.AUTO_ACKNOWLEDGE);
   Topic helpDeskTopic1 = pubSession.createTopic(topicName);
   Topic helpDeskTopic2 = subSession.createTopic(topicName);
   TopicPublisher publisher =
      pubSession.createPublisher(helpDeskTopic1);
   publisher.setDeliveryMode(DeliveryMode.NON_PERSISTENT);
   TopicSubscriber subscriber =
      subSession.createSubscriber(helpDeskTopic2);
   subscriber.setMessageListener(this);
```

```
    set(connection, pubSession, subSession, publisher, username);
    connection.start();
  }
  public void set(TopicConnection con, TopicSession pubSess,
         TopicSession subSess, TopicPublisher pub, String username) {
// Setzen der Verbindungsvariablen ***********************************
    this.connection = con;
    this.pubSession = pubSess;
    this.subSession = subSess;
    this.publisher = pub;
    this.username = username;
  }
  public void onMessage(Message message) {
    try {
// Anzeigen einer Nachricht fuer die Teilnehmer *********************
     TextMessage textMessage = (TextMessage)message;
     String text = textMessage.getText();
     System.out.println(text);
   } catch (JMSException jmse) { jmse.printStackTrace(); }
  }

  protected void writeMessage(String text) throws JMSException {
// Senden einer Nachricht an (alle) andere(n) ************************
   TextMessage message = pubSession.createTextMessage();
   message.setText(username+" : "+text);
   publisher.publish(message);
  }
  public void close() throws JMSException {
   connection.close();
  }
  public static void main(String[] args) {
   try {
// Implementation der Startfunktionen beim Chat ********************
    if (args.length!=1) {
       System.out.println("Username missing");
       System.exit(-1); }
    System.out.println("Chat-Room : WSchat");
    System.out.println("Username  : "+args[0]);
    System.out.println("Chat ist zeilenweise, Ende ist Eingabe von \"exit\"
       am Zeilenanfang");
    HelpDesk helpDesk = new HelpDesk("WSchat", args[0]);
    BufferedReader commandLine = new
       java.io.BufferedReader(new InputStreamReader(System.in));
    while(true) {
      String s = commandLine.readLine();
      if (s.equalsIgnoreCase("exit")) {
        helpDesk.close();
        System.exit(0);
```

```
      } else {
        helpDesk.writeMessage(s);
    }
   }
 } catch (Exception e) { e.printStackTrace(); }

 }
}
```

Wir erkennen dabei die Kommunikationsmöglichkeiten als einfache zeilenbezogene Form, wobei die Eingabe von „exit" durch den jeweiligen Kunden den Chat für diesen beendet.

Hinsichtlich der vollständigen Beschreibung der Komponenten für dieses Beispiel verweisen wir wiederum auf unsere Webseite zum Buch unter `webeng.cs.uni-magdeburg.de`.

JavaCard ist eine Implementationstechnologie für die spezielle Anwendung von so genannten *Smart Cards*. Diese Plastikkarten sind mit einem *Integrated circuit (IC)* als einen kleinen Prozessor versehen, der die jeweilige Anwendung dieser Karte (als EPROM-Prinzip) enthält. Im folgenden Bild sind die Eingänge eines solchen IC nach der ISO 7816 kurz charakterisiert:

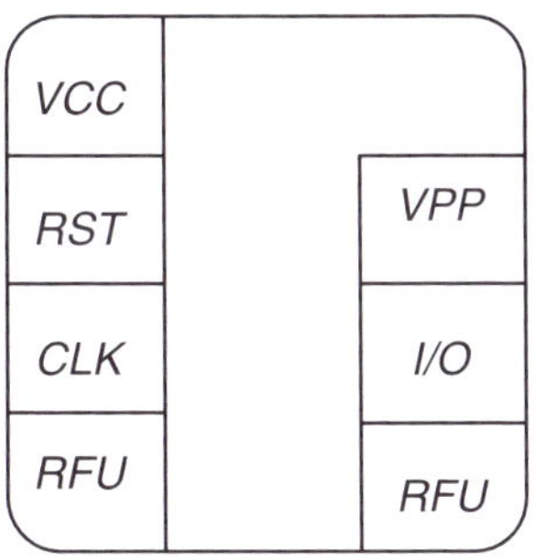

Abbildung 6.56: Eingangsstandards eines IC

Dabei steht *VCC* für *Supply Voltage, RST* für *Resetting of the ICC, CLK* für *external Clock* und *I/O* für *Input Output*. Diese Anschlüsse dienen der Implementation unterschiedlichster Applikationen, von monetären bis hin zu sicherheitsbezogenen. Während die *RFUs* als *Reserved for Future* für künftige Anwendungen konzipiert sind, wird das *VPP (Programming Voltage)* seit 2001 nicht mehr benutzt.

Interessanter für uns ist nun die allgemeine Java-Anwendungstechnologie, die zum Beispiel über die in der folgenden Abbildung gezeigten Grundschritte verfügt (siehe [Hassler 2001a] und [Paulson 2002]):

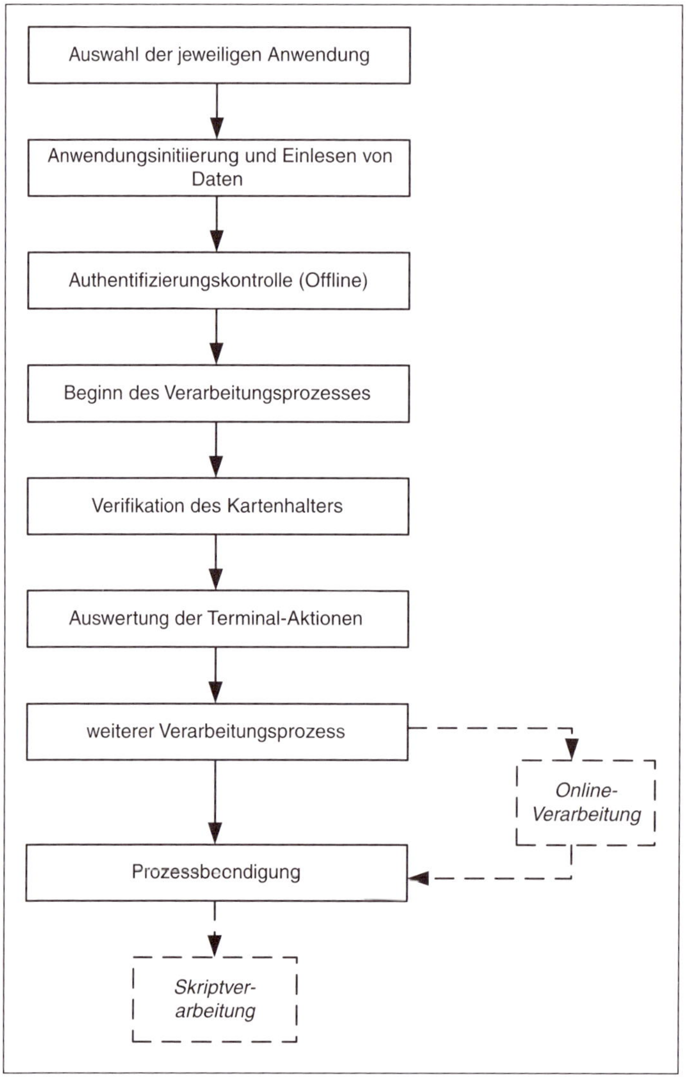

Abbildung 6.57: Implementationsschritte einer JavaCard-Anwendung

Die folgenden ausgewählten Klassen von JavaCard zeigen uns aufgrund ihrer mnemonischen Bezeichnungen bereits die grundlegenden Implementationsmöglichkeiten:

Klassenname	Inhalt
JCSystem	JavaCard Applet (Haupt-)Klasse
APDU	Anwendungssteuerung
OwnerPIN	PIN-Verifikation
ISO7816-Interface	ISO7816-Verbindungssteuerung
APDUException	APDU-Ausnahmebehandlung
ISOException	Ausnahmenbehandlung bei einer APDU mit einer speziellen Statusangabe
PINException	Fehlerbehandlung bei der PIN-Verarbeitung
SystemException	Fehlerbehandlung auf dem JavaCard Systemlevel
TransactionException	Fehlerbehandlung während einer Transaktion
UserException	Fehlerbehandlung für Nutzerdefinierte Ausnahmen
Key, SecretKey, DESKey, PrivateKey, PublicKey, RSAPrivateKey, DSAKey	symmetrische und asymmetrischer Verschlüsselungen
MessageDigest, Signature	Authentifizierung
RandomData	Zufallszahlengenerierung
CryptoException	Fehlerbehandlung kryptografischer Verfahren

Tabelle 6.2: Grundlegende Implementationsmöglichkeiten ausgewählter JavaCard-Klassen

APDU steht hierbei für *Application protocol data unit* und dient der zentralen Anwendungsausrichtung und -kontrolle. Die oben genannten Klassen sind thematisch unserer JavaCard-Applikation zugeordnet und besitzen eine allgemeine Applikationsarchitektur nach dem so genannten *OpenCard Framework (OCF)*. Derartige Frameworks werden durch ein (unabhängiges) Konsortium definiert und standardisiert.

Unsere Java-basierte Anwendung wird über (Card-)Applets realisiert. Java selbst stellt uns eine (erweiterte) JVM als *JavaCard virtual machine* bereit und ermöglicht uns, auch die üblichen Methoden (*native methods*) zu verwenden. Die Erstellung eines Card-Applets geschieht zunächst in der üblichen, oben bereits gezeigten Weise. Nach der Vorübersetzung unseres Card-Applets wird dann allerdings noch ein JavaCard-Konverter eingesetzt, der die endgültige Kartenapplikation in Form von cap-Files generiert. Für die Entwicklung insgesamt steht uns wiederum eine Programmierumgebung zur Verfügung. Hinsichtlich der Webanbindung spielt die JavaCard innerhalb des E-Commerce für den immer noch dominierenden Offline-Zahlungsverkehr eine wichtige Rolle.

Zum Abschluss der Java-Technologien zum Web Engineering wollen wir eine *Ad-hoc-Verbindungsmöglichkeit* von unterschiedlichen Geräten betrachten. Im Allgemeinen assoziiert man damit häufig das folgende Bild einer nahezu beliebigen Geräteverbindung:

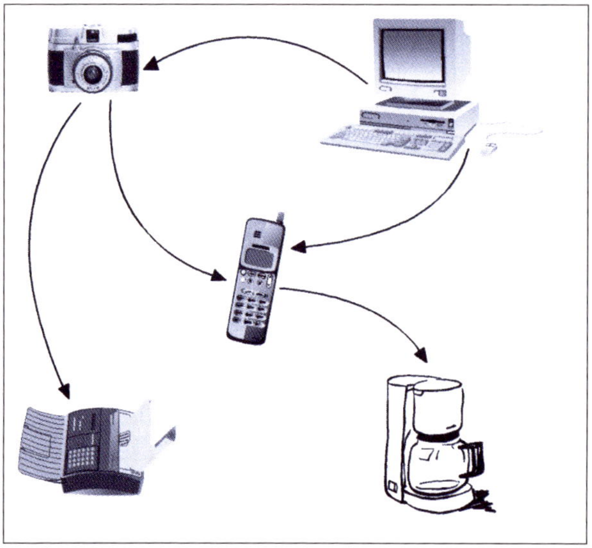

Abbildung 6.58: Mögliche Geräteverbindungen mittels Jini

Als Java-basierte Technologie wollen wir hier **Jini** etwas näher betrachten. Wir geben zunächst eine allgemeine Definition von Jini (siehe [Arnold 1999], [Edwards 1999] und [Gupta 2002]):

> *Jini ist die Bereitstellung einer Java-Umgebung zur Unterstützung verteilter Verarbeitung einer Menge von Java-Applikationen.*

Während man im ursprünglichen Sinn bemüht ist, das jeweilige Netz transparent zu halten, also den Applikationsentwickler nicht mit (unnötigen) Netzdetails zu belasten, ist beim Jini diese Transparenz aufgehoben. Das heißt, man will die Verteilung und Netzbezogenheit selbst beeinflussen und steuern können. Um diese Möglichkeiten allerdings einfach zu handhaben, hat Jini Prinzipien, die eine flexible Anwendung unterstützen, wie:

- *Einfachheit:* bezüglich der Verbindung von irgendwelchen Diensten in Netzen
- *Verfügbarkeit:* als Unterstützung einer nahezu spontanen Netzwerkarbeit mit einer Form so genannter „selbstheilender Dienste", die, falls nicht mehr benötigt, automatisch gelöscht werden
- *Skalierbarkeit:* das Zusammenwirken von Komponenten bzw. Geräten in Gruppen (Communities), die miteinander über verteilte Dienste konföderieren können. Das System ist offen, jeder kann Dienste einbringen.

Die grundlegenden Jini-Dienste für die Verbindung von Communities in „irgendeinem" Netz verdeutlicht die folgende Abbildung:

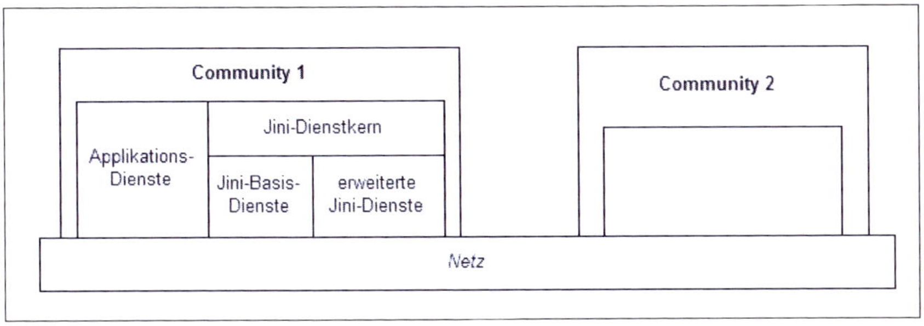

Abbildung 6.59: Architekturgrundlagen von Jini-Communities

Jini befasst sich also mit der Organisation verteilter Dienste in so genannten Communities. Dabei können im Netz auch mehrere Communities existieren. Für die Bildung einer solchen Community reicht bereits der Start der *Jini-Basisdienste* durch den Administrator aus. Derartige Basisdienste sind der *Lookup-Service*, der *integrierte HTTP-Server* und der *RMI Activation Damon*.

Wir wollen nun die Grundkomponenten von Jini in ihrer Ablauffolge im Rahmen einer Community-Bildung näher erläutern.

- *Discovery:* Hierbei geht es um das Finden von Communities im Netz und deren Verbindung untereinander (als *spontane Community-Bildung*).
- *Lookup:* Diese Komponente des Directory-Service in der Jini-Community ist das Suchen und Finden von Diensten unter Berücksichtigung der Typenhierarchie und Vererbungsrelation. Danach werden diese Dienste verbunden und als Proxies bereitgestellt. Durch Downloaden des jeweiligen Proxy zur Nutzung eines gefundenen Service besteht die Möglichkeit, Dienste bzw. Geräte zu nutzen, ohne explizite Treibersoftware installieren zu müssen. Die Lookup-Phase definiert also die explizit genutzten Communities.
- *Leasing:* Dieses Konzept impliziert die so genannte Selbstheilungsfähigkeit im Jini und bedeutet, dass nach einem möglichen Ausfall von Diensten das so genannte Recovery gesteuert und das Wachstum nicht benötigter Dienste in Grenzen gehalten wird. Das grundlegende Verfahren beim Ressourcen-Leasing ist das so genannte *Third-Party-Leasing*, welches eine Delegierung der Leasing-Neuvergabe impliziert. Dazu stellt Jini den *Lease Reneval Manager* zur Verfügung, der über das *ServiceRegistrar* verwendet wird.
- *Remote Events:* Hierbei geht es darum, dass die Dienste einander Mitteilungen über ihre Statusänderungen machen können. Jede Jini-Komponente kann im Prinzip von allen (anderen) Ereignisse empfangen. Das Ereignismodell von Jini realisiert eine asynchrone Notifikation über mehrere JVMs. Dabei besteht keine Transportgarantie, da bei Jini keine zentrale Instanz existiert und somit partielle Fehler auftreten können.
- *Transactions:* Dabei geht es um die sichere Realisierung von Transaktionen beispielsweise nach dem ACID-Prinzip, die letztendlich eine verteilte Ausführung erfordert.

Hinsichtlich eines konkreten Beispiels verweisen wir wiederum auf unsere Webseite zum Buch unter `webeng.cs.uni-magdeburg.de`, auf der auch weitere Referenzen zu diesem Thema zu finden sind.

6.4 Implementation von Webservern

Zu Beginn dieses Abschnitts wollen wir uns erst einmal mit einem ganz einfachen Beispiel der Implementation eines (Web-)Servers in Java beschäftigen. Ein Server im Internet gewährleistet im Allgemeinen die folgenden beiden Verbindungsformen:

- Die *verbindungsorientierte Form:* Diese Verbindung beruht auf den TCP/IP-Protokollen und wird im Allgemeinen mit *Datenstrom-basierten Datenstrukturen* implementiert. Als Beispiele seien hier das Telefonieren oder das Chatten genannt. Es dient vornehmlich der Implementation *synchroner* Verbindungen.
- Die *verbindungslose Form:* Hierbei dienen die UDP/IP-Protokolle (*UDP: User Datagram Protocol*) als Übertragungstechnik; sie verwenden die *Datagramm-basierte Datenstruktur.* Hierzu können wir den üblichen Paketverkehr der Post oder unseren E-Mail-Dienst als Beispiel anführen. Dabei werden vornehmlich *asynchrone* Verbindungen implementiert.

Die allgemeine Struktur dieser beiden Verbindungsformen bei ihrer Realisierung in Java skizziert die folgende Abbildung:

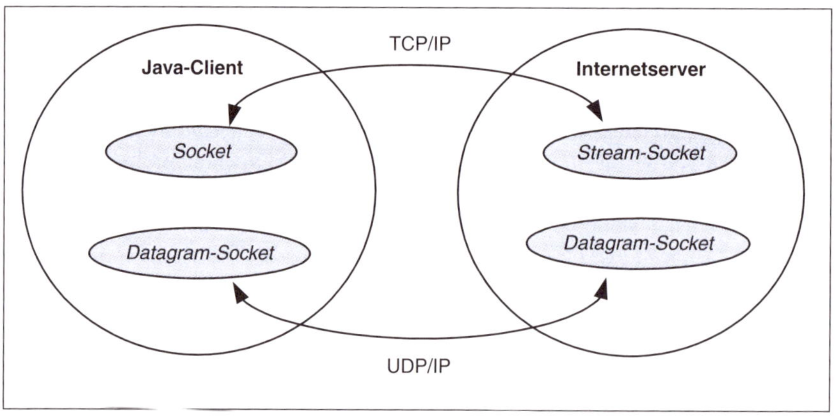

Abbildung 6.60: Server-Verbindungsformen in Java

Die Verbindung schließt also stets einen *Sockel (Socket)* ein. Dieser Socket ist uns für die verbindungsorientierte Kommunikation in Java für die Clientseite durch die Klasse *Socket* und für die Serverseite durch die Klasse *ServerSocket* gegeben. Zur verbindungslosen Kommunikation nutzen wir die Klasse *DatagramSocket*. Die Datenstruktur bzw. der Datentyp *Datagramm* steht uns in Java als *DatagramPacket*-Klasse zur Verfügung.

Im Folgenden geben wir ein Clientbeispiel an, welches uns die Anwendung einiger DatagramPacket-Methoden demonstriert. Unser Beispiel verwendet den *Port 13* für die (Tages-) Angabe des gerade benutzten Rechners als Serverdienst. Es realisiert eine DatagramPacket-Änderung über eine Parameterangabe und zeigt diese Änderung an.

```
import java.net.*;
import java.io.*;
class DatagramTest {
   public static String dpAendern(String msg, InetAddress ziel,
                                  int port){
      byte[] outbuf = msg.getBytes();
      byte[] inbuf = new byte[256];
      try{ DatagramPacket anfordern = new DatagramPacket(outbuf,
                                  outbuf.length, ziel, port);
          DatagramSocket sockel = new DatagramSocket();
          sockel.send(anfordern);
          DatagramPacket ergebnis = new DatagramPacket(inbuf,
                                              inbuf.length);
          sockel.receive(ergebnis);
          System.out.println("Paket empfangen von: " +
             ergebnis.getAddress() + " Port: " + ergebnis.getPort()
              + " Laenge: " + ergebnis.getLength());
          sockel.close();
          return (new String(ergebnis.getData()));
        } catch (SocketException e) {e.printStackTrace();}
       catch (IOException e) {e.printStackTrace();}
       return (null);
    }
   public static void main(String[] args) {
        try{
           String msg = "\n";
           int port = 13;
           InetAddress ziel = InetAddress.getLocalHost();
           if (args.length > 0) {
           port = Integer.parseInt(args[0]);
           if (args.length >= 2 ) msg = args[1];
           if (args.length == 3) ziel =
                          InetAddress.getByName(args[2]);
        }
          System.out.println(dpAendern(msg, ziel, port));
        } catch (UnknownHostException e) {e.printStackTrace(); }
   }
}
```

Dabei können wir auch einen unmittelbaren Bezug auf die Internetadresse des jeweiligen Rechners *InetAddress* erkennen. Eine Anwendung mit der Aufrufzeile

```
java DatagramTest <port> <datagram>
```

ergibt den folgenden Output hinsichtlich verschiedener Aufrufvarianten. Der *Port 7* als einfaches Echo liefert hierbei ein leeres *Datagram*-Paket zurück während der *Port 13* die Tageszeit angibt. Der *Port 19* zeigt schließlich den Zeichensatz des jeweiligen Hosts an.

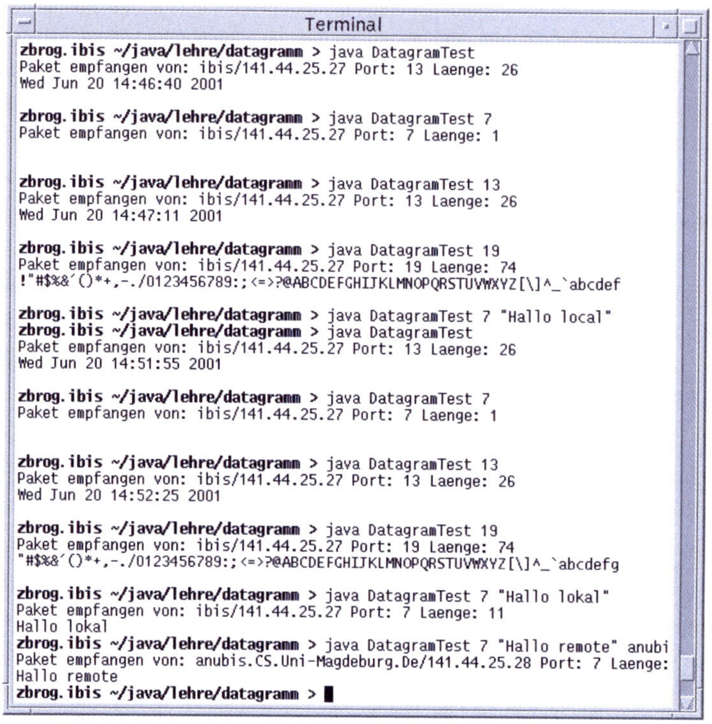

Abbildung 6.61: Netzwerkkommunikation mit einem Java-Server

Nachdem wir nun ein „Gefühl" für elementare Serverdienste und Internetkommunikation bekommen haben, wollen wir uns jetzt den eigentlichen Webservern zuwenden. Für die Implementation von Webservern stehen uns unmittelbar Serverprogramme zur Verfügung, die wir für unsere Zwecke eigentlich nur „einstellen" müssen. Ein derartiger Server ist zum Beispiel der *Apache-Server* (siehe [Eilebrecht 1998]). In den folgenden Abbildungen wollen wir grundlegende Einstellungsformen kennen lernen.

Die erste Abbildung zeigt uns erst einmal den Einstieg für die nutzergeführte Installation eines Apache-Servers in einer konkreten Domäne bzw. einem konkreten Hyperspace.

Als Nächstes werden dann die grundlegenden Einstellungen vorgenommen, die den Webserver an eine konkrete Domäne binden, ihn identifizieren und mit einer elementaren Kommunikation für eventuell auftretende Probleme (als Administrator-E-Mail) versehen.

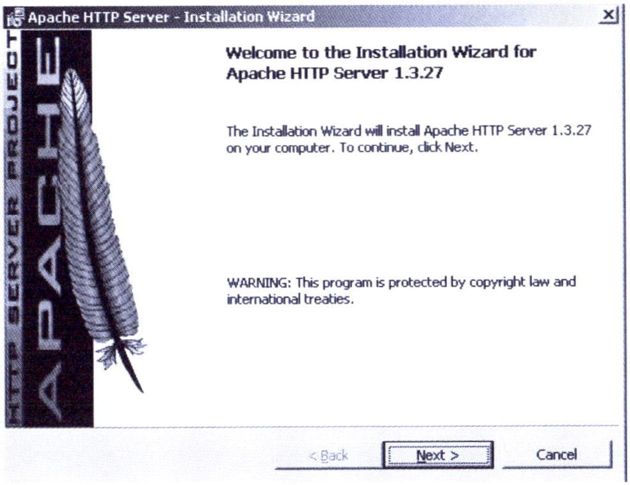

Abbildung 6.62: Installationsbeginn für den Apache-Server

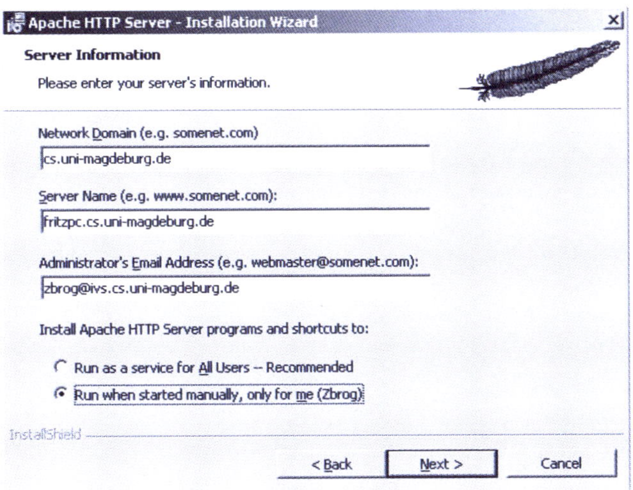

Abbildung 6.63: Grundlegende Servereinstellungen

Dann folgen schließlich die Einstellungen spezieller Details zum Webserver. Dazu gehören unter anderem folgende Merkmale:

- Die ausgewählten Anschlüsse (Ports) unseres Webservers für die verschiedensten Dienste, die zum Teil vorgegeben bzw. genormt sind
- Die konkreten Leistungsmerkmale unseres Webservers hinsichtlich Proxy-Speichergrößen, Verbindungsbandbreiten und Ähnliches mehr
- Die speziellen Komponenteneinstellungen des Apache-Servers, wie die MIME-Protokollart, die Anzahl und Art der Log-Files, die Fehlermeldungsarten und -protokollierungsformen

- Die Anzahl und Art der anzubindenden Verarbeitungskomponenten, beispielsweise für die Sprachen PHP oder Perl, oder die Technologien JSP und ASP
- Die speziellen Autorisierungsaspekte hinsichtlich einer eingeschränkten Nutzungsform spezieller Serverdienste
- Die Einstellung so genannter *virtueller Webserver*, die physisch in einer einheitlichen Domäne gespeichert, allerdings relativ eigenständig aufgerufen und genutzt werden können

Die folgende Abbildung deutet diese zumeist manuell vorzunehmenden Detaileinstellungen in den Konfigurations-Files für unseren Apache-Server an:

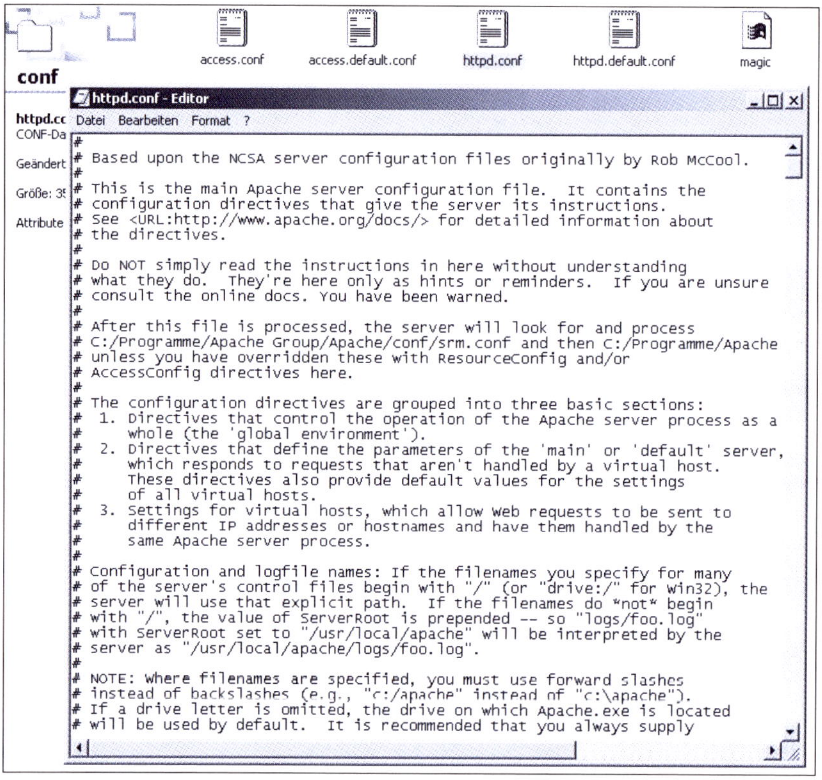


```
#
# Based upon the NCSA server configuration files originally by Rob McCool.
#
# This is the main Apache server configuration file.  It contains the
# configuration directives that give the server its instructions.
# See <URL:http://www.apache.org/docs/> for detailed information about
# the directives.
#
# Do NOT simply read the instructions in here without understanding
# what they do.  They're here only as hints or reminders.  If you are unsure
# consult the online docs. You have been warned.
#
# After this file is processed, the server will look for and process
# C:/Programme/Apache Group/Apache/conf/srm.conf and then C:/Programme/Apache
# unless you have overridden these with ResourceConfig and/or
# AccessConfig directives here.
#
# The configuration directives are grouped into three basic sections:
#  1. Directives that control the operation of the Apache server process as a
#     whole (the 'global environment').
#  2. Directives that define the parameters of the 'main' or 'default' server,
#     which responds to requests that aren't handled by a virtual host.
#     These directives also provide default values for the settings
#     of all virtual hosts.
#  3. Settings for virtual hosts, which allow Web requests to be sent to
#     different IP addresses or hostnames and have them handled by the
#     same Apache server process.
#
# Configuration and logfile names: If the filenames you specify for many
# of the server's control files begin with "/" (or "drive:/" for Win32), the
# server will use that explicit path.  If the filenames do *not* begin
# with "/", the value of ServerRoot is prepended -- so "logs/foo.log"
# with ServerRoot set to "/usr/local/apache" will be interpreted by the
# server as "/usr/local/apache/logs/foo.log".
#
# NOTE: Where filenames are specified, you must use forward slashes
# instead of backslashes (e.g., "c:/apache" instead of "c:\apache").
# If a drive letter is omitted, the drive on which Apache.exe is located
# will be used by default.  It is recommended that you always supply
```

Abbildung 6.64: Manuelle Konfiguration der Details zur Servereinstellung

Hinsichtlich unseres Firmenbeispiels ist nun zu prüfen, welche Technologien und welche Nutzungsformen mit unserem Firmenportal vorzusehen sind, um die Einstellungen des Webservers, in dessen Kontext unser Beispiel präsent ist, vorzunehmen bzw. zu ergänzen.

6.5 Implementation von Webservices

Beim Entwurf von Websystemen haben wir bereits die grundlegenden Merkmale von Webservices kennen gelernt. Jetzt wollen wir uns ausgewählten Aspekten ihrer Implementation zuwenden (siehe [Apte 2002], [Benatallah 2003], [Engelen 2003] oder [Kleijnen 2003]). Als konkrete Implementation eines Webservice wollen wir einen allgemeinen Online-Shop betrachten, der uns für Reisen die Möglichkeit gibt, spezielle Serviceangebote, wie zum Beispiel Hotelbuchung, Automietung und Tickets für kulturelle Veranstaltungen, zu kombinieren (siehe [Röhl 2003]). Die folgende Abbildung zeigt uns die mögliche Architektur eines derartigen Shops, der die unterschiedlichen, bereits im Web existierenden Dienste in einer Präsentationskomponente zusammenfasst:

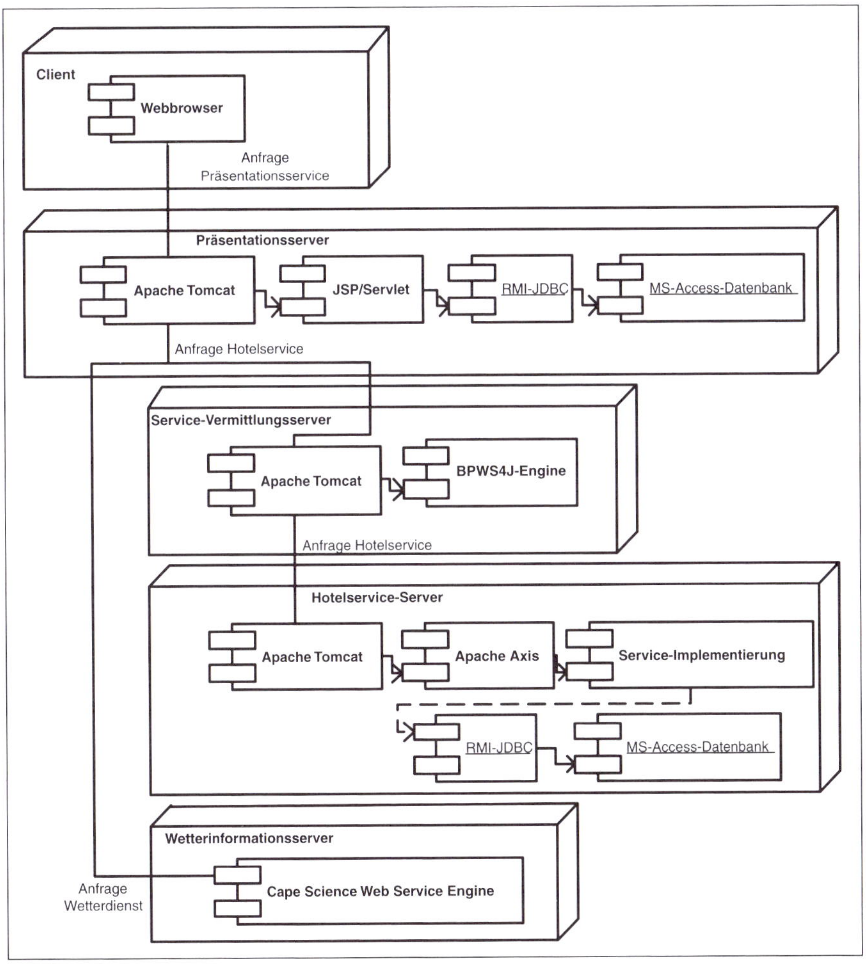

Abbildung 6.65: Architektur eines Online-Shops

Die wesentliche Grundlage für die Integration von Webservices stellt der *Apache-Tomcat* (als Container) des Apache-Servers dar. Er ermöglicht, insbesondere für unsere Serviceverbindung die JSP-Technologie zu nutzen. Als Datenbasisanschluss wurde hierbei eine Microsoft-Access-Datenbank konzipiert. Das *BPWS4J* steht für *Business Process Execution Language for Web Services Java Runtime* und ermöglicht uns die Lösung spezieller Kommunikationsaufgaben mit der eigentlichen Integrationstechnologie, dem *SOAP*. Die Komponente *Apache-Axis* unterstützt die spezielle Verbindungsform zwischen SOAP-basierten Anfragen und den Java-Klassen, die wir für die Interpretation des Dienstes benötigen. Bei der *Cape Science Web Service Engine* handelt es sich um einen realen Webservice, den wir natürlich für unser realitätsnahes Beispiel auch verwenden wollen.

Der Ablauf unseres (integrierten) Webservice ist nun wie folgt: Der Nutzer wird von uns zunächst registriert, um seine Dienstnutzung nachvollziehen zu können und hierbei bereits allgemeine Informationen für den Zahlungsverkehr und Ähnliches zu erfassen. Sucht nun der Kunde einen freien Hotelplatz, so interpretiert er die von uns gezeigte Hotelliste und „füllt" bei Bedarf seinen Warenkorb mit einem Angebot, das er ggf. als Bestellung bzw. Buchung auch annimmt. Der Wetterdienst stellt unserem Nutzer einen weiteren Service als Informationsdienst zur Verfügung. Die folgende Abbildung zeigt diese Funktionskomponenten in einer vereinfachten Übersicht:

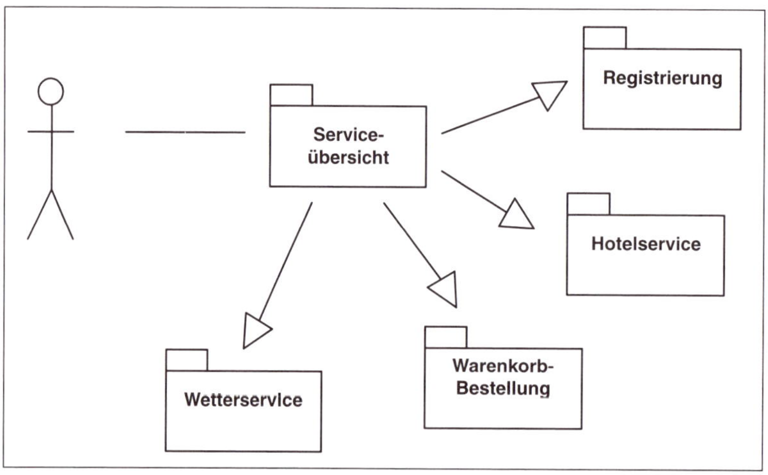

Abbildung 6.66: Anwendungsbereiche des Online-Shops

Im Falle eines Dienstaufbaus legt das SOAP-Protokoll den Aufbau der Nachrichten zwischen den beteiligten Partnern fest. Der nahezu selbstdokumentierende Charakter dieser XML-basierten Darstellungsform gibt uns die Möglichkeit, den SOAP-Quellcode ohne weitere Erläuterungen im Folgenden anzugeben:

```
<?xml version='1.0' encoding='UTF-8'?>
<SOAP-ENV:Envelope
xmlns:SOAP-ENV="http://schemas.xmlsoap.org/soap/envelope/"
xmlns:xsi="http://www.w3.org/2001/XMLSchema-instance"
xmlns:xsd="http://www.w3.org/2001/XMLSchema">
```

```
<SOAP-ENV:Body>
   <ns1:getHotels
xmlns:ns1="http://axis/hotel"
SOAP-ENV:encodingStyle=
"http://schemas.xmlsoap.org/soap/encoding/">
   <startDate xsi:type="xsd:string">16.08.2003</startDate>
   <endDate xsi.type="xsd:string">17.08.2003</endDate>
   <location xsi:type="xsd:string">Hamburg</location>
   <singleRoomCount xsi:type="xsd:string">
   1
   </singleRoomCount>
   <doubleRoomCount xsi:type="xsd:string"></doubleRoomCount>
   <minQuality xsi:type="xsd:string>1</minQuality>
   <maxPrice xsi:type="xsd:string"></maxPrice>
   </ns1:getHotels>
   </SOAP-ENV:Body>
</SOAP-ENV:Envelope>
```

Wir erkennen, dass es sich hierbei um die Suche nach einem Einbettzimmer in Hamburg für die Nacht vom 16. zum 17. August 2003 handelt, bei der wir eine gewisse Grundqualität wünschen. Für die unmittelbare Beschreibung der Serviceausführung haben wir die WSDL zur Verfügung. Wir beschreiben damit zum einen die Art und Weise der Bearbeitung unserer Dienstanfrage und zum anderen die konkrete physische Zuordnung der Servicerealisierung in einer möglichen einheitlichen Präsentationsform. Eine WSDL-Datei ist im Allgemeinen deklarativ aufgebaut und besitzt in unserem Beispiel die folgende Blockstruktur:

```
definitions = (import, message, portType, binding, service)
```

Im Folgenden geben wir nun den expliziten WSDL-Quelltext für unser Beispiel in einer nicht weiter kommentierten Form an:

```
<?xml version="1.0" encoding="UTF-8"?>
<wsdl:definitions
targetNamespace="http://axis/hotel"
xmlns="http://schemas.xmlsoap.org/wsdl/"
xmlns:apachesoap="http://xml.apache.org/xml-soap"
xmlns:impl="http://axis/hotel"
xmlns:intf="http://axis/hotel"
xmlns:soapenc="http://schemas.xmlsoap.org/soap/encoding/"
xmlns:wsdl="http://schemas.xmlsoap.org/wsdl/"
xmlns:wsdlsoap="http://schemas.xmlsoap.org/wsdl/soap/"
xmlns:xsd="http://www.w3.org/2001/XMLSchema">
<wsdl:message name="getHotelsResponse">
<wsdl:part name="getHotelsReturn" type="xsd:string"/>
</wsdl:message>
<wsdl:message name="getHotelsRequest">
<wsdl:part name="startDate" type="xsd:string"/>
<wsdl:part name="endDate" type="xsd:string"/>
<wsdl:part name="location" type="xsd:string"/>
<wsdl:part name="singleRoomCount" type="xsd:string"/>
<wsdl:part name="doubleRoomCount" type="xsd:string"/>
```

```
<wsdl:part name="minQuality" type="xsd:string"/>
<wsdl:part name="maxPrice" type="xsd:string"/>
</wsdl:message>
<wsdl:portType name="Hotel">
<wsdl:operation
name="getHotels"
parameterOrder="startDate endDate location singleRoomCount doubleRoomCount
minQuality maxPrice">
<wsdl:input message="intf:getHotelsRequest"
name="getHotelsRequest"/>
<wsdl:output message="intf:getHotelsResponse"
name="getHotelsResponse"/>
</wsdl:operation>
</wsdl:portType>
<wsdl:binding name="HotelSoapBinding" type="intf:Hotel">
<wsdlsoap:binding
style="rpc"
transport="http://schemas.xmlsoap.org/soap/http"/>
<wsdl:operation name="getHotels">
<wsdlsoap:operation soapAction=""/>
<wsdl:input name="getHotelsRequest">
<wsdlsoap:body
encodingStyle="http://schemas.xmlsoap.org/soap
/encoding/"
namespace="http://axis/hotel"
use="encoded"/>
</wsdl:input>
<wsdl:output name="getHotelsResponse">
<wsdlsoap:body
encodingStyle="http://schemas.xmlsoap.org/soap
/encoding/"
namespace="http://axis/hotel" use="encoded"/>
</wsdl:output>
</wsdl:operation>
</wsdl:binding>
<wsdl:service name="Hotel">
<wsdl:port binding="intf:HotelSoapBinding" name="Hotel">
<wsdlsoap:address
location="http://localhost:8080/axis/services/Hotel"/>
</wsdl:port>
</wsdl:service>
</wsdl:definitions>
```

Die gewählte Mnemonik zeigt uns die Referenzierung zu den Funktionskomponenten zu Beginn, die dann folgende Nachrichtenstruktur (message), die Operationsstruktur des Service (portType), die möglicherweise notwendigen Transformationsfunktionen (binding) sowie schließlich die Service-Gesamtstruktur (service).

Hinsichtlich der gesamten Funktionselemente bei diesem Webservice-Beispiel verweisen wir wieder auf unseren Link zum Buch unter `webeng.cs.uni-magdeburg.de`, bei dem auch die Funktionsweise demonstriert wird.

Bezüglich unseres kleinen Firmenpräsenzbeispiels stellt sich hier eventuell die Frage, inwieweit wir mit unserem Portal auf die so genannte *Gelbe-Seiten-Liste* der UDDI kommen könnten.

6.6 Test von Websystemen

Bei der Anwendung der unterschiedlichen Implementationssprachen und -techniken haben wir bereits auf wesentliche Formen der Testung hingewiesen. Jetzt wollen wir uns noch einmal aus einer grundsätzlichen Sicht heraus diesem Thema zuwenden. Die Auswahl der jeweiligen Testmethoden ist natürlich von der Websystemart bzw. der dabei verwendeten Programmierungstechnik abhängig. Generell haben wir in der Phase der Implementation unter anderem folgende Testaufgaben zu lösen (siehe [Beizer 1995], [Binder 2000], [Dumke 2001], [Hieatt 2002], [Joines 2003] oder [Peled 2001]):

- Die funktionale Korrektheit der einzelnen Komponenten unseres Systems, wie Webseiten, Java-Klassen, Skriptszenarien oder auch Systemeinstellungen
- Die korrekte Funktionalität des Gesamtsystems auf der Grundlage korrekter Einzelkomponenten und Verbindungselemente
- Die Sicherung weiterer qualitativer Merkmale, wie Web Usability, Web Security und Web Performance
- Die Gewährleistung der Zuverlässigkeit und Verfügbarkeit aller Komponenten unseres Websystems bzw. des Websystem-Kontextes
- Die Konsolidierung der Wartungseigenschaften unseres Websystems bezüglich relativ leicht zu realisierender Änderungen, Erweiterungen und Anpassungen

Die folgende Übersicht verdeutlicht ausgewählte Testansätze in einem dokumentenbasierten Websystem mit Datenbasisbezug:

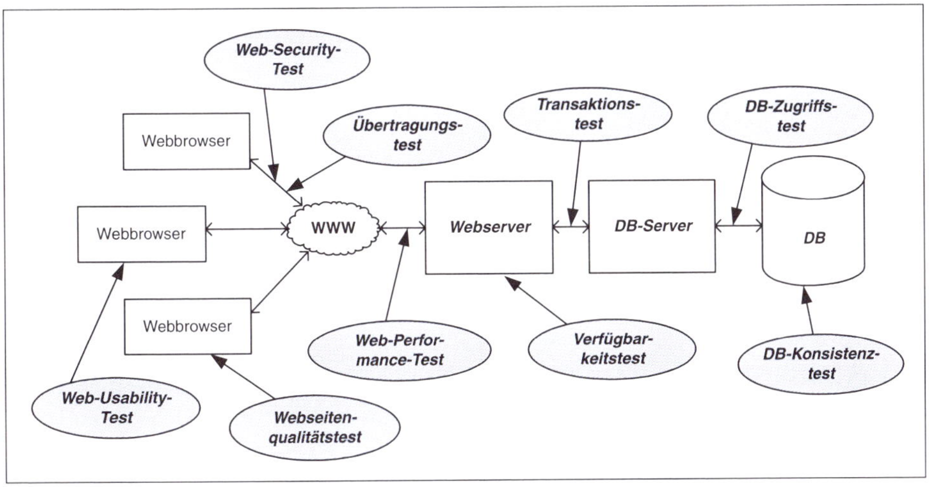

Abbildung 6.67: Testansätze in einer allgemeinen Websystem-Infrastruktur

Eine andere Sichtweise ergibt sich aus der Betrachtung der unmittelbaren Architektur selbst. Die folgende Abbildung zeigt wiederum ein Beispiel mit den dabei möglichen Testansätzen für eine Webbrowser-Architektur:

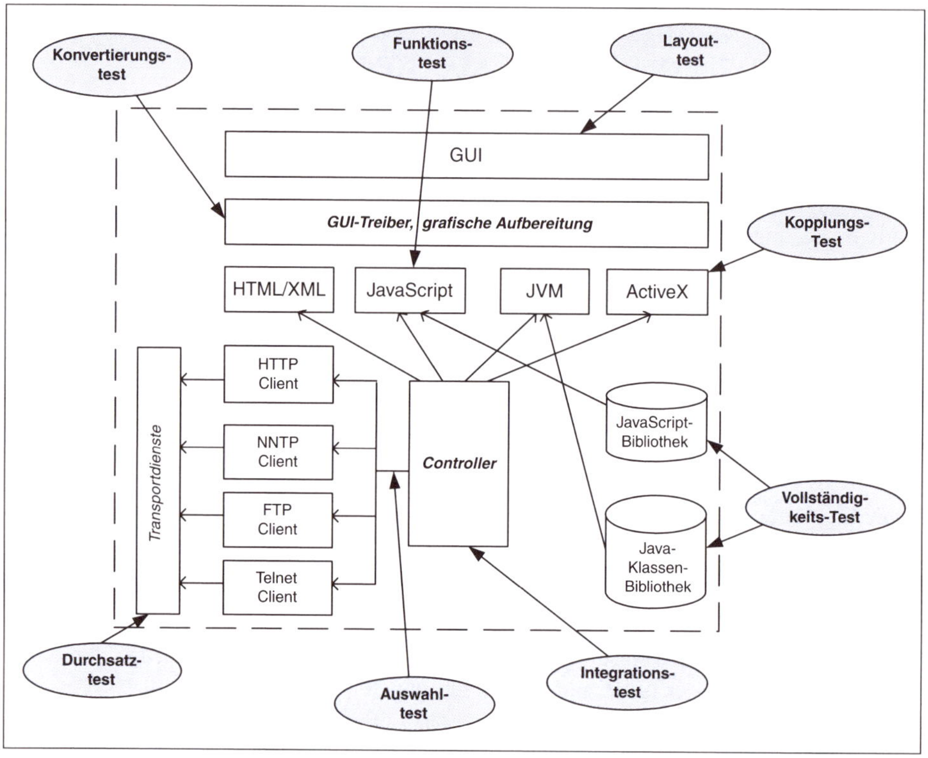

Abbildung 6.68: Testansätze in einer Webbrowser-Architektur

Aus den vielfältigen Formen und Methoden für die Websystem-Testung wollen wir zwei Bereiche auswählen, und zwar den Komponententest und den Systemtest, und diese beispielhaft erläutern.

6.6.1 Methoden des Webkomponententests

Beim Komponententest bzw. *Unit Testing* geht es um die Sicherung der Korrektheit bzw. Funktionalität der einzelnen Elemente eines Websystems, bevor diese in einem Gesamtkontext interagieren.

Bei ***dokumentenbasierten Websystemen*** ergeben sich für den Test einer Komponente (zumeist als Webseite) unter anderem folgende Testaufgaben und -methoden (siehe [Dart 2000] und [Powell 1998]):

- Das korrekte Anzeigen einer Webseite hinsichtlich der korrekten Interpretation der Tags und der damit verbundenen Formatierungen

- Die korrekte Einbindung spezieller Seitenelemente wie Bilder, Animationen oder Formulare im vorgesehenen Hyperspace
- Die korrekte Gewährleistung der sicherheitsbezogenen Techniken für die Nutzung der Webseite in einem Anwendungskontext
- Der Test einer einheitlichen Darstellungsform der Webseite unter Anwendung in verschiedenen Browsertypen und -versionen
- Die Gewährleistung der Kontrolle korrekter Eingaben im Falle von Interaktionen auf der Grundlage von Formularen, Applets oder Skripten

Generell sind die Testansätze jeweils clientseitig als auch serverseitig in einem ganz speziellen Anwendungskontext und in den für die Anwendung vorgesehenen Hyperspaces zu realisieren.

Bei den ***operationalen Websystemen*** sind im Allgemeinen übersetzte oder zu interpretierende Programme hinsichtlich ihrer Funktionalität zu testen. Gegenwärtig dominiert hierbei die Objektorientierung, so dass sich beispielsweise die in der folgenden Abbildung gezeigte Form eines Komponententests als Test einer Klasse ergibt (siehe [Binder 2000] und [Joines 2003]):

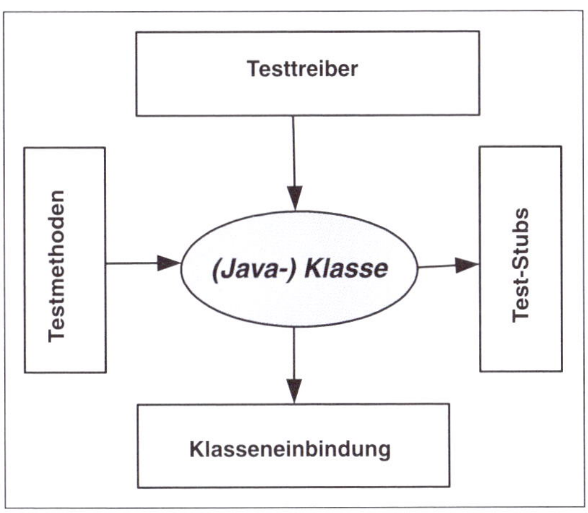

Abbildung 6.69: Testumgebung für einen Klassentest

Die *Testmethoden* unterscheiden sich hinsichtlich ihrer Testausrichtung, die bei einer Klasse eine einzelne Methode, die Interaktion zwischen den Methoden dieser Klasse, die Kopplung zu anderen Klassen oder auch die korrekte Instanziierung betreffen kann. Die Testmethoden bilden ggf. so genannte *Test-Stubs*, die die fehlenden Systembezüge bzw. -komponenten ersetzen oder auch „simulieren“. Diese *Testtreiber* sind auf die jeweilige objektorientierte Programmiersprache zugeschnitten und gewährleisten beispielsweise die notwendige Bereitstellung der für den Test einer einzelnen Klasse erforderlichen (übergeordneten oder zugeordneten) Klassen in Form einer *Klasseneinbindung*. Im Allgemeinen verfügen spezielle Programmierumgebungen über derartige Testhilfen.

Insbesondere beim Programmtest gelten die folgenden klassischen Verfahren (siehe [Beizer 1995] und [Dumke 2001]):

- *Der statische Programmtest:* Hierbei wird der jeweilige Quelltext „an sich" betrachtet und hinsichtlich bereits erkennbarer Funktionseigenschaften getestet. Methoden für diese Testform sind beispielsweise die *Code-Inspektion*, das *Review* oder aber die (formale) *Programmverifikation*. Insbesondere im Bereich komplexer und innovativer Programmierungstechniken hat sich die Review-Technik, auch für die Entwicklungsdokumente unseres Websystems in den der Implementation vorgelagerten Phasen, bewährt.
- *Der dynamische Programmtest*: Dabei wird das Programm abgearbeitet und im eigentlichen Sinne getestet. Man unterscheidet hierbei den so genannten *Black-Box-Test* und den *White-Box-Test*. Der Black-Box-Test wird auch *Funktionstest* genannt und verwendet die in der Spezifikationsphase definierten Testdaten bzw. Testfälle. Die Testdaten ergeben sich aus den Funktionsbereichen unseres Websystems und bilden je nach den unterschiedlichen Merkmalen dieser Bereiche verschiedene *Äquivalenzklassen* von Testdaten. Die initiale Einteilungsform von Testdaten sind die Normalwerte, die Extremwerte und die Falschwerte. Der White-Box-Test dient nun der Analyse des Programms während des (Black-Box-)Tests und bestimmt solche Merkmale wie *Testabdeckung* (also welche Programmteile beim Test überhaupt involviert waren) oder auch *Testfallkombination* (also welchen Kombinationsgrad die unterschiedlichen Programmteile beim Test überhaupt erreicht haben).

Hinsichtlich der expliziten Anwendung dieser Testmethoden verweisen wir auf die von uns angegebene Literatur. Bezüglich unseres Firmenpräsenzbeispiels als dokumentbasiertes Websystem bedeutet der Komponententest, dass zunächst alle Webseiten in ihrer Darstellungsform überprüft werden und dann die Referenzierung der Bildeinbindung in verschiedenen Hyperspaces kontrolliert wird. Schließlich ist die korrekte Erfassung der Daten beim Formular für die Kundenwertung zu prüfen.

6.6.2 Verfahren zum Webintegrationstest

Nachdem die (funktionale) Korrektheit der einzelnen Komponenten unseres Websystems in einem gewissen Maße gewährleistet ist, wollen wir uns nun der Phase der Systemintegration und dem damit verbundenen Test zuwenden. Dabei sind gleichzeitig die wesentlichen Aufgaben der *Webinstallation* zu berücksichtigen bzw. zu lösen, um einen dynamischen Test zu gewährleisten. Allgemein sind dabei folgende Testaufgaben zu lösen (siehe [Dumke 2001], [Luo 2003], [Powell 1998] oder [Zari 2001]):

- Die Verbindung der Komponenten untereinander und die Testung der korrekten Interoperationalitäten zwischen den Komponenten
- Die Einbindung der Komponenten bzw. Systemteile in die verschiedenen Technologien und der Test der korrekten Funktionalität in diesem Kontext
- Die Bestimmung des Leistungsverhaltens des Websystems unter nahezu realen oder simulierten Nutzungsformen

Bei ***dokumentenbasierten Websystemen*** hat die Form des Integrationstests vor allem die Ausprägung einer Verknüpfungskontrolle der Webseiten-Architektur insgesamt, und zwar in Form eines *Navigationstests*, der den korrekten Verlauf und die Gewährleistung der korrekten Orientierungsmöglichkeit überprüft. Speziell beim Test der Webseiten in einem Browser können so genannte *Testmatrizen* für die Dokumentation des Testverlaufs unter den verschiedenen Browsereinstellungen angewendet werden.

Bei den ***operationalen Websystemen*** sind wiederum die üblichen Integrationstestmethoden zu verwenden, die wir in der folgenden Skizze prinzipiell charakterisieren (siehe [Binder 2000] und [Pfleeger 1998]):

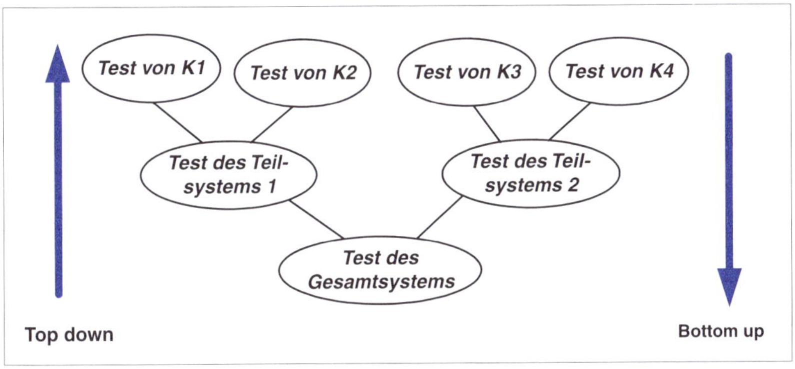

Abbildung 6.70: Integrationstestmethoden operationaler Websysteme

Während beim Top-down-Integrationstest zunächst die Teil- bzw. Unterfunktionen zu „simulieren“ sind, ist beim Bottom-up-Integrationstest eine Testumgebung für das Gesamtsystem „vorzugeben“. Die Integrationstestmethode, bei der gleichzeitig vom zentralen Funktionskern und von den Funktionselementen der untersten Ebene begonnen wird, heißt *Sandwich-Test*. Wir wollen an dieser Stelle aber auch nicht verschweigen, dass, aus welchen Gründen auch immer, nach einem Test der Basiskomponenten „gern“ sofort die Gesamtfunktionalität gestestet wird, was man nicht zu Unrecht als *Big-Bang-Test* bezeichnet und was möglicherweise sehr problematisch werden kann.

Neben der Funktionalität werden natürlich auch qualitative Systemeigenschaften, wie Benutzbarkeit, Zuverlässigkeit und Leistungsverhalten, getestet. Dies erfolgt in dieser Entwicklungsphase allerdings zunächst nur aus der Sicht des Systementwicklers.

Abschließend noch eine Bemerkung zu unserem Firmen-Webpräsenzbeispiel. Es ist offensichtlich dokumentenorientiert und erfordert daher die üblichen, bereits oben kurz erläuterten Testmethoden für diese Websystemklasse.

Übungsaufgaben

1. Charakterisieren Sie kurz die vier Phasen der Webimplementation.
2. Diskutieren Sie die Rolle der Programmierungstechnik und der Programmierkonventionen bei den unterschiedlichen Formen der Kodierung.
3. Erweitern Sie den HTML-Quelltext zu unserer Firmen-Homepage um die Möglichkeit einer laufenden Schrift zur Aufmerksamkeitsverstärkung.
4. Diskutieren Sie die Bewertungsmöglichkeiten der Qualität einer Webseite anhand unterschiedlicher Kennzahlanwendungen.
5. Implementieren Sie weitere Darstellungsformen der Webseite in Abbildung 6.7 unter Anwendung veränderter CSS-Definitionen.
6. Charakterisieren Sie kurz die Grundkomponenten der XML.
7. Beschreiben Sie das Referenzierungs-Tag „<a … /a>“ der HTML durch eine ATTLIST in der XML-Dokumenttypbeschreibung.
8. Geben Sie eine DOM-Hierarchie für unser Firmenbeispiel an, welches die Darstellungselemente zum Bestellservice modelliert und somit eine flexiblere Präsentationsform ermöglicht.
9. Erläutern Sie kurz die vier Komponenten des WAP-Protokolls.
10. Welche dynamischen Referenzierungsformen und -techniken besitzen die mit SMIL implementierten Präsentationen?
11. Diskutieren Sie die verschiedenen Web-Engineering-Merkmale der in diesem Kapitel angegebenen Dokumentationssprachen.
12. Implementieren Sie in JavaScript ein Cookie zur Begrüßung unseres Kunden bei jedem zehnten Besuch unserer Homepage.
13. Über welche Grundkomponenten verfügt die PHP und welche Websystem-Strukturen können mit ihrer Hilfe aufgebaut werden?
14. Erklären Sie die Prozesszustände eines Java-Applets an einem selbst gewählten Beispiel.
15. Erläutern Sie die Notwendigkeit und den Inhalt der Servlet-Basismethoden für die serverseitige Operationalität.
16. Was sind die Grundideen der Midlet-Technologie?
17. Welche grundlegenden Agenteneigenschaften sind durch die Aglets „einfach“ zu implementieren?
18. Charakterisieren Sie die Flexibilität einer JSP-Anwendung.
19. Welche Grundkomponenten kommen bei einem Datenbasisbezug mit der JDCB zur Anwendung?

20. Erläutern Sie die Zustandsformen eines JMF-Players an einem selbst gewählten Beispiel.
21. Nennen Sie weitere Anwendungsmöglichkeiten und -formen für die JDMK-Technologie.
22. Erweitern Sie unser JMS-Beispiel zum Kunden-Chat um die Möglichkeit einer Diskussionsprotokollierung.
23. Welche Sicherheitsverfahren kommen unter anderem bei einer JavaCard-Applikation zur Anwendung?
24. Charakterisieren Sie die Funktionalität der Lookup-Komponente bei Jini-basierten Webapplikationen.
25. Erläutern Sie einige Grundeinstellungsformen des Apache-Webservers.
26. Erweitern Sie unser Webservice-Beispiel um die Möglichkeit eines Ticketerwerbs für kulturelle Veranstaltungen.
27. Erläutern Sie wenigstens fünf Testansätze für eine allgemeine Websystem-Infrastruktur.
28. Beschreiben Sie die Vorgehensweise beim Webseitentest mittels eines Webbrowsers.
29. Welche grundlegenden Verfahren gibt es für den Test der Systemkomponenten von operationalen Websystemen?
30. Charakterisieren Sie die Integrationstestmethoden an selbst gewählten Websystembeispielen.

Kapitel

7 Die Websystem-Erprobung

In der Erprobungsphase soll das entwickelte Websystem als Softwareprodukt in einem ausgewählten Bereich unter realen Anwendungsbedingungen getestet bzw. erprobt werden. Daher wird diese Testform auch als Feldtest bezeichnet. Wir definieren die Erprobung wie folgt:

> *Die **Erprobung eines Websystems** bzw. der **Websystem-Akzeptanztest** ist der Nachweis der Validität des Systems auf der Grundlage von Akzeptanzkriterien in einem ausgewählten Anwendungsfeld.*

Mit der Erprobung sind erstmals wieder der Auftraggeber als Abnahmetester und der Nutzer als Softwareanwender in die Entwicklung mit einbezogen. Es geht hierbei also darum, dass der Auftraggeber die korrekte Websystem-Erstellung bestätigt. Die Grundlage für diese Erprobung ist das bereits mehrfach erwähnte Abnahmekonzept. Daher wird die Erprobung auch *Abnahme-* oder *Akzeptanztest* genannt. Zum Abnahmekonzept gehören im Allgemeinen folgende Bestandteile (siehe auch [Dart 2000], [Dumke 2001], [Murugesan 2001], [Pfleeger 1998], [Powell 1998]):

- Die *Akzeptanzkriterien*, die die Art, den Umfang und den Bereich für die Erprobung festlegen und die Bewertung der zu erzielenden Ergebnisse ermöglichen. Im Speziellen handelt es sich beispielsweise um die so genannten *Service Level Agreements (SLAs)*, die bei der Problemstellung für ein Websystem vereinbart wurden.
- Die *Erprobungsverlaufsbeschreibung*, die die einzelnen Installations- und Testschritte vorschreibt und dabei die notwendigen Umstellungen und Anpassungen protokolliert. Dieses Dokument wird also während der Erprobung vervollständigt.
- Die *Soft- und Hardwareressourcen*, die für die Erprobung zum Einsatz kommen. Dabei ist zu beachten, dass mit der Websystem-Anwendung im Allgemeinen eine Umstellung bisheriger ggf. bereits computergestützter Lösungen verbunden ist.
- Die *personellen Ressourcen*, die für die Einführung, Bearbeitung und Nutzung der Software einzusetzen sind. Sie ergeben sich aus der festgelegten Anwendungsdomäne, die für die Erprobung ausgewählt wurde.
- Die *Datenressourcen*, die eine Bearbeitung mit realen Daten in Form eines Datenerstbestandes ermöglichen und den Charakter einer realen Anwendung implizieren.
- Die *akquirierte Software*, die als Standard- bzw. Anwendungssoftware zur Systemlösung als Ganzes gehört und bei Websystemen die jeweils einbezogenen client- und serverseitigen Technologiekomponenten betreffen.

- Das *Änderungsbudget*, welches die finanziellen und sonstigen Mittel festlegt, die eine mögliche Anpassung nach der Erprobung erfordern. Dafür gibt es natürlich generelle vertragliche Regelungen, allerdings kann auch eine spezielle Festlegung vorgenommen werden.

Während wir in der Phase der Websystem-Implementation für unsere Systemkomponenten den so genannten Unit-Test und den Integrationstest realisiert haben, nennt man die Testung in dieser Phase den ***Systemtest***. Bezüglich der vorgenannten Testformen, die ebenso als ***Alphatest*** bezeichnet werden, spricht man hierbei auch vom so genannten ***Betatest***.

Im Folgenden wollen wir nun auf einige spezielle Verfahren und Methoden im Rahmen der Websystem-Erprobung eingehen. In einem separaten Abschnitt wenden wir uns den besonderen Aspekten der Systemerprobung für Websystem-Komponenten zu, die außerhalb unseres Entwicklungsbereiches erstellt wurden.

7.1 Methoden der Websystem-Erprobung

Die Aufgaben für die Erprobung haben wir bereits in den vorhergehenden Kapiteln erläutert. Letztlich sind spezielle (Qualitäts-)Eigenschaften des Websystems wirklich erst bei der Erprobung erkennbar. So haben wir bei der Behandlung der Spezifikation unseres Websystems bereits auf die Definition von Experimenten hingewiesen, die in der Erprobungsphase realisiert werden. Wir zitieren an dieser Stelle noch einmal unser *Experiment mit potenziellen Nutzern zum Layoutentwurf*. Die vier Experimentstufen hatten wir inhaltlich wie folgt festgelegt:

1. *Experimentdefinition:* Das Ziel des Experiments und damit auch die Motivation besteht in der Bewertung verschiedener Homepage-Layouts. Als Bewertung wird ein Wertebereich von 1 bis 5 mit den verbalen Interpretationen „abzulehnen“, „verbesserungswürdig“, „annehmbar“, „empfehlenswert“ und „unbedingt verwenden“ vorgeschlagen. Dabei kennzeichnen die Werte 4 und 5 ein *ansprechendes Layout* gemäß Qualitätsmerkmalsbeschreibung.

2. *Experimentplanung:* Als Bewertungsgrundlage werden drei Layoutversionen aus der Entwurfsphase ausgewählt. Das Experiment wird mit sieben Mitarbeitern der *Abteilung A* durchgeführt. Als Messverfahren wird eine fragebogengestützte Erfassung angewandt.

3. *Experimentdurchführung*: Nach einer kurzen Einweisung wird das Experiment an *Firmencomputern* im *Raum B* durchgeführt. Die erhaltenen Daten werden durch ein Statistikprogramm erfasst.

4. *Experimentinterpretation:* Die Aufbereitung nimmt *Mitarbeiter C* vor. Als Statistiken werden Häufigkeitsanalysen, Mittelwertbestimmungen und Streuung der Experimentdaten für ordinale Skalierungsformen angewandt.

Dieses Experiment ist in der Erprobungsphase durchzuführen. Als Ergebnis könnten wir etwa das folgende Diagramm erhalten:

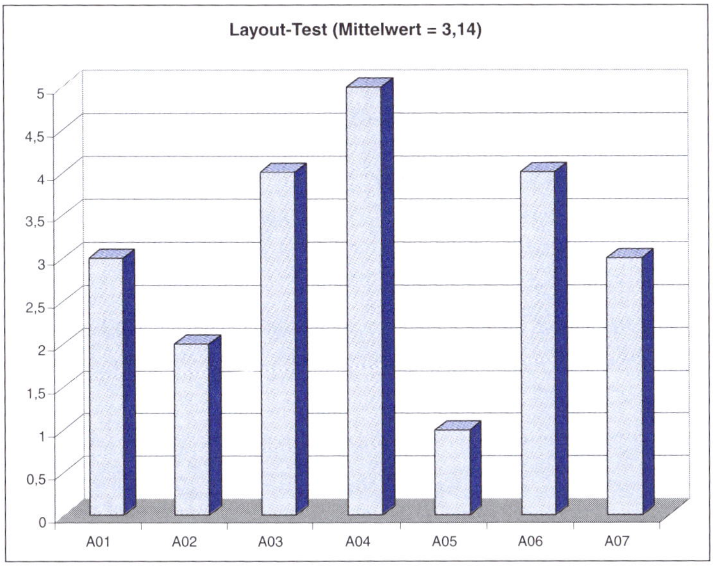

Abbildung 7.1: Experimentergebnis zum Layout-Test

Der Mittelwert liegt nicht im geforderten Bereich *Š4*, so dass die einzelnen Bewertungen nach weiteren Teilaspekten eines Weblayouts zu „hinterfragen" sind, um Ursachen für eine notwendige Layoutverbesserung zu identifizieren. Das Experimentergebnis führt uns also ggf. zu notwendigen Änderungen unseres Websystems, um den qualitativen Anforderungen gerecht zu werden.

Eine weitere wichtige Eigenschaft, die in ihrer Komplexität und Realitätsnähe erst in der Erprobungsphase sichtbar wird, ist das Leistungsverhalten unseres Websystems. Hinsichtlich des Leistungsverhaltens unter Beachtung der unterschiedlichen Architekturformen hatten wir bereits folgende Aspekte unterschieden:

- *Die Leistungsfähigkeit der Webanbindung:* Hierbei geht es um die konkrete Netztechnologie, die gewählten Verbindungsprotokolle und die vorgesehenen Sicherheitstechnologien für die Websystem-Verbindung.
- *Das Leistungsverhalten der Webverbindung:* Dieser Aspekt berücksichtigt insbesondere das Nutzer- und Nutzungsverhalten unserer Transportverbindung und bestimmt kritische Momente, wie zum Beispiel den *PeakPageRequest* als höchste Zugriffsanforderung auf unsere Webseiten.
- *Die Leistungsfähigkeit der Dienstbereitstellung:* Dazu zählt die Effizienz einer Serverarchitektur in den verschiedensten Dienstausprägungen und (weltweiten) Verteilungsformen, wie zum Beispiel als Server-Farm, Grid und anderes mehr.
- *Die Leistungsfähigkeit der Systemkomponenten:* Hierbei bezieht man die jeweilige Implementationsform bzw. Programmierungstechnologie für die Komponenten und ihre mehr oder weniger umfangreiche Einordnung in eine Websystem-Technologie mit ein, wie beispielsweise J2EE oder .NET.

- *Der Leistungsbedarf für die Komponentenbildung:* Dieser Aspekt betrifft die funktionale Einordnung der Komponente in das Websystem und die sich daraus ergebenden, aufeinander abzustimmenden Leistungsanforderungen an das System insgesamt.
- *Die Leistungsfähigkeit der Komponentenverbindung:* Das betrifft die vorgesehene Technologie für die Verbindung der jeweiligen Systemkomponenten, die bei komplexen Technologien, wie zum Beispiel J2EE, besonders schwierig abzuschätzen ist.
- *Die Leistungsfähigkeit der Datenbasis:* Dabei geht es um das Leistungsverhalten der jeweiligen Daten, die auch multimedialen Charakter haben können, im Zusammenhang mit der gewählten Speicherungs- und Zugriffsform.

Als Beispiel wollen wir hier aus einem Web-Leistungsüberwachungssystem an der Universität Magdeburg die Beobachtung eines Webdienstes über einen längeren Zeitraum hinweg angeben, allerdings nicht weiter erläutern:

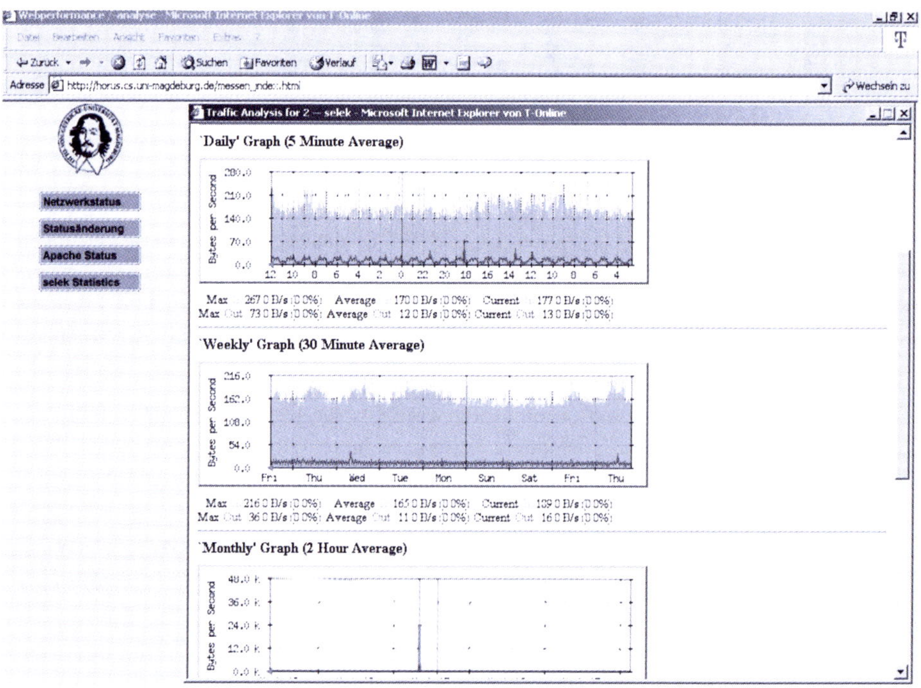

Abbildung 7.2: Beobachtung eines Webdienstes über einen Zeitraum hinweg

Das Beispiel zeigt uns die Vielfalt der Leistungsaspekte, in die unser konkretes Websystem bzw. unser konkreter Webdienst eingebettet ist. Daher bedient man sich hierbei auch vor allem der so genannten *Benchmarks*, die die Einstellung spezieller Nutzerprofile ermöglichen. Ein Beispiel hierfür haben wir bereits in Kapitel 5 zum Websystem-Entwurf kennen gelernt.

Bei der Erprobung entsteht generell eine so genannte ***Mängelliste*** (auch *Trouble Report* genannt). Darin enthalten sind alle aufgetretenen Fehler und die Anforderungen, die nach Meinung des Auftraggebers nicht korrekt umgesetzt wurden. Gegebenenfalls kann diese

Liste auch bereits die möglichen Änderungswünsche, die im Rahmen einer Systemerweiterung bei der Wartung zu berücksichtigen sind, enthalten.

Für unser Firmenbeispiel, welches wir ja selbst entwickelt haben, führen wir die Erprobung für erste (ausgewählte) Kunden durch, die wir durch ein besonderes Angebot zu unseren Produkten motivieren. Nach dem erfolgreichen Integrationstest, der auch die Zuverlässigkeit der Autorisierungskomponenten (z. B. Zahlungsform) bestätigt hat, geht es jetzt um die Gewährleistung einer stabilen Infrastruktur für unsere (weltweiten) Kunden. Für den Leistungstest wählen wir dann spezielle Benchmark-Techniken aus.

7.2 Outsourcing-Websystem-Erprobung

Hinsichtlich des Outsourcings wollen wir hierbei auf zwei Arten eingehen: auf die Erprobung (durch uns) von Systemen, die als Outsourcing-Projekt von anderen entwickelt wurden, und auf die Erprobung durch andere. Haben wir uns für die Entwicklung des Websystems bzw. spezieller Teilkomponenten davon außerhalb unseres Entwicklungsbereiches entschieden, stellt die Erprobungsphase für uns die wichtige Prüfung der Anwendungstauglichkeit einerseits und der Qualität der Entwicklungsergebnisse für die von uns realisierte Wartung andererseits dar. Im Allgemeinen haben wir dabei unter anderem folgende Erprobungsergebnisse zu kontrollieren:

- Die Korrektheit des Systemtests auf der Grundlage der von uns vorgegebenen Testdaten zum Black-Box-Test aus der Spezifikation
- Die Realisierung der von uns vorgegebenen Qualitätsmerkmale für den White-Box-Test, wie beispielsweise eine Komponentenabdeckung beim Call-Graphen von 100 %
- Die Vollständigkeit der Entwicklungsdokumentation mit den folgenden Bestandteilen:
  - eine Änderungsdokumentation, die eine exakte Beschreibung der möglichen Änderungspunkte und die dafür gegebenen Supports enthält
  - eine Testdokumentation, die den realisierten Integrationstest ausweist und ebenso die spätere Durchführung dieser Tests nach weiteren Ergänzungen des Websystems als *Regressionstest* ermöglicht
  - eine Komponentenbibliothek, die alle Programme als Quellcode und Objektcodeform sowie die notwendigen zu akquirierenden Verarbeitungskomponenten bzw. Referenzen beinhaltet
  - die Vollständigkeit der ggf. als Online-Help-Komponente implementierte Anwenderdokumentation für das Websystem

Der Akzeptanztest schafft hierbei für uns eine wichtige Grundlage dafür, dass wir für die von uns durchzuführende Websystem-Wartung die bestmöglichen Voraussetzungen haben.

Bei der Websystem-Erprobung bzw. beim Betatest unterscheiden wir einen *In-house-Betatest* und einen *Outside-Betatest*, je nachdem ob wir den Test also außerhalb realisieren (lassen) oder selbst durchführen. Beim Outside-Betatest bietet sich neben einer konkreten Beauftragung dieser Testaufgabe für einen anderen Auftragnehmer auch das Web selbst als Plattform dafür an. Die ***webbezogene Erprobungsform*** erfordert die Umsetzung folgender Aktivitäten:

- Die *Auswahl der Tester:* Hierbei wird zunächst ein Personenkreis identifiziert, der am besten für die Erprobung des jeweiligen Websystems geeignet zu sein scheint. Diesem Schritt kann auch eine Umfrage bzw. ein allgemeiner Aufruf vorausgehen.
- Die *Motivation:* Für die avisierten Tester ist je nach Kundenlage ein Motivationskonzept zu erstellen, welches einerseits die maximale Intensität der beteiligten Personen an der Erprobung sichert und andererseits unserem (künftigen) Websystem damit nicht den Markt zu sehr einschränkt.
- Die *Vorbereitung:* Unsere Tester werden mit den notwendigen Unterlagen und Komponenten zum Betatest versorgt und zur Testrealisierung in einem bestimmten Zeitraum aufgerufen. Neben einer direkten Zusendung der Testunterlagen hat sich hierbei immer mehr die zeitbegrenzte und autorisierte Download-Technik durchgesetzt, bei der es dem Tester überlassen bleibt, wann und in welchem Umfang er die Testunterlagen benutzt.
- Die *Auswertung:* Bei der Auswertung ist hierbei eine besonders „breite Form" anzuwenden. Die Erprobung in dieser Weise wird in den wenigsten Fällen von wirklichen Testexperten realisiert. Das bedeutet, dass die Testergebnisse in sehr unterschiedlicher Qualität vorliegen werden und somit auch kleinste Hinweise oder sehr allgemeine Bemerkungen Verwendung finden sollten.

Die in dieser Weise durchgeführte Websystem-Erprobung hat vor allem den Vorteil, dass sie bereits wesentliche Merkmale einer Websystem-Anwendung durch ihre oft sehr große Einbeziehung von potenziellen Kunden aufweist.

Nach der Erprobung und den ggf. dadurch noch notwendigen Änderungen wird das Websystem an den Kunden ausgeliefert bzw. für die kontinuierliche Anwendung fest installiert. Für die Softwareentwicklung besteht nun die Aufgabe der Websystem-Wartung.

Übungsaufgaben

1. Wiederholen Sie die Bedeutung der Begriffe „Verifikation" und „Validität" in Bezug auf das Websystem vor der Erprobungsphase.
2. Formulieren Sie für unser kleines Firmenpräsenzbeispiel konkrete Angaben zu den sieben Bestandteilen eines Akzeptanztests.
3. Verfeinern Sie das angegebene Beispiel zum Layout-Test durch Anfragen, die auf unmittelbar notwendige Änderungen schließen lassen.
4. Geben Sie für unser Firmenpräsenzbeispiel mögliche Leistungstestaufgaben im realen Anwendungskontext an.
5. Welche grundlegenden Schritte sind bei einer webbezogenen Systemerprobung zu realisieren. Skizzieren Sie den Inhalt eines Betatests unseres Firmenpräsenzbeispiels auf dieser methodischen Grundlage.

Kapitel

8 Wartung von Websystemen

8.1 Wartungsformen von Websystemen

Unter der Wartung von Websystemen wird oft fälschlicherweise das ausschließliche „Nachbessern" von Fehlern in der vielleicht unter Termindruck entstandenen Software verstanden. Andererseits sind die zumeist dokumentenbasierten Websysteme in ihrer Entwicklung kaum so ausgerichtet, dass sie einfach und qualitätsgerecht zu warten sind (siehe [Dart 2000] oder auch [Chang 2000]). Es gibt jedoch noch eine Reihe anderer Gründe, unser Websystem ständig weiterzuentwickeln und zu verbessern. Dazu zählen beispielsweise die folgenden (siehe [Berghel 2002], [Hearst 2002], [Morrison 2002], [Palmer 2002] oder [Terplan 2000]):

- Die ständige Anpassung an neue oder erweiterte Systemsoftware hinsichtlich neuer Webtechnologien
- Die Anpassung an neue Versionen der im System integrierten Anwendersoftware bzw. extern genutzten Komponenten
- Die Ersetzung einiger Programme durch leistungsfähigere Komponenten für die Sicherung einer besseren Nutzerakzeptanz
- Die Verbesserung der Nutzeroberfläche durch eine flexiblere Menügestaltung bzw. durch weitere Formen von Nutzerzugängen zum Websystem überhaupt
- Der nachträgliche Einbau von fehlervermeidenden Maßnahmen, die insbesondere im Havariefall Server-Ersatzleistungen erbringen und damit die Zuverlässigkeit unseres Websystems erhöhen
- Die Beseitigung von Abarbeitungsfehlern, die im Verlauf der Anwendung sichtbar werden und die Korrektheit des Websystems gefährden
- Die Änderung aufgrund neuer gesetzlicher Regelungen für den Anwendungsbereich, die von neuen Vorgaben zum Internetrecht bis hin zu territorialen Festlegungen für die Haftung, Autorisierung und Rechtsverpflichtung reichen
- Die Umstellung des Bearbeitungskonzepts des Websystems aufgrund von firmenspezifischen Änderungen zum Geschäftsablauf und den Nutzungstechnologien
- Die Erweiterung des Websystems durch neue Funktionalitäten, durch das Erschließen neuer Anwendungsbereiche oder weiterer Interessenten

Bei der Spezifikation haben wir bereits auf die hohe Dynamik der Hard- und Softwaregrundlagen hingewiesen, die einen kontinuierlichen Aufwand an Wartungsaktivitäten erfordert, um letztlich das Websystem „am Leben zu erhalten". Auf dieser Grundlage definieren wir erst einmal Wartung von Websystemen in der folgenden Weise:

*Die **Websystem-Wartung** umfasst alle Aktivitäten der Erweiterung, der Anpassung, der Korrektur, der Verbesserung und der Vorbeugung an einem Websystem, um dessen fortgesetzte Anwendung über einen längeren Zeitraum zu gewährleisten.*

Bevor wir uns den einzelnen Wartungsaktivitäten zuwenden, gehen wir noch auf einige Wartungsursachen bzw. -probleme ein. Im Allgemeinen sind die Websystem-Entwicklungsabteilung und die -Wartungsabteilung getrennt. Daher ist in der Regel der *Wartungsingenieur des Websystems* ausschließlich auf die Entwicklungsdokumentation angewiesen. Er kann sich nicht, wie möglicherweise der Entwickler, an Details bei der Systementwicklung erinnern. Damit wird die durch das System erreichte Komplexität ein wesentliches Qualitätsmerkmal für die Softwarewartung – als ***Wartbarkeit***. Die Teilkriterien für die Wartbarkeit haben wir bereits genannt. Sie lauten gemäß dem ISO/IEC 9126-Standard für die so genannte Produktqualität:

- *Websystem-Analysierbarkeit:* Dieses Merkmal bewertet die Eigenschaft des Websystems, schnell und einfach spezielle Teilkomponenten identifizieren bzw. separat bearbeiten (korrigieren oder ändern) zu können. Diese Eigenschaft fordert einerseits eine gute Dokumentiertheit und zum anderen eine leicht überschaubare Strukturierung der Websystem-Architektur.
- *Websystem-Änderbarkeit:* Der Aufwand und natürlich die damit verbundenen Kosten, um beispielsweise eine Websystem-Komponente zu modifizieren oder ihrer Umgebung anzupassen, kennzeichnen diesen Aspekt. In der Wartungsphase stellt sich die Frage, ob sich eine Änderung rentiert oder ob nicht gleich neu zu implementieren ist.
- *Websystem-Stabilität:* Diese Eigenschaft bewertet das Risiko, dass bei Änderungen am Websystem Neben- oder Folgewirkungen, wie Fehler in anderen Systemteilen oder Inkompatibilitäten, auftreten.
- *Websystem-Testbarkeit:* Hier geht es darum, einen vertretbaren Aufwand für den Test zu erreichen. Die spezielle Architektur oder Ausprägung der Websystem-Komponenten kann beispielsweise für den Test die Installation eines gesamten Systems unter Laborbedingungen erfordern.

Wir gehen auf die mögliche Bewertung oder gar Messung dieser Wartbarkeit im folgenden Abschnitt noch näher ein. Die folgende Darstellung zeigt uns, auf welche Fehler man sich bei der Anwendung und damit auch für die Wartung einstellen muss:

Fehlerart	**Häufigkeit**
Fehler in der Systemlogik	32 %
Dokumentationsfehler	19 %
Abarbeitungsfehler auf dem Rechner	18 %
Fehler in anderem Code	11 %
Datenbehandlungsfehler	6 %

Tabelle 8.1: Häufigkeiten von Entwicklungsfehlern bei der Systemanwendung

Fehlerart	Häufigkeit
Fehler in den Anforderungen	5 %
Prozessverlaufsfehler	5 %
Hardwarefehler	4 %

Tabelle 8.1: Häufigkeiten von Entwicklungsfehlern bei der Systemanwendung *(Forts.)*

Tabelle 8.1 gilt zwar nach [Pfleeger 1998] für die Softwareentwicklung generell, kann aber getrost auch für die Entwicklung von Websystemen zugrunde gelegt werden (siehe [Dart 2000]).

Bei der Softwarewartung bildet natürlich die Entwicklerdokumentation die Grundlage, welche allerdings im Verlauf der Zeit oftmals nicht mehr aktuell ist; das heißt sie entspricht nicht exakt der gegenwärtigen Implementation. Es ist daher notwendig, aus dem Programmcode die Entwurfsdokumentation oder zumindest Teile davon abzuleiten. Diese Technik wird ***Web-Reverse-Engineering*** genannt. Im Zusammenhang mit der anschließenden Änderung des Systems spricht man dabei vom so genannten *Web Reengineering*. Dieses Reengineering ist insbesondere dann anzuwenden, wenn die für unser Websystem zu berücksichtigenden „alten“ Komponenten bereits „vor längerer Zeit“ entwickelt wurden.

Die einzelnen Websystem-Wartungsaktivitäten der Erweiterung, Anpassung, Korrektur, Verbesserung und Vorbeugung erfordern alle einen mehr oder weniger großen Anteil an einer Analyse des vorhandenen Websystems. Wir wollen uns daher erst einmal grundlegenden Analyseformen von Websystemen zuwenden.

8.2 Websystem-Analyse

Die Websystem-Analyse verfolgt natürlich ein bestimmtes Ziel, welches in der dadurch möglichen Bewertung eines Websystems oder seiner Komponenten nach verschiedensten Aspekten liegt. Die Bewertungsformen gehen vor allem vom Bewertungsziel (der Performance, der Komplexität, der Übertragungsqualität usw.) und von der zugrunde liegenden Architektur aus.

Bei den Analyseformen gehen wir zunächst auf die ***dokumentenbasierten Websysteme*** ein. Die Grundlage dieser Systeme stellen (HTML-basierte) Webseiten dar. Typische Kennzahlen, die die Basis für eine Bewertung der Webseiten bilden, sind im Folgenden aufgelistet (siehe [Nobles 2001] oder [Scharl 2001]). Dabei steht das Postfix „_d“ für unterschiedliches Auftreten, „_r“ für relativ zur Gesamtanzahl, „_b“ für Links zwischen den Dokumenten und „_w“ für Links innerhalb eines Dokuments. Dann berechnet sich der Textanteil in einer Webseite durch

TextRatio = KB_text/KB_total

mit KB für die Kilobytes hinsichtlich Text- und anderem HTML-Inhalt. Den durchschnittlichen Anteil an Referenzierungen in einer betrachteten Menge von Webseiten erhalten wir nach der Formel

LinkAnchor_br = (LinkAnchor - LinkAnchor_w) / PageCount

Die Verschiedenartigkeit interner Links und externer Links berechnet sich jeweils als

LinkIntRatio = LinkInt_d / LinkInt

LinkExtRation = LinkExt_d / LinkExt

In der allgemeinen Formel

VarRatio = Var_d / Var

kann für *Var* jeweils *Applet, Image, Email* oder *Form* eingesetzt werden, so dass wir die jeweiligen Anteile dieser Webseiten-Artefakte dadurch berechnen können. Ebenso kann auch in der allgemeinen Formel

Var_r = Var / PageCount

mittels *Anchor, LinkAnchor, LinkInt, LinkExt, Form, Image* oder *Script* für *Var* das entsprechende Verhältnis gebildet werden. Die Bewertung der Zuverlässigkeit des Seitenzugriffs kann nach der Formel

MTBF = Anzahl_Zugriffe/ Anzahl_Fehlzugriffe

vorgenommen werden. Dabei können durch eine weitere Unterteilung nach Fehlerarten die Analyseergebnisse noch detailliert werden.

Für die Webseiten unseres kleinen Firmenbeispiels ergeben sich dabei die folgenden Kennzahlberechnungen (die konkreten Webseiten siehe Kapitel Websystem-Entwurf unter 5.4.2 bzw. auf unserer Webseite zum Lehrbuch unter `http://webeng.cs.uni-magdeburg.de`):

Webseite	TextRatio	LinkAnchor_br	ImageRatio	Form_r
Firmen-Homepage	4/41 = 0,1	(6-1)/7 = 0,7	4/4 = 1	0/7 = 0
Produktangebot	3/4 = 0,75	(6-0)/7 = 0,85	1/1 = 1	0/7 = 0
Produktbeschreibung	3/4 = 0,75	(1-1)/7 = 0	1/1 = 1	0/7 = 0
Bestellformular	4/5 = 0,8	(1-0)/7 = 0,14	3/3 = 1	1/7 = 0,14
Kundenwertung	2/3 = 0,67	(5-0)/7 = 0,7	1/1 = 1	0/7 = 0
Ranking	6/9 = 0,67	(1-1)/7 = 0	3/3 = 1	1/7 = 0,14
Wertungsübersicht	4/5 = 0,8	(4-1)/7 = 0,43	1/1 = 1	0/7 = 0

Tabelle 8.2: Analysekennzahlen der Webseiten unseres Firmenbeispiels

Ihre eigentliche Bedeutung haben diese Kennzahlen erst in einem empirischen Kontext. So weist beispielsweise ein relativ hoher Link-Anteil auf mögliche Wartungsprobleme hin und erfordert besondere Aufmerksamkeit für diese Webseiten bei der Systembetreuung. Ein relativ hoher Textanteil erfordert natürlich mehr Aufwand bei der Umstellung der Webseiten in andere Sprachen.

Insbesondere bei der Analyse der Navigationsmöglichkeiten verdeutlicht die Web-Link-Struktur die Komplexität unseres Dokumentensystems. Das folgende sehr kompakt angegebene Java-Programm ermöglicht uns eine derartige Strukturanalyse:

```
import java.net.*; import java.io.*; import java.util.*;

// Die Klasse Test dient der Anwendung unserer Webanalyse
// auf der Grundlage der Spider-Klasse
class Test implements Observer { Test(String u, int tiefe) {
    try { URL url = new URL(Spider.adjustIfDir(u));
         Spider webnetz = new Spider(url, tiefe);
         webnetz.addObserver(this); webnetz.thread.join(); }
    catch (MalformedURLException e ){}catch(InterruptedException e){}}
   public void update(Observable o, Object arg)
   {SpiderArgs warg = (SpiderArgs)arg; for(int i=0;i < warg.tiefe;i++)
        {System.out.print("   "); } System.out.println(warg.ziel); }
   public static void main(String[] args) { if (args.length != 2 ) {
        System.err.println("Anwendungsform: java Test <url> <tiefe>");
      } else { new Test(args[0]), Integer.parseInt(args[1])); }}

// Die Klasse Spider dient der eigentlichen Suche von Links in HTML-
// Seiten bis zu einer vorgegebenen "Tiefe" im Web
class Spider extends Observable implements Runnable {
    Hashtable walked = new Hashtable(); int maxTiefe; URL homeURL;
    String host; int port; Thread thread;
    Spider(URL url, int tiefe)
     { homeURL = url; maxTiefe = tiefe; host = url.getHost();
       port = getPort(url);thread = new Thread(this); thread.start();}
    void walk(URL url, int aktuelleTiefe) throws IOException {
      Vector v = findLinks(url);
      for (int i=v.size()-1; i>=0; i--) { // Entfernen doppelter Links
       try { URL ur = new URL(url, (String)v.elementAt(i));
        if (walked.get(ur) != null || !ur.getProtocol().equals("http")
         || !(getPort(ur) == port) || !ur.getHost().equals(host)) {
         v.removeElementAt(i);}else{ walked.put(ur, ur); setChanged();
         notifyObservers(new SpiderArgs(url, ur, aktuelleTiefe)); } }
       catch (MalformedURLException e) { } }
      // Jetzt werden alle Links des jeweiligen URL durchlaufen
      if (aktuelleTiefe < maxTiefe) { for (int i=0; i < v.size(); i++)
        {URL ur = null;try{ ur = new URL(url, (String)v.elementAt(i));
        walk(ur, aktuelleTiefe + 1); }catch(MalformedURLException e){}
     catch(IOException e){System.out.println("*** " +url+ " -> "+ur);
       } } } }
```

```
// Suche aller Links in einem URL und Rückgabe in einen Vektor
  Vector findLinks(URL url)throws IOException{Vector v = new Vector();
     BufferedReader in = new BufferedReader(new
                  InputStreamReader(url.openStream())); String zeile;
     while ((zeile = in.readLine()) != null) {
        while (zeile != null) { int p = zeile.indexOf("<a ");
          if (p < 0) { p = zeile.indexOf("<A "); if( p < 0){break;}}
       // Kontrolle, ob sich '>' in derselben Zeile befindet
       int q=0; while ((q=Zeile.indexOf(">", p)) < 0) {
       {String m = in.readLine(); if( m == null){return v;}zeile+=m;}
       String u = getLink(in,zeile,p);if(u != null && u.length() > 0)
          { v.addElement(adjustIfDir(u));}
       // Fortsetzung der Link-Suche
        zeile = zeile.substring(q+1); } } in.close(); return v; }
       // Rückkehr zur URL-Port-Nummer; wenn diese nicht definiert
       // ist, wird die Default-HTTP-Port-Nummer gewählt
      int getPort(URL url) { int p = url.getPort();
      if (p == -1) { p = 80; } return p; }
       // Im Folgenden möglicherweise fehlende Directory-Angaben an
       // einem URL angehängt.
     static String adjustIfDir(String s){int p = s.lastIndexOf("/")+1;
      if(!s.endsWith("/") && s.indexOf(".", p)<0){s += "/";}return s;}
      String getLink(BufferedReader in,String s,int p)
       throws IOException { int e;
        // Suche des href-Attributes
        p = s.indexOf("href="); if (p < 0) { p = s.indexOf("HREF=");
        if ( p < 0) { return null; } // kein href=Tag vorhanden
        } // Überspringen des href-Tag
        p += 5; int q = -1; if (s.charAt(p) == '"') {p++;
        q = s.indexOf('"', p);} else { q = s.indexOf(' ', p);
        int q2 = s.indexOf('>', p);
        if (Math.min(q, q2) < 0 && Math.max(q, q2) >= 0) {
          q = Math.max(q, q2); }
          q = Math.min(q, q2); }
       // Wenn href-Tag nicht vollständig, dann wird es übersprungen
         if (q < 0) { return null; } s = s.substring(p, q);
          p = s.indexOf('#'); if (p == 0) { return null;}
          else if (p > 0) { s = s.substring(0, p); } return s; }
    public void run() { try { walk(homeURL, 0); }catch(IOException e)
       { System.out.println("*** " + homeURL); }
   } }

// Die Klasse SpiderArgs aktualisiert die jeweiligen URL-Parameter
// bei der rekursiven Webnavigation
class SpiderArgs
   { URL src; URL ziel; int tiefe;
     SpiderArgs(URL src, URL ziel, int tiefe)
     {this.src = src; this.ziel = ziel; this.tiefe = tiefe;}}
```

Die Anwendung dieses Programms ist durch die Kommandozeile

```
> java    Test    <url>    <maximale suchtiefe>
```

möglich. Wir wollen eine derartige Anwendung an unserem kleinen Firmenbeispiel zeigen. Die folgende Abbildung enthält eine Auflistung der Webseitenstruktur für eine maximale Suchtiefe von 1:

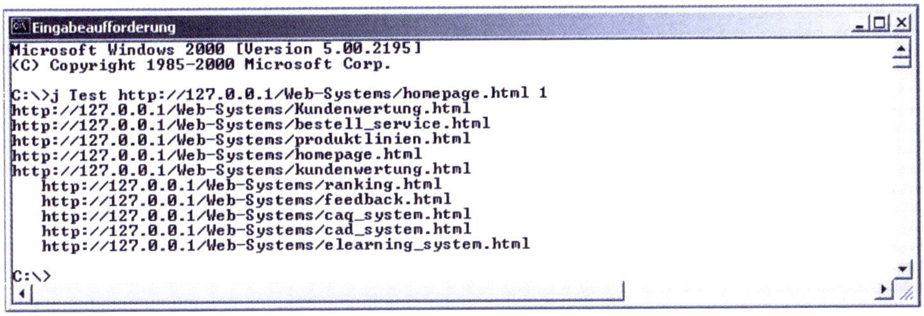

Abbildung 8.1: Webseitenstruktur unseres Firmenbeispiels bis zur Ebene 1

Für diese Strukturanalyse existieren natürlich viele Tools. Insbesondere ist dabei interessant, welche Webseiten jeweils aktuell verfügbar sind. Unser WWW-Konsortium stellt uns dafür beispielsweise einen Service zur Verfügung, den die folgende Abbildung zeigt:

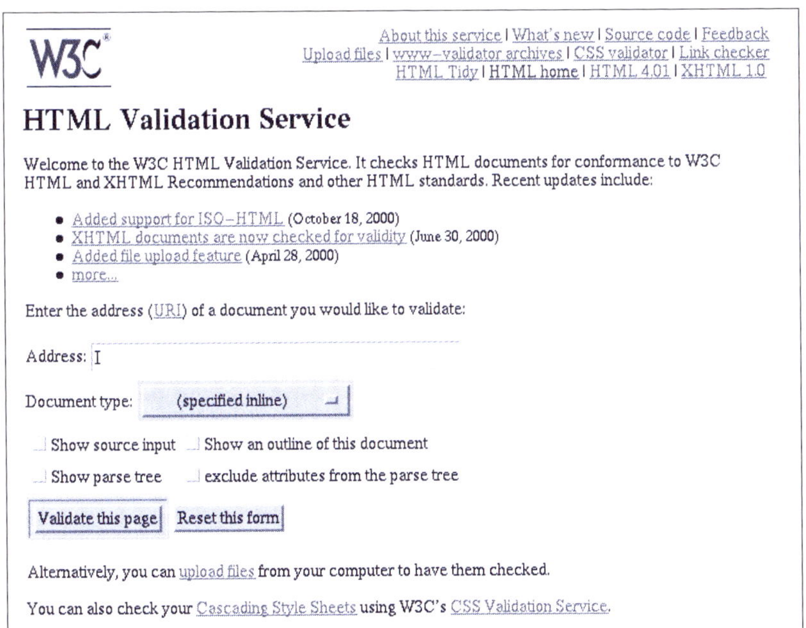

Abbildung 8.2: W3C-Service zur Webseiten-Analyse

Eine andere Form der Analyse von Webseiten ist die *Beobachtung* dieser Seiten nach speziellen Kriterien von Inhalten über unterschiedliche Zeiträume hinweg. Der in der folgenden Abbildung gezeigte *WebSpector* wurde an der Universität Magdeburg entwickelt und realisiert diese Beobachtungsform für eine vorgegebene Webseitenmenge.

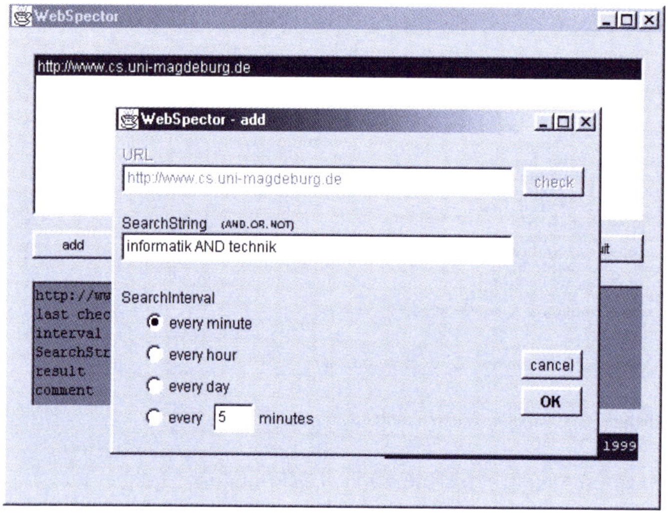

Abbildung 8.3: Webanalyse mit dem WebSpector

Insbesondere für den Zweck einer *Interpretation* der Webseitenstruktur nach verschiedensten empirischen Kriterien sind spezielle Visualisierungsformen oftmals sehr hilfreich. Die folgende Abbildung zeigt eine 3D-Visualisierung mit dem so genannten H3Viewer (siehe [H3Viewer 2000]):

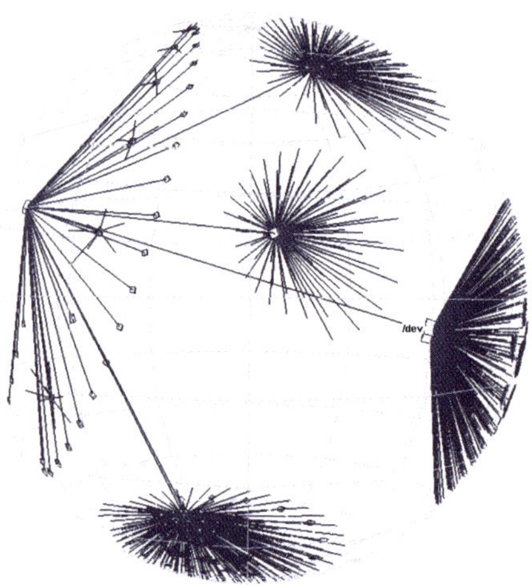

Abbildung 8.4: Webvisualisierung mit dem H3Viewer

Neben der (kugel-)begrenzten Darstellungsweise werden dabei auch andere räumliche Bezüge verwendet und es kommt zum Teil die 3D-Visualisierungssprache *Virtual Reality Modelling Language (VRML)* zum Einsatz. Im Folgenden ist dazu ein Beispiel angegeben (siehe [WebOOGL 2003]):

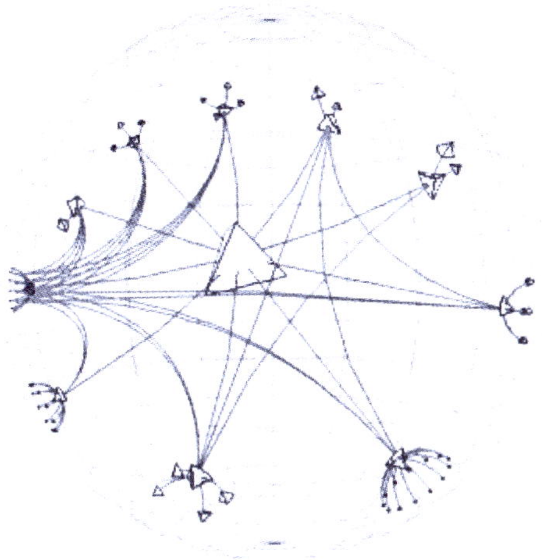

Abbildung 8.5: 3D-Visualisierung von Webdokumenten-Strukturen

Es zeigt insbesondere die unterschiedlichen Visualisierungsformen für die multimedialen Komponenten und ihre Nutzung in den verschiedenen Webseiten. Auf spezielle Visualisierungsformen gehen wir in Kapitel 11 bei den CASE-Tools noch einmal ein.

Wir wollen nun einige Analyseformen für ***operationale Websysteme*** betrachten. Nach unserer Definitionsform dieser Websystemart handelt es sich hierbei vor allem um Analysen, die die Programmierungstechniken bzw. die Programmierparadigmen betreffen. Wir wollen einige Analysen dazu angeben, verweisen allerdings bezüglich einer vollständigeren Darstellung auf die entsprechende Literatur (siehe [Binder 2000], [Dumke 1992], [Dumke 2002], [Ezran 1998], [Fenton 1996] und [Zuse 1997]).

Da gegenwärtig die objektorientierte Programmierungstechnik dominiert, wollen wir dazu einige Analyse- bzw. Bewertungsformen betrachten. Ein Beispiel einer derartigen Analysetechnik, die zunächst nur eine Klassenmethode betrifft, ist in der Abbildung 8.6 in Form eines Entscheidungsbaumes angegeben.

Dabei steht LOC für die Anzahl an Programmzeilen (*Lines of Code*). Für die Komponenten, die nach dieser Bewertung eine hohe Komplexität implizieren, ist ein spezielles Überarbeiten vorzusehen. Die Schwellwerte als Entscheidungshilfe haben wir dabei aus [Lorenz 1994] entnommen, die auf der Grundlage jahrelanger praktischer Programmiererfahrungen festgelegt wurden.

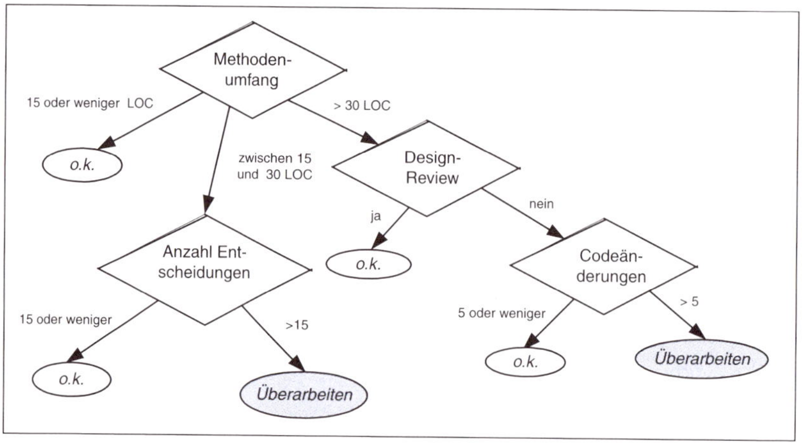

Abbildung 8.6: Entscheidungsbaum zum Auffinden fehleranfälliger Komponenten

Für die Komplexitätsbewertung zwischen Klassen bzw. Objekten entwickelten Chidamber und Kemerer die schon fast „klassischen" Metriken mit folgendem Inhalt (siehe [Chidamber 1994] oder auch [Whitmire 1997]), die wir aufgrund ihrer dominierenden Anwendungsbreite hier angeben wollen:

- *Weighted Methods per Class (WMC):* Diese Metrik bildet die Summe der Lines of Code aller Methoden einer Klasse ggf. gewichtet mit der Anzahl der Entscheidungen (als so genannte McCabe-Zahl) in jeder Methode. Sie kann als Grundlage für ein allgemeines Umfangsmaß zum Wartungsaufwand verwendet werden.
- *Depth of Inheritance Tree (DIT):* Die Tiefe des Vererbungsbaumes stellt die maximale Pfadlänge aller Knoten zur Wurzel der Vererbungshierarchie dar. Die Tiefe sollte nach [Lorenz 1994] für eine „beherrschbare" Systemwartung nicht größer als 7 sein.
- *Number of Children (NOC):* Die Anzahl der Kinder bestimmt zu einer Klasse im Vererbungsbaum die unmittelbaren Subklassen. Das NOC bestimmt die Intensität der Wiederverwendung von Methoden einer Klasse durch ihre Subklassen und sollte möglichst groß gehalten werden.
- *Coupling between Classes (CBO):* Diese Metrik zählt alle Klassen, die mit einer vorgegebenen (betrachteten) Klasse in Verbindung stehen, also von den Methoden dieser Klasse beispielsweise aufgerufen werden. Das CBO sollte möglichst klein gehalten werden.
- *Response for a Class (RFC):* Hierbei wird die Anzahl der Methoden, die von anderen Klassen aufgerufen werden können, bestimmt. Die Größe des RFC impliziert ebenfalls die Ausprägung des Wartungsaufwandes.
- *Lack of Cohesion (LCOM):* Diese etwas komplizierter zu berechnende Metrik bestimmt die Verbindungsintensität der internen Klassenvariablen mit den Klassenmethoden. Das LCOM sollte so groß wie möglich sein.

Diese und andere Metriken können beispielsweise durch das an der Universität Magdeburg entwickelte *Java-Mess-Tool* bestimmt werden, dessen Layout wir in der folgenden Abbildung zeigen:

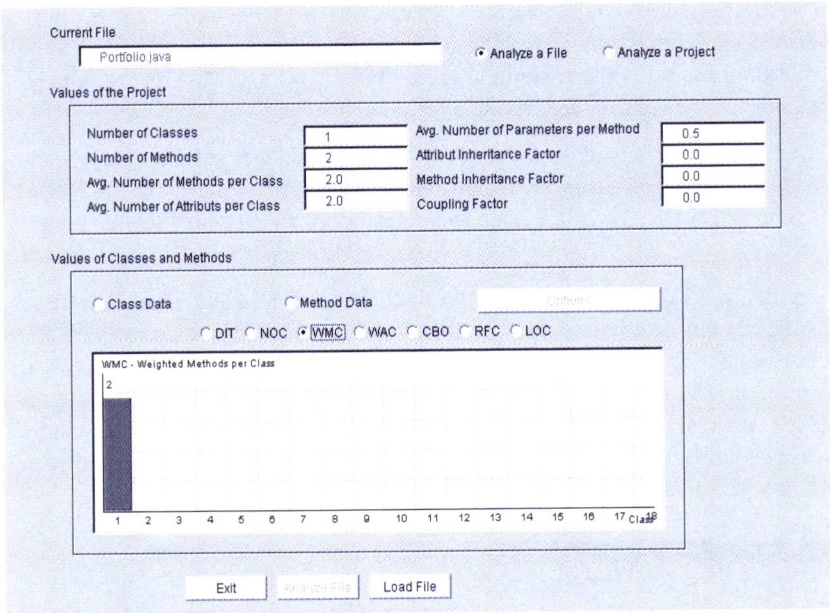

Abbildung 8.7: Java-Analyse-Tool

Dieses Tool ist ebenfalls auf unserer Webseite zum Buch verfügbar. Bezüglich der Anwendung weiterer Metriken zu objektorientierten Programmiersprachen verweisen wir unbedingt auf die bereits angegebene Literatur. Dasselbe gilt natürlich für komplexere Softwaresysteme, wie etwa *komponentenbasierte Webapplikationen* oder schließlich die *Webservices* selbst. Das folgende Bild zeigt eine Analyse zu JavaBeans- und EJB-basierten industriellen Websystemen (siehe [Schmietendorf 2002]):

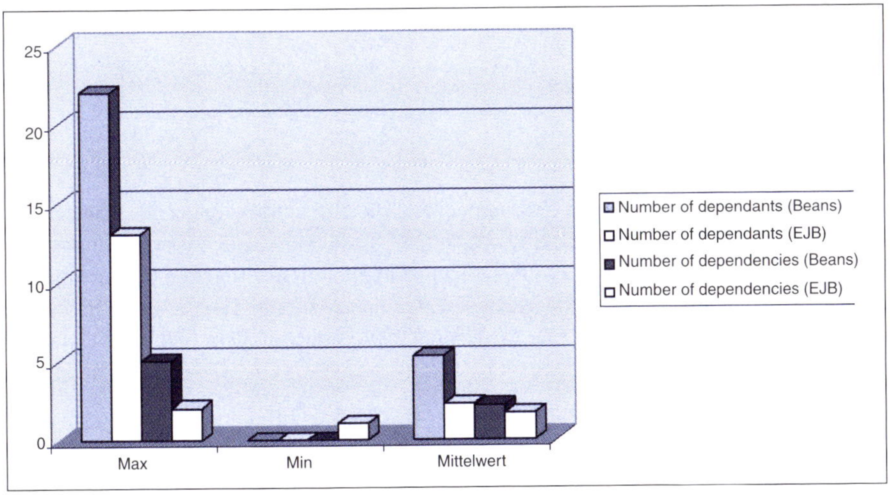

Abbildung 8.8: EJB-Messung industrieller Websysteme

Es zeigt den Verflechtungsgrad beider komponentenbasierten Technologien, der bei Java-Beans-Anwendungen deutlich höher ausfällt und daher einen speziellen Indikator für die Websystem-Wartung darstellt. Die Einteilung einer Max-, Min- und Mittelwert-Gruppierung berücksichtigt die jeweils unterschiedlichen Systemgrößen.

Für weitere Details hinsichtlich der Analyse verweisen wir auch hier auf die Literatur, die spezielle Messungen und Bewertungen hierzu beinhaltet (siehe [Apte 2002], [Chappel 2002], [Menasce 2002], [Reitz 2003] oder [Schmietendorf 1999] und [Schmietendorf 2002a]).

Komplexer werden die Programmstrukturen schließlich bei den *agentenbasierten Websystemen*. Hierbei ist ein Anwachsen der Quellcode- und Ausführungskomplexitäten insbesondere um Komplexitätserweiterungen durch die generische Codeerzeugung während der Arbeitsweise eines Webagenten möglich. Die folgende Abbildung zeigt die Analyseergebnisse eines Agenten als Java-Aglet, der auf einem anderen Knoten bzw. einer anderen City Java-Klassen hinsichtlich ihrer Codezeilenanzahl (LOC) misst und damit den *Verteilungsgrad von Systemkomponenten* bestimmt.

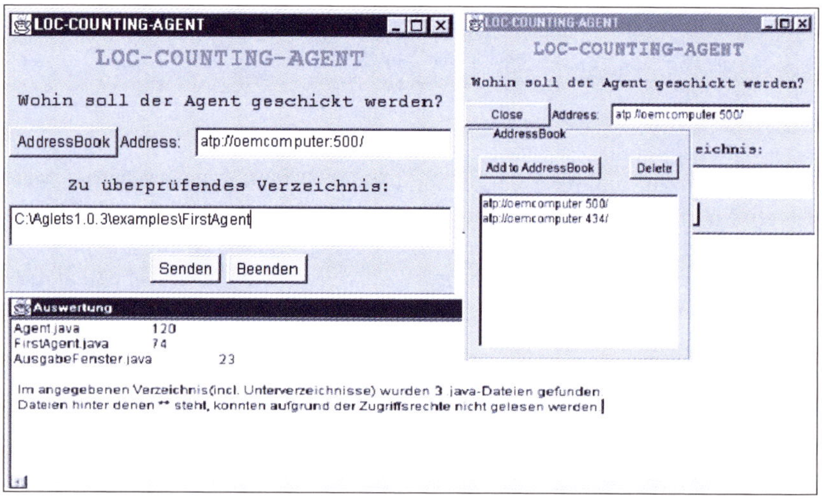

Abbildung 8.9: LOCAglet-Analysen

Interessanter sind natürlich in diesem Zusammenhang die Effizienzanalyse und -bewertung für die verschiedenen Komponenten eines Agenten selbst, wie dessen Verhandlungsgeschick, seine Lernfähigkeit oder aber die Anpassungsfähigkeit in heterogenen Umgebungen. Auch hier verweisen wir wieder auf die spezielle Literatur zu diesem Thema (siehe [Dikaiakos 2001], [Jennings 1998], [Stone 2000], [Tolksdorf 2000] und vor allem [Wille 2002a]).

Nach diesen Betrachtungen zur Websystem-Analyse, die für die Wartung eine wesentliche Grundlage bildet, gehen wir nun in den folgenden Abschnitten auf die jeweiligen Aktivitäten zur Websystem-Wartung näher ein.

8.3 Websystem-Erweiterungen

Auslöser dieser Aktivität sind *neue funktionale Anforderungen*, die vom Auftraggeber formuliert und uns übergeben werden. Der Wartungsprozess beginnt also hier wieder bei der Anforderungsanalyse und der Spezifikation. In gleicher Weise sind die Machbarkeit und Validität zu prüfen. Ebenso ist dann der Entwurf vorzunehmen bzw. anzugleichen. Bei der Implementation ist vor allem zu beachten, dass nicht nur die geänderten Komponenten zu testen sind, sondern der vollständige Integrationstest zu wiederholen und stets die Funktionalität scheinbar unbetroffener Komponenten als Regressionstest erneut nachzuweisen ist.

Im Allgemeinen entsteht eine neue Systemversion, die zum alten Websystem Erweiterungen in den verschiedensten Architekturebenen und Komponenten haben kann. Für die Gewährleistung einer kundenbezogenen Versionierung ist ein konsistentes Konfigurationsmanagement im Wartungsprozess zu gewährleisten.

Die neue Websystemversion, die die geänderten Komponenten enthält, wird *Release* genannt. Im Allgemeinen wird die neue Websystemversion als n-te Version mit einem Postfix zum m-ten Release gekennzeichnet – also *Version n.m* .

8.4 Websystem-Anpassungen

Die Websystem-Anpassung betrifft hauptsächlich die *plattformbezogenen Webanforderungen*. Dabei ist zu unterscheiden,

- ob die Soft- und Hardwaregrundlagen vom Auftraggeber geändert werden möchten (beispielsweise um mit einem Informationssystem auf weiteren mobilen Geräten präsent zu sein oder um neue Technologien einzusetzen, wie beispielsweise die Internettelefonie (siehe [Jiang 2002])) oder
- ob diese Änderungen der Dynamik der Hard- und damit auch der Softwareentwicklung insgesamt als sich ständig weiterentwickelnde Webtechnologie geschuldet sind.

Im letzteren Fall besitzen wir als Wartungsabteilung eine gewisse Verantwortung dem Kunden gegenüber. Andererseits kann die Gewährleistung derartiger Änderungen auch Bestandteil eines Wartungsvertrages mit dem Kunden sein. Generell ist eine Verträglichkeit zu den Vorversionen zu gewährleisten, also eine Abwärtskompatibilität.

Sind die systembezogenen Änderungen „gravierend", so verwenden wir dafür einen eigenständigen Begriff, den wir wie folgt definieren wollen:

> *Die **Websystem-Migration** ist die Überführung eines Websystems auf eine neue operationale Umgebung. Das kann von der Änderung der Systemsoftware (insbesondere des Betriebssystems) bis hin zum Wechsel der Plattform reichen.*

Diese grundlegende Form der Anpassung kann natürlich auch Erweiterungsaspekte beinhalten. Ein Beispiel für eine derartige Migration ist die UMTS-Umstellung der Websysteme (siehe [Bekkers 2001], [Tanenbaum 2003] oder auch [Zuidweg 2002]).

8.5 Websystem-Korrekturen

Die Wartungsaktivität der Korrektur dient schließlich der Beseitigung noch vorhandener Fehler im Softwaresystem. Es geht dabei um die Umsetzung bzw. Erfüllung spezieller *qualitativer Webanforderungen*. Die Websystem-Korrektur impliziert natürlich auch einen zeitlichen Aspekt. Im Fall von Havarien kann die Korrektur nicht erst in Ruhe geplant und „irgendwann" realisiert werden. Die Korrekturen zum Websystem können allerdings auch einen Einstieg in die Spezifikationsphase erfordern und nicht nur am Programmquellcode ansetzen.

Bei dieser Wartungsaktivität ist ebenfalls unbedingt der Regressionstest erforderlich, um Erfahrungen wie „jede Fehlerbehebung erzeugt einen neuen Fehler" zu vermeiden. Andererseits ist das Auftreten von Folgefehlern, bei dem durch die Änderung eines Moduls Fehler bei anderen, abhängigen Modulen auftreten können, zu beachten. Man spricht hierbei vom so genannten *Ripple Effect*.

Zur Fehleranalyse von dokumentenbasierten Websystemen sind beispielsweise ständige Untersuchungen zur Verfügbarkeit von Webressourcen durchzuführen. Das folgende Diagramm nach [Spinellis 2003] zeigt eine derartige Analyse mit den jeweiligen prozentualen Anteilen:

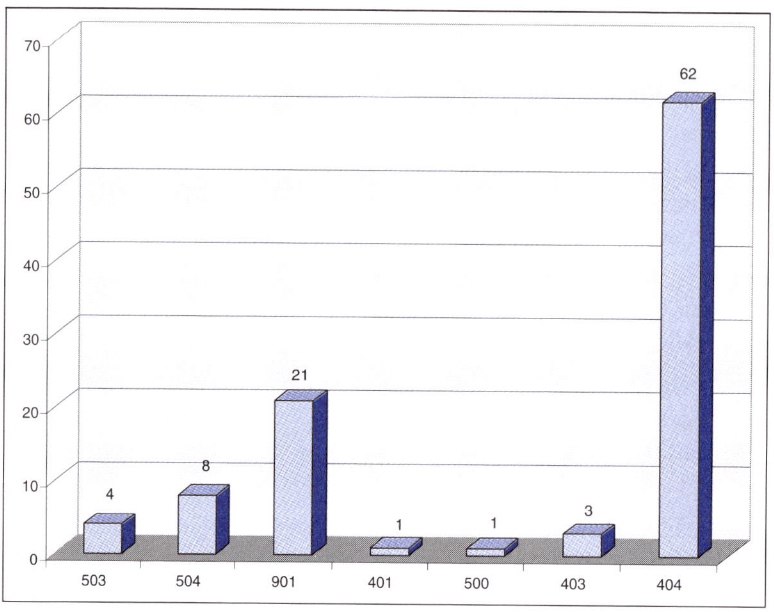

Abbildung 8.10: Beispiel einer Fehleranalyse zum Webressourcen-Zugriff

Die Fehlerarten sind hierbei ein nicht verfügbarer Service (503), ein Gateway-Timeout (504), ein falscher Hostname (901), ein nicht autorisierter Zugriff (401), ein interner Serverfehler (500), ein nicht erlaubter Zugriff (403) und eine nicht gefundene Ressource (404). Derartige Fehleranalysen sind also kontinuierlich einzusetzen. Dabei können auch solche Maße wie die durchschnittliche Zeit zwischen dem Auftreten zweier Fehler als

Mean Time to Failure (MTTF) verwendet werden (siehe [Kallepalli 2001]). Darüber hinaus können auch Agentensysteme selbst zur Überwachung der korrekten Navigation bzw. eines effizienten Routings eingesetzt werden (siehe [Akashi 2002]).

Bei operationalen Websystemen gelten die Erfahrungen der Fehlerkontrolle und Behandlung für das jeweilige Programmierparadigma.

8.6 Websystem-Verbesserungen

Die Websystem-Verbesserung innerhalb der Wartung bezieht sich vor allem auf die Einhaltung weiterer *qualitativer Webanforderungen* oder Merkmale der Effizienz und der Handhabung. Bei der Effizienz geht es dabei um die Verbesserung des Leistungsverhaltens bzw. der Performance des Websystems und des Ressourcenverbrauchs. Das kann insbesondere das so genannte Antwortzeitverhalten in interaktiven Websystemen betreffen. Auf die Modellierung der Performance sind wir bereits in Kapitel 4 zur Websystem-Spezifikation eingegangen. Beim Entwurf haben wir auf mögliche technologiebezogene Voraussagen mittels Benchmarks hingewiesen, allerdings liegt jetzt das reale System vor und wird unter realen Nutzungsbedingungen angewendet. 5Daher sind erst hierbei die wirklichen Leistungsschwächen generell zu erkennen. Um diese zu beheben, sind zumeist noch detaillierte Websystem-Analysen vorzunehmen. Speziell für Webservices, die auf der Grundlage von XML-Nachrichten implementiert werden, sind Analysen für das Leistungsverhalten bedeutungsvoll. Die hier vorgestellte Messung bezieht sich auf den fast kompletten Durchlauf entsprechender XML-Nachrichten mit einer Größe von 15 KB (siehe [Reitz 2003]). Durch den verwendeten Lasttreiber werden jeweils 10, 50, 100 bzw. 400 XML-Nachrichten in die so genannte Message-Queue (modelliert eine Applikation mit Kommunikationsbedarf) geschrieben und gleichzeitig die Zeitmessung gestartet.

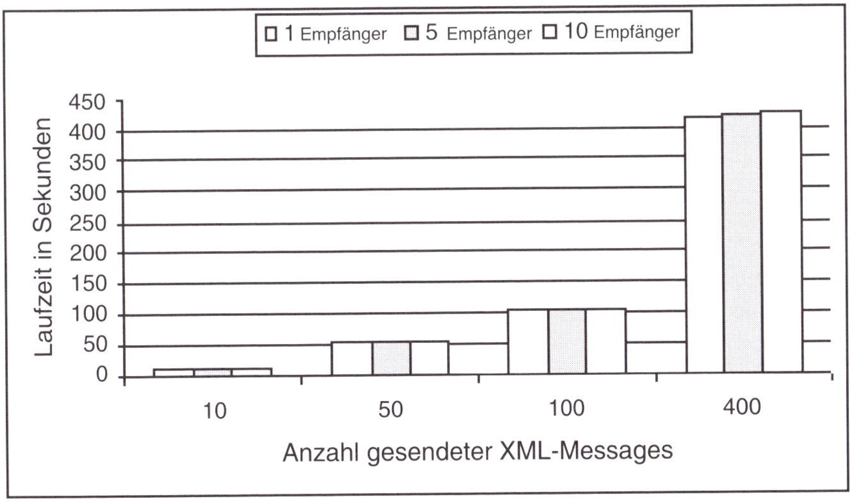

Abbildung 8.11: Lastmessung von XML-Nachrichten in einem EAI-Umfeld

Diese Messung signalisiert uns das Leistungsverhalten bei unterschiedlichen Nutzungsmengen und ermöglicht uns damit, ein *Service Level Agreement (SLA)* von vornherein oder aber über spezielle Skalierungsmaßnahmen einzuhalten. Explizite Leistungsverbesserungen sind insbesondere auf der Grundlage einer Leistungsanalyse, die beispielsweise die Menge bzw. Last, den Nutzungsumfang und die dabei auftretenden Antwortzeiten bestimmt, zu erreichen (siehe [Iyengar 2000] oder [Zari 2001]).

Im Folgenden listen wir weitere Verbesserungsmaßnahmen für ein Websystem auf, die andere Systemaspekte betreffen. Es geht dabei um folgende Maßnahmen:

- Verbesserung der Handhabung eines Softwareprodukts, die sich zum einen auf den Lernaufwand auf der Grundlage von Hilfesystemen und (Online-)Dokumentationen und zum anderen auf die Fragen der Ergonomie als Qualität der Arbeitsbedingungen im Umgang mit dem System bezieht (siehe [Chi 2002])
- Verbesserung der Websuche durch eine inhaltsbezogene Analyse von Webseiten (siehe [Lawrence 1998])
- Verbesserung des Webseitenzugriffs durch einfache Distanzmetriken, die von speziellen Routing-Eigenschaften abstrahieren (siehe [Garofalakis 1999])
- Verbesserung der Portierungsmöglichkeit durch die Wahl einer relativ verbreiteten und einheitlichen Implementationstechnologie (siehe [Turban 2002])
- Verbesserung der Qualitätseigenschaften unseres Websystems überhaupt nach vorhergehenden Qualitätsanalysen (siehe [Upchurch 2001])

Die generelle Verbesserung eines Softwareprodukts unter Einbeziehung spezieller Anpassungen und möglicherweise auch funktioneller Erweiterungen wird als *Websystem-Sanierung* bezeichnet.

Damit haben wir grundlegende Aspekte und Methoden für die „unmittelbar notwendigen" Wartungsaufgaben betrachtet.

8.7 Vorbeugungsmaßnahmen bei Websystemen

Die Websystem-Vorbeugung befasst sich schließlich mit den Maßnahmen, die die bereits behandelten Wartungsaktivitäten unterstützten, vereinfachen oder effizienter machen. Das bedeutet beispielsweise:

- Verbesserung der *Dokumentationsqualität* für die Vereinfachung der Analyse, der Änderung oder der Erweiterung
- Anlegen einer *Erfahrungsdatenbank* zum Änderungsaufwand, zum Ersatzbedarf für die Ressourcen oder zum Kundenprofil
- Erweiterung des *CASE-Ansatzes* für die Rationalisierung der Wartungsaufgaben (auf die so genannten CASE-Tools gehen wir in Kapitel 11 näher ein)

- Weiterer Einbau von *Fehlervermeidungstechniken* in die Websystem-Komponenten, wie spezielle Toleranzaspekte bei den Daten- bzw. Zugriffstechniken
- Ständige Analyse und Überwachung der Komplexität des jeweiligen Websystems bzw. aller Komponenten

Das bedeutet auch, dass wir dadurch nach Möglichkeit eine Aufwärtskompatibilität unserer Websysteme sichern, indem wir durch die oben genannten Maßnahmen vor allem den Technologietrend-Aussagen Rechnung tragen (siehe [Huhns 2002a], [Milenkovic 2003] oder auch [Siau 2003]).

8.8 Websystem-Fernwartung

In einem abschließenden Abschnitt zur Websystem-Wartung wollen wir uns noch mit einigen Aspekten einer so genannten Websystem-Fernwartung befassen, wie sie insbesondere durch die Möglichkeiten des Webs selbst erst praktizierbar wird. Auch hier listen wir erst einmal einige grundlegende Methoden auf:

- Für die Erfassung von Problemen bzw. Mängeln zum Websystem wird ein spezielles Portal eingerichtet, welches die Kundeninformationen aufnimmt, klassifiziert und ggf. für den Wartungsingenieur eine Dringlichkeit signalisiert.
- Für die Sammlung der Erfahrungen zu einem einzelnen oder einer Klasse von Websystemen werden *Frequently-Asked-Questions- (FAQ-)* Dienste aufgebaut, die eine generelle Hilfe bei Systemnutzungsproblemen ermöglichen.
- Für die Websystemnutzer werden freie Download-Domänen eingerichtet, die eine ständige Aktualisierung des Websystems bzw. seiner technologischen Grundlagen durch den Nutzer selbst ermöglichen.
- Das Websystem wird selbst mit generischen Komponenten ausgestattet, welche nach vorherigem kurzen Hinweis die jeweilige Systemaktualisierung vornehmen (beispielsweise durch Verwendung von *PlugIns* oder den so genannten Codeergänzungen als *Patches*).
- Für den Wartungsingenieur werden in der Anwendungsdomäne Rechte eingeräumt, entfernt Wartungsaktivitäten vornehmen zu können; diese Rechte können auch an andere Mitarbeiter bezüglich der Pflege „ihrer" Webseiten vergeben werden, und zwar als so genanntes *Distributed Authoring and Versioning (DAV)*.

Ein auf dieser Grundlage konzipiertes Fernwartungssystem zeigt uns die Abbildung 8.12 in einer vereinfachten Form:

Damit haben wir die wesentlichen Wartungsaktivitäten behandelt und können uns der eigentlichen Nutzung des Websystems als fortlaufende und kontinuierliche Anwendung zuwenden.

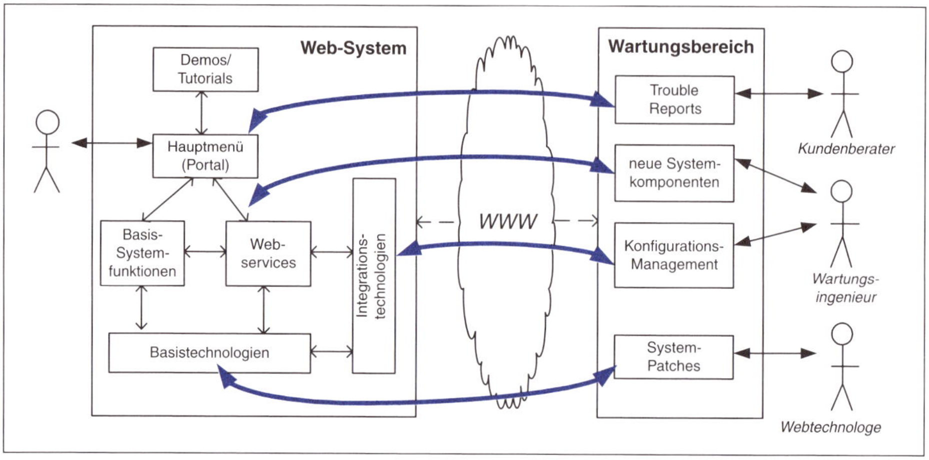

Abbildung 8.12: Allgemeine Architektur einer Websystem-Fernwartung

Übungsaufgaben

1. Diskutieren Sie die vier Merkmale der Wartbarkeit an den Komponenten bzw. Systemelementen unseres Firmenbeispiels.
2. In welcher Entwicklungsphase entstehen jeweils die in Tabelle 8.1 aufgelisteten Fehlerarten?
3. Charakterisieren Sie mögliche Aufgaben eines Reengineering für die Ergänzung unseres Firmenbeispiels um Komponenten einer Produktbeschreibung „auf reiner Webbasis" (also beispielsweise mittels SMIL).
4. Erläutern Sie die Metrikenwerte für unser Firmenbeispiel in Tabelle 8.2 unter dem Aspekt der verschiedenen Wartungsaktivitäten.
5. Führen Sie für einen selbst gewählten Wurzel-URL die Validationskontrolle mit dem W3C-Service durch und diskutieren Sie das Ergebnis.
6. Berechnen Sie für die Java-Klassen zum angegebenen Spider-Programm die Chidamber-Kemerer-Metriken und diskutieren Sie die erhaltenen Werte hinsichtlich ihrer empirischen Bedeutung.
7. Geben Sie Anforderungsbeispiele zu unserem Firmenbeispiel an, die jeweils eine Websystem-Erweiterung, -Anpassung, -Korrektur, -Verbesserung und -Vorbeugung implizieren.
8. Unter welchen Umständen spricht man von einer Websystem-Migration? Erläutern Sie diese Umstellung anhand unseres Firmenpräsenzbeispiels.
9. Diskutieren Sie Mittel und Methoden für eine effiziente Fehlerbehebung am Beispiel der Java-Programmierung anhand der Technologien JSP, JMS, JDBC und JavaCard.
10. Charakterisieren Sie eine möglichst kundenfreundliche Form der Websystem-Fernwartung an einem selbst gewählten Beispiel.

Kapitel

9 Anwendung von Websystemen

9.1 Phasen der Websystem-Anwendung

In diesem Kapitel wollen wir uns der Anwendung von Websystemen aus der Sicht des Web Engineering zuwenden. Das bedeutet, dass wir den technologischen Kontext sowie die prozessbezogene Ausprägung der Websystem-Nutzung näher betrachten wollen. In diese Betrachtung schließen wir die Nutzung des WWW insgesamt mit ein.

Wir definieren zunächst die Websystem-Anwendung mit ihren Phasen im Nutzungsverlauf in der folgenden Weise:

> *Die **Websystem-Anwendung** ist die Nutzung eines webbasierten Softwaresystems in den Phasen der Einführung, der kontinuierlichen Nutzung, der zeitweise notwendigen Änderung und schließlich der Ablösung.*

Die ***Einführung*** eines Websystems hat im Gegensatz zur üblichen Nutzung eines Softwareprodukts folgende Ausprägungen:

- Die *systematische Installation und Nutzung:* Hierbei geht es um die Anwendung eines Websystems innerhalb eines vorher bestimmten Anwendungsbereiches, wie beispielsweise in einem firmenbezogenen Intranet. Die Grundlage dafür bildet das so genannte *Einführungskonzept*, welches im Allgemeinen folgende Bestandteile besitzt:
  - die *Schulungsanleitungen*, die zum einen für die Nutzer und zum anderen für die Betreiber der Software als Dienstleistung für den Anwender erforderlich sind
  - die *Systemdokumentationen*, die die Anwendungsbeschreibung, eine Referenzübersicht und mögliche Fehlerbeschreibungen und Fehlerbehebungsanleitungen beinhalten
  - die *Installations-Tools* für das Installieren aller Softwarekomponenten nach einem initialen Standard oder einem Nutzerprofil
  - den *Beschaffungsplan* für die Softwarevoraussetzungen, die nicht vom Entwickler erfüllt werden und somit zu akquirieren sind
  - den *Organisationsplan*, der die organisatorischen Erfordernisse und Voraussetzungen beinhaltet

  Die Umsetzung des Einführungskonzepts – insbesondere die Schulungen – findet natürlich nicht erst zum Einführungszeitpunkt statt. Die Nutzung wird also innerhalb einer planmäßigen Einführungsphase gewährleistet und im Regelfall auch in dieser Form gesichert bzw. überwacht.

- Die *Ankündigung* bzw. *Aufforderung zur Nutzung:* Dabei besitzt der Nutzer zunächst eine passive Rolle, die wir erst durch verschiedenartige Motivationstechniken in eine aktive Rolle umwandeln müssen. Dafür nutzen wir die bereits beschriebenen Formen einer *aktiven Usability*, welche von der Erregung der Aufmerksamkeit über die Motivation durch Vorteilsbeschreibungen für den Kunden bis hin zu expliziten Kontaktaufnahmen reicht.

Wenn wir uns in der ***kontinuierlichen Nutzung*** des Websystems befinden, kommen vor allem nutzungsbegleitende Maßnahmen, wie die kontinuierliche Sammlung von Nutzungs- und Nutzerinformationen sowie von Anwendungserfahrungen und -fehlern und die Handlungsweise nach einem Havarieplan, zur Anwendung. Auf einige Methoden bzw. Inhalte derartiger Untersuchungen gehen wir später noch näher ein.

Die ***Realisierung von Änderungen*** zum Websystem wird uns einerseits durch die so genannten Releases des Websystem-Entwicklers und zum anderen durch die Schwere der auftretenden Fehler, wie zum Beispiel durch einen Havariefall, angezeigt bzw. vorgegeben. Betrifft die Änderung eine umfangreichere Menge von Websystemkomponenten, so sprechen wir von einer Umstellung und definieren wie folgt.

> *Die **Websystem-Umstellung** eines Softwaresystems ist eine Anpassung auf der Grundlage gesetzlicher oder technologischer Änderungen, die eine größere Menge von Systemkomponenten betrifft.*

Für eine Systemumstellung im Web gilt oftmals die Besonderheit, dass bei neuen Webtechnologien eine Menge von Webdienstanbietern betroffen ist, so dass sich hier bereits für die verschiedensten Technologien bestimmte Anbieter für einen Umstellungsservice etabliert haben.

Zur Websystem-Anwendung gehört schließlich noch die mögliche Ablösung eines Websystems bzw. spezieller Webservices. Derartige Ablöseformen im Web sind beispielsweise folgende:

a. Die Ersetzung des Websystems durch die Nutzung eines anderen, gleichwertigen Dienstanbieters
b. Die schrittweise Ersetzung einzelner Komponenten bei laufendem Betrieb und die damit verbundene eingeschränkte Websystemdienst-Bereitstellung
c. Die Umstellung des Websystems „im eigenen Haus“ mit einer geplanten Fortsetzung der Servicenutzung bei anderen Dienstanbietern
d. Die Realisierung einer zeitweiligen Parallelität der Nutzung des alten Systems und der Einführung und Erprobung des neuen Websystems

Nach diesen allgemeinen Betrachtungen zur Websystem-Nutzung gehen wir nun auf einige spezielle Methoden und Techniken zur Analyse der Webanwendung bzw. zur allgemeinen Webnutzung generell ein.

9.2 Analysen zur Websystem-Nutzung bzw. Webnutzung

Webseiten-Analysen, die insbesondere die Nutzungsform und -intensität betreffen, werden speziell für die Bewertung einer *Web Usability* benötigt (siehe [Becker 2001], [Chi 2002], [Constantine 2002], [Garofalakis 1999], [Palmer 2002], [Spool 1999] oder [Tilton 2000]). Einfachste Analysen betreffen erst einmal die Webnutzung durch eine Personengruppe generell, wie zum Beispiel die folgende Auswertung in einem universitären Umfeld zeigt. Die Grundlage dafür ist die bereits kurz charakterisierte ***Logfile-Analyse***. Bei der Behandlung der Webserver in Kapitel 4 zum Websystem-Entwurf sind wir auf das Logfile-Format eingegangen; hier geben wir noch einmal die Informationsstruktur an:

```
Zugreifender_Host   autorisierter_Nutzer   Datum/Zeit   (HTTP-)Anforderung
(HTTP-)Status   Byte-Länge
```

Daraus ergeben sich unter anderem folgende Auswertungsmöglichkeiten bzw. Analysen der zugreifenden Webanwender:

- Die Anzahl der Zugriffe auf eine Webseite bzw. auf deren interne Links als so genannte *Klickrate*
- Die Anzahl der Zugriffe innerhalb eines bestimmten Zeitintervalls oder eines Zeitablaufs
- Die Anzahl der Zugriffe unterteilt nach verschiedenen Domänennamen oder expliziten Host-Adressen
- Die Folge der Webseitenabrufe während einer Sitzung bzw. eines Besuchs als so genannte *Click-Streams*
- Die Dauer und die Häufigkeit des Besuchs einer Webseite durch ein und denselben Nutzer oder auch durch Nutzergruppen
- Die Frequenz der Nutzung einer Domäne durch spezielle Nutzergruppen oder anderer Kriterien für ein *Anwendungsprofil*
- Die Zusammenfassung von Zugriffsanalysen als Grundlage eines webseiten- oder themenbezogenen *Nutzungsprofils*

Im Folgenden wollen wir einige konkrete Auswertungen zu diesen Analyseformen im eigenen (universitären) Umfeld angeben. Die erste Analyse zeigt ein typisch universitäres Nutzungsprofil für die Webnutzung über einen Tag hinweg.

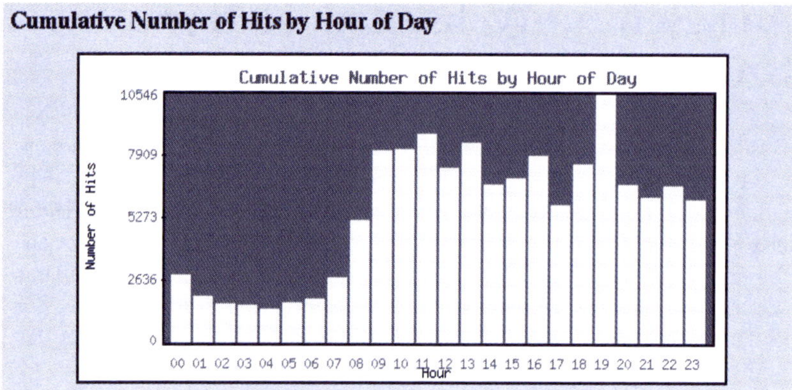

Abbildung 9.1: Anzahl der Webzugriffe von einer speziellen Domäne im Tagesverlauf

Eine weitere Analyse im selben Umfeld zeigt die Webdomänen, die auf die Webseiten einer speziellen Domäne (Universitätsinstitut) am häufigsten zugegriffen haben.

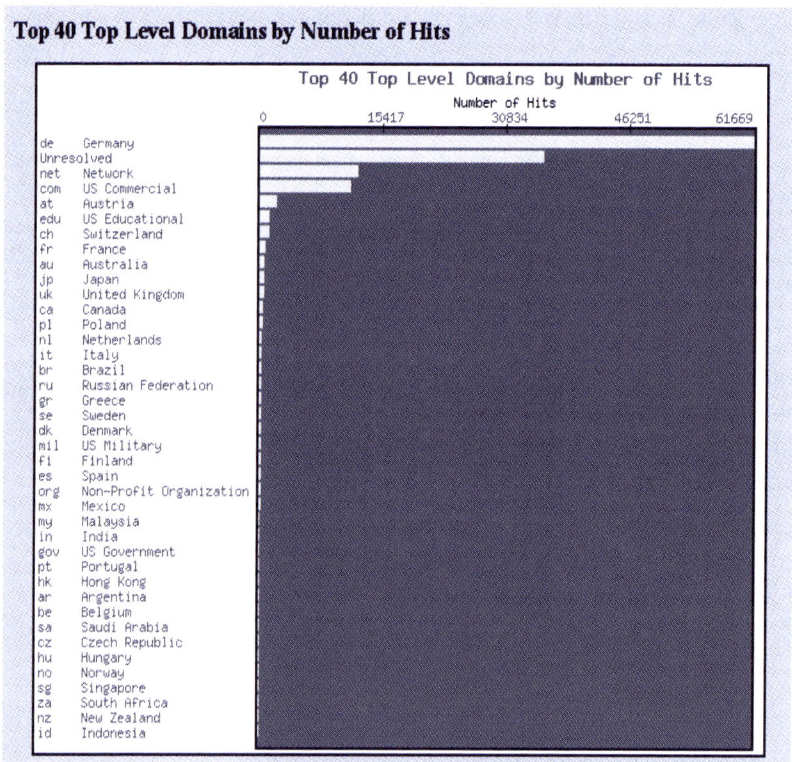

Abbildung 9.2: Analyse der am häufigsten genutzten Webdomänen

Analysen, die das konkrete Verhalten von Webnutzern selbst untersuchen, widmen sich beispielsweise der Häufigkeit der Webnutzung überhaupt sowie der Art des Interesses für die jeweiligen Webinhalte. Die folgenden Abbildungen zeigen uns Auswertungen von *WebTop* zum Webkunden-Verhalten (siehe [WebTop 2001] oder auch [Nobles 2001]).

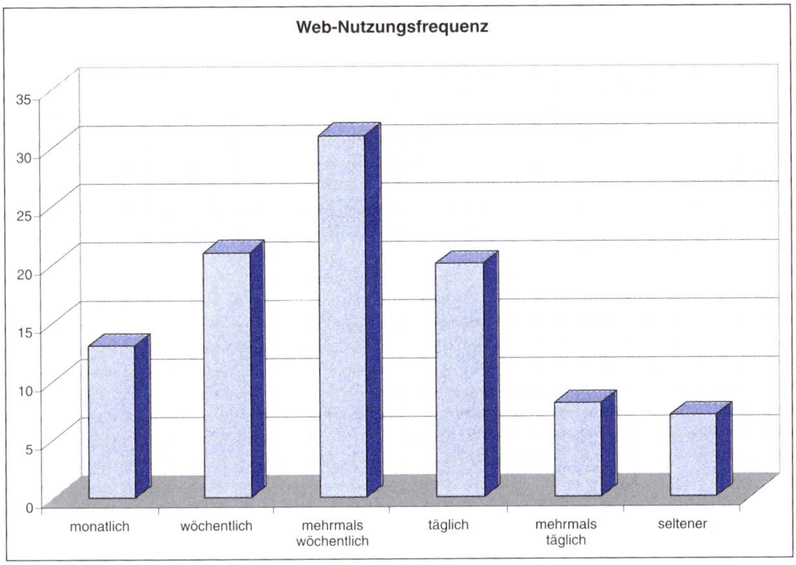

Abbildung 9.3: Analyse zur Nutzungshäufigkeit von Webkunden

Wir können hierbei zumindest konstatieren, dass das Web von den meisten Personen mehrmals die Woche genutzt wird. Die zweite Abbildung zeigt nun die Interessenverteilung der Webnutzung bei den befragten Personen:

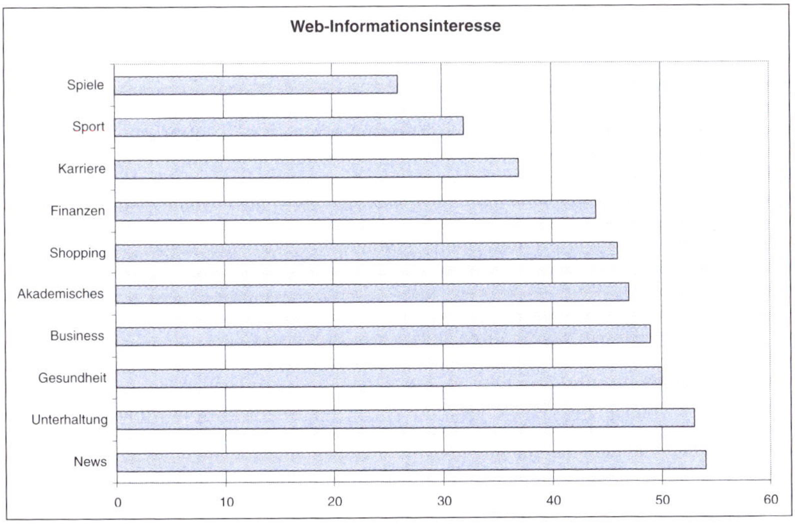

Abbildung 9.4: Analyse zum Interessengebiet von Webkunden

Die Angaben für das jeweilige Interessengebiet sind hierbei natürlich nicht disjunkt. Die Zahlenwerte stellen prozentuale Angaben dar. Insbesondere verdeutlicht diese Abbildung die Chancen für eine beabsichtigte Webpräsenz zu einem speziellen Themengebiet.

Eine detailliertere Analyseform zeigt uns der *NetTracker*, von dessen Auswertungsmöglichkeit wir hier einen speziellen Auszug angeben wollen (siehe [NetTracker 2003]). Die Auswertung wurde über einen Zeitraum von einigen Monaten durchgeführt und zeigt uns sehr detailliert, wie viele Webseiten wie lange und mit welcher Frequenz betrachtet wurden. Ebenso wird hierbei eine *Schätzung* als Vorhersage vorgenommen, die uns die Möglichkeit gibt, uns auf entsprechenden Nutzungsverkehr einzustellen. Die Analyse selbst wurde für den Besuch eines virtuellen Museums durchgeführt.

Totals:

Number of hits: 309041
Number of megabytes transferred: 1707.80
Number of pages viewed: 40464
Number of estimated visits: 11471
Number of unique visitors: 8086
Number of new visitors: 7405
Number of repeat visitors: 1264
Number of unique hosts: 7422
Number of unique pages: 448
Number of error hits: 1187
Number of unique errors: 176

Averages:

Number of pages viewed per day: 440
Number of pages viewed per visit: 4
Length of visit: 3 minutes, 31 seconds
Number of visits per day: 125
Number of visits per week: 873
Number of visits per month: 3824
Number of unique visitors per day: 88
Number of new visitors per day: 80
Number of repeat visitors per day: 14
Visitor repeat rate: 15.6%

Abbildung 9.5: Auszug einer Webnutzungs-Analyse mit dem NetTracker

Derartige Analysen helfen uns, die Akzeptanz unseres Websystems in einer permanenten Form zu beobachten und ggf. zu reagieren bzw. zu agieren.

9.3 Anwendungsformen des WWW

Neben den im vorherigen Abschnitt beschriebenen passiven Analysen werden Methoden und Verfahren entwickelt, den Webanwendern die Webnutzung in den unterschiedlichsten Kategorien zu ermöglichen. Dazu zählen beispielsweise die folgenden (siehe [Choo 2000]):

- Die mehr oder weniger *sporadische Nutzung* des Webs als relativ „planloses" Surfen über themenbezogene Webseiten hinweg
- Die *ambitionierte Nutzung* des Webs durch eine gezielte Auswahl von Webseiten oder Webapplikationen
- Die *systematische Nutzung* des Webs auf der Grundlage gezielter Suchstrategien und konkreter Auswahlkriterien
- Die *zweckgerichtete Nutzung* des Webs auf der Basis einer konkreten Ziel- bzw. Ergebnisvorgabe für einen ganz speziellen Anwendungskontext

Im Folgenden wollen wir noch einmal auf verschiedene Suchverfahren im Web eingehen, die eine allgemeine Webnutzung unterstützen.

9.3.1 Die Websuche

Auf allgemeine Grundlagen und spezielle Suchformen sind wir bereits im ersten Kapitel eingegangen. Jetzt wollen wir auf diese sehr häufig genutzte Form der *Informationssuche im Web* noch einmal detaillierter eingehen. Bei den Suchverfahren haben sich folgende Formen etabliert (siehe [Chang 2001] oder [Hearst 2002]):

- Die *Single-Word-Anfrage:* Hierbei werden bestimmte Bereiche eines Dokuments, wie beispielsweise der Titel oder der Haupttextteil nach einem einzelnen, vorgegebenen Begriff durchsucht. Man spricht dabei auch von einer Schlüsselwort- oder Begriffssuche (*Keyword Search* oder auch *Field Search*).
- Die *Multiple-Term-Anfrage:* Bei diesem Suchverfahren sind mehrere Begriffe zugelassen, die mit einfachen logischen Funktionen, wie Konjunktion, Disjunktion und Negation, verbunden sein können. Speziell wird hierbei unterschieden, ob nach dem Auftreten eines dieser Begriffe oder aller Begriffe in einem Dokument gesucht wird.
- Die *kontextbasierte Anfrage:* Hierbei dient einerseits der Suchbegriff als Ausgangsbasis für die Suchbegriffsbildung in den Formen einer Silbenbildung oder auch Wortkernbildung (zum Beispiel unter Verwendung des Prädikats „near"). Andererseits können als Suchbegriff ganze Sätze verwendet werden, deren Wortkombinationen eine Suchbegriffsmenge ergeben (siehe auch [Moldovan 2000]).
- Die *natürlichsprachliche Anfrage:* Diese sicherlich eleganteste Form einer Webanfrage bzw. -suche ist bisher nur in Prototypen und da auch nur für ein Sprach-Subset implementiert worden.
- Die *musterbezogene Anfrage:* Das Grundprinzip dieses Suchverfahrens ist die Möglichkeit, eine Zeichen- oder Wortmenge vorzugeben, die dann nach speziellen *Pattern-Matching-Verfahren* eine Suchvarianz gewährleistet und somit eine größere potenzielle Anzahl an Dokumenten als Lösungsmenge zur Suchaufgabe einschließt.

Eine Suchmaschine hat die folgende allgemeine Architektur, die für die Wirkungsweise der genannten Suchverfahren relevant ist:

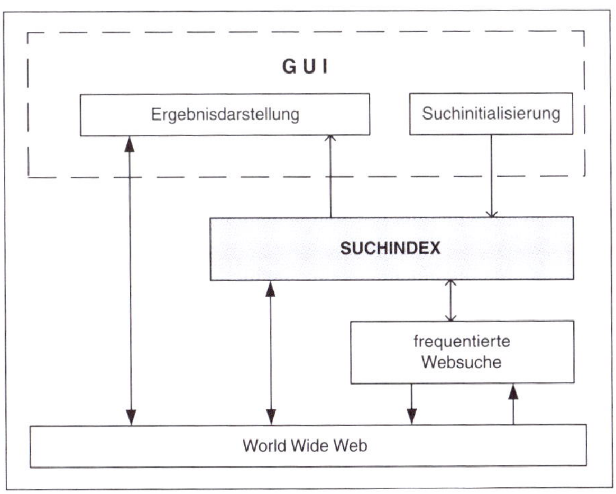

Abbildung 9.6: Allgemeine Architektur einer Websuchmaschine

Als Kern einer Suchmaschine ist hier der so genannte ***Suchindex*** dargestellt. Dieser Suchindex ist zumeist als B-Baum strukturiert und stellt in den Blättern die Verbindung zur jeweiligen Webseite als Link-Angabe her. Im Allgemeinen unterscheidet man beim Suchindex drei Kategorien:

1. *grob:* Durch einen Suchindex wird eine Menge von Dokumenten identifiziert.
2. *mittel:* Der Suchindex identifiziert ein einzelnes Webdokument.
3. *fein:* Der Suchindex identifiziert spezielle Komponenten eines Webdokuments.

Schließlich wird der Suchindex selbst nach speziellen Techniken komprimiert, um einen möglichst geringen Speicheraufwand zu verursachen. Solche Kompressionsverfahren sind zum Beispiel die generelle Kleinschreibung, die Bildung morphologischer Begriffswurzeln, die Vernachlässigung von Präpositionen und die Textkomprimierung überhaupt.

Die generelle Effizienz einer Suchmaschine kann zum Beispiel nach den folgenden einfachen Formeln abgeschätzt werden (siehe [Chang 2001]):

$$\textbf{Wiederaufrufrate} = \mathbf{N / T}$$

$$\textbf{Genauigkeit} = \mathbf{N / R}$$

Dabei bedeutet N die Anzahl aller aufgerufenen Dokumente, T die Anzahl der Dokumente zum jeweiligen Thema und R die Anzahl der durch die Suchmaschine gefundenen Dokumente.

Um allerdings auf das möglichst häufige *Finden* der eigenen Webseiten bei der Websuche Einfluss zu nehmen, gibt es verschiedene Techniken und Strategien. Zum einen kann man durch die Anordnung spezieller inhaltsrelevanter Schlüsselwörter in der Titelzeile, am Anfang des Dokuments sowie in den Überschriften eine Präferenz erreichen. Andererseits muss man die grundlegenden Funktionen der Suchkomponenten selbst kennen, die beispielsweise als *Robots, Spiders, Worms, Webcrawlers* oder *WebAnts* das Web aufgrund heuristischer Auswahlverfahren im gesamten Hyperspace durchsuchen. Die Auswahl der jeweiligen Webseite richtet sich dabei vor allem auf Link-intensive (serverseitige) Webseiten, wie zum Beispiel so genannter „What's New"-Seiten, auf manuell eingetragene URLs oder auch auf kompakte Link-Listen, wie beispielsweise die beim USENET.

Das Thema effizienter Suchmaschinen und der damit verbundenen möglichst intelligenten Unterstützung zur Lösung von Websuchaufgaben ist natürlich ein weites Feld. An dieser Stelle wollen wir darauf nicht weiter eingehen, sondern nur noch kurz einige Forschungsansätze nennen:

- Untersuchungen zu speziellen Aspekten einer Websuchmaschine für P2P-basierte Webarchitekturen (siehe [Waterhouse 2002])
- Der Leistungsvergleich bzw. die Effizienzuntersuchungen verschiedener (kommerzieller) Suchmaschinen (siehe [Angelaccio 2002], [Filman 1998] oder auch [Mowshowitz 2002])
- Die Analyse der Suchmaschinen als Sicherheitsproblem, in dem sie selbst als Hacker-Eingang fungieren könnten (siehe [Hernandez 2001])

- Die generelle Abschätzung und Analyse der Verlinkungsproblematik von Webdokumenten für die Sucheffizienz (siehe [Chau2003])
- Schließlich die Aufgaben und sicheren Formen einer stärkeren Personalisierung bei der Unterstützung der Websuche (siehe [Pitkow 2002]).

Der Informationsinhalt, der durch die Websuchmaschinen bereitgestellt wird, erhält allerdings durch die folgenden, in der Literatur angegebenen Abschätzungen eine gewisse Relativität (siehe [Chang 2001] bzw. [Nobles 2001]):

- Die aktuellen Suchmaschinen erfassen etwa 35% aller im Web vorhandenen Dokumente und Ressourcen.
- Die Aktualisierung der Suchindex-Referenzen erfolgt in einer Suchmaschine ca. alle zwei bis drei Wochen.
- Ca. 70% aller Seiten im Web insgesamt werden innerhalb einer Woche aktualisiert bzw. überhaupt verändert.

Der Aufbau eines *Semantic Web* hat gerade erst begonnen, so dass wir in diesem Rahmen zunächst nur allgemein auf diese Websuchform verweisen wollen. Dabei wird das Web selbst als Wissensbasis aufgefasst bzw. als solches „konstruiert“. Die Websuche erhält dann die Form einer allgemeinen Anfrage, auf die eine *mit Erklärungen und Begründungen* versehene Beantwortung erfolgt (siehe [Goertzel 2002], [Hovy 2003], [Predonzani 2000] oder auch [Thuraisingham 2002]).

9.3.2 Das Web-Mining

Bevor wir uns dem eigentlichen Web-Mining zuwenden, wollen wir einige „Vorstufen“ dieser allgemeinen Webanwendungsform kennen lernen. Zunächst widmen wir uns dem Data-Mining, welches wir erst einmal definieren (siehe [Berzal 2002] bzw. [Han 2002]).

> *Das **Data-Mining** ist der Prozess der Extraktion von Informationen oder Wissen aus einer Datenmenge zum Zweck einer Entscheidungsfindung oder -unterstützung.*

Bezogen auf unser Web findet ein Data-Mining in diesem Kontext auf der Grundlage der im Web vorhandenen und im Allgemeinen sehr umfangreichen Daten- bzw. Informationsbasen statt. Der grundlegende technologische Ablauf eines Data-Minings ist beispielsweise der folgende (siehe [Chang 2001]):

- Die *Datenbereinigung:* Hierbei geht es darum, eine Datenmenge für eine Auswertung in der Hinsicht aufzubereiten, dass erst einmal unvollständige Angaben ergänzt und Inkonsistenzen beseitigt werden.
- Die *Datenintegration:* Dabei ist eine Assoziation von Daten aus den verschiedensten Quellen vorzunehmen, wobei gleichzeitig inhaltliche und darstellungsbezogene Redundanzen und Inkonsistenzen behoben werden.
- Die *Datentransformation:* Hier werden nun die Daten für die eigentliche Auswertung vorbereitet, wobei solche Methoden wie das Aggregieren und Normalisieren zweckgerichtet zur Anwendung kommen.

- Das eigentliche *Data-Mining:* Dabei werden die verschiedensten statistischen Verfahren zur Datenanalyse eingesetzt, wie zum Beispiel die Klassifikation, die Vorhersage, Cluster-Verfahren oder auch eine regelbasierte Analyse.
- Die *Data-Mining-Auswertung:* Hier wird schließlich der Versuch unternommen, (neues) Wissen aus den Analysen zu gewinnen und in den jeweiligen Datenressourcen zu speichern. Dabei werden verschiedenste Verfahren der Wissensgewinnung, -darstellung und -speicherung eingesetzt.

Die Anwendung derartiger Technologien verbindet die Webdaten-Ressourcen mit den Datenbasen selbst, die in den unterschiedlichsten Formen aufgebaut sein können, wie zum Beispiel in der von uns bereits genannten Form eines *On-line Analytical Processing (OLAP)* als mehrdimensionale und multiintentionale Datenhaltungsform (siehe [Berzal 2002] und [Chang 2001]).

Eine weitere Form der Informationsanalyse ist das so genannte Text-Mining. Auch hier definieren wir zunächst einmal den Begriff in einer allgemeinen Form.

> *Das* ***Text-Mining*** *ist der Prozess der Suche in unstrukturierten Daten über einer in den verschiedensten Assoziationsformen vorliegenden Textmenge zum Zweck der Herleitung von Bedeutungen oder auch Wissen darüber.*

Damit schließen wir weitere Darstellungsformen von Informationen vor allem bezüglich des Webs mit ein, die die Webdokumente selbst oder aber textbezogene Interaktionsobjekte wie E-Mails betreffen. Grundlegende Verfahren zum Text-Mining sind (siehe [Chang 2001] und [Gronbeck 1999]):

- Die *Assoziationsfindung:* Hierbei werden mögliche semantische Relationen zwischen den Texten, Phrasen oder auch Wörtern bestimmt und dokumentiert.
- Die *Trendanalyse:* Diese Mining-Form bestimmt durch Häufigkeits- und Verlaufsanalysen gewisse „Trends" als Ausdruck dominanter Textteile oder auch Begriffe in einer Webdokumentenmenge.
- Die *Ereignisanalyse:* Hierbei geht es um die Bestimmung von Ereignissen als *Stories*, die am häufigsten in den Webdokumenten auftreten und aufgrund einer exponierten Präsentationsform eine besondere Bedeutung für die Webanwender insgesamt haben.

Das Text-Mining selbst bildet daraus dann neue Informationen, neues Wissen oder auch Statusberichte, die eine Ergänzung eines erweiterten Web-Contents sein können oder auch situationsbezogen eingesetzt werden.

Das Web-Mining baut auf die vorher genannten Webauswertungs-Verfahren auf. Auch diesen Begriff wollen wir zunächst allgemein definieren (siehe [Chang 2001] und [Walther 2001]).

> *Das* ***Web-Mining*** *ist der Prozess der Anwendung des Data-Minings und des Text-Minings für die Menge der Webdokumente mit den drei Ausrichtungen eines Web-Content-Minings, eines Web-Usage-Minings und eines Web-Structure-Minings.*

Beim *Web-Content-Mining* geht es um die inhaltlichen Bezüge von Webdokumenten, die eine Analyse hinsichtlich gegebener Themenbereiche, möglicher Begriffskataloge oder anderer linguistischer Merkmale einschließt. Diese Webanwendungsform stellt insbesondere für ein Semantic Web eine zweckmäßige Ausgangsanalyse dar.

Beim *Web-Usage-Mining* kommen alle im Abschnitt 9.2 genannten Analyseformen zur Anwendung. Es geht hierbei um die verschiedensten Ansätze der Nutzungsanalyse unseres Webs bezüglich einer konkreten oder allgemein intendierten Webanwendung.

Das *Web-Structure-Mining* widmet sich schließlich den (inhaltsbezogenen) Strukturen der Dokumente im Web, die die Nachbarschaft, die Erreichbarkeit, die Navigationsform und die Hyperspace-Bezogenheit betreffen. Als spezielle Analyseformen werden diejenigen innerhalb einer Webseite und diejenigen zwischen den Webdokumenten unterschieden.

Das Web-Mining ist also unmittelbar mit der Webanwendung gekoppelt. Es analysiert und bewertet innerhalb eines vorgegebenen Kontextes die Nutzung spezieller Websysteme bzw. die Nutzung des Webs insgesamt.

9.3.3 Der Webmissbrauch

Im Rahmen unserer Betrachtungen zur Anwendung von Websystemen muss natürlich auch dieser Aspekt erwähnt werden. Allerdings wollen wir uns auch hierbei auf die Angabe prinzipieller Grundlagen und Merkmale beschränken. Wir definieren unseren Begriff zunächst wieder allgemein (siehe [Kröger 2000]).

> *Der **Webmissbrauch** ist die vorsätzliche Webanwendung zum Zwecke der Schädigung der am Web beteiligten systemtechnischen Grundlagen sowie des involvierten Personenkreises.*

Typische Formen solcher missbräuchlichen Webanwendungen sind beispielsweise die folgenden (siehe [Jones 2002] oder auch [Russel 2002]):

- Die Blockierung von Diensten auf einem Zielcomputer durch Erzeugen einer Nutzungsüberlast oder durch detaillierte technische Manipulationen
- Der Einbruch in einen Webserver und dessen Nutzung mit eigenen Dokumenten und üblicherweise illegalen Inhalten
- Der Einstieg in Webdaten-Ressourcen und das missbräuchliche Auslesen von sensiblen Daten bzw. Informationen
- Das einfache Kopieren und Übernehmen von Inhalten fremder Webdokumente für den eigenen Bedarf ohne eine entsprechend eingeholten Genehmigung des Autors
- Die Überlagerung von Webdomänen und die damit verbundene illegale Veränderung der Webseiten-Inhalte durch andere ggf. wiederum rechtswidrige Contents.

Bemühungen, einen derartigen Missbrauch zu vermeiden, reichen von den bei der Entwicklung eines Websystems selbst zu beachtenden Technologien, wie wir sie bereits in den vorhergehenden Kapiteln beschrieben haben, bis hin zu einer „öffentlichen Pflicht", diese Angriffe zu erkennen und entsprechend entgegenzuwirken. Das W3C hat dafür beispielsweise einen Kontrolldienst eingerichtet, der denjenigen, der über einen Zeitraum hinweg einen derartigen Missbrauch zulässt, auf eine so genannte ***Schwarze Liste*** setzt, die mit der (einstweiligen) Streichung des Domänennamens für die allgemeine Webanwendung verbunden sein kann.

Die Bemühungen gehen daher in die Richtung einer allgemeinen Information (siehe [Hacker 2001]) bis hin zur technologischen Verbesserung in Bezug auf sicherere Webapplikationen (siehe [Scott 2002]).

Übungsaufgaben

1. Erläutern Sie die vier Phasen der Websystem-Anwendung an unserem Firmenpräsenzbeispiel mit selbst vorgegebenen Anforderungsänderungen.
2. Nennen Sie neben den in Abschnitt 9.2 genannten möglichen Nutzungsanalysen weitere Formen für eine Webanwendungs-Statistik.
3. Geben Sie mögliche Ursachen für die Charakterisierung von „Unresolved“ in Abbildung 9.2 zu den Top Level Domains an.
4. Interpretieren Sie die einzelnen Messergebnisse des NetTracker-Beispiels in Abbildung 9.5 in einem allgemeinen Kontext.
5. Entwerfen Sie notationelle Beispiele für die verschiedenen Anfragetechniken zu den Websuchmaschinen.
6. Führen Sie eine Beispielrechnung zur Wiederaufrufrate und Genauigkeit bezogen auf unser Firmenpräsenzbeispiel durch.
7. Charakterisieren Sie zum Firmenpräsenzbeispiel jeweils eine Form eines Data-Minings, eines Text-Minings und eines Web-Minings.
8. Geben Sie Beispiele für einen Webmissbrauch an und erläutern Sie dazu mögliche Verfahren der Vermeidung dieser Angriffe bei der Websystem-Entwicklung.

Kapitel 10 Ausgewählte Vorgehensmodelle

Die Situation auf dem Gebiet der Software-Entwicklungsmethoden bzw. der Vorgehensmodelle bei der Entwicklung von Websystemen ist nach wie vor so, dass man noch nicht von einem international bzw. allseits anerkannten Standard sprechen kann (siehe [Murugesan 2001]). Daran ändert auch der *IEEE Recommended Practice for the Internet Standard* [IEEE 2001-2002] nichts, auf den wir noch etwas näher eingehen werden. Das ist auch der Grund, weshalb wir in den vorangegangenen Kapiteln die phasenbezogene Websystem-Entwicklung in einer allgemeinen „methodenneutralen" Form behandelt haben.

Dennoch sind die Bemühungen für methodische Unterstützungsformen eines wirklichen Web Engineering ungebrochen. Spezielle Ansätze sind beispielsweise folgende:

- Die Beachtung der besonderen Ausprägung der Softwareentwicklung für das Internet bzw. das Web (siehe [Reifer 2002])
- Die spezielle Fokussierung auf die Sicherung der Qualitätseigenschaften unter den Bedingungen einer technologischen und anwendungsbezogenen Heterogenität im Web (siehe [Chung 2000], [Horvitz 2003] und [Offutt 2002])
- Die besondere Beachtung der Möglichkeiten kooperativer Entwicklungsformen im Web (siehe [Goguen 2001])
- Die Entwicklungsorientierung auf eine hohe Wiederverwendung bei den Applikationen (siehe [Schwabe 2001])
- Der Einsatz spezieller Entwicklungstechnologien, wie die *komponentenbasierte Entwicklungsform (siehe [Gaedke 1998] oder [Gaedke 2001])*

Im Folgenden wollen wir spezielle Aspekte einzelner Entwicklungsmethoden für Websysteme beschreiben und dabei jeweils eine Unterscheidung zwischen der Entwicklung dokumentenorientierter und operationaler Websysteme vornehmen.

10.1 Vorgehensmodelle für dokumentenbasierte Websysteme

Bevor wir uns einzelnen Methoden zuwenden, gehen wir erst einmal auf den IEEE-Standard zur Webseiten-Gestaltung ein (siehe [IEEE 2001-2002]). Hierin werden unter anderem folgende Vorgaben bzw. Empfehlungen für so genannte *well-engineered Web Sites* gegeben:

- *Webseiten-Lebenszyklus:* Für jede Webseite ist deren Lebensdauer sowie deren Wartbarkeit sorgfältig zu planen und zu gewährleisten. Diese Planung sollte insbesondere über qualitative und organisatorische Angaben verfügen, die den Nutzungs- und Wartungsprozess weitestgehend unterstützen.
- *Webseiten-Entwicklungsbeschreibungen:* Die Problembeschreibung sollte über detaillierte Anforderungsangaben verfügen, die einerseits Nutzungs- und Änderungsformen festlegen und andererseits die Einsatzbedingungen klar definieren. Der Webseitenentwurf sollte darüber hinaus Angaben zum Kontext, zur Referenzierung überhaupt und zur organisatorischen Einordnung beinhalten. Außerdem sind klare Testvorgaben zu definieren und bei der Realisierung entsprechend umzusetzen.
- *Webseitenwartung:* Hierbei sollte sich darauf konzentriert werden, obsolete Inhalte und Dienste zu eliminieren sowie die Änderungsanforderungen zur Plattform und zur Organisationsstruktur konsequent umzusetzen. Außerdem sind die Referenzen bzw. Links periodisch zu verifizieren.

Aus den zum Teil sehr spezifischen Angaben wollen wir hier die so genannten *Quick Tips* des W3C zitieren, die im übertragenen Sinne folgende Hinweise geben:

1. Bei Bildern oder Animationen sollte stets das *alt*-Attribut verwendet werden.
2. Image-Maps sollten vor allem für Zusatzinformationen (als Hotspots) genutzt werden.
3. Multimediale Komponenten sollten stets mnemonisch betitelt werden.
4. Bei Hyperlinks sollten stets inhaltsbezogene Beschreibungen verwendet werden; beispielsweise nicht einfach nur „Hier anklicken".
5. Eine Webseite sollte stets klar strukturiert und wenn möglich mittels Style-Sheets einheitlich gestaltet sein.
6. Für Grafiken oder Diagramme sollte das *longdesc*-Attribut verwendet werden.
7. Für Scripts, Applets und Plug-ins sollten stets alternative Darstellungsformen im Falle eines Zugriffs- oder Darstellungsfehlers vorhanden sein.
8. Bei der Verwendung von Frames sollte stets auch ein *noframes*-Element vorhanden sein.
9. Bei der Darstellung von Tabellen sollte ein einfaches zeilenweises Lesen möglich sein.
10. Das implementierte (Webseiten-)Ergebnis ist hinsichtlich seiner Validität zu überprüfen (dabei können speziell die Hilfen unter `http://www.w3.org/TR/WCAG` genutzt werden).

Nach diesen allgemeinen Hinweisen für ein qualitatives und relativ konsistentes Webdesign gehen wir im Folgenden auf einzelne Entwicklungskonzepte ein.

10.1.1 Die Entwicklung multimedialer Komponenten

Bei der bisherigen Behandlung der Websystem-Entwicklung haben wir bereits spezielle Modellierungsformen wie Zeitrelationen, Hypergraphen, temporale Kompositionen, Zustands- und Ereignisdiagramme kennen gelernt. Jetzt wollen wir uns einem Entwicklungskonzept insgesamt zuwenden.

Die besonderen Anforderungen bei multimedialen Systemen bzw. Systemkomponenten erfordern einen schrittweisen Entwurf, der im Allgemeinen die folgenden Stufen umfasst (siehe [Schifmann 1999] und [Srinivasan 2001]):

1. Die *Vorphase:* mit dem so genannten Briefing
2. Das *Rohkonzept:* mit den Etappen der Festlegung der Inhalte, der Bestimmung der Visualisierungsformen, dem Definieren der Programmierungs- bzw. Implementationsdetails, dem Konzipieren der technischen Storyline, der Koordination der benötigten Ressourcen, der Beachtung der Copyrightrechte und schließlich dem Sign-Off (als Abschlussdokumentation)
3. Die *Preproduktion:* als Interface festlegen, Interaktivität konzipieren, Storyboard definieren und Prototyp implementieren
4. Die *Produktion:* die tatsächliche Erzeugung der Grafiken, der Stilbilder, der Musik, der Audio-Files, der Animationen und der Video-Files sowie die Auswahl und ggf. die Durchführung der erforderlichen Konvertierungen
5. Die *Assemblage:* als Test bzw. Debugging der finalen Zusammenstellung
6. Das *Mastering:* als Archivierung der entsprechenden Konfiguration(en)
7. Die *Replikation:* als abschließende System- oder Komponentenüberprüfung

Methodische Umsetzungen einer derartigen Entwicklung sind im multimedialen Bereich beispielsweise das *Multimedia Application Framework (MET++)*, die *Dynamic Multimedia Specification Language (DAMSEL)*, das *Object-Oriented Multimedia Toolkit (MME)* oder die *Presentation Environment for Multimedia Standards (PREMO)* (siehe [Chang 2000]).

10.1.2 Grundkonzepte der HDM-Methode

Das ***Hypertext Design Model (HDM)*** beruht auf der strukturbasierten Entwicklung eines dokumentenorientierten Websystems und unterstützt vor allem die Entwurfsphase dieser Systemart (siehe [Garzotto 1995] und [Schwabe 1995]). Der Entwurf richtet sich auf zwei Schwerpunkte:

- Entwurf der technologischen Details der im Websystem einbezogenen Dokumente hinsichtlich ihrer strukturellen Verbindungsformen (*in-the-small*)
- Entwurf der allgemeinen Nutzungsorganisation des Websystems bezüglich der anwendungsbezogenen Navigationsformen (*in-the-large*)

Zur Erläuterung zeigen wir zunächst noch einmal die Webseitenstruktur unseres Firmenpräsenzbeispiels in der folgenden Abbildung:

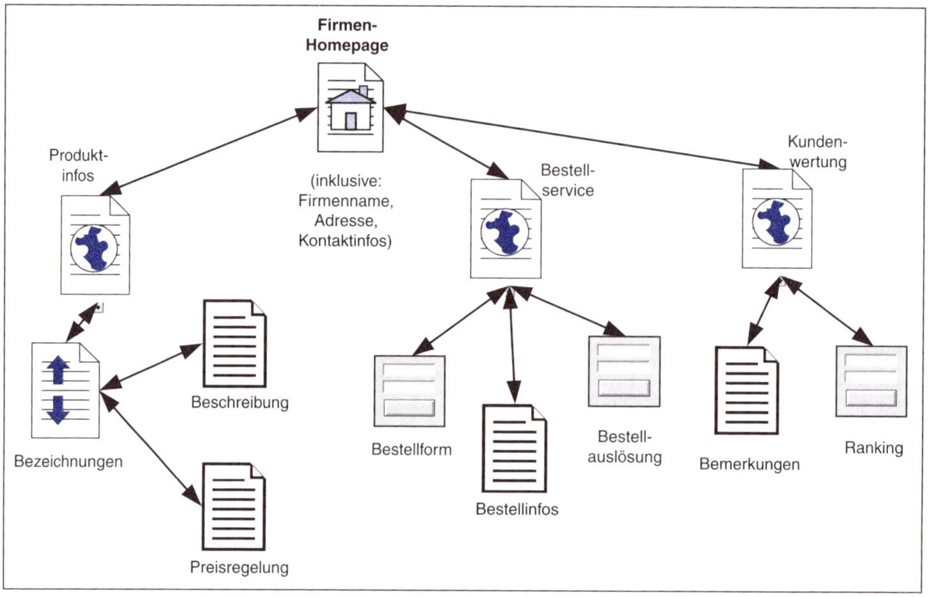

Abbildung 10.1: Webseitenstruktur des Firmenpräsenzbeispiels

Im Bereich der (Einzel-)Dokumentenbeschreibung (also in-the-small) werden im HDM die folgenden Strukturelemente unterschieden:

- *Slot:* Hierbei handelt es sich um eine so genannte atomare Einheit einer Informationsdarstellung, die zum Beispiel vom einfachen Typ (z. B. *Integer*) oder vom komplexen Typ (z. B. *Video synchronized with sound*) sein können. Bezüglich einer Webseite stellen Slots die inhaltsbezogenen Grundkomponenten dar. In der Homepage unseres Firmenpräsenzbeispiels könnten derartige Slots beispielsweise die Adressenangabe oder eine E-Mail-Referenz sein. Komplexe Typen haben wir ggf. auf den Produktbeschreibungsseiten.
- *Frame:* Diese Strukturform stellt eine Aggregation von Slots als themenbezogene Präsentationseinheit dar. In unserem Firmenbeispiel könnten Frames die Bezeichnungsliste der Produkte oder den Kontaktinformationsteil der Homepage darstellen. Das heißt, Frames müssen nicht Webseiten entsprechen, sondern werden aus inhaltlicher Sicht konzipiert.
- *Node:* Ein Knoten ist hierbei eine Navigationseinheit, auf die in unterschiedlicher Weise (intern oder extern bezüglich einer Webseite) referenziert werden kann. Die unterschiedliche Referenzierungsform drückt sich im so genannten *Node type* aus. Im Firmenbeispiel sind die Verzweigungskennzeichnungen zu den Portal-Komponenten derartige Nodes.

- *Component:* Hierbei handelt es sich um eine Gruppe von Knoten, die eine logische (semantische) Einheit bilden. Bei unserem Firmenbeispiel können die Webseiten zum Bestellservice (Bestellform, Bestellinfos und Bestellauslösung) eine derartige Komponente darstellen. Jede Komponente besitzt auch einen *Component type*, der einfache Knoten, dynamische Elemente und Verbindungskomponenten unterscheidet.

Für unser Firmenbeispiel lautet die In-the-small-Strukturbeschreibung für einen speziellen thematischen Auszug dann wie folgt:

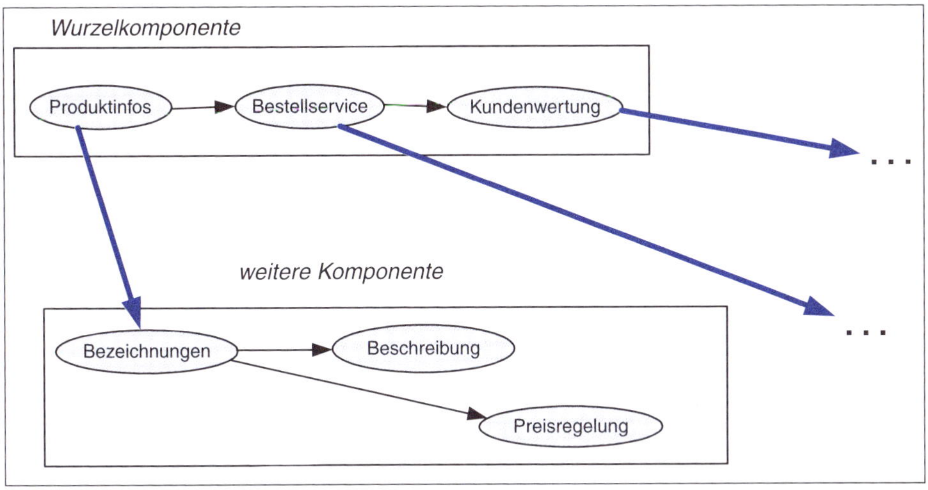

Abbildung 10.2: In-the-small-Strukturbeispiel der HDM

Man beachte, dass diese Struktur zunächst keinesfalls der in unserem Beispiel bereits realisierten Webseitenstruktur entspricht, sondern semantische Intentionen impliziert.

Über diese elementare Architekturform werden nun die Webseitenstrukturen insbesondere in einem Gesamtkontext (also in-the-large) betrachtet und dabei vor allem die semantischen Navigationsverläufe modelliert. Die Strukturelemente sind hierbei:

- *Entity:* Dieses Strukturelement fasst eine Gruppe von Komponenten zusammen, die inhaltlich einem realen Objekt entsprechen. So stellt in unserem Firmenbeispiel die *Bestellauslösung* eine derartige Entity dar, da sie in der Realität einem *Bestellformular* entspricht. Entities haben auch einen so genannten *Entity type*, der vorwiegend die Referenzierungsart unterscheidet.
- *Collection:* Hierbei handelt es sich um eine Menge von „realen" Objekten, die thematisch zusammengefasst werden. In unserem Firmenbeispiel ist eine derartige Kollektion beispielsweise die Bezeichnungsliste der Produktbeschreibungen.
- *Link:* Ein Link beschreibt hierbei eine Verbindung zwischen zwei unterschiedlichen Objekten, die eine Entity, eine Komponente, ein Knoten oder eine Kollektionen sein können. Ein *Link type* fasst dann zum Beispiel alle Schema-Links mit gleichartiger Bedeutung zusammen. HDM definiert dieses Element zwar im In-the-large-Teil, lässt

jedoch dessen Gültigkeit auch für den In-the-small-Teil zu. Wir haben den *Link* bereits in der obigen Abbildung in diesem Sinne verwendet.

- *Structural links:* Hierbei geht es nun um die Verbindungsbeschreibung von Strukturelementen, die eine inhaltliche Verlaufsform hinsichtlich der konzipierten Navigationsstrukturen modelliert.
- *Index links:* Diese Verbindungsmodellierung bezieht sich ausschließlich auf die Verlaufsform innerhalb von Kollektionen. Die Ansicht der Produktbeschreibungen in unserem Firmenpräsenzbeispiel stellt eine mögliche Anwendung dieser Link-Form dar.
- *Guided tour links:* Dabei werden nun aus Kollektionsmitgliedern spezielle (lineare oder zyklische) Sequenzen modelliert. Für unser Firmenbeispiel wäre hierbei zu überlegen, ob wir dem Kunden eine spezielle Übersicht zu ausgewählten Produkten, zur Einfachheit unseres Bestellservice und zu der sehr „lobenden Form" bisheriger Kundenwertung als Guided Tour konzipieren.
- *Applicative scheme:* Diese Strukturform verbindet zwei Objekte zu einer anwendungsbezogenen (semantischen) Einheit. Für unser Firmenbeispiel könnte eine Anwendung dieses Schemas durch die unmittelbare Verbindung einer Produktbeschreibung mit der Bestellauslösung realisiert werden.

HDM widmet sich also vor allem den anwendungsintendierten Dokumentenstrukturen unseres Websystems.

Hinsichtlich der (Hyper-)Links unterscheidet HDM dabei perspektivische (zwischen den Komponenten), strukturelle (zwischen den Objekten) und anwendungsbezogene (zwischen Objekten und deren Komponenten). Die Spezifikation wird in Form eines so genannten HDM-Schemas vorgenommen, welches die Zugriffsstrukturen für die zu implementierende HDM-Anwendung in Form einer Datenbank mit den dazugehörenden Verweisen beschreibt. Eine spezielle (objektorientierte) Ausprägung von HDM ist das OOHDM (siehe [Schwabe 1995]).

10.1.3 Das Entwicklungskonzept von RMM

Die ***Relationship Management Methodology (RMM)*** ist ein plattformunabhängiges Modell für die Entwicklung webbasierter hypermedialer Anwendungen. Sie ist in Entwicklungsphasen unterteilt, die in Abbildung 10.3 dargestellt sind (siehe [Isakowitz 1995]).

Während der ER-Entwurf in der „klassischen" Entity-Relationship-Form erfolgt, werden beim Entity-Entwurf die Links in Form so genannter *Slices* mit berücksichtigt. Die vollständige Navigationsdarstellung wird schließlich durch die Einbeziehung aller möglichen bzw. beabsichtigten Indexbezüge erreicht. Die Abbildung 10.4 gibt die grundlegenden Darstellungsmittel in RMM an.

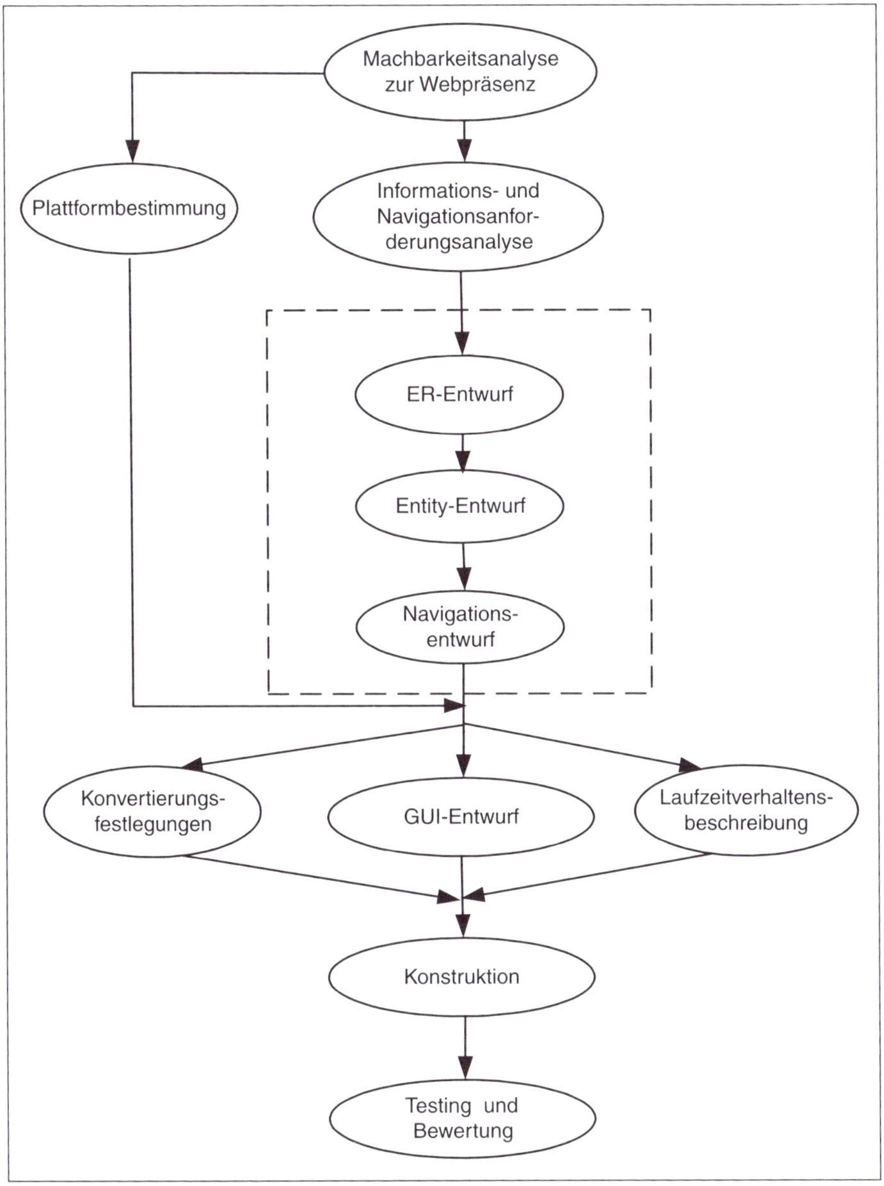

Abbildung 10.3: Grundphasen der RMM-Methode

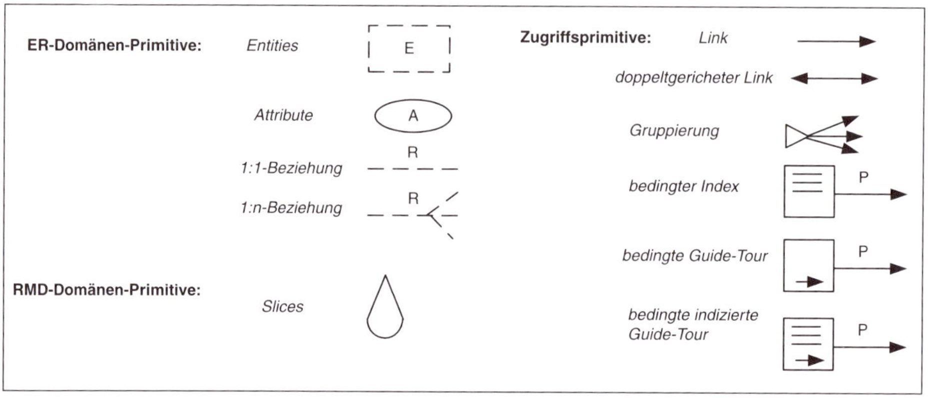

Abbildung 10.4: Grundsymbole der RMM-Methode

RMD steht hierbei für das RMM-Datenmodell. Die folgende Abbildung bezieht sich auf unser Firmenpräsenzbeispiel und zeigt eine „nachträgliche" Modellierung ausgewählter Webseiten-Relationen:

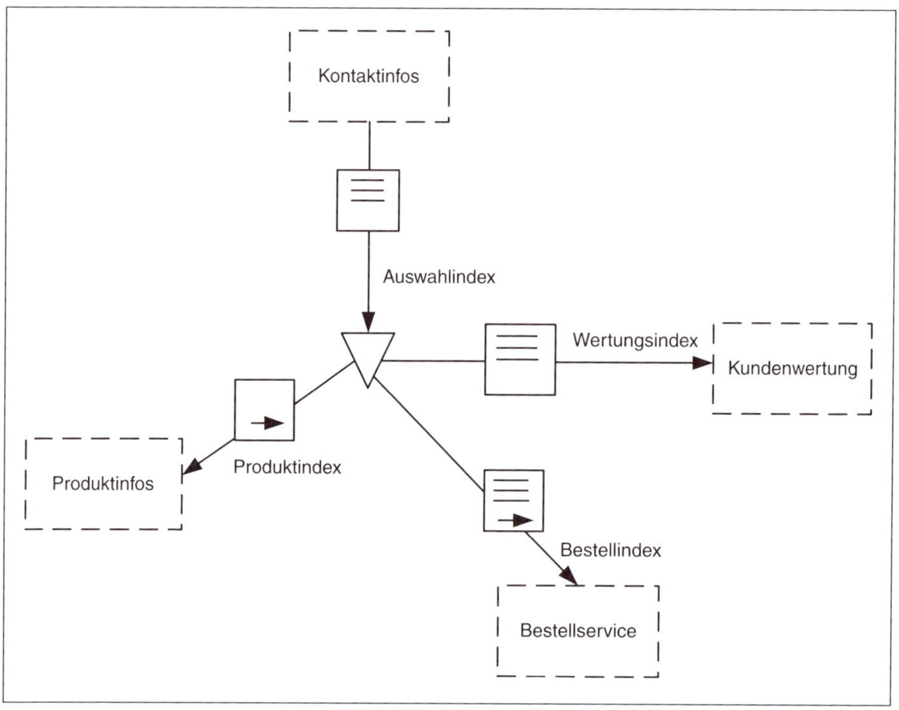

Abbildung 10.5: RMM-Navigationsentwurf zum Firmenpräsenzbeispiel

Wir haben also die folgende Navigationsstruktur intendiert: Aus der Firmenkontakt-Entity kann über eine Gruppierungsform „überhaupt" verzweigt werden. Der Wertungsindex stellt dabei eine Referenz „an sich" dar, während die Referenzierung über den Produktindex und den Bestellindex innerhalb einer *Guide-Tour* unserem Kunden empfohlen wird. Die folgende Abbildung zeigt schließlich die mögliche Modellierung einer solchen Guide-Tour über die Slices:

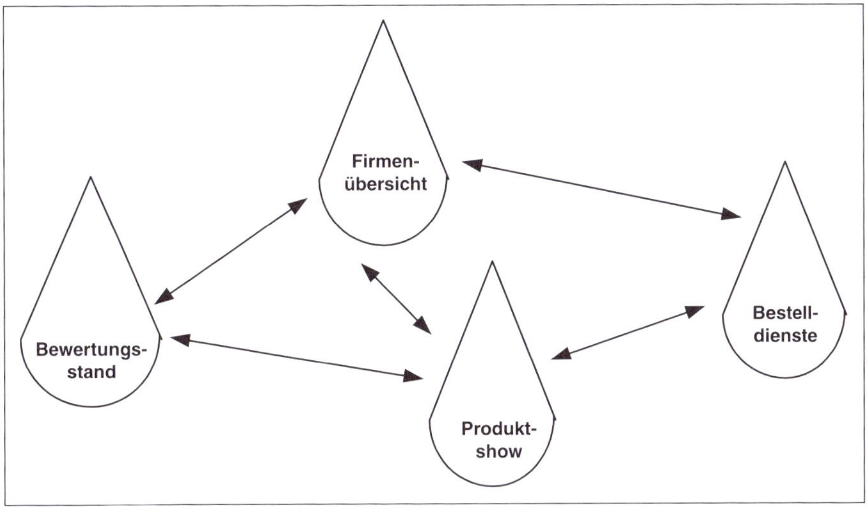

Abbildung 10.6: Ein Guide-Tour-Entwurf für unser Firmenbeispiel

Unsere Guide-Tour soll also den Kunden generell mit unseren Produkten vertraut machen, ihm zeigen, welche Formen der Bestellung bei uns möglich sind, und ihm ausgewählte Kundenbewertungen zu unserer Firma zeigen. Unser Entwurf visualisiert dabei eine mögliche Verbindung zwischen diesen Teil-Guide-Tours – ausgenommen zwischen dem Bestelldienst und dem Bewertungsstand.

RMM verwendet also im Gegensatz zu HDM ein detailliertes Datenmodell, während allerdings beide die Modellierung inhaltsbezogener Navigationsstrukturen und Verlaufsformen in den Websystem-Dokumenten unterstützen.

10.1.4 Die Systemstrukturierung bei der WSDM-Methode

Die ***Web Site Design Method (WSDM)*** ist ebenfalls auf die Erstellung webbasierter Informationssysteme ausgerichtet (siehe [Nanard 1995] und [De Troyer 1998]). Der Entwurf ist nutzerorientiert und erleichtert die Implementation so genannter Kiosksysteme im Internet. Die folgende Abbildung zeigt die einzelnen WSDM-Entwicklungsphasen an:

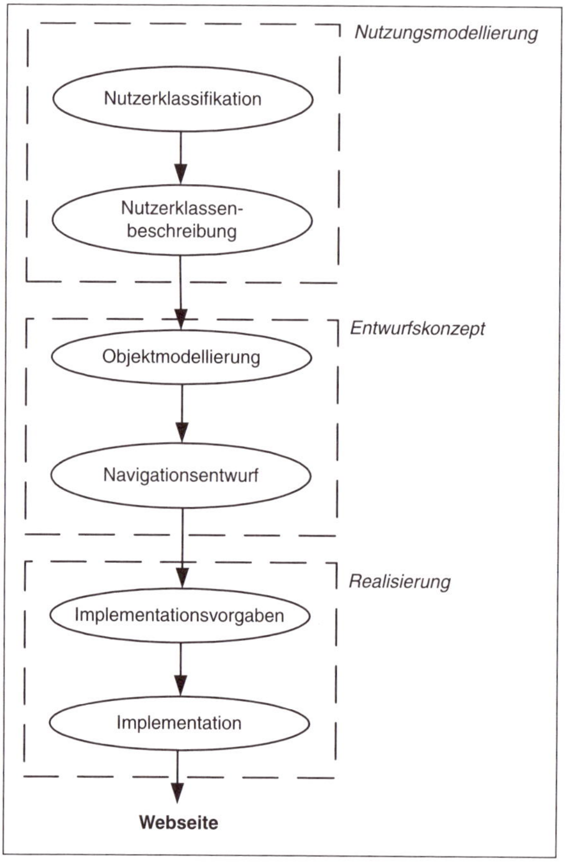

Abbildung 10.7: WSDM-Entwicklungsphasen

Für die Nutzerklassifikation werden um Objekte erweiterte Use-Case-Diagramme verwendet. Zur Beschreibung des Systemverhaltens wird das bereits in Kapitel 4 (Websystem-Spezifikation) gezeigte Navigationsdiagramm genutzt. Dabei werden die Schichten einer *Inhaltsangabeebene (Context layer)*, einer *Informationsebene (Information layer)* und einer *Navigationsebene (Navigation layer)* unterschieden und in dieser Form modelliert. Bei der Implementation werden dann diese Strukturen in Webseiten umgesetzt, die die jeweiligen Referenzstrukturen berücksichtigen.

Der WSDM-Ansatz widmet sich also speziell den verschiedenen Nutzersichten bzw. -klassen und berücksichtigt damit im besonderen Maße die Anforderungen bezüglich einer angemessenen und kundenorientierten *Web Usability*.

10.1.5 Die Entwicklungsdimensionen beim eW3DT

Die eW3DT-Methodik steht für ***extended World Wide Web Design Technique (eW3DT)*** und wurde an der Wirtschaftsuniversität in Wien entwickelt (siehe [Scharl 2000]). Sie stellt ein Metasystem dar, welches ggf. die Methoden wie RMM oder HDM impliziert. Der Grundansatz ergibt sich aus verschiedenen Dimensionen bzw. Ordnungen, wie sie in der folgenden Abbildung angedeutet sind:

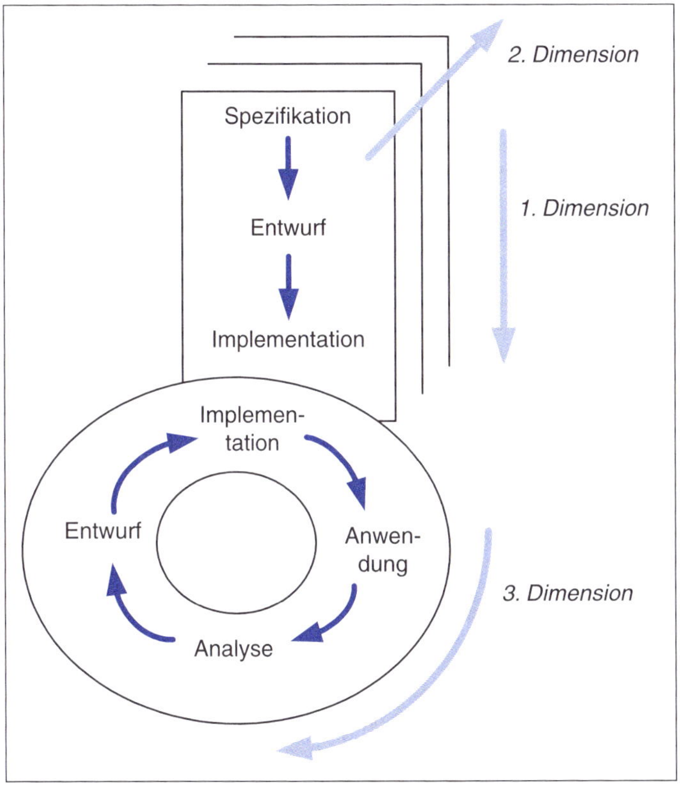

Abbildung 10.8: Entwicklungsdimensionen beim eW3DT

Die erste Dimension beschreibt die Entwicklungsphasen, wie wir sie bereits angegeben haben. Die zweite Dimension charakterisiert die möglichen Veränderungen in der verwendeten Entwicklungsmethodik und die dritte Dimension kennzeichnet die besonderen Veränderungsmöglichkeiten unseres (dokumentenorientierten) Websystems im Verlauf seiner Anwendung.

Das Grundsymbol für den Strukturentwurf des webbasierten Systems hat beim eW3DT beispielsweise die in der folgenden Abbildung angegebene Form:

Komponentenname	**Art**
Komponentenparameter	* *

Abbildung 10.9: Symbolisierung einer Komponente beim eW3DT

Für die Art der Komponenten hat die Methode *Page, Menu, Index, IntA* (Interaktion), *File* und *DBase* als jeweiliges spezielles Icon zur Auswahl. Die Komponentenparameter richten sich nach der Komponentenart. So kann man beispielsweise für ein *DBase* (also eine Datenbasiskomponente) ein „R" für den Lesezugriff und ein „W" für Schreibrechte und spezielle Zugriffs- und Suchtechniken angeben. Der Stern klassifiziert den zu erwartenden Wartungsaufwand („*" für ein statisches Dokument, „**" für Updates zum Dokument und „***" für transaktionsverbundene (hochflexible) Dokumente).

Die folgende Abbildung zeigt ein Beispiel für ein eW3DT-Diagramm zur Modellierung unserer Firmenpräsentation im Web:

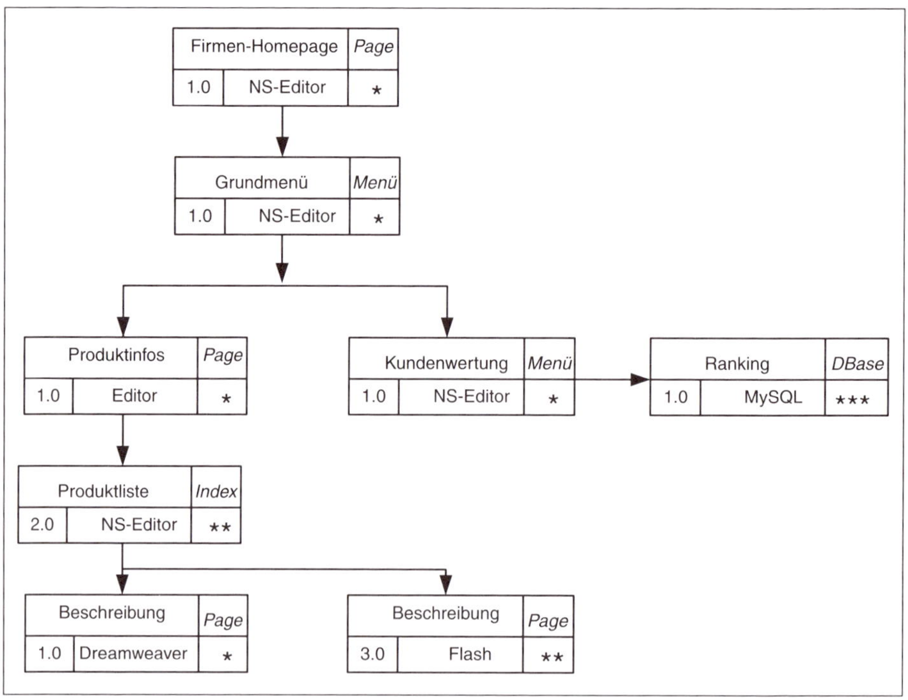

Abbildung 10.10: eW3DT-Entwurfsdiagramm zu unserem Firmenbeispiel

Als Komponentencharakterisierung haben wir jeweils eine Versionsnummer für die (ggf. aktualisierte) Komponente sowie das Tool zur Implementation dieser Komponente eingefügt. Man beachte, dass das Verhältnis von der Komponente zur (später implementierten) Webseite nicht 1:1 ist.

Hervorzuheben ist bei der eW3DT-Methode, dass sie von einer Gesamtsicht webbasierter Systeme ausgeht und bereits Elemente operationaler Websysteme in der Form von Webagenten berücksichtigt.

10.1.6 Die Web Modeling Language (WebML)

Die WebML gehört zu den neueren Initiativen im Rahmen der XML-basierten Modellierung einer Websystem-Entwicklung überhaupt (siehe [WebML 2003]). Die Grundideen der WebML sind in den folgenden Modellen integriert:

- Das *Datenmodell:* Dieses Modell enthält die relevanten Einheiten der jeweiligen Webseite in einer einfachen Verbindungsdarstellung. Derartige Einheiten sind in unserer Firmenpräsenz-Homepage zum Beispiel das Firmenlogo, die Links, die Piktogramme und die Kontaktangaben.
- Das *Hypertextmodell:* Bei diesem Modell werden zum einen die statische Struktur der Webseiten in einem so genannten *Kompositionsmodell* und zum anderen die dynamischen Verbindungsmöglichkeiten durch ein *Navigationsmodell* konzipiert. Beim Firmenbeispiel würden wir im Kompositionsmodell die Teilgebiete (als Webseiten) zu den Produktinfos, dem Bestellservice und der Kundenwertung darstellen. Ein Navigationsmodell zeigt hierbei schließlich die möglichen Verlaufsformen insbesondere mit einem generellen Link zur Homepage von jeder Firmen-Webseite aus.
- Das *Präsentationsmodell:* Hierbei wird das Layout in all seinen Formen und Strukturen beschrieben, wie es sich auf allen Plattformen gleich darstellen soll. Neben der üblichen Hintergrundgestaltung und den Click-Bereichen werden dabei auch dynamische Elemente modelliert. In unserem Firmenpräsenzbeispiel betrifft diese Modellform die Anordnung und die Gestalt des Firmenlogos, die Anordnung der Links zu den Teilgebieten und die Gestalt der Piktogramme für die jeweiligen Subdomänen.
- Die *Personalisierung:* Abschließend wird in einer Art Erprobungsphase durch ausgewählte Nutzer und Nutzergruppen die Usability des dokumentenbasierten Websystems in einer möglichst hohen Qualität gesichert. Für unser Firmenpräsenzbeispiel bedeutet diese Modellierungsform das Experiment mit ausgewählten Kunden und die Modellverbesserung auf der Grundlage der dabei zu verzeichnenden Verbesserungspotenziale.

Die folgende Abbildung charakterisiert die allgemeine Vorgehensweise bei einer WebML-basierten Systementwicklung:

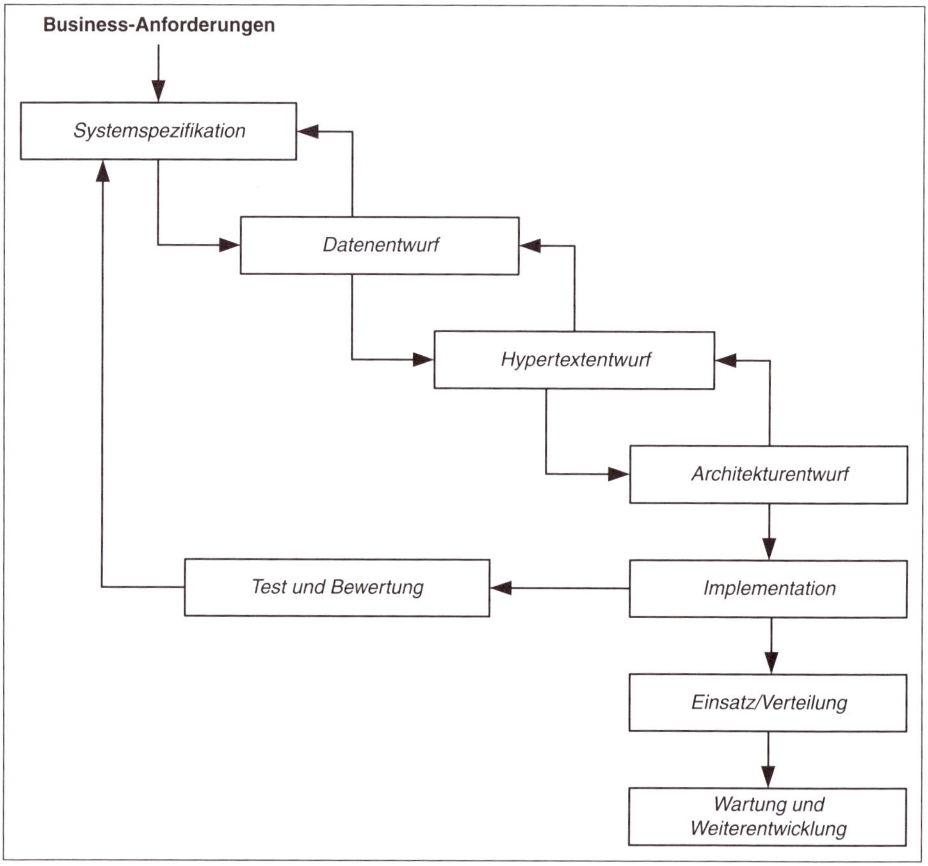

Abbildung 10.11: Der WebML-basierte Entwicklungsprozess

In den einzelnen Phasen sind dabei die oben genannten Modelle involviert und führen schrittweise zu einer implementierbaren Systemausprägung. Um nun einen allgemeinen Eindruck vom Language-Anteil zu erhalten, geben wir im Folgenden ausgewählte textuelle Modellelemente an:

```
<DOMAIN id="Produktinfos" . . .>;

<ENTITY id="Beschreibung">
     <ATTRIBUT id="Produktname" type="String"/>
         . . .
         Datenmodellangaben zu den Datenstrukturen
         des Websystems
         . . .
</ENTITY>
```

```
<DATAUNIT id="Preis" entity="Produktinfos">
    . . . Beschreibung spezieller Dateneinheiten . . .
</DATAUNIT>

<INDEXUNIT id="Produktindex" entity=Produktinfos">
    . . . Beschreibung der Referenzen . . .
</INDEXUNIT>

<PAGE id="Produkt1">
    . . . konkrete Seitenbeschreibung eines Produktes . . .
</PAGE>
```

Im Entwicklungsprozess wird also dieser WebML-Quelltext ständig erweitert und verfeinert und führt so letztlich zu XML-basierten Webseiten-Beschreibungen, die mittels WebML-Tools zur unmittelbaren Generierung der HTML-Seiten genutzt werden.

10.2 Vorgehensmodelle für operationale Websysteme

Als Vorgehensmodelle für operationale Websysteme können die Methoden zur Systementwicklung, die letztlich zu Programmen führen, unmittelbar genutzt werden. Das sind beispielsweise objektorientierte Entwicklungsmethoden, die die besondere Problemstellung mit OO-Programmiersprachen berücksichtigen (siehe [Knight 2002]), bis hin zur Anwendung komplexer OO-Technologien, wie beispielsweise die J2EE (siehe [Altendorf 2002]). Zu diesem Thema existiert bereits eine umfangreiche Literatur (siehe [Binder 2000], [D'Souza1999], [Horn 2002] und [Zuser 2002]). Wir wollen uns dennoch zunächst einer der populärsten Methoden zuwenden und dann einige spezielle Entwicklungsmethoden betrachten, die insbesondere für Websysteme geeignet sind bzw. in deren Umfeld konzipiert wurden.

10.2.1 Die UML-Methode

Die *Unified Modeling Language (UML)* bildete sich im Wesentlichen aus der in der Praxis am meisten genutzten OO-Methode (der so genannten *Object Modeling Technique (OMT)*), aus den Darstellungsmitteln für moderne (Telekommunikations-)Systeme (beispielsweise den Use-Case- und Interaktionsdiagrammen) und aus der bewährten OO-Technologie nach Booch heraus (siehe [Booch 1999] und [Jacobson 1999]). Darüber hinaus sind inzwischen die unterschiedlichsten Ausrichtungen hinsichtlich der Anwendungssysteme, des Entwicklungs-Managements und der effizientesten Technologien mit einbezogen worden. Hier einige Beispiele dafür:

- Die *Object Constraint Language (OCL)*, die vielfältige Formulierungsmöglichkeiten für Bedingungen zwischen den Objekten, für Programmzustandsbedingungen und für die Wertebereiche der Objektattribute besitzt (siehe [Warmer 1999]

- Die Rationalisierung der OO-Spezifikation durch so genannte *Analysemuster* (siehe [Fowler 1997])
- Die Aufbereitung und Nutzungsmöglichkeit von OO-Projekterfahrungen für die UML-basierte Softwareentwicklung (siehe [Royce 1998])
- Die Orientierung auf spezielle Systemarten wie die eingebetteten bzw. Echtzeitsysteme bei der Systemmodellierung (siehe [Douglass 1998])
- Die Beachtung möglicher umfangreicher Wartungsaktivitäten am Softwaresystem als so genanntes *Refactoring* (siehe [Fowler 1999])
- Schließlich die Formulierung eines Entwicklungsprozesses als *Rational Unified Process (RUP)* für die UML-basierte Softwareentwicklung (siehe [Jacobson 1999])

Die Grundlage der UML-Methode sind die für die Modellierung einzusetzenden UML-Diagramme. Im Verlauf unserer Darstellung der Websystem-Entwicklungsphasen haben wir diese Diagramme bereits kennen gelernt. Das heißt, wir haben soweit es ging bereits mit der UML modelliert. Danach ergibt sich beispielsweise ein diagrammbezogener Entwicklungsverlauf in den folgenden Etappen:

1. *OO-Spezifikation:* Diese Phase beinhaltet die Modellierung der Anwendungs- und Prozessstruktur des Websystems mit dem *Use-Case-Diagramm* sowie die Darstellung des Prozessverhaltens mit *Sequenz-, Aktivitäts-* oder *Zustandsdiagrammen.* Dabei werden gleichzeitig die für die Verarbeitung notwendigen Objekte identifiziert und deren operationale Verbindungen durch ein *Kollaborationsdiagramm* charakterisiert.

2. *OO-Design:* Der Entwurf der Systemarchitektur wird zunächst mit einem *Komponentendiagramm* vorgenommen. Die zweckmäßige Zusammenfassung der Objekte erfolgt in einem *Klassendiagramm* auf der Grundlage der anzuwendenden Klassenbibliothek einer speziellen OO-Programmiersprache. Der Entwurf der Systemverteilung im Web wird mit Hilfe des *Verteilungsdiagramms* dargestellt. Die Attributsmerkmale und algorithmischen Grundlagen der Methoden der Objekte werden ebenfalls in dieser Phase ausformuliert.

3. *OO-Implementation:* Die eigentliche Kodierung und der Test werden hierbei auf der Grundlage des Systementwurfs und der dabei zum Teil möglichen Codegenerierungen in einer Programmierumgebung vorgenommen.

Der RUP dient nun dazu, den besonderen Merkmalen einer Websystem-Entwicklung in der Hinsicht gerecht zu werden, dass der großen Flexibilität der Anforderungen bzw. der starken Kundeneinbindung in den Modellierungsentscheidungen mehr oder weniger Rechnung getragen wird.

Um nun ein Beispiel zu zeigen, ist unser Firmenbeispiel leider sehr wenig geeignet. Es stellt kein operationales Websystem dar, es sei denn, wir verkaufen dem Kunden nicht nur spezielle Softwaresysteme, sondern wenden diese Systeme auf der Plattform des Kunden für diesen auch an. Dennoch wollen wir im Folgenden zu unserem Firmenpräsenzbeispiel eine UML-Modellierung in Form eines Use-Case-Diagramms für die Systemnutzung insgesamt angeben:

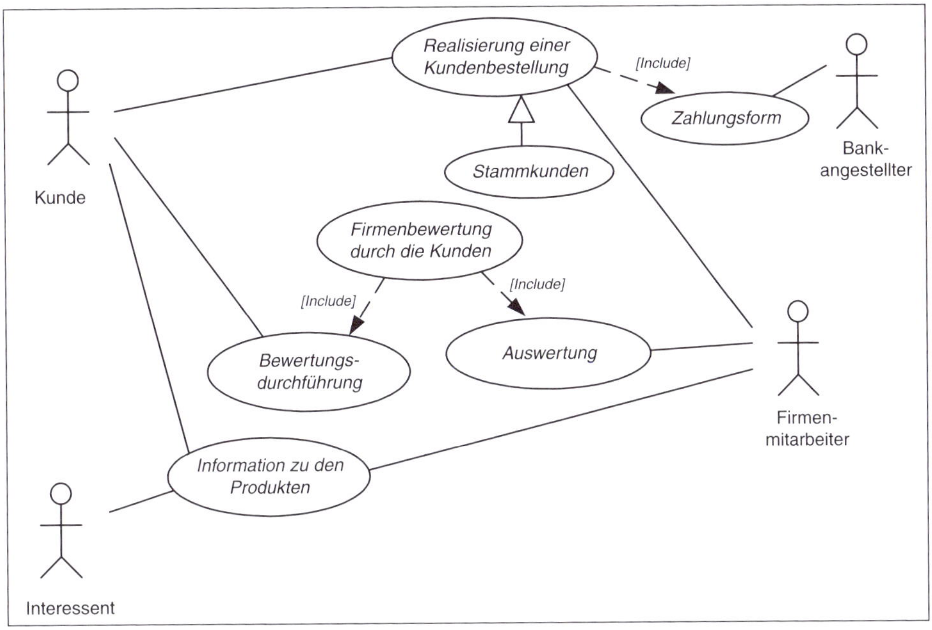

Abbildung 10.12: Use-Case-Diagramm zum Firmenpräsenzbeispiel

Eine weitere Möglichkeit, unser Firmenbeispiel mit den UML-Entwurfsdiagrammen zu modellieren, würde sich insbesondere dann ergeben, wenn wir spezielle Applets oder Servlets nutzen würden und in diesem Falle eine Java-basierte Programmierung zu modellieren hätten.

Generell ist die UML-basierte Systementwicklung eine komplexe Technologie, für deren umfassende Anwendung wir unbedingt auf die entsprechende Literatur verweisen (siehe auch [Dumke 2001] mit den entsprechenden Web-Links zum Buch). Im Rahmen der Behandlung eines Web Engineering wollen wir es bei diesen knappen Bemerkungen bewenden lassen.

10.2.2 Die Win-Win-Methode

Die Win-Win-Methode wurde von der Gruppe um Barry Boehm an der University of California für die Entwicklung multimedialer Systeme konzipiert (siehe [Boehm 1998]). Der Ansatz basiert auf drei Komponenten:

- dem so genannten *W-Ansatz* aus der Managementtheorie, wobei das W für „win" steht und den Erfolg für die Firma durch die Projektentwicklung als wesentliche Zielgröße kennzeichnet; *Win-Win* bedeutet dann, dass sowohl die Vertriebsfirma als auch der Kunde bzw. Auftraggeber die „Gewinner" sind.
- dem *Win-Win-Spiralmodell*, welches auf das von Boehm bekannte Spiralmodell zur Softwareentwicklung aufbaut und es den Besonderheiten multimedialer Systementwicklung anpasst.

- dem so genannten *Win-Win-Groupware-Tool*, welches speziell die für multimediale Systeme typische große „Dynamik" der Anforderungen „auszuhandeln" (*Negotiation*) erlaubt.

Dabei werden zunächst die Entwicklungsphasenziele *(Life cycle objectives (LCO))* und die phasenbezogene Architekturform *(Life cycle architecture (LCA))* im obigen Sinne festgelegt. Als allgemeines Prinzip wird das WWWWWHH-Prinzip (Why, what, when, who, where, how, how much) angewandt.

Die Grundphasen des Win-Win-Spiralmodells sind in der folgende Abbildung in einer allgemeinen Übersicht kurz dargestellt:

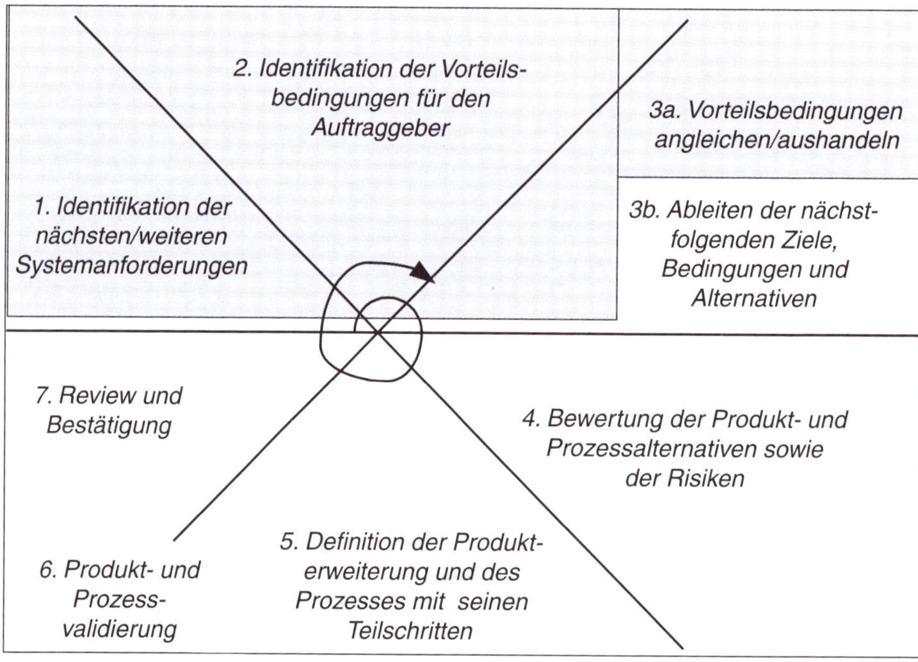

Abbildung 10.13: Grundphasen der Win-Win-Methode

Dabei sind die Win-Win-typischen Ergänzungen des Spiralmodells grau gekennzeichnet. Die Grundlage ist also das so genannte Spiralmodell (siehe [Boehm 1988]), welches insbesondere die Übergänge bei den Entwicklungsphasen in der Hinsicht *splittet*, dass jeweils eine Bewertung der bisherigen Ergebnisse und insbesondere eine Risikoanalyse zwischen jeder Phase erfolgt, um Projektgefährdungen frühzeitig erkennen und beheben zu können.

Für die Entwicklung operationaler Websysteme ist die Win-Win-Methode insbesondere in der Hinsicht geeignet, als sie einerseits der Web Usability besondere Aufmerksamkeit schenkt und andererseits der großen Dynamik bei der Anforderungsanalyse (Powell nennt diese Phase auch *Requirement Analysis Whirlpool* [Powell 1998]) gerecht wird.

Für unser Firmenpräsenzbeispiel bedeutet die Anwendung der Win-Win-Methode beispielsweise, dass wir den Aufbau des Systems jeweils auf der Grundlage eines schrittweise erweiterten Kundenstammes vornehmen. Das kann zum einen die Klassen der angebotenen Softwaresysteme und zum anderen die Art der Kunden hinsichtlich Privatperson oder größerer IT-Bereich betreffen.

10.2.3 Agile Websystem-Entwicklung

In der heutigen Zeit finden so genannte agile Entwicklungsmethoden immer mehr Verbreitung. Da gegenwärtig auch die Anzahl der Websystem-Entwicklungen stark ansteigt, halten wir eine kurze Betrachtung dieser Entwicklungsform im Rahmen eines Web Engineering für angebracht. Die Agilität bei der Systementwicklung wird wie folgt definiert (siehe [Cockburn 2002]):

> *„Agility is dynamic, context-specific, aggressively change-embracing, and growth-oriented. It is not about improving efficiency, cutting costs, or battening down the business hatches to ride out fearsome competitive 'storms'. It is about succeeding and about winning: about succeeding in emerging competitive arenas, and about winning profits, market share, and customers in the very center of the competitive storms many companies now fear."*

Die allgemeinen Merkmale einer agilen Softwareentwicklung (ASE) sind nach der so genannten *Agile-Allianz* die folgenden (siehe [Agile 2003] bzw. [Williams 2003]):

1. Die höchste Priorität einer ASE ist die frühe Implementation von Software und die damit mögliche frühe Zufriedenstellung des Auftraggebers.
2. Die Software soll in kurzen Zeitintervallen (nur einige Wochen) erstellt werden. Dabei werden jeweils umsetzbare Teilanforderungen berücksichtigt.
3. Das primäre Maß für den Arbeitsfortschritt ist anwendbare Software, die inkrementell eine gewisse Menge von Systemanforderungen bereits realisiert.
4. Anforderungsänderungen sind sogar erwünscht. Das gilt auch, wenn sie üblicherweise erst im späten Entwicklungsverlauf auftreten.
5. Auftraggeber und Entwickler sollten täglich den Ergebnisstand auswerten und ggf. Maßnahmen zur Gewährleistung der Validität festlegen.
6. Eine Projektinitiierung sollte dadurch erfolgen, dass man „gute" Leute sammelt und sie für die Projektidee motiviert.
7. Der beim ASE unbedingt erforderliche Informationsaustausch sollte am besten durch eine Face-to-Face-Kommunikation gesichert werden.
8. Erfahrungsgemäß kommen die besten Entwürfe bzw. Softwarearchitekturen aus sich selbst organisierenden Teams.
9. Der technischen Kompetenz der Entwickler sowie einem guten (Whiteboard-)Design sollte stets große Aufmerksamkeit gewidmet werden.

10. Agile Prozesse fördern insbesondere eine stabile Entwicklung im Team auf der Grundlage der Teamstabilität selbst.
11. Die Kunst der Entwicklung besteht vor allem in der Fähigkeit, eine Einfachheit aller Systemkomponenten und Integrationsformen zu gewährleisten.
12. Ein ASE-Team erreicht in bestimmten Intervallen durch Reflexion eine höhere Effizienz, wobei sich die Teammitglieder in ihrem Verhalten dem Entwicklungsfortschritt anpassen.

Diese Prinzipien scheinen jeden zu überzeugen, sind allerdings nicht ganz unkritisch (siehe [Beck 2003], [Boehm 2003]). Voraussetzung für das ASE sind kleine Teams (bis zu zehn Mitarbeiter) sowie die Gewährleistung der unmittelbaren Kommunikation untereinander, was beispielsweise durch die Arbeit in einem gemeinsamen Raum mit ständigem visuellen Kontakt erreicht wird (siehe [Ambler 2002] [Constantine 2002]). Eine spezielle Methode des ASE ist zum Beispiel das *Extreme Programming*, welches auch als Peer-to-Peer-Entwicklungsform bezeichnet wird (siehe [Beck 2000]), auf das wir allerdings hier nicht weiter eingehen wollen. Im Kontext der Websystem-Entwicklung wollen wir die Anwendungsmöglichkeit derartiger Methoden kurz charakterisieren. Die folgende Abbildung verdeutlicht die methodischen Grundprozesse eines ASE, wie sie im Rahmen einer Websystem-Entwicklung zur Anwendung kommen können:

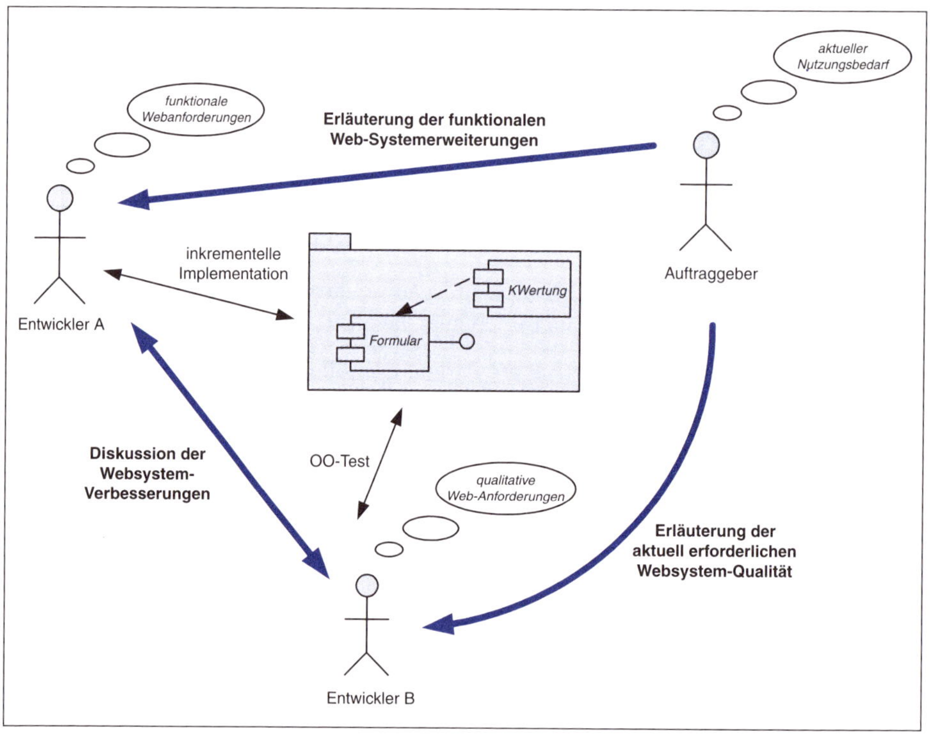

Abbildung 10.14: Agile Websystem-Entwicklung

Der Entwicklungsprozess beginnt natürlich mit einer allgemeinen Problemstellung als Ausgangsdokument. Die weiteren Systemaspekte werden dann allerdings kommunikativ umgesetzt. Durch die permanente Präsenz des Auftraggebers bzw. eines Vertreters mit dessen Kompetenz können weitere geänderte Anforderungen sofort diskutiert und umgesetzt werden. Die beiden Entwickler teilen sich wechselseitig die Implementation ausgewählter Anforderungen und den jeweiligen Test dazu, so dass ein inkrementelles Systemwachstum erreicht wird. Voraussetzung dieser dokumentationslosen Entwicklungsform ist allerdings eine hohe Qualifikation der Entwickler selbst, die ausschließlich über eine Pinwand den Projektfortschritt bzw. Bearbeitungsstand anzeigen. Der Vorteil der agilen Websystem-Entwicklung ist der hohe Nutzereinfluss bereits zur Entwicklungszeit. Nachteilig kann sich die hierbei entstehende personengebundene Systemkenntnis für die Wartung dieser Websysteme auswirken.

Mit diesem kurzen Überblick wollen wir die Behandlung von ausgewählten Vorgehensmodellen im Rahmen des Web Engineering abschließen. Sie sollten die grundlegenden Ansätze vermitteln und in Ermangelung eines webspezifischen Standards die Vielfältigkeit der Prozess-Gestaltungsmöglichkeiten mit den dabei notwendigen Modellierungsformen für die Websystem-Entwicklung verdeutlichen.

Übungsaufgaben

1. Welche Grundprinzipien müssen für well-engineered Webseiten nach dem ISO 2001-2002-Standard erfüllt sein?
2. Erläutern Sie die Phasen der Entwicklung multimedialer Komponenten am Beispiel einer Produktbeschreibung in unserem Firmenpräsenzbeispiel.
3. Beschreiben Sie die einzelnen Strukturelemente der HDM-Methode bezogen auf die Webseitenstruktur unseres Firmenbeispiels.
4. Erläutern Sie die Entwicklungsphasen der RMM-Methode und geben Sie jeweils Gründe für eine derartige Einteilung an.
5. Geben Sie für die einzelnen Guide-Tour-Komponenten in Abbildung 10.6 die jeweiligen RMM-Navigationsdiagramme an.
6. Was wird in der ersten Phase bei der WSDM-Methode modelliert?
7. Welches sind die inhaltlichen Gründe für die drei Dimensionen bei der Websystem-Entwicklung nach der eW3DT-Methode?
8. Vervollständigen Sie das eW3DT-Entwurfsdiagramm in Abbildung 10.10 um die Komponenten zum Bestellservice unseres Firmenbeispiels.
9. Charakterisieren Sie die einzelnen Modellformen beim Websystem-Entwurf nach der WebML.
10. Leiten Sie aus dem Use-Case-Diagramm in Abbildung 10.12 ausgewählte operationelle Beschreibungsformen (Sequenz- oder Aktivitätsdiagramme) ab.
11. Welche Intention verbirgt sich hinter dem doppelten Win-Win bei der gleichnamigen Win-Win-Methode?
12. Diskutieren Sie die Erfordernisse einer erfolgreichen Wartung für ein mit einer agilen Entwicklungsmethode erstelltes Websystem.

Kapitel 11 CASE-Tools beim Web Engineering

11.1 Web-CASE-Grundlagen

CASE steht für *Computer Aided Software Engineering* und impliziert die Tool-basierte Unterstützung aller Prozesse der Softwareentwicklung und -wartung. In diesem Sinne wird der Begriff CASE hauptsächlich in seiner speziellen Form als *CASE-Tools* bzw. *Softwarewerkzeuge* verwendet. Diese CASE-Tools werden auf verschiedene Weise klassifiziert. Auf einige dieser Klassifikationen wollen wir im Folgenden kurz eingehen (siehe [Bass 1998], [Dumke 2001], [Nobles 2001] oder auch [Pfleeger 1998]).

Je nach Einsatz der Softwarewerkzeuge in den Phasen der Websystem-Entwicklung bezeichnet man diejenigen für die so genannten frühen Phasen als *Upper-CASE-Tools* und diejenigen für die späten Entwicklungsphasen als *Lower-CASE-Tools*. Ein typisches Beispiel für ein Upper-CASE-Tool wäre ein Web-Editor, der unsere Problemstellung bzw. weitere Entwicklungsdokumente erfasst und webbasiert auswertbar macht. Ein Beispiel zum Lower-CASE-Tool ist eine Java-Programmierumgebung. Eine typische Architektur eines CASE-Tools zeigt uns die Abbildung 11.1.

Dabei fasst das *Data Dictionary* die Beschreibung aller Entwurfsartefakte (Daten, Module, Klassen, Testfälle usw.) zusammen. Die gestrichelten Linien zeigen den Steuerungsfluss vom Hauptmenü aus, während die anderen Pfeile insbesondere den integralen Zusammenhang zum Data Dictionary verdeutlichen.

Kann ein CASE-Tool für nahezu alle Entwicklungsphasen eingesetzt werden, so handelt es sich um ein *integriertes CASE-Tool* bzw. um ein *I-CASE-Tool*. Die Entwicklung derartiger Web-CASE-Tools wird zwar immer wieder intendiert, jedoch im Allgemeinen nicht erreicht.

Berücksichtigt ein CASE-Tool alle möglichen Aspekte einer oder mehrerer Entwicklungsphasen, so handelt es sich beispielsweise um eine *Modell-, Simulations- oder Programmierumgebung*. Unterstützt das CASE-Tool nahezu alle Entwicklungsphasen und -indikatoren, so nennt man derartige CASE-Tools *Entwicklungsumgebung*. Besitzt diese Entwicklungsumgebung auch eine operationale Kopplung im Web, so bezeichnen wir diese CASE-Form schließlich als ***Entwicklungsinfrastruktur***.

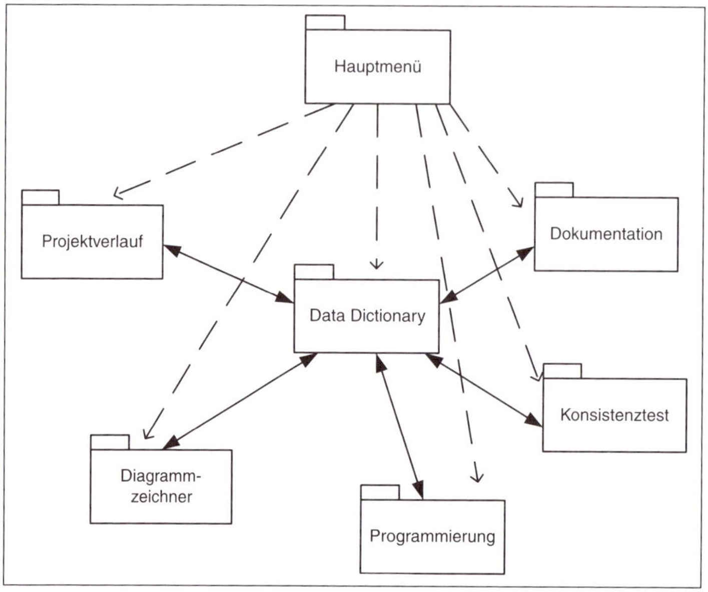

Abbildung 11.1: Case-Tool-Architektur

Die folgende Abbildung zeigt zunächst die allgemeinen Merkmale unterschiedlich ausgeprägter Infrastrukturen für die Websystem-Entwicklung.

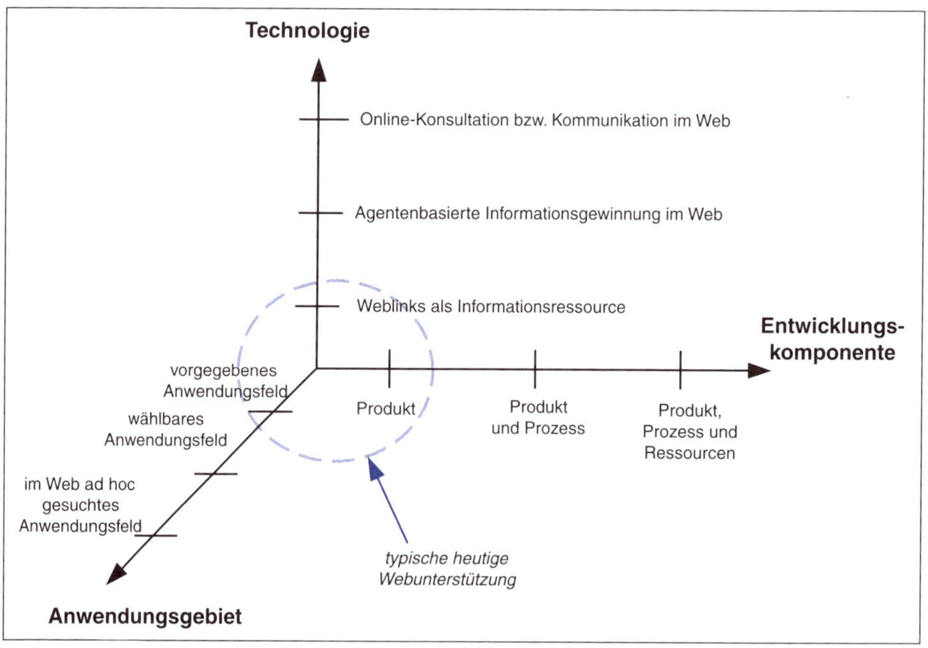

Abbildung 11.2: Ausprägungen einer Entwicklungsinfrastruktur

Schließlich wollen wir noch eine weitere Klassifikation zu den CASE-Tools angeben, die ihr besonderes Anwendungsfeld für die Entwicklung und speziell für die Wartung charakterisiert. So nennt man beispielsweise CASE-Tools für das Reengineering auch *Computer Aided Reengineering Tools* bzw. kurz ***CARE-Tools***. Typische Tools für diesen Bereich sind Disassembler, Strukturerzeugungs-Tools aus Programmtexten und Diagrammgeneratoren.

CASE-Tools, die wiederum der Messung und Bewertung von Websystem-Komponenten bzw. zur Bewertung der Websystem-Entwicklung selbst dienen, haben ihre Bezeichnung als *Computer Assisted Measurement and Evaluation* als so genannte ***CAME-Tools***. Solche CAME-Tools haben wir bereits als Benchmarks oder Webseiten-Analyse-Tools kennen gelernt. Die folgende Abbildung zeigt noch einmal die allgemeinen Ansatzpunkte dieser CASE-Klassifikationsform:

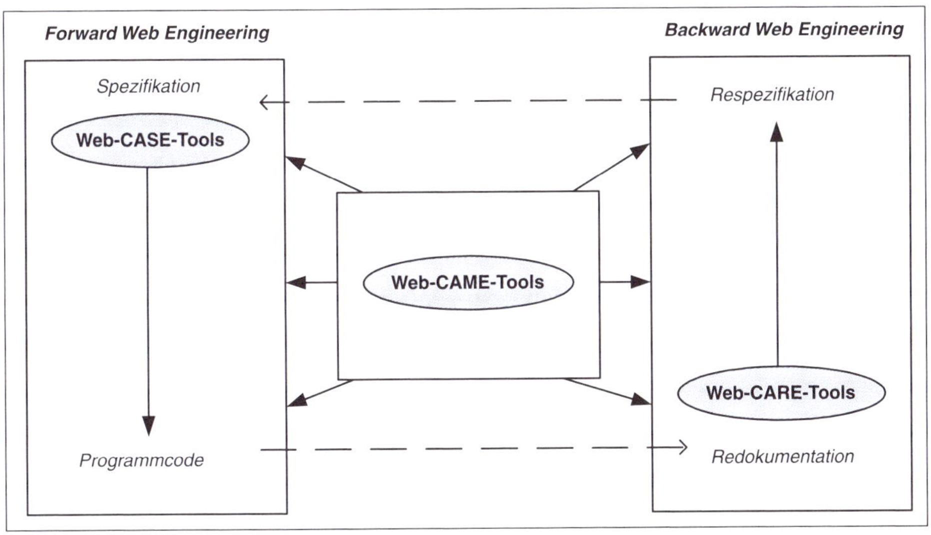

Abbildung 11.3: Web-CASE-Tools bei der Websystem-Entwicklung

Wir können also bereits erkennen, dass wir für unsere Websystem-Entwicklung im Allgemeinen eine Reihe von CASE-Tools benötigen. Bei derartigen „Sammlungen" von CASE-Tools für einen speziellen Websystem-Entwicklungsbereich spricht man häufig von einem *Werkzeugkasten* oder auch *Web Tool Kit*.

Jetzt wollen wir noch auf die Besonderheit eingehen, das Web selbst für die Beschaffung, Anwendung und Wartung von CASE-Tools zu benutzen. Bereits bei der Behandlung der Websystem-Wartung hatten wir auf diese Möglichkeit hingewiesen und wollen hier ausgewählte Aspekte dazu noch einmal hervorheben.

So werden beispielsweise Komponenten zur Plattformanpassung generell als so genannte Patches über das Web angeboten bzw. deren Notwendigkeit durch einen Vermerk bei der CASE-Anwendung angezeigt. In gleicher Weise ist der Websystem-Entwickler zumeist „online" im Web und kann sofort Fehlermeldungen (als Trouble Reports) an den CASE-Anbieter senden. Für die CASE-Erweiterung wird schließlich im Tool zum Zeitpunkt der

Notwendigkeit auf ein Update hingewiesen, welches bei Bedarf dann auch sofort realisiert werden kann.

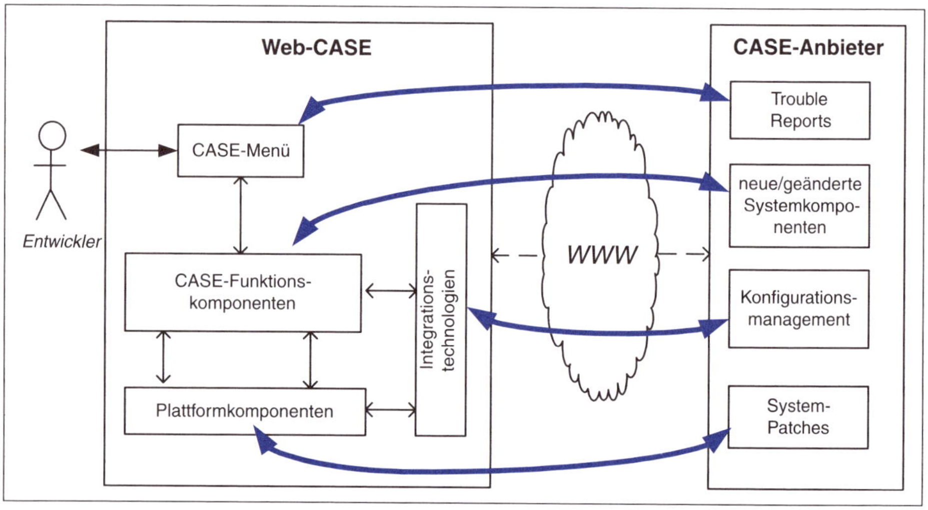

Abbildung 11.4: Ad-hoc-CASE-Anwendungs- und Erweiterungsformen

Im Folgenden wollen wir auf einzelne CASE-Tools näher eingehen. Dabei widmen wir uns einerseits der Entwicklung dokumentenbasierter Websysteme und andererseits wiederum der Entwicklungsunterstützung für operationale Websysteme. Die Anzahl und Vielfältigkeit von Web-CASE-Tools ist inzwischen so umfangreich, dass wir uns hier nur auf einige wenige Tool-Beschreibungen beschränken wollen. Bei den CASE-Tools für operationale Websysteme belassen wir es schließlich bei einer prinzipiellen Darstellung, die die Grundeigenschaften nur andeutet. Hierbei verweisen wir unbedingt auf die Links zu diesem Buch unter `webeng.cs.uni-magdeburg.de`.

11.2 CASE für dokumentenbasierte Websysteme

Die Entwicklung dokumentenbasierter Websysteme kann insbesondere durch CASE-Tools in der Hinsicht unterstützt werden, dass eine flexible Möglichkeit der Erstellung der (multimedialen) Komponenten erreicht wird und die Generierung einer Webseiten-Beschreibung in HTML erfolgt. Außerdem sollten uns CASE-Tools Fehleranalysen wie die sofortige Link-Überprüfung ermöglichen.

Bei der Behandlung der Dokumentensprachen haben wir bereits einige CASE-Tools kennen gelernt. Dazu zählen speziell der *Emulator* für WAP-basierte Webseiten-Darstellungen und die generelle Editiermöglichkeit für die HTML in den jeweiligen Webbrowsern. In diesem Abschnitt wollen wir zunächst ein leistungsfähiges CASE-Tool zur Webseiten-Erstellung und -Verwaltung beschreiben und uns dann ausgewählten Formen einer Webseiten-Analyse mittels CASE-Tools zuwenden.

11.2.1 Webapplikations-Entwicklung mit dem Dreamweaver

Der Dreamweaver gehört zu einer Gruppe von Tools, die sich der Unterstützung der Implementation von Webseiten widmet (siehe [Lowery 2000] oder auch [Seimert 2002]). Beispiele anderer Tools mit dieser Funktionalität sind *Fireworks, Flash, NetStudio, ShopFactory, FrontPage* und *ColdFusion*. Der Dreamweaver ist ein Upper-CASE-Tool und besitzt für die dokumentenbasierte Websystem-Erstellung folgende Merkmale:

- Der Dreamweaver unterstützt die Phase des Websystem-Entwurfs durch seine prototypische Implementationsmöglichkeit für das größen- und inhaltsbezogene Seitenlayout. Die Festlegung des allgemeinen Seitenlayouts mit dem Dreamweaver reicht von der farblichen Darstellung des Textes und den Hyperlinks über die Hintergrundbildgestaltung bis hin zu allgemeinen Textfontangaben.
- Dieses CASE-Tool gewährleistet eine WYSIWYG-gerechte Einbettung von Seitenelementen, wie Texte, Bilder, Scripts, Listen, Tabellen, Navigations-Frames, Formulare und Links. WYSIWYG steht dabei für „What you see is what you get" und macht eine Überprüfung des HTML-Codes nahezu überflüssig. Die Unterstützung der Textdarstellung bzw. -erfassung reicht von der Online-Satztechnik bis hin zur Rechtschreibprüfung.
- Durch den Dreamweaver wird die Komponenteneinbindung durch (File-)Suche oder Tool-Aufruf zur Erzeugung der jeweiligen Komponente unterstützt. Das Einfügen von Bildern, Bildfolgen, Applets, Plug-ins oder ActiveX-Verbindungen wird durch einfache verzeichnisbasierte Such- und Bereitstellungsdienste unterstützt.
- Er besitzt weiterhin eine Fehlerkontrolle hinsichtlich der implementierten Hyperlinks bezüglich nichtrealisierbarer Referenzen durch deren sofortige Überprüfung.
- Außerdem ist eine einfache Aktualisierung vorhandener Webseiten hinsichtlich der Erweiterungen neuer Technologien zu den Dokumenten- und Skriptsprachen möglich. Dabei ist auch eine *HTML-Codeoptimierung* anwendbar.
- Für die Einbindung und vorherige Bearbeitung von Bildern gibt es beim Dreamweaver die Möglichkeit, ein neues Bild auszuwählen, das Bild zu justieren, es neu (intern) zu benennen, die Einbindung so genannter Rollover-Bilder vorzunehmen, die sich beim „Überstreichen" mit der Maus ändern, ein Bild als Hintergrund (Standard: gekachelt) zu verwenden oder schließlich ein Bild zu modifizieren. Beim Dreamweaver werden vor allem Bilder im GIF-, JPEG- und PNG-Format unterstützt.
- In einer grundlegenden Form unterstützt der Dreamweaver auch Prinzipien eines Content-Managements für eine Webseitenmenge innerhalb einer vorgegebenen Domäne.

Mit dem Dreamweaver kann das jeweilige oben genannte Element ausgesucht und mit einer oder mehreren *Verhaltensweisen* verknüpft werden. So „reagiert" ein Hyperlink stets mit einem Text aufgrund der folgenden Verhaltensdefinition:

```
<a href="#" onClick="MM_popupMsg('Danke fuer den Besuch')">Ausgang</a>
```

Die Ausführung von Animationen oder das Verweilen in bestimmten Ebenen (s. u.) wird im Dreamweaver durch so genannte *Zeitleisten* gesteuert. Für die explizite Vorschau des damit verbundenen Zeitverhaltens von Objekten steht der *Zeitleisteninspektor* zur Verfügung. Er ermöglicht die Ansicht und die Änderung derartiger Verhaltensweisen.

Eine weitere Form der Präsentationsgestaltung ist die Bildung von *Ebenen*. Sie dienen zum einen dazu, Desktop-artige Oberflächen aufzubauen, und berücksichtigen zum anderen die Möglichkeit, **feste Formatvorgaben** zu definieren, die auch bei der Anzeige im Browser eingehalten werden.

Wir wollen nun an unserem kleinen Firmenpräsenzbeispiel die wesentlichsten Anwendungsformen des Dreamweaver demonstrieren. Als Erstes wird mit dem Dreamweaver die Domäne bzw. der Hyperspace bestimmt, in dem die Webseiten aufgebaut und schließlich auch genutzt werden sollen. Für diese Webseiten-Gestaltung definieren wir ebenfalls Verzeichnisse, die spezielle gemeinsame Komponenten beinhalten. So sollen in *Materialien* alle Hilfskomponenten wie Buttons, Banner usw. gespeichert werden. *Styles* enthält verschiedene CSS-Files. In den *Vorlagen* speichern wir schließlich die Seitenmuster. Die folgende Abbildung zeigt eine derartige Verzeichnisfestlegung für unser Firmenbeispiel „Web-Systems“:

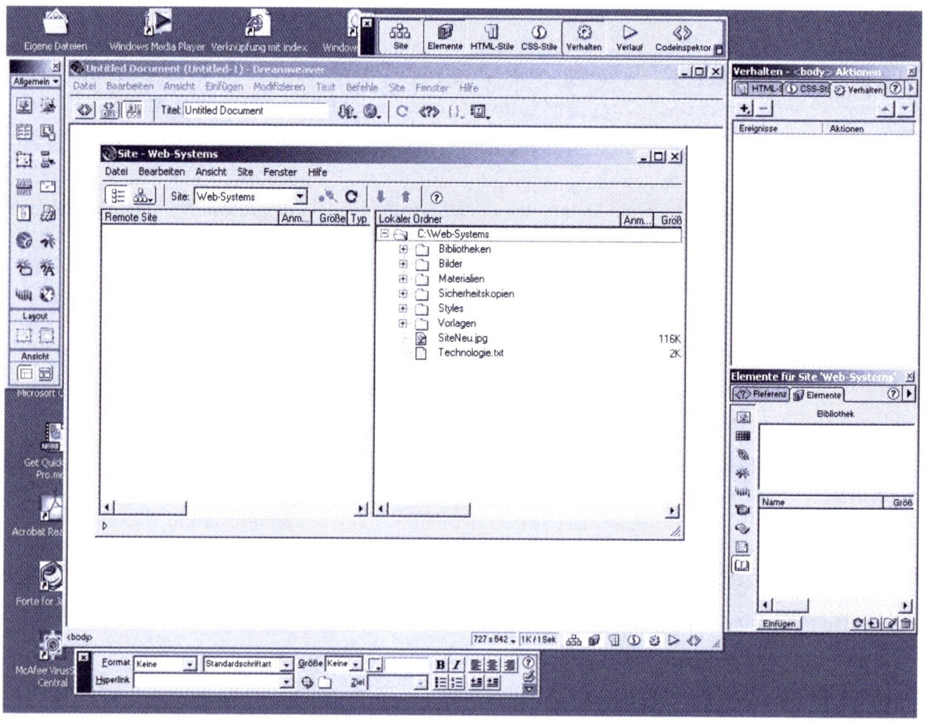

Abbildung 11.5: Verzeichnisdefinition für die Webseiten-Komponenten

Jetzt werden die bereits vorhanden Komponenten in die jeweiligen Verzeichnisse übertragen. Die folgende Abbildung zeigt uns die Übernahme des Firmenlogos in die Materialiensammlung:

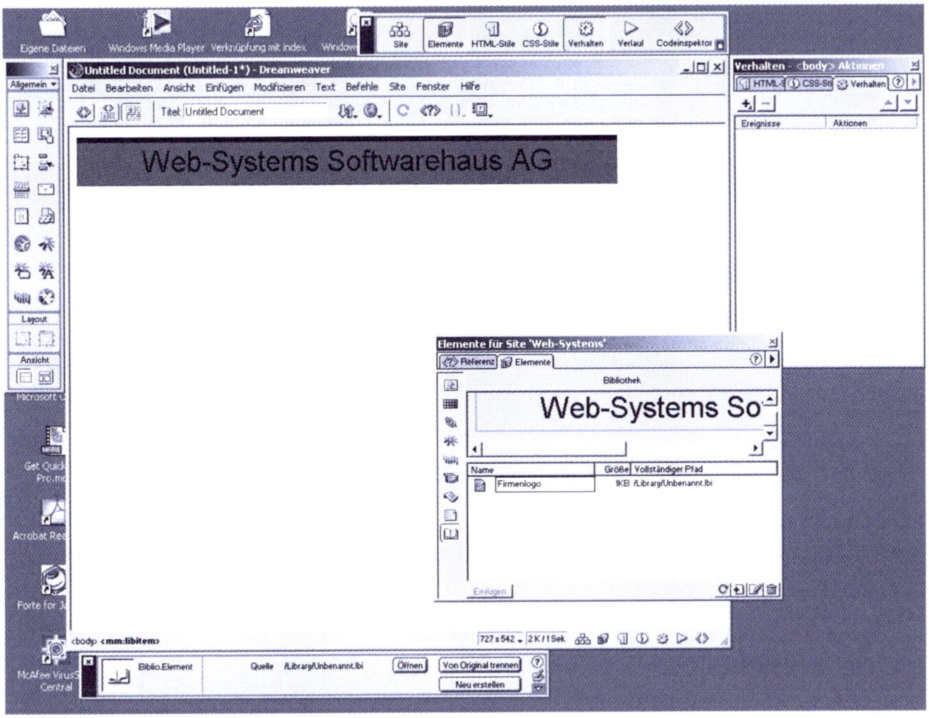

Abbildung 11.6: Einordnung bereits vorhandener Seitenelemente

Danach definieren wir die so genannten Vorlagen für unsere Webseiten. Im gewissen Sinne wird hierdurch ein *Content-Management* vorbereitet und im weiteren Verlauf der Dreamweaver-Nutzung auch umgesetzt. Die folgende Abbildung zeigt uns die Menüauswahl beim Dreamweaver für eine derartige Vorlagenbildung zu unserem Firmenpräsenzbeispiel.

Abbildung 11.7: Definition von Vorlagen beim Dreamweaver

Hinsichtlich der Vorlagen für unser Firmenbeispiel wollen wir die Beschreibung der Produktinfos als Beispiel auswählen. Dieses *Webseitenmuster* bzw. *Seiten-Template* ist in der Abbildung 11.8 als fertig gestellte Seitenvorlage angegeben.

Nachdem alle Seitenvorlagen, die jeweils Klassen von Layouts definieren, implementiert sind, kann mit der Erzeugung der noch fehlenden Komponenten begonnen werden. In unserem Fall sind das beispielsweise die drei Bilder für die jeweilige Produktgruppe. Dafür werden die entsprechenden Bilderzeugungs-Tools verwendet, die entweder eine eigene Bilderzeugung oder die kombinierte Nutzung vorhandener Clips oder Charts ermöglichen. Beispiele für diese CASE-Tools sind *Adobe Photoshop* oder auch *Microsoft Visio*.

Die Abbildung 11.9 zeigt nun, wie die Webseiten-Konstruktion schrittweise auf der Grundlage der jeweiligen Vorlage und der Einbindung anderer Komponenten erfolgt.

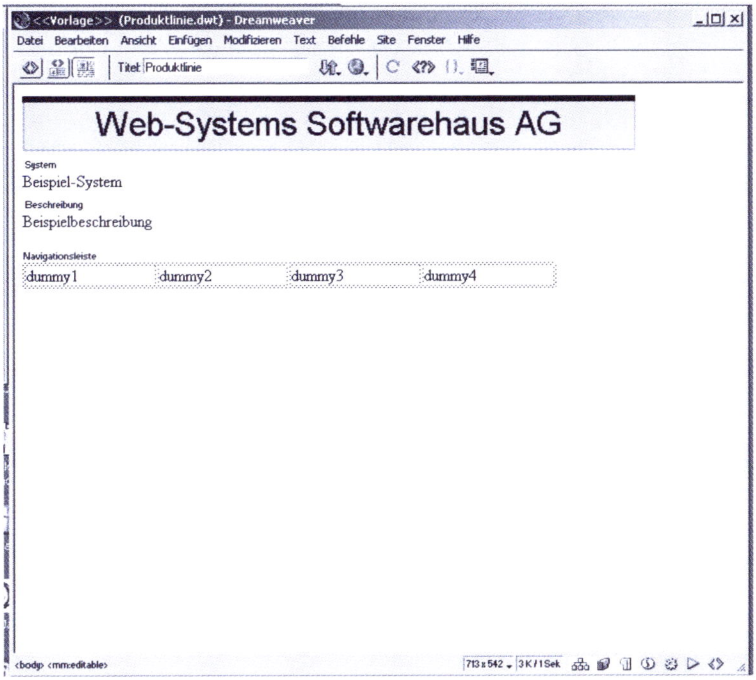

Abbildung 11.8: Fertige Vorlage zu unserem Firmenbeispiel

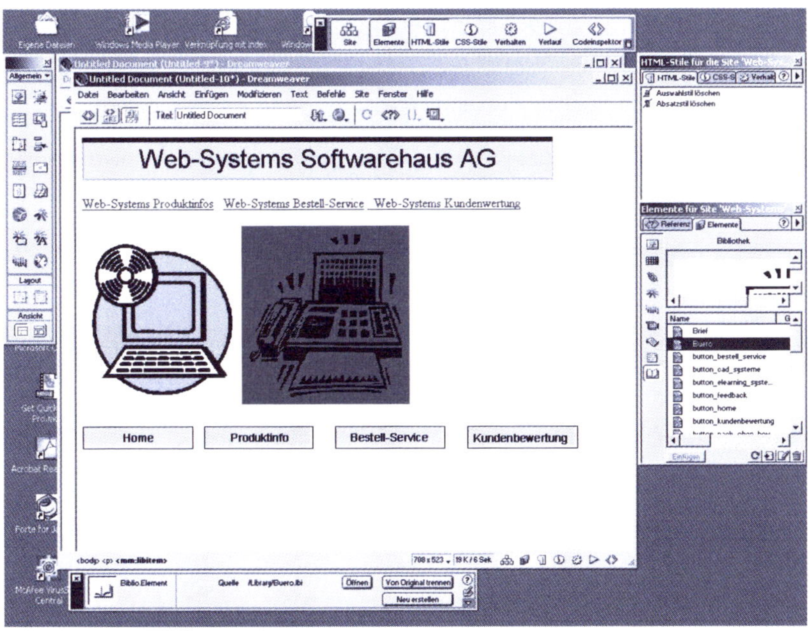

Abbildung 11.9: Webseiten-Konstruktion auf der Grundlage der Vorlagen

Der Dreamweaver gibt uns hierbei als Entwurfs- und Implementationshilfe zu den Bildern jeweils die geschätzte Ladezeit in Sekunden an. Bei den eingebunden Web-Links ist eine sofortige Überprüfung möglich.

Jede konstruierte Webseite kann beim Dreamweaver hinsichtlich ihrer Komponentenstruktur angezeigt werden. So gibt uns die folgende Abbildung zum Beispiel die Webstruktur der Homepage zu unserem Firmenpräsenzbeispiel an:

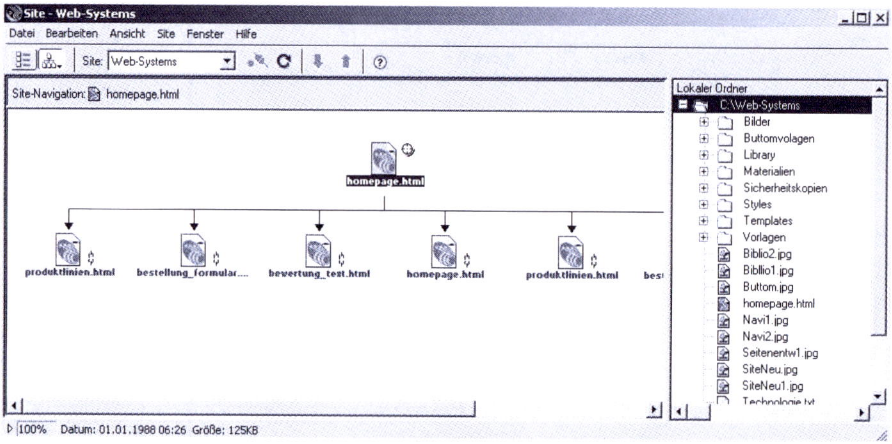

Abbildung 11.10: Anzeige einer Webseiten-Struktur

Man beachte, dass wir bisher noch keine Zeile HTML-Code gesehen haben und dass wir, wenn wir es nicht unbedingt wollen, auch keine derartige Darstellung und die damit verbundene Kenntnis dieser Sprache benötigen.

Natürlich können wir auch die üblichen Textstrukturen, wie zum Beispiel Tabellen oder Listen, verwenden. Das Bild 11.11 zeigt uns eine Tabellendefinition, die ebenfalls nach dem WYSIWYG-Prinzip konstruiert wird.

Ebenso einfach ist die Verwendung bzw. Konstruktion von Formularen. Abbildung 11.12 zeigt eine derartige Formulardefinition als Interaktionselement zur Auswahl der durch unser Websystem angezeigten Produkte.

Darüber hinaus können wir beim Dreamweaver ein spezielles Layout als *Style-Sheet* selbst definieren oder derartige CSS-Vorlagen importieren und anwenden. Abbildung 11.13 zeigt uns einige Möglichkeiten, Webseiten-Eigenschaften selbst „einzustellen" (hierbei also die Überschrift blau anzuzeigen).

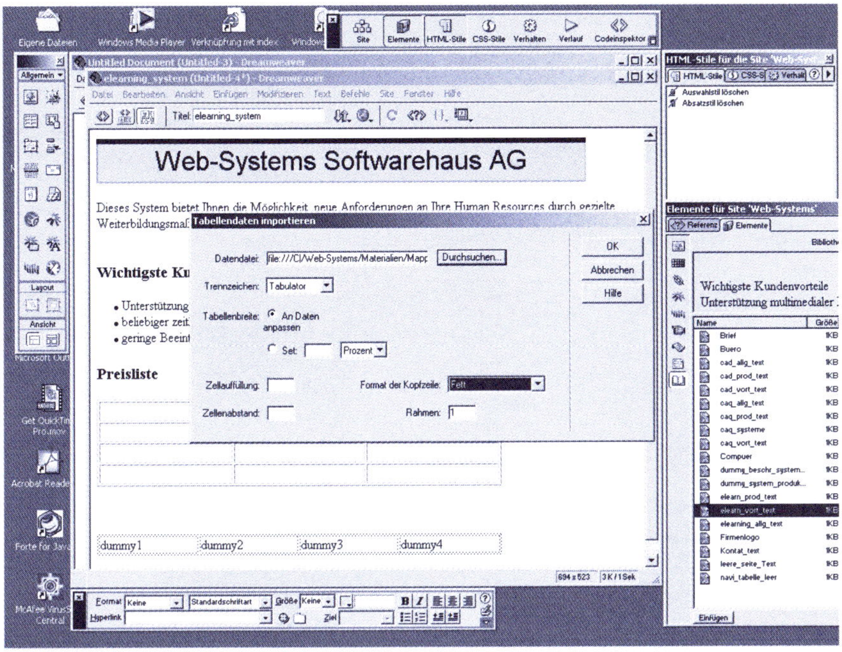

Abbildung 11.11: Tabellendefinition beim Dreamweaver

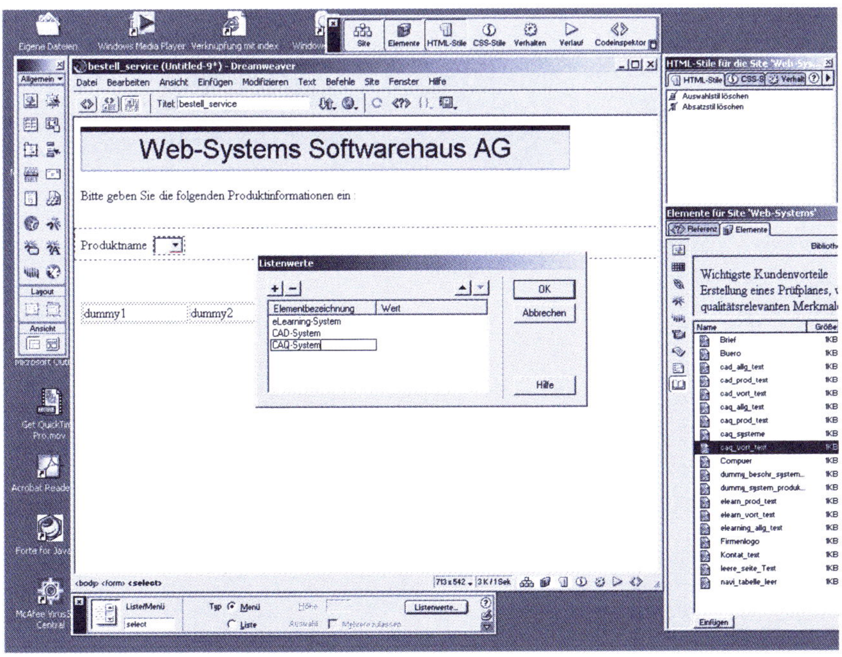

Abbildung 11.12: Formularaufbau beim Dreamweaver

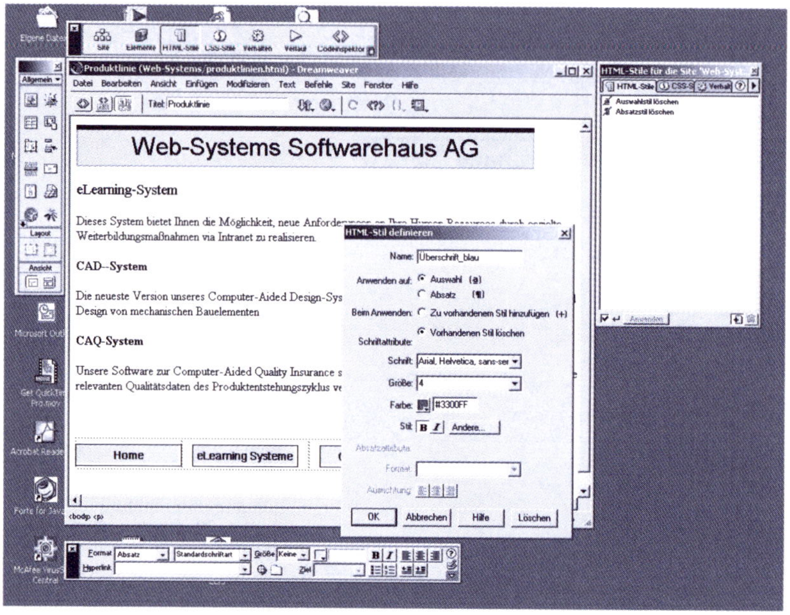

Abbildung 11.13: Style-Sheets beim Dreamweaver selbst definieren

Ein expliziter Aufruf eines externen CSS-Files für die Anwendung in unserem Firmenpräsenzbeispiel zur Änderung der Textform ist im Folgenden angegeben:

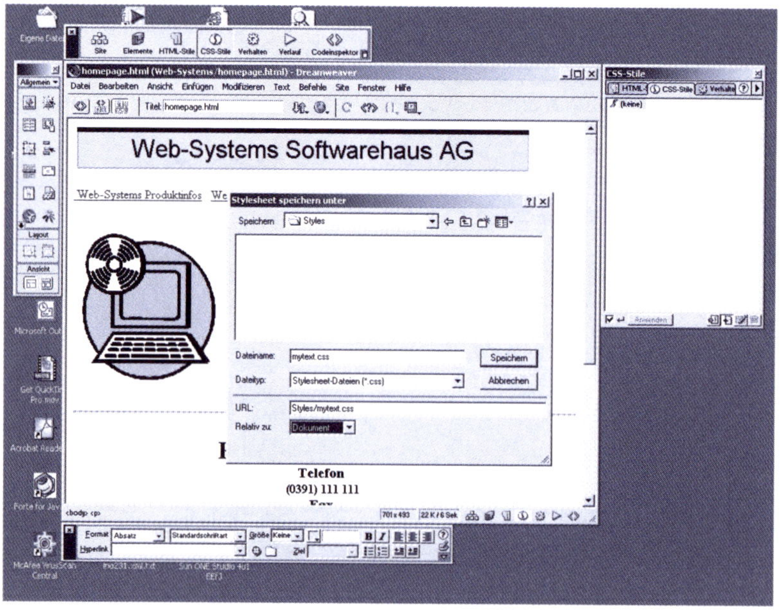

Abbildung 11.14: Externe Style-Sheets beim Dreamweaver aufrufen

Die unmittelbare Verwendung eines derartig eingebundenen CSS-Files zeigt uns die folgende Abbildung, die dabei die schrittweise Interpretation dieses Files verdeutlicht. Generell können die Style-Sheets einzelnen oder Gruppen von Webseiten zugeordnet bzw. darauf angewandt werden:

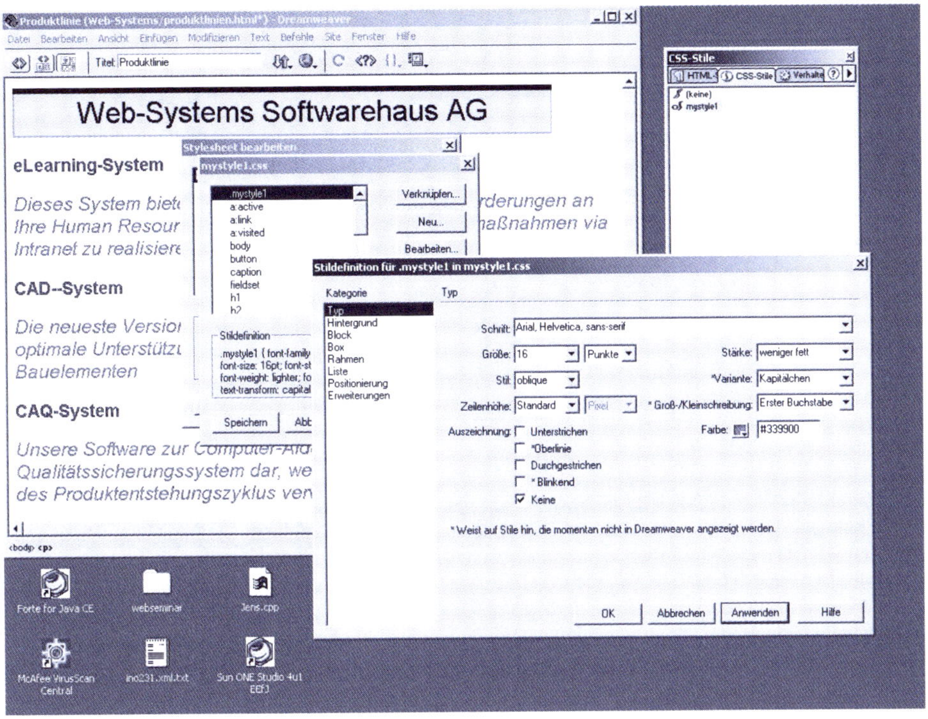

Abbildung 11.15: CSS-Interpretation beim Dreamweaver

Für die Implementation der Web-Links können beim Dreamweaver die unterschiedlichsten Formen ausgewählt werden. Wir wollen für unser Firmenbeispiel eine *Navigationsleiste* definieren, die jeweils die Links zu den anderen Webseiten enthält. Die Auswahl der Links für diese Navigationsleiste selbst zeigt uns die Abbildung 11.16.

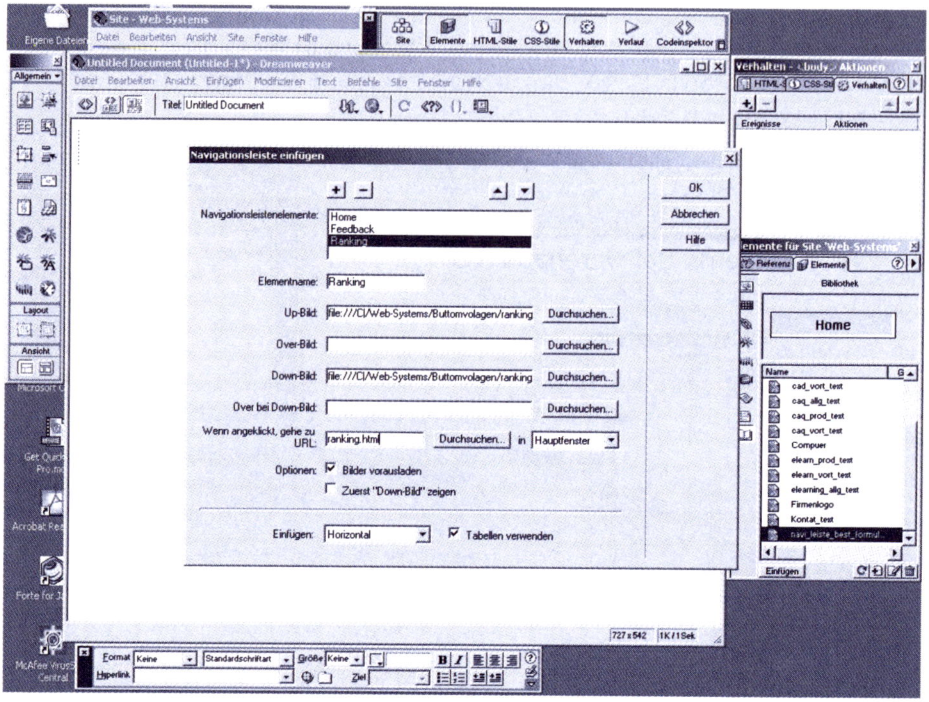

Abbildung 11.16: Definition einer Navigationsleiste beim Dreamweaver

Damit haben wir alle wesentlichen Komponenten für unsere Firmen-Webseiten entworfen und auch gleichzeitig implementiert, so dass wir uns einmal die Gesamtstruktur in der folgenden Abbildung anschauen können:

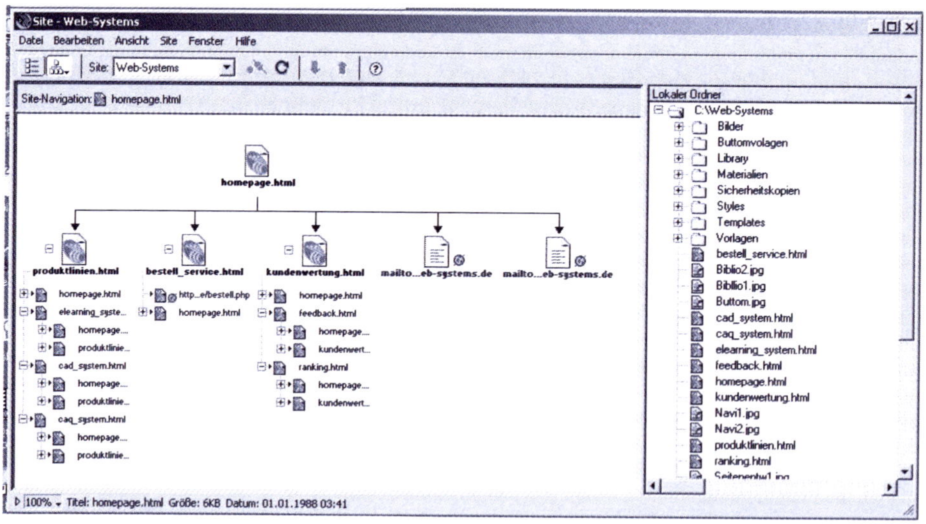

Abbildung 11.17: Webseiten-Struktur des Firmenpräsenzbeispiels

Jetzt wollen wir unser dokumentenbasiertes Websystem testen. Dazu bietet uns der Dreamweaver eine Reihe von Testmöglichkeiten an. Dazu zählen:

- Die Kontrolle auf das Vorhandensein spezieller fehlervermeidender Tags bzw. redundanter Tag-Angaben
- Die Überprüfung der Validität der jeweiligen internen und externen Links in einem erstellten bzw. bearbeiteten Webdokument
- Der Test auf die Kompatibilität der definierten Darstellungsformen in den verschiedenen am häufigsten genutzten Webbrowsern

Die folgende Abbildung zeigt die Testformen für den HTML-Text unserer Webseiten als so genannten *HTML-Bericht*:

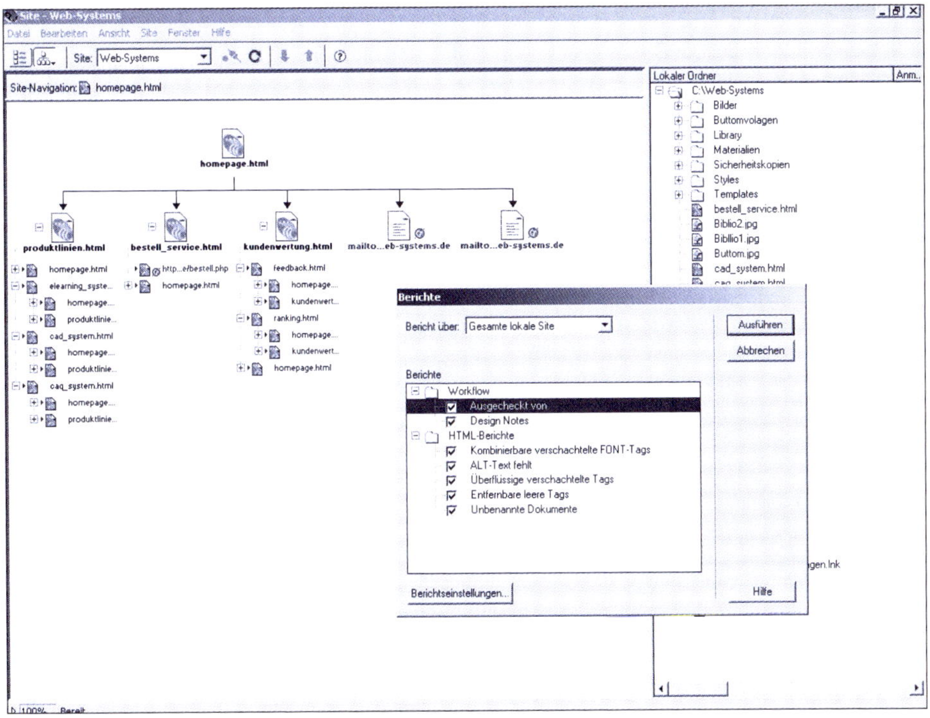

Abbildung 11.18: Formale HTML-Kontrolle beim Dreamweaver

Einen Ausschnitt aus dieser Kontrollform, bei der insbesondere das fehlende Alt-Prädikat moniert wird, zeigt uns die folgende Abbildung. Dieses Prädikat gewährleistet bekanntlich eine textliche Alternative bei Problemen bzw. Fehlern von Darstellungselementen auf der Webseite.

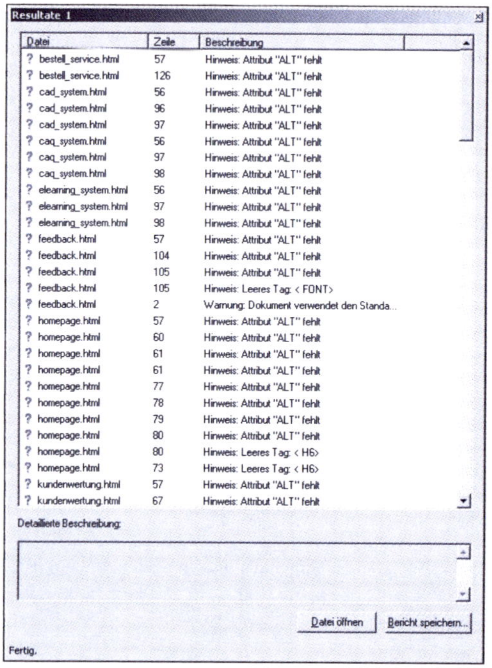

Abbildung 11.19: Protokoll eines Webseitentests

Eine weitere Kontrolle dient der Überprüfung der Kompatibilität der Webseiten-Darstellung für die verschiedenen Webbrowser-Typen. Das folgende Bild zeigt zunächst die Browserauswahl:

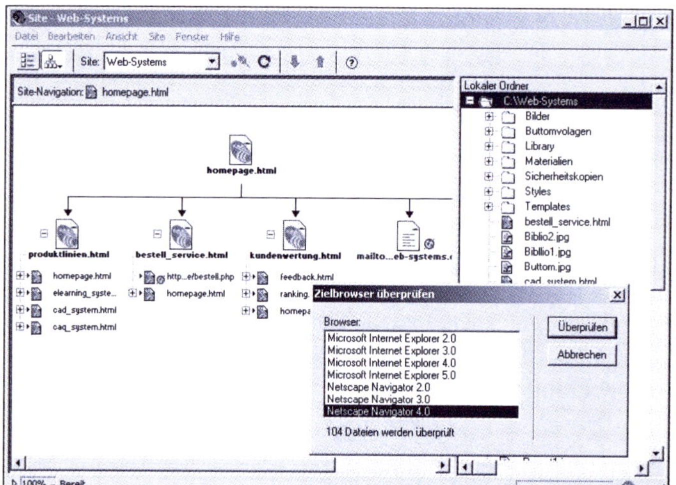

Abbildung 11.20: Browser-Kompatibilitätskontrolle beim Dreamweaver

Kontrollformen sind hierbei insbesondere die Unterstützung von speziellen HTML-Komponenten bzw. von Komponenten dynamischer Webseiten überhaupt. Im Folgenden zeigen wir nun einen Ausschnitt aus einem dabei entstehenden Fehlerprotokoll für unsere Firmenbeispiel-Webseiten. Bei diesem Test wird insbesondere auf inkompatible Browser-Interpretationen hingewiesen:

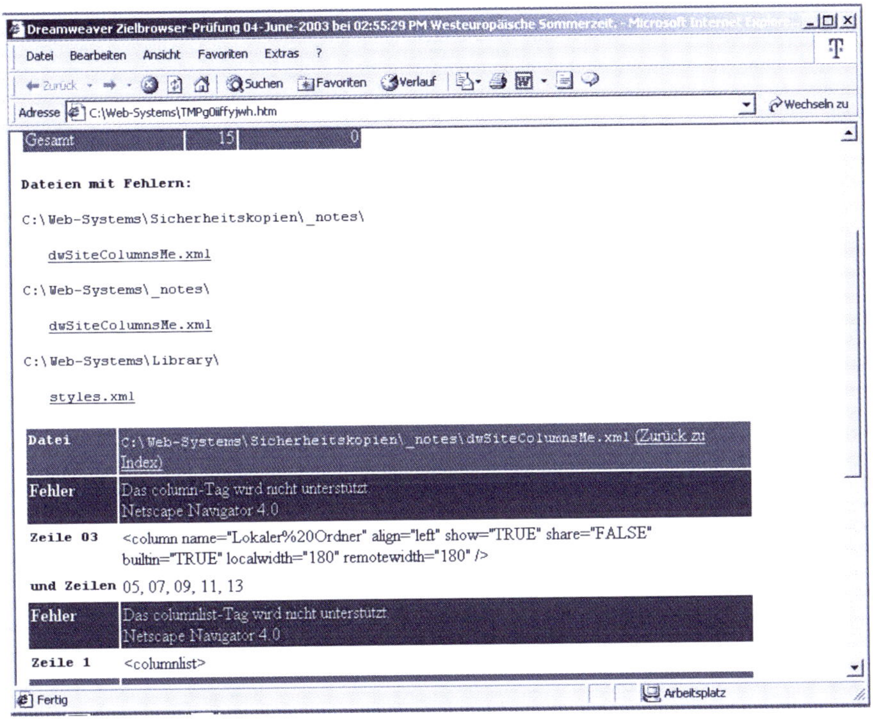

Abbildung 11.21: Fehlerprotokoll für den Browsertest

Natürlich haben wir auch die Möglichkeit, unsere Links insgesamt zu überprüfen und ein Gesamtprotokoll insbesondere der im Augenblick fehlerhaften Links zu erstellen. Zu unserem kleinen Firmenbeispiel zeigt die Abbildung 11.22 einen derartigen Protokollauszug.

Nachdem wir diese Kontrollen durchgeführt und natürlich die Fehler beseitigt haben, können wir uns dann noch der eigentlichen *Installation* unserer Webseiten in die für ihre Nutzung vorgesehene Domäne bzw. den Hyperspace widmen. Auch dazu wollen wir einen Dreamweaver-Screen zeigen, der die wesentlichen Grundfunktionen im entsprechenden Menü enthält (Abbildung 11.23).

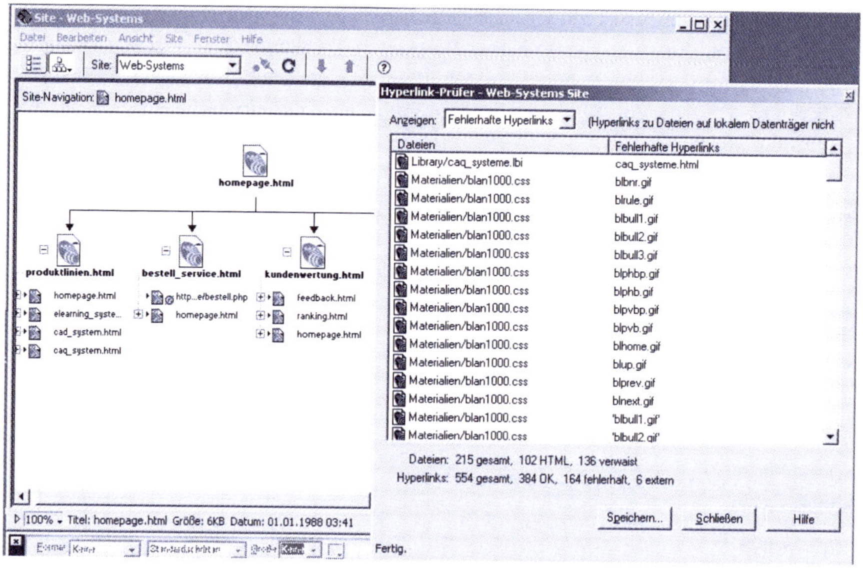

Abbildung 11.22: Link-Check-Protokoll beim Dreamweaver

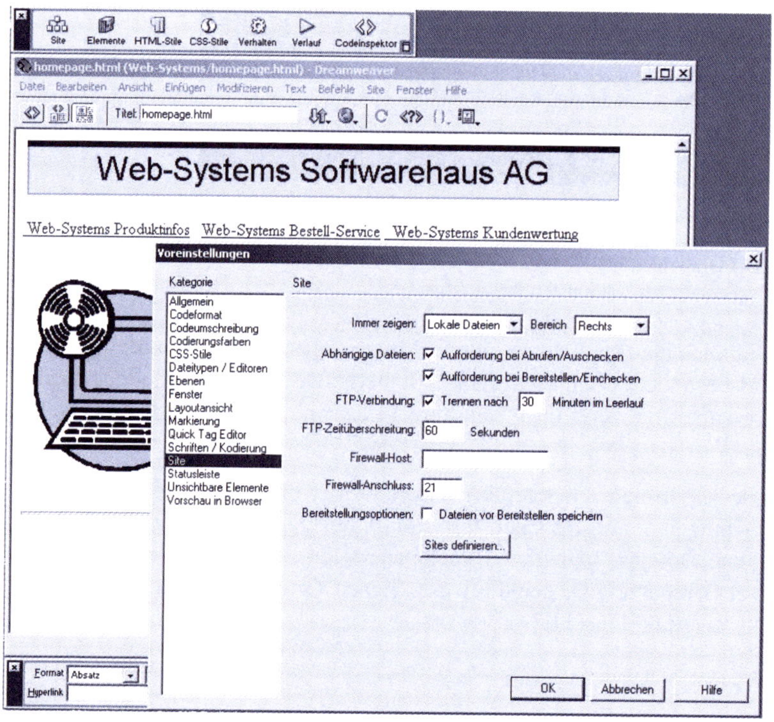

Abbildung 11.23: Webseitenexport in die vorgesehene Nutzungsdomäne

Aus methodischer Sicht besitzt der Dreamweaver eine weitere Komponente, die eine entwicklungsbegleitende Dokumentierung unserer Implementationsschritte gewährleistet. Dabei können die jeweiligen Webseiten bzw. Seitenkomponenten in dieser Weise annotiert und somit eine Konfigurationsübersicht als Grundlage einer guten Websystem-Wartung erstellt werden. Die prinzipielle Vorgehensweise hierbei zeigt uns die folgende Abbildung:

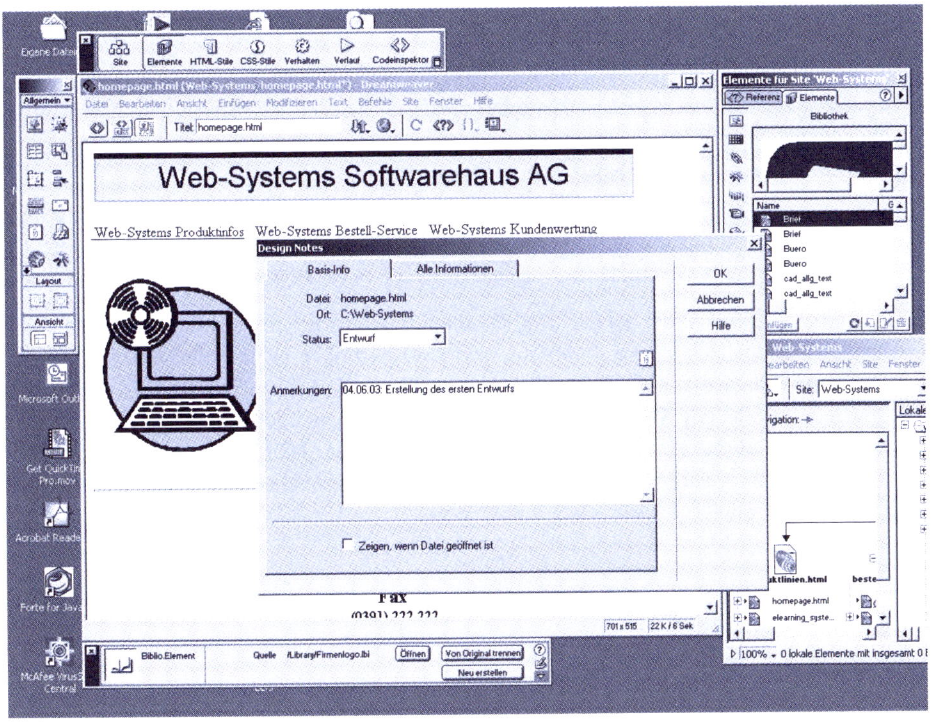

Abbildung 11.24: Entwicklungsbegleitende Dokumentation beim Dreamweaver

Damit wollen wir die Betrachtungen zur Dreamweaver-basierten Implementation abschließen. Hinsichtlich weiterer Möglichkeiten zur Ebenen- oder Verhaltensmodellierung verweisen wir auf die Literatur bzw. auf die sich darauf beziehenden Links auf unserer Webseite zum Buch unter *http://webeng.cs.uni-magdeburg.de*.

11.2.2 CASE-Tools für die Websystem-Analyse

Die Websystem-Analyse für die Entwicklung dokumentenbasierter Websysteme bezieht sich vor allem auf die *Struktur-* und *Kompatibilitätsuntersuchung*. Dies betrifft also nicht die Anwendungsanalyse, die wir in Kapitel 9 zur Websystem-Anwendung behandelt haben. Für die Websystem-Analyse werden unter anderem folgende CASE-Tools eingesetzt (siehe [Dart 2000], [Jenkins 1998], [Murugesan 2001] oder [Nobels 2001]):

- *HTML-Textanalyse:* Hierbei wird eine sprachbasierte Analyse zur Lesbarkeit, Ausdrucksform, Komplexität und Kompatibilität vorgenommen. Beispiele hierfür sind *eValid, MOMSpider* und *SiteAudit*. Das W3C-Tool *Tidy* prüft die Konformität von Webseiten zum XHTML, um zum Beispiel einen Übergang zu XML-konformen Webseiten vorzubereiten.
- *Webseiten-Strukturanalyse:* Bei dieser Analyseform werden die statischen Strukturen visualisiert und damit die intendierten Navigationsmöglichkeiten bestimmt und bewertbar dargestellt. Beispiel für die Anwendung dieser Technologien sind *CyberSpyder, Web Link Validator* und *LinkScan*.
- *Webseiten-Performance-Analyse:* Hierbei wird die Ladezeit der Webseiten, ihrer Komponenten bzw. der Webanwendung insgesamt getestet. Beispiele für diese Analyseform sind *Web Polygraph, Web Performance Trainer* und *eLoad*.
- *Websystemtest und -analyse:* Diese Analyse bezieht schließlich die ganze Infrastruktur einer Webanwendung mit ein und stützt sich teilweise auf das Lasterzeugungs- bzw. Benchmark-Prinzip. Beispiele hierfür sind *SiteSeer, ServerCheck* und *WebFeedback*.

Neben den beim Entwurf und bei der Implementation bereits gezeigten Analyseformen und -inhalten wollen wir jetzt kurz auf weitere Web-CASE-Tools eingehen. Das erste Beispiel zeigt uns eine Analyse mit der ***WebOOGL*** (als *Object-Oriented Graphical Language*, siehe [WebOOGL 2003]). Dabei wird zunächst aus einer vorgegebenen Webstruktur eine grafische Interpretation erzeugt – als WebOOGL-File –, die dann in einer speziellen 3D-Form visualisiert bzw. dargestellt wird. Für unser Firmenpräsenzbeispiel zeigen wir einmal ein derartiges WebOOGL-File:

```
{LIST
 # 0 http://www.websystems.de/homepage.html
 {SPHERE 0.3 0.0 0.0 0.0 }
 {VECT 1 2 1  2  1  0.0 0.0 0.0  0.5 0.866 1.0  0.0 0.0 1.0 1.0}
 {VECT 1 2 1  2  1  0.0 0.0 0.0  -1.0 0.0 1.0  0.0 0.0 1.0 1.0}
 {VECT 1 2 1  2  1  0.0 0.0 0.0  0.5 -0.866 1.0  0.0 0.0 1.0 1.0}
 # 1 http://www.websystems.de/bestell_service.html
 {SPHERE 0.2 0.5 0.866 1.0 }
 # 1 http://www.websystems.de/produktlinie.html
 {SPHERE 0.2 -1.0 0.0 1.0 }
 # 1 http://www.websystems.de/kundenwertung.html
 {SPHERE 0.2 0.5 -0.866 1.0 }
 {VECT 1 2 1  2  1  -1.0 0.0 1.0  -1.5 0.0 2.0  0.0 0.0 1.0 1.0}
 {VECT 1 2 1  2  1  -1.0 0.0 1.0  -0.75 0.433 2.0  0.0 0.0 1.0 1.0}
 {VECT 1 2 1  2  1  -1.0 0.0 1.0  -0.75 -0.433 2.0  0.0 0.0 1.0 1.0}
 {VECT 1 2 1  2  1  0.5 -0.866 1.0  0.5 -0.366 2.0  0.0 0.0 1.0 1.0}
 {VECT 1 2 1  2  1  0.5 -0.866 1.0  0.5 -1.366 2.0  0.0 0.0 1.0 2.0}
 }
 # 2 http://www.websystems.de/cad_system.html
 {SPHERE 0.1 -1.5 0.0 2.0 }
 # 2 http://www.websystems.de/caq_system.html
 {SPHERE 0.1 -0.75 0.433 2.0 }
 # 2 http://www.websystems.de/elearning.html
```

```
 {SPHERE 0.1 -0.75 -0.433 2.0 }
 # 2 http://www.websystems.de/feedback.html
 {SPHERE 0.1 0.5 -0.366 2.0 }
 # 2 http://www.websystems.de/ranking.jsp
 {SPHERE 0.1 0.5 -1.366 2.0
}
```

Die Visualisierung wird dann auf der Grundlage der VRML für die Webseiten-Strukturen vorgenommen. Die folgende Abbildung zeigt eine solche Visualisierungsform zum oben angegeben WebOOGL-File zu unserem Firmenbeispiel:

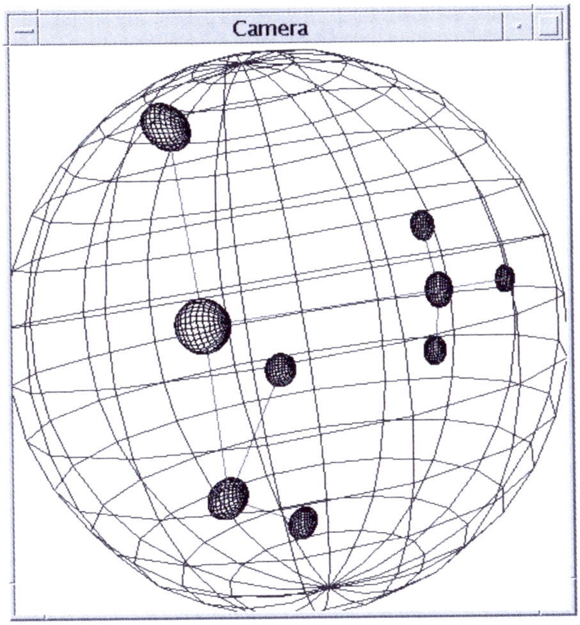

Abbildung 11.25: Webseiten-Visualisierung mit dem WebOOGL

Damit können also insbesondere die Ausgeglichenheit der Webseiten-Verteilung und deren Referenzniveau anschaulich demonstriert werden. Die Möglichkeiten alternativer Darstellungsformen und unterschiedlicher Strukturtiefe bilden eine gute Grundlage für die Aufgaben der extensiven und adaptiven Websystem-Wartung für dokumentenbasierte Systemanwendungen.

Als weiteres Analyse-CASE-Tool wollen wir den ***Doctor-HTML*** angeben (siehe [Nobles 2001]), der sich explizit auf die Analyse bezieht und eine einfache Ergebnisprotokollierung verwendet. Die Webseite für die Analyse eines einfachen Webdokuments bei diesem Web-CASE-Tool ist in der folgenden Abbildung zu sehen:

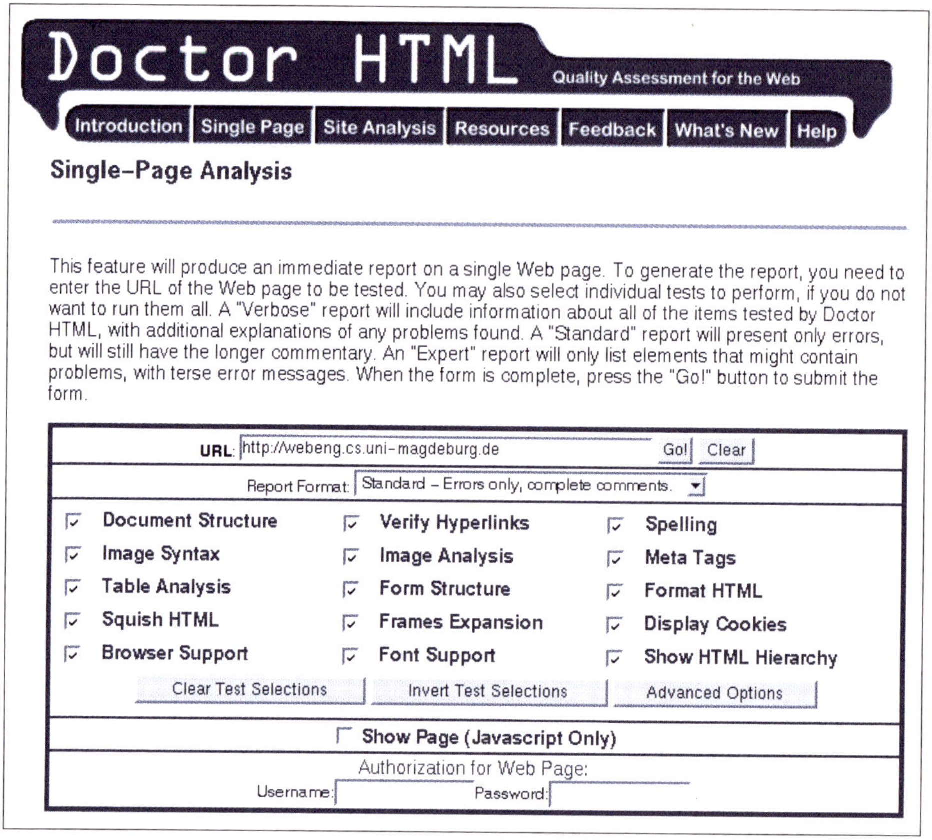

Abbildung 11.26: Webseiten-Analyseformen beim Doctor HTML

Dabei hat man also zunächst die Möglichkeit, aus den verschiedenen Analyseformen die für sich relevanten auszuwählen. Neben einer Link-Analyse werden dabei also noch unterschiedliche Statistiken zu den Webseiten-Elementen angegeben, die insbesondere zum Content-Management wichtige quantitative Aussagen liefern. Wir sind natürlich neugierig und wählen alle Analysen aus und testen hierbei unsere (Haupt-)Webseite zum Buch. Das Testgesamtergebnis zeigt die folgende Abbildung:

Summary

Below is a summary of the information that Doctor HTML has learned about your Web page. Doctor HTML completed the exam on Tue Jun 24 05:07:05 2003 GMT. A local copy of your server's response can be found here.

http://webeng.cs.uni-magdeburg.de/

Table Analysis		1	There was 1 table structure problem found.
Image Syntax		2	There were 2 unset image command tags that you should set to improve your overall web page performance.
Meta Tags		2	There are 2 potential meta tag errors in your document.
Image Analysis		0	The total number of bytes in images found on your web page is 53.3 KB. The total number of bytes transferred while loading the page is 54.3 KB. This will take approximately 15.1 seconds to load over a 28.8 kbps network connection.
Spelling		4	4 potential spelling errors were found.
Document Structure		1	There was 1 document structure problem found.
Browser Support		1	There are 5 browser support conflicts in your document.
HTML Parse		0	There were no HTML parsing errors detected.
Verify Hyperlinks		0	There are 1 hyperlinks in your document. There were no dead hyperlinks based on server replies.
Form Structure		0	There were no form structure errors detected. Congratulations!
Squish HTML		0	A Squished page that is reduced in size by 9.9 % to 851 bytes is available here.
Font Support		0	There are no font errors in your document. Congratulations!
Format HTML			A Formatted version of your page is available here.
			The text and HTML commands of the document take up 1.0 K.

Abbildung 11.27: Ergebnis der Webseiten-Analyse zu unserem Buch mit dem Doctor HTML

Wir sind mit dem Analyseergebnis ganz zufrieden, interessieren uns aber für die Details beim Browsertest. Daher geben wir die Detailanalyse noch einmal gesondert an.

Browser Support

Tag Name	Attribute	IE 5.0	IE 5.5	IE 6.0	NS 3.*	NS 4.*	NS 6.0	NS 7.0	Opera 6.0	HTML 4.0	Line #
	Browser Errors (100% / 75% / 50% / 25%)	0	0	1	5	0	0	0	0	0	
LINK		✓	✓	✓	X	✓	✓	✓	✓	✓	6
LINK	HREF	✓	✓	✓	X	✓	✓	✓	✓	✓	6
LINK	REL	✓	✓	✓	X	✓	✓	✓	✓	✓	6
LINK	TYPE	✓	✓	✓	X	✓	✓	✓	✓	✓	6
TD	CLASS	✓	✓	✓	X	✓	✓	✓	✓	✓	13

✓ means that an HTML tag is supported. X means that a tag is unsupported.

Abbildung 11.28: Analyse der Browser-Kompatibilitäten mit dem Doctor HTML

Schließlich geben wir im Folgenden noch eine Visualisierung zu RDF-Strukturen an. In Kapitel 6 zur Implementation von Websystemen ist diese Strukturbildung erläutert worden. Jetzt zeigen wir noch einmal die strukturellen Darstellungsformen mit dem so genannten ***IsaViz-Tool*** (siehe [IsaViz 2001]). Dabei kommt es uns hierbei auf die Demonstration der Visualisierungsmöglichkeiten und nicht so sehr auf das Erkennen der Details zu unserem Firmenbeispiel an.

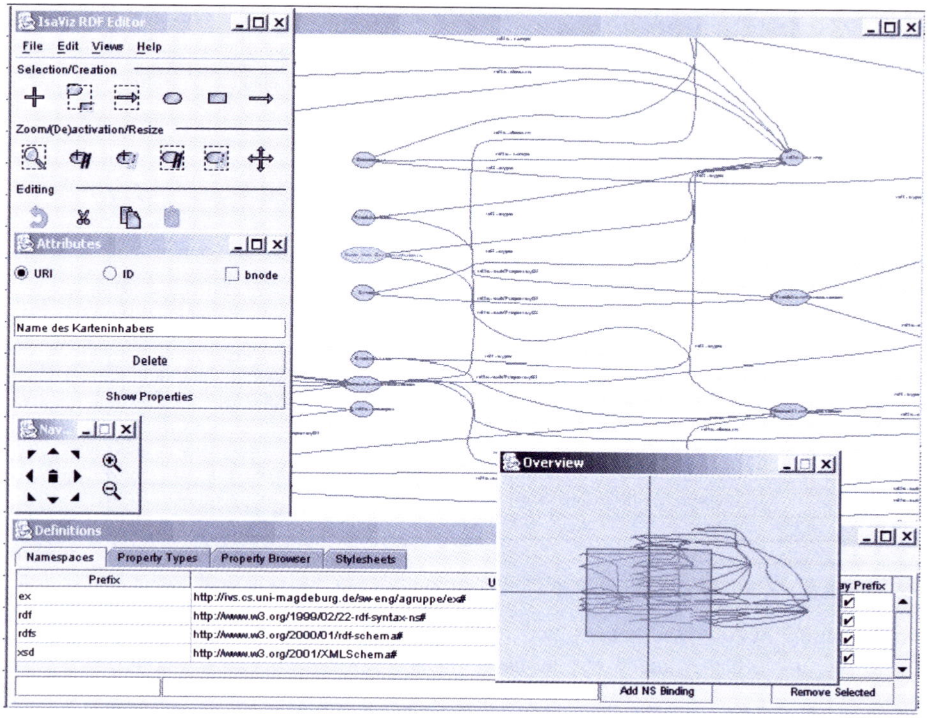

Abbildung 11.29: Strukturvisualisierung mit dem IsaViz-Tool

Für eine effiziente Implementation eines Semantic Web ist allerdings die Verknüpfung einer *Attributierung der Ressourcen* (und deren Visualisierung) mit der *Implementation und Wartung* der Ressourcen selbst sinnvoll. Erste Ansätze dazu existieren bereits in prototypischen Tool-Entwicklungen, wie beispielsweise durch das *SMORE-Tool* (siehe [Kalyanpur 2002]).

Wir wollen es bei dieser knappen Darstellung belassen und wiederum auf die Webseite zum Buch verweisen, die auch downloadbare Analyse-Tools, welche in unserer Arbeitsgruppe entwickelt wurden, zur Verfügung stellt.

11.3 CASE für operationale Websysteme

Bei den CASE-Tools für die Entwicklung operationaler Websysteme wollen wir es ähnlich wie bei den Entwicklungsmethoden handhaben. Wir geben einen groben Überblick und verweisen auf die sehr umfangreiche Literatur zu diesem Thema.

Als allgemeine Modellierungsmethode haben wir im vorherigen Kapitel die UML-basierte Entwicklung von Websystemen betrachtet. Mögliche Upper-CASE-Tools gibt es hierfür zuhauf. Wir wollen als einen Repräsentanten das Layout des Rational-Rose-Tools zeigen und damit die prinzipielle Tool-gestützte Umsetzung dieser Methode andeuten.

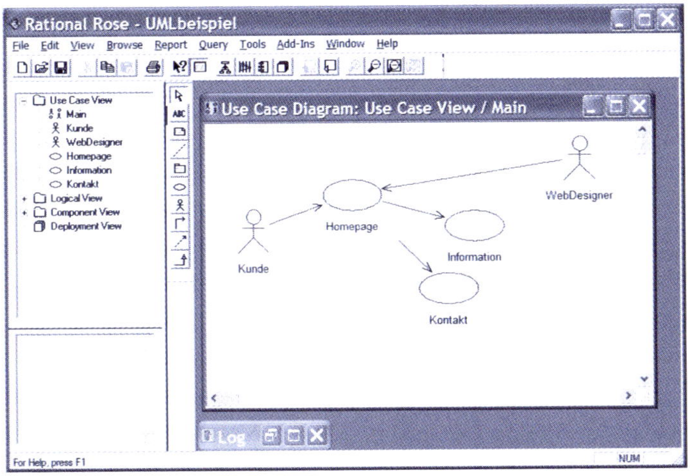

Abbildung 11.30: Webseiten-Modellierung mit dem Rational-Rose-Tool

Das Tool zeigt in der Mittelleiste jeweils die Notationssymbole für das jeweilige Diagramm (hier für das Use-Case-Diagramm). Die unterschiedlichen *Views* dienen der Gewährleistung der verschiedenen Modellierungsstufen bis hin zum Entwurf der Architektur (*Component View*) und der plattformbasierten Systemverteilung (*Deployment View*). Die Rational-Rose-Tools stellen eine ganze Familie von CASE-Tools dar, die über Konfigurations-, Test- bis hin zu Mess-Tools reichen. Zur weiteren Beschreibung der Anwendungsmöglichkeiten verweisen wir unbedingt auf die Literatur (siehe [Booch 1999], [Dumke 2001], [Jacobson 1999] oder auch [Zuser 2002]).

Bei der Darstellung grundlegender Implementationsformen haben wir vor allem Java-bezogene Technologien behandelt. Dabei haben wir als Beispiel für ein CASE-Tool bereits auf eine Java-Programmierumgebung hingewiesen. In Abbildung 11.31 ist eine derartige Umgebung abgebildet.

Sie zeigt die Möglichkeiten einer projektbezogenen Gruppierung zu entwickelnder Java-Programme, deren komponentenbezogene Vorübersetzung und schließlich deren Ausführungs- und Testhilfen. Unter *Tools* sind hierbei unter anderem Unterstützungsmöglichkeiten zur Programmdokumentation, zur GUI-Generierung sowie zur Komponentenerzeugung als JavaBeans vorhanden.

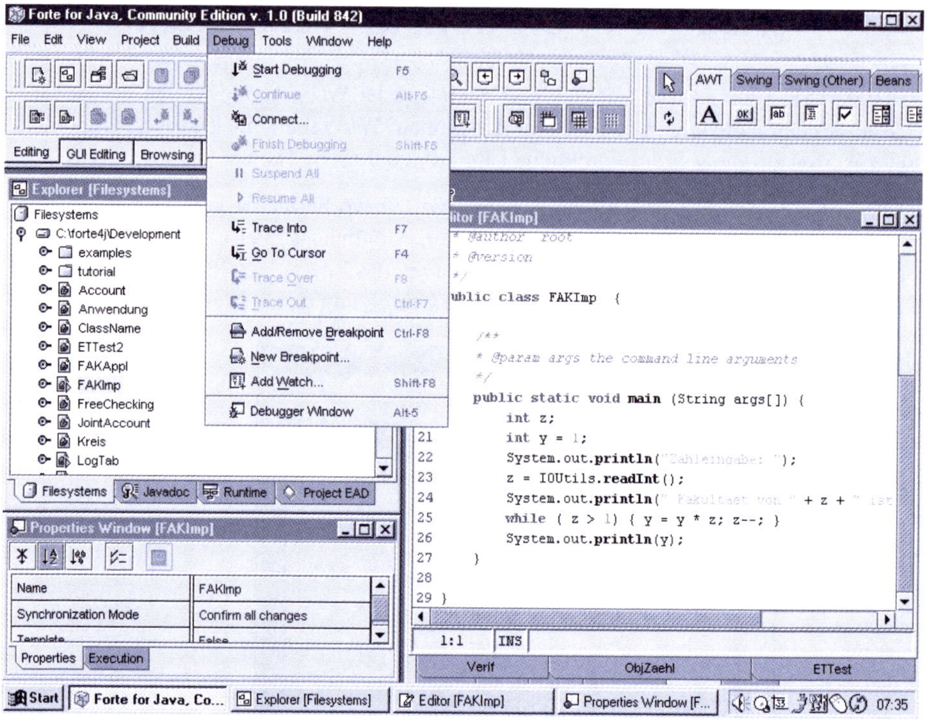

Abbildung 11.31: Java-Programmierumgebung Forte4Java

Des Weiteren haben wir bereits in Kapitel 6 die grundlegenden Formen einer *Emulation* für *Aglets, Servlets* und für *Jini* kennen gelernt. Hinsichtlich der detaillierten Anwendung dieser Lower-CASE-Tools verweisen wir unbedingt auf die Literatur bzw. auf die ***Magdeburger Java-Seite*** unter `http://java.cs.uni-magdeburg.de` (siehe [Apte 2002], [Chan 2000], [DeCarmo 1999], [Lange 1998], [Monson-Haefel 2001] oder auch [Seeboerger 2002]).

Abschließend wollen wir natürlich noch auf die Anwendungsmöglichkeiten integrierter CASE-Tools verweisen. Dazu zählen beispielsweise die folgenden:

- Die Implementation komponentenbasierter Unternehmenssysteme auf der Grundlage der Enterprise JavaBeans (siehe [Adatia 2001] oder auch [Schmietendorf 2002]) bzw. der J2EE (siehe [Turau 2001])
- Die Integration firmenspezifischer Softwaresysteme auf der Grundlage der Sun-ONE- (siehe [Sun 2002]) oder der .NET-Technologie (siehe [Beer 2003])
- Die Implementation allgemeiner Webportale mit operationalem und informationstechnischem Hintergrund mittels *WebSphere* (siehe [WebSphere 2003])

Damit wollen wir die grundlegenden Ausführungen zum Web-CASE beenden und auf die Literatur bzw. die vielfältigen Hinweise im Web zur Handhabung und effizienten Nutzung dieser Hilfsmittel verweisen.

Übungsaufgaben

1. Erläutern Sie die Funktionsweise der einzelnen Komponenten der in Abbildung 11.1 angegebenen CASE-Tool-Architektur am Beispiel einer UML-Unterstützung.
2. Diskutieren Sie die verschiedenen Ausprägungen einer Entwicklungsinfrastruktur auf der Grundlage der in Abbildung 11.2 angegebenen Merkmale.
3. Geben Sie Beispiele für Web-CASE-, Web-CARE- und Web-CAME-Tools an.
4. Welche Möglichkeiten einer ad-hoc-bezogenen CASE-Tool-Anwendung und -Erweiterung gibt es im Web?
5. Geben Sie die grundlegenden Unterstützungsformen des Dreamweavers für den Websystem-Entwurf und für die Websystem-Implementation an.
6. Diskutieren Sie die besonderen Testformen beim Dreamweaver für die Webseiten-Strukturen und -Komponenten.
7. Welche grundlegenden Webanalysen werden durch CASE-Tools realisiert? Informieren Sie sich im Web über Beispiele zu den jeweiligen Analyseformen.
8. Informieren Sie sich über CASE-Tools zur UML-basierten Systementwicklung und diskutieren Sie die Anwendungsmöglichkeiten für operationale Websysteme.
9. Welche Übergangsprobleme und -möglichkeiten gibt es zwischen Upper- und Lower-Web-CASE-Tools?
10. Informieren Sie sich über Web-CASE-Tools und deren Anwendungsformen zur Qualitätssicherung von Websystemen und diskutieren Sie ihre Leistungsfähigkeit bei der Umsetzung einer Web Security, einer Web Usability und einer Web Performance.

Kapitel

12 Das Personal beim Web Engineering

Die personellen Ressourcen der Websystem-Entwicklung und -Wartung einschließlich der Erfordernisse, die sich aus der Kommunikation mit dem Auftraggeber und dem intendierten Nutzer bzw. zwischen den Entwicklern selbst ergeben, sind Inhalt dieses Abschnitts. Die Vielschichtigkeit der inhaltlichen und rollenbezogenen Wirkungsweise der involvierten Personen bei der Websystem-Entwicklung führt durch die Möglichkeiten des Webs selbst beim *Webpersonal* zu kaum noch überschaubaren Teamstrukturen.

Wir hatten das Webpersonal als einen Personenkreis definiert, der alle Arten von Verantwortlichen und Ausführenden an der Websystem-Entwicklung zusammenfasst und von den Webtechnologie-Entwicklern, den Websystem-Entwicklern über das Personal zur Webgewährleistung bzw. -überwachung bis hin zur Betreibung, Kontrolle und Dienstleistung reicht. Im Folgenden wollen wir zunächst anhand der in den vorangegangenen Kapiteln gezeigten Inhalte, Methoden und Technologien zur Websystem-Entwicklung grundlegende Aspekte für das Webpersonal betrachten.

12.1 Das Webpersonal

Aufgrund der rasanten Entwicklung der technologischen Webgrundlagen haben sich auch bezüglich des Personals bei der Websystem-Entwicklung und -Wartung die unterschiedlichsten Berufsbezeichnungen und Personalstrukturen als Konzepte herausgebildet. Dazu zählen beispielsweise solche Berufsbezeichnungen, wie *Computer-Animator, Info-Broker, Multimedia-Autor, Tele-Tutor, Key-Account-Manager, Online-Redakteur, Screen-Designer, Webmaster* usw. (siehe [Spiegel 1998]). Dabei waren systemspezifische oder technologische Merkmale der Grund, ganze Berufsgruppen dafür zu definieren. In der folgenden Abbildung wollen wir derartige Spezialisierungsformen einmal darstellen:

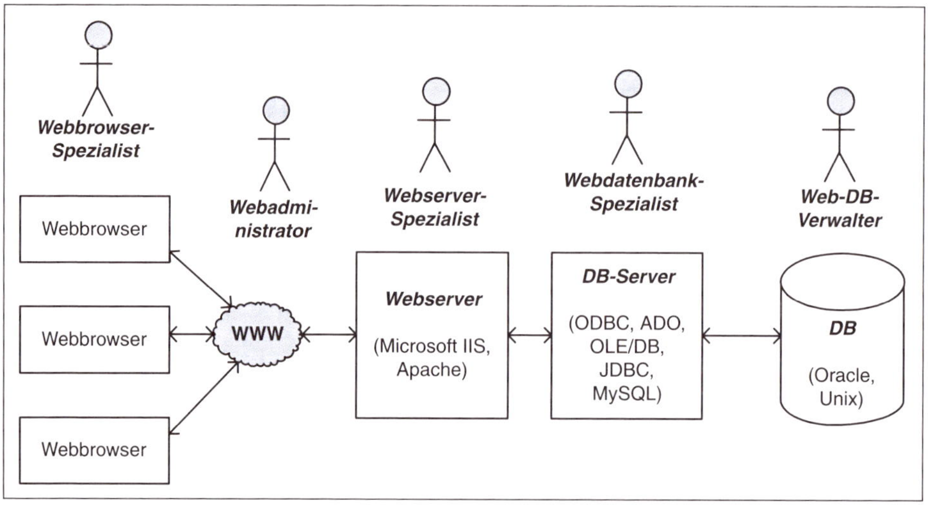

Abbildung 12.1: Mögliches Personal für eine Websystem-Entwicklung

Aus dieser anfänglich technologisch orientierten Betrachtung ist heute aus der Sicht der Websystem-Entwicklung eine methodische Klassifizierung geworden. Dabei wird vor allem dem möglichen komplexen Charakter eines Websystems und dem sehr weitreichenden Kontext bei der Systemanwendung Rechnung getragen.

Die folgende Abbildung zeigt eine Auflistung des Webpersonals unter diesem Gesichtspunkt. Dabei verwenden wir die in Kapitel 1 bereits gezeigte allgemeine Form der Websystem-Entwicklung und haben sowohl entwicklungsbezogene als auch entwicklungsbegleitende personelle Ressourcen einbezogen.

Im Einzelnen haben diese ***Web-Berufsgruppen*** in einem Websystem-Entwicklungs- und -Wartungskontext die folgenden allgemeinen Aufgaben:

- Der *Webvisionär:* Hierbei handelt es sich natürlich nicht um ein explizites Mitglied des Webpersonals. Allerdings erfordert die Websystem-Initiierung aufgrund der angestrebten hohen Nutzung (von jedermann) oftmals visionäre Ideen. Beispiele hierfür sind die Idee der „gelben Seiten im Web“ als *Yahoo!* oder die Absicht, „alles im Web zu verkaufen“, durch *Amazon* (siehe [Spector 2000] und [Kaplan 1999]).
- Der *Webanalytiker:* Für das Verständnis, die Kontrolle und die modellbasierte Umsetzung der Anforderungen zu einem Websystem ist dieser Personenkreis verantwortlich. Dabei sind besondere Kenntnisse der Sicherheitstechnologien, des Internetrechts bzw. der grundlegenden Websystem-Modellierungsformen erforderlich.
- Der *Webentwickler:* Diese Personalform befasst sich mit der Umsetzung der Websystem-Modelle in einen Websystem-Entwurf bis hin zu bereits implementierten prototypischen Systemkomponenten. Gelegentlich wird der Begriff des Webentwicklers auch als Überbegriff für mehrere Webpersonalformen verwendet.

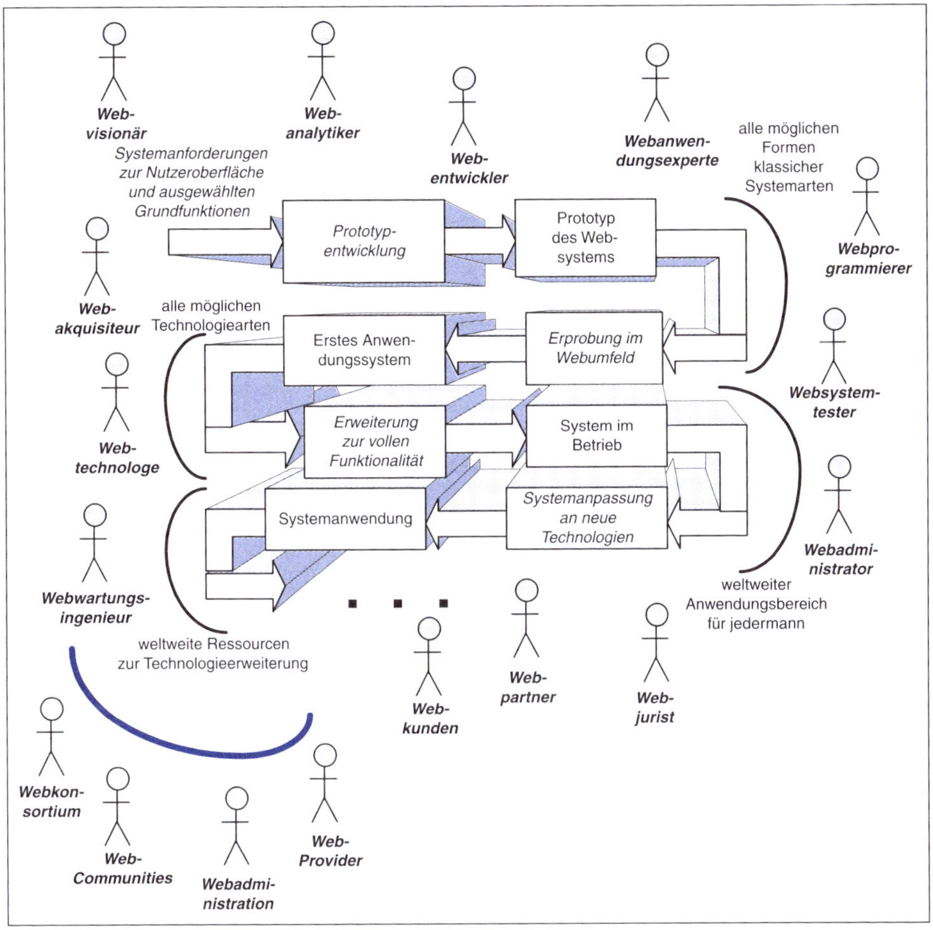

Abbildung 12.2: Webpersonal bezüglich einer allgemeinen Webentwicklungsform

- Der *Webanwendungs-Experte:* Die Entwicklung eines Websystems ist oftmals nicht durch einen konkreten Auftraggeber intendiert. Daher ist es wichtig, Webanwendungen im gleichen Kontext zu kennen, deren Akzeptanz bewerten zu können und mögliche neue Nutzungsanforderungen abzuleiten.
- Der *Webprogrammierer:* Insbesondere bei der Implementation operationaler Websysteme ist die unmittelbare Programmierung auch personell getrennt und wird von den dafür ausgebildeten Programmierern realisiert.
- Der *Webtechnologe:* Die besondere Dynamik auf dem Gebiet der Webtechnologie führt zu einer personellen Separierung der Aufgaben der Technologieerschließung und -einführung durch ein mit spezieller Erfahrung versehenes Personal.
- Der *Webakquisitor:* Die Akquisition dient der Erschließung nicht selbst zu entwickelnder Websystem-Komponenten für das Gesamtsystem, die eine entsprechende Übersicht und Erfahrung bei einer kompatiblen Lösungsform erfordert.

- Der *Websystemtester:* Die Aufgaben des Integrationstests und erster Erprobungen sind Aufgabe dieses Webpersonals. Die besondere Kenntnis der benötigten CASE-Tools bzw. der Testmethoden insgesamt rechtfertigt die Eigenständigkeit innerhalb des Webpersonals.
- Der *Webadministrator:* Die Gewährleistung einer stabilen webbasierten Systemanwendung im Kontext unterschiedlichster Netz- und Systemplattformen ist Aufgabe dieses Webpersonals.
- Der *Webwartungs-Ingenieur:* Für die Realisierung der unterschiedlichsten Aufgaben der Websystem-Erweiterung, der Anpassung und der Modifikation ist diese Personalgruppe verantwortlich.
- Der *Webkunde:* Die Einbeziehung des Kunden in das Webpersonal geschieht aus der Besonderheit heraus, dass der Kunde teilweise auch in Aufgaben der Systemerprobung und -ergänzung mit einbezogen wird.
- Der *Webpartner:* Bei dieser Art des Webpersonals handelt es sich um geplante oder ad hoc einbezogene personelle Ressourcen bei der Realisierung integraler, komplexer Websysteme.
- Der *Webjurist:* Die besonderen Probleme der Sicherheit und Verantwortung beim Betrieb und bei der Bereitstellung von Webdiensten erfordert die personelle Eigenständigkeit in dieser Form.

Auf die allgemeinen Rollen des Webkonsortiums, der verschiedenen Web-Communities, der Webadministration und der Web-Provider sind wir bereits eingegangen, wollen allerdings an dieser Stelle auf diesen stets zu beachtenden und präsenten Kontext hinweisen.

Spezielle Technologien, wie die Enterprise JavaBeans oder das Sun ONE, haben allerdings auch ihre „eigene" Rollenverteilung. Darauf gehen wir aber im folgenden Abschnitt zu den Teamstrukturen noch einmal ein.

Wir wollen an dieser Stelle einige spezielle Merkmale des Webpersonals betrachten, die insbesondere bei der Entwicklung von Systemen *im Web* eine Rolle spielen. In diesem Kontext sind die Form, der Inhalt und die Häufigkeit der Kommunikation zwischen dem Webpersonal von besonderer Bedeutung. Daher gehen wir zunächst auf die Spezifik der ***Charaktere*** von Webentwicklern ein, die für die Intention einer Kommunikation wesentlich ist. Die folgende Abbildung nach [Pfleeger 1998] zeigt die verschiedenen Charaktere, wie sie generell bei Softwareentwicklern auftreten können und somit auch für das Webpersonal gelten:

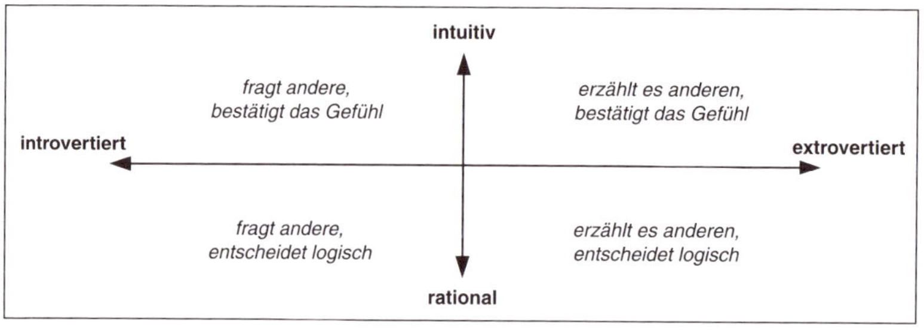

Abbildung 12.3: Ausgewählte Charakterformen beim Webpersonal

Diese Charakterisierung verdeutlicht beispielsweise, dass insbesondere ein *intuitiver, extrovertierter Typ* zu mehr Kommunikation neigt und auf diese Weise sogar störend in einem verteilten Team wirken kann.

Wir hatten im ersten Kapitel bereits ein Bild zur „weltweiten" Zusammenarbeit gezeigt. Auch hierbei gilt es, die Möglichkeiten und Formen genauer zu betrachten. So gibt es beispielsweise hinsichtlich der Distanz zwischen Teammitgliedern durchaus sinnvolle zeitliche Grenzen. Eine Untersuchung in [Carmel 2001] zeigte unter anderem, dass diese zeitliche Distanz bezüglich der Zeitzonen auf der Erde nicht größer als fünf Stunden betragen sollte. Die folgende Abbildung weist auf dieses Problem noch einmal explizit hin:

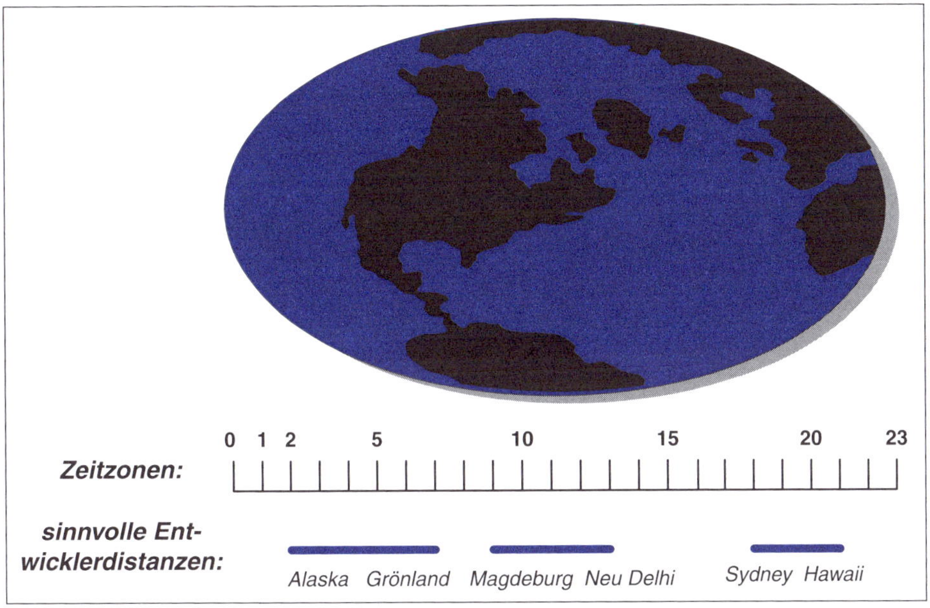

Abbildung 12.4: Sinnvolle Entwicklerdistanzen rund um den Erdball

Ein weiterer Aspekt beim Webpersonal und dessen webbasierter Zusammenarbeit betrifft die unterschiedlichen Formen, Inhalte und Technologien des Informationsaustausches bei der ***Kommunikation***. Je nach Entwicklungsphase und -stand sind die Inhalte von unterschiedlichem Umfang (Systemaspekt, Systemkomponente) und von unterschiedlichem Bearbeitungsanspruch (synchrone Bearbeitung, eigenständige lokale Bearbeitung). Daraus ergeben sich natürlich auch unterschiedliche Formen der CASE-Tool-Unterstützung. Um sich über spezielle Aspekte zu verständigen, reichen E-Mails aus; um eine gemeinsame synchrone Bearbeitung einer Systemkomponente vornehmen zu können, sind komplexe Infrastrukturen, wie wir sie bereits im vorhergehenden Kapitel charakterisiert haben, notwendig. Die folgende Abbildung verdeutlicht diese Aspekte noch einmal durch die Angabe verschiedener Dimensionen für die Ausprägungen der Zusammenarbeit beim Webpersonal (siehe [Haywood 1998] und [McMahon 2001]):

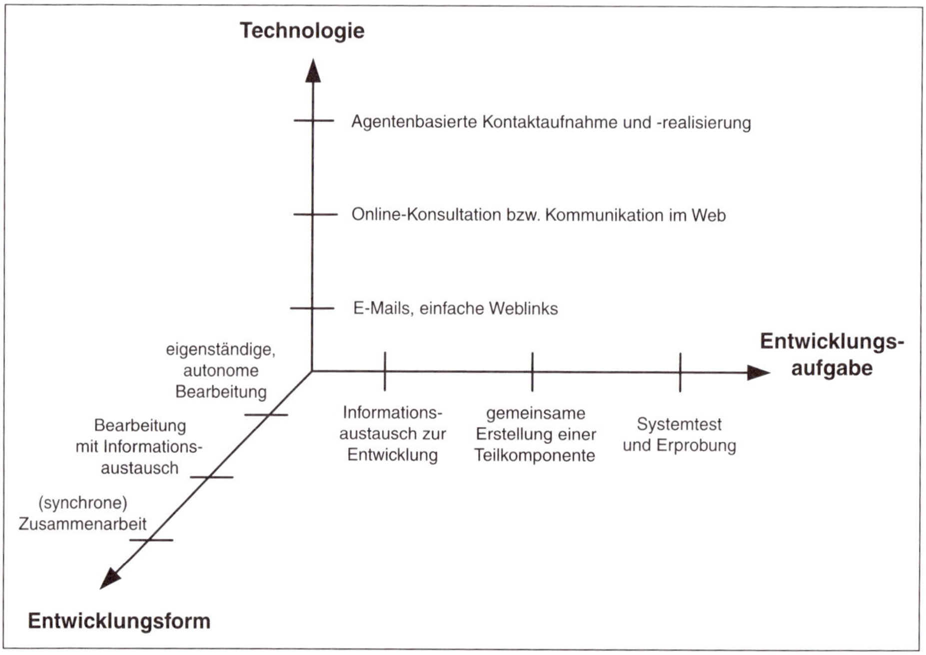

Abbildung 12.5: Ausprägungen der Zusammenarbeit beim Webpersonal

Für das Webpersonal ist natürlich die jeweilige ***Qualifikation*** und der damit verbundene Grad einer ***Spezialisierung*** ebenfalls ein wichtiger Indikator für eine erfolgreiche Zusammenarbeit. In der obigen Abbildung 12.5 haben wir bereits auf derartige Spezialisierungen hingewiesen, die in einem hinreichend großen Umfeld durchaus ihre Berechtigung haben. In der Abbildung 12.6 zeigen wir noch einmal die mögliche personelle Aufteilung einer Fernwartung zu Websystemen.

Schließlich wollen wir uns noch der Webpersonal-Qualität selbst zuwenden. Spezielle Merkmale sind hierbei vor allem die Produktivität, die Qualität der Entwicklungsergebnisse und die Teamfähigkeit innerhalb einer webbasierten, verteilten Systementwicklung. Für die ***Produktivität*** haben sich Umfangsmaße bzw. -metriken herausgebildet, wie die Anzahl der implementierten Programmzeilen (LOC) oder aber funktionsbezogene Bewertungsformen als so genannte *Function Points*. Auf die Bestimmung und Anwendung dieser Umfangsbewertungen gehen wir im folgenden Kapitel zum Web-Management noch einmal näher ein.

Die Qualität der Entwicklungsergebnisse wird natürlich vor allem auch durch die ***Qualität des Webpersonals*** selbst bestimmt. Dazu zählen insbesondere die Erfahrung, die Qualifikation und die Beherrschung der grundlegenden Webtechnologien und Entwicklungsverfahren auf dem jeweiligen Anwendungsgebiet. Wir gehen auf diese Merkmale hier nicht weiter ein und befassen uns im Folgenden mit der Verbesserung der Leistungsfähigkeit des Webpersonals insgesamt.

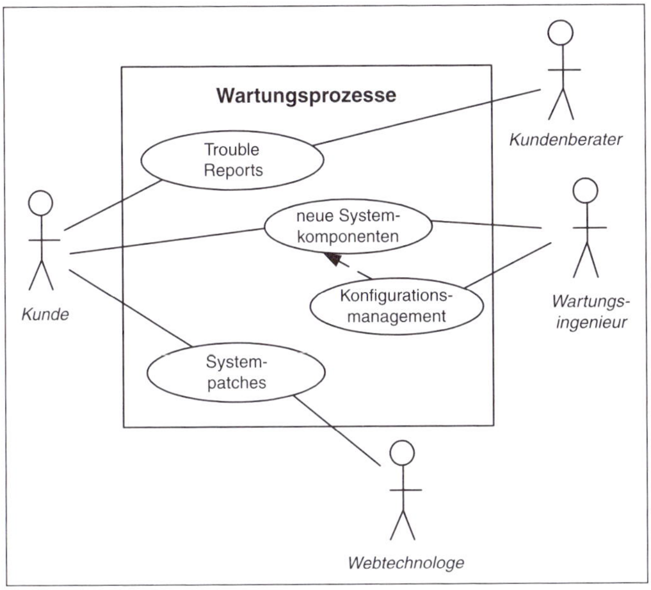

Abbildung 12.6: Spezialisierung des Webpersonals bei der Websystem-Fernwartung

Ein grundlegendes Modell zur Verbesserung der Effizienz und Wirksamkeit des Entwicklungspersonals überhaupt ist der so genannte ***Personal Software Process (PSP).*** Die methodischen Grundlagen sind dabei die folgenden (siehe [Humphrey 1997]):

1. Das Erlernen der Messung und Bewertung im eigenen Entwicklungsumfeld mit den Bewertungsformen zur Entwicklungszeit und zur Fehlerbestimmung für die jeweilige Entwicklungsaktivität
2. Das gezielte Anwenden der Softwaremessung für ausgewählte Aspekte, wie zum Beispiel die Aufwandsabschätzung einer Programmentwicklung auf der Grundlage zuvor gemachter *eigener* Erfahrungen bzw. Messungen
3. Die Einbeziehung von Analyse- und Spezifikationstechniken zur Fehlervermeidung und das Erlernen der Bewertung der *eigenen* Leistung bzw. der *eigenen* Leistungsverbesserung
4. Schließlich die Installierung der vorhergehenden Schritte als *persönlichen Prozess*, der eine kontinuierliche Messung, Auswertung und gezielte *persönliche Verbesserung* bewirkt

Auch wenn diese Vorgehensweise den Charakter einer „lokalen Optimierung" in sich trägt, zeigen bisherige Anwendungen auch Verbesserungen der erreichten Produktqualität insgesamt. Die besondere Qualität der Arbeit des einzelnen Softwareentwicklers ist natürlich für die Arbeit eines ganzen Teams eine grundlegende Voraussetzung. Daher gibt es bereits Ansätze, den PSP in einen ***TSP (Team Software Process)*** zu überführen (siehe [Humphrey 2000]). Hinsichtlich der Anwendung und Umsetzung dieser Verfahren verweisen wir wiederum auf unsere Webseite zum Buch unter `webeng.cs.uni-magdeburg.de`.

12.2 Die Personalstrukturen beim Web Engineering

Auch und gerade bei der Websystem-Entwicklung sind Teams gefragt, die die vielfältigen Kommunikations- und Kooperationsmöglichkeiten im Web für die gemeinsame Systemerstellung nutzen. In diesem Abschnitt wollen wir auf einige Strukturen derartiger Teams eingehen. Dazu charakterisieren wir zunächst einige Teamarten auf der Grundlage der oben genannten Erfordernisse (siehe [Dumke 2001], [Haywood 1998] und [Pfleeger 1998]):

- *Permanentes vs. temporäres Team:* Dabei handelt es sich beim permanenten Team um eine feste Teamzusammensetzung. Dieses Team realisiert Websystem-Entwicklungen jeweils in derselben Zusammensetzung. Der Vorteil liegt hier in der jeweils nutzbaren *Teamerfahrung*. Der Vorteil temporärer Teams ist wiederum die mögliche Ad-hoc-Auswahl des mit den gerade erforderlichen Kenntnissen und Fähigkeiten versehenen Webpersonals.
- *Homogenes vs. heterogenes Team:* Die Homogenität kann sich beispielsweise auf die jeweiligen Charaktere beziehen. Erfahrungsgemäß sind in diesem Fall heterogene Teams zu empfehlen. Eine andere durchaus sinnvolle Homogenität ergibt sich aus den Kenntnissen; so sind Testteams oder Programmierteams sinnvolle Beispiele hierfür.
- *Spezielles vs. universelles Team:* Diese Klassifikation bezieht sich vor allem auf die Fähigkeiten und Erfahrungen. Beispiele für spezielle Teams sind hierbei Entwicklergruppierungen für spezielle Produktklassen oder Paradigmen.
- *Inhouse- vs. externes Team:* Hierbei wird nach der „Ansiedlung" des Entwicklungsteams im eigenen (Verantwortungs-)Bereich (*inhouse*) oder außerhalb, beispielsweise durch das Auslagern (*Outsourcing*) der Entwicklungsaufgabe an eine andere Firma, unterschieden.

Bei der Zusammenarbeit des Webpersonals wird im Allgemeinen eine aufgabenbasierte Rollenverteilung vorgenommen. Dazu zeigen wir zunächst noch einmal die Skizze aus Kapitel 4 zur Zusammenarbeit in einem vordefinierten Hyperspace mit modifiziertem Inhalt (Abbildung 12.7).

Wird beim Webpersonal ausschließlich in einem Hyperspace gearbeitet, so nennt man die Entwicklergruppen auch ***virtuelle Teams***. Für die Bildung derartiger Teams gelten folgende allgemeine Regeln:

- Erarbeitung einer Vision zur Verteilung der Aufgaben innerhalb des Webpersonals
- Festlegung einer Infrastruktur hinsichtlich verwendeter Technologien, gesetzlicher Regelungen und Kommunikationsformen
- Definition der Kommunikationsprozesse, der arbeitsbezogenen Workflows sowie der Abhängigkeiten und Hintergrundprozesse, wie die Protokollierung oder die Dokumentation
- Auswahl der Teammitglieder und Festlegung ihrer Bewertung bzw. der Einschätzung der Entwicklungsergebnisse
- Gestaltung der Arbeitsformen und -inhalte in der Weise, dass jedes Teammitglied persönlich durch einen Nutzen und eine Verbundenheit motiviert wird

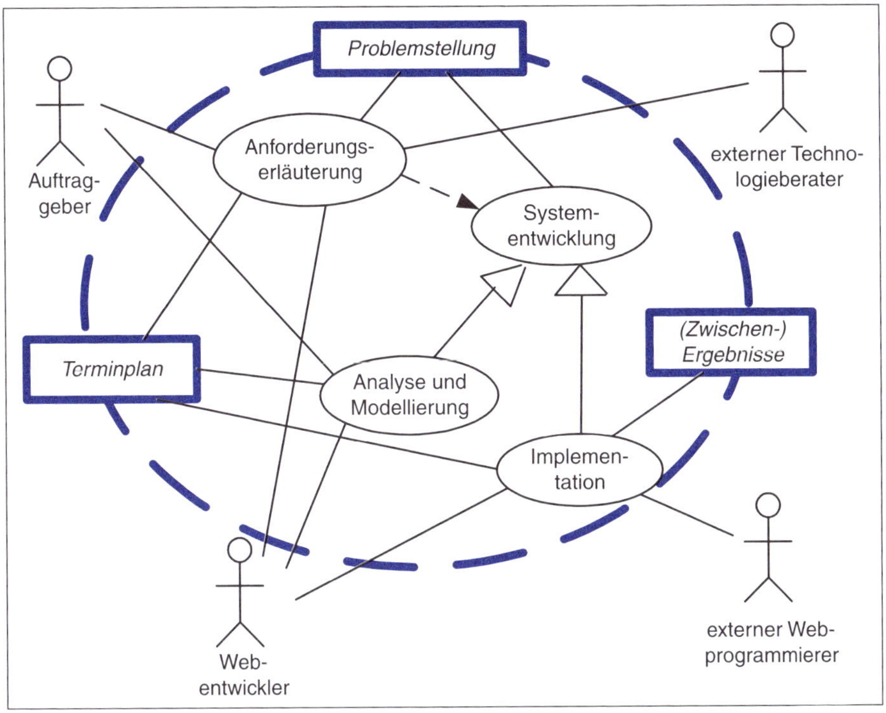

Abbildung 12.7: Teamarbeit beim Webpersonal

Eine Bewertung von virtuellen (verteilten) Teams kann nach dem *so genannten Maturity Model for Distributed Teams* von Haywood vorgenommen werden (siehe [Haywood 1998]). Danach gelten die folgenden vier Stufen:

1. *Ad hoc:* Die Ziele sind nicht klar definiert, die Prozesse sind nicht standardisiert, die Tools sind zumeist inkompatibel. Die Teammitglieder verfügen im Allgemeinen über keinerlei Erfahrungen zur Arbeit in virtuellen Teams.
2. *Basic:* Die Ziele basieren auf einem allgemeinen Mission Statement. Die Standards für die Prozesse sind prinzipiell vorhanden, und für die elektronischen Kommunikationsformen bestehen stabile Verbindungen. Die Teammitglieder haben zumindest in der elektronischen Kommunikation umfangreiche Erfahrungen.
3. *Standardized:* Die Ziele sind klar vorgegeben, die Prozesse sind standardisiert und der Informationsfluss ist elektronisch abgesichert (einschließlich Log und Archivierung). Die Effizienz der eingesetzten Werkzeuge wird mittels Performance-Metriken überwacht. Die Teammitglieder haben Erfahrungen mit verteilter Kommunikation und Kooperation.
4. *Optimizing:* Das virtuelle Team fügt sich optimal in die Firmenstrategie bzw. Organisationsstrategie ein.

Liegt eine ausschließliche Orientierung auf virtuelle (Tele-)Arbeitsplätze vor, so spricht man vom so genannten *Telecommuting*.

Für die jeweiligen Entwicklungsphasen, die unterschiedliche Technologien und die verschiedenen Formen der Zusammenarbeit gibt es für die Webpersonal-Strukturen auch die verschiedensten Ausprägungen bzw. Detaillierungen. Dazu zählen natürlich auch die „klassischen“ Teamformen, wie das so genannte *Chefprogrammierer-Team*, das *Egoless Programming Team*, bei dem die Entwickler eine Gruppe Gleichberechtigter bilden, und das so genannte *Surgical Team*, welches zu besonderen Anlässen bzw. Notsituationen gebildet wird. Diese Teamformen beinhalten eine Rollenverteilung auf der Grundlage spezieller Verantwortungs- und Bearbeitungsstrukturen. Zu weiteren Details hierfür verweisen wir auf die Literatur (siehe [Dumke 2001] und [Mayrhauser 90]).

Wir wollen jetzt Beispiele spezieller webbezogener Strukturen und Teamformen betrachten. Zunächst geben wir eine Teamstruktur an, die in einer speziellen Entwicklungsphase eine webbasierte Arbeitsform charakterisiert. Für die Phase der Problemfindung und -definition haben wir in Kapitel 3 das webbasierte Brainstorming angegeben. Unter dem Aspekt einer Entwicklungsteamstruktur ergibt sich die in der folgenden Abbildung gezeigte Ausprägung:

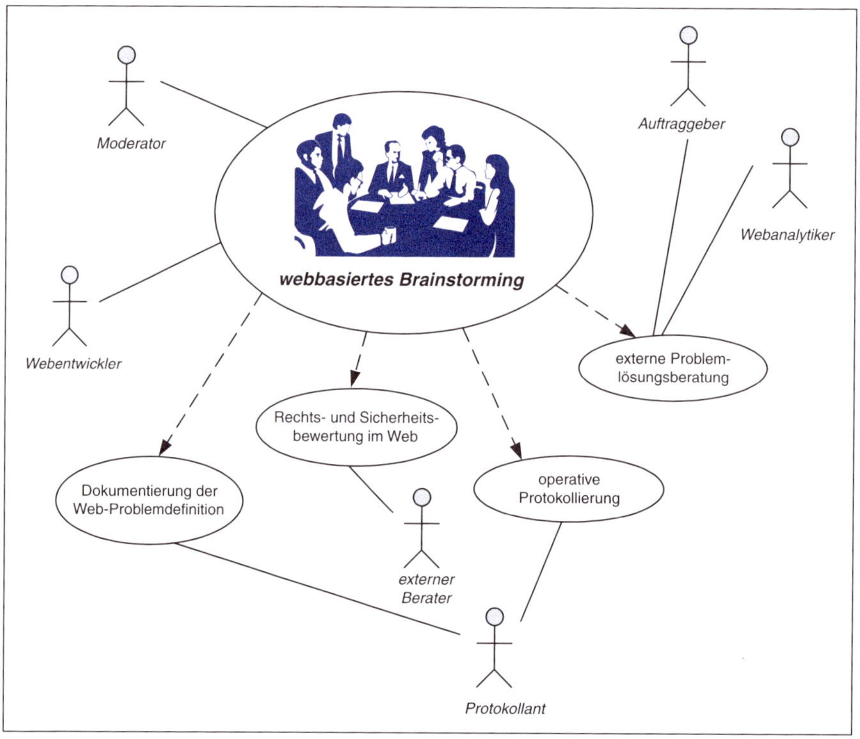

Abbildung 12.8: Beispielarchitektur eines webbasierten Brainstormings

Die nächste Form zeigt eine technologiebezogene Personalstruktur, und zwar die Rollenverteilung bei der Anwendung der Enterprise-JavaBeans-basierten Komponentenentwicklung:

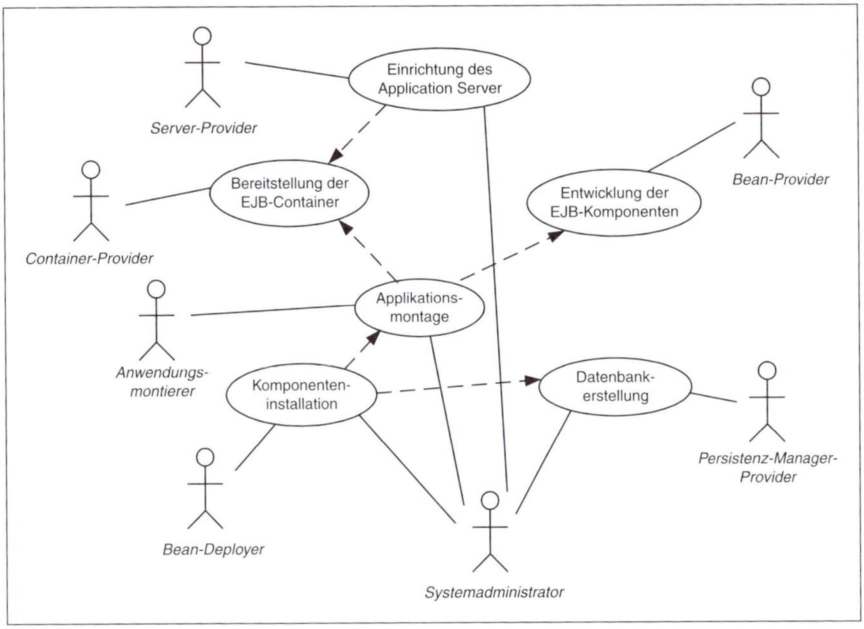

Abbildung 12.9: Personalstruktur bei der EJB-basierten Websystem-Entwicklung

Hinsichtlich der detaillierten Umsetzung der EJB-Technologie verweisen wir auf die Literatur (siehe beispielsweise [Schmietendorf 2002]).

Schließlich geben wir noch ein Beispiel einer Personalstruktur zu einer Entwicklungsform bzw. -methodik. Wir beschreiben hier noch einmal die agile Websystem-Entwicklung (siehe [Agile 2003] und [Cockburn 2002]). Die Abbildung 12.10 zeigt Personalstrukturen bei der agilen Websystem-Entwicklung zu unserem Firmenpräsenzbeispiel.

Die Personalstruktur weist also drei Entwicklungsteams auf, die bei agilen Methoden zumeist aus zwei Entwicklern (gestrichelter Bereich) und jeweils einem Vertreter des Auftrags- bzw. Fachbereiches bestehen. Darüber hinaus ist hierbei bekanntlich eine Face-to-Face-Kommunikation intendiert, die der oben gezeigten Raumverteilung zugrunde liegt.

Damit haben wir jeweils eine Strukturform aus den Bereichen des Entwicklungsverlaufs, der Entwicklungstechnologie und der Entwicklungsmethodik kennen gelernt. Im Zusammenhang mit den speziellen Teamformen zum Webpersonal (heterogen, universell, temporär usw.) lassen sich daraus weitere Personalstrukturen ableiten, die bei der Websystem-Entwicklung angewandt werden (können).

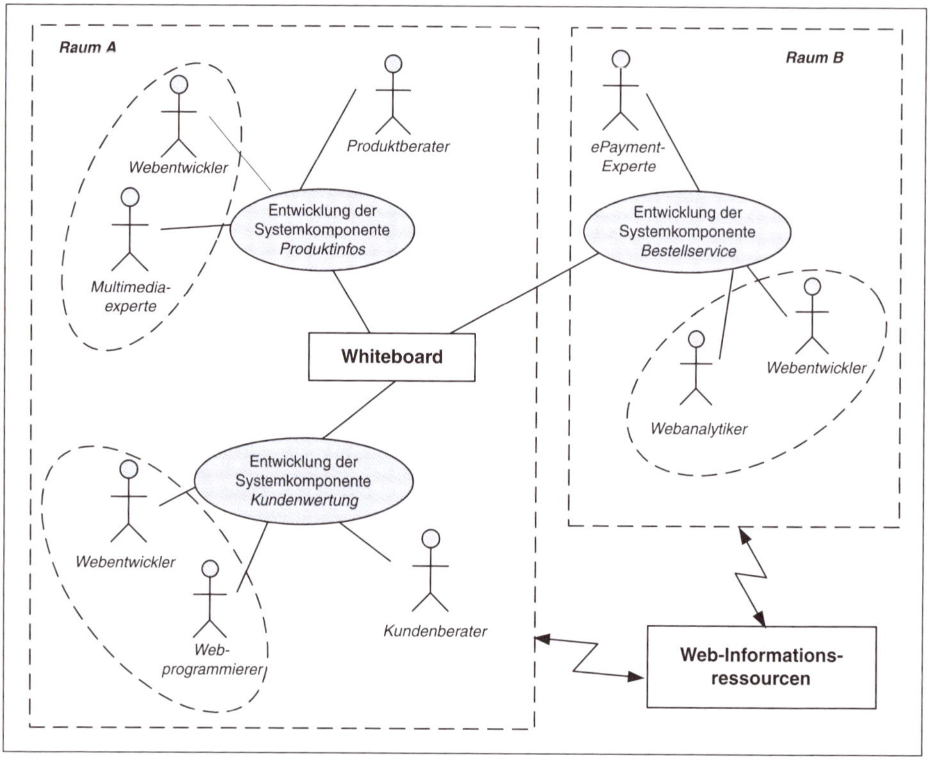

Abbildung 12.10: Personalstrukturen bei der agilen Websystem-Entwicklung

12.3 Communities bei der Websystem-Entwicklung

Bereits im ersten Abschnitt haben wir hinsichtlich der Spezialisierung des Personals von Berufsgruppen oder Communities gesprochen. Der Erfahrungs- und Wissenshintergrund solcher Communities für die Websystem-Entwicklung besteht im Allgemeinen aus

- ***(virtuellen) Organisationen, Verbänden*** oder ***Gremien***, die die jeweilige Berufsgruppe hinsichtlich Aus- und Weiterbildung, Qualifizierung, Erfahrungsaustausch und Wissensverbreitung unterstützen; Beispiele für „allgemeine" Communities sind:
  - die *IEEE (Institute of Electrical and Eletronics Engineers)* als Institution für den IT-Bereich mit den vielfältigsten Journals und digitalen Bibliotheken,
  - die ***ACM*** *(Association for Computing Machinery)* als Community für die Computer-Science-Spezialisten generell mit der entsprechenden vielfältigen Präsenz im Web,
  - die ***GI*** *(Gesellschaft für Informatik)* mit den jeweiligen Fachbereichen, die sämtlichst eine Webausprägung und verschiedene Webpräsenz-Formen besitzen;

Beispiele für spezielle, webbezogene Communities sind:
- das ***W3C** (World Wide Web Consortium)* als Haupt-Community für den Webingenieur bzw. für im Web Engineering Tätige,
- die unterschiedlichsten Spezialisierungen zum eLearning, eCommerce und zu virtuellen Organisationen überhaupt;

- ***Firmen, Institutionen und Einrichtungen***, die das eigentliche Wirkungsfeld der Vertreter des jeweiligen Webpersonals darstellen oder als Partner für die Bereitstellung der Webtechnologie dienen; Beispiele hierfür sind Microsoft, Oracle, Sun, Macromedia usw.;
- ***Forschungseinrichtungen, Laboren und Instituten***, die der Wissensvermehrung, -erweiterung und -verbreitung dienen;
- ***Fachbüchern, Zeitschriften*** und weiteren ***wissenschaftlichen Publikationen*** zur Wissensverbreitung, Fachdiskussion und zum Wissenserwerb; auch hier wollen wir einige Beispiele zu Zeitschriften nennen (Bücher und Publikationen sind im Literaturverzeichnis dieses Buches angegeben):
  - *Journal of Web Engineering*
  - *International Journal of Web Engineering and Technology*
  - *IEEE Internet Computing*
  - *ACM Multimedia Systems*
  - *IEEE MultiMedia*
  - *ACM Journal of Graphic Tools*
  - *IEEE Security & Privacy*
  - *ACM Distributed Computing*
  - *IEEE Pervasive Computing*
- ***Konferenzen, Workshops und Tutorials***, die dem Austausch und der Verbreitung des Wissens in einer komprimierten Form (als Konferenz), in einer diskutierten Form (als Workshop) oder als relativ geschlossene Darstellung (beim Tutorial) dienen; Beispiele hierfür sind:
  - die ***WWW** (World Wide Web Conference)*, die jährlich stattfindet, und *das* Ereignis für den Erfahrungsaustausch zum Web darstellt,
  - die Web3D (International Conference on 3D Web Technology),
  - die JCDL (Joint Conference on Digital Libraries),
  - die *Web Design World* und viele andere mehr.

Damit haben wir natürlich nur einige Bereiche derartiger Webingenieur-Communities angedeutet, allerdings auch den wesentlichen Rahmen für die oben genannten Grundvoraussetzungen, die zu einem qualifizierten, sich ständig weiterbildenden Personal bei der Websystem-Entwicklung führen, genannt.

Übungsaufgaben

1. Leiten Sie aus den technologiebezogenen Architekturbeschreibungen in Kapitel 5 zum Websystementwurf weitere Spezialisierungen bzw. Berufsgruppen als Webpersonal ab.
2. Charakterisieren Sie die grundlegende Aufgabenverteilung bei den Webpersonalformen Webanalytiker, Websystemtester, Webtechnologe und Webpartner.
3. Welche Webpersonal-Charaktere sind für eine konstruktive Kommunikation bei der Systementwicklung förderlich?
4. Geben Sie für jedes aus Abbildung 12.5 bildbare Tripel der Dimensionsmerkmale ein konkretes Beispiel einer Form der Zusammenarbeit beim Webpersonal an.
5. Diskutieren Sie Möglichkeiten einer PSP-Umsetzung im Intranet.
6. Charakterisieren Sie die unterschiedlichen Merkmale von homogenen, temporären und externen Webteams.
7. Zeichnen Sie als Use-Case-Diagramm Beispiele für Webpersonal-Strukturen anderer Phasen der Websystem-Entwicklung.
8. Skizzieren Sie eine mögliche Personalstruktur für die Entwicklung dokumentenbasierter Websysteme.
9. Informieren Sie sich zu den Möglichkeiten der Community-Unterstützung für einen selbst gewählten Entwicklungsbereich.

Kapitel 13 Websystem-Managementformen

Den Prozess der Erstellung eines Websystems haben wir in Kapitel 1 bereits allgemein als Webprojekt bezeichnet und definiert. Ein solches Webprojekt ist durch die Prozessmerkmale gekennzeichnet, die die Anwendung spezieller Webmethoden, -techniken und CASE-Tools im Rahmen der Websystem-Entwicklung, -Wartung und -Anwendung betrifft. Wir haben bei der Betrachtung der Softwareprozesse bisher vor allem die methodischen Aspekte behandelt. Spätestens jedoch in Kapitel 12 zum Personal beim Web Engineering wurde deutlich, dass vor allem auch organisatorische und administrative Methoden zum Einsatz kommen, und zwar als Management. Wir definieren daher wie folgt:

> *Das **Websystem-Management** ist die Planung, Überwachung und Steuerung des Prozesses und der dabei einzusetzenden Webressourcen zur Entwicklung, Wartung und Anwendung von Websystemen.*

Wir wollen uns zunächst den allgemeinen Grundlagen des Websystem-Managements widmen (im Folgenden kurz als Web-Management bezeichnet) und dann auf die speziellen Formen bei der Entwicklung, Wartung und Anwendung gesondert eingehen.

13.1 Allgemeine Managementmethoden

Das Web-Management dient dem bestmöglichen zeitlichen und kostengünstigsten Ablauf geplanter Aktivitäten und Prozesse beim Web Engineering. Im Rahmen der Websystem-Entwicklungsphasen haben wir bereits Aktivitäten bzw. Verfahren der einzelnen Phasen kennen gelernt. Beim Web-Management werden diese Schritte teilweise benutzt und durch weitere Planungs- und Kontrollmethoden untersetzt. Die allgemeinen Ziele und Realisierungsschritte beim Web-Management zeigt der in Abbildung 13.1 dargestellte Managementzyklus (siehe [Ambler 1999] und [Page-Jones 1991]).

Der Soll-Ist-Vergleich wird an so genannten *Kontrollpunkten* in Form eines *Assessments* durchgeführt und beruht auf folgenden Ausgangsdaten (siehe [Dumke 2001] oder [McMahon 2001]):

- *Plandaten:* zum Entwicklungsstand und den noch verfügbaren Ressourcen bei der Websystem-Erstellung
- *Risikodaten:* zur Bewertung von Varianten und Alternativen für den jeweiligen Folgeschritt bzw. zur Gewährleistung der Websystem-Qualität im Entwicklungsverlauf

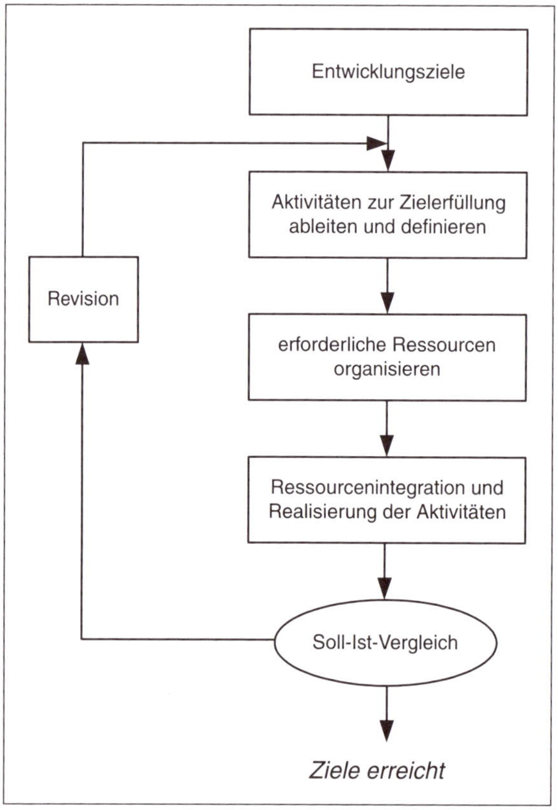

Abbildung 13.1: Der allgemeine Web-Managementzyklus

- *Kostenanalysen:* zur Budgetüberwachung und zielgerichteten Einflussnahme für die Entwicklungskosten bzw. die intendierten Websystemkosten selbst
- *Änderungsanalysen:* zur Erfassung der Prozessdynamik während der Websystem-Entwicklung und der Definition der Änderungsansätze und -formen
- *Reviews und Audits:* als manuelle Kontrollen zur Situationserfassung des Websystems in all seinen Entwicklungsstufen und -komponenten (nach individuellen Aspekten (als Review) oder nach definierten Vorgaben (als Audit))

Ein wesentlicher Grund für den zyklischen Ansatz beim Web-Management ist die notwendige Verfeinerung oder die sich oftmals ergebende Änderung von Anforderungen an das Websystem. Bereits bei der Behandlung der Websystem-Entwicklung haben wir auf den iterativen Charakter hingewiesen. Wir definieren daher an dieser Stelle diese Iteration noch einmal explizit (siehe auch [Royce 98]):

> *Eine **Iteration** bei der Websystem-Entwicklung ist ein Prozessmerkmal und kennzeichnet die Umsetzung einer Webanforderungsänderung, die den erneuten Durchlauf einer oder mehrerer Entwicklungsphasen zur Folge hat.*

Im Folgenden gehen wir kurz auf einige „klassische" Visualisierungstechniken für die Projektplanung ein (siehe [Dumke 2001] oder [Page-Jones 1991]). Die ***PERT-Methode*** *(Program Evaluation and Review Technique)* dient der Darstellung des kausalen Zusammenhangs der Management-Aktivitäten durch einen gerichteten Graphen als Netz. Die Notation ist in der folgenden Abbildung angegeben. Die Knotenbewertung stellt die jeweilige im Verlauf eines Prozesses realisierte Aktivität dar.

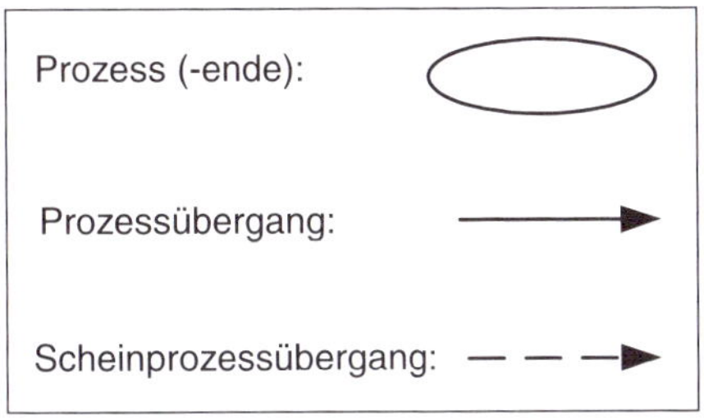

Abbildung 13.2: Notation der PERT-Diagramme

Der Scheinprozessübergang dient der Vervollständigung eines PERT-Diagramms zu einem Netz und drückt die Fortsetzung ohne eine zu realisierende Aktivität aus. Die Möglichkeit der Kantenbewertung wird bei den PERT-Diagrammen für die Angabe zeitlicher Restriktionen verwendet. Das folgende Beispiel visualisiert den Prozess einer Webseiten-Implementation mit einem CASE-Tool, wie zum Beispiel dem Dreamweaver, und zeigt die notwendigen Aktivitätsfolgen für die Planung einer generellen dokumentenbasierten Websystem-Erstellung.

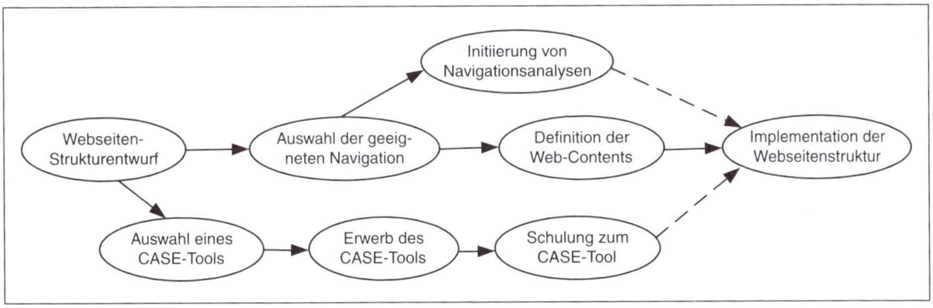

Abbildung 13.3: PERT-Diagramm für die Implementation von Webdokumenten

Aufgrund spezieller Zeitangaben lassen sich beispielsweise die kürzeste und die längste Projektdauer abschätzen. Der Einsatz von PERT-Diagrammen zum Web-Management erfordert im Verlauf der Prozessrealisierung eine ständige Aktualisierung dieser Diagramme.

Eine spezielle Form der PERT-Methode ist die so genannte ***CPM-Methode*** *(Critical Path Method)*. Hierbei wird das PERT-Diagramm mit einer *Zeitachse* versehen. Damit ist es möglich, den *zeitkritischen Verlauf* als Critical Path unmittelbar zu erkennen. In der obigen Abbildung 13.3 ist dieser kritische Weg durch die in der Mitte angegebenen Prozesse charakterisiert, während es für die mit Scheinprozessübergängen versehenen oberen und unteren Abläufe nur jeweils einen Zielzeitpunkt gibt.

Als letzte Darstellungsmethode für das Web-Management wollen wir uns dem ***Gantt-Diagramm*** (bezeichnet nach Lawrence Gantt) zuwenden. Die Notation derartiger Diagramme besteht dabei lediglich aus so genannten Zeitintervallbalken und der Markierung der Kontrollpunkte als so genannte *Meilensteine*. Die Darstellung der Gantt-Diagramme erfolgt im Allgemeinen in Form einer Einordnung in ein Koordinatensystem mit den Prozessen bzw. Aktivitäten als Ordinate und der Zeit als Abszisse. Im Folgenden zeigen wir ein einfaches, sich selbst erklärendes Beispiel zur Planung der Wartung eines Websystems:

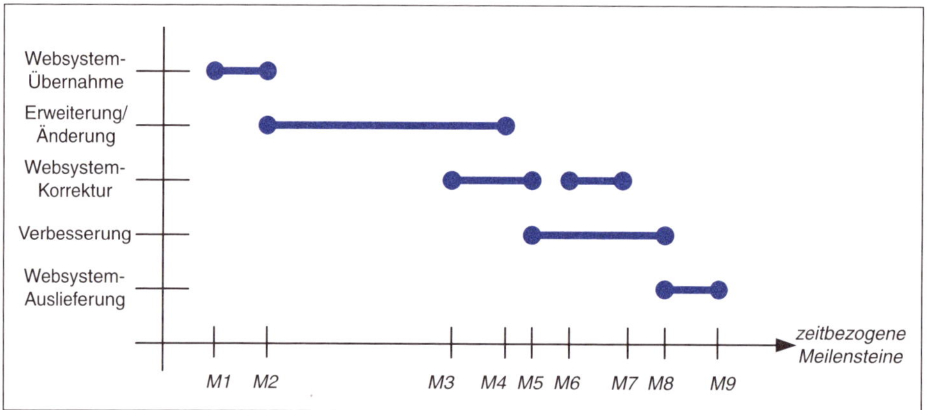

Abbildung 13.4: Gantt-Diagramm zur Websystem-Wartung

Eine weitere Visualisierung, die auch für die Modellierung von Managementformen verwendet werden kann, sind die so genannten ***Mind Maps***. Ihre notationellen Grundlagen bestehen in der Angabe eines oder mehrerer Kern- oder Ideenpunkte und der Zeichnung der davon ausgehenden verzweigten Linien, die mittels Beschriftung eine Detaillierung oder auch Untersetzung von Ideen, Themen oder Begriffen symbolisieren. Beispiele zu dieser Darstellungsform geben wir im folgenden Abschnitt an.

Mit diesen Diagrammen sind wir in der Lage, die allgemeinen Aktivitäten bzw. Prozesse der Webentwicklung, -wartung und -anwendung zu modellieren und den zeitlichen Erfordernissen anzupassen.

13.2 Grundlegende Formen des Web-Managements

Wir wollen zunächst die unterschiedlichen Ausprägungen des Web-Managements insgesamt betrachten. Die folgende Abbildung einer Mind Map gibt uns eine derartige Gesamtübersicht (siehe [Reifer 93] und [Pfleeger 1998]):

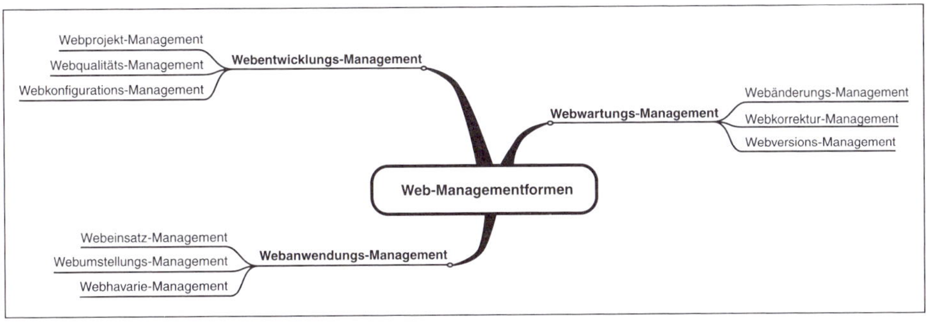

Abbildung 13.5: Übersicht zu den Web-Managementformen

Wir beginnen mit der Beschreibung des Entwicklungsmanagements und wenden uns zunächst dem Projekt-Management als Prozesssteuerung und -kontrolle für die Websystem-Erstellung zu. Wir definieren dieses Management wie folgt:

*Das **Webprojekt-Management** beinhaltet die planenden, kontrollierenden und steuernden Aktivitäten für die termingerechte Bereitstellung der Ressourcen und der kostengerechten Realisierung eines Websystems.*

Für die allgemeine Planung können die bereits im vorherigen Abschnitt behandelten Techniken zur Anwendung kommen. Allerdings erfordern spezielle Umstände bzw. Probleme auch spezielle Planungstechniken. Beispiele so genannter klassischer, aber heute noch aktueller Risikomerkmale sind die folgenden (siehe [Boehm 93]):

1. Die Fluktuation des Webpersonals in realer und virtueller Form
2. Eine unrealistische Planung und begrenzte finanzielle Mittel
3. Die Entwicklung falscher Funktionalitäten des Websystems
4. Die Entwicklung der falschen Nutzeroberfläche bzw. einer Gestaltung „am Kunden vorbei"
5. Das so genannte „Vergolden" von Anforderungen, bei der mehr realisiert wird, als wirklich notwendig ist
6. Die nicht endenden Anforderungsänderungen bzw. -erweiterungen zum Websystem über die ursprüngliche Systemintention hinaus
7. Die Änderung externer Leistungsanforderungen zum Nutzungsumfang des Websystems
8. Die Umstellung der extern vorgesehenen Komponenten bzw. externen Schnittstellen im Kontext einer Websystem-Integration
9. Die Änderungen der Leistungsanforderungen zum Echtzeitverhalten des Websystems
10. Die Überschätzung des „State of the Art" beim Entwicklungsparadigma bzw. den dafür zugrunde liegenden technologischen Komponenten

Die Beherrschung derartiger Probleme innerhalb des Projekt-Managements hat zu der besonderen Form des *Risiko-Managements* geführt. Die für die jeweiligen Risiken einzusetzenden Techniken und Mittel zeigt uns die folgende Abbildung (siehe [Pfleeger 98]):

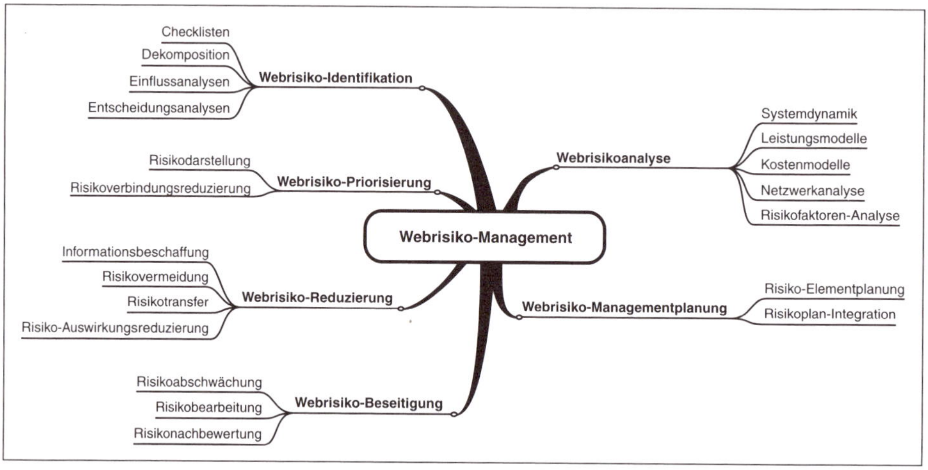

Abbildung 13.6: Methoden beim Risiko-Management

Das Grundanliegen des Risiko-Managements besteht in der rechtzeitigen Bestimmung von Risikofaktoren bzw. der mit einem hohen Risiko behaftete Bereiche bei der Websystem-Entwicklung. Daraus leiten sich die entsprechenden Maßnahmen zur Absicherung, Ressourcenerweiterung oder Änderung der Entwicklungsmethodik ab.

Ein weiteres Anliegen des Projekt-Managements besteht in der möglichst frühzeitigen ***Aufwandsschätzung*** der Websystem-Entwicklung insgesamt. Im Folgenden wollen wir zwei grundlegende Methoden näher beschreiben. Als Erstes betrachten wir das *COCOMO-Modell* in seiner heutigen Form als ***COCOMO II.2000*** (siehe [Boehm 2000]). Der Ausgangswert für die dabei vorgenommene Schätzung wird der *Umfang* des Websystems als zu erwartende Anzahl der Codebefehle als *KDSI (Kilo Delivered Source Instructions)* oder als so genannte *Function Points* (*FP*, siehe unten) benötigt. Daraus berechnet sich der Personalaufwand in Personenmonaten als

$$\textbf{Personalaufwand} = \textbf{Faktor} \times \textbf{Umfang}^{\textbf{Exponent}} \times \textbf{f1} \times \ldots \times \textbf{fn}$$

Der *Faktor* stellt die so genannte Produktivitätskonstante dar, die initial *2,45* beträgt, aber je nach Systemart kalibriert werden kann. Der *Exponent* berechnet sich wiederum aus

$$\textbf{Exponent} = \textbf{Aufwandsskalierung} + \textbf{0,01} \times \textbf{Skalenfaktoren}$$

Für die *Aufwandsskalierung* wird initial 0,91 verwendet. Auch hier ist eine Kalibrierung möglich. Die Skalenfaktoren haben Werte zwischen 0 und 7,8 und beziehen sich auf solche Merkmale, wie CASE-Tool-Erfahrung, Entwicklungserfahrung und Prozessniveau. Für die konkrete Werteauswahl steht eine entsprechend detaillierte Beschreibung zur Verfügung. Die *fi* in der obigen Formel sind spezielle Produkt- und Prozesseigenschaften und reichen von der Datenbasisgröße, dem Kommunikationsgehalt und dem Ressourcenbedarf bis hin zur Projektkomplexität, der Plattformdynamik und der Personalstabilität. Als Schätzung können der Aufwand an Personal, die Entwicklungszeit und der Systemumfang bestimmt werden. Der Fokus kann sich dabei nur auf die Entwicklung oder auf die Wartung beziehen.

Darüber hinaus sind spezielle COCOMO-basierte Schätzverfahren für spezielle Prozess- oder Systemaspekte entwickelt worden, wie beispielsweise

- *COPSEMO:* für die Aufwandsschätzung bezogen auf die einzelnen Entwicklungsphasen der Systementwicklung
- *CORADMO:* als Abschätzung des Entwicklungsaufwandes von Systementwicklungen nach dem so genannten Rapid-Application-Development-Prinzip
- *COCOTS*: für die Aufwandschätzung einer komponentenbasierten Systemerstellung

Bei der Anwendung dieser Methoden für die Websystem-Erstellung empfiehlt sich zunächst eine *Nachbewertung* bereits realisierter Entwicklungen. Auf dieser Grundlage und der damit verbundenen *Einstellung* der Wichtungsfaktoren kann dann eine gezielte bzw. genauere Aufwandsschätzung im eigenen Entwicklungsumfeld vorgenommen werden. Hinsichtlich der detaillierten Methodenbeschreibung verweisen wir wiederum auf unsere Webseiten zum Buch.

Eine andere Form der Aufwands- bzw. Kostenschätzung ist die ***Function-Point-Methode*** (siehe [Bundschuh 2000] und [Garmus 1996]), auch *Function Point Analysis (FPA)* genannt. Dabei wird der „funktionelle Gehalt“ als Ausgangspunkt für die Schätzung verwendet. Die Grundidee besteht darin, für ein zu entwickelndes Produkt folgende Berechnungsformel für die *ungewichteten Function Points (UFP)* zu verwenden:

$$\mathbf{UFP = a \times inputs + b \times outputs + c \times requires + d \times internal\ data + e \times external\ data}$$

Dabei steht *inputs* für die Anzahl der Systemeingaben, *outputs* für die Anzahl der Systemausgaben, *requires* für die Anzahl der Systemabfragen, *internal data* für die Anzahl interner, lokaler Datenbestände und *external data* für die Anzahl externer Datenbestände. Für die jeweiligen Faktoren *a* bis *e* ergeben sich je nach der Ausprägung des jeweiligen Merkmals als einfach, mittel oder komplex die *Wertebereiche* $a = \{3,4,6\}$, $b = \{4,5,7\}$, $c = \{3,4,6\}$, $d = \{7,10,15\}$ und $e = \{5,7,10\}$. Der erhaltene Wert als UFP wird wiederum mit so genannten Wichtungsfaktoren multipliziert, die solche Aspekte, wie die Datenkommunikationsgröße, den Verteilungscharakter der Anwendung oder die Leistungsanforderungen, jeweils mit einer Bewertung von 0 („kein Einfluss“) bis hin zu 5 („starker Einfluss“) berücksichtigt. Aus dem erhaltenen Wert als *Function Points (FP)* ergibt sich eine formelmäßige Umrechnung, die für eine spezielle Systemausprägung als erste Näherung in folgender Weise angewandt werden kann (siehe [Bundschuh 2000]):

Personenmonate ª 0,015216 FP1,29

Die hier berechneten Function Points haben auch nach der Community *International Function Point User Group (IFPUG)* die Bezeichnung *IFPUG Function Points*. Für die Anwendung dieser Function-Point-Methode auf Webapplikationen wurde ein so genanntes *OomFP-Web (Object-oriented measured Function Points)* definiert, das eine entsprechende Modifikation der oben genannten Zählelemente für die Webnavigation und die

Webagenten berücksichtigt und als erster Ansatz für ein *Webestimation* bezeichnet werden kann (siehe [Abrahao 2002]).

Da sich die obige Berechnungsform der Function Points sehr stark an klassische Informationssysteme anlehnt, ist inzwischen eine neue Methode geschaffen worden, die als ***Full-Function-Points-Methode*** eine breitere Anwendungsmöglichkeit hat (siehe [Lother 2001]). Die Grundidee dieser Methode ist das *Zählen von Datenbewegungen aus Nutzersicht*. Bei ihrer Anwendung ergibt sich eine Gesamtzahl an so genannten *COSMIC-FFPs* aus der Berücksichtigung der unterschiedlichen Nutzerschichten bzw. Levels, in dem die Datenbewegungen hinsichtlich der *Entry* und *Exits* zum Nutzer und bezüglich der *Reads* und *Writes* zum Speicher unterschieden werden (siehe [COSMIC 2003]). Diese Zählform wird dem Anspruch an eine Aufwandsschätzung operationaler Websysteme besser gerecht. Allerdings fehlen für die Umrechnung von FFPs in einen (personellen) Aufwand noch die entsprechenden Erfahrungen (siehe erste Ansätze in [Mendes 2003]).

Als Nächstes wollen wir uns mit dem ***Webqualitätssicherungs-Management*** beschäftigen. Auf grundlegende Aussagen insbesondere zur Websystem-Qualität nach dem so genannten ISO9126-Standard sind wir bereits bei der Behandlung der Webentwicklungsphasen eingegangen. Jetzt wollen wir allgemeine Qualitätssicherungsmethoden oder -bewertungsformen kennen lernen, die sich vor allem der Webentwicklungsqualität widmen. Qualitätssicherungs-Management wird zumeist einfach Qualitäts-Management genannt und soll hier folgendermaßen definiert werden:

> *Das **Webqualitäts-Management** ist die Sicherung von Qualitätsmerkmalen für das Websystem auf der Grundlage der Prozess- und Ressourcenqualität durch organisatorische Methoden und Maßnahmen unter Anwendung spezieller Techniken und Technologien im Web.*

Um eine ausreichende Prozess- und Ressourcenqualität zu erreichen, die für den Einsatz qualitätssichernder Techniken notwendig sind, werden Bewertungsmethoden eingesetzt, die die wesentlichen Aspekte „abfragen". Da die Qualitätssicherung natürlich auch für andere Produktionsbereiche von Bedeutung ist, können hierbei klassische Bewertungsformen zur Anwendung kommen. Dazu zählt der so genannte ***ISO 9001:2000-Standard***. Dabei werden folgende allgemeine Ziele verfolgt: eine kundenorientierte Organisation, eine Unterstützung der Qualitätssicherung durch das Management, die Einbeziehung aller Mitarbeiter in den Qualitätsprozess, die Orientierung auf eine ständige Verbesserung, ein sachlicher quantitativer Ansatz zur Entscheidungsfindung und ein Beziehungsaufbau zum Lieferanten zum gegenseitigen Nutzen. Die jeweiligen Fragen nach der Erfüllung der mit diesen Aspekten verbundenen Anforderungen an eine qualitätssichernde Websystem-Entwicklung lauten beispielsweise auf das Web Engineering übertragen wie folgt (siehe [Wallmüller 2001]):

- „Ist sichergestellt, dass Design-Reviews sowie System-, Verfahrens- und/oder Produkt-Audits von Personal ausgeführt wird, das unabhängig von dem ist, welches für die Ausführung der Arbeit direkt verantwortlich ist?"
- „Ist das Websystem-Entwicklungsprojekt in Übereinstimmung mit einem der verschiedenen Lebenszyklusmodelle organisiert?"
- „Ist jede Webanforderung so formuliert, dass ihre Erfüllung nachgewiesen werden kann?"

- „Wurde die Pflege der Websystem-Komponenten nach Erstauslieferung vertraglich festgelegt?"
- „Ist vorgesehen, dass der Lieferant für die Validierung der von Unterlieferanten erbrachten Leistungen verantwortlich ist?"

Auch wenn man theoretisch einen Anteil der mit „Ja" beantworteten Fragen errechnen kann, gilt die Erfüllung bzw. ***Zertifizierung*** nach dem ISO 9000-Standard erst bei einer vollständigen Bejahung aller Fragen.

Eine andere Möglichkeit, insbesondere die *Prozessgüte* zu bewerten, ist das so genannte ***Capability-Maturity-Modell (CMM)***. Es wurde Ende der achtziger Jahre entwickelt [Humphrey 89] und ermöglicht eine Klassifizierung des Prozesses in fünf Stufen. Die Kernpunkte, die die jeweiligen Niveaustufen unterscheiden, sind in der folgenden Tabelle kurz angedeutet. Sie bringen gleichzeitig auch zum Ausdruck, mit welchen Mitteln und Strategien die nächsthöhere Stufe erreicht werden kann. Die einzelnen CMM-Stufen lauten:

1. *Initiale Stufe (initial):* Die Websystem-Entwicklung erfolgt ohne eine konkrete Ablaufplanung bzw. ohne die genannten Managementformen überhaupt. Es besteht eine starke Abhängigkeit von einzelnen Personen und deren Fähigkeiten.
2. *Stufe der Wiederholbarkeit (repeatable):* Es werden Ansätze eines Webprojekt-Managements, einer Webqualitätssicherung und eines Webkonfigurations-Managements genutzt. Bei der Websystem-Spezifikation kommen erste Kosten- bzw. Aufwandsschätzungen zur Anwendung. Der Entwicklungsprozess besitzt also allgemeine Merkmale und ist als solcher für weitere Websystem-Entwicklungen anwendbar – der Prozess ist wiederholbar.
3. *Stufe der definierten Prozesse (defined):* Es liegt eine Webentwicklungsprozess-Definition auf der Grundlage einer Prozessanalyse vor. Die oben genannten Managementarten werden in integrierter Form angewandt. Die Anwendung von CASE-Tools sowie die rechtzeitige Schulung des Webpersonals zu Tools, Programmiersprachen und Methoden sind gewährleistet. So genannte Peer-to-Peer Reviews werden zur Kontrolle der Entwicklungsartefakte genutzt.
4. *Stufe der Prozessbeherrschung (managed):* Hierbei handelt es sich um ein quantitatives Prozess-Management auf der Grundlage von Webmetriken. Die oben genannten Prozessmerkmale sind nahezu vollständig mess- und/oder bewertbar.
5. *Stufe der Prozessoptimierung (optimized):* Dies Stufe gewährleistet schließlich die Beherrschung der Änderung in den Prozessen, impliziert eine gezielte Fehlervermeidung und „verkraftet" auch grundlegende Änderungen der verwendeten Webtechnologien.

Während der ISO 9001:2000-Standard alle Anforderungen für einen qualitätssichernden Prozess beinhaltet, zeigt das CMM insbesondere die möglichen Vorstufen zur Erlangung dieser Prozessqualität auf. Die Bewertung wird ebenfalls auf der Grundlage eines Fragenkatalogs vorgenommen. Diese Fragen beziehen sich auf die Schwerpunkte der Organisation, des Projekt-Managements, des Prozess-Managements und der Technologie. Dabei sind die Fragen jeweils in der Weise gekennzeichnet, zu welcher Niveaustufe sie bei ihrer Bejahung führen können. Generell gilt allerdings dabei, dass natürlich alle Fragen zu einer niedrigeren bzw. vorhergehenden Stufe bejaht wurden. Inzwischen wurde das CMM zu einem ***CMMI*** *(CMM Integration)* erweitert, welches weitere Prozessmerkmale aus anderen Gütemodellen berücksichtigt und Hinweise zur Integration eines Prozessverbesserungsansatzes in den Webentwicklungsformen gibt (siehe [Ahern 2001]).

Während der ISO 9000-Standard und das CMM vor allem Methoden eines *Assessments* für den Entwicklungsprozess darstellen, kommen zunehmend Methoden zur unmittelbaren Prozessverbesserung zum Einsatz. Ein Beispiel dafür ist die sogenannte ***Goal-Question-Metrics-Methode (GQM)*** [Solingen 1999], die fordert, zunächst eine klare Zielstellung zu formulieren, dann die geeigneten Fragestellungen dazu auszuwählen und schließlich die für eine quantifizierte Beantwortung dieser Fragen erforderlichen Maße festzulegen. Bei der Zielfestlegung kann beispielsweise eine Frage aus dem ISO 9000-Standard oder aus dem CMM-Modell ausgewählt und als Ziel deren Erfüllung gestellt werden. Die für diese Erfüllung notwendigen Fragestellungen werden nach folgenden Teilkriterien festgelegt:

- *Sichtweise:* Webentwickler, Webauftraggeber, Webkunde, Webkonsortium oder auch Web-Provider
- *Anwendungsbereich:* Websystem, Websystem-Entwicklung, Webplattformen, Webtechnologien, Webpersonal und andere mehr
- *Zweck:* Verbesserung, Analyse, Kontrolle, Verständnis usw.
- *Kontext:* im eigenen IT-Bereich, in ausgewählten Hyperspaces oder innerhalb vorgegebener Webpersonal-Strukturen

Im Zusammenhang mit den Fragen werden gleichzeitig *Hypothesen* aufgestellt, die auf der Grundlage der quantitativen Bewertung bestätigt oder widerlegt werden sollen. Der Definition der Fragen beim GQM schließt sich dann die Auswahl der geeigneten Metriken bzw. Maße an. Damit ist im Wesentlichen die Konzeptphase abgeschlossen. Als Nächstes sind die unmittelbaren Messungen vorzunehmen und eine entsprechende Messdatenbasis einzurichten. Die nun folgende Auswertung dient der Beantwortung der Fragen bzw. der mit der Aufstellung der Fragen definierten Hypothesen. Auf dieser Grundlage werden Hinweise für mögliche Schwachstellen, Problembereiche und schließlich Verbesserungsansätze ermittelt und führen nun zu den entsprechenden *Verbesserungsmaßnahmen*.

Die folgende Abbildung zeigt ein Beispiel für eine Anwendung der GQM-Methode für den speziellen Aspekt der Erfolgssicherung der Websystem-Entwicklung:

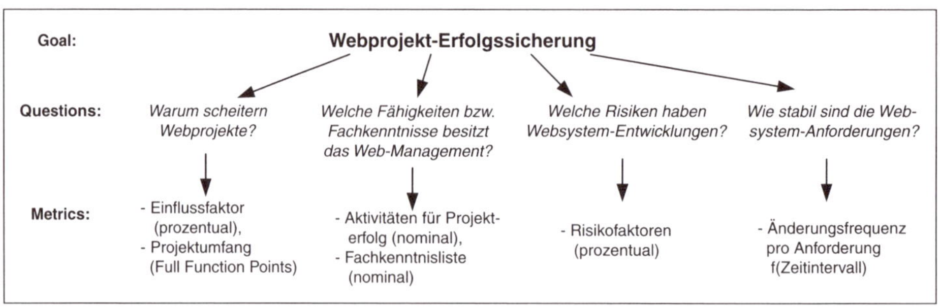

Abbildung 13.7: GQM-Beispiel zur Einschätzung des möglichen Projekterfolgs

Andererseits kann diese Vorgehensweise auch in der Form umgekehrt werden, dass bei Vorhandensein von Webmetriken und deren Bewertungsskalen die Verbesserung auf dieser Grundlage vorgenommen werden kann. Zu den ersten Initiativen von Webmetriken zählen beispielsweise:

- *Bewertung von Webapplikationen:* Fewster und Mendes definierten hierzu folgende Metrikengruppen (siehe [Fewster 2001]):
  - *Umfangsmetriken:* als Anzahl der HTML-Files, Anzahl multimedialer Files, Umfang dieser File-Arten in Megabytes, Anzahl der Programmzeilen der Webapplikation,
  - *Wiederverwendungsmetriken:* als Anzahl wiederverwendeter multimedialer Files, Anzahl wiederverwendeter Programme und deren LOCs, Speicherumfang dieser Files und Programme,
  - *Komplexitätsmetriken:* als Anzahl interner Links, durchschnittliche Verbindungsanzahl der Webseiten und zyklomatische Komplexität,
  - *Aufwandsmetriken:* Strukturierungsaufwand für die Applikation in Stunden, Link-Aufwand, Interface-Aufwand, Link-Testaufwand, Medientestaufwand und schließlich der totale Aufwand über all diese Kennzahlen.

  Auf dieser Grundlage wurden erste Fallstudien realisiert, die zwar keine verwendbaren Schwellwerte ergaben bzw. festlegten, aber als Basiskennzahlen für statistische Modelle zur Risikoabschätzung Anwendung fanden.
- *Popularitätsbewertung:* Auf der Grundlage der Zugriffszahlen zum jeweiligen URL (gemessen über einen Sitzungszeitraum hinweg) schätzten Chen und Zhang mögliche Performance-Probleme ab (siehe [Chen 2003]).
- *Integritätscheck von Webseiten:* Für die Sicherung von Webseiten gegen Attacken jeglicher Art definieren Sedaghat et al. einen Seitencheckagenten, der die Unversehrtheit der Webseite und ihrer Ressourcen innerhalb einer Webserverumgebung überprüft (siehe [Sedaghat 2002]). Darüber hinaus wird auch der Performance-Verlust geprüft und verringert.
- *Abschätzung der Webentwicklungszeit:* Ausgehend von den neuen Ausprägungen der Websystem-Entwicklung stellt Reifer Metriken für die Bewertung von Webobjekten vor, die alle möglichen File-Arten und Systemkomponenten auszählen, und dabei die Unterteilung von Halstead in Operanden und Operatoren berücksichtigen. Das ermöglicht sprachbezogene Bewertungsformen zum Umfang, zum Aufwand und zur Restfehlermenge (siehe [Reifer 2000]).

Neben diesen Ansätzen, die sich direkt dem Web Engineering widmen, können und sollten natürlich auch klassische Ansätze und Erfahrungen genutzt werden (siehe [Dumke 2002a], [Endres 2003], [Lother 2001], [Munson 2003], [Wille 2002] und [Zuse 1997]).

Als letzten Entwicklungs-Managementbereich wollen wir uns schließlich dem ***Webkonfigurations-Management*** zuwenden. Diese Web-Managementform ist sowohl für die Websystem-Entwicklung als auch für die Websystem-Wartung von Bedeutung. Die wesentlichen Aktivitäten des Konfigurations-Managements hängen vor allem von der Websystem-Architektur und der sich daraus ergebenden Websystem-Vielfalt bzw. dem Anwendungsprofil ab. Die Architektur kann von Systemteilen über Komponenten bis hin zu den jeweiligen File-Arten und -Formen (Komponenten, Plug-ins, Patches usw.) reichen. Die andere Dimensionierung ergibt sich hierbei aufgrund des unterschiedlichen Versions- bzw. Änderungsniveaus der jeweiligen Komponenten oder Files. Dabei wird die File-Speicherung hinsichtlich ihrer Version um die Möglichkeit aller (Vor-)Versionen erweitert (im Gegensatz zur häufig beim PC genutzten Form der zwei Versionen (altes und neues File)). Somit ergeben sich folgende Grundfunktionen beim Konfigurations-Management (siehe auch [Mikkelsen 1997]):

- Die Bestimmung der Konfiguration mit der Festlegung der Einzelkonfigurationen und der gesamten Webkonfigurations-Struktur
- Die Änderungssteuerung in Verbindung mit der systematischen Bearbeitung aller anfallenden Änderungskategorien
- Die Änderungsüberwachung mit der Sicherstellung der Konsistenz und Vollständigkeit nach der Realisierung der Änderung
- Die Buchführung mit der Erfassung und Verwaltung aller Konfigurationsmerkmale der Websystem-Elemente

Damit haben wir die wesentlichsten Aktivitäten beim Entwicklungs-Management kennen gelernt. Allerdings wollen wir noch anmerken, dass die Grundlage für ein effizientes Web-Management die Anwendung entsprechender Tools auf der Grundlage einer *Webprojekt-Datenbank* ist, deren Kern eine Messdatenbank darstellt. Ein weiterhin zu beachtender Aspekt beim Projekt-Management ist die Managementänderung im Entwicklungsverlauf, wie zum Beispiel ein Teamwechsel zwischen zwei Phasen, ein Paradigmenwechsel während der Implementation oder gar ein Wechsel der Managementform selbst.

Für das ***Webwartungs-Management*** haben wir bereits den Bereich der Versionsverwaltung im Rahmen des Konfigurations-Managements in den wesentlichen Grundlagen behandelt. Jetzt wollen wir noch kurz auf das so genannte *Korrektur-Management* eingehen. Es besitzt als Kernelement die Entscheidungskomponente, die insbesondere festlegt, wann die Korrekturen vorzunehmen sind. Das wird im Allgemeinen auf der Grundlage der Schwere des jeweiligen Fehlers entschieden. Erfolgreich eingesetzte Formen zur Absicherung dieses Prozesses sind *Bug-Tracking-Datenbasen*, abgeleitete *FAQ-Dokumente, Entwickler-Chats* oder *Solution-Archives*. Das Webkorrektur-Management beinhaltet daher ein so genanntes *Webnothilfe-Management*. Notsituationen treten auf, wenn der Anwender nicht auf eine neue, korrigierte Version warten kann und (ggf. auch vor Ort) eine Fehlerbehebung unmittelbar erforderlich ist.

In diesem Fall gelten die folgenden allgemeinen Maßnahmen:

- Der Einsatz einer Ersatzlösung für das jeweilige, durch die Webapplikation unterstützte Aufgabengebiet
- Die zeitweise Auslagerung des Websystems auf eine andere Plattform bzw. in einen anderen Hyperspace
- Die kurzfristige Entwicklung und der Einsatz einer Fehlerbehebungslösung im Anwendungsbereich des oder der Kunden
- Die zeitweilige Überbrückung von Bearbeitungslücken durch zusätzlichen (manuellen) Aufwand

Damit haben wir auch bereits das *Havarie-Management* als eine Komponente des ***Anwendungs-Managements*** erläutert. Die beiden anderen oben genannten Bereiche des *Einsatz-* und *Umstellungs-Managements* decken sich im Wesentlichen mit den Aussagen zum Projekt-Management. Insbesondere sind vor allem auch hierbei die oben genannten Techniken und Methoden einsetzbar. Allerdings kommt der damit verbundenen Einbettung dieser Web-Managementaktivitäten in die Unternehmensstrategie und der damit verbundenen Beachtung der jeweiligen Prioritäten eine besondere Bedeutung zu.

13.3 Beispiele eines virtuellen Web-Managements

In diesem Abschnitt wollen wir uns ausgewählten Formen und Beispielen eines Web-Managements widmen, welche das Web selbst benutzen bzw. sich im Web abspielen. Als simpelste Formen können dafür Java-Applets angesehen werden. Die Abbildung 13.8 zeigt die Möglichkeit der Anwendung der klassischen ISO 9000 im Web unter unserer Webseite zum Buch (`webeng.ivs.cs.uni-magdeburg.de`) unter den Links zum Kapitel 13.

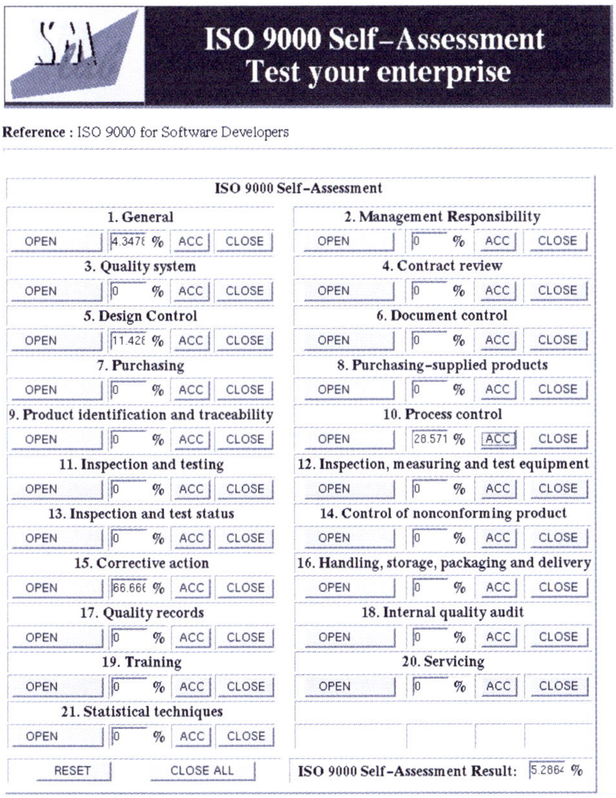

Abbildung 13.8: Java-Applet zur ISO-9000-Bewertung

Hiermit ist es möglich, eine ISO-9000-Bewertung einmal „durchzuspielen“ und sich über die Aspekte und Anforderungen einer Prozessqualität zur Websystem-Entwicklung auf dieser Grundlage klar zu werden. Die Kennzeichnung *SML@b* verweist auf das Magdeburger Softwaremesslabor, welches unter `http://ivs.cs.uni-magdeburg.de/sw-eng/us/` zu erreichen ist und unsere Aktivitäten zur Softwaremessung und -bewertung präsentiert.

Die Abbildung 13.9 zeigt die Einstiegsseite zur Erläuterung und Übung der GQM-Methode im gleichen Umfeld.

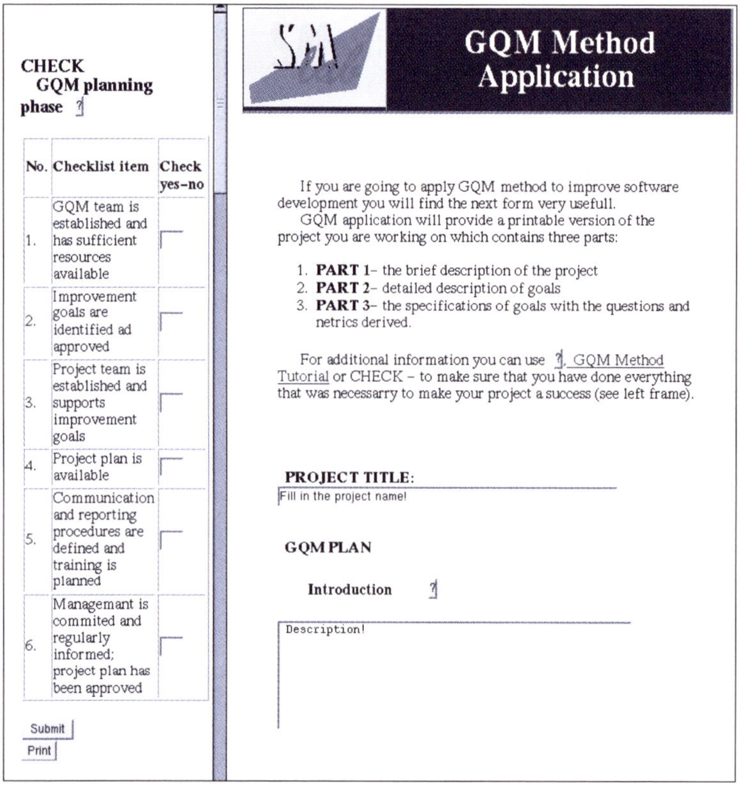

Abbildung 13.9: Einstiegsseite zur GQM-Anwendung

Weitere Webseiten mit Java-Applets oder JavaScript-Anwendungen zum COCOMO, zum CMM und zu den IFPUG Function Points sind ebenfalls auf unsere Webseite zum Buch zu nutzen.

Andere komplexere Formen eines webbasierten Web-Managements sind beispielsweise (siehe [Chang 2000], [Haywood 1998], [McMahon 2001] und [Powell 1998]):

- Die Initiierung, Motivation und Koordination von *virtuellen Entwicklungsteams* im Web für die Websystem-Entwicklung und -Wartung
- Die Konzeption und Bereitstellung *gemeinsamer Entwicklungsplattformen* für die unterschiedlichen Webpersonal-Strukturen

- Die Planung und Implementation von *Ferndiensten* zur Websystem-Entwicklung und den unterschiedlichen Aufgaben der Websystem-Wartung
- Die Integration von Kontrollkomponenten im *Webportal* zur vollständigeren Beobachtung der einzelnen Managementprozesse
- Die Realisierung einer webbasierten Qualitätsüberwachung zu den Komponenten des Websystems
- Die Installation eines *virtuellen Kundenservicecenters* zur Wahrnehmung der Aufgaben eines Webanwendungs- und –wartungs-Managements

Über die grundlegenden Koordinationsarchitekturen haben wir uns bereits im ersten Kapitel verständigt. Hier sei diese Organisationsform noch einmal für das Webprojekt-Management explizit angegeben:

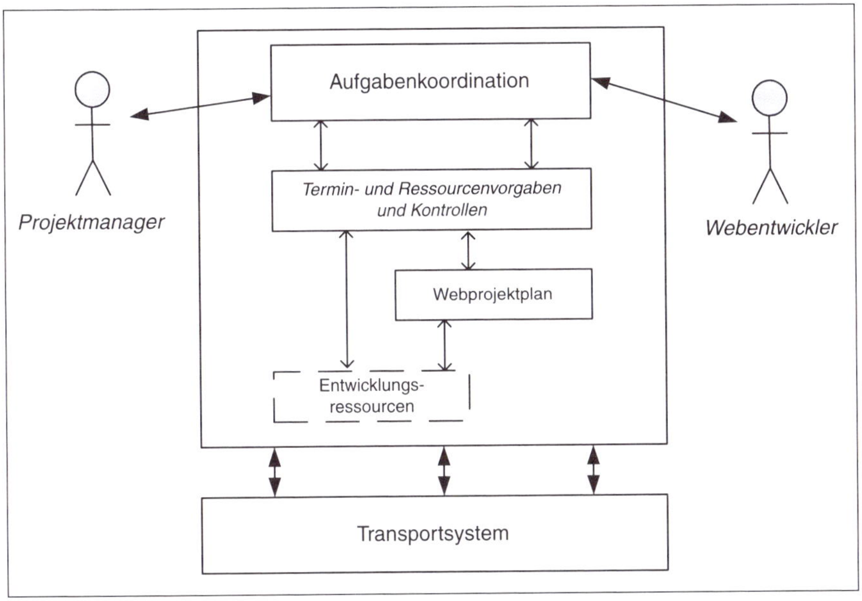

Abbildung 13.10: Koordination beim Web-Management

Schließlich geben wir noch ein weiteres Beispiel einer webbasierten Unterstützungsform zum Web-Management an. Durch die *International Software Benchmarking Standards Group (ISBSG)* werden Projektdaten auf der Grundlage funktionaler Größenmessung, wie zum Beispiel die Function Points, von Firmen gesammelt, die es anderen wiederum erlauben, bei ihrer Systementwicklung Erfahrungen zu nutzten. Das folgende Portal zeigt eine derartige webbasierte Nutzungsmöglichkeit dieser Daten für den eigenen IT-Bereich (siehe [Abran 2002]).

Damit haben wir einen ersten Überblick zu den Formen und Inhalten eines Web-Managements erhalten. Die besonderen Anstrengungen und ständig neu entwickelten Hilfsmittel führen gegenwärtig zu immer komplexeren Gestaltungsmöglichkeiten auf diesem Gebiet.

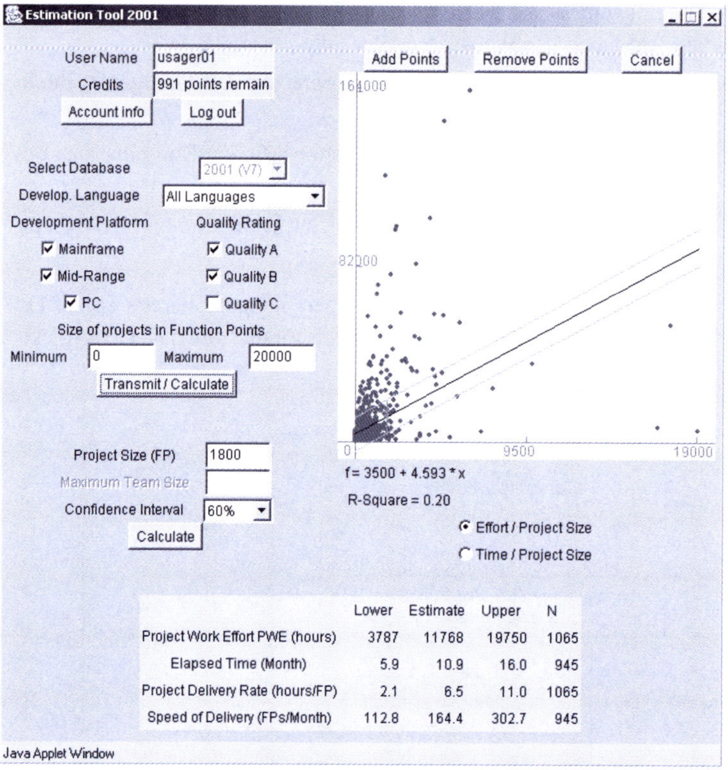

Abbildung 13.11: Das Webportal zur Auswertung industrieller Function-Point-Daten

Übungsaufgaben

1. Diskutieren Sie den allgemeinen Web-Managementzyklus an einem konkreten Systementwicklungsbeispiel.
2. Modifizieren Sie das PERT-Diagramm in Abbildung 13.3 für die Implementation operationaler Websysteme.
3. Geben Sie Beispiele für das Vergolden von Anforderungen für Websysteme an.
4. Führen Sie mit Hilfe der Webapplikationen in den Webseiten zum Buch Aufwandsschätzungen mit COCOMO und mit den IFPUG Function Points durch und interpretieren Sie das Ergebnis.
5. Geben Sie GQM-Strukturen für die Ziele einer CASE-Verbesserung und einer Fehlervermeidung bei dokumentenbasierten Websystemen an. Nutzen Sie dabei auch das Webportal unter den Links zum Buch.
6. Charakterisieren Sie die Orthogonalität eines Webnothilfe-Managements und eines Webhavarie-Managements aus der Sicht der Webentwickler.

Teil 3
Entwicklungsaspekte ausgewählter Websysteme

Kapitelübersicht

Im dritten und letzten Teil wollen wir auf einige Websysteme, wie sie sich im Web bereits fest etabliert haben und kontinuierlich genutzt werden, eingehen. Dabei ist es notwendig, eine Auswahl zu treffen, die hinreichend repräsentativ sein sollte. Wir hoffen, dem gerecht zu werden, und haben die Lehr- und Lernsysteme, grundlegende Formen des E-Commerce sowie einige Arten von virtuellen Welten ausgewählt. Bei der Behandlung der einzelnen Websysteme bezogen auf das Web Engineering gehen wir zunächst auf wesentliche Grundlagen ein, die den Systeminhalt bzw. den Funktionsumfang prägen. Dann zeigen wir Beispiele derartiger Systeme und behandeln schließlich Aspekte des Web Engineering für die jeweiligen Systemarten und -komponenten. Die Behandlung bzw. Darstellung ganzer Systementwicklungen findet sich in der Spezialliteratur und würde den Rahmen dieses Buches sprengen. Zu Beispielen im Web haben wir wiederum Links auf unserer Webseite zum Buch unter `http://webeng.cs.uni-magdeburg.de` angegeben.

Kapitel

14 Entwicklung von Lehr- und Lernsystemen

14.1 Allgemeine Grundlagen von Lehr- und Lernsystemen

Mit den hypermedialen Möglichkeiten ergeben sich auch für den Bereich des Lehrens und Lernens neue Techniken und Technologien. Zur Kennzeichnung dieser neuen Formen geben wir zunächst erst einmal die grundlegenden Lernformen an (siehe [Jarz 1997] und [Belanger 2000]).

Behaviorismus	**kognitiver Behaviorismus**	**traditioneller Kognitivismus**	**Konstruktivismus**
Wissen ist objektiv	Wissen ist objektiv	Wissen ist objektiv	Wissen ist subjektiv
Hirn ist ein passiver Behälter	Hirn ist ein passiver Behälter	Hirn ist ein informationsverarbeitendes Gerät	Hirn ist ein informationsverarbeitendes Gerät
Wissen wird abgelagert	***Wissen wird eingearbeitet***	***Wissen wird verarbeitet***	***Wissen wird konstruiert***
Lernen durch kleine Schritte	Lernen durch kleine Schritte und Reflexion	selbständiges bewusstes Lernen durch Fragestellungen	selbständiges Lernen bei komplexen, unstrukturierten Problemen als aktiver Prozess
Trial & Error; extern vorgegebenes Feedback	extern vorgegebenes Feedback	extern modelliertes Feedback	intern modelliertes Feedback

Tabelle 14.1: Grundlegende Lernformen

Daraus ergibt sich eine erste Übersicht zu technologischen Anforderungen an ein webbasiertes Lehr- und Lernsystem in den folgenden Formen:

- *Behaviorismus (Fakten lernen):* Die Grundlage bildet eine Fakten- bzw. Wissensbasis. Einfache Fragestellungen werden angezeigt. Zu Teilschritten oder insgesamt findet eine (Einzel-)Bewertung statt.

- *Kognitiver Behaviorismus (Fakten lernen und zusammenstellen):* Eine Fakten- bzw. Wissensbasis ist extern vorgegeben, kann jedoch intern bzw. lokal erweitert werden. Die Fragestellungen werden themen- und/oder strukturbezogen vorgegeben. Die Bewertung ist nach didaktischen Aspekten strukturiert.
- *Traditioneller Kognitivismus (Wissen erwerben und vervollkommnen):* Als Wissensbasis werden nur ein Wissenskern und eine Wissensstruktur vorgegeben, die im Verlauf der Systemanwendung erweitert werden. Anstelle der Anfragen werden hierbei Problemstellungen vorgegeben. Die Einschätzung des Lernerfolgs bzw. -niveaus erfolgt als strukturierte Gesamtbewertung.
- *Konstruktivismus (Wissensstrukturen erwerben, Wissen erschaffen):* Die Vorgabe ist eine (beispielhafte) Wissensbasis, Regeln und Strategien sowie ausgewählte Problemstellungen. Als Anfrage wird eine Problemintendierung vorgegeben, die eigene Lösungswege und Wissenserwerb zulässt. Die Bewertung findet nach eigenen Kriterien statt.

Jetzt wollen wir noch die allgemeinen Lehrformen bzw. Lehrziele betrachten, denen auch ganz unterschiedliche Zielstellungen der möglicherweise webbasierten Systeme zugrunde liegen (siehe [Kerres 1998], [Kouki 1999] und [Aggarwal 2000]):

Kognitive Lehrziele: Sie beschreiben das Wissen über Fakten, Konzepte, Regeln, Prozeduren und Prinzipien. Man unterscheidet die folgenden Stufen derartiger Lehrziele:

- *Kenntnisse:* Bekannte Informationen können aus dem Gedächtnis erinnert werden.
- *Verstehen:* Neue Informationen können verarbeitet und in einen größeren Kontext eingeordnet werden.
- *Anwenden:* Regeln und Prinzipien können in definierten Situationen verwendet werden.
- *Analyse:* Ein Sachverhalt kann in seine Bestandteile zergliedert werden.
- *Synthese:* Teile oder Elemente können zu einem (neuen) Ganzen zusammengefügt werden.
- *Bewerten:* Es können Urteile gefällt werden, ob bestimmte Kriterien erfüllt sind.

Affektive Lehrziele: Diese Ziele beziehen sich auf Interessen, Einstellungen und Werte sowie die Fähigkeit, angemessene (moralische) Werturteile zu bilden und das eigene Verhalten danach auszurichten. Hierbei unterscheidet man die folgenden Stufen:

- *Aufmerksamkeit:* passive Wahrnehmung, Bereitschaft zur aktiven Aufnahme
- *Reagieren:* dulden als Reaktion, Bereitschaft zur aktiven Reaktion, emotionale Betroffenheit erleben
- *Werte bilden:* verstehen von Werten, Präferenz für einen Wert eingehen
- *Werte einordnen:* eigenständige Formulierung und Beschreibung eines Wertes, einordnen von Werten in ein Wertesystem, Vergleich von Wertesystemen
- *Internalisierung von Werten:* Werte schlagen sich im Handeln nieder, Konsistenz von Handeln und Werten in Konfliktsituationen

Psychomotorische Lehrziele: Diese Ziele beinhalten schließlich die Beherrschung von Bewegungsabläufen und komplexen Verhaltensweisen, die unterschiedlich starke psychomotorische Regulation erfordern.

Auch hier geben wir wieder erste Aspekte für webbasierte Systeme an, die diese Zielausrichtungen mehr oder weniger umsetzen:

- *Lehr- und Lernsystem mit kognitivem Lehrziel:* Hierbei ist eine strukturierte Bereitstellung von Wissen erforderlich. Durch die Kombination von Teillösungen wird das Wissen vertieft und bis zur Fähigkeit, selbst Wissen zu bilden, ausgebaut. Der Lernerfolg wird im Allgemeinen durch eine kriterienbezogene Bewertung konstatiert.
- *Lehr- und Lernsystem mit affektivem Lehrziel:* Komponenten hierfür sind die Wissensauswahl, das Ziehen von Schlussfolgerungen und die damit verbundene Wissenserweiterung. Der Lernerfolg wird schließlich durch die Erkenntnis einer selbständigen Wissenserweiterung nach eigenen Bewertungskriterien vorgenommen. Ein Websystem benötigt hierzu ein flexibles Wertesystem, welches vom Lernenden selbst erweitert werden kann.
- *Lehr- und Lernsystem mit psychomotorischem Lehrziel:* Neben dem Lernprozess selbst sind hierbei gespeicherte Bewegungsabläufe vorzugeben, die dem Lernenden ermöglichen, diese durch beispielsweise mechanisch erweiterte Simulatoren oder real zu erlernen. Hierbei sind auf jeden Fall operationale Websysteme involviert.

Die Frage ist nun, wie sich diese unterschiedlichen Formen durch Websysteme umsetzen lassen. Dazu wollen wir jedoch den Anwendungsbereich nicht einschränken, denn er reicht vom persönlichen (asynchronen) Arbeiten mit vorgegebenem Lehrmaterial bis hin zu virtuellen Klassenräumen, die das ganze Spektrum der Lehrstoffbereitstellung, -verarbeitung und Ergebnisbewertung in sich bergen. Daher betrachten wir im folgenden Abschnitt Websystem-Ausprägungen und Architekturen für allgemeine Lehr- und Lernsysteme.

14.2 Grundlegende Systemarten des E-Learning

Die Webbezogenheit von Softwaresystemen wird im Allgemeinen mit einem Präfix als „e“ (ohne Bindestrich, also zum Beispiel eLearning) oder als „E“ (mit Bindestrich, z. B. E-Learning) gekennzeichnet. Wir bezeichnen die webbasierten Lehr und Lernsysteme kurz als *E-Learning*, obwohl in gewissem Sinne bereits jedwede Einbeziehung von elektronischen Hilfsmitteln diese Kennzeichnung rechtfertigen kann. Dazu zählen beispielsweise das computerbasierte Training (CBT), Lehrvideos, computergestützte Lernstrategien, Teleconferencing und videobasiertes Teletraining (VTT) (siehe [Belanger 2000]). Häufig wird daher beim webbasierten Lehr- und Lernsystem auch der Begriff *Distance Learning* verwendet bzw. webbasiertes Training (WBT).

Im Folgenden wollen wir kurz die wesentlichen Technologien von Lehr- und Lernsystemen auf der Grundlage webbasierter Systeme beschreiben und deren wesentliche Architekturformen charakterisieren (siehe [Hazemi 2002], [Kerres 1998] und [Tetiwat 2000]).

Beim so genannten **offenen Telelernen** werden die Lehrinhalte in modularen Lerndatenbanken angeboten. Der Abruf dieser Lehrinhalte erfolgt im Allgemeinen wahlfrei, d. h. wann und in welchem Umfang es der Nutzer wünscht. Es findet keine organisierte Kommunikation statt. Das Feedback entspricht dem von Kundenbeziehungen generell, wie zum Beispiel per E-Mail oder formularbasierter Anfrage. Die Vorteile liegen hierbei in der Möglichkeit der individuellen Auswahl von Lehrinhalten und -wegen bzw. in der nach eigenem Ermessen möglichen Nutzung der Lernkomponenten. Der Nachteil besteht darin, dass keine systematische Aufbereitung des Lernangebots erfolgt bzw. auch keine systematische Betreuung gegeben ist. Insbesondere für Anfänger ist daher ein geringer Lernerfolg zu erwarten.

Das **betreute Telelernen** stellt eine getaktete Distribution von Lernmaterialien mit Lernaufgaben bereit und gewährleistet eine Betreuung vor allem mit asynchroner Kommunikation. Die Vorteile des betreuten Telelernens liegen hierbei in der Unterstützung des Lernprozesses durch eine betreuende Instanz. In gewissem Maße ist hierbei auch ein kooperatives Lernen in Gruppen möglich. Die Nachteile liegen im Aufwand bei der Planung (u. a. Anpassung an die jeweilige Zielgruppe) durch den Betreuer. Andererseits ist auch der organisatorische Aufwand bei der Durchführung wesentlich höher. Für den Lernenden besteht auch kein wahlfreier Zugriff auf die Lernkomponenten.

Das **Teleteaching** ist schließlich ein gruppenbasiertes, betreutes Lernen mit synchroner Kommunikation zwischen entfernten Teilnehmern. Die Vorteile hierbei liegen vor allem in der möglichen interpersonellen Interaktion ohne zeitliche Verzögerung. Nachteile sind beispielsweise der hohe technische Aufwand, die oftmals nur gegebene Einwegkommunikation und der hohe Aufwand bei der Synchronisation des Lernprozesses für alle Beteiligten.

Lehr- und Lernsysteme vereinen also die Anforderungen an hypermediale Systeme zur wissensbasierten Darstellung des Lerngegenstandes mit den Anforderungen an eine flexible, verteilte Kommunikationslösung, die sowohl eine horizontale (Interaktion zwischen Lernenden) als auch eine vertikale (Lehrer-Lernender-)Kommunikationsstruktur zu gewährleisten hat. Hinsichtlich einer lehrgebiets- oder gar studienfachbezogenen Lehr- und Ausbildungsform können folgende Verbesserungsstufen konstatiert werden, die insbesondere in den letzten beiden Punkten noch Forschungsgegenstand bzw. nur in ersten Ansätzen vorhanden sind (siehe [Cucchiarelli 2000], [Hazemi 2002] oder [Norman 2000]):

1. Von der autonomen Einzelplatz-PC-Lösung zur webbasierten (Client/Server-bezogenen) Anwendungsform eines offenen Telelearning
2. Von webbasierten Einzellösungen bzw. als offenes Telelernen zum betreuten Telelearning
3. Vom webbasierten betreuten Telelearning zum Teleteaching mit den Möglichkeiten der Gruppenkommunikation
4. Vom lehrfachbezogenen Teleteaching zum Studienfach bzw. Studienrichtungsbezug für eine studentische Ausbildung
5. Vom studienfachbezogenen Telelearning schließlich zur virtuellen Universität (siehe hierzu insbesondere Kapitel 16)

Im Folgenden wollen wir die unterschiedlichen Lehr- und Lernsystemformen hinsichtlich ihrer webbasierten architekturellen Ausprägung näher betrachten. Beim *offenen Telelernen* haben wir also eine asynchrone Anwendungsform. Als Lehrstoff werden so genannte Lernwissensbanken serverseitig bereitgestellt. Die Anwendung derartiger Websysteme erfolgt in operativer, individueller Nutzung. Die folgende Abbildung zeigt den allgemeinen Aufbau eines solchen Lehr- und Lernsystems im Web mit den zugehörigen Rollenverteilungen der Anbieter und Nutzer:

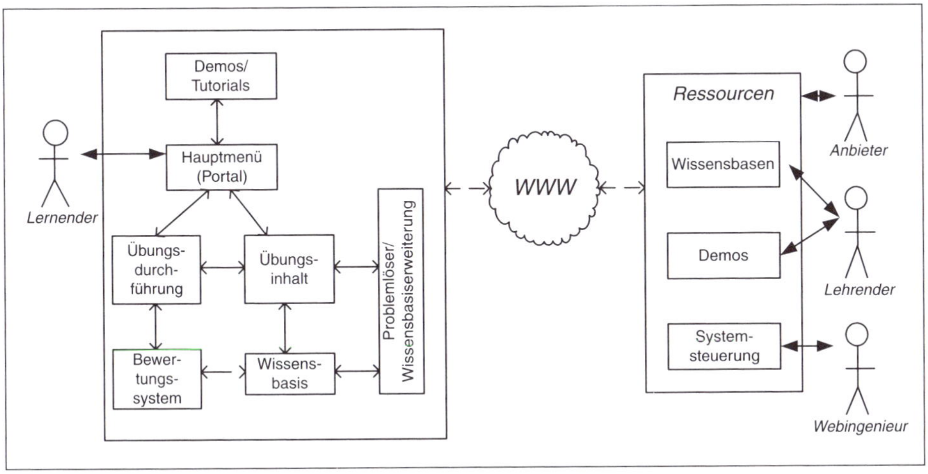

Abbildung 14.1: Allgemeine Architektur offenen Telelernens

Ein einfaches Beispiel hierfür ist das folgende Applet zur Abfrage des Wissens zu einem speziellen softwaretechnischen Aspekt:

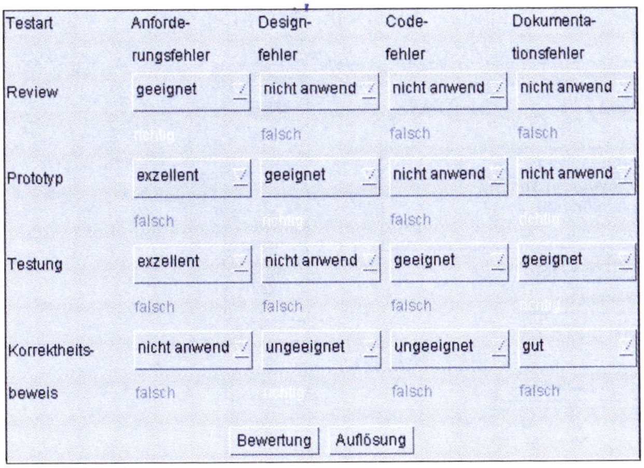

Abbildung 14.2: Java-Applet zur Wissensabfrage für die Eignung von Testmethoden

Beim *betreuten Telelernen*, ebenfalls eine asynchrone Lehr- und Lernform, haben wir ein „aktives" situationsbezogenes Feedback durch den Betreuer. Als Systemkomponenten haben wir daher eine Anmeldung bzw. Registrierung, die Grundprinzipien der Authentizität des Teilnehmers und der Autorisierung des Zugriffs zum jeweiligen Lehrstoff definiert. Bei dieser Lehrform kann eine individuelle Nutzung vorliegen oder aber es können auch so genannte offene Gruppen gebildet werden. Das Feedback des Lernenden ist zumeist über E-Mail oder ein FTP-Upload organisiert. Die vereinfachte Websystem-Architektur für ein betreutes Telelernen ist in der folgenden Abbildung angegeben:

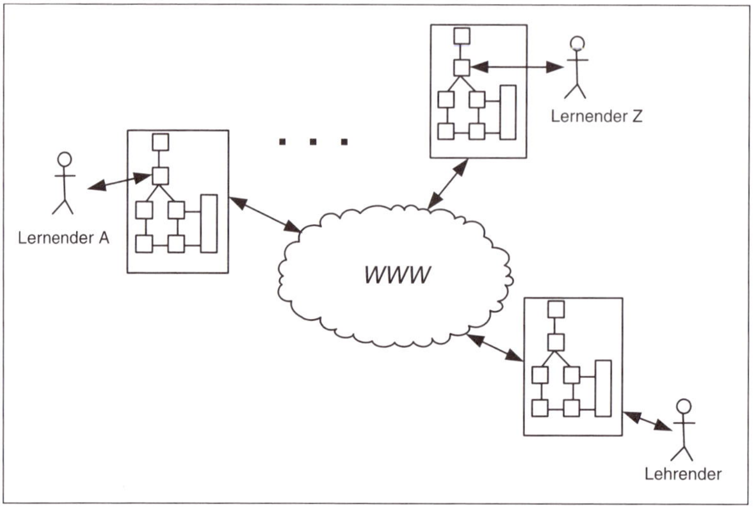

Abbildung 14.3: Allgemeine Websystem-Architektur eines betreuten Telelernens

Ein Beispiel hierfür ist der Hypercourseware-Ansatz der Universität Maryland (Norman 2000). Die folgende Abbildung zeigt das grundlegende Menü dieser E-Learning-Form:

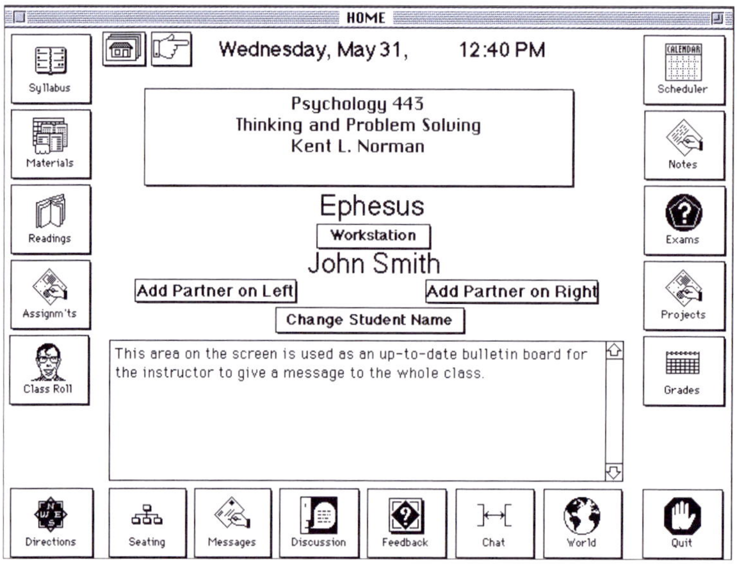

Abbildung 14.4: Beispiel eines betreuten Telelernens

Es zeigt die flexible Bereitstellung der Lehrmaterialien, die unterschiedlichen Formen der Bewertungen und die Möglichkeiten der Kommunikation zum Lehrenden bzw. zwischen den Lernenden selbst. In gewissen Ansätzen sind hier bereits Eigenschaften des nächsthöheren E-Learning vorhanden.

Beim *Teleteaching* haben wir schließlich eine synchrone Kommunikationsform. Als Komponenten können hierbei das Videoconferencing und als Arbeitsplattform so genannte Whiteboards eingesetzt werden. Für die Gruppenkommunikation sind die Systemkomponenten der Protokollierung sowie der Zertifizierung erfolgreicher Lernergebnisse notwendig. Eine vereinfachte Skizze einer Architekturbeschreibung zum Teleteaching ist in der folgenden Abbildung gezeigt:

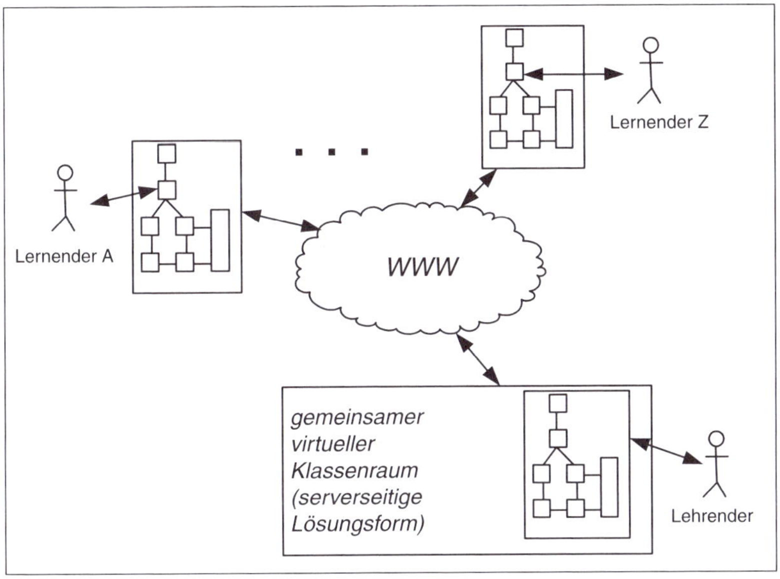

Abbildung 14.5: Allgemeine Websystem-Architektur beim Teleteaching

Als Beispiel für diese E-Learning-Form geben wir die Homepage eines *eCollege* an, welches generelle Weiterbildungsangebote zur Verfügung stellt und dabei auch die Technologie der virtuellen Klassenräume nutzt (siehe [eCollege 2003]).

Diese Form des E-Learning schließt neben dem Teleteaching auch die verschiedenen Formen der Anmeldung, der Betreuung und der Zertifikationen mit ein.

Weitere, derartige E-Learning-Formen, auf die wir hier nicht weitere eingehen wollen, werden in [Belanger 2000], [Esnault 2000], [Gibbs 2002], [Kemery 2000], [Kimball 2002] und [Tetiwat 2000] gezeigt bzw. diskutiert.

Abbildung 14.6: Beispiel zum Teleteaching

14.3 Entwicklungsaspekte für E-Learning-Systeme

Im Folgenden beschreiben wir nun einige grundlegende Aspekte bei der Entwicklung von E-Learning-Systemen für die unterschiedlichen Phasen und Bereiche der Websystem-Entwicklung und -wartung.

Die ***E-Learning-Problemdefinition*** widmet sich dem Gesamtkonzept einer webbasierten Ausbildungsform hinsichtlich ihrer Integration in ein *didaktisches Konzept* für den jeweiligen avisierten Anwenderkreis. Dabei sind Fragen des Anteils klassischer und webbasierter Lehrformen sowie des sinnvollen Einsatzes von vorhandenen bzw. zu implementierenden Lehrinhalten zu klären.

Bei der ***E-Learning-Anforderungsanalyse*** sind beispielsweise folgende Ausprägungen zur Überprüfung der Problemstellung zu einem E-Learning-System gegeben:

- Die *funktionalen Anforderungen* reichen von den Bereitstellungsformen der Lehrmaterialien über die verschiedenen Techniken der themenbezogenen Nutzung bis hin zu den Planungs- und Abrechnungsalgorithmen für die Wahl der Teilnehmer, der möglichen Gruppierungen und schließlich der intendierten Zertifikationsformen (siehe [Kangas 2000] und [Kimball 2002]).
- *Die Entwicklung von Lehr- und Lernsystemen ist insbesondere durch den vornehmlich multimedialen Inhalt geprägt.* Daher dominieren bei den *qualitativen Anforderungen* die Fragen der Webübertragungs- und Darstellungsqualität der jeweiligen Inhalte (siehe [Kirakowski 2002] und [Zbrog 1997]). Andererseits sind hierbei insbesondere die Fragen der Autorisierung bei der Course-Teilnahme sowie die Authentizität der Teilnehmer bei Prüfungen und der Vergabe von bewertungsbasierten Zertifikaten überhaupt besonders problematisch (siehe [Sasse 2002]).
- Bei den *plattformspezifischen Anforderungen* ergeben sich je nach E-Learning-Form sehr unterschiedliche Technologien. Neben den simplen Applets für ein einfaches, asynchrones Telelernen haben wir beim Teleteaching den höchsten Aufwand hinsichtlich Webdurchsatz und Darstellungsqualität zu erfüllen (siehe [Kerres 1998] und [Zuidweg 2002]).
- Die *prozessbezogenen Anforderungen* sind beim E-Learning vor allem durch die besondere Rolle der Erprobung und den sich daran anschließenden Aktivitäten bei der Websystemwartung geprägt (siehe [Hailes 2002] und [Murugesan 2001]).

In der Phase der ***E-Learning-Spezifikation*** sind vor allem die Modellierungsgrundlagen operationaler Websysteme anzuwenden. Bei den Lehrinhalten kommen auch interaktive Formen einer dokumentenbasierten Systemausprägung für die Modellgestaltung in Betracht. Hinsichtlich der konkreten Darstellungsmittel können unter anderem die in Kapitel 5 gezeigten Storyboards, Sequenzdiagramme bzw. Use-Case-Diagramme verwendet werden. Ein diagrammgestützter formaler Ansatz auf der Grundlage des so genannten Calculus of Communicating Systems (CCS) ist in [Chi-Yung 2000] angegeben.

Für die Verwendung gleicher Lehrinhaltsressourcen und die Vergabe von Zugriffsrechten überhaupt ist das ACID-Prinzip der Transaktionsverarbeitung zu gewährleisten. Das gilt vor allem auch für den Kommunikationsbereich bei der synchronen Lehrform eines Teleteachings.

Darüber hinaus sind die Lehr- und Lernsystemausprägungen für die Web Security und die Web Performance modellseitig zu definieren. Auf die besondere Bedeutung der Authentizität in diesem Zusammenhang für die Lehrinhalte, aber auch für den (zu prüfenden) Lernenden haben wir bereits hingewiesen. Ebenso ist der Bereich der Lösungen und Resultate verantwortungsbewusst zu handhaben. Für die Abnahme von Prüfungen reichen bekanntlich einfache Webportale nicht aus. Videokonferenzen gewährleisten eine gewisse Sicherheit, erreichen allerdings nicht das Zertifizierungsniveau realer Prüfungsereignisse.

Die Abbildung 14.7 zeigt ein Beispiel für die involvierten Komponenten zu einem Assessment beim E-Learning (siehe [Cucchiarelli 2000]):

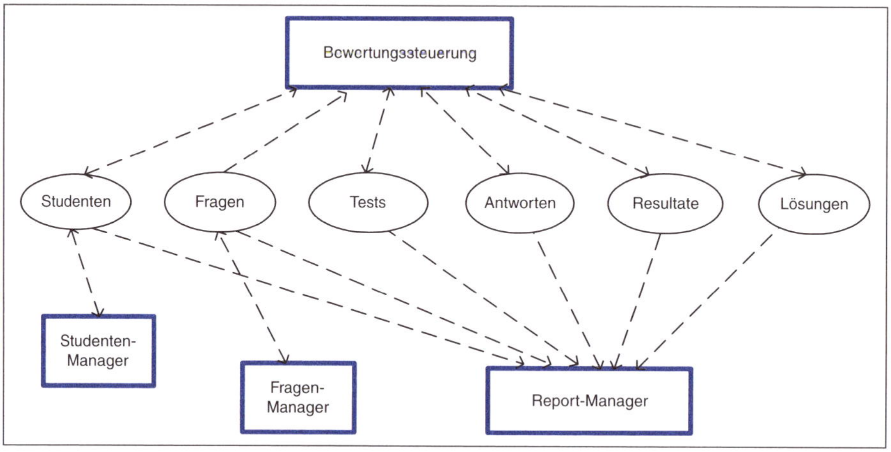

Abbildung 14.7: Komponentenstruktur zur Bewertung beim E-Learning

Der ***E-Learning-Entwurf*** betrachtet nun die jeweils zur Anwendung kommenden Technologien. Die dabei anwendbaren Möglichkeiten sind natürlich die grundlegenden Implementierungstechniken, wie zum Beispiel die Java-Applets für Lehrinhalte, die Servlets für die Dienstkontrolle und die HTML-basierten Implementationen für die Lehrdokumente überhaupt. Darüber hinaus stellen uns spezielle komplexe Webtechnologien bereits umfangreiche Komponenten zur Verfügung. Dazu zählen beispielsweise Sun ONE mit dem *Sun LearnTone*, welches Systemteile zur Administration und zur Lehrinhaltskonfiguration bereitstellt (siehe [Sun 2002]).

In der Abbildung 14.8 geben wir ein Architekturbeispiel für den hypermedialen Lehrinhalt, der neben textlichen Ressourcen auch über Videos und Übungsprogramme in Form so genannter Simulatoren von prozessbasierten Lehrstoff-Vermittlungsstrategien verfügt.

Die ***E-Learning-Implementation*** berücksichtigt die Vorgaben beim Entwurf und dient der Programmierung und dem Test der Komponenten des Lehr- und Lernsystems. Diese reichen bei der Lehrstoffdarstellung von simplen Applets bis hin zu komplexen, operationalen Webapplikationen, die gegebenenfalls auch mehr oder weniger komplexe Serverstrukturen erfordern.

Die ***E-Learning-Erprobung*** ist von besonderer Bedeutung, da hierbei die Bewährung des Lehr- und Lernsystems im Web überprüft wird und für die Pflege und Erweiterung des Websystems wichtige Erfahrungen geliefert werden. Dabei werden verschiedene Bewertungsformen eingesetzt, wie zum Beispiel die folgenden:

- Die Bewertung des Nutzens des implementierten Lehrinhaltes und der Bewertungskomponenten nach der Häufigkeit ihrer Anwendung durch die Lehrenden (siehe [Kirakowski 2002])
- Die Bewertung der Lernergebnisse bei der Anwendung eines E-Learning-Systems (siehe [Edström 2002])
- Die Auswertung und Einschätzung der Angemessenheit der verwendeten Lehr- und Lernmodelle sowie der dafür verwendeten Technologien (siehe [Bleanger 2000])

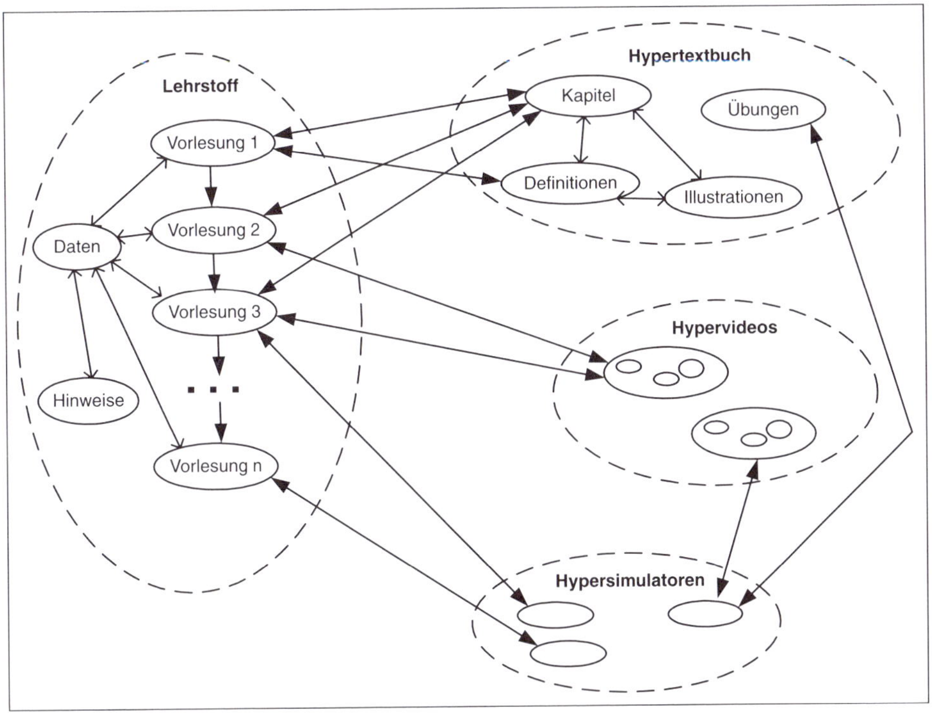

Abbildung 14.8: Architektur einer E-Learning-Kursbeschreibung

Die ***E-Learning-Wartung*** ist für die Tragfähigkeit und künftige Akzeptanz bei der Anwendung von webbasierten Lehr - und Lernsystemen von besonderer Bedeutung. Neben der großen Vielfalt anwendbarer Formen von Lehrinhalten, den unterschiedlichen didaktischen Strategien und den verschiedensten Technologien ist auch das involvierte Webpersonal sehr vielschichtig. Die folgende Abbildung kennzeichnet eine mögliche Rollenverteilung im Rahmen der Systempflege von webbasierten Lehr- und Lernsystemen.

Dabei kennzeichnet die Angabe des WWW gleichzeitig auch eine webbasierte Vorgehensweise bei der Systempflege selbst. Diese Charakterisierung verdeutlicht allerdings auch, welch hohe Komplexität es künftig in diesem Bereich der Softwaresysteme zu beherrschen gilt, wenn man noch bedenkt, das künftiges E-Learning immer mehr in virtuelle Ausbildungseinrichtungen eingebettet ist bzw. in speziellen Ausprägungen sich dem Lernenden bzw. dem Kunden aus einer Vielzahl von Webservices präsentiert.

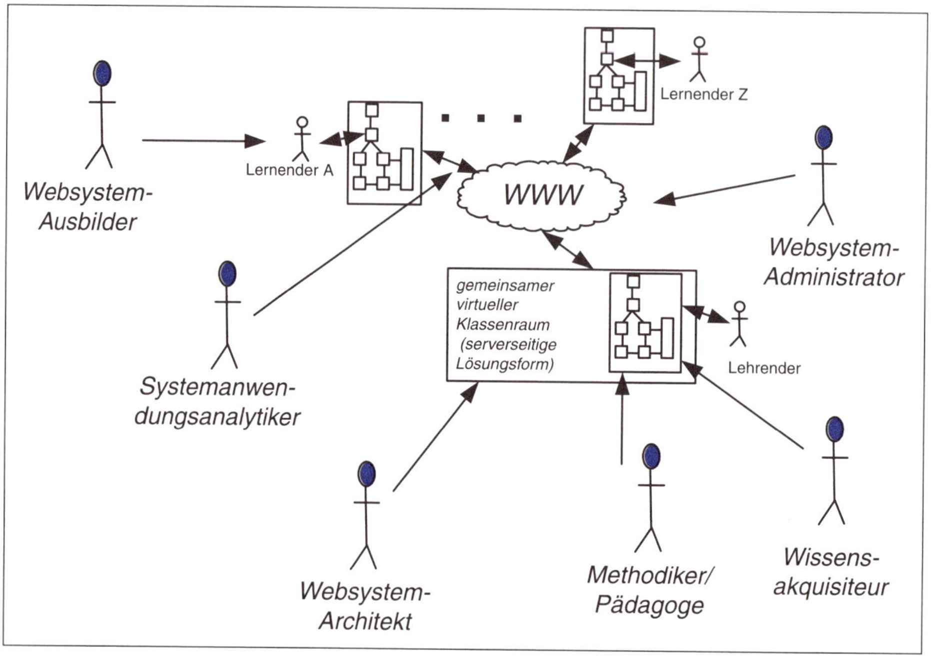

Abbildung 14.9: Mögliche Rollenverteilung bei der Teleteaching-Systempflege

Übungsaufgaben

1. Erläutern Sie die speziellen Lernziele beim Behaviorismus bis hin zum Konstruktivismus.
2. Konstruieren Sie Systembeispiele für die Gewährleistung psychomotorischer Lehrziele.
3. Diskutieren Sie die grundlegenden Webtechnologien für die Realisierung eines Telelernens, eines betreuten Telelernens und eines Teleteachings.
4. Führen Sie eine Modellierung und ein Design für ein E-Learning im Web zu einem betreuten Telelernen durch.
5. Welche grundlegenden Bewertungsformen webbasierter E-Learning-Systeme sind für deren erfolgreichen Einsatz relevant.

Kapitel 15 Entwicklung von E-Commerce-Systemen

15.1 Allgemeine Grundlagen von E-Commerce-Systemen

Der E-Commerce hat insbesondere durch das Internet einen gewaltigen Boom erlebt bzw. zur rasanten Entwicklung des Webs selbst beigetragen. Erinnert sei nur an die Ausbreitung von Amazon und die damit verbundenen Entwicklungen im webbasierten Zahlungsverkehr, an die der Leistungsverbesserung zugrunde liegenden Technologien, wie die Oracle-Datenbasen, sowie an die Schaffung einer kundenbezogenen Personalisierung des Geschäftsverkehrs und die kundenbindenden Strategien im Web (siehe [Spector 2000]). Neben dieser Form des E-Commerce als alleinige Vertretung für die Dienstanbietung und die Dienstrealisierung entwickelten sich dann so genannte Webkiosks bzw. Webshops, die die Verbindung zwischen den Anbietern und den Endkunden herstellten. Eine derartige E-Commerce-Form besteht aus folgenden Komponenten (siehe [Monasce 2000] oder [Thuraisingham 2000]):

- den *Dienstanbieter*, der letztlich den Verkaufgegenstand zur Verfügung stellt,
- den *Kioskbetreiber*, der die Nutzeroberfläche für den Kunden sowohl software- als auch hardwareseitig bereitstellt,
- den *Service-Center-Betreiber*, der als Vermittler zwischen Dienstanbieter und Endkunden fungiert,
- der so genannten *Clearing-Stelle*, die alle Fragen des Bestell- und Zahlungsverkehrs überwacht,
- den *Endkunden*, die schließlich die Zielgruppe beim E-Commerce darstellen.

Eine allgemeine stark vereinfachte Darstellung eines derartigen Webkiosks zeigt die Abbildung 15.1.

Die Kennzeichnungen (C für Customer (Kunde), P für Person und B für Business) verdeutlichen auch die möglichen Kombinationen in dieser Abbildung, also beispielsweise B2C oder B2B. Dabei steht B2C für „Business t(w)o Customer" und B2B für „Business t(w)o Business" und kennzeichnet jeweils die Geschäftsform zum Kunden bzw. der Firmen untereinander. Darüber hinaus hat sich im Web, und zwar nicht nur im E-Commerce-Bereich, auch der Begriff des P2P als „Person t(w)o Person" herausgebildet, der die allgemeine Zugangs- und Nutzungsform auch in diesem Kontext verdeutlicht.

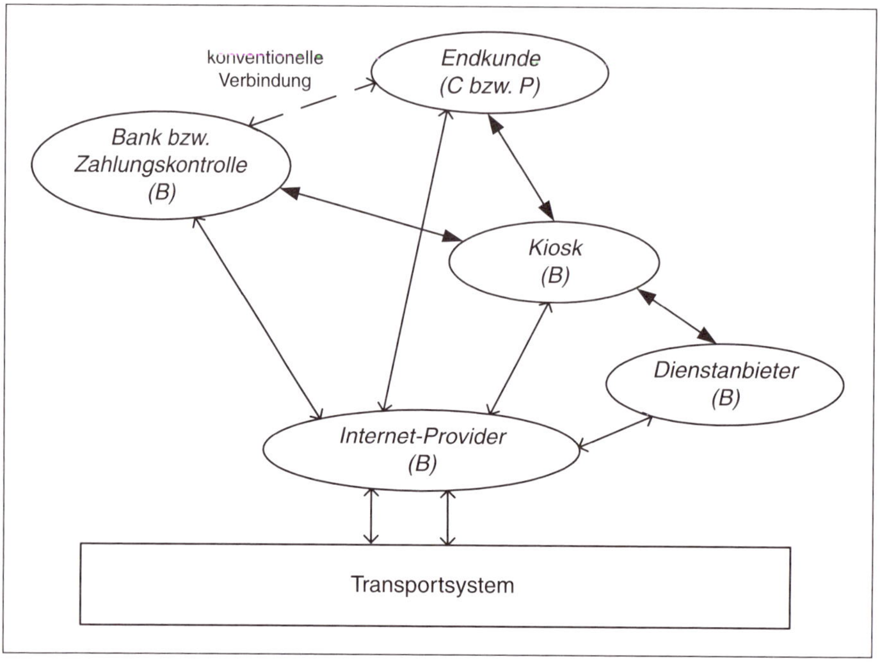

Abbildung 15.1: Allgemeine Architektur eines *Webkiosks*

Dabei entwickelte sich das Web von einer E-Commerce-Prozessunterstützung bis hin zum Web als E-Commerce-Form selbst. Begriffe wie *E-Business* und *E-Market* prägen inzwischen den Kontext eines E-Commerce und führen zur Charakterisierung dieses Bereichs in der vereinfachten Form als *Marketing* + *MIS* = *E-Services* (siehe [Hoffman 2003]).

Je nach Unternehmensgröße können die einzelnen Komponenten beim E-Commerce miteinander verbunden oder integriert sein. E-Commerce-Anwendungen platzieren sich im so genannten elektronischen Markt nach [Menasce 2000] in der in der folgenden Abbildung angegebenen Form:

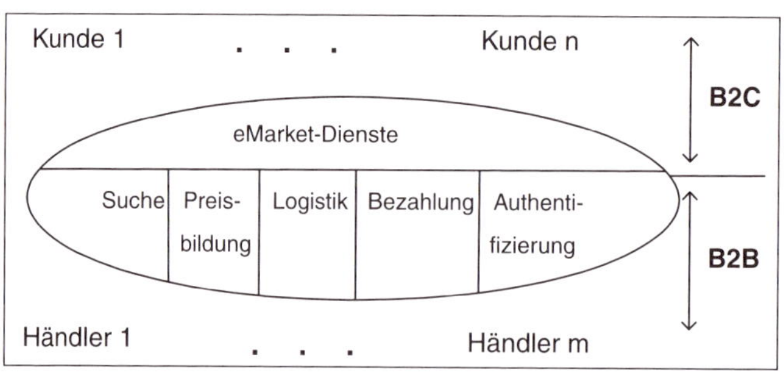

Abbildung 15.2: E-Commerce-Anwendungsmerkmale

Beim Websystemansatz für E-Commerce-Systeme sind die vielfältigsten Dienstanbieter involviert. Die folgende Abbildung gibt einen groben Überblick zu diesem Gebiet (siehe [Storey 2000]):

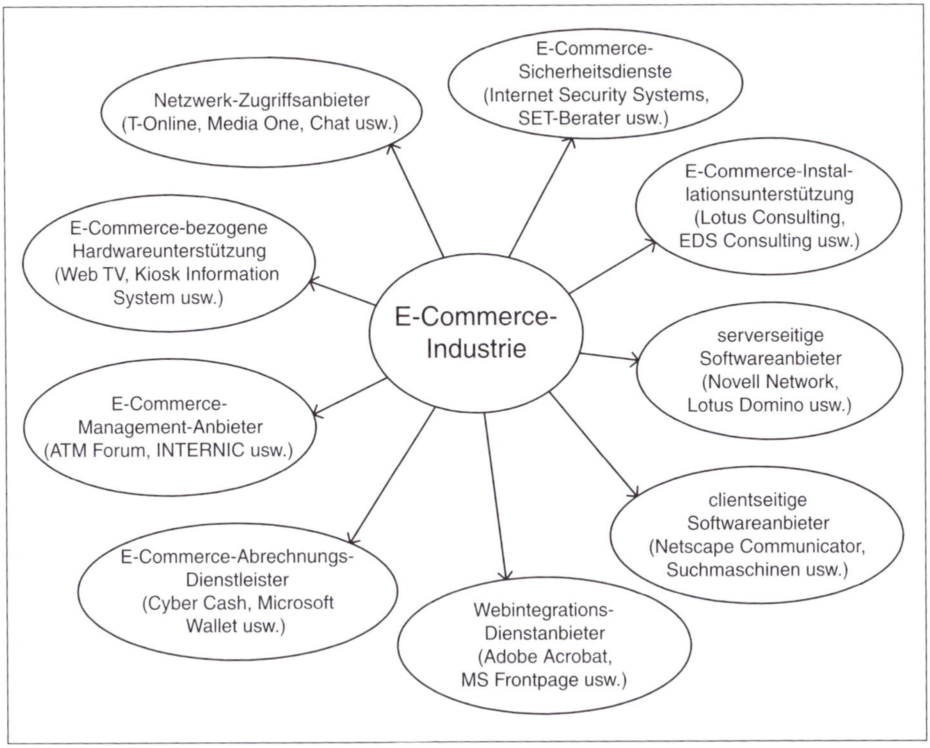

Abbildung 15.3: Übersicht zu den Dienstanbietern beim E-Commerce

Die besondere Form der nachvollziehbaren Webnutzung einerseits und der weltweiten Verbreitung der jeweiligen E-Commerce-Teilnehmer (Kunden und Anbieter) andererseits implizieren zwei wesentliche Aspekte bei der Realisierung von webbasierten E-Commerce-Systemen:

1. Der Aufbau von E-Commerce-Webstrukturen erfordert die Implementation von *Vertrauensstrukturen (Trusts of Web)*, die von einer korrekten Kundenidentifikation über die Gewährleistung üblicher Handelsbedingungen bis hin zu einem korrekten Zahlungsverkehr reichen.
2. Die Möglichkeit des Webs, die Handlungen des Kunden exakt zu verfolgen, führen von einem Massenangebot an Waren und relativ anonymen Abrechnungen zu einer *Personalisierung* des Angebots, der Werbung und des Kontakts mit dem Kunden überhaupt.

15.2 Grundlegende Systemausprägungen beim E-Commerce

Bezüglich der grundlegenden Beziehungsformen beim E-Commerce unterscheiden wir die folgenden allgemeinen Systemmerkmale (siehe [Scharl 2000] und [Thuraisingham 2000]):

Einheit/Aspekt	B2C	intra-B	B2B
Nutzer	individuelle Nutzer	Angestellter einer Firma	Angestellte verschiedener Firmen
Nutzeranzahl	niedrig bis sehr hoch	gering bis hoch	gering bis hoch
Transaktionsvolumen	niedrig bis sehr hoch	gering bis hoch	gering bis hoch
Zahlungssystem	Kreditkarten, elektronische Checks, elektronisches Cash	firmeninterne Lösung	elektronische Checks, ACH (s. u.)
Inhalt	News, Produktinfos, Tools, Service	Firmeninformationen, Administration	Business-Anwendungen
Verkaufsinhalte	Kataloge, Zahlungsprozesse, Kundendienst	firmenabhängig	geschäftsspezifisch
Sicherheitsrisiken für Transaktionen	niedrig bis hoch	firmenbezogen	niedrig bis sehr hoch
Sicherheitsrisiken für Informationen	sehr hoch	niedrig bis sehr hoch	sehr hoch
Unterstützung für Anwendung	hoch (nutzerbezogen)	mittelmäßig	klein

Tabelle 15.1: Systemmerkmale unterschiedlicher E-Commerce-Formen

Wir bezeichnen dabei mit *intra-B* eine E-Commerce-Lösung innerhalb einer Firma. Neben diesen Merkmalen bestimmen unter anderem folgende Aspekte die jeweils konkrete Architektur eines E-Commerce-Systems:

- Die Zugangsform der Kunden zum Internet; also ob hierbei spezielle Provider (T-Online, AOL usw.) genutzt werden oder ein Firmenanschluss genutzt wird. Die Form des Suchdienstes über allgemeine Suchmaschinen (Yahoo, Lycos usw.) oder einen expliziten Anbieterdienst
- Die Form der Zahlung per Auftrag oder explizit über E-Money
- Die Art und Weise der Sicherung des Zahlungsverkehrs mittels digitaler Signatur, symmetrischer Verschlüsselung oder der Anwendung eines Virtual Private Network (VPN)

- Die erforderliche Leistungsfähigkeit der Portale bzw. Übertragungstechniken für den jeweiligen Anwendungsbereich
- Die zugrunde liegenden Implementationstechniken und -paradigmen für den dokumentenbasierten und operationalen Websystembereich

Gegenwärtig stellen *Webservices* einen wesentlichen Indikator beim E-Commerce bzw. beim E-Market dar. Sie bestimmen die Ausprägung und die unterschiedlichen (multiplen) Formen der Webservice-Strukturen (siehe [Kreger 2003] oder auch [Srinivasan 2003]). So gibt es Überlegungen zu einem neuen E-Service-Paradigma (siehe [Rust 2003]), welches diesem Trend in den folgenden beiden Formen Rechnung trägt:

- *Strategie:* als Transformation der physischen Produkte in eine weitgehend digitale Form bzw. in eine digitale Vermarktungsmöglichkeit und die Bildung von Kundenprofilen und -strukturen
- *Taktik:* als Personalisierung des Handels mit der Initiierung von Self-Service-Strategien durch den Kunden selbst, der Sicherung der Privatsphäre und Minimierung der Risiken für den Kunden verbunden mit einer angemessenen E-Service-Messung und Auswertung

Da die vielfältigsten Ausprägungen der E-Commerce-Dienstleistung als Webshops, E-Commerce-Portale, Web-Auktionssysteme usw. dem Leser hinlänglich bekannt sind, widmen wir uns nun bereits ausgewählten Aspekten der E-Commerce-Systementwicklung.

15.3 Entwicklungsmerkmale für E-Commerce-Systeme

Im Folgenden beschreiben wir nun einige grundlegende Aspekte bei der Entwicklung von E-Commerce-Systemen für die unterschiedlichen Phasen und Bereiche der Websystem-Entwicklung und -Wartung.

Die ***E-Commerce-Problemdefinition*** beschreibt das wirtschaftliche Konzept einer Webpräsenz. Unser kleines Beispiel einer Firma zum Vertrieb spezieller Softwaresysteme als so genanntes Firmenpräsenzbeispiel, welches uns über die Kapitel hinweg im Buch begleitet hat, kann hierzu wiederum in Erinnerung gerufen werden. Bei der Konzeption und der Realisierung von Firmenpräsenzen im Web hat man den Vorteil, auf umfangreiche Erfahrungen zurückgreifen zu können (siehe [Atif 2002], [Fremantle 2002], [Monasce 2000], [Patil 2003], [Thuraisingham 2000] und andere mehr).

Bei der ***E-Commerce-Anforderungsanalyse*** gilt es nun, die jeweiligen Anforderungsarten zu untersetzen bzw. in objektive und nachprüfbare Anforderung zu überführen. Eine besondere Bedeutung spielt bei E-Commerce-Systemen die Web Security. Ein Beispiel für die dabei zu berücksichtigenden Aspekte zeigt die folgende Abbildung nach [Günther 2002]:

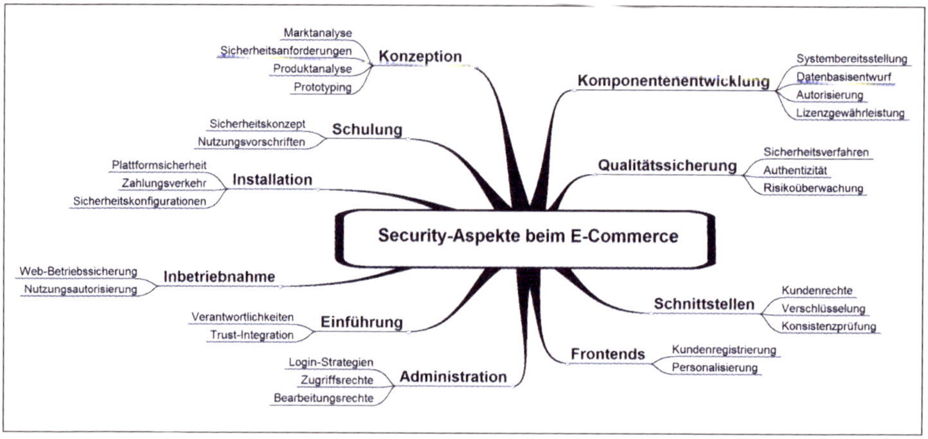

Abbildung 15.4: Security-Aspekte bei der Websystem-Entwicklung zum E-Commerce

Die ***E-Commerce-Spezifikation*** widmet sich der Modellierung von E-Commerce-Systemen. Als Modellierungsaspekte im E-Business gelten nach [Menasce 2000] die folgenden Charakteristika, zu denen bereits mögliche Bewertungsansätze für eine effektive Systemgestaltung angegeben sind.

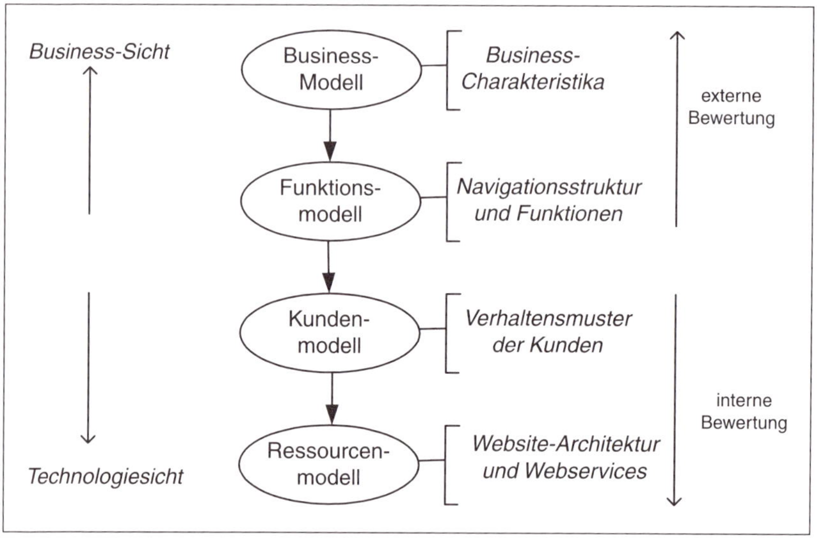

Abbildung 15.5: Merkmale für die E-Commerce-Systemmodellierung

Hinsichtlich der modellierten Komponenten zu einem E-Commerce-System wollen wir im Folgenden ein Beispiel eines Funktionsmodells für ein *Online-Auktionssystem* angeben (siehe [Menasce 2000] und [Tung 2003]):

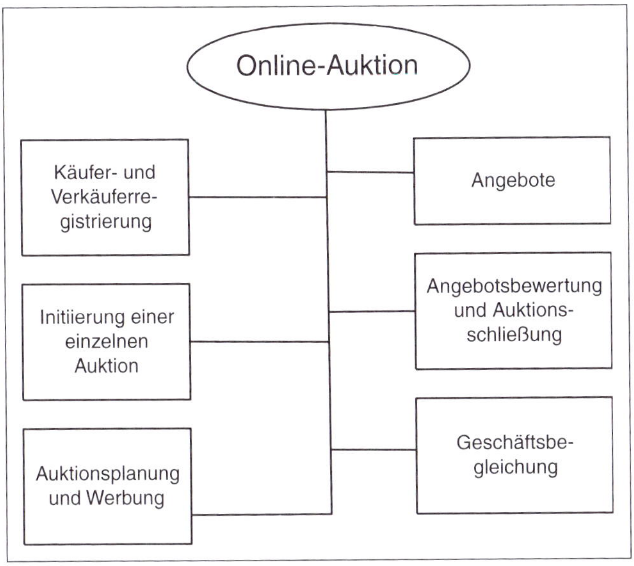

Abbildung 15.6: Allgemeines Funktionsmodell eines Online-Auktionssystems

Aufgrund der besonderen Bedeutung einer korrekten Zahlungsform beim webbasierten Handel wollen wir auf diese Aspekte bei der Websystem-Modellierung von E-Commerce-Systemen explizit eingehen. Neben den bereits bisher möglichen elektronischen Zahlungsformen, wie der Kreditkarte oder den Geldkarten bzw. SmartCards, finden beim E-Commerce weitere Zahlungsmethoden, wie das eCash oder die Cybercoins bzw. eCoins, eine entsprechende Anwendung als so genanntes elektronisches Geld.

Wir widmen uns zunächst ausgewählten Zahlungsformen bzw. -technologien (siehe [Rajput 00] und [Thuraisingham 2000]). Die erste, hier angegebene Architekturform einer Zahlungstechnologie bezieht sich auf die so genannten *eCards*.

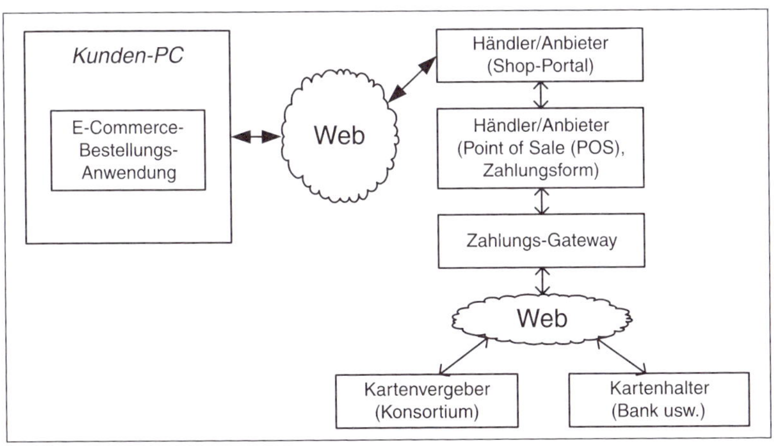

Abbildung 15.7: eCard-Systemarchitektur

Die folgende Zahlungsform – der *eCheck* – erfordert ebenso eine zentrale Überwachung und Gewährleistung. Diesen Aspekt verdeutlicht uns für den eCheck die folgende Abbildung:

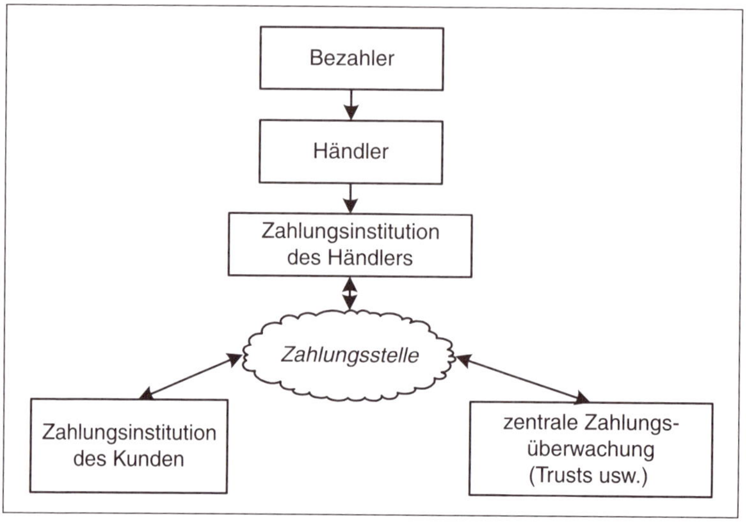

Abbildung 15.8: Überwachungsform beim eCheck

Das folgende *Kollaborationsdiagramm* zeigt uns nun den Verlauf der eCheck-Bezahlungsform im Web. Dabei steht PIN für die persönliche Identifikationsnummer:

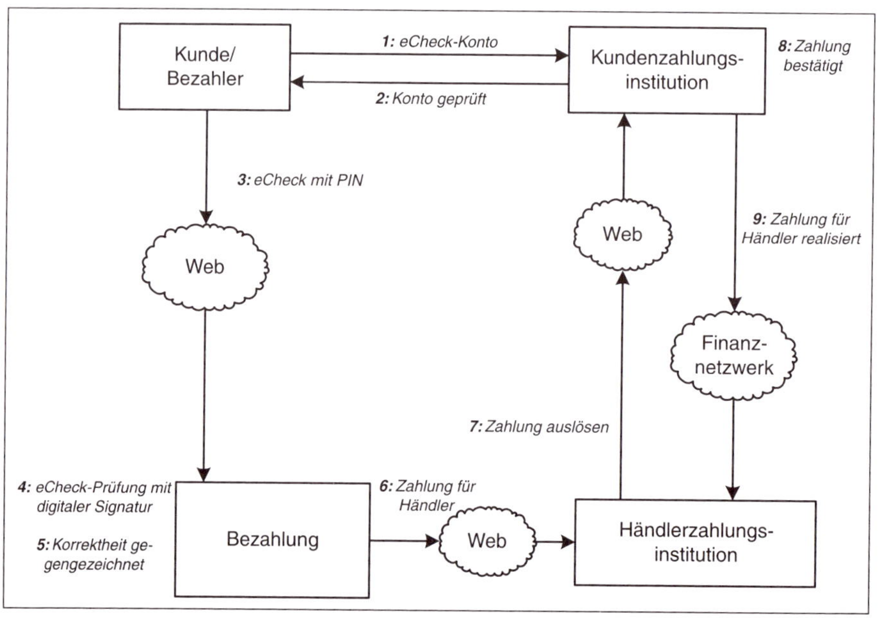

Abbildung 15.9: Zahlungsverlauf beim eCheck

Schließlich geben wir noch die allgemeine Systemarchitektur beim *eCash* bzw. *Cybercash* in der folgenden Abbildung an:

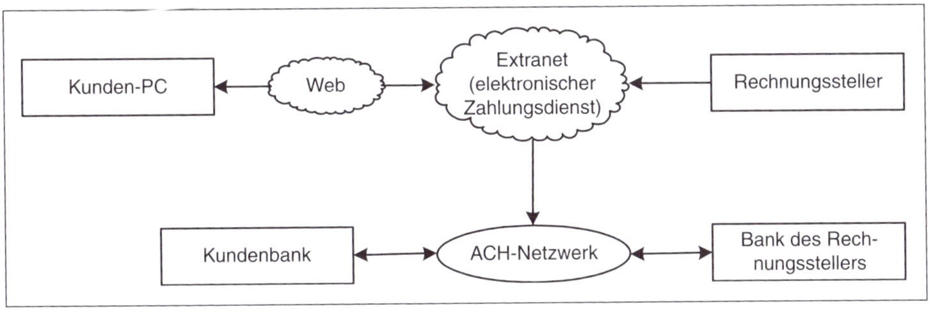

Abbildung 15.10: Allgemeine Systemarchitektur beim eCash

Dabei steht das *ACH* für *Automated Clearing House*; es stellt einen speziellen netzwerkbasierten Zahlungsdienst dar.

Bereits bei der Konzeption bzw. Spezifikation der allgemeinen Komponenten von E-Commerce-Systemen sind auch die Zielstellungen für dessen Qualität und die damit notwendigen Mess- und Bewertungsansätze zu modellieren. Ein derartiges allgemeines Bewertungsmodell aus Firmensicht für die Leistungsfähigkeit eines Systems ist beispielsweise nach [Menasce 2000] in der folgenden Abbildung angegeben:

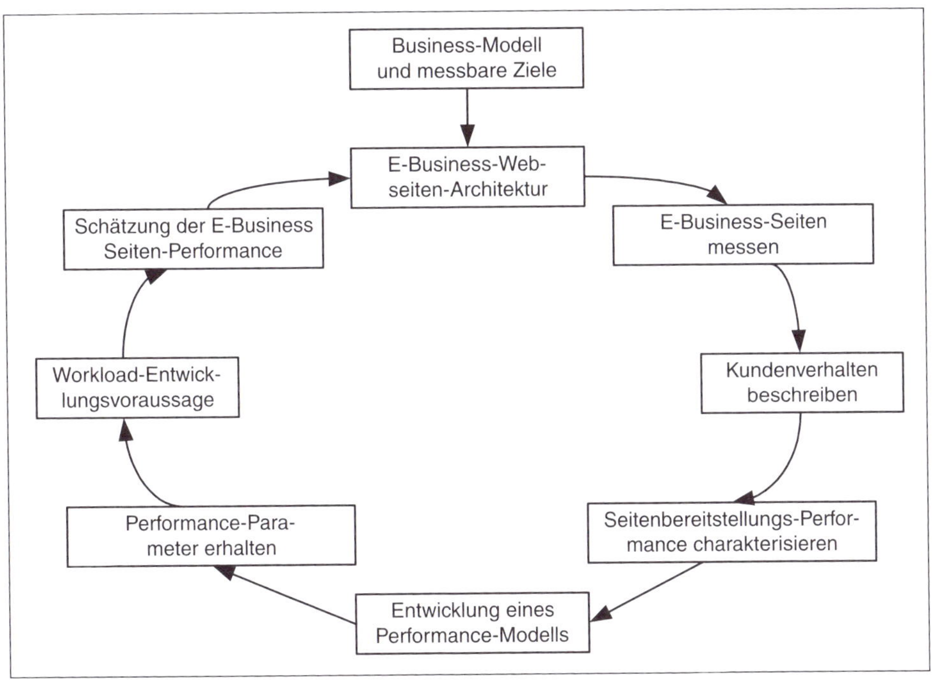

Abbildung 15.11: Allgemeines Performance-Bewertungsmodell für das E-Business

Hinsichtlich der Berücksichtigung der Web Usability bei E-Commerce-Systemen ist insbesondere auf eine *aktive Usability* zu orientieren; es sind dann jeweils auch die geeigneten Techniken auszuwählen.

Der ***E-Commerce-Entwurf*** widmet sich nun der zweckmäßigen Auswahl und Anwendung der Webtechnologien. Im Folgenden geben wir eine ganz allgemeine Übersicht zu diesen Technologien aus [Rajput 2000]:

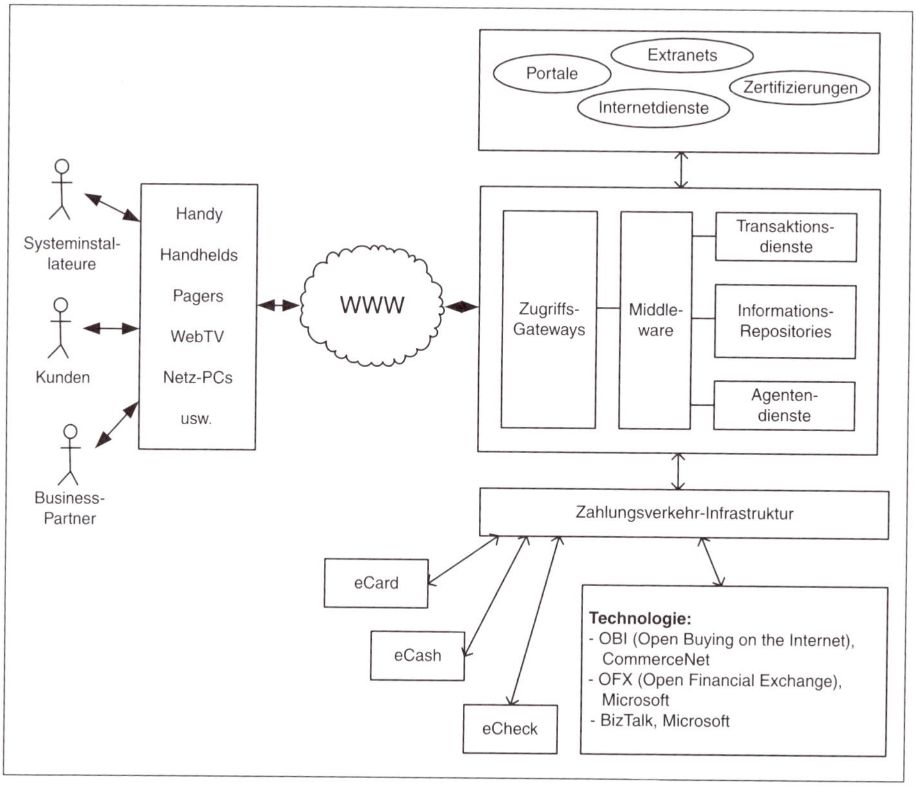

Abbildung 15.12: Technologien bei einer allgemeinen E-Commerce-Systemarchitektur

Diese Übersicht verdeutlicht uns auch die vielfältigen Konfigurationsmöglichkeiten beim E-Commerce. Natürlich steht bei dieser Darstellung auch die übliche Technologiedebatte zur Diskussion, also: *J2EE* vs. *.NET* (siehe [Williams 2003]) oder *.NET* vs. *J2EE* (siehe [Miller 2003]). Die Diskussion bzw. die entsprechende Entscheidung hierzu überlassen wir allerdings dem Leser.

Neben diesen grundlegenden Webtechnologien werden stets auch Erweiterungen für neuartige Anwendungsformen beim E-Commerce entwickelt. Während der XML-Standard im Wesentlichen nur eine 1:1-Interaktion unterstützt, verbindet das *Tentative Hold Protocol (THP)* verschiedene Kundeninteraktionen als „Multibusiness-Transaktionen" und gewährleistet somit, beispielsweise verschiedene Clients in einen Business-Prozess zu involvieren (siehe [Srinivasan 2003]).

Eine weitere, vielversprechende Technologie ist das *ebXML* als Spezifikationsschema für E-Business-Prozesse insgesamt (siehe [Aissi 2002] und [Patil 2003]). Im Gegensatz zu den im Allgemeinen Buttom-up entwickelten Webservices wird beim ebXML ein Top-down-Systemkonzept für die Webservice-Strukturen angewandt. Weitere Techniken in diesem Umfeld sind auch die *xCBL (XML Common Business Language)* und die *UBL (Unified Business Language)* (siehe [Turban 2002] oder [Miller 2003]).

Die ***E-Commerce-Implementation*** bezieht wiederum die dokumentenbasierten und operationalen Websprachen mit ein, die gemäß dem E-Commerce-Entwurf zur Anwendung kommen sollen. Bei E-Commerce-Systemen haben wir nahezu stets die Verwaltung und Bearbeitung umfangreicher Datenbasen zu implementieren.

Bei der ***E-Commerce-Erprobung*** geht es wiederum um die Bewährung des Web-Systems im Web insgesamt. Hierbei sind bereits **Bewertungsformen von E-Commerce-Systemgrundlagen** anzuwenden, die auch im weiteren Anwendungsverlauf zu nutzen sind. Derartige Bewertungen bzw. E-Commerce-Metriken sind beispielsweise die folgenden (siehe [Menasce 2000]):

- Die Berechung der *Byte-Raten* übertragener Transaktionen für die jeweiligen, kundenbezogenen Bestelldaten
- Die Anzahl einbezogener Serverarten bei den jeweiligen E-Commerce-Funktionen (als *Web Server, Trading Server, Authentification Server, Application Server, Database Server*)
- Die Durchsatzraten spezieller CGI-basierter Interoperabilitäten (als *CGIMaxThroughput* oder *CGICPUServiceDemand*)
- Die Infrastrukturkosten in Form eines *NumberOfRequestPerPurchase* oder auch eines *AverageCostPerPurchase*
- Die Differenzierung der Clientanzahl nach den ggf. unterschiedlichen Sicherheitskategorien im Anwendungsumfeld
- Die Abschätzung zu erwartender Arbeitslasten, zum Beispiel für den Autoverkauf nach der erfahrungsbezogenen Formel:

$$\mathbf{NumberWeeklySessions = 224{,}885\ e^{0.1977 \times week}}$$

- Das Leistungsverhalten der unterschiedlichen zugrunde liegenden Netzprotokolle einer E-Commerce-Anwendung
- Die Abschätzung der bedienungstheoretisch zu bestimmenden Warte-, Verweil- und Bedienzeiten für das jeweilige Nutzerprofil
- Die Analyse des Nutzerverhaltens zum Beispiel mittels *TotalNumberOfVisits* oder *AvgVisitsPerCustomer*

Für die ***E-Commerce-Wartung*** gilt das für die E-Learning-Systeme Gesagte: Eine ständige Anpassung, Erweiterung und Verbesserung, gekoppelt mit einer kontinuierlichen Bewertung ist notwendig für die Gewährleistung einer erfolgreichen Webpräsenz.

Übungsaufgaben

1. Diskutieren Sie mögliche Dienste der einzelnen Bereiche einer E-Commerce-Industrie nach Abbildung 15.3.
2. Geben Sie jeweils Ursachen für die unterschiedlichen Systemausprägungen der E-Commerce-Formen in Tabelle 15.1 an.
3. Konstruieren Sie Beispiele für die verschiedenen Modellebenen eines E-Commerce-Systems gemäß Abbildung 15.5.
4. Charakterisieren Sie die wesentlichen Unterschiede zwischen den Zahlungsformen des eCash, des eCheck und der eCards.
5. Führen Sie für die zur E-Commerce-Erprobung angegebenen Kennzahlen bzw. Metriken Beispielrechnungen durch.

Kapitel

16 Entwicklung von Cyberworlds

16.1 Allgemeine Grundlagen von Cyberworlds

Als letzte Websystemklasse wollen wir einige grundlegende Eigenschaften der virtuellen Welten bzw. Organisationen kennen lernen. Ausgangsbasis für diese Cyberworlds ist der Hyperspace bzw. Cyberspace vernetzter Computer im Web. Der anfänglich sehr häufig verwendete Begriff des *Cyber* als Form der „Verschmelzung von Mensch und Technik", also auch unter Einbeziehung von Computern, ist inzwischen von dem schlichten Begriff der *Virtualität* zurückgedrängt worden (siehe [Dery 1996]). Allerdings wird die Virtualität im Web in Form von virtuellen Welten häufig missverständlich gebraucht. Eine virtuelle Welt ist nicht einfach die Präsenz im Web, sondern hat beispielsweise folgende Ausprägungen (siehe [Ishida 2002] oder [Kunii 1998]):

- *Physische Transparenz:* Hierbei ist nicht erkennbar, wo sich die jeweils benutzte Ressource befindet bzw. wer sie bereitstellt. So sind zum Beispiel heterogene Dienstangebote mit einer speziellen Zeitbezogenheit, falls eine große Zeitdifferenz zwischen den Ressourcen bzw. Systemkomponenten vorliegt, eine mögliche Form dieser Virtualität.
- *Logische Transparenz:* Bei dieser Form der Virtualität ist der Darstellungsinhalt situationsbezogen und im Kontext nicht exakt nachvollziehbar. Beispiele hierfür sind generative (3D-)Welten im Web.
- *Konfigurationstransparenz:* Dabei ist bei der Nutzung eines Websystems nicht erkennbar, welche Erweiterungen, Ergänzungen und Anpassungen das System (gerade) durch eine Fernwartung erfährt. Technologische Grundlagen sind hierfür die Webagenten.

Die virtuellen Welten implizieren also den Schein einer relativen Geschlossenheit ihrer Darstellung im Web. Eine Webpräsenz hingegen ist nur eine digitalisierte bzw. digitale Welt.

Übliche Begriffe im Zusammenhang mit den virtuellen Welten bzw. Cyberworlds sind unter anderem die folgenden:

- ***Cyberspace:*** als Rechnernetzgrundlage für virtuelle Welten mit der in diesen Netzen vorhandenen Gültigkeit von Namensbereichen bzw. Domänen (beispielsweise als Hyperspace im Web)
- ***Cybertime***: als relative Gleichzeitigkeit in einem Cyberspace auf der Grundlage von Synchronisationstechniken bzw. plattformbasierten Uhren

- ***Cybermedia:*** als Digitalisierung von Inhalten und Darstellungsformen zu multimedialen Komponenten einer Cyberworld
- ***Cyberpop:*** als spezielle Form der Darstellungs- und Präsentierungsmöglichkeiten von Popstars im World Wide Web
- ***Cyberorgs:*** als mögliche Form virtueller Organisationen bzw. Einrichtungen im Web, die unterschiedliche Ausprägungen der oben genannten Virtualität besitzen
- ***Cybersociety:*** als allgemeinste Form von virtuellen Communities, Gesellschaften oder Welten schlechthin

Nach dieser sehr allgemeinen Charakterisierung von Cyberworlds wollen wir uns nun einigen speziellen Formen virtueller Welten im Web zuwenden.

16.2 Formen und Arten virtueller Welten

Die Architektur virtueller Welten ist vor allem durch die jeweilige Anwendungsform und die -inhalte geprägt. Wir zeigen daher eine allgemeine Architekturbeschreibung, die die grundlegenden Aspekte einer ***Cyberworld*** verdeutlicht:

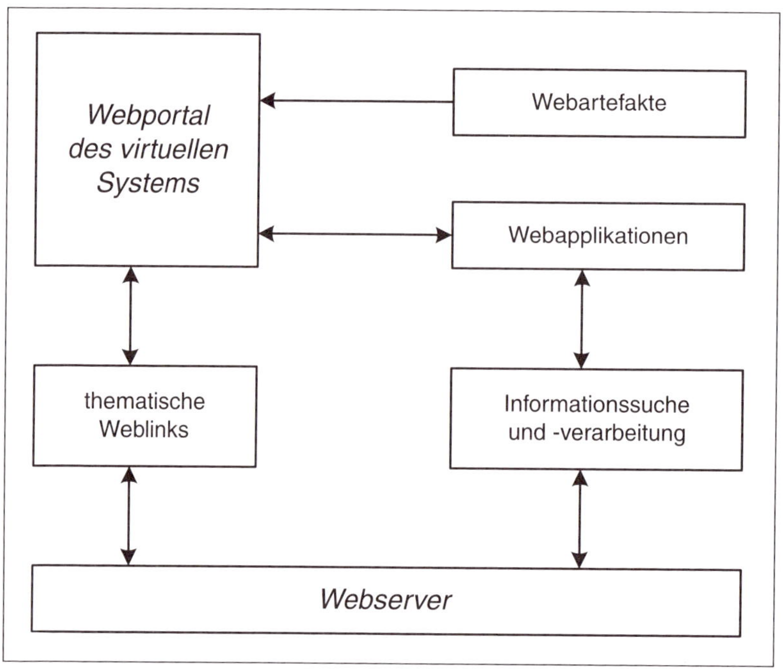

Abbildung 16.1: Allgemeine Architektur virtueller Websysteme

Ein typisches Beispiel für eine derartige virtuelle Welt ist das Avatar-Portal, welches in der folgenden Abbildung angegeben ist (siehe [Damer 1998]):

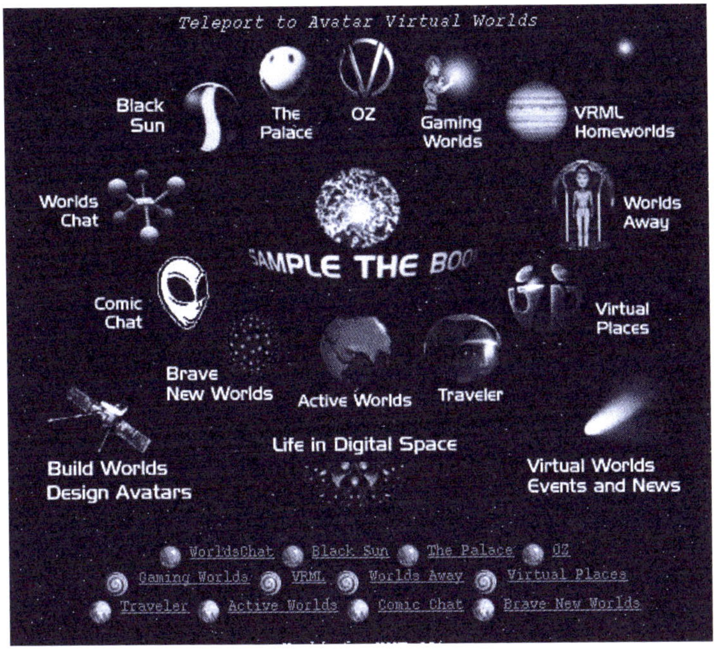

Abbildung 16.2: GUI des Avatar-Portals

Die wesentlichen Grundlagen sind hierbei einerseits generative Elemente wie das Kreieren virtueller Aktoren (als so genannte *Avatare*) mit einer eigenen virtuellen, grafischen Lebensform und andererseits die besondere Anwendungsverbreitung und -ausprägung multimedialer Techniken als Webartefakte (siehe auch [Whitton 2003]). Ein Szenenbeispiel hierzu ist in der folgenden Abbildung angegeben:

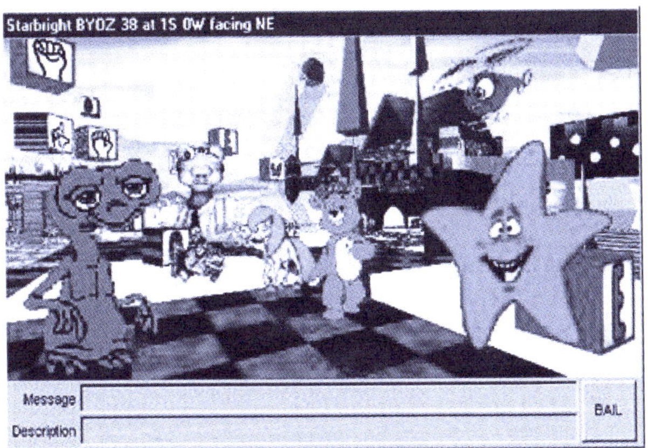

Abbildung 16.3: Avatar-Diskussionsszene

Diese Formen virtueller Welten werden auch als ***Web-Communities*** bezeichnet (siehe [Figallo 1998] oder [Flake 2002]). Der große Leistungsaufwand führte dazu, dass sich die animierten Communities noch nicht so sehr durchgesetzt haben. Allgemein existieren heute bereits Hunderte von Web-Communities zu den verschiedensten Themen und Sachgebieten (siehe [Community 2003]). Wir wollen im Folgenden die allgemeinen, architekturellen Grundlagen von Web-Communities näher kennzeichnen (siehe [Andrews 2002], [Figallo 1998] und [Millen 2002]). Bei den Web-Communities werden folgende drei grundlegende Formen unterschieden:

- *Shrines:* Hierbei herrscht im Allgemeinen ein starkes gemeinsames Interesse vor. Der Kommunikationsanteil ist allerdings gering. Beispiele hierfür sind spezielle Fan-Gemeinschaften.
- *Theatres*: Bei dieser Community-Form liegt ein gemeinsamer Interessenbereich vor. Dazu können allerdings sehr unterschiedliche Ansichten vorhanden sein. Über einen speziellen Webinhalt werden dann die Teilnehmer zur Kommunikation, wie beispielsweise dem Chatten, angeregt.
- *Cafes:* Dieser Form liegen unter Umständen sehr gegenteilige Ansichten zugrunde; sie führt daher auch zu vermehrter Kommunikation. Die Diskussion der Teilnehmer untereinander ist der eigentliche Zweck hierbei.

Für die Installation und vor allem Aufrechterhaltung von Web-Communities werden als Webpersonal *Community Manager* eingesetzt, die das so genannte *Hosting* übernehmen. Als Technologien werden dabei neben den simplen E-Mails auch das Chatten bzw. die Ausgestaltung von Foren genutzt.

Für den erfolgreichen Ansatz und das am Leben Erhalten von Web-Communities sind unter anderem folgende Regeln zu beachten:

- Für alle Teilnehmer sind spezielle Verhaltensregeln vorzugeben, die die gegenseitige Achtung und Beachtung gewährleisten.
- Zur Sicherung der Verwendung von erlaubten Inhalten im Web sind spezielle Filtertechniken anzuwenden.
- Zur Anwendung, Kommunikation und Akzeptanz sind spezielle statistische Auswertungen vorzunehmen, die Grundlage einer notwendigen Web Usability darstellen.

Das folgende Beispiel einer von Yahoo initiierten Web-Community hilft den Teilnehmern unter anderem bei der Erstellung ihrer eigenen Homepage und lernt sie dabei „zufällig“ kennen:

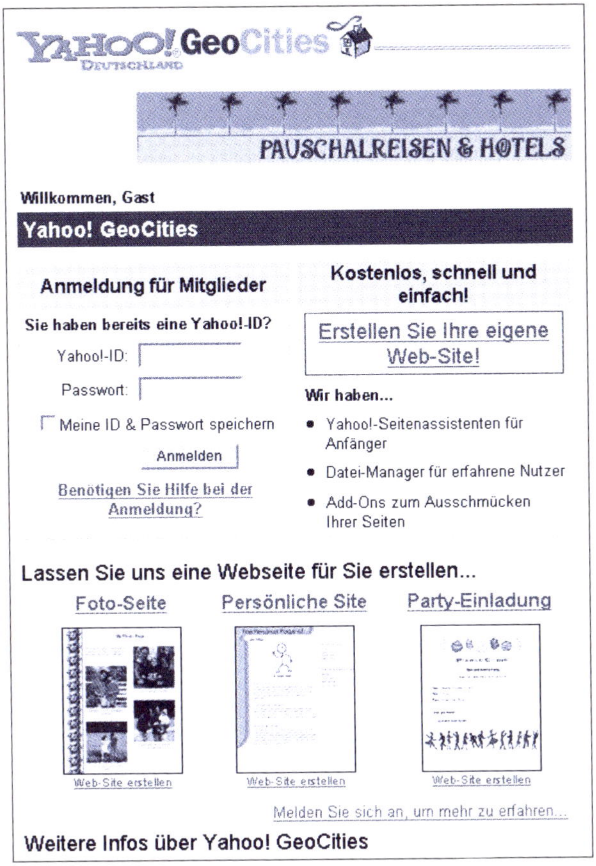

Abbildung 16.4: Web-Community-Beispiel Geocities

Die Anwendung operationaler Webtechnologien führt auch für diese Art der virtuellen Welten zu effizienten Systemlösungen. Agentenbasierte Methoden können in diesem Umfeld beispielsweise folgende Aufgaben realisieren (siehe [Nishida 2002] und [Wille 2002]):

- Die Ermittlung und Anfrage hinsichtlich neuer, weiterer Teilnehmer an einer Web-Community
- Die automatische Erweiterung und Aktualisierung des Community-Gegenstandes bzw. der Diskussionsgrundlagen
- Die situationsbezogene Information der Community-Teilnehmer zu speziellen Anlässen innerhalb dieser virtuellen Welt

Eine sehr verbreitete Form von Cyberworlds sind die ***virtuellen Organisationen***, die speziell auf eine (temporäre) Allianz für ein gemeinsames Ziel auf der Grundlage einer einheitlichen Technologie ausgerichtet sind. Eine derartige *Information and Communication Technology (ICT)* hat beispielsweise die folgenden Merkmale: eine vertikale Integration der Komponenten, eine Globalisierung in der weltweiten Anwendungsmöglichkeit und Techniken zur Kollaboration.

Als besonderes Beispiel virtueller Organisationen wenden wir uns kurz den ***virtuellen Universitäten*** zu (siehe Hazemi 2002]). Bei der Beschreibung grundlegender Eigenschaften von E-Learning-Systemen haben wir bereits einen wesentlichen Teil virtueller Universitäten charakterisiert: die *Online-Kurse*. Zu den Aufgaben einer virtuellen Universität zählen unter anderem weiterhin die folgenden:

- Die verwaltungstechnischen Aufgaben einer Immatrikulation und der Führung ausgewählter Personaldaten
- Die Zuordnung zu Studienrichtungen, die Planung der Kurse und des Studienablaufs insgesamt
- Das Prüfungswesen mit der Erfassung und Verwaltung von Leistungsdaten sowie der Erstellung von Urkunden und Zertifikaten
- Eine allgemeine Betreuung zu den sozialen Angelegenheiten der Studierenden im jeweiligen Studienablaufprogramm

Die Besonderheit der Virtualität liegt hier beispielsweise darin, dass dem Nutzer der virtuellen Universität nicht bekannt ist, wo sich die verschiedenen Komponenten physisch befinden. Das gilt sowohl für das Angebot der einzelnen Lehrveranstaltungen als auch für die verschiedenen Verwaltungsaufgaben als Organisationsform eines Studiums. Im Folgenden zeigen wir ein Beispiel einer virtuellen Universität (siehe `http://uv.org/`):

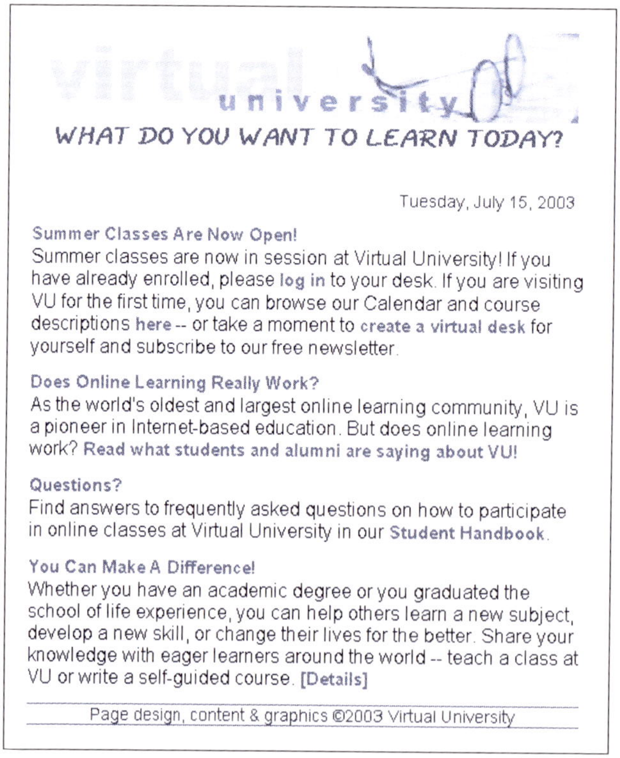

Abbildung 16.5: Beispiel einer virtuellen Universität im Web

Eine Menge unterschiedlicher virtueller Organisationen führt uns zu einer digitalen bzw. vor allem ***virtuellen City***. Während die so genannten *Digitalen Cities* eine Webunterstützung für das Leben in einer realen Stadt darstellen, sind virtuelle Cities „konstruierte" Städte im Web. Virtuelle Städte können unter anderem für folgende Aufgabenstellungen Anwendung finden:

- Für die Simulation spezieller Lebensverhältnisse und Situationen in einem vordefinierten Kontext und vorgegebenen Konstellationen
- Für das Studium von städtebaulichen oder ökologischen Aspekten in einem nach realen Kriterien implementierten, territorial begrenzten Lebensraum
- Als Unterhaltungsform auf der Grundlage eines Angebots an visuellen und akustischen Komponenten für das gemeinsame Spielen oder Kommunizieren im Web

In der folgenden Abbildung ist ein Beispiel einer digitalen City für die japanische Stadt Kyoto angegeben (siehe [Ishida 2002]):

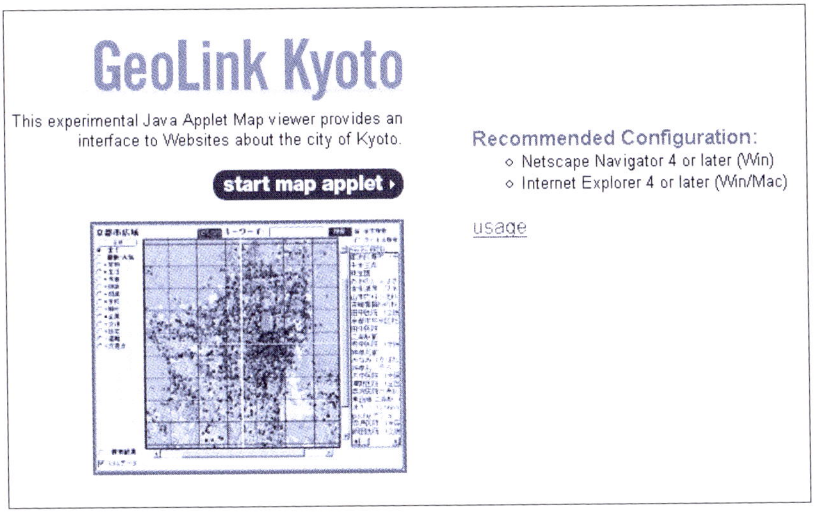

Abbildung 16.6: Beispiel einer digitalen City im Web

Schließlich kann man sich als virtuelle Organisationen auch ganze Gesellschaften, die beispielsweise als Land mit einer Administration bzw. Regierung versehen sind, vorstellen. Ausprägungen dieser Organisationsform im Web reichen unter dem Begriff des ***E-Government*** wiederum vom *Digital Government* bis hin zu *virtuellen Administrationen*. Bei den digitalen Administrationen geht es vor allem um Services, wie die Unterstützung von Verwaltungsaufgaben für den Bürger, eine Rechts- und Gesundheitsberatung bis hin zur Durchführung von Wahlen auf der Grundlage eines *E-Voting* im Web (siehe [Dawes 2003] und [Marchionini 2003]).

16.3 Entwicklungsaspekte virtueller Websysteme

Im Folgenden beschreiben wir nun einige grundlegende Aspekte bei der Entwicklung von virtuellen Websystemen für die unterschiedlichen Phasen und Bereiche der Websystem-Entwicklung und -Wartung.

Die ***Cyberworld-Problemdefinition*** legt die Anforderungen an das virtuelle System fest und ist hierbei vor allem durch die *Integration* mit anderen, zumeist bereits existierenden Webkomponenten gekennzeichnet. Hinsichtlich der plattformbezogenen Anforderungen sind hierbei häufig 3D-Verfahren im Einsatz, die einen hohen technologischen Aufwand implizieren.

Die ***Cyberworld-Anforderungsanalyse*** muss sich hierbei vor allem den gesetzlichen Grundlagen für das Anwendungsfeld unserer Cyberworld widmen. Insbesondere für das E-Government ist ein detailliertes Web-Security-Konzept zu erstellen und hinsichtlich seiner Realisierungsmöglichkeit zu prüfen (siehe [Dawes 2003]).

Bei der ***Cyberworld-Spezifikation*** können die bisher bereits angegebenen modelltechnischen Grundlagen Anwendung finden. Je nach Ausprägung sind dabei auch Technologien für operationale Websysteme einzusetzen. Diese besondere Form von Web-Communities, bei der Agenten die Prozesse unterstützen, deutet die folgende Skizze in einer groben Form an:

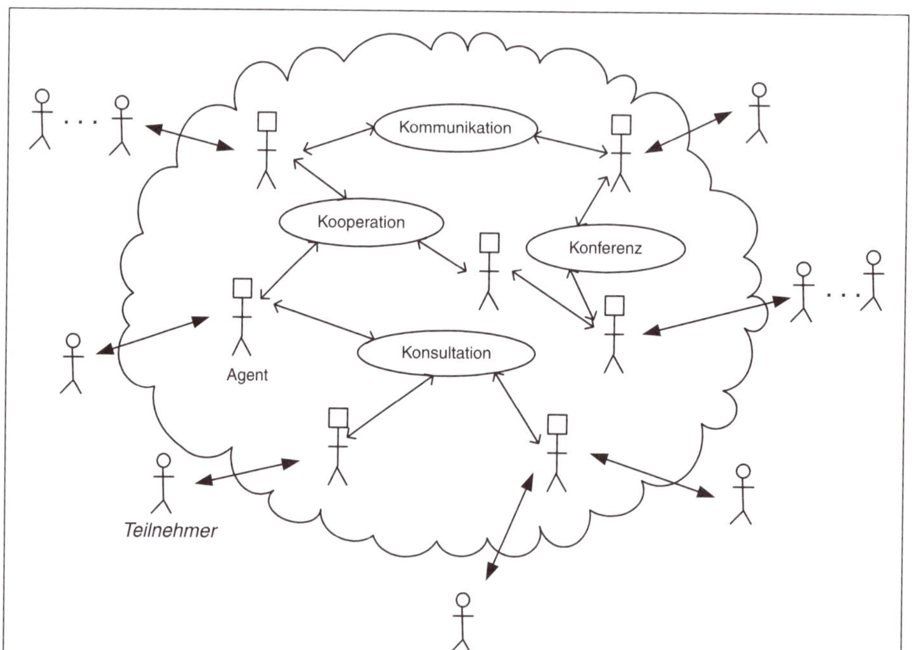

Abbildung 16.7: Allgemeine agentenbasierte Architektur von Web-Communities

Die Detaillierung der Modelle bezüglich korrekter Transaktionsformen, einer systembezogenen Usability und angemesser Sicherheitstechniken sind weitere wichtige Aufgaben in dieser Phase. So ist beispielsweise für ein „bürgernahes" virtuelles System eine besonders einfache Navigationsform zu spezifizieren (siehe [Nishida 2002]).

Der ***Cyberworld-Entwurf*** berücksichtigt wiederum die technologischen Vorgaben bzw. Möglichkeiten. Dabei werden die Cyberworld-Modelle in paradigmenbezogene Websystem-Architekturen transformiert bzw. verfeinert. Die Architekturen spiegeln insbesondere den dokumentenbasierten und operationalen Anteil der Systemfunktionen wider und sind zumeist auf allgemeine Webtechnologien, wie die J2EE oder das .NET, ausgerichtet.

Die allgemeine Architektur virtueller Organisationen zeigt die folgende Abbildung in einer stark vereinfachten Form:

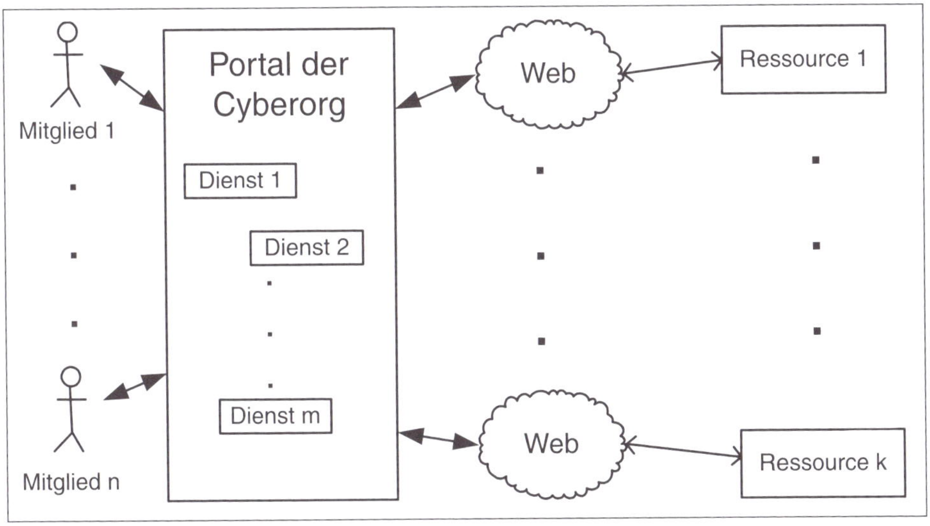

Abbildung 16.8: Allgemeine Architektur virtueller Organisationen

Bei der ***Cyberworld-Implementation*** werden wiederum die im Entwurf konzipierten Programmierungstechniken umgesetzt. Dabei gilt es, die akquirierten Komponenten mit den eigenen Entwicklungen zu integrieren und eine konsistente Webapplikation zu realisieren.

Ähnlich wie bei der E-Learning-Erprobung hat die ***Cyberworld-Erprobung*** ebenfalls eine besondere Bedeutung. Vor allem die Usability wird hier in ihrer Validität untersucht.

Die ***Cyberworld-Wartung*** ist wiederum wesentlich für den Erfolg dieser Websystemart. Das vorher oftmals schwer einzuschätzende Nutzerprofil kommt bei der Webanwendung erst voll zum Tragen. Möglicherweise sehr umfangreiche Systemänderungen und -anpassungen sind daher keine Seltenheit für diesen Bereich der Websystem-Bearbeitung.

Die hier angegebenen Websystem-Beispiele sind natürlich nur ein Ausschnitt aus der heute existierenden Vielfalt. Sie verdeutlichen jedoch bereits die wesentlichen Grundlagen für eine qualitätsgerechte bzw. erfolgreiche Websystem-Entwicklung und -Anwendung. Die besonders große Dynamik der Entwicklung der Webtechnologien einerseits und die immer weitere Erschließung von Anwendungsfeldern für den Computer andererseits erfordern in zunehmendem Maße systematischere Entwicklungsformen, um die operationalen Prozesse im Web (noch) zu beherrschen (siehe [Berner-Lees 1999], [Fensel 2003], [Huberman 2001]). Wir benötigen eine nachvollziehbare, bewertbare Vorgehensweise mit der genauen Kenntnis der eingesetzten Methoden, Mittel und Technologien in Form eines ***Web Engineering***.

Übungsaufgaben

1. Erläutern Sie die Begriffe „Cyberspace“, „Cybertime“ und „Cyberorg“ und geben Sie selbst gewählte, aktuelle Beispiele aus dem Web an.
2. Charakterisieren Sie die unterschiedlichen Formen von Web-Communities.
3. Beschreiben Sie den Unterschied zwischen einer digitalen und einer virtuellen Universität an selbst gewählten Beispielen.
4. Spezifizieren Sie ein Use-Case-Modell für ein E-Government für den administrativen Bereich der Bürgerberatung.
5. Welche Cyberworld-Erprobungsziele sind für eine virtuelle City von besonderer Bedeutung?

Anhang A Abkürzungsverzeichnis

A

ACH	Automated Clearing House
ACID	Atomicity, Consistency, Isolation, Durability
ACL	Agent Communication Languages
ACM	Association for Computing Machinery
ADO	Active Data Objects
ADPCM	Adaptive Delta Pulse Code Modulation
AIFF	Audio Interchange File Format
AOL	American Online
AOSE	Agent-Oriented Software Engineering
API	Application Programming Interface
ASE	agile Softwareentwicklung
ASP	Active Server Pages
ATM	Asynchronous Transfer Mode
AU	Audio Format
AVI	Audio/Video Interleaved Format

B

BDI	Belief-Desire Intention
BMP	Microsoft Bitmap
BPWS4J	Business Process Execution Language for Web Services Java Runtime
BSML	Bioinformatic Sequence Markup Language
B2B	Business to Business
B2C	Business to Customer

C

CAD	Computer-Aided Design
CAME	Computer Assisted Measurement and Evaluation
CAQ	Computer-Aided Quality Insurance
CARE	Computer Aided Reengineering
CASE	Computer-Aided Software Engineering
CBO	Coupling between Classes
CBT	Computer-based Training
CBSE	Component-Based Software Engineering
CCS	Calculus of Communicating Systems
CDF	Channel Definition Format
CDMA	Code Division Multiple Access
CDPD	Cellular Digital Packet Data
CERN	Conseil Européen pour la Recherche Nucléaire
CGI	Common Gateway Interface
CLP	Clipboard
CMM	Capability Maturity Model

CMMI	CMM Integration
CMS	Content-Managementsystem
COCOMO	Constructive Cost Model
COCOTS	Constructive COTS Cost Model
COM	Component Object Model
COPSEMO	Constructive Phased Schedule and Effort Model
CORADMO	Constructive Rapid Application Development Cost Model
CORBA	Common Object Request Broker
COSMIC	Common Software Measurement International Consortium
COTS	Commercial-of-the-shelf-Komponente
CPM	Critical Path Method
CSCW	Computer-Supported Cooperative Work
CSS	Cascading Style Sheets
CUSI	Configurable Unified Search Index

D

DAML	DARPA Agent Markup Language
DAMSEL	Dynamic Multimedia Specification Language
DAV	Distributed Authoring and Versioning
DB	Database
DCE	Data Communications Equipment
DCOM	Distributed COM
DECT	Digital-Enhanced Cordless Telephony
DHMTL	Dynamic HTML
DHRM	Dexter Hypertext Reference Model
DIT	Depth of Inheritance Tree
DOM	Document Object Model
DPRL	Digital Property Rights Language
DQL	DAML Query Language
DRM	Digital Rights Management
DRW	Draw File
DSSSL	Document Style Semantics and Specification Language
DTD	Document Type Definition
DVD	Digital Versatile Disc

E

EAI	Enterprise Application Integration
ebXML	Electronic Business XML
EJB	Enterprise JavaBeans
EPS	Encapsulated Postscript
ERM	Entity Relationship Model
eW3DT	extended World Wide Web Design Technique

F

FAQ	Frequently Asked Questions
FDDI	Fiber Distributed Data Interface
FFP	Full-Function-Points-Methode
FIPA	Foundation for Intelligent Physical Agents
FP	Function Points
FPA	Function Point Analysis
FpML	Financial Products Markup Language
FSM	formale Spezifikationsmethoden
FTP	File Transfer Protocol

G

GI	Gesellschaft für Informatik
GIF	Graphics Interchange Format
GPS	Global Position System
GQM	Goal-Question-Metrics-Methode
GSM	Global System for Mobile Communications
GSP	Global Software Production
GUI	Graphical User Interface

H

HDM	Hypertext Design Model
HTML	Hypertext Markup Language
HTTP	Hypertext-Transportprotokoll

I

IANA	Internet Assigned Numbers Authority
ICADD	International Committee for Accessible Document Design
ICT	Information and Communication Technology
IEEE	Institute of Electrical and Electronics Engineers
IFPUG	International Function Point User Group
IKMP	Internet Key Management Protocol
IETF	Internet Engineering Task Force
IP	Internet Protocol
IPSec	Internet Protocol Security Architecture
IPSP	IP Security Protocol
ISAPI	Internet Server Application Program Interface
ISBSG	International Software Benchmarking Standards Group
ISP	Internet Security Protocol

J

JDBC	Java Database Connectivity
JDK	Java Development Toolkit
JDMK	Java Dynamic Management Kit
JMF	Java Media Framework
JMS	Java Message Service
JNDI	Java Naming and Directory Interface
JPEG	Joint Picture Expert Group
JSP	Java Server Pages
JVM	Java Virtual Machine
J2EE	Java 2 Enterprise Edition

K

KDSI	Kilo Delivered Source Instructions
KQML	Knowledge Query and Manipulation Language

L

LAN	Local Area Network
LCA	Life cycle architecture
LCO	Life cycle objectives
LCOM	Lack of Cohesion
LEAD	Live Early Adoption and Demonstration
LOC	Lines of Code

M

MAN	Metropolity Area Network
MAS	Multiagentensystem
MathML	Mathematical Markup Language
MCF	Meta Content Framework
MID	Mobile Information Devices
MIDI	Musical Instrument Digital Interface
MIME	Multipurpose Internet Mail Extension
MME	Object-Oriented Multimedia Toolkit
MoDL	Molecular Dynamics Language
MOI	Mine of Information
MPEG	Movie Picture Expert Group
MTTF	Mean Time to Failure
MUML	Measurement Unit Markup Language

N

NLSP	Network Layer Security Protocol
NNTP	Network News Transfer Protocol
NOC	Number of Children

O

OCF	OpenCard Framework
OCL	Object Constraint Language
ODBC	Open Database Connectivity
OIL	Ontology Interface Layer
Oiled	Ontology Editor
OLAP	On-line Analytical Processing
OLE	Object Linking and Embedding
OMF	Weather Observation Markup
OMT	Object Modeling Technique
ONE	Open Net Environment
OOmFP	Object-oriented measured Function Points
OOSE	Object-Oriented Software Engineering
OWL	Ontology Web Language

P

PDML	Product Data Markup Language
PERT	Program Evaluation and Review Technique
PGP	Pretty Good Privacy
PHP	Personal Home-Page oder PHP: Hypertext Preprocessor
PICS	Platform for Internet Content Selection
PKC	Public Key Cryptography
PKI	Public Key Infrastructure
PNG	Portable Network Graphics
PPTP	Point-To-Point-Tunneling Protocol
PREMO	Presentation Environment for Multimedia Standards
PSL	Process Specification Language
PSP	Personal Software Process
P2P	Peer-to-Peer
P3P	Platform for Privacy Preferences Project

Q

QoS	Quality of Service

R

RDF	Resource Description Framework
RFC	Response for a Class
RIFF	Resource Interchange File Format
RMD	RMM-Datenmodell
RMF	Rich Music Format
RMI	Remote-Method-Invocation
RMM	Relationship Management Methodology
RPC	Remote Procedure Call
RSA	Ronald Rivest, Adi Shamir und Leonard Adleman
RUP	Rational Unified Process

S

SAML	Security Assertion Markup Language
SAX	Simple Application Program Interface
SDK	Software Development Kit
SDML	Signed Document Markup Language
SGML	Standard Generalized Markup Language
S-HTTP	Secure Hypertext Transfer Protocol
SLA	Service Level Agreement
SLAC	Stanford Linear Accelerator
SMIL	Synchronized Multimedia Integration Language
SML@b	Software Measurement Laboratory of the University of Magdeburg
SNMP	Simple Network Management Protocol
SOAP	Simple Object Access Protocol
SPEC	Standard Performance Evaluation Co-operation
SQL	Structured Query Language
SSH	Security Shells
SSL	Secure Sockets Layer
SUSI	Simultaneous Unified Search Index
SyncML	Synchronization Markup Language

T

TCP	Transport Control Protocol
THP	Tentative Hold Protocol
TIFF	Tagged Image File Format
TIM	The Information Mine
TLS	Transport Layer Security
TPC	Transaction Processing Council
TSP	Team Software Process

U

UBL	Unified Business Language
UDDI	Universal Description, Discovery and Interrogation
UDI	Universal Document Identifier
UDP	User Datagram Protocol
UFP	ungewichtete Function Points
UML	Unified Modeling Language
UMTS	Universal Mobile Telecommunications System
URI	Unified Resource Identifier
URL	Uniform Resources Locator
UTC	Universal Time Concept

V

VPN	Virtual Private Network
VRML	Virtual Reality Markup Language
VTT	video-based Tele Training

W

WAIS	Wide Area Information Server
WAN	Wide Area Network
WAP	Wireless Application Protocol
WBT	Web-based Training
WebIN	Web für Intelligente Netze
WebML	Web Modeling Language
WebOOGL	Web Object-Oriented Graphical Language
WDP	Wireless Datagram Protocol
WIDL	Web Interface Definition Language
WLAN	Wireless Local Area Network
WMC	Weighted Methods per Class
WMF	Window Meta File
WML	Wireless Markup Language
WSDL	Web Services Description Language
WSDM	Web Site Design Method
WSP	Wireless Session Layer
WTLS	Wireless Transport Layer Security
WTP	Wireless Transaction Protocol
WWW	World Wide Web
WYSIWIS	What You See Is What I See
WYSIWYG	What You See Is What You Get
W3C	World Wide Web Consortiums

X

xCBL	XML Common Business Language
XFA	XML for All
XFDL	Extensible Forms Definition Language
XHTML	Extensible HTML
XLL	XML Linking Language
XMI	XML Metadata Interchange
XML	Extensible Markup Language
XQL	XML Query Language
XSL	Extensible Style Language
XSLT	XSL Transformation

Anhang

B Literaturverzeichnis

A

[Abrahao 2002] Abrahao, S.; Pastor, O.: *Applying Function Points to Measure Web-based Applications.* Proc. of the IFPUG Conference, September 22-27, Austin, Texas, 2002, S. 324-342

[Abran 2002] Abran, A.; Dumke, R.; Desharnais, J.; Ndyaje, I.; Kolbe, C.: *A Strategy for a Credible & Auditable Estimation Process Using the ISBSG International Data Repository.* In [Dumke 2002], S. 246-258

[Adamic 2001] L. A.; Huberman, B. A.: *The Web's Hidden Order.* Comm. of the ACM, 44(2001)9, S. 55-59

[Adatia 2001] Adatia, R. et al.: *Professional EJB.* Wrox Publ., 2001

[Aggarwal 2000] Aggarwal, A.: *Web-based Learning and Teaching Technologies: Opportunities and Challenges.* Idea Group Publ., 2000

[Agile 2003] Agile Software Development Alliance: `http://www.AgileAlliance.org/`

[Ahern 2001] Ahern, D. M.; Cloouse, A.; Turner, R.: *CMMI Distilled – A Practical Introduction to Integrated Process Improvement.* Addison Wesley Publ., 2001

[Aissi 2002] Aissi, S.; Malu, P.; Srinivasan, K.: *E-Business Process Modeling: The Next Big Step.* IEEE Computer, May 2002, S. 55-62

[Akashi 2002] Akashi, O. et al.: *Agent System for Inter-AS Routing Error Diagnosis.* Internet Computing, June 2002, S. 78-82

[Allman 2003] Allman, M.: *An Evaluation of XML-RPC.* ACM Sigmetrics, 30(2003)4, S. 2-11

[Altendorf 2002] Altendorf, E.; Hohman, M.; Zabicki, R.: *Using J2EE on a Large, Web-based Project.* IEEE Software, April 2002, S. 81-89

[Ambler 2002] Ambler, S. W.: *Lessons in Agility from Internet-Based Development.* IEEE Software, April 2002, S. 66-73

[Ambler 1999] Ambler, S. W.: *More Process Patterns – Delivering Large-Scale Systems Using Object Technology.* Cambridge University Press, 1999

[Anderson 2001] Anderson, R.: *Security Engineering – A Guide to Building Dependable Distributed Systems.* John Wiley & Sons, 2001

[Andrews 2002] Andrews, D. C.: *Audience-Specific Online Community Design.* Comm. of the ACM, 45(2002)4, S. 65-68

[Angelaccio 2002] Angelaccio, M.; Buttarazzi, B.: *Local Searching the Internet.* Internet Computing, February 2002, S. 25-33

[Apte 2002] Apte, N.; Mehta, T.: *Web Services – A Java Developer Guide Using E-Speak.* Prentice Hall, 2002

[Arnold 1999] Arnold, K. et al.: *The Jini Specification.* Addison Wesley Publ. 1999

[Atif 2002] Atif, Y.: *Building Trust in E-Commerce.* Internet Computing, February 2002, S. 18-24

B

[Badach 1999] Badach, A.; Hoffmann, E.: *Technik der IP-Netze.* Hanser Verlag 1999

[Banavar 2002] Banavar, G.; Bernstein, A.: *Software Infrastructure and Design Challenges for Ubiquitous Computing Applications.* Comm. Of the ACM, 45(2002)12, S. 92-96

[Barber 2000] Barber, K. S.; Han, D. C.; Liu, T. H.: *Coordinating Distributed Decision Making Using Reusable Interaction Specification.* In: Zhang/Soo: Design and Applications of Intelligent Agents, Lecture Notes in Artificial Intelligence 1881, Springer Publ. 2000, pp. 1-15

[Basili 1986] Basili, V. R.; Selby, R. W.; Hutchens, D. H.: *Experimentation in Software Engineering.* IEEE Transactions on Software Engineering, 12(1986)7, S. 733-743

[Bass 1998] Bass, L.; Clements, P.; Kazman, R.: *Software Architecture in Practice.* Addison Wesley Publ., 1998

[Baumgardt 1999] Baumgardt, M.: *Web Design kreativ.* Springer-Verlag, 1999

[Baumgarten 1990] Baumgarten, B.: *Petri-Netze – Grundlagen und Anwendungen.* Wirtschaftsverlag, Mannheim, 1990

[Bechhofer 2001] Bechhofer, S.; Horrocks, I.; Goble, C.; Stevens, R.: *OilEd: a Reason-able Ontology Editor for the Semantic Web.* Proceedings of KI22001 Joint German/Austrian conference on Artificial Intelligence, September 19-21, Vienna. Springer-Verlag LNAI Vol. 2174, 2001, S 396-408

[Beck 2000] Beck, K.: *Extreme Programming – Explained.* Pearson Education Publ., 2000

[Beck 2003] Beck, K.; Boehm, B.: *Agility through Discipline: A Debate.* IEEE Computer, June 2003, S. 44-46

[Becker 2001] Becker, S. A.; Mottay, F. E.: *A Global Perspective on Web Site Usability.* IEEE Software, February 2001, S. 54-61

[Beer 2003] Beer, W. et al.: *Die .NET Technologie – Grundlagen und Anwendungsprogrammierung.* dpunkt Verlag, 2003

[Beizer 1995] Beizer, B.: *Black Box Testing – Techniques for Functional Testing of Software and Systems.* John Wiley & Sons Publ., 1995

[Bekkers 2001] Bekkers, R.: *Mobile Telecommunications Standards – GSM, UMTS, TETRA and ERMES.* Artech House Inc., 2001

[Belanger 2000] Belanger, B.; Jordan, P.: *Evaluation and Implementation of Distance Learning: Technologies and Tools.* Idea Group Publ., 2000

[Benatallah 2003] Benatallah, B.; Sheng, Q. Z.; Dumas, M.: *The Self-Serve Environment for Web Services Composition.* Internet Computing, January 2003, S. 41-48

[Berghel 2002] Berghel, H.: *Responsible Web Caching.* Comm. of the ACM, 45(2002)9, S. 15-20

[Berners-Lee 1999] Berners-Lee, T.: *Der Web-Report.* Econ Verlag, München

[Bertino 2002] Bertino, E.; Bouguettaya, A.: *Database Technology on the Web.* Internet Computing, August 2002, S. 31-32

[Berzal 2002] Berzal F.; Blanco, I.; Cubero, J.; Marin, N.: *Component-based Data Mining Frameworks.* Comm. of the ACM, 45(2002)12, S. 97-100

[Binder 2000] Binder, R. V.: *Testing Object-Oriented Systems – Models, Patterns, and Tools.* Addison-Wesley Publ., 2000

[Boehm 1988] Boehm, B. W.: *A Spiral Model of Software Development and Enhancement.* IEEE Computer, May 1988, S. 61-72

[Boehm 2000] Boehm, B. W.: *Software Cost Estimation with COCOMO II.* Prentice Hall Publ., 2000

[Boehm 1993] Boehm, B. W.: *Software Risk Management.* IEEE Computer Society Press, Los Altimos, 1993

[Boehm 1998] Boehm, B. W.; Egyed, A.; Kwan, J.; Port, D.; Shah, A.; Madachy, R.: *Using the Win-Win Spiral Moidel: A Case Study.* IEEE Computer, July 1998, S. 33-44

[Boehm 2003] Boehm, B.; Turner, R.: *Using Risk to Balance Agile and Plan-Driven Methods.* IEEE Computer, June 2003, S. 57-66

[Booch 1999] Booch, G.; Rumbaugh, J.; Jacobson, I.: *The Unified Modeling Language User Guide.* Addison Wesley Verlag, 1999

[Borghoff 1998] Borghoff, U. M.; Schlichter, J. H.: *Rechnergestützte Gruppenarbeit.* Springer Verlag, 1998

[Bradley 1998] Bradley, N.: *The XML Companion.* Addison Wesley Publ., 1998

[Brickley 2000] Brickley, D.; Guha, R. V.: *Resource Description Framework: RDF Schema Specification. 1.0.* W3C, http://www.w3.org/TR/2000/CR-rdf-schema-20000327

[Brosius 2000] Brosius, F.: *WML – die Wireless Markup Language.* Addison Wesley Publ., 2000

[Brukczynski 2003] Brukczynski, B.; Small, R. A.: *Reducing Internet-Based Intrusion: Effective Security Patch Management.* IEEE Software, February 2003, S. 50-57

[Bryson 2002] Bryson, J. J.; Martin, D. L.; McIlraith, S. A.; Stein, L. A.: *Toward Behavioral Intelligence in the Semantic Web.* IEEE Computer, November 2002, S. 48-54

[Burns 2001 Burns, R. C.: *Efficient data distribution in a Web server farm.* Internet Computing, August 2001, S. 56-65

[Bundschuh 2000] Bundschuh, M.; Fabry, A.: *Aufwandschätzung von IT-Projekten.* MITP Publ., 2000

C

[Carmel 2001] Carmel, E.; Agarwal, R.: *Tactical Approaches for Alleviating Distance in Global Software Develop0ment.* IEEE Software, April 2001, S. 22-29

[Castagnetto 2000] Castagnetto, J.; Scollo, C.; Schumann, S.: *Professional PHP.* Wrox Publ., 2000

[Ceri 2002] Ceri, S.; Fraternali, P.; Matera, M.: *Conceptual Modeling of Data-Intensive Web Applications.* Internet Computing, August 2002, S. 20-30

[Chan 2000] Chan, P.; Lee, R.; Kramer, D.: *The Java Class Libraries.* Volume 1 und 2, Addison Wesley Publ., 2000

[Chang 2000] Chang, S.: *Multimedia Software Engineering*, Kluwer Academic Press, 2000

[Chang 2001] Chang, G.; Healey, M. J.; McHugh, J. A. M.; Wang, J. T. L.: *Mining the World Wide Web – An Information Search Approach.* Kluwer Academic Publ., 2001

[Chappel 2002] Chappel, D. A.; Jewell, T.: *Java Web Services.* O'Reilly, 2002

[Chau 2003] Chau, M.; Chen, H.: *Comparison of Three Vertical Search Spiders.* IEEE Computer, May 2003, S. 56-62

[Chen 2003] Chen, X.; Zhang, X.: *A Popularity-Based Prediction Model for Web Prefetching.* IEEE Computer, March 2003, S. 63-70

[Chi 2002] Chi, E. H.: *Improving Web Usability Through Visualization.* Internet Computing, April 2002, S. 64-71

[Chidamber 1994] Chidamber , S. R.; Kemerer, C. F.: *A Metrics Suite for Object-Oriented Design.* IEEE Transactions on Software Engineering, 20(1994)6, S. 476-493

[Chi-Yung 2000] Chi-Yung, L.; Sing-Chi, C.: *Modeling and Analysis of Web-Based Courseware Systems.* In [Aggarwal 2000], S. 155-173

[Choo 2000] Choo, C. W.; Detlor, B.; Turnbull, D.: *Web Work – Information Seeking and Knowledge Work on the World Wide Web.* Kluwer Academic Publ., 2000

[Chung 2000] Chung, L.; Nixon, B. A.; Yu, E.-; Mylopoulos, J.: *Non-Functional Requirements in Software Engineering.* Kluwer Academic Publ., 2000

[Clark 2001] Clark, D.: *Visual Basic and the Future of Web-Application Development.* IEEE Computer, August 2001, S. 16-18

[Cockburn 2002] Cockburn, A.: *Agile Software Development.* Addison Wesley Publ., 2002

[Community 2003] International Communities: *Alphabet Sort List.* `http://www.ic.org/iclist.html`

[Constantine 2002] Constantine, L. L.; Lockwood, L. A. D.: *Usage-Centered Engineering for Web Applications.* IEEE Software, April 2002, S. 42-50

[Coulouris 2002] Coulouris, G.; Dollimore, J.; Kindberg, T.: *Verteilte Systeme – Konzepte und Design.* Addison-Wesley, Pearson Studium, 2002

[Cucchiarelli 2000] Cucchiarelli, A.; Panti, M.; Valenti, S.: *Web-Based Assessment in Student Learning.* In [Aggarwal 2000], S. 175-197

D

[Damer 1998] Damer, B.: *Avatars – Exploring and Building Virtual Worlds on the Internet.* Peachpit Press, 1998

[Darbyshire 2000] Darbyshire, P.; Lowry, G.: *An Overview of Agent Technology and its Application to Subject Management.* Proc. of the IRMA International Conference, Anchorage, Alaska, May 21-24, 2000, pp. 509-512

[Dart 2000] Dart, S.: *Configuration Management – the missing link in web engineering*, Artech House Publ., 2000

[Datta 2002] Datta, A.; Dutta, K.; Thomas, H.; VanderMeer, D.; Ramamritham, K.: *Accelerating Dynamic Web Content Generation.* Internet Computing, October 2002, S. 27-36

[Davies 2001] Davies, N.; Chevest, K.; Mitchell, K.; Efrat, A.: *Using Determining Location in a Context-Sensitive Tour Guide.* IEEE Computer, August 2001, S. 35-41

[Dawes 2003] Dawes, S. S.; Prefontaine, L.: *Understanding New Models of Collaboration for Delivering Government Services.* Comm. of the ACM, 46(2003)1, S.40-42

[DeCarmo 1999] DeCarmo, L.: *Core Java Media Framework.* Prentice Hall, 1999

[Deen 2003] Deen, S. M.: *Agent-Based Manufacturing – Advances in the Holonic Approach.* Springer Verlag, 2003

[Deitel 2002] Deitel, H. M.; Deitel, P. J.; Nieto, T. R.: *Internet & World Wide Web – How to Program.* Prentice-Hall-Verlag, 2002

[Deitel 2002a] Deitel, H. M.; Deitel, P. J.; Nieto, T. R.; Steinbuhler, K.: *Wireless Internet & Mobile Business – How to Program.* Prentice-Hall, 2002

[Dery 1996] Dery, M.: *Cyber – Die Kultur der Zukunft.* Verlag Volk und Welt, Berlin, 1996

[De Troyer 1998] De Troyer, O. M. F.; Leune, C. J.: *WSDM: a user centered design method for Web sites.* Computer Networks and ISDN Systems 30 (1998)(13 S.)

[Dikaiakos 2001] Dikaiakos, M.D.; Samaras, G.: *Performance Evaluation of Mobile Agents: Issues and Approaches.* In: Dumke et al.: Performance Engineering, Lecture Notes in Computer Science 2047, pp. 148-166

[Dilley 2002] Dilley, J.; et al.: *Globally Distributed Content Delivery.* Internet Computing, October 2002, S. 50-57

[Dimitrov 2002] Dimitrov, E.; Schmietendorf, A.; Dumke, R.: *UML-Based Performance Engineering Possibilities and Techniques.* IEEE Software, February 2002, S. 74-83

[Douglass 1998] Douglass, B. P.: *Real-Time UML – Developing Efficient Objects for Embedded Systems.* Addison Wesley Publ., 1998

[Dumke 2001] Dumke, R.: Software *Engineering – Eine Einführung für Informatiker und Ingenieure: Systeme, Erfahrungen, Methoden, Tools*. 3. Auflage, Vieweg-Verlag, 2001

[Dumke 1992] Dumke, R.: *Softwareentwicklung nach Maß – Schätzen, Messen, Bewerten*. Vieweg Verlag, 1992

[Dumke 2002] Dumke, R.; Abran, A.; Bundschuh, M.; Symons, C.: *Software Measurement and Estimation*. Proc. of the 12th International Workshop ion Software Measurement (IWSM2002), Shaker Verlag, 2002

[Dumke 2002a] Dumke, R.; Rombach, D.: *Software-Messung und -Bewertung*. DUV, 2002

[Dumke 1996] Dumke, R.; Foltin, E.; Koeppe, R.; Winkler, A.: *Softwarequalität durch Messtools*. Vieweg Verlag, 1996

[Dumke 2001a] Dumke, R.; Rautenstrauch, C.; Schmietendorf, A.; Scholz, A.: *Performance Engineering – State of the Art and Current Trends*. LNCS 2047, Springer Verlag, 2001

[D'Souza1999] D'Souza, D. F.; Wills, A. C.: *Objects, Components and Frameworks with UML*. Addison Wesley Publ., 1999

[eCollage 2003] *eCollege Home Page*. `http://realeducation.com/`

E

[Edström 2002] Edström, K.: *Design for Motivation*. In [Hazemi 2002], S. 193-202

[Edwards 1999] Edwards, W.K.: *Core Jini*. Sun Microsystems Press, 1999

[Eilebrecht 1998] Eilebrecht, L.: *Apache Web-Server*. MITP, 1998

[Elkner 1999] Elkner, J.; Dumke, R.: *Konzeption und praktischer Einsatz eines Proxycache-Systems zur Erhöhung der Dienstgüte im WWW*. Tagungsband der MMB'99, September, 1999, Trier, S. 49-62

[Endres 2003] Endres, A.; Rombach, D.: *A Handbook of Software and Systems Engineering*. Pearson Education Publ., 2003

[Engelen 2003] Engelen, R. van; Gupta, G.; Pant, S.: *Developing Web Services for C and C++*. Internet Computing, April 2003, S. 53-61

[Erdogmus 2002] Erdogmus, H.; Tanir, O.: *Advances in Software Engineering*. Springer Verlag, 2002

[Esnault 2000] Esnault, L.; Zeiliger, R.: *Web Learning With Nestor: The Building Of A New Pedagogical Process*. In [Aggarwal 2000], S. 79-102

[Evans 1999] Evans, R. et al.: *A Multi-Agent System Architecture for Scalable Management of High Performance Networks: Applying Arms Length Autonomy*. In: Hayzelden, A.L.G.; Bingham, J.: *Software Agents for Future Communication Systems*. Springer Publ., 1999 S. 86-111

[Ezran 1998] Ezran, M.; Morisio, M.; Tully, C.: *Practical Software Reuse: the essential guide*. Freelife Publ., Paris, 1998

F

[Farkas 2002] Farkas, C.; Huhns, M. N.: *Making Agents Secure on the Semantic Web*. Internet Computing, December 2002, S. 76-79

[Fensel 2002] Fensel, D.: *Ontology-Based Knowledge Management*. IEEE Computer, November 2002, S. 56-59

[Fensel 2003] Fensel, D.; Hendler, J.; Lieberman, H.; Wahlster, W.: *Spinning the Semantic Web*. MIT Press, 2003

[Fenton 1996] Fenton, N.; Pfleeger, S.: *Software Metrics – A Practical and Rigorous Approach*. Thomson Computer Press, 1996

[Ferber 1999] Ferber, J.: *Multi-Agent Systems – An Introduction to Distributed Artificial Intelligence.* Addison Wesley Publ., 1999

[Fewster 2001] Fewster, R.; Mendes, E.: *Measurement, Prediction and Risk Analysis for Web Applications.* Proc. of the 7th International Metrics Symposium, IEEE Computer Science Press, 2001

[Fielding 1996] Fielding, R.; Gettys, J.; Mogul, J. C.; Frystyk, H.; Berners-Lee, T.: *Hypertext Transfer Protocol – HTTP 1.1.* IETF Working Paper, August 1996

[Figallo 1998] Figallo, C.: *Hosting Web Communities.* John Wiley & Sons, 1998

[Fikes 2003] Fikes, R. et al.: *The DAML Query Language.* `http://www.daml.org/2003/04/dql/`

[Filman 1998] Filman, R.; Pena-Mora, F.: *Seek, and Ye Shall Find.* Internet Computing, August 1998, S. 78-83

[FIPA 2000] Foundation of Intelligent Physical Agents: *FIPA Specification*, `http://www.fipa.org/`, 2000

[Flake 2002] Flake, G. W.; Lawrence, S.; Giles, C. L.; Coetzee, F. M.: *Self-Organization of the Web and Indentification of Communities.* IEEE Computer, (2002)3, S. 66-71

[Fowler 1997] Fowler, M.: *Analysis Pattern – Reusable Object Models.* Addison Wesley Publ., 1997

[Fowler 1999] Fowler, M.: *Refactoring – Improving the Design of Existing Code.* Addison Wesley Publ., 1999

[Fremantle 2002] Fremantle, P.; Weerawarana, S.; Khalaf, R.: *Enterprise Services.* Comm. of the ACM, 45(2002)10, S. 77-82

G

[Gaedke 1998] Gaedke, M.: *WebComposition: Ein Unterstützungssystem für das Web Engineering.* Softwaretechnik-Trends, 1998, S. 20-25

[Gaedke 2001] Gaedke, M.; Gräf, G.: *Development and Evolution of Web-Applications Using the Web Composition Process Model.* In [Murugesan 2001], S. 58-76

[Gao 1998] Gao, J. Z.; Chen, C.; Toyoshima, Y.; Leung, D. K.: *Engineering on the Internet for Global Software Production.* IEEE Computer, Mai 1999, S. 38-47

[Garmus 1996] Garmus, D.; Herron, D.: *Measuring the Software Process – A Practical Guide to Functional Measurements.* Yourdon Press, New York, 1996

[Garofalakis 1999] Garofalakis, J.; Kappos, P.; Mourloukos, D.: *Web Site Optimization Using Page Popularity.* Internet Computing, August 1999, S. 22-29

[Garzotto 1995] Garzotto, F.; Mainetti, L.; Paolini, P.: *Hypermedia Design, Analysis, and Evaluation Issues.* Comm. of the ACM, 38(1995)8, S. 74-86

[Georgeff 1998] Georgeff, M.; Rao, A.: *Rational Software Agents: From Theory to Practice.* In: [Jennings 98], S. 139-160

[Gibbs 2002] Gibbs, G. R.: *Learning Gains in a Multi-user Discussion System used with Social Science Students – The coMentor Experience.* In [Hazemi 2002], S. 95-111

[Goertzel 2002] Goertzel, B.: *Creating Internet Intelligence.* Kluwer Academic Publ., 2002

[Goetz 2000] Goetz, F.: *SMIL – Multimedia im Internet mit Realsystem G2.* Addison Wesley Publ., 2000

[Goguen 2001] Goguen, J. A.; Lin, K.: *Web-based Support for Cooperative Software Engineering.* Annals of Software Engineering, 12(2001), S. 167-191

[Gray 1993] Gray, J.; Reuter, A.: *Transaction Processing: Concepts and Techniques*, Morgan Kaufmann Publ., 1993

[Griffel 1998] Griffel, F.: *Componentware – Konzepte und Techniken eines Softwareparadigmas.* dpunkt-Verlag, 1998

[Gronbeck 1999] Gronbeck, K.; Trigg, R. H.: *From Web to Workplace – Designing Open Hypermedia Systems.* The MIT Press, 1999

[Günther 2002] Günther, D.; Mews, G.: *Security Engineering für E-Commerce-Anwendungen.* Diplomarbeit, Universität Magdeburg, Fakultät für Informatik, November 2002

[Gupta 2002] Gupta, R.; Talwar, S.; Agrawal, D. P.: *Jini Home Networking: A Step toward Pervasive Computing.* IEEE Computer, August 2002, S. 34-40

[Gustavsson 1999] Gustavsson, R.: *Agents with Power.* Comm. of the ACM, 42(1999)3, pp. 41-47

H

[Hacker 2001] Anonym: *Der neue Hacker's Guide.* Markt und Technik Verlag, 2001

[Häckelmann 2000] Häckelmann, H.; Petzold, H. J.; Strahringer, S.: *Kommunikationssysteme – Technik und Anwendungen.* Springer-Verlag, 2000

[Hailes 2002] Hailes, S.; Hazemi, R.: *Universities, Dearing, and the Future.* In [Hazemi 2002], S. 7-25

[Han 2002] Han, J.; Chang, K. C.: *Data Mining for Web Intelligence.* IEEE Computer, November 2002, S. 64-70

[Harmelen 2000] Harmelen, F.; Horrocks, I.: *Reference description of the DAML+OIL ontology markup language.* http://www.daml.org/2000/12/reference.html

[Harold 1998] Harold, E.R.: *XML – Extensible Markup Language*, IDG Books Inc., 1998

[Hassler 2001] Hassler, V.: *Security Fundamentals for E-Commerce.* Artech House Publ., 2001

[Hassler 2001a] Hassler, V.; Gordeev, M.; Manninger, M.; Müller, C.: *JavaCard for E-Payment Applications.* Addison-Wesley Publ., 2001

[Hazemi 2002] Hazemi, R.; Hailes, S.: *The Digital University – Building a Learning Community.* Springer Verlag, 2002

[Haywood 1998] Haywood, M.: *Managing Virtual Teams – Practical Techniques for High-Technology Project Managers.* Artech House Publ., 1998

[Hearst 2002] Hearst, M. et al.: *Finding the Flow in Web Site Search.* Comm. of the ACM, 45(2002)9, S. 42-49

[Hernandez 2001] Hernandez, J. C.; Sierra, J. M.; Ribagorda, A.; Ramos, B.: *Search Engines as a Security Threat.* IEEE Computer, October 2001, S. 25-30

[Hieatt 2002] Hieatt, E.; Mee, R.: *Going Faster: Testing The Web Application.* IEEE Software, April 2002, S. 60-65

[Hoffman 2003] Hoffman, K. D.: *Marketing + MIS = E-Service.* Comm. of the ACM, 46(2003)6, S. 53-55

[Holzner 2002] Holzner, S.: *Inside XSLT.* New Riders Publ., 2002

[Hopfer 2001] Hopfer, R.; Schmietendorf, A.: *Übersicht zu Benchmarks und deren Möglichkeiten im Umfeld des Software Performance Engineering.* Tagungsband zum 2. Workshop Performance Engineering in der Softwareentwicklung (PE2001), Universität der Bundeswehr München, 26. April, 2001, S. 71-84

[Horn 2002] Horn, E.; Reinke, T.: *Softwarearchitektur und Softwarebauelemente.* Hanser Verlag, 2002

[Horvitz 2003] Horvitz, E.; Kadie, C.; Paek, T.; Hovel, D.: *Models of Attention in Computing and Communication: From Principles to Applications.* Comm. of the ACM, 46(2003)3, S. 52-59

[Hovy 2003] Hovy, E.: *Using an Ontology to Simplify Data Access.* Comm. Of the ACM, 46(2003)1, S. 47-49

[Huberman 2001] Huberman, B. A.: *The Laws of the Web – Patterns in the Ecology of Information.* MIT Press, 2001

[Huhns 2002] Huhns, M. N. et al.: *Weaving a Computing Fabric.* Internet Computing, October 2002, S. 88-91

[Huhns 2002a] Huhns, M N.; Buell, D. A.: *Trusted Autonomy.* Internet Computing, June 2002, S. 92-95

[Humphrey 1997] Humphrey, W. S.: *Introduction to the Personal Software Process.* Addison Wesley Publ., 1997

[Humphrey 2000] Humphrey, W. S.: *Introduction to the Team Software Process.* Addison Wesley Publ., 2000

[Humphrey 1989] Humphrey, W. S.: *Managing the Software Process.* Addison Wesley Publ., 1989

[Hunter 1998] Hunter, J.; Crawford, W.: *Java Servlet Programming.* O'Reilly, 1998

[H3Viewer 2000] *H3Viewer Description*: `http://graphics.stanford.edu/papers/h3cga/`

I

[IEEE 2001-2002] IEEE Recommended Practice for the Internet: *Web Site Engineering, Web Site Management, and Web Site Life Cycle.* IEEE Inc., New York, 2003

[IEEE 2003] IEEE *Pervasive Computing Home Page*: `http://www.computer.org/pervasive/`

[Igbaria 1998] Igbaria, M.; Tan, M.: *The Virtual Workplace.* Idea Group Publishing, 1998

[Isakowitz 1995] Isakowitz, T.; Stohr, E. A.; Balasubramanian, P.: *RMM: A Methodology for Structured Hypermedia Design.* Comm. of the ACM, 38(1995)8, S. 34-43

[IsaViz 2001] IsaViz: *A Visual Authoring Tool for RDF.* `http://www.w3.org/2001/11/IsaViz`

[Ishida 2002] Ishida, T.: *Digital City Kyoto.* Comm. of the ACM, 45(2002)7, S. 76-81

[Ivory 2002] Ivory, M. Y.; Hearst, M. A.: *Improving Web Site Design.* Internet Computing, April 2002, S. 56-63

[Iyengar 2000] Iyengar, A.; Challenger, J.; Dias, D.; Dantzig, P.: *High-Performance Web Site Design Techniques.* Internet Computing, April 2000, S. 17-26

J

[Jacobson 1999] Jacobson, I.; Booch, G.; Rumbaugh, J.: *The Unified Software Development Process.* Addison Wesley Publ., 1999

[Jarz 1997] Jarz, E.M.: *Entwicklung multimedialer Systeme*. DUV, 1997

[Jenkins 1998] Jenkins, C.; Jackson, M.; Burden, P.; Wallis, J.: *Searching the World Wide Web: An Evaluation of Available Tools and Methodologies.* Information and Software Technology, 39(1998), S. 985-994

[Jennings 1998] Jennings, N. R.; Wooldridge, M. J.: *Agent Technology – Foundations, Applications, and Markets*. Springer Verlag, 1998

[Jiang 2002] Jiang, W. et al.: *Integrating Internet Telephony Services.* Internet Computing, June 2002, S. 64-72

[Joines 2003] Joines, S.; Willenborg, R.; Hygh, K.: *Performance Analysis for Java Web Sites.* Addison Wesley Publ., *2003*

[Jones 2002] Jones, K. J.; Shema, M.; Johnson, B. C.: *Anti-Hacker Toolkit.* McGraw Hill Publ., 2002

[Jung 2001] Jung, M.; Tambe, M.: *Conflicts in Agent Teams.* In [Tessier 2001], S. 153-168

K

[Kähler 1995] Kähler, W.: *Einführung in die statistische Datenanalyse*. Vieweg Verlag, 1995

[Kallepalli 2001] Kallepalli, C.; Tian, J.: *Usage Measurement for Statistical Web Testing and Reliability Analysis*. Proc. of the IEEE Software Metrics Symposium, 2001, S. 148-158

[Kalyanpur 2002] Kalyanpur, A. et al.: *SMORE – Semantic Markup, Ontology, an RDF Editor.* http://www.mindswap.org/papers/SMORE.pdf

[Kangas 2000] Kangas, K.; Puhakainen, J.: *Web-Based Seminar Work*. In [Aggarwal 2000], S. 347-359

[Kanter 2003] Kanter, T. G.: *Attaching Context-Aware Services to Moving Locations*. Internet Computing, April 2003, S. 43-51

[Kaplan 1999] Kaplan, D. A.: *Silicon Valley – Die digitale Traumfabrik und ihre Helden*. Heyne Verlag, 1999

[Katzenbeisser 2000] Katzenbeisser, S.; Petitcolas, F. A. P.: *Information Hiding – techniques for steganography and digital watermarking*. Artech House Publ., 2000

[Kaye 1999] Kaye, A.; Medoff, K.: *The World Wide Web: A Mass Communication Perspective*. Mayfield Publ., 1999

[Kellogg 1999] Kellogg, O.: *Authorware 5 Attain Authorized*. Macromedia Press, 1999

[Kemery 2000] Kemery, E. R.: *Developing On-Line Collaboration*. In [Aggarwal 2000], S. 227-245

[Kerres 1998] Kerres, M. : *Multimediale und telemediale Lernumgebungen*. Oldenbourg Verlag, 1998

[Kim 2002] Kim, H.: *Predicting How Ontologies for the Semantic Web will Evolve*. Comm. Of the ACM, 45(2002)2, S. 48-54

[Kimball 2002] Kimball, L.: *Managing Distance Learning: New Challenges for Faculty.* In [Hazime 2002], S. 27-40

[Kirakowski 2002] Kirakowski, J.: *Quality of Use of Multimedia Learning Systems: Practical Considerations*. In [Hazemi 2002], S. 181-192

[Kleijnen 2003] Kleijnen, S.; Raju, S.: *An Open Web Services Architecture*. ACM Queue, 1(2003)1, S. 39-46

[Knapik 1998] Knapik, M.; Johnson, J.: *Developing Intelligent Agents for Distributed Systems*. McGraw Hill, 1998

[Knight 2002] Knight, A.; Dai, N.: *Objects and the Web*. IEEE Software, April 2002, S. 51-59

[Knobloch 2003] Knobloch, M.v.: *Content Management Survival Kit*. XML & Web Services Magazin, (2003)2, S. 21-29

[Knuth 2002] Knuth, M.: *Web Services – Einführung und Übersicht*. Support Verlag, 2002

[Kouki 1999] Kouki, R., Wright, D.: *Telelearning via Internet*. Idea Group Publ., London, 1999

[Kraus 2001] Kraus, S.: *Strategic Negotiation in Multiagent Environments*. MIT Press, 2001

[Kreger 2003] Kreger, H.: *Fulfilling the Web Services Promise*. Comm. of the ACM, 46(2003)6, S. 29-34

[Kröger 2000] Kröger, D.; Gimmy, M. A.: *Handbuch zum Internet-Recht*,. Springer-Verlag, 2000

[Kroenke 2002] Kroenke, D. M.: *Database Processing – Fundamentals, Design, and Implementation*. Prentice Hall Verlag, 2002

[Krol 1992] Krol, E.: *The Whole Internet – User's Guide & Catalog*. O'Reilly & Associates Inc., 1992

[Kunii 1998] Kunii, T. L.; Luciani, A. : *Cyberworlds*. Springer Verlag, 1998

L

[Labrou 1997] Labrou, Y.; Finin, T.: *A Proposal for a new KQML Specification.* University of Maryland Baltimore County, 1997 (http://www.cs.umbc.edu/kqml/)

[Lang 2002] Lang, U.; Schreiner, R.: *Developing Secure Distributed Systems with CORBA.* Artech House Publ., 2002

[Lange 1998] Lange, D. B.; Oshima, M.: *Programming and Deploying Java Mobile Agents with Aglets.* Addison Wesley Publ., 1998

[Lassila 1999] Lassila, O.; Swick, R.: *Resource Description Framework: Model and Syntax Specification.* W3C, http:www.w3.org/TR/1999/REC-rdf-syntax-19990222

[Lawrence 1998] Lawrence, S.; Giles, C. L.: *Context and Page Analysis for Improved Web Search.* Internet Computing, August 1998, S. 38-46

[Lea 2003] Lea, D.; Vinoski, S.: *Middleware for Web Services.* Internet Computing, February 2003, S. 28-29

[Lehner 2003] Lehner, F.: *Mobile und drahtlose Informationssysteme – Technologien, Anwendungen, Märkte.* Springer Verlag, 2003

[Lilja 2000] Lilja, D. J.: *Measuring Computer Performance – A practitioner's guide.* Cambridge University Press, 2000

[Liu 2001] Liu, J.: *Autonomous Agents and Multi-Agent Systems.* World Scientific Publ., 2001

[Lorenz 1994] Lorenz, M.; Kidd, J.: *Object-Oriented Software Metrics.* Prentice Hall Publ., 1994

[Lother 2001] Lother, M.; Dumke, R.: *Point Metrics – Comparison and Analysis.* In: Dumke/Abran: Current Trends in Software Measurement, Proc. Of the 11th Workshop on Software Measurement, Montreal, August 2001, S. 228-267

[Lowery 2000] Lowery, J.W.: *Dreamweaver – Die Einführung.* MITP-Verlag, Bonn, 2000

[Luo 2003] Luo, Y.; Rubio, J.; John, L. K.; Seshadri, P.; Mericas, A.: *Benchmarking Internet Servers on Superscalar Machines.* IEEE Computer, February 2003, S. 34-40

[Lyytinen 2002] Lyytinen, K.; Yoo, Y.: *Issues and Challenges in Ubiquitous Computing.* Comm. of the ACM, 45(2002)12, S. 63-65

M

[Maciaszek 2001] Maciaszek, L. A.: *Requirements Analysis and System Design – Developing Information Systems with UML.* Addison Wesley Verlag, 2001

[Maes 1994] Maes, P.: *Agents that Reduce Work and Information Overload.* Comm. of the ACM, 37(1994)7, S. 84-86

[Magee 1998] Magee, S.; Tripp, L. L.: *Guide to Standards and Specifications for Designing Web Software.* Artech House, 1998

[Marchionini 2003] Marchionini, G.; Samet, H.; Brandt, L.: *Digital Government.* Comm. of the ACM, 46(2003)1, S. 25-27

[Massoud 2000] Massoud, A.: *Toward Self-Healing Infrastructure Systems.* IEEE Computer, August 2000, pp. 44-53

[Mattison 1997] Mattison, R.: *Data Warehousing.* Addison-Wesley Publ, 1997

[Mayrhauser 90] Mayrhauser, A. von: *Software Engineering – Methods and Management.* Academic Press, 1990

[McBride 2002] McBride, B.: *Jena: A Semantic Web Toolkit.* Internet Computing, December 2002, S. 55-59

[McBride 2003] McBride, B.: *Resource Description Framework (RDF): Concepts and Abstract Syntax.* W3C, `http://www.w3.org/TR/rdf-concepts`

[McMahon 2001] McMahon, P. E.: *Virtual Project Management – Software Solutions for Today and the Future.* CRC Press Publ., 2001

[Medjahed 2003] Medjahed, B.; Rezgui, A.; Bouguettaya, A.; Ouzzani, M.: *Infrastructure for E-Government Web Services.* Internet Computing, February 2003, S. 58-65

[Menasce 2002] Menasce, D. A.: *QoS Issues in Web Services.* Internet Computing, Dec. 2002, S. 72-75

[Menasce 2002a] Menasce, D. A.: *Trade-offs in Designing Web Clusters.* Internet Computing, October 2002, S. 76-80

[Menasce 1998] Menasce, D. A.; Almeida, V. A. F.: *Capacity Planning For Web Performance – Metrics, Models, & Methods.* Prentice Hall, 1998

[Monasce 2000] Monasce, D. A.; Almeida, V. A. F.: *Scaling for E-Business – Technologies, Models, Performance and Capacity Planning.* Addison Wesley Publ., 2000

[Mendes 2003] Mendes, E.; Mosley, N.; Counsell, S.: *A Comparison of Size Measures for Predicting Web Design and Authoring Effort.* `http://www.cs.auckland.ac.nz/~emilia/Assignments/`

[Merx 2001] Merx, O.: *Qualitätssicherung bei Multimedia-Projekten.* Springer-Verlag, 1999

[Meyer 2001] Meyer, B.: *.NET is Coming.* IEEE Computer, August 2001, S. 92-99

[Mikkelsen 1997] Mikkelsen, T.; Pherigo, S.: *Practical Software Configuration Management.* Prentice Hall Publ., 1997

[Milenovic 2003] Milenkovic, M. et al.: *Toward Internet Distributed Computing.* IEEE Computer, 2003, S. 38-45

[Millen 2002] Millen, D. R.; Fontaine, M. A.; Muller, M.- J.: *Understanding the Benefit and Costs of Communities of Practice.* Comm. of the ACM, 45(2002)4, S. 69-73

[Miller 2003] Miller, G: *The Web Service Debate – .NET. vs J2EE* Comm. of the ACM, 46(2003)6, S. 64-67

[Missikoff 2002] Missikoff, M.; Navigli, R.; Velardi, P.: *Integrated Approach to Web Ontology Learning and Engineering.* IEEE Computer, November 2002, S. 60-63

[Moldovan 2000] Moldovan, D. I.; Michalcea, R.: *Using WordNet and Lexical Operators to Improve Internet Searches.* Internet Computing, February 2000, S. 34-43

[Monson-Haefel 2001] Monson-Haefel,, R.; Chappel, D. A.: *Java Message Service.* O'Reilly Publ., 2001

[Morrison 2002] Morrison, M.; Morrison, J.; Keys, A.: *Integrating Web Sites and Databases.* Comm. of the ACM, 45(2002)9, S. 81-84

[Mowshowitz 2002] Mowshowitz, A.; Kawaguchi, A.: *Bias on the Web.* Comm. of the ACM, 45(2002)9, S. 56-60

[Munson 2003] Munson, J. C.: *Software Engineering Measurement.* CRC Press, 2003

[Murugesan 2001] Murugesan, S.; Deshpande, Y.: *Web Engineering.* LNCS 2016, Springer Verlag, 2001

[Myerson 2002] Myerson, J. M.: *The Complete Book of Middleware.* CRC Press, 2002

N

[Nakhimovsky 2000] Nakhimovsky, A.; Myers, T.: *Professional Java XML Programming with Servlets and JSP.* Wrox Publ., 2000

[Nanard 1995] Nanard, J.; Nanard, M.: *Hypertext Design Environments ant the Hypertext Design Process.* Comm. of the ACM. 38(1995)8, S. 49-56

[Nelson 1999] Nelson, J.: *Programming Mobile Objects with Java.* John Wiley & Sons, 1999

[NetTracker 2003] *NetTracker-Homepage:* `http://www.sane.com/tour/NetTracker/`

[Niemann 1995] Niemann, K. D.: *Client/Server-Architekturen.* Vieweg-Verlag 1995

[Nishida 2002] Nishida, T.: *Social Intelligence Design for the Web.* IEEE Computer, November 2002, S. 37-41

[Nobles 2001] Nobles, R.; Grady, K.: *Web Site Analysis and Reporting*. Prima Publ., 2001

[Noll 2001] Noll, A. M.: *Principles of Modern Communications Technology.* Artech House Inc., 2001

[Norman 2000] Norman, D.: *Desktop Distance Education: Personal Hosting of Web Courses.* In [Aggarwal 2000], S. 117-134

O

[O'Connell 2001] O'Connell, F.: *How to Run Successful Projects in Web Time*. Artech House Publ., 2001

[Offutt 2002] Offutt, J.: *Quality Attributes of Web Software Applications.* IEEE Software, April 2002, S. 25-32

[Oppliger 2000] Oppliger, R.: *Security Technologies for the World Wide Web.* Artech House Publ., 2000

P

[Packer 2001] Packer, R.; Jordan, K.: *Multimedia from Wagner to Virtual Reality.* Norton Publ., London, 2001

[Page-Jones 1991] Page-Jones, M.: *Praktisches DV-Projektmanagement.* Carl Hanser Verlag, 1991

[Palmer 2002] Palmer, J.: *Designing for Web Site Usability.* IEEE Computer, July 2002, S. 102-103

[Patil 2003] Patil, S.; Newcomer, E.: *ebXML and Web Services.* Internet Computing, June 2003, S. 74-82

[Paulson 2002] Paulson, L. D.: *Researchers Upgrade Smart Card Technology.* IEEE Computer, December 2002, S. 25

[Paulson 2001] Paulson, L. D.: *Translation Technology Tries to Hurdle the Language Barrier.* IEEE Computer, September 2001, S. 12-15

[Peled 2001] Peled, D. A.: *Software Reliability Methods.* Springer Verlag, 2001

[Pfleeger 1998] Pfleeger, S.R.: *Software Engineering – Theory and Practice.* Prentice-Hall Publ., 1998

[Phoha 2002] Phoha, V. V.: *Internet Security Dictionary.* Springer Verlag, 2001

[Pitkow 2002] Pitkow, J. et al.: *Personalized Search.* Comm. of the ACM, 45(2002)9, S. 50-55

[Piva 2002] Piva, A.; Bartolini, F.; Barni, M.: *Managing Copyright in Open Network.* Internet Computing, June 2002, S. 18-26

[Pohlmann 2003] Pohlmann, N.: *Firewall-Systeme.* MITP Verlag, 2003

[Pope 1998] Pope, A.: *The CORBA Reference Guide*. Addison Wesley Publ., 1998

[Powell 1998] Powell, T.A.: *Web Site Engineering*. Prentice Hall 1998

[Predonzani 2000] Predonzani, P.; Succi, G.; Vernazza, T.: *Strategic Software Production with Domain-Oriented Reuse*. Artech House, 2000

R

[Rajput 2000] Rajput, W.E.: *E-Commerce Systems Architecture and Applications*. Artech House Publ., 2000

[Reese 1997] Reese, G.: *Database Programming with JDBC and Java.* O'Reilly Publ., 1997

[Reifer 1993] Reifer, D. J.: *Software Management.* IEEE Computer Society Press, Los Altimos, 1993

[Reifer 2002] Reifer, D. J.: *Ten Deadly Risks in Internet and Intranet Software Development.* IEEE Software, April 2002, S. 12-14

[Reifer 2000] Reifer, D. J.: *Web Development: Estimating Quick-to-Market Software.* IEEE Software, December 2000, S. 57-64

[Reitz 2003] Reitz, D.; Schmietendorf, A.; Dumke, R.; Dimitrov, E.; Lezius, J.; Schlosser, T.: *Aspekte des Empirischen Software Engineering im Umfeld von Enterprise Application Integration Lösungen.* Preprint Nr. 5, Otto-von-Guericke-Universität Magdeburg, Fakultät für Informatik, Magdeburg, 2003

[Rockwell 2001] Rockwell, W.: *XML, XSLT, Java und JSP – Professionelle Web-Applikationen entwickeln.* Galileo Computing, Bonn, 2001

[Röhl 2003] Röhl, F.: *Geschäftsgetriebene Integrationslösungen auf der Basis von Webservices.* Studienarbeit, Universität Magdeburg, März 2003

[Royce 1998] Royce, W.: *Software Project Management – A Unified Framework.* Addison Wesley Publ., 1998

[Royer 1998] Royer, J.: *Dynamic HTML Web Magic*. New Riders Publ., 1998

[Roßbach 2000] Roßbach, P.; Schreiber, H.: *Java Server Pages and Servlets.* Addison Wesley Publ., 2000

[Rubin 1998] Rubin, A. D.; Geer, D. E.: *A Survey of Web Security.* IEEE Computer, September 1998, S. 34-41

[Rubner 2001] Rubner, Y.; Tomasi, C.: *Perceptual Metrics for Image Database Navigation.* Kluwer Academic Publ., 2001

[Russel 2002] Russel, R.: *Die Hacker-Bibel.* MITP Verlag, 2002

[Rust 2003] Rust, R. T.; Kannan, P. K.: *E-Service: A New Paradigm for Business in the Electronic Environment.* Comm. of the ACM, 46(2003)6, S. 37-42

S

[Sametinger 1997] Sametinger, J.: *Software Engineering with Reusable Components.* Springer Verlag, 1997

[Sasse 2002] Sasse, M. A. et al.: *Support for Authoring and Managing Web-Based Coursework: The TACO Project.* In [Hazemi 2002], S. 139-166

[Scharl 2000] Scharl, A.: *Evolutionary Web Development.* Springer-Verlag, 2000

[Schifman 1999] Schifman, R. S.; Heinrich, Y.; Heinrich G.: *Multimedia-Projektmanagement.* Springer Verlag, 1999

[Schifman 1997] Schifman, R. S.; Heinrich, Y.; Heinrich, G.: *Multimedia Design interaktiv!* Springer Verlag, 1997

[Schilit 2002] Schilit, B. N.; Tievor, J.; Hilbert, D. M.; Kho, T. K.: *Web Interaction Using Very Small Internet Devices.* IEEE Computer, October 2002, S. 37-45

[Schmietendorf 2002] Schmietendorf, A.; Dimitrov, E.; Dumke, R.: *Enterprise JavaBeans.* MTP Verlag, 2002

[Schmietendorf 2002a] Schmietendorf, A.; Dumke, R.; Dimitrov, E.; Nakonz, S.: *Bewertungsaspekte der komponentenorientierten Softwareentwicklung am Beispiel von Java-Komponenten.* Preprint Nr. 5, Otto-von-Guericke-Universität Magdeburg, Fakultät für Informatik, 2002

[Schmietendorf 2003] Schmietendorf, A.; Dumke, R.; Wipprecht, M.: *SLA Management – Herausforderungen im Rahmen von Web Service basierten Infrastrukturen,.* Proceedings of the 16th CECMG Conference & 6. EuroCMG Conference (only CD-ROM), Hannover/Deutschland, April 2003

[Schmietendorf 2001] Schmietendorf, A.; Scholz, A.: *Maturity Evaluation of the Performance Engineering Process.* In: Dumke/Abran: New Approaches in Software Measurement. LNCS 2006, Springer Verlag, 2001, S. 111-124

[Schwabe 1995] Schwabe, D.; Rossi, G.: *The Object-Oriented Hypermedia Design Model.* Comm. of the ACM, 38(1995)8, S. 45-46

[Schwabe 2001] Schwabe, D.; Rossi, G.; Esmeraldo, L.; Lyardet, F.: *Web Design Frameworks: An Approach to Improve Reuse in Web Applications.* In [Murugesan 2001], S. 335-352

[Scott 2002] Scott, D.; Sharp, R.: *Developing Secure Web Applications.* Internet Computing, December 2002, S. 38-45

[Sedaghat 2002] Sedaghat, S.; Pieprzyk, J.; Vossough, E.: *On-the-fly Web Content Integrity Check Boosts User's Confidence.* Comm. of the ACM, 45(2002)11, S. 33-37

[Seeboerger 2002] Seeboerger-Weichselbaum, M.: *JavaScript.* BHV, 2002

[Seeboerger 2000] Seeboerger-Weichselbaum, M.: *WAP-Programmierung mit WML. Bhv, 2000*

[Seimert 2002] Seimert, W.: *Dreamweaver 4.* bhv-Verlag, Bonn, 2002

[Seshardi 1999] Seshardi, G.: *Enterprise Java Computing.* Cambridge University Press, 1999

[Siau 2003] Siau, X.; Shen, Z.: *Building Customer Trust in Mobile Commerce.* Comm. Of the ACM, 46(2003)4, S. 91-94

[Singh 1998] Singh, M. P.: *Agent Communication Languages: Rethinking the Principles.* IEEE Computer, , Dec. 1998, pp. 40-47

[Singh 2000] Singh, S.: *Geheime Botschaften – Die Kunst der Verschlüsselung von der Antike bis in die Zeiten des Internet.* dtv, München 2000

[Smith 2001] Smith, C.: *Origins of Software Performance Engineering: Highlights and Outstanding Problems.* In: [Dumke 2001a], S. 96-118

[Snavely 2003] Snavely, A. et al.: *Benchmarks for Grid Computing – A Review of Ongoing Efforts and Future Directions.* ACM Sigmetrics, 30(2003)4, S. 27-32

[Sneed 2002] Sneed, H.: *XMI-Relational Model of a Software Metric Database.* In: Dumke et al.: Software Measurement and Estimation, Proc. Of the 12th International Workshop on Software Measurement, Magdeburg, Oktober 2002, S. 21-32

[Sodhi 1999] Sodhi, J.; Sodhi, P.: *Software Reuse – Domain Analysis and Design Process.* McGraw Hill Publ., 1999

[Solingen 1999] Solingen, R. van; Berghout, E.: *The Goal/Question/Metric Method.* McGraw Hill Publ., 1999

[Spector 2000] Spector, R.: *amazon.com – Get Big Fast – Jeff Bezos und die Revolution im Handel.* DVA München, 2000

[Spiegel 1998] Spiegel-Sonderheft: *Internet – Gründerboom im Netz (Berufe mit Zukunft).* Heise-Verlag, Hannover, 52/1998

[Spinellis 2003] Spinellis, D.: *The Decay and Failures of Web References.* Comm. Of the ACM, 46(2003)1, S. 71-77

[Spool 1999] Spool, J. M.; Scanlon, T.; Schroeder, W.; Snyder, C.; DeAngelo, T.: *Web Site Usability – A Designer's Guide*. Morgan Kaufman Publ., 1999

[Srinivasan 2003] Srinivasan, K.; Malu, P. G.; Moakley, G.: *Automatic Multibusiness Transactions.* Internet Computing, June 2003, S. 66-73

[Srinivasan 2001] Srinivasan, S.; Ponceleon, D.; Amir, A.; Blanchard, B.; Petkovic, D.: *Engineering the Web for Multimedia.* In [Murugesan 2001], S. 77-89

[Stal 2002] Stal, M.: *Web Services: Beyond Component-Based Computing*. Comm. of the ACM, 45(2002)10, S. 71-76

[Stone 2000] Stone, P.: *Layered Learning in Multiagent Systems*. MIT Press, 2000

[Storey 2000] Storey, V. C.; Straub, D. W.; Stewart, K. A.; Welke, R. J.: *A Conceptual Investigation of the E-Commerce Industry.* Comm. of the ACM, 43(200)7, S. 117-123

[Subrahmanian 2000] Subrahmanian, V. S. et al.: *Heterogeneous Agent Systems.* MIT Press, 2000

[Sun 2002] *Sun Open Net Environment*, Technisches Whitepaper, Dezember 2002

T

[Talia 2002] Talia, D.: *The Open Grid Architecture: Where the Grid Meets the Web.* Internet Computing, Dec. 2002, S. 67-71

[Tanenbaum 2001] Tanenbaum, A. S.: *Modern Operating Systems*. Prentice Hall, 2001

[Tanenbaum 2003] Tanenbaum, A.; Steen, M. v.: *Verteilte Systeme – Grundlagen und Paradigmen.* Pearson Studium Publ., 2003

[Terplan 2000] Terplan, K.; Zamir, S.: *Intranet Performance Management.* CRC Press, Boca Raton, 2000

[Tetiwat 2000] Tetiwat, O.; Igbaria, M.: *Opportunities in Web-Base Teaching: The Future of Education.* In [Aggarwal 2000], S. 17-32

[Thomas 1995] Thomas, B. J.: *The Internet for Scientists and Engineers – Online Tools and Resources*. IEEE Press, 1995

[Thuraisingham 2000] Thuraisingham, B.: *Web Data Management and Electronic Commerce*. CRC Press, Boca Raton, 2000

[Thuraisingham 2002] Thuraisingham, B.: *XML Databases and the Semantic Web.* CRC Press, Boca Raton, 2002

[Tilborg 2001] Tilborg, H. C. A. van: *Fundamentals of Cryptology – A Professional Reference and Interactive Tutorial*. Kluwer Academic Publ., 2001

[Tilton 2000] Tilton, E.; Steadman, C.; Jones, T.: *Web Weaving – Designing and Managing an Effective Web Site.* Addison Wesley Publ., 2000

[Tinnefeld 1996] Tinnefeld, M., Köhler, K.; Piazolo, M.: *Arbeit in der mobilen Kommunikationsgesellschaft*. Vieweg-Verlag, 1996

[Tolksdorf 2000] Tolksdorf, R.: *Models of Coordination.* . In: Omicini/Tolksdorf/Zambonelli: Engineering Societies in the Agent World, Lecture Notes in Artificial Intelligence 1972, Springer Publ. 2000, pp. 78-92

[Tung 2003] Tung, Y.A.; Gopal, R. D.; Whinston, A.B.: *Multiple Online Auctions.* IEEE Computer, February 2003, S. 100-102

[Turban 2002] Turban, E.; King, D.; Lee, J.; Warkentin, M.; Chung, H. M.: *Electronic Commerce – A Managerial Perspective*. Pearson Educational Verlag, 2002

[Turau 2001] Turau, V.; Saleck, K.; Schmidt, M.: *Java Server Pages und J2EE.* dpunkt-Verlag, 2001

U

[Upchurch 2001] Upchurch, L.; Rugg, G.; Kitchenham, B.: *Using Card Sorts to Elicit Web Page Quality Attributes*. IEEE Software, August 2001, S. 84-89

V

[Verissimo 2001] Verissimo, P.; Rodrigues, L.: *Distributed Systems for System Architects*. Kluwer Academic Publ., 2001

[Vitek 1999] Vitek, J.; Jensen, C. D.: *Secure Internet Programming*. LNCS 1603, Springer Verlag, 1999

W

[Wallmüller 2001] Wallmüller, E.: *Software-Qualitätsmanagement in der Praxis*. Carl Hanser Verlag, 2001

[Wallnau 2002] Wallnau, K. C.; Hissam, S. A.; Seacord, R. C.: *Building Systems from Commercial Components*. Addison Wesley, 2002

[Walther 2001] Walther, R.: *Web Mining*. Informatik Spektrum, 24(2001) Februar 2001, S. 16-17

[Warmer 1999] Warmer, J.; Kleppe, A.: *The Object Constraint Language – Precise Modeling with UML*. Addison Wesley Publ., 1999

[Waterhouse 2002] Waterhouse, S.; Doolin, D. M.; Kan, G.; Faybishenko, Y.: *Distributed Search in P2P Networks*. Internet Computing, February 2002, S. 68-72

[WebML 2003] Technological Report: *Web Modeling Language*. http://www.oasis-open.org/cover/webML/

[WebOOGL 2003] WebOOGL *Hyperbolic Visualization*: http://www.geom.uiuc.edu/docs/research/webviz/figs/c.gif

[WebSphere 2003] IBM WebSphere Portal Server: http://www-106.ibm.com/developerworks/ibm/Library/i-portal/

[Wege 2002] Wege, C.: *Portal Server Technology*. Internet Computing, May/June 2002, S. 73-77

[Wenz 1999] Wenz, C.; Trennhaus, C.-; Kurdwig, A.: *ASP – Active Server Pages*. Markt & Technik, 1999

[Wesel 1998] Wesel, E. K.: *Wireless Multimedia Communications – Networking Video, Voice, and Data*. Addison-Wesley, 1998

[Whitmire 1997] Whitmire, S. A.: *Object-Oriented Design Measurement*. John Wiley & Sons Publ., 1997

[Whitten 2003] Whitton, M. C.: *Making Virtual Environments Compelling*. Comm. of the ACM, 46(2003)7, S. 41-46

[Wille 2001] Wille, C.; Dumke, R.; Stojanov, S.: *Performance Engineering in Agent-Based Systems – Concepts, Modeling and Examples*. In Dumke/Abran: *Current Trends in Software Measurement*. Shaker Publ., Aachen, Germany, 2001, pp. 153-181

[Wille 2002] Wille, C.; Dumke, R.; Stojanov, S.: *New Measurement Intentions in Agent-based Systems Development and Application*. In: Dumke et al.: Software Measurement and Estimation. Proc. Of the 12th International Workshop on Software Measurement, Oktober 2002, Magdeburg, Shaker-Verlag, 2002, S. 203-227

[Wille 2002a] Wille, C.; Dumke, R.; Stojanov, S.: *Quality Assurance in Agent-based Systems – Current State and Open Problems*. Preprint Nr. 4, Otto-von-Guericke-Universität Magdeburg, Fakultät für Informatik, 2002

[Williams 2003] Williams, J: *The Web Service Debate – J2EE vs .NET.* Comm. of the ACM, 46(2003)6, S. 59-63

[Williams 2003] Williams, L.; Cockburn, A.: *Agile Software Development: It's about Feedback and Change.* IEEEComputer, June 2003, S. 39-43

[Winslett 2002] Winslett, M. et al.: *Negotiating Trust on the Web. Internet Computing*, December 2002, S. 30-37

[Wohlin 2000] Wohlin, C. et al.: *Experimentation in Software Engineering: An Introduction.* Kluwer Academic Publ., 2000

[Wooldridge 2000] Wooldridge, M.: *Reasoning about Rational Agents.* MIT Press, 2000

[Wooldridge 2001] Wooldridge, M. J.; Ciancarini, P.: *Agent-Oriented Software Engineering: The State of the Art.* In: Ciancarini/Wooldridge: *Agent-Oriented Software Engineering*, Lecture Notes in Computer Science 1957, Springer-Verlag, 2001, S. 1-28

Y

[Yarger 2000] Yarger, R. J.; Reese, G.; King, T.: *MySQL und mSQL.* O'Reilly Verlag, 2000

Z

[Zari 2001] Zari, M.; Saiedian, H.; Naeem, M.: *Understanding and Reducing the Web Delays.* IEEE Computer, December 2001, S. 30-37

[Zbrog 1997] Zbrog, F.; Elkner, J.; Geschke, J.; Kunert, O.: *MBone – Systemspezifische Gestaltung und erste Erfahrungen mit Videokonferenzen.* Preprint Nr. 8, Otto-von-Guericke-Universität Magdeburg, Fakultät für Informatik, 1997

[Zbrog 2002] Zbrog, F.; Wille, C.; Dumke, R.: *Performance Engineering beim agentenbasierten Netzmanagement mit dem JDMK.* Tagungsband des 3. Workshop Performance Engineering in der Softwareentwicklung (PE2002), Dresden, Mai 2002, S. 1-13

[Zuidweg 2002] Zuidweg, J.: *Next Generation Intelligent Networks.* Artech House Inc., 2002

[Zuse 1997] Zuse, H.: *A Framework of Software Measurement.* De Gruyter Verlag, 1997

[Zuser 2002] Zuser, W.; Biffl, S.; Grechenig, T.; Köhle, M.: *Software Engineering mit UML und dem Unified Process.* Pearson Education Publ., 2002

Sachregister

!

A

B

C

D

E

F

G

H

I

N

O

P

Q

R

S

T

U

X

Z

PEARSON Studium

Verteilte Systeme

Grundlagen und Paradigmen

Andrew S. Tanenbaum, Maarten van Steen

Zum Buch:

Das vorliegende Buch von Tanenbaum und seinem Ko-Autor van Steen entstand als neues, eigenständiges Lehrbuch aus einer Überarbeitung des früheren Titels Verteilte Betriebssysteme heraus. Es geht inhaltlich weit über den Vorgängertitel hinaus und befasst sich nicht nur mit Betriebssystemen, sondern mit verteilten Systemen im weitesten Sinne. Im ersten Teil des Buches beschreiben die Autoren die sieben wichtigsten Prinzipien, auf denen alle verteilten Systeme basieren. Ihnen ist jeweils ein ganzes Kapitel gewidmet. Im zweiten Teil werden unterschiedliche Paradigmen vorgestellt und Systeme beschrieben, die diese Muster verwenden.

Aus dem Inhalt:

- Einführung
- Kommunikation
- Prozesse
- Benennung
- Synchronisation
- Konsistenz und Replikation
- Sicherheit
- Verteilte objektbasierte Systeme
- Verteilte Dateisysteme
- Verteilte dokumentenbasierte Systeme
- Fehlertoleranz
- Verteilte koordinationsbasierte Systeme

Über den Autor:

Andrew S. Tanenbaum ist Autor von mehreren internationalen Bestsellern aus den Bereichen *Betriebssysteme* und *Netzwerke*. Er lehrt und forscht an der *Vrije Universiteit* in Amsterdam.

Martin van Steen ist ebenfalls Professor für Informatik an der *Vrije Universiteit* in Amsterdam.

ISBN: 3-8273-7057-4
€ 49,95; sFr 77,50
ca. 900 Seiten

informatik | verteilte systeme